广西民族大学年鉴

GUANGXI MINZU DAXUE NIANJIAN

2012

《广西民族大学年鉴》编委会　编

广西人民出版社

图书在版编目（CIP）数据

广西民族大学年鉴．2012/《广西民族大学年鉴》编委会编．—南宁：广西人民出版社，2012.10
ISBN 978－7－219－08235－5

Ⅰ.①广… Ⅱ.①广… Ⅲ.①广西民族大学－2012－年鉴 Ⅳ.①G759.2－54

中国版本图书馆 CIP 数据核字(2012)第 301734 号

责任编辑：邓迪星

广西民族大学年鉴

（2012）

《广西民族大学年鉴》编委会　编

出版发行　广西人民出版社
社　　址　南宁市桂春路 6 号
邮　　编　530028
网　　址　http://www.gxpph.cn
印　　刷　广西金考印刷有限公司
开　　本　889 毫米×1194 毫米　1/16
印　　张　28
字　　数　680 千字
版　　次　2012 年 10 月第 1 版
印　　次　2012 年 10 月第 1 次印刷
印　　数　1－750 册

书　　号　ISBN 978－7－219－08235－5/Z·294
定　　价：150.00 元

《广西民族大学年鉴 2012》编委会

全国先进基层党组织

中共中央组织部
二〇一一年七月一日

2011年7月1日，中共中央授予学校党委“全国先进基层党组织”荣誉称号。

2011年1月25日，自治区党委常委、宣传部部长沈北海（右二）代表自治区党委、政府到学校慰问贫困学生。

2011年4月21日，自治区党委常委、统战部部长黄道伟校友到学校作“领导干部论坛”报告。

2011年7月26日，自治区人大常委会副主任吴恒到学校调研依法治校工作。

2011年9月28日，学校东盟语言学生参加中国—东盟友谊知识竞赛总决赛，沈颖、刘颖等选手组成选手队获得冠军。自治区副主席李康（左三）为获奖选手颁奖。

2011年10月20日，由学校曾瑞莲教授主编、广西教育出版社出版的《新越汉词典》在南宁举行首发式，自治区副主席李康（左三）出席首发式。

2011年1月28日，自治区党委组织部部长周新建（右三）代表自治区党委、政府到学校慰问吴尽昭副校长。

2011年1月26日，自治区政协副主席李彬（左）到学校慰问龚永辉教授。

2011年6月30日，自治区党委授予学校党委“自治区先进基层党组织”荣誉称号。

2011年6月21—22日，国务院学位委员会专家组对学校新增博士学位授予单位立项建设情况进行中期检查，并获得通过。

2011年10月23日，学校党委书记钟海青接受香港亚洲电视台采访，介绍了学校国际化办学成就。

2011年1月21—22日，学校第六届教职工代表大会第二次会议召开。

2011年6月7日，广西民族大学2011年研究生工作大会召开。

2011年11月26日，学校“民族旗舰”学生骨干培训学校揭牌，并举行第一期培训班。

2011年10月27日，学校在扶绥县举办新提拔处级领导干部培训班。

2011年4月20日，应越南共产党河内市委的邀请，学校党委书记钟海青（右四）率广西民族大学代表团对越南进行访问。

2011年4月3—11日，以广西区教育厅厅长高枫为团长、学校党委书记钟海青（右二）为副团长的广西教育代表团访问马来西亚和泰国。

2011年3月7—18日，何龙群校长随中国教育代表团对希腊和土耳其两国进行访问。

2011年11月25日，中国驻印尼大使章启月接见在印尼访问的学校代表团。

2011年11月26日，广西民族大学与印尼丹戎布拉大学合作建立的丹戎布拉大学孔子学院举行揭牌仪式。

2011年11月3日，何龙群校长（左三）出席在厦门举行的第五届世界大学女校长论坛。

2011年6月5—16日，杨再延副书记随中国教育代表团在奥地利、法国举办中国教育展。

2011年11月6日，广西民族大学第一个海外校友会——老挝校友会在老挝首都万象成立。学校党委副书记武波出席成立大会。

2011年5月4—17日，伍先华副校长（右一）随中国教育代表团访问新加坡、斯里兰卡。

2011年11月5日，第二届中国技术史论坛在学校召开。

2011年12月9—11日，中国人类学民族学2011年年会在学校召开。

2011年11月21日，学校承办2011亚洲及大洋洲地区大众体育合作发展论坛暨中国—东盟大众体育合作发展论坛在南宁举行。

2011年9月10日，中国东南亚研究高级专家第一次圆桌会议在学校举行。

2011年12月16日，第十八次全国毛泽东哲学思想学术研讨会在学校举行。

2011年4月7日，学校获自治区级第三批重点实验室“广西混杂计算与集成电路设计分析重点实验室”和“广西林产化学品开发与应用重点实验室”。

2011年12月9日，国家民委人文社会科学重点研究基地在学校揭牌。

2011年12月27日，学校举行广西“八桂学者”宋晓宇教授聘任签约仪式。

2011年6月10日，中国科学院成都计算机应用研究所博士后流动站广西民族大学科研基地举行揭牌仪式。

2011年6月8日，广西民族大学与广西日报传媒集团签订合作框架协议。

2011年7月13日，广西民族大学与南宁市平方软件公司签订产学研合作协议。

2011年3月9日，学校与广西神达新能源有限公司共建教学实习基地在南宁市高新区挂牌。

2011年6月29日，老挝党中央委员、国家社会科学院院长坎培·班玛莱通率领老挝“六七”学校校友代表团一行30人来访学校。

2011年9月19日，诗琳通公主泰文资料中心新址揭牌仪式在学校举行。

2011年2月22日，泰国教育部教育委员会秘书长汤森·詹德兰苏一行到学校访问。

2011年3月1日，美国西来大学副校长赫曼舒（前左三）一行访问学校。

2011年6月1日，英国斯泰福厦大学庄丽章博士一行来访学校，双方就进一步合作交换意见。

2011年10月20日，俄罗斯新西伯利亚国立经济管理大学常务副校长巴甫洛夫先生一行访问学校。

2011年4月25日，泰国马哈沙拉坎府教育局局长苏拉彼凯依松（左三）率领泰国东北部中小学校长和教育官员到学校进行培训交流。

2011年12月2日，印尼艾哈迈德达兰大学代表团来访并与学校签订合作协议。

2011年12月11—19日　由教育部主办、广西民族大学承办的“中国大学生艺术团东盟行”赴泰国、老挝举行文艺巡演。

凡 例

一、《广西民族大学年鉴(2012)》时限为2011年1月1日至2011年12月31日。

二、《广西民族大学年鉴(2012)》主要记载2011年度广西民族大学以培养人才为中心，开展教学、科学研究和社会服务等工作所发生的重大事件、重要情况为主要内容的系统性、资料性、工具性年刊。

三、《广西民族大学年鉴(2012)》所记载的内容，以照片、文字、图表为体裁，具有权威性、客观性、公正性、系统性、资料性特点；其编写以存史、资政、育人为宗旨，以服务学校教学、科研、管理和服务社会为根本目标。

四、本年鉴全书由综合、主体和附录三大部分组成。综合部分设重要照片、学校概况、特载、重要文件、重要会议(活动)领导讲话、专载、学校组织机构及负责人。主体部分基本按学校管理职能或同类内容来排序和划分栏目，记载2011年度学校在教学、科研、管理、服务等领域所发生的重要事件和活动。附录部分收集学校2011年度规章制度制订与修订、表彰与奖励、毕业生名单和大事记等资料。

五、本年鉴主体部分由栏目、分目和条目三个结构层次组成，共设19个栏目。栏目依据内容不同，设若干分目。主体部分基本栏目有：党建与思想政治工作、纪检监察 审计 督查、队伍建设与人事管理、学生思想教育与管理、教代会与工会 人口与计划生育 共青团、教学与教学改革、学科建设与研究生教育、科研与学位 学术委员会、交流与合作、办学条件与后勤保障、图书资料 学报出版 档案管理、校友联络与校友会、学院、直属科研单位。条目则以事件内容分设，基本是一事一条。条目为本年鉴的主要记载形式，同时辅之以表格及相关资料。

六、本年鉴所载统计数据，均由各对应职能部门提供，各数据与2011年底各部门上报的报表数据相一致。除特别注明外，一般计算办法是：年度发生数取2011年1月1日—12月31日之间的所发生的总数；其余数据取2011年12月31日时的状态数据。有少数数据，由于部门间统计口径不尽一致，数据也不尽相同。

七、本年鉴所载内容，根据不同栏目和特点，有些按主次排列，有些按类别排列，有些按时间为序排列，有些按姓氏拼音为序排列，有些按学校习惯排法排列，有些按原已有排列，不尽统一。

八、本年鉴的计量单位一律采用国家法定计量单位，汉字一律采用简化汉字，数字一律采用阿拉伯数字书写(作为词语时除外)，计算机输入用半角表示，括号一律用半角格式，日期采用阿拉伯数字书写(转载原文除外)，且年度不能简写。

九、本年鉴所采用照片根据2011年度学校发生的重大事件、重要活动（会议）来选用。比如，党和国家领导人及自治区领导来校考察的照片；国外政要访问学校的照片；自治区各厅局领导来校考察的照片；学校领导活动、学校和学院及学术交流等有代表性的照片。

目 录

特 载

60 周年校庆工作专载

重要文件

重要会议(活动)领导讲话

学校组织机构及负责人

党建与思想政治工作

纪检监察　审计　督查

队伍建设与人事管理

学生思想教育与管理

教代会与工会　人口与计划生育　共青团

教学与教学改革

学科建设与研究生教育

科研管理与学位、学术委员会

交流与合作

办学条件与后勤保障

图书资料　学报出版　档案管理

校友联络与校友会

学　院

直属科研单位

附录1 2011年度制定修订的规章制度目录

附录2 2011年度表彰与奖励

附录3　2011届毕业生名单

附录4　2011年大事记

广西民族大学概况

广西民族大学位于广西南宁市风景秀丽的相思湖畔，创办于1952年，原为中央民族学院(今中央民族大学)广西分院，1953年更名为广西省民族学院，1958年改名为广西民族学院，2006年更名为广西民族大学，是国家民委和广西壮族自治区人民政府共建高校。现有东、西两个校区，占地面积1983亩，校园建筑面积59万平方米，教学科研仪器设备值达12801万元，馆藏纸质文献总量145万册，中外文期刊11006种。

学校现设有22个学院(含1个独立学院)，学科涵盖了哲学、经济学、法学、教育学、文学、历史学、理学、工学、管理学、艺术学等10个学科门类。有65个普通本科专业，11个一级学科和66个二级学科硕士学位授权点，4个专业硕士授权点，2个博士后流动站科研基地。2009年成为广西2008—2015年新增博士学位授予单位的立项建设单位。现有全日制在校生18976人，其中研究生1277人，本科生13959人，专科生1370人，预科生1305人，留学生931人。

学校拥有一支年富力强、热心民族高等教育事业、学术水平高、教学经验丰富的师资队伍。教职工1194人，正高职称164人，副高职称290人；具有博士学位179人，具有硕士学位431人；享受国务院特殊津贴专家15人，具有博士生导师资格17人，“新世纪百千万人才工程”国家级人选1人，广西“新世纪十百千人才工程”第二层次人选6人，自治区优秀专家7人，广西有突出贡献科技人员3人，荣获广西高校“八桂学者”称号2人，广西高校人才小高地创新团队带头人1人，荣获“八桂名师”称号2人，荣获“自治区级教学名师”5人，广西第八届签约文艺家4人。

学校高度重视人才培养工作。现有国家级人才培养基地1个，自治区级重点学科5个，国家民委人文社会科学重点研究基地1个；自治区级重点实验室2个，自治区级人文社会科学重点研究基地及重点建设研究基地(中心)5个，自治区级实验教学示范中心5个，广西科学实验中心1个，广西高校重点实验室2个；广西高校人才小高地创新团队1个，广西高校校企校地创新平台2个；11个特色优势学科实验室建设项目进入中央与地方共建项目，形成了一批培养高质量、高层次人才的学术平台。

近五年来，获国家级精品课程2门，国家级特色专业建设点5个，国家级教学团队1个；获自治区级教学成果奖12项，自治区级精品课程20门，广西教师教育精品课程2门，广西高校思想政治理论课精品课程1门，自治区级优质专业12个，自治区级特色专业与课程一体化项目10项，自治区级教学团队6个，自治区级人才培养模式创新实验区2个，广西创新人才培养基地2个；承担国家民委教改项目5项，自治区级教改项目85项。学生的综合素质和创新能力均有较大提高，在参加的全国科技、文化、艺术、体育赛事中取得了优异成绩。

学校积极开展科学研究，不断推进科技创新。2006年以来，承担国家级课题82项，省部级课题286项，国际合作科研课题3项。获省部级以上各类科研成果奖151项，其中广西社会科学优秀成果奖115项，国家民委问题研究优秀成果奖7项，国家民委社科成果奖12项，全国教育科学研究优秀成果奖二等奖1项，全国民委系统调研报告奖三等奖1项，广西科技进步奖2项，广西科学技术奖？自然科学奖3项，广西壮族，广西哲社“十五”规划研究课题成果二等奖1项，广西文艺创作铜鼓奖6项，入选国家新闻出版总署第二届“三个一百”原创出版工程1项。“纪念百色起义、龙州起义80周年理论研讨会”特别奖1项，自治区纪念中国共产党成立90周年理论研讨会征文二等奖1项。《广西民族大学学报(哲社版)》先后入选国家期刊奖百种重点期刊、教育部名刊建设工程，南京大学中文社会科学引文索引(CSSCI)选用期刊；其“人类学研究“栏目入选首批教育部名栏建设工程。

学校大力实施国际性大学发展战略。与14个国家、地区的94所高校和机构建立了实质性的交流与合作关系，与泰国玛哈沙拉坎大学、老挝国立大学、印尼丹戎布拉大学合作建立了孔子学院；是首批“国家外语非通用语种本科人才基地”、“海外汉语教师来华培训项目“执行学校、“中国支持周边国家汉语教学重点学校”、“中国政府奖学金留学生接收高校“、“汉语水平考试(HSK)高等考点”、“汉语作为外语教学能力认定考试点“、“孔子学院奖学金生接收院校”和“国际汉语教师志愿者项目“培训和选拔院校；泰国教育部在学校建立了泰语水平测试点。柬埔寨国家元首西哈努克亲王、越南国家主席陈德良、副总理范加谦，泰王国诗琳通公主，老挝总理波松等东盟国家政要都曾来校参观访问。

学校的发展得到党和国家领导人的亲切关怀。1958年在南宁人民公园，毛泽东主席接见学校师生代表；1990年11月，江泽民总书记来学校视察时，称赞说：“这里的环境很美，是读书做学问的好地方!”2006年11月，国家主席胡锦涛出访越南时，亲切接见了学校在越南讲学、留学的师生代表；朱德、班禅额尔德尼·却吉坚赞、帕巴拉·格烈郎杰、陈毅、阿沛·阿旺晋美、赛福鼎、司马义·艾买提、尉健行、周铁成、李铁映、李兆焯、陈至立、罗豪才、司马义·铁力瓦尔地、刘延东等党和国家领导人先后来学校视察。2010年5月，国家副主席习近平到学校考察工作。

在长期的办学过程中，学校砥砺出“厚德博学和而不同“的校训，努力服务师生，紧密联系社会，形成了“民族性、区域性、国际性”的办学特色，累计为社会输送12万余名毕业生。现已发展成为一所规模较大、学科门类较齐全、师资力量较强、基础设施较完备、办学效益较好、人才培养质量不断提高且有发展潜力的综合性民族高等学府。先后或多次荣获“党的建设和思想政治工作先进普通高校“、“全国民族团结进步模范单位”、“全国文明单位“、广西“民族团结进步先进集体”等荣誉称号。

“十二五“期间，学校将积极贯彻落实全国教育工作会议和《国家中长期教育改革和发展规划纲要》精神，主动服务于科教兴国和建设创新型国家战略，强化人才培养、科学研究、社会服务三大功能，全面提高教育教学质量，进一步提升办学水平，力争建设成为在国内和东南亚地区有较大影响的、具有民族特色和地方特色的高水平的教学研究型综合性民族大学，为全面建设小康社会做出新的更大的贡献。

特 载

温家宝总理参观马来亚大学
亲切接见广西民族大学在马留学生

4月27日，国务院总理温家宝访问马来西亚并参观马来亚大学，与中马两国师生亲切交流。在马来西亚留学的学校外国语学院马来语2008级基地班的全体学生受到温总理的亲切接见，倍受鼓舞。

4点半，在温总理进入礼堂的那一刻，全场沸腾了。在场师生都以热烈的掌声欢迎总理的到来。在学校礼堂，温总理饶有兴趣地参观了中马友好交流图片展并欣赏了学生们表演的民族舞蹈。随后，温总理与马来西亚学习中文的学生和中国留学生进行亲切交流。马来西亚大学校长高斯介绍了该校的办学理念及与中国开展教育交流合作的情况。温家宝总理说，青年学生，就像早上的太阳，象征着光明与未来，国家的希望寄托在你们身上，国与国之间交往的纽带也靠你们编织，并使之长久保持下去。温总理说他喜欢来到青年人中间，喜欢与青年人对话。通过对话，才能了解青年人的情感和思想。并不是自己教会他们什么，而是他们给自己希望、喜悦和力量。他鼓励同学们好好学习，勇于探索和创新。欢迎更多的马来西亚学生到中国留学，切身了解中国，加强与中国青年的交流，做中马友谊的传承者和促进者。温总理还向师生们赠送了中文教材，并栽下象征希望和友谊的龙脑香树。马来语2008级徐明月同学激动地说：“温总理的话让我倍受鼓舞，我 定会更加努力地学习马来语，更好地了解马来西亚，学成后争当发展中马友谊的使者，为中马世代友好贡献一份力量。”（赵 丹 许 婧）

自治区人大常委会副主任吴恒到学校
检查人大代表换届选举工作

6月8日，自治区人大常委会副主任吴恒率领南宁市和西乡塘区人大常委会领导到学校检查人大代表换届选举准备工作，校党委书记钟海青汇报了学校选区的选举准备工作情况，全校选民登记已经完成，各项选举准备工作正在依法进行。

根据《南宁市西乡塘区人民代表大会换届选举工作实施方案》，学校于5月30日正式启动人大换届选举准备工作，按计划较好地完成了建立选举工作机制、制定方案、组建队伍、培训骨干，广泛深入宣传发动群众，依法开展选民登记等工作，学校选区共有11815名选民登记，经审查所有选民资格有效，选民名单已在公告栏公布，保证选民依法行使选举权，保证民主选举制度的规范化、公开化。

钟海青书记说，学校依据自治区人民代表大会选举实施方案，充分发扬民主，严格依法办事，建立选举工作机制，制定方案，组建队伍，按时按质做好选举有关工作。

吴恒副主任听取了工作汇报，察看了选举办公室的工作情况和选民公告栏，对学校的选举准备工作给予充分肯定，认为学校选民登记规范，工作到位及时。他要求严格按照法律程序，精心组织好人大代表选举工作，要认真听取群众意见，及时反馈有关信息，确保选举工作透明化与公正化，确保每一个合法选民能依法行使自己的选举权。（肖汶瑾　温冬梅）

自治区人大常委会副主任吴恒到学校调研依法治校工作

7月24日，自治区人大常委会吴恒副主任一行8人到学校调研，就如何完善常委会组成人员的履职环境、保障依法履行职权和提高审议实效进行座谈。校长何龙群、校党委副书记杨再延汇报了学校近期的工作情况和学校对做好委员依法履职开展服务工作的意见和建议。自治区人大常委会副秘书长、办公厅主任凌志勇主持座谈会。

杨再延副书记说，人民代表大会制度是我国的根本政治制度。坚持和完善这一制度是各级党委和人大的一项重要政治任务。广西民族大学校长何龙群同志既是自治区人大代表又是自治区人大常委会组成人员，这是她个人的光荣，也是学校的荣誉，我们将一如既往地支持和协助自治区人大常委会及办公厅，积极配合人大常委会成员何龙群同志依法履职开展服务工作。为了更好地配合自治区人大办公厅进一步做好服务工作，我们提出三点建议：一是加强地方立法，提高法规质量；二是进一步贯彻落实监督法，增强监督工作实效；三是进一步加强人大常委会成员依法履职的宣传。

何龙群校长就自治区人大常委会和办公厅履行的各项职责和服务提出了三点认识和想法。她说，广西民族大学是广西民族院校的最高学府，能作为广西民族大学的人大代表，她个人深感光荣，全校各部门都大力支持她的人大常委工作，一致肯定了人大常委工作的重要性。其次，通过开展人大常委工作，广西民族大学增加了一条有力的反映渠道，加强北部湾海洋资源和生态环境监控，注意环境建设与经济建设同步发展、城市文化设施建设与高校建设一并考虑等七个意见都得到政府及其分管部门的重视和回复。三是参加人大各种会议及学习讲座，了解更多法律知识，提升了自我素质和法律意识。何龙群校长还结合自身工作实践提出了两点建议：一是根据个人工作时间安排，分批进行人大调研活动；二是及时完善新律法，使新律法更合理性。

自治区人大常委会代表认真听取了学校提出的意见和建议，对学校积极配合人大常委会依法履职开展服务工作给予肯定。吴恒副主任表示，要进一步探索研究人大常委组成人员的服务内容，适当扩大服务范围，设立机构落实人大常委履行工作。同时他还建议学校要多与自治区人大常委会和办公厅沟通，有问题和困难要及时提出，自治区人大常委会及时地给予答复或解决。

自治区人大常委会秘书长崔智友、自治区人大常委会选联工委主任覃郁华、自治区人大常委会副秘书长兼办公厅副主任毛振林、学校党委副书记武波、副校长贺争平、袁鼎生、伍先华等参加了座谈会。（谢飞燕　余晓丽）

教育部民族教育司张强副司长考察广西民族大学

11月19日，教育部民族教育司张强副司长一行来学校考察工作，肯定学校民族教育所取得的成绩。校党委书记钟海青及有关领导陪同考察。

钟海青书记向张强副司长介绍了学校面向东盟积极推进教育国际化的办学情况。他说，东盟特色专业不仅是本校培养人才的优势，更是面向全社会培养东盟合作交流人才的重要资源。学校共设有越南语、泰国语、老挝语、柬埔寨语等7个东盟语种，加上英语、法语，覆盖了东盟国家的主要语种。近几年，学校逐渐建立面向东盟的语言文化、政治法律、经贸商旅等具有优势特色的东盟学科群，培养了大批面向东盟的国际化人才。不少毕业生到东盟国家从事经贸交流合作、海外汉语教育等工作，为服务我国外交战略、加强与东盟国家的交流与合作、实现中国文化走向东盟作出了贡献。

钟海青书记还向张强副司长介绍了正在建设的东盟学院。他说，东盟学院聘请我国前任外交部部长李肇星担任名誉院长。学校将努力把东盟学院建设成为服务中国与东盟合作的人才培养基地。

张强副司长充分肯定了学校民族教育所取得的成绩。他说，广西民族大学是一所办学特色鲜明的民族院校，为服务国家外交战略及培养面向东盟交流合作人才作出很大努力，同时为国家民族教育作出重要贡献。

张强副司长考察了国际综合教育大楼电子阅览室的规模、功用及使用状况，并与正在进行网上学习的同学进行亲切交谈。他对学校楼宇布局及先进、齐全的教学设施表示赞赏。（黄宇翔　张丽梅）

2011年东南亚国家新年泼水节在广西民族大学举行

4月13日，2011年东南亚国家新年泼水节在学校隆重开幕，中国、越南、老挝、泰国、柬埔寨、缅甸和部分欧美国家的友人欢聚一堂，共庆这一盛大的东南亚国家传统节日。

越南驻南宁总领事馆总领事阮英勇，老挝驻南宁总领事馆总领事潘坎·尹他波里，泰国驻南宁总领事馆副总领事赖森彝，柬埔寨驻中国大使馆商务参赞兼商务联络处处长金勇，缅甸驻南宁总领事馆副总领事古杰，校长何龙群，以及自治区外事、公安、工商界有关领导参加了开幕式。开幕式由副校长李珍刚主持。

开幕式上，何龙群校长向各界国际友人致以节日的问候和祝愿。

随着何龙群校长宣布“2011 年东南亚国家新年泼水节活动开幕”，礼炮齐鸣，欢呼四起，一年一度的泼水狂欢正式开始。

轻柔的乐声响起，中国学生及东盟国家的留学生分别表演了《飞天》、《小明山下》、《飞仙舞》、《新年祝福》、《越南魅力》等民族歌舞。五彩的服饰，曼妙的舞姿，伴着充满民族风情的音乐，表达了新年的祝福，点燃观众的激情。活动中，美丽的宋干小姐为现场的领导嘉宾涂抹寓意吉祥的泰国香粉，并泼洒香水祝福。老挝留学生展示了泼水节传统庆祝活动“栓线祝福仪式”，并为大家系上五彩绳。众人一同跳起《团圆舞》，欢乐融融。

泼水环节最是欢快热闹，大家尽情地泼水表达对彼此的真切祝福。你一勺，我一盆，他一桶，“还击战”，“偷袭术”……参加活动的师生们衣服都湿透了，头发也滴着水，但是大家仍然开心地追逐泼水，活动现场充满了欢声笑语。

柬埔寨驻中国大使馆商务参赞兼商务联络处处长金勇先生说，活动场面很热闹，第一次参加中国和东南亚共同举办的此类活动，非常开心，也很感动。

老挝留学生王龙庆到学校学习汉语已经一年了，这是他第一次在中国过泼水节，他说：“民大的泼水节和在家时候一样，很热闹，印象很深刻。”

缅甸留学生洪章松柏说，泼水节在缅甸是个很大的节日，这一天缅甸人要举行各式各样的活动相互祝福。今年在中国过泼水节，他和朋友们用了一个月的时间排练节目以庆祝这个节日。

西班牙留学生安娜到中国学习 7 年了，这次跟着泰国朋友来参加活动，感觉“很新鲜、很热闹、很独特”。（苏　剑　韦联想）

第二届中国技术史论坛在广西民族大学举行

11 月 4 日至 7 日，第二届中国技术史论坛在学校隆重召开，来自全国各地共 166 名代表出席论坛。141 位学者在会议期间作关于综合史、农史、技术与社会等各领域的学术报告。

自治区人大原副主任甘幼玶教授、中科院自然科学史所所长张柏春、中国科协调宣部副部长纳翔、学校副校长袁鼎生等领导嘉宾出席 11 月 5 日的开幕式。

甘幼玶教授讲述自己对科学、技术与“科技”含义的理解。他说科学和技术是两个不同的范畴，“科技”这一词还是少用或者舍弃为好，科学就是科学，技术就是技术，需要同时提及，就说“科学与技术”，没有必要简称为“科技”。他对中国技术史的未来寄予殷切期盼，并衷心祝贺此次论坛取得圆满成功。

张柏春所长说：“近年来，我国科学史事业不断发展，学者们持续发展科学、技术与医学的历史研究，同时还在开拓科技与社会、科学与文化等领域的研究，促进了科学史学科与考古学、哲学、社会学等学科的结合，呈现出学术转型的态势。在技术史领域，冶金、陶瓷、农学、水利、航空等学科类的历史研究有了不同的进展，取得了许多新的研究成果，迫切需要一个国内交流的综合平台，由中国科技史学会的若干专业委员会、中国农史学会等学会共同创建了‘全国技术史论坛’这个跨学科的历史研究交流平台，为学术研讨创造了机会，得到大陆和台湾同行的认同和大力支持，以及部分外国学者的响应。”

张所长说，广西民族大学建设了科学史学科，汇聚了优秀的老中青学者，在传统工艺、少数民族科学史、科技人类学、中国与东南亚的传统工艺交流等方面做了多年的探索和开拓工作，形成了自己的特色，使广西民族大学成为我国南方富有生机的科技史研究中心，此次论坛的召开，为我们近距离了解广西的科技事业和文化遗产提供了良机。

纳翔副部长指出，中国科协一直以来带领广大科技工作者，紧绕科学发展主题和加快转变经济发展方式的主线，做了大量成效卓著的工作。他说：“2010 年以来，中国科协调宣部依托中国科学技术史学会，组织开展老科学家学术成长资料采集工程，得到了国务院主要领导同志的肯定。目前，项目已经开展完成了第一批 54 个采集对象，收集了许多具有很高研究价值和史料价值的实物音像资料，完成了一批具有学术价值的老科学家学术传记。2011 年，他们继续组织启动了 101 个采集小组，各项工作顺利进行。这项项目将为理清我国学科发展脉络、发现人才成长规律奠定坚实的基础。”纳翔希望技术史领域的专家学者们多关注、多支持这项工作，共同推动我国科学技术的发展繁荣，营造良好的社会环境。

袁鼎生副校长介绍学校的学科建设情况，特别介绍了学校科学技术史学科的发展。他说：“我校于 1986 年成立科学技术史研究室，2008 年科学技术史成为学校重点建设学科，并成为学校首批申博的支撑学科。经过多年努力，我校科学技术史学科在国内已有一定影响，被誉为‘中国南方少数民族科技史研究重镇’。作为中国科学技术史学会少数民族专业委员会长期挂靠本学科点，在 2007 年还成功举行了‘第 11 届中国科技史国际学术研讨会’，产生了广泛影响。”袁副校长表示，这次盛会在我校召开，我们一定能够从各位专家、学者那里学习到更多宝贵的知识和经验，他代表学校诚挚欢迎各位专家、学者能经常到广西民大交流讲学，传经送宝，有力地指导和推进学校科学技术史学科的建设。

本次论坛由中国科学技术史学会技术史专业委员会、农学史专业委员会、金属史专业委员会等十个单位主办，由学校科学技术与社会发展研究中心和广西自然辨证法研究所承办。（韦联想 林江碧）

学校通过新增博士学位授予单位立项建设中期检查

6 月 21—22 日，以国务院学科评议组成员、中国国家图书馆馆长詹福瑞教授为组长，国务院学科评议组成员、中央民族大学文日焕教授为副组长的国务院学位委员会专家组一行 10 人，对学校博士学位授予单位立项建设情况进行中期检查。专家组一致同意学校通过此次检查。

21 日上午举行汇报会，自治区教育厅副厅长杨伟嘉、自治区学位办主任李向红、校党委书记钟海青、校长何龙群、校党委副书记武波、副校长贺争平、袁鼎生、伍先华、吴尽昭及全校副高、副处以上人员等出席了汇报会。

杨伟嘉副厅长在会上致辞。她说，希望专家组对广西民族大学的学科建设、科学研究、师资队伍建设、研究生培养工作进行全方位的指导，提出进一步改进和加强后续工作的建议和措施，使广西民大早日获得博士学位授予权，进一步提高民大的人才培养质量和办学层次，推动广西高校高层次人才的培养工作，为广西经济社会发展作出更大贡献。

钟海青书记说，学校围绕博士学位授予单位的立项建设的规划目标，采取有力措施，及时调整建设思路，按照一级学科要求，调整博士学位授权学科和支撑学科建设有关内容，凝练学科方向，发挥学科特色优势，优化学科结构，注重学科建设质量，学科整体实力有了明显提升，加强学科循环和公共服务体系的建设，为博士生培养创造了良好条件。钟书记希望通过这次中期检查，专家组能帮助学校找出在博士学科立项建设工作中的问题和不足，并对下一步的工作提出宝贵意见和建议。学校将虚心接受专家组的意见，查找工作中的问题，结合学校的“十二五”规划，采取更好的措施，争取早日实现成为博士学位授予单位建设的目标。

专家组组长詹福瑞教授说，广西民族大学为少数民族地区和西部地区人才培养、经济社会文化发展作出了突出贡献。民大在较为艰苦的条件下，在学科建设等方面取得了很大的成绩，民大有远见、有魄力，在西部地区谋发展、谋建设。专家组将大力支持民大的学科建设和发展，提供指导和建议，争取政策，使民大的学科建设再上新台阶，尽早获得博士学位授予权。

专家组通过听取汇报、检查档案、实地考察和召开座谈会等形式，完成了中期检查工作。22日的专家组意见反馈会上，专家组认为学校通过近三年的建设，很好地完成了新增博士后学位授予单位规划建设目标任务。专家组一致同意学校通过新增博士学位授予单位立项建设中期检查。专家组组长詹福瑞教授宣读《广西民族大学新增博士学位授予单位立项建设中期检查报告》。专家组在报告中提出六点检查意见：一、领导高度重视，建设思路清晰，措施得力，有计划、有步骤地推动新增博士点授予单位立项建设，并取得显著成效。二、办学定位明确，学科特色突出，优势明显。三、人才队伍建设成效显著，师资力量强，学术梯队结构合理。四、注重学术平台建设，科学研究成果丰硕，学科发展核心竞争力明显增强，科研立项和科研经费实现了建设计划的各项指标。五、研究生教育管理规范，培养质量较高。六、经费投入力度较大，办学条件明显改善。

专家组建议，中央和地方政府应在资金上进一步加大对广西民族大学新增博士学位授予单位立项建设工作的支持力度，特别是在科研平台、学科平台的建设中提供更多的机会，以加速推进立项建设工作；围绕学科特色和优势进一步加快高层次人才队伍建设，重点培育学科领军人物，力争取得高水平标志性成果，提升学校博士学位学科的综合实力；进一步突出重点，加强多学科间的的有机整合，加强重点学科实力，彰显学科特色和优势。（陈世厚　吴莉莉）

钟海青书记接受香港亚洲电视台采访

10月23日下午，香港亚洲电视台到学校进行参观采访，校党委书记钟海青和师生接受采访，介绍学校国际化发展情况。

钟海青书记向香港记者介绍学校与东盟国家的交流合作情况。他说，广西民族大学是中国与东南亚国家最早建立合作交流关系的大学之一，是中国首批“国家外语非通用语种本科人才培养基地”。学校从1964年开设东盟国家语种专业以来，已有近半个世纪的历史。开设初期设有越南语、泰语、老挝语，经过多年的发展，陆续增加了柬埔寨语、缅甸语、印尼语、马来语等语种，加上原有的英语、法语，东盟十国的官方语言已经开设齐全，成为全国开设东盟语种最齐全的大学。学校依托东盟语种优势，增设了一批与东南亚政治、经贸、文化、旅游等相关的学科专业，并形成了东盟语言文化、东盟经贸商旅、东盟政治法律等三个系列的东盟学科群。钟书记说，学校与东南亚国家高校开展教育合作比较早，每年都有大批东南亚国家的大学生到广西民大留学，学校每年也向东南亚国家派出留学生2000多人，双方学校高层互访、互派教师留学生、开展科研合作等。

钟书记说，历届中国—东盟博览会、中国—东盟投资峰会的举办，学校都派出大批师生为展会提供服务，担任高级联络官、翻译和志愿者，学生利用自己所学的东南亚语言为中国和东盟各国参展商的交流合作提供服务。同时博览会也为学校学生提供实践平台，让学生在实践锻炼中巩固知识、增长才干。

学校中国—东盟研究中心主任、东盟学院副院长黄兴球教授在接受采访时说，这些年中国与东盟各国的合作层次不断提高，签定了很多建设性协议，为中国—东盟自由贸易区的建设奠定了基础。南宁市借助举办中国—东盟博览会，进一步提高了国际化水平，城市发展变化很快，市民学习外语的风气变得更浓厚，来南宁从事商贸旅游的人数也在逐年增加，这对于学校东盟语种的发展也是十分有利的。

国际教育学院的越南留学生飞玉谦在接受采访时说，他是越南河内大学的交换生，来到广西民大半个多月，因为南宁的气候与河内很接近，比较容易适应。在这里，他发现校园绿树成荫很漂亮，师生很热情，对学校很满意。在谈到自己学习的时候，他说想好好学习中文，学成之后回越南当中文老师，向更多的越南学生教授汉语。

第五届全国大学生越南语演讲大赛四年级组冠军、学校外国语学院越南语专业2008级学生程富丽同学对亚洲电视台记者说，她作为广西人，学习越南语有较好的语言地缘优势，加上这几年来随着中国与东盟合作的深入，作为合作前沿的广西拥有更多的机会，这更坚定了她学习越南语的决心。即将毕业的她对就业前景充满信心。

香港亚洲电视台记者毕艳芳在谈到此次来广西民族大学采访的原因时说，在中国—东盟博览会上广西民族大学志愿者的优秀表现，是电视台采访广西民大师生的原因之一。来到广西民大，觉得这所学校学术氛围比较浓厚，有鲜明的少数民族特色，为中国与东盟的交流作出了重要贡献，学校也在东盟各国中有着重要的影响力。（刘志伟　张丽梅）

何龙群校长应邀出席第五届世界大学女校长论坛

11月3—7日，以“文化与教育的包容性发展——大学女校长的使命与作为”为主题的第五届世界大学女校长论坛在厦门举行。此次论坛由中国教育国际交流协会、厦门大学、中国传媒大学联合举办。论坛期间，来自全球35个国家和地区的100多名大学女校长，围绕“文化和教育的包容性发展”这一主题，聚焦当今世界文化的热点问题，纵论当代教育发展大事，深入探讨文化和教育包容性背景下大学女校长的使命与作为。

全国人大常委会副委员长、全国妇联主席陈至立，全国政协副主席林文漪，教育部副部长李卫红，福建省委书记孙春兰，全国妇联副主席陈秀榕等出席了论坛开幕式并致辞。校长何龙群作为广西唯一一名代表应邀出席了本次论坛并提交了题为《厚德博学，和而不同的大学精神》的会议交流材料，何校长并围绕女性领导力提升与大学女校长的自我设计作了发言。

“世界大学女校长论坛”是目前世界范围内具有广泛影响力的以大学女校长为主体的品牌论坛，旨在汇聚世界各国大学女校长的力量，搭建交流合作、分享智慧的国际平台。自2001年以来，该论坛已经成功举办了五届，先后吸引了世界各地52个国家的500余名女校长参与。（梁　罡）

学校第三所孔子学院在印尼丹戎布拉大学成立

11月26日，学校与印度尼西亚丹戎布拉大学合作建立的丹戎布拉大学孔子学院在印度尼西亚西加里曼丹省坤甸市隆重举行揭牌仪式。这是学校2006年在泰国玛哈沙拉坎大学孔子学院成立、2009年在老挝国立大学孔子学院成立后，在国外建立的第三所孔子学院。

中国驻印尼大使馆万正峰参赞、学校何龙群校长、西加里曼丹省副省长黄汉山先生、坤甸市市长苏达尔米吉先生、雅加达华文教育协调机构主席蔡昌杰先生、西加里曼丹孔教华社总会负责人及社会各界嘉宾一千人欢聚一堂，见证了这历史性的时刻。

印尼丹戎布拉大学孔子学院的成立，为印度尼西亚青年学生学习汉语提供直接的场所和更为方便条件，对增进中国与印度尼西亚两国人民的相互了解与友谊，开展教育文化交流起着重要的促进作用。印尼丹戎布拉大学孔子学院的成立使学校国际汉语推广工作面进一步扩大，国际交流合作空间进一步拓宽。近几年来学校大力发展留学生教育和汉语国际推广工作，汉语国际推广工作走在广西高校的前列，得到了国家汉办的充分肯定。

为庆祝丹戎布拉大学孔子学院揭牌成立，学校派出大学生艺术团到丹戎布拉大学举行文艺演出，富有中国特色的精彩文艺节目让印尼人民直接感受到中国文化的魅力。（冯光火）

庄国土、宋晓宇聘为广西八桂学者
周建新聘为广西特聘专家

11月22，广西首批八桂学者、特聘专家聘任仪式在南宁举行。厦门大学国际关系学院院长庄国土、美国波特兰州大学电子与计算机工程系宋晓宇教授被聘为首批八桂学者，分别在学校中国与

东南亚关系研究岗位及混杂计算与集成电路设计分析岗位。学校民族学与社会学学院院长周建新教授被聘为广西特聘专家，聘在广西民族大学中国南方与东南亚民族研究岗位。自治区党委书记、自治区人大常委会主任郭声琨，自治区主席马飚，中国工程院院士郑皆连，学校校长何龙群出席聘任仪式。聘任仪式上，何龙群校长与厦门大学国际关系学院院长庄国土教授签订聘任合同。周建新教授上台接受聘书。

12 月 27，学校在办公楼会议室举行自治区八桂学者宋晓宇教授聘任合同签订仪式。钟海青书记对宋晓宇教授受聘为学校的八桂学者表示热烈的祝贺和诚挚的欢迎，何龙群校长代表学校与宋晓宇教授签订聘任合同。宋晓宇教授正式到学校“混杂计算与集成电路设计分析”岗位任职。宋晓宇教授在聘任合同签订仪式说，来到少数民族自治区的广西工作，有一种亲切的感觉。对于此次受聘为八桂学者，他表示很荣幸，相信在校领导和学院领导的指导和关心下，学校的混杂计算与集成电路设计分析研究水平一定会提高到更高的层次，今后几年在八桂学者岗位上，一定不负众望，为学校的科研工作、为广西的经济发展尽最大的努力。　（高鲜菊）

增强四种意识　防范四种危险　争做四型干部

——学校举行处级干部培训，钟海青书记何龙群校长亲自讲课

12 月 16 日至 18 日，学校在平果县举行处级干部培训，全校处级干部近 200 人参加培训。校党委书记钟海青，校长何龙群，副书记杨再延、武波，副校长贺争平、伍先华参加培训活动。钟海青书记指出，培训的目的是着力提高处级领导干部的理论素质和办学治校能力，为加快学校的改革和发展提供强有力的思想基础和组织保证。

培训主要内容有：何龙群校长作《转变教育发展方式，认真落实“十二五”规划》专题报告，钟海青书记作《增强四种意识，防范四种危险，争做四型干部》专题报告，自治区党委副秘书长林怀勇作《多管齐下，全面提高行政效率》专题报告，区高校工委副书记、纪工委书记孙海潮作廉政报告，教育厅副厅长杨伟嘉作《国家和广西中长期教育改革和发展》专题报告。

何龙群校长说，十二五期间，高等教育由过去的外延式增长转向内涵式发展，提高教育质量、提高人才培养质量已成为高等教育的主要目标。当前，高校间的竞争十分激烈，学生的选择性增强，特色学校、优势专业将越来越受到追捧。何校长指出，国家十二五中长期教育发展纲要和广西十二五中长期教育发展规划为高等教育的发展指明了方向，更加注重教育质量，更加注重以人为本，更加注重特色办学。学校十二五规划的总体目标是建成学士—硕士—博士完整的大学人才培养体系；建成一批高水平学科，打造高水平人才培养体系；积极推进教育国际化进程，2015 年基本建成在中国和东南亚有较大影响力的大学。何校长还谈了学校十二五的九大任务，重点是优化学科结构，打造学科特色，提高人才培养质量，提升学科研究水平，由教学型大学向教学研究型大学迈进。

钟海青书记作《增强四种意识，防范四种危险，争做四型干部》专题报告。胡锦涛同志指出，新

形势下党面临着“执政考验、改革开放考验、市场经济考验、外部环境考验”同时还面临着“精神懈怠的危险，能力不足的危险，脱离群众的危险，消极腐败的危险”。针对这一问题，钟海青书记对领导干部提出：

一、增强责任意识，防范精神懈怠，争做干事型干部。“精神懈怠”实际上就是消极不作为，缺乏责任心和事业心，缺乏职业道德。要做到精神不懈怠，首先要有强烈的事业心和责任感，把本领用在干事业上，把目标落实在“干成事”上。作为领导干部要谋事有见解，遇事有办法，做事有能力，办事有水准。要盯着排头干、朝着先进赶，把各项工作提高到一个新的水平。

二、增强忧患意识，防范能力不足的危险，争做学习型干部。进入新阶段，科技进步日新月异，国际竞争日趋激烈，各种思想文化相互激荡，矛盾错综复杂。学校干部队伍在能力方面还存在一些不适应、不符合的问题。我们各级领导干部，要把学习作为安身立命之本，提高能力素质，承载事业重托。增强忧患意识，要有“知识恐慌”、“本领恐慌”、“业务恐慌”的紧迫感。把学习成果转化为谋划工作的科学思路，推进工作的办法措施，落实工作的实际能力，在实践中创造新成绩、取得新进步。

三、增强宗旨意识，防范脱离群众的危险，争做亲民型干部。党的根基在民，血脉在民，力量在民，生存的基础在民。必须切实加强全心全力为人民服务的宗旨意识，密切党同人民群众的血肉联系，围绕人民群众最关心的问题，找准工作的着力点，多为群众办实事、办好事，让群众实实在在感受到我们的工作成效。

四、增强自律意识，防范消极腐败的危险，争做廉洁型干部。腐败消磨党的意志，瓦解党的队伍，削弱党的战斗力，破坏党同人民群众的血肉联系。领导干部要常修为政之德，常思贪欲之害，常怀律己之心。在个人利益与人民利益发生冲突的时候，在制度不健全、政策有漏洞的时候，在无人监督、各种不健康思想侵蚀和引诱的时候，做到自重、自省、自警、自律。筑牢思想道德防线和党纪国法防线，保持清廉本色。（黄国春）

60 周年校庆工作专载

广西民族大学60周年校庆公告

栉风沐雨，峥嵘六秩。2012 年 5 月 18 日，广西民族大学将迎来建校 60 周年华诞。届时学校将隆重举行建校 60 周年庆典活动。在此，全校各族师生员工谨向长期以来关心和支持我校建设与发展的各级领导、各界人士致以衷心的感谢和崇高的敬意；向情系母校的广大海内外校友致以节日的祝贺和诚挚的问候

薪火相传，桃李芬芳。广西民族大学创办于 1952 年，原为中央民族学院(今中央民族大学)广西分院，1953 年更名为广西省民族学院，1958 年改名为广西民族学院，2006 年更名为广西民族大学，是国家民委和广西壮族自治区人民政府共建高校。在 60 年的办学历程中，学校始终坚持面向少数民族和民族地区的办学宗旨，把提高教育质量贯穿到人才培养、科学研究、社会服务各项工作中去，努力办人民满意的民族大学。60 年的披荆斩棘砥砺出了广西民大“厚德博学和而不同”的校训精神，形成了“民族性、区域性、国际性”的办学特色，为国家和民族地区输送了 10 万余名各类人才。他们以强烈的历史使命感和社会责任感，活跃在祖国各地特别是民族地区，以及世界部分国家，遍布各级党政部门和经济、教育、科技、文化等领域，涌现出一大批少数民族领导干部、专家学者、业界精英和文化名人，为民族地区经济建设和社会发展，为维护国家统一、巩固民族团结作出了重要贡献。

励精图治，晖光日新。广西民族大学风雨兼程的 60 年，是新中国民族高等教育发展的一个缩影。回首 60 年，经过几代人的开拓奋斗，特别是进入新世纪，学校发展呈现出勃勃生机，实现了跨越式发展。从少数民族政治干部和初级专业人才培训班发展成为如今拥有两个校区、有来自全国 25 个省、自治区和直辖市的 34 个不同民族的近两万名学生、1200 余名教职工的具有多层次办学格局的综合性高等学府；拥有一批享受国务院特殊津贴专家、国家“新世纪百千万人才工程国家级人选”、自治区优秀专家、广西高校“八桂学者”、“八桂名师”和广西签约文艺家；拥有涵盖 10 个学科门类的 62 个普通本科专业，11 个一级学科和 42 个二级学科硕士学位授权点，4 个专业硕士授权点，2 个博士后流动站科研基地，成为广西 2008—2015 年新增博士学位授予单位的立项建设单位。是首批“国家外语非通用语种本科人才基地”、“中国—东盟法律培训基地”、“中国支持周边国家汉语教学重点学校”、“海外汉语教师来华培训项目执行学校”、“中国政府奖学金留学生接收高校”。三次被国务院授予“全国民族团结进步模范单位”，2005 年荣获“全国文明单位”称号，2011 年被中共中央授予“全国先进基层党组织”荣誉称号。广西民族大学已发展成为一所规模较大、学科门类较齐全、师资力量较强、人才培养质量不断提高且有发展潜力、办学特色鲜明优势明显的综合性民族高等学府，成为展示民族团结进步及对外交流合作的重要窗口。

盛事相邀，群贤毕集。60 华诞是广西民族大学发展的重要里程碑建校 60 周年庆典，是学校科学发展的新机遇，是凝心聚力的新契机，是继往开来的新起点。学校将本着“热烈隆重、简朴务实、讲求实效”的原则，举办 60 周年校庆系列活动。目前，学校成立了校庆筹备工作委员会，校庆筹备工作正紧锣密鼓地进行，校史馆资料征集、校友联络、举行系列学术报告、筹办校庆庆典大会和文艺晚会、校庆引资捐赠等各项筹备工作业已全面展开。我们热忱欢迎各级领导、海内外校友、社会各界人士和朋友关心、支持学校庆典筹备工作，对校庆筹备工作提出宝贵的意见和建议。

躬逢盛世迎甲子，再谱华章启征程。广西民族大学建校 60 周年庆典活动将于 2012 年 5 月 18 日举行，诚邀各级领导、四海宾朋和八方校友届时拨冗莅临，相思湖畔共襄盛事！

特此公告，敬祈周知。

广西民族大学 60 周年校庆引资捐赠方案公告

2012 年 5 月 18 日，广西民族大学将迎来 60 周年华诞。为做好校庆引资捐赠工作，现将引资捐赠方案予以公告。学校热忱欢迎机关企事业单位、社会团体、海内外各界人士、广大校友和在校师生员工为学校 60 周年校庆捐资捐物。

一、引资捐赠内容

基建工程项目	经费预算
1 号：西校区校园曲水景观工程(清淤、筑堤)	概算 300 万元
2 号：鼓楼	概算 200 万元
3 号：室外篮球场(10 个)	概算 100 万元
4 号：室外排球场(8 个)	概算 100 万元
5 号：相思湖引水补水工程	概算 100 万元
6 号：相思湖风雨桥工程	概算 80 万元
7 号：民族预科与干部培训楼 2 楼多功能厅装修工程	概算 51 万元
景观绿化项目	
8 号：东盟学院大楼周边景观绿化	概算 180 万元
9 号：民族预科与干部培训楼周边景观绿化	概算 130 万元
10 号：西校区图书馆周边景观绿化	概算 120 万元
11 号：国际教育综合楼周边景观绿化	概算 120 万元
12 号：理工实验楼周边景观绿化	概算 80 万元
13 号：西校区学生公寓周边景观绿化	概算 80 万元
14 号：环相思湖景观绿化	概算 80 万元
15 号：西校区校前广场景观绿化	概算 70 万元
16 号：艺术楼周边景观绿化	概算 60 万元
17 号：东校区学生公寓 6#楼周边景观绿化	概算 35 万元
18 号：网球馆南面广场周边景观绿化	概算 35 万元

续表

19 号：五坡教工高层 30#周边景观绿化	概算 35 万元
20 号：校友林	概算 15 万元
21 号：东盟林	概算 15 万元
22 号：民族林	概算 15 万元
23 号：附属中学教学楼周边景观、绿化	概算 10 万元
文艺宣传项目	
24 号：校史展览	概算 120 万元
25 号：文艺晚会	概算 100 万元
26 号：教学科研成果展览	概算 90 万元
27 号：民族文物展览	概算 80 万元
28 号：东盟人才培养成果展	概算 80 万元
29 号：礼品陈列室	概算 50 万元
30 号：国际教育综合大楼大厅电子显示屏	概算 10 万元
设施设备项目	
31 号：图书馆防护系统	概算 200 万元
32 号：模拟法庭实验室	概算 100 万元
33 号：民族预科与干部培训楼学术报告厅	概算 80 万元
34 号：非线性编辑实验室	概算 60 万元
35 号：校庆文艺晚会音响设备	概算 55 万元
36 号：电算会计实验室	概算 50 万元
37 号：影视制作与赏析实验室	概算 50 万元
38 号：口译实验室	概算 50 万元
39 号：电子信息实验室	概算 50 万元
40 号：数学建模实验室	概算 50 万元
41 号：演播实验室	概算 50 万元
42 号：东盟旅游管理实验室	概算 50 万元
43 号：运动生化实验室	概算 50 万元
44 号：理工楼学术报告厅	概算 40 万元
45 号：民族工艺实验室	概算 30 万元
46 号：思政模拟实验室	概算 30 万元
47 号：西校区多媒体教室(每间)	概算 10 万元
奖、助学金项目	
48 号：奖、助学金，金额不限，长短期不限。	

除上述项目外，还可以根据捐赠者的意愿立项，学校将根据捐赠者的要求，对项目提出规划、草图、模型及经费预算明细表。

二、引资捐赠鸣谢

(一)学校将所有捐赠单位名称、捐赠者姓名及数额在广西民族大学校园网上向社会公布，有特殊要求者除外

（二）学校将所有捐赠单位名称、捐赠者姓名列入校志，由学校永久珍藏

（三）学校向所有捐赠者颁发捐赠证书

（四）捐赠价值达到如下数额的，可按以下方式鸣谢

1. 捐赠价值500元人民币及以上者，在广西民族大学捐赠荣誉碑上刻名留念。

2. 捐赠价值达到项目投资额一半以上者，可按捐赠者意愿冠名或在项目所在地标记。

3. 捐赠价值10万元人民币以上者，除在广西民族大学捐赠荣誉碑上刻名留念外，授予“广西民族大学发展突出贡献者”荣誉称号。

4. 捐赠价值20万元人民币以上建立基金者，可获得基金命名权；授予“广西民族大学发展突出贡献者”荣誉称号。

（五）对于提供捐赠的地方政府、科研机构、企事业单位及个人，在国家法律、法规、学校制度允许的范围内，优先开展合作、共建等

三、引资捐赠方式

（一）捐赠者可通过下列形式捐赠

1. 汇款、支票或现金捐赠。

2. 设立奖学金及各类基金形式捐赠。

3. 校庆广告等校庆活动专项赞助。

4. 实物捐赠。

5. 其他捐赠。

（二）学校账号和联系方式

1. 汇款、支票或现金捐赠可直接存入以下账户：

（1）单位捐款存入账户：

户　名：广西民族大学

开户行：工行广西南宁市西乡塘支行

账　号：2102111309249010118

（2）个人捐款存入账户：

户　名：广西民族大学校友会

开户行：交通银行广西南宁市大学路支行

账　号：451060605018000168639

2. 其他捐赠和赞助可通过以下方式联系：

广西民族大学校庆办公室

地　址：广西南宁市大学东路188号

邮　编：530006

联系电话：0771—3262608（唐老师）

0771—3260215（覃老师）

传真：0771—3262241

E－mail：gxun60@ vip. 163. com 该Email地址已收到反垃圾邮件插件保护。要显示它您需要在浏览器中启用JavaScript。

2011年5月3日

广西民族大学关于征集知名校友信息的通知

学校各单位、广大师生、校友：

2012 年 5 月 18 日，学校将迎来建校 60 周年校庆，建校 60 年来，为国家和民族地区输送了十万余名各类人才。不少毕业生成为各级党政军领导干部和颇有成就的专家、教授、作家、诗人和企业家。为了能够尽可能全面反映学校 60 年的发展进程，把 60 年岁月中最闪光的校友人物展示出来，校史展览馆将设立“校友风采”栏目。特向学校各单位、全校广大师生、海内外校友征集知名校友信息，现将有关事项通知如下：

一、知名校友征集范围

1. 在我校学习过的政府和军队领导（副厅级以上）；

2. 在我校学习过的知名教授、研究员（在国内或省区内相关领域有较大影响的）；

3. 在我校学习过的知名作家、艺术家；

4. 在我校学习过的、有较大成就的企业家；

5. 在我校学习过的、获得过国家级奖励的先进工作者、劳动模范、优秀共产党员，立二等功以上校友。

6. 在我校学习过的其他有突出贡献的校友。

二、提供知名校友信息的基本要求及说明

1. 提供校友个人姓名、在校学习专业班级、现在工作单位、现任职务和职称、工作简历和照片一张，并尽可能提供校友的联系方式。

2. 请各学院安排专人负责，认真做好曾经在本学院学习过的、符合上述征集范围的校友的信息收集工作。

3. 征集校友信息截至时间：

新的校史展览馆布展工作将于 2011 年下半年陆续展开，为保证按时布展，知名校友信息收集的截至时间为：2011 年 9 月 15 日。

三、联系方式

联系部门：学校党委宣传部

接收地点：大学生活动中心 707 室

联 系 人：余　高

联系电话：0771 - 3260103　3265233

传真：0771 - 3260084

电子邮箱：yugao8310@126. com

党委宣传部

校　友　会

2011 年 4 月 29 日

广西民族大学
关于调整60周年校庆筹备工作委员会成员的通知

民大党发〔2011〕73号

学校各单位：

鉴于原我校60周年校庆筹备工作委员会成员工作变动，经研究决定，对我校60周年校庆筹备工作委员会进行调整，调整后的筹备工作委员会名单如下：

筹委会主任：钟海青　何龙群

副　主　任：杨再延　武　波　贺争平　袁鼎生　伍先华　李珍刚　吴尽昭

成　　　员：刘德智　农克忠　周丽华　欧以克　陈积光　邓光辉　蔡其明　陆宏儒

李再莲　胡良人　邓艳葵　唐金莲　黄奇良　崔晓麟　黄世喆　刘焕文

苏华董　梁炳先　韦锦海　廖安平　黄　河　姚伟用　张九凯　李冠盛

秦红增　陈元中　何立荣　麻新纯　王新哲　黄晓娟　韦树关　周建新

刘晓冀　周永权　谭学才　王敬浩　黄佩华　冯光火　李枭鹰　梁吉健

林志杰　李国祥　李　肖　科研处处长

筹委会下设办公室、联络组、宣传组、材料组、学术活动组、校园建设组、文化活动组、接待组和安全保卫组。

办公室主　任：邓艳葵

副主任：周丽华　何　波　卢扬奎　苏华董　吴　芳

联络组组　长：贺争平（兼）

副组长：农克忠　唐金莲

宣传组组　长：武　波（兼）

副组长：陈积光　赵　颜

材料组组　长：袁鼎生（兼）

副组长：蒋兴礼　欧以克　韦惠文　孙鲁毅

学术活动组组　长：吴尽昭（兼）

副组长：黄世喆　科研处处长

校园建设组组　长：伍先华（兼）

副组长：张九凯　黄　河　姚伟用

文化活动组组　长：武　波（兼）

副组长：蔡其明　黄佩华　胡良人

接待组组　长：伍先华（兼）

副组长：韦锦海　冯光火　蒋朝霞　吴先源

安全保卫组组　长：武　波（兼）

副组长：梁炳先

中共广西民族大学委员会
广　西　民　族　大　学
2011 年 12 月 15 日

重要文件

中共广西民族大学委员会
2010—2011 学年度下学期工作要点

民大党发〔2011〕7 号

（2011 年 2 月 23 日）

本学期学校党委工作的总体要求是：以邓小平理论和“三个代表”重要思想为指导，用科学发展观统领学校事业发展全局，全面贯彻落实十七大和十七届四中、五中全会及全国全区教育工作会议精神，根据国家和广西中长期教育改革与发展规划纲要的要求，启动实施“十二五”规划，以博士学位授予单位立项建设和西校区二期工程建设为重点，推进教学改革，提高教学质量，注重内涵发展，着力提高学科建设、科学研究水平和社会服务能力，进一步增强办学实力和核心竞争力，维护学校的民族团结、安全稳定，以优异的成绩迎接中国共产党成立 90 周年。

一、以改革创新精神全面加强党建工作，不断提高党的建设科学化水平

加强思想政治建设。深入推进学习型党组织建设，不断提高校院两级党委中心组学习的质量，深入开展社会主义核心价值体系学习教育活动，加强理想信念教育，用中国特色社会主义理论体系武装师生头脑。继续组织党员干部和广大师生认真学习党的十七大和十七届四中、五中全会及全国全区教育工作会议精神，学习上半年党和国家、自治区党委政府重要会议精神，把学习与专题研讨、调查研究和解决实际问题结合起来，进一步提高理论学习的系统性、针对性。

加强领导班子和干部队伍建设。坚持党委领导下的校长负责制，严格实行民主集中制，完善集体领导与个人分工负责相结合的具体制度，进一步理顺和改善校院两级领导班子工作机制和决策机制，努力提高领导决策水平和办学治校能力。坚持正确用人导向，积极扩大民主，做好中层领导干部的补充、交流和调整工作，进一步优化干部队伍结构。通过举办培训班、研讨班、管理论坛等形式，加强干部专项培训工作，重点做好党务干部、新上岗领导干部、后备干部和思政干部的培训，着力加强干部队伍能力建设，提高领导干部科学管理水平。完善干部考核评价办法，强化日常管理监督，促进干部勤政廉政。

加强基层组织建设。继续扎实推进创先争优活动。把创先争优活动作为基层党建的一项经常性工作，健全创先争优长效机制。继续推进“党组织建设年”、“结对共建，先锋同行”活动的开展。结合纪念建党 90 周年活动，开展党的传统教育，做好先进基层党组织和优秀共产党员评比表彰工作，激励广大党员充分发挥先锋模范作用。认真学习贯彻落实新修订的《中国共产党普通高等学校基层组织工作条例》，科学制定党员发展计划，加强在师生中的党员发展工作，特别是注重发展优秀中青年专家、学者入党。创新党校教育培训模式，充分发挥校院两级党校的阵地作用。加强基层党组织工作创新，推进基层党建工作规范化、示范化、品牌化、信息化建设，加强基层党组织带头人队伍、基层党务干部队伍和党员队伍建设。加强党员动态管理，健全党内激励关怀帮扶机制。

切实加强党风廉政建设，深入落实党风廉政建设责任制。按照学校《关于贯彻落实〈建立健全惩治与预防腐败体系2008—2012年工作规划〉的分工方案》的要求，抓好反腐倡廉工作。加强反腐倡廉理论学习力度，继续以全校党员领导干部为对象，重点学习《中国共产党党员领导干部廉洁从政若干准则》，进一步增强党员干部廉洁自律意识，严格遵守党的政治纪律，坚决贯彻执行中央重大决策部署。加强反腐倡廉宣传教育工作，抓好党员干部队伍作风建设，进一步转变工作作风，密切联系群众，大兴求真务实、艰苦奋斗之风，践行戒骄、戒懒、戒空、戒虚、戒假、戒奢。严格执行《党政领导干部选拔任用工作条例》四项监督制度，加强对重点领域和关键环节的监督检查。坚持做好信访受理工作和查办违法违纪案件工作，继续保持惩治腐败工作力度。

二、强化内涵建设，改进学校内部管理，推动学校发展上新台阶

认真落实共建协议和2010年共建会谈精神，积极争取自治区人民政府和国家民委对学校各方面的项目支持。坚持开放发展、联合发展、共同发展、和谐发展的理念，积极启动“十二五”发展规划，进一步推动国际国内合作办学，采取多种形式开展“校企、校地、校校”间合作、共建等活动，有效整合资源，大力引进优质教育资源，扩展学校办学平台，努力提升学校教学、科研及服务社会的能力。

围绕博士学位授予单位立项建设工作，扎实推进学科建设、教学科研等各项工作。努力实现《广西民族大学新增博士学位授予单位项目建设规划(2009～2011年)》各项目标，为通过教育部、国务院学位委员会中期检查做好各项准备工作。牢固确立教学工作的中心地位，提升教师教学水平，继续创新人才培养模式，确保学校教育教学质量不断提高。以学科建设为龙头，带动学校科技工作上档次、上质量、上水平，采取积极措施，大幅增加科研项目、科研经费和科研成果，以快速提升学科水平，促进学位点建设。

遵循“党管人才”的方针，认真实施人才强校的战略，大力实施高层次创新人才汇聚工程。完善并颁布实施学校《岗位设置与聘用管理暂行办法》和《首次岗位设置与聘用管理实施方案》，认真组织好我校首次岗位设置与聘用相关工作。加强培养与引进工作，着力培养高层次学术带头人，大力推进学术创新团队的建设，形成德才兼备的人才脱颖而出的用人机制和有利于人才发挥作用的激励机制，努力提高我校的核心竞争力。

完善校内制度改革，积极推行管理创优。结合“创先争优”活动，积极推动校院两级行政机关工作作风改善，通过思想教育、工作检查、岗位评比、群众评议等多种形式，大力推动校院两级行政机关的管理创优、服务创优。研究并实施符合学校实际的东、西校区协调管理机制。

三、切实加强和改进思想政治教育工作，提高思想政治教育的实效性和针对性

加强和改进大学生思想政治工作。各级党组织、各单位要高度重视学生思想政治教育，全面贯彻落实习近平副主席视察我校时的讲话精神以及全国和自治区大学生思想政治教育座谈会精神，坚持“育人为本、德育为先”的思想理念，不断完善党委统一领导、党政群齐抓共管、专兼职队伍相结合、全校紧密配合、学生自我教育的领导体制和工作机制，构建全员育人、全过程育人、全方位育人的新格局，不断推进思想政治教育的科学化发展。

大力推进大学生思想政治教育“党旗引领工程”和“思想道德建设工程”。结合新形势和当代大学生的特点，进一步改进思想政治理论课和形势政策课教育教学，用社会主义核心价值体系引领大学生思想成长，引导广大学生牢固树立中国特色社会主义的共同理想。要以学习十七届五中全会精神为主线，以庆祝中国共产党成立 90 周年和辛亥革命 100 周年为契机，深入开展以爱国主义为核心的民族精神和以改革创新为核心的时代精神教育以及革命传统教育系列活动，继续深入开展“我与祖国共成长”主题党团教育活动和民族团结主题教育活动，引导广大学生自觉维护祖国统一和民族团结，发奋学习、立志成才。

全方位推进大学生日常思想政治教育。实施“学风建设工程”，以考研为抓手，采取多种形式和措施，促进良好学习风气的形成；实施“暖心帮扶工程”，强化资助过程中的励志成才教育、诚信教育、感恩教育，开展“助学政策助我成才”征文和奋进之星评选等活动，推动助困育人；实施“就业创业教育工程”，以就业工作全程化、全员化、专业化、信息化的“四化”建设为目标，深化就业服务体系建设，加强大学生就业思想教育，引导大学生树立正确的就业观、成才观；实施“心灵关怀工程”，广泛开展心理健康教育和心理咨询，积极构建大学生心理健康预警与干预机制，多渠道普及心理知识，提高大学生的心理健康素质；实施“红色园丁培育工程”，加强辅导员队伍建设，着力加强辅导员队伍专业化建设，强化业务培训，搭建学习交流平台，努力提高辅导员的思想素质、业务水平和育人能力。

进一步发挥网络思想政治教育作用。积极推进校园网建设和网上校园建设，主动占领网络思想政治教育阵地。正确引导校内网络舆论，及时处置网络不良信息，不给任何错误言论提供传播渠道。通过思政网站“相思湖 BBS”等栏目掌握师生思想动态，有针对性地对师生员工进行教育和引导。

进一步做好教职工思想政治工作。以倡导“以德立教、德识相长”的师德要求为重点，着重强化师德师风和学术道德建设，采取有效措施防治作风、教风和学术风气不正，切实提高思想政治素质和职业道德水准，积极营造团结向上、敬业奉献的良好氛围。

四、弘扬优良办学传统和校风，加强新闻宣传工作，大力推进创新文化和校园文化建设

认真做好宣传舆论工作。用马克思主义和健康向上的思想文化占领学校各种宣传舆论阵地，积极开展宣传和思想发动，广泛开展形势政策宣传教育，深入宣传阐释党的十七届五中全会精神、紧紧围绕“创先争优”等四项活动，积极举办纪念中国共产党成立 90 周年系列活动，为弘扬时代主旋律提供强大的精神动力。

继续强化大学品牌塑造意识，积极宣传学校的办学理念、校训、大学精神，努力在新闻宣传中重质量、出精品、显特色，在社会上塑造我校饱满、鲜明的个性形象。加强校报建设，提高办报质量。继续加强网络传播渠道的建设与利用，打造信息丰富、更新及时的校内网络宣传阵地。加强与中央主流媒体和地方主要媒体的联系与合作，结合学校在东盟人才培养、学科建设、科学研究、产学研合作、服务地方经济和社会发展以及对外交流合作等工作的亮点和重大改革举措，组织媒体重点采访报道。

着力构建体现民族大学鲜明特色、体现时代特征的校园文化，进一步加强各种群众性文化活动与创新文化载体建设。继续办好大学生社团文化节、“挑战杯”创业计划竞赛，着力提高大学生的创新创业意识和能力；继续组织青年志愿者“四进社区、三下乡”社会实践、大学生挂职锻炼等活动，培养青年学生的实践能力和人文素养。推广应用学校视觉形象设计系统，规范校园标识；整理和开发宣传资源，争取形成若干文化和宣传产品，特别是音视频宣传产品。

五、不断改善民生，着力解决师生关心的突出问题

把做好教职工思想政治工作与解决教职工关心的问题相结合，进一步做好工作。继续改善教职工住房条件，加速推进八坡危旧房改住房改造工程，积极稳妥做好相关工作。加强附属中学、小学、幼儿园的领导和管理，提高教育教学质量，解决青年教职工的后顾之忧。进一步完善校内收入分配办法，创造条件不断提高教职工福利待遇。努力改善学院办学条件和工作条件，特别关注学术科研骨干的办公条件。

加强对基建修缮、物资采购、招生、科研经费、后勤服务、校产、国家助学金资助发放、师生员工反映的突出问题等重点领域和关键环节的监督检查，切实维护学校和广大师生员工的合法权益。

完善服务，努力解决学生的实际问题。继续完善以国家助学贷款和国家奖助学金为主体的“奖、助、贷、勤、补、减”的多元化学生资助政策体系，帮扶贫困大学生顺利完成学业。把就业工作摆在学校工作的重要位置，加强对大学生就业创业工作的领导和指导，尤其重视对家庭经济困难的毕业生进行帮助与指导，促进毕业生充分就业。

六、调动一切发展积极因素，积极构建和谐校园

健全和完善统战工作体制与机制，进一步加强统一战线工作。认真做好民主党派和无党派人士工作，大力加强党外代表人士队伍建设，推动多党合作事业发展，切实做好归国留学人员、侨联、民族师生过节等统战工作，充分发挥统战成员的优势，为高水平民族大学建设作贡献。

做好离退休工作。认真贯彻离退休工作政策，积极落实离退休人员的政治、生活待遇，进一步做好离退休人员管理服务工作，组织开展有益于离退休人员身心健康的各种文体活动，丰富他们的精神文化生活，鼓励和支持离退休人员为学校发展贡献力量。

加强教代会和工会工作。加强对工会的领导和指导，进一步完善教代会和工会制度，充分发挥工会的桥梁、纽带作用和民主监督作用，团结和凝聚全校教职工力量，紧紧围绕学校建设目标，推进民主政治建设，充分保障广大教职工民主管理和民主监督的权利，努力创建民主和谐的政治环境，促进和谐校园建设。

做好共青团工作。坚持党建带团建的原则，以提高团员学生综合素质为出发点，以深入实施大学生素质拓展计划为切入点，全面推进团组织自身建设，加强对团员干部的教育和培训，充分发挥共青团组织的独特优势和重要作用，促进学生自我教育、自我管理、自我服务，带动和激励学生积极投身和谐校园建设。

加强法制与安全教育，进一步创建安全文明校园。启动实施“六五”普法，深入开展法制宣传教育。进一步抓好学校安全稳定工作，深入开展安全知识教育和应急演练，不断完善校园安全防范体系和应急措施，确保师生生命安全和校园稳定。

坚持“党管外事”的原则，切实做好国家安全与人民防线、保密、信息等工作。加强保密法制宣传教育，增强保密意识，认真落实保密工作责任制，强化保密管理，严防各种失泄密事件的发生。严格执行学校突发公共安全事件报告制度，及时做好预防、信息上报和处置工作。

推进《广西民族大学60周年校庆筹备工作方案》的实施，切实做好筹备60周年校庆活动的各项工作。

广西民族大学
2010—2011学年度下学期工作要点

民大〔2011〕17号

（2011年2月23日）

2010—2011学年度下学期工作的指导思想是以邓小平理论和“三个代表”重要思想为指导，深入贯彻落实科学发展观，认真落实全国、全区教育工作会议精神，根据国家和广西中长期教育改革与发展规划纲要的要求，启动实施“十二五”规划，以推进博士学位授予单位立项建设和西校区二期工程建设为重点，加大内涵建设，提高教育教学质量，提升自主创新能力和服务社会水平，深化管理体制改革，努力实现“十二五”良好开局。

一、启动实施“十二五”规划，积极筹备60周年校庆各项工作

1. 根据《国家中长期教育改革与发展规划纲要(2010—2020)》和《广西中长期教育改革和发展规划纲要(2010—2020)》要求，完善和实施“十二五”发展规划，突出内涵建设，构建高水平民族大学发展平台。落实共建协议和2010年共建会谈精神，积极争取自治区人民政府和国家民委对学校学科建设、重点实验室建设、国际交流、建设贷款等方面的项目支持。

2. 积极筹备60周年校庆各项工作。实施《广西民族大学60周年校庆筹备工作方案》，完成学校2002—2011年校史初稿的编写工作，制定《广西民族大学60周年校庆捐赠方案》，做好纪念文集《似水年华》、2002—2011年学校管理文件撰写和选编工作，密切联系校友，整理编印各级校友录；确定校庆徽标、礼品、纪念品设计方案；规划和布置校史展、荣誉室、民族博物馆、东盟人才培养成果展、教学科研成果展等。

二、扎实开展博士学位授予单位立项建设工作，提升学科学位点建设水平

1. 按照一级学科要求调整博士学位授权学科和支撑学科建设规划，明确一级学科申博学科的建设任务，进一步凝练学科方向，突出学科特色优势；抓好中山大学博士后流动站广西民族大学科研基地建设；继续加强公共服务体系建设。努力实现《广西民族大学新增博士学位授予单位项目建设规划(2009—2011)》各项目标，为通过教育部、国务院学位委员会中期检查做好各项准备工作。

2. 优化学科布局，加强学位点建设。依据学校“十二五”发展规划，适应社会经济发展优化学科布局，注重经济类学科和理工学科建设，增强应用性和实践性；制定《广西民族大学重点学科管理暂行办法》；贯彻落实国务院《关于印发〈硕士、博士专业学位研究生教育发展总体方案〉、〈硕士、博士专业学位设置与授权审核办法〉的通知》和《2011—2015年广西学位与研究生教育发展规划》、《2010—2015广西专业学位研究生教育发展规划》，协调推进学位点建设，探索专业学位研究生教育管理新机制。

3. 加大师资队伍建设力度。引进具有博士学位或高级职称、创新能力强和发展潜力大的中青年骨干教师和外向型人才；开展“学科带头人与创新团队发展计划”，加强骨干教师的培养和学科梯队建设；实施2010—2011学年度教师国内进修、培训计划，制订学校2011—2012年度教职工继续教育计划；加强专业教学培训和外语培训；敢于和积极争取国家和自治区各类人才项目。

4. 推进文献信息资源建设。拓宽文献信息资源采购渠道，加强东盟、少数民族、亚非语言文学等特色文献信息资源的建设；积极开展纸质图书的数字化，积极加工、整理相关的网络特色信息资源；开展特种数据库和专业数据库前期建设；认真规划新校区图书馆和原图书馆功能分区，谋划跨校区图书馆建设；加强档案文献信息化工作。

三、推动教学改革，创新人才培养模式，提高教育质量

1. 优化专业结构，打造专业特色。对现有的5个国家级特色专业点开展中期检查，争取1个以上专业成为国家级特色专业；结合社会需求改造传统基础专业，争取开设一批应用性较强的新专业；参与教育部“中西部地区高等教育振兴计划”，着力培育品牌学科专业，把一些优势专业建成2011年自治区级品牌专业。

2. 加快课程改革。修订教学计划，进一步改革课程结构，优化必修课、强化选修课、活化实践课。以校级精品课程建设为基础，大力培育自治区级、国家级精品课程，争取获得4门以上自治区级精品课程；加强相关专业和领域发展趋势和人才需求研究，吸引用人单位共同研究课程计划；加强特色课程、双语教学示范课程的建设与研究；加快网络教学资源建设步伐，扩大规模立项和建设网络课程。

3. 制定教材建设规划，创新教材体系。优先选用“面向21世纪课程教材”等新的重点教改项目教材，争取国家优秀教材使用比例达到教育部要求；依据教学大纲抓好讲义和自编教材的编写出版工作；开展2011年度校级重点教材立项建设工作，重点资助体现办学特色优势的应用型专业；做好自编教材质量评估与优秀教材评奖工作，保证教学内容的前沿性。

4. 完善人才培养模式。探索校企合作的“订单式”人才培养模式，完善实习计划，拓展实习平台，规范实习管理与考核；改进国际化人才培养模式，突出对学生区域合作交流能力的培养，提高应用型人才就业的区域针对性，力争实现在国家级人才培养模式创新实验区和实验教学示范中心国家级项目上零的突破。

5. 提升教学水平。加强教学团队建设，建立国家级、自治区级、校级教学团队积极互动、良性竞争体系；有计划加大名师宣传力度，培育国家级教学名师；加强教研室建设，开展课堂教学研究，提高课堂教学质量；积极争取国家和自治区级教学改革项目；对教改工程以及教育研究课题实行滚动管理，抓好新立项的各级各类教改工程的结题及成果推广应用；明确校、院两级教学管理职责，健全分级教学质量监控体系，确保教学质量。

6. 深化研究生培养机制改革。制定《广西民族大学专业学位授予暂行办法》，健全研究生教育质量评估体系；修订专业学位研究生培养计划；做好一级学科硕士点的二级学科专业的设置工作；召开研究生工作大会；继续加强研究生学术道德规范教育；做好2011年硕士生导师遴选；实施研究生教育创新工程，鼓励研究生申报2011年自治区级、校级研究生教育创新计划项目。

7. 以自治区实施广西特色教育十大重点工程为契机，改革预科招生制度，适度扩大民族预科招生规模；制定《民族预科学生管理办法》，推进民族预科教育基地建设。

8. 深化继续教育改革。完善继续教育制度，稳步发展学历继续教育，大力发展非学历继续教育；深入实施少数民族干部培训工程、企业专业技术人员与管理人员培训工程、边境八县市和民族地区农村中小学教师素质提升培训工程、国际化人才培训工程、校企合作培训工程；继续办好越南165项目培训班。

四、拓展科研创新平台，增强科技创新和服务社会能力

1. 强化科研项目组织与管理工作。修订《广西民族大学科学研究奖励办法》、《广西民族大学科技成果转化管理办法》、《广西民族大学科研项目管理办法》，召开科研平台建设工作会议，举办科协第二次代表大会；鼓励中青年教师积极申报国家级科研项目和横向课题；落实与南、北、钦、防、河池等地的合作协议，促进产学研结合和提高科技成果转化率；加强科研项目的结题及鉴定工作，编印2010年科研工作年度报告；完善“产研分工、优势互补、利益共享、风险共担”的合作机制，开展多种形式的校企、校地合作，为地方经济建设提供智力支撑。

2. 实施高等学校哲学社会科学繁荣计划。加强马克思主义理论研究和建设工程研究基地、中国—东盟政治法律文化研究中心等人文社科重点研究基地建设；努力争取国家民委人文社科重点研究基地项目；办好《广西民族大学学报》，与云南民族大学学报共建“中国—东盟”研究栏目。

3. 加强实验室内涵建设。制定实施实验室“十二五”规划，大力推进重点实验室建设，提升自主创新和服务地方能力；积极申报2011年中央财政支持地方高校专项规划实验室项目；探索实验室建设新机制，与企业或政府职能部门共建教学、科研实验室；继续争取“国家民委—教育部共建重点实验室”项目。

五、以建设东盟学院为契机，进一步提升国际化内涵

1. 着力推进东盟学院建设。根据自治区教育厅《关于广西民族大学东盟学院组建方案的批复》精神，完善东盟学院组建方案；积极争取东盟学院建设专项经费；全面启动东盟学院队伍建设、科学研究、咨询服务、人才培养、信息平台建设各项工作；加大与国内外高校研究机构的合作力度，开展有关东盟问题的高层次学术研究。

2. 加强国际性大学建设。召开外事工作会议，完善国际性大学建设相关制度。继续办好泰国玛哈沙拉坎大学孔子学院和老挝国立大学孔子学院，积极推进印尼丹戎布拉大学孔子学院建设，做好越南东方大学和海防大学汉语培训中心的招生与培训工作；落实和接收越南和泰国合作院校“2 + 2”和“3 + 1”培养模式的学生，扩大外国留学生的规模和层次；积极尝试在有条件的国家开展境外办学；引进欧美优质教育资源，争取中外合作办学项目的突破。

3. 加强出国学生学习管理和外国留学生管理。制订《广西民族大学国家安全教育与管理规定》，加强出国前教育，创新出国学生管理模式，保障学生出国后学习生活的安全与质量；关注外国留学生的思想动态和学习情况，加强留学生学风建设和日常管理工作。

六、加快东、西校区项目建设进度，做好相关学院搬迁工作

1. 推进贷款、资助项目建设。抓好艺术楼、图书馆大楼和基础设施工程建设；开工建设东盟学院大楼；统筹做好体育馆、学生食堂、西校区大门、围墙等项目的设计、报建、施工招标等工作，尽快进入施工阶段。

2. 完善东校区基础设施。完成国际教育综合楼内部装修、周边道路及绿化美化工作；继续完善附属中学综合教学大楼、学生公寓楼6#的室外配套工作；采取措施，推动租赁方抓紧完成学术交流中心装修装饰工作，尽早开始运营；完成30栋高层职工住宅楼主体工程；开展相思湖治理配套工程和后续工程，完善绿化美化和上游补水方案；推进八坡危旧房改住房改造工程，对规定需要安置人员进行妥善安置，做好工程的立项、设计、环境评估、报建、旧房拆除和施工招标等工作，争取尽快开工建设。

3. 有序推进相关学院迁入西校区工作。加紧做好竣工项目各种设施的进场和装配工作，调配办学用房，做好相关学院搬迁后东校区腾空用房及剩余设施的分配和使用。

七、推进大学生思想政治教育工作，创建校园文化品牌

1. 巩固和强化学生思想政治教育。组织学生学习实践习近平副主席考察学校重要讲话精神，加强马克思主义中国化成果教育；结合纪念中国共产党建党90周年和辛亥革命100周年，深入开展以爱国主义为核心的民族精神和以改革创新为核心的时代精神教育以及革命传统教育；加强形势政策教育队伍建设；加强民族团结教育，增强国家认同感，促进各族学生和谐相处。

2. 打造校园特色文化。制定实施“十二五”高校精神文明建设规划，以“厚德博学，和而不同”校训精神为核心，凝练校风、学风、教风，形成校园文化价值体系；研发具有学校特色的校园文化用品和纪念品，制定校园文化用品使用规范；加强校报和校园网络管理，优化校园网络环境，建设多语种网站，推出校园网站优秀栏目；借助中国—东盟博览会、中国—东盟自贸区平台，打造多语言服务中心。

八、优化制度环境和管理手段，提高行政管理与服务水平

1. 积极稳妥地推进人事改革。进一步完善《广西民族大学岗位设置与聘用管理暂行办法》，完善《广西民族大学首次岗位设置与聘用管理实施方案》并颁布实施，做好学校首次岗位设置和聘用工作；建立健全教师的业务档案和教师数据库，完善教职工培训进修规定；制定学校2011年用人计划并组织招聘及考核工作；修订《广西民族大学教师学术假暂行办法》。

2. 建立东、西校区协调管理机制。成立西校区综合管理办公室，做好东、西校区之间的行政管理、教学管理、后勤服务、交通通讯网络等各项业务活动的衔接与落实工作，确保两校区各项工作顺利开展。

3. 加强经费管理和财务监控。加强预算管理，提高资金使用效率，编制2011年预算分配方案；规范来华留学生收费管理，开发“学生收费管理查询系统”；完善内部会计制度，强化内部控制，确保资金安全；制定工程预算支付跟踪管理制度，做好西校区重点项目的资金筹集和调度，对项目资金计划、工程款支付、工程结算等环节严格把关，保证工程顺利进展。

4. 规范内部审计程序。制定《广西民族大学预算执行和决算审计办法》、《广西民族大学财务收支审计办法》，逐步完善不同审计事项操作规范及步骤；加强政府资助项目的跟踪审计工作，开展各单位内部控制情况专项审计。

5. 抓好仪器设备维护和管理。开展全校教学科研仪器设备的普查；强化仪器设备管理员制度，形成设备管理层次网络结构；加强仪器设备维修力量，提高维修服务水平，做好大型仪器平台建设工作。

6. 做好大宗物品招标采购。加强采购的计划性和精确性，提高采购预算的可行性和完整性；完成国际教育综合楼、理工实验楼等新落成建筑的大宗项目招标采购工作。

7. 强化后勤管理，提升后勤服务能力和质量。建立健全《广西民族大学修缮工程管理暂行办法》、《广西民族大学水电管理办法》等规章制度，推进后勤管理规范化；加强后勤网络平台建设，推进师生之间的互动；创新公寓园区管理模式，创建文明公寓、标准公寓、安全公寓，完善留学生住宿条件；加强校医院管理，提高医疗水平，改进服务态度；做好配合八坡危旧房改住房工程建设的相关工作；加强西校区后勤服务设施及绿化、美化的规划和落实工作，提高西校区后勤保障和管理服务水平。

九、关注和解决广大师生的实际问题，努力构建安全文明校园

1. 实施“高校毕业生就业优质服务年”，促进毕业生充分就业。加快推进网络信息服务，推动求职招聘信息化建设，建立困难群体毕业生信息数据库；开展困难毕业生“一对一”服务，加强对女大学生就业帮扶工作，加大宣传力度，引导和鼓励毕业生到基层就业和参加入伍预征，促进毕业生充分就业。

2. 实施“暖心工程”，帮扶贫困大学生顺利完成学业。继续完善学生资助体系，推行校、院、班三级管理，对学院资助工作进行指导和监督；推进以国家助学贷款为主渠道、国家奖助学金为主体的“奖、助、贷、勤、补、减”的立体式学生资助工作体系；认真做好家庭经济困难学生的认定工作，建立校、院两级家庭经济困难学生档案；拓宽勤工助学渠道，为贫困生提供更多的勤工助学机会。

3. 完善校园安全管理机制。推进教职工宿舍区门禁系统建设，逐步建立起覆盖全校的技防监控体系，提升校园安全保障能力；完善以校园110为平台的快速反应工作机制和群防群治工作机制；加强治安管理，减少治安案件发生；积极解决校园周边交通、治安等问题；制定和完善校园收费停车管理办法，使学校公共资源的配置使用更加公平合理；加紧完善西校区安保设施，做好西校区安全保卫工作；加强师生安全教育，提高预防灾害、应急避险和防范违法犯罪活动能力。

4. 认真做好离退休工作。推进学院、职能部门两级管理离退休教职工机制的形成；认真做好离退休人员政治和生活“两个待遇”的落实工作；适时召开学校离退休工作会议和表彰大会。

5. 做好计划生育等其他工作。

中共广西民族大学委员会
2011—2012学年度上学期工作要点

民大党发〔2011〕53号

（2011年8月25日）

本学期学校党委工作的指导思想是：以邓小平理论和“三个代表”重要思想为指导，用科学发展观统领学校事业发展全局，深入学习胡锦涛同志在庆祝中国共产党成立90周年大会上的讲话精神，不断加强和改进党的建设和思想政治教育工作，进一步增强党在学校发展中的领导力和凝聚力，团结和带领广大师生员工认真贯彻落实学校“十二五”规划，以博士学位授予单位立项建设为重点，深化以提升质量为核心的内涵建设，提高教育教学水平，增强科技创新和服务社会能力，以优异成绩向60周年校庆献礼。

一、全面加强党的建设，充分发挥各级党组织的政治核心和政治保证作用

加强理论学习和思想建设。组织党员干部和广大师生深入学习胡锦涛同志在庆祝中国共产党成立90周年大会上的讲话精神，学习下半年党和国家、自治区党委重要会议精神，把集中学习、个人自学、通读文件、专题研讨、调查研究和解决实际问题结合起来，进一步提高理论学习的系统性、针对性，使理论学习在武装思想、指导实践、推动工作方面不断取得新成效。深入推进学习型党组织建设，开展“坚持制度、提高质量、强化素质、增进团结、提高领导班子整体合力”等系列专题学习活动，不断提高校院两级党委中心组学习的质量。大力开展社会主义核心价值体系学习教育活动，加强理想信念教育，用中国特色社会主义理论体系武装师生头脑。

加强校院两级领导班子建设和干部队伍建设。认真学习《中国共产党普通高等学校基层组织工作条例》，不断提高贯彻执行党委领导下的校长负责制的能力和水平，严格实行民主集中制，完善集体领导与个人分工负责相结合的具体制度，进一步理顺和改善校院两级领导班子工作机制和决策机制，促进党政班子团结和谐，努力提高领导决策水平和办学治校能力。以提高组织工作满意度为杠杆，以改革创新为动力，坚持民主、公开、竞争、择优方针，继续推进中层领导干部推荐、考核、任用工作的科学化和民主化，切实提高选人用人公信度和满意度。增强干部教育培训工作的计划性、针对性和系统性，加强对各级党政领导干部的政治素质、管理能力和党风廉政意识的培养，分类分批分层次实施培训活动。完善干部考核评价机制，科学、客观、真实评价各级各类干部的工作表现及工作实绩。

加强基层组织建设。总结和深化创先争优、建设学习型党组织、党组织建设年、“结对共建，先锋同行”等基层党建活动，努力把基层党组织建设成为推动发展、服务师生、凝聚人心、促进和谐的坚强战斗堡垒。科学制定党员发展计划，按照“坚持标准，保证质量，改善结构，慎重发展”的要求，大力加强在骨干中青年教师和优秀大学生中发展党员的工作力度。创新校院两级党校教育培训模式，开辟理论教育新路径。做好基层党组织活动项目化管理和大学生党的基本知识实施工程，推进基层党建工作规范化、示范化、品牌化、信息化建设。加强基层党组织带头人队伍、基层党务干部队伍、党员志愿者队伍建设，充分发挥基层党组织和党员干部的先锋模范作用。

加强党风廉政建设。按照学校《关于贯彻落实〈建立健全惩治与预防腐败体系2008—2012年工作规划〉的分工方案》的要求，加强反腐倡廉理论学习和宣传教育力度，通过专题教育和干部培训活动传达全区教育系统以案明纪警示教育大会精神，并在各级领导干部中开展一次大型的以案明纪警示教育活动，进一步增强党员干部廉洁自律意识。加强对基建修缮、物资采购、招生录取、科研经费、后勤服务、校产、评优评先、国家奖助学金发放等重点领域和关键环节的监督检查，切实维护学校和广大师生员工的合法权益。抓好信访受理和案件查处工作，增强信访和案件查办能力。抓好党员干部队伍作风建设，进一步转变工作作风，密切联系群众，大兴真抓实干、清正廉洁、艰苦奋斗、严谨求实之风。

二、加强和改进思想政治教育工作，营造良好的育人环境

加强和改进大学生思想政治教育。贯彻落实中央16号文件精神，紧密围绕学校中心工作和人才培养目标，坚持“育人为本、德育为先”的思想理念，不断完善党委统一领导、党政群齐抓共管、专兼职队伍相结合、全校紧密配合、学生自我教育的领导体制和工作机制，深化“党旗引领工程”、“思想道德建设工程”、“学风建设工程”、“暖心帮扶工程”、“就业创业教育工程”、“心灵关怀工程”、“红色园丁培育工程”等大学生思想政治教育品牌工程建设，努力形成全员育人、全过程育人、全方位育人的良好氛围。要按照《高等学校思想政治理论课建设标准（暂行）》的要求，大力推进思政理论课教学改革，充分发挥“实践教育”的作用，增强思想政治教育的针对性和实效性，不断提高思想政治教育的科学化水平。

加强网络思想政治教育工作。主动适应网络新媒体对大学生思想政治教育提出的新要求，积极推进校园网建设和网上校园建设，充分利用网络平台多形式开展大学生思想政治教育，主动占领网络思想政治教育阵地。不断丰富校园网内容，增强思想性、知识性、趣味性，使校园网成为教育学生的新平台、组织学生的新纽带、服务学生的新渠道。培育一支既熟悉网络技术、又善于运用网络开展学生思想教育的网络辅导员队伍，深入研究网上传播的特点和规律，正确引导校内网络舆论，及时研判网络舆情，处置网络不良信息，有效疏导学生的思想，提高网络思想政治教育的效果。

做好教职工思想政治工作。结合第27个教师节庆祝活动，大力表彰先进，引导教师爱岗敬业，教书育人，为人师表，强化师德师风和学术道德建设，切实提高思想政治素质和职业道德水准，积极营造团结向上、敬业奉献的良好氛围，打造具有民大特色的德育品牌。

三、全面实施“十二五”规划，推进学校的跨越式发展

围绕博士学位授予单位立项建设工作，扎实推进学科建设、教学科研等各项工作。按照《广西壮族自治区2008—2015年新增博士学位立项建设项目任务书》的要求，努力完成各申博授权学科和支撑学科的年度建设指标，争取2012年进入验收。继续推进教学质量与教学改革工程建设，推进人才培养模式、教学内容和教学方法的改革，在课程实践性教学的改革效果和基础上，着力抓好课程研究性教学的建设工作。以学科建设为龙头，带动学校科技工作上档次、上质量、上水平，采取积极措施，大幅增加科研项目、科研经费和科研成果，以快速提升学科水平，促进学位点建设。

全面贯彻落实学校“十二五”规划，加快国际化大学办学进程。组织力量深入各学院、部门调研和指导，检查学习、落实学校“十二五”规划的情况。坚持“引进来、走出去”的策略，加大与国内外高校研究机构的合作力度。积极借鉴国际先进教育理念和办学经验，引进欧美优质教育资源，争取中外合作办学项目的突破。进一步推进东盟学院师资队伍、科学研究、咨询服务、人才培养、信息平台建设等各项工作。

加大人才培养和引进力度。坚持党管人才原则，积极实施人才强校战略，重点做好学术带头人、紧缺专业师资的培养和引进工作，认真实施青年教师导师制度，加强中青年学科带头人的培养工作，稳定和促进人才队伍的持续发展，形成有利于人才脱颖而出、充分施展才能的选人用人机制，促进人岗相适、人尽其才。

深化内部管理体制改革。积极稳妥地推进以岗位设置和聘用工作为重点的人事改革。加强财务监控，规范内部审计程序。大力推动校院两级行政机关的管理创优、服务创优，提高行政管理和服务水平。提升档案工作信息化水平。

有力推进60周年校庆各项筹备工作。按照《广西民族大学60周年校庆筹备工作方案》的要求，高效、有序地推进60周年校庆校友联络、宣传工作、学术活动、校园美化绿化和基础建设及材料撰写等各项筹备工作，进一步凝聚校友力量，达到提升学校形象、激发爱校热情、增强广大师生员工和校友对学校的认同感和归属感的目的。

四、坚持正确舆论导向，大力推进校园文化建设

认真做好宣传舆论工作。要贯彻“重质量、重精品、显特色”的工作原则，围绕60周年校庆、东盟人才培养、学科建设、科学研究、产学研合作、服务地方经济和社会发展以及对外交流合作等工作的亮点和重大改革举措积极开展宣传报道工作，为学校营造良好的社会舆论环境。以西校区网络整体建设计划为重点，制定“十二五”期间网络信息发展的整体规划，加强网络传播渠道的建设与利用，做好新的宣传阵地建设。加强校院两级的宣传网页建设，打造信息丰富、更新及时的校内网络。精心制作能展现学校特色和精神风貌的宣传册和宣传片。结合校园整体规划的进程，推进外语教育卫星电视接收项目和学校数字电视改造项目的顺利实施。召开2011年度学校宣传工作会议，表彰2010—2011年度宣传工作先进单位和个人。

大力推进校园文化建设。广泛开展“挑战杯”大学生课外学术科技作品竞赛、大学生社团文化节、高雅艺术进校园等系列文体活动。继续组织青年志愿者“四进社区、三下乡”社会实践、大学生挂职锻炼等社会实践活动，培养青年学生的实践能力和人文素养。结合60周年校庆筹备工作，规划设计好人文景观，营造校园人文氛围，要在校区景观建设和道路命名等工作中自觉融入人文要素，传承学校历史积淀；完成校风、学风表述语的征集工作；积极策划60周年校庆文艺晚会、征文比赛、演讲比赛等系列校园文化活动，努力建设体现时代特征和学校特色的校园文化，创建人与自然和谐共生、整洁、优美、极富人文精神的校园环境。

五、凝聚力量，营造和谐的育人环境

加强统一战线工作。创新统战工作体制与机制，进一步发挥民主党派和无党派人士在学校建设中的重要作用。充分发挥各级人大代表、政协委员的参政议政作用，为学校发展建言献策。切实做好归国留学人员、侨联、民族师生过节等统战工作。

加强教代会和工会工作。进一步推进党务校务公开，维护广大师生的知情权、参与权和监督权。筹备召开学校六届三次教代会，认真办理教职工提案，不断提升教代会在推进学校民主政治建设进程中的作用。充分发挥工会的桥梁、纽带作用和民主监督作用，维护教职工合法权益，开展丰富多彩的教职工业余文化生活。

做好离退休工作。积极落实离退休人员的政治、生活待遇，切实解决离退休人员遇到的困难和问题。充分发挥老同志的积极作用，切实做好关心下一代工作。加强学校老年活动中心和老年大学建设，不断提高离退休工作服务管理水平。

做好共青团工作。坚持党建带团建的原则，切实加强对学生会、学生社团的指导和管理，积极组织开展大学生社会实践、学术科技创新和文体娱乐活动，深入实施大学生素质拓展计划，全面提高大学生的综合素质。

解决师生实际问题。不断完善东西校区基础设施，努力完善教学、科研和生活设施等公共服务体系，改善办学条件。继续推进第30栋高层集资住宅楼建设和八坡危旧房改住房改造工程。完善校内收入分配办法，创造条件不断提高教职工福利待遇。进一步加大奖学金、助学金的资助力度，帮扶贫困大学生顺利完成学业。充分挖掘就业资源，努力开拓毕业生就业市场，向毕业生尤其是家庭经济困难毕业生提供人性化和优质化的就业服务。

做好安全稳定、国家安全与人民防线、保密、信息等工作。开展“六五”普法工作，推进教职工宿舍区门禁系统建设，加大矛盾纠纷排查调解力度，妥善处理各种事端，确保师生生命安全和校园和谐稳定。加强保密法制宣传教育，认真落实保密工作责任制，严防各种失泄密事件的发生。严格执行学校突发公共安全事件报告制度，及时做好预防、信息上报和处置工作。

广西民族大学
2011—2012学年度上学期工作要点

民大〔2011〕210号

（2011年9月1日）

2011—2012学年度上学期工作以邓小平理论和“三个代表”重要思想为指导，用科学发展观统领学校事业发展全局，认真贯彻落实学校“十二五”发展规划，深化以提升质量为核心的内涵建设，以博士学位立项建设单位建设为重点，提升教育教学水平，增强科技创新和服务社会能力，推进西校区二期工程建设和60周年校庆筹备工作，以优异的成绩向60周年校庆献礼。

一、按计划高质量完成60周年校庆有关筹备工作

按照《广西民族大学60周年校庆筹备工作方案》的要求，完成学校2002—2011年校史、纪念文集《似水年华》编写工作和2002—2011年学校管理文件汇编工作；整理编印完成各级校友录；完成校庆徽标、礼品、纪念品等的设计和制作；基本完成校史展、荣誉室、民族博物馆、面向东盟人才培养成果展、教学科研成果展等的布展工作；加强校友联络；完成校庆文艺晚会方案，开展晚会演员选拔和节目排练工作；完成校风、学风表述语征集工作。

二、扎实开展博士学位授予单位立项建设工作，提升学科学位点建设水平

1. 按照《广西壮族自治区2008—2015年新增博士学位立项建设项目任务书》的要求，认真完成各申博授权学科和支撑学科的年度建设指标，加快学科队伍、科学研究、人才培养和公共服务体系建设；建设各博士授权点、支撑点的学术信息平台；推进中山大学民族学博士后流动站广西民族大学科研基地和中科院成都计算机应用研究所博士后流动站建设；认真做好《广西民族大学新增博士学位立项建设单位规划(2011—2012年)》、《广西民族大学新增博士学位立项建设中期自评报告》的调整和补充工作，争取2012年进入国家学位委员会对新增博士学位立项建设单位的检查验收。

2. 优化学科布局，加强学位点建设。依据学校“十二五”发展规划，制定《广西民族大学特色优势学科“十二五”发展规划》，明确特色优势学科建设目标；适应社会经济发展优化学科布局，注重经济类学科和理工类学科建设，开展理工类学院整合工作；加强新增重点学科和重点实验室建设工作，及时填报《广西高校重点学科和重点实验室建设项目计划任务书》；整合力量加强学位点建设，调整硕士学位授权点二级学科布局。

3. 加大人才引进和培养力度。积极做好人才引进工作，重点做好学术带头人、紧缺专业师资引进工作；鼓励教师到国内外重点大学攻读博士学位、担任博士生导师、参加国家级项目课题研究和高级别学术会议；认真实施青年教师导师制度，加强中青年学科带头人的培养工作，稳定和促进人才队伍的持续发展；加强专业教学培训和外语培训。

三、继续深化教育教学改革，提高人才培养质量

1. 加强特色专业的建设和培育。在加强现有国家级特色专业建设点建设的基础上，努力培育和挖掘学校现有特色专业的优势，加强建设并积极申报新的国家级特色专业点，重点加强理学、工学国家级特色专业的建设力度；加强品牌专业的培育和建设工作。

2. 加强研究性教学的探索与实践。进一步加强课程建设，完善和充实必修课、选修课的建设内容、标准和要求，在实践性教学改革的基础上，着力抓好研究性教学工作，强化特色课程群的建设。

3. 加强教学团队建设。积极培育国家级教学团队，加强自治区级和校级教学团队建设；有计划加强名师宣传力度，认真做好自治区级教学名师申报工作，培育国家级教学名师。

4. 做好教材编写与选用工作。进行新一轮的校级教材立项，促进优秀自编教材的编写出版；做好近5年校级自编教材质量评估与优秀教材评奖工作。

5. 完善教学管理制度。修订《广西民族大学领导和教师听课制度》和《广西民族大学教师教学质量评价办法》，制定《学生教学信息员制度》，健全分级教学质量监控体系，明确校、院两级教学管理职责，指导和规范学院教学管理，确保教学质量。

6. 深化研究生培养机制改革，提高研究生培养质量。加强导师队伍建设，完善以科研创新为导向的导师负责制；做好2011年研究生教育创新计划项目的管理工作，努力营造研究生教育的创新环境，培养研究生的创新意识和创新能力，提高研究生的培养质量；形成一些面向东盟的硕士点研究方向，为进一步自主设置面向东盟的硕士点二级学科创造条件。

7. 更新继续教育观念，拓展继续教育空间。完成成人高等教育综合服务管理系统的研发；加强非学历教育，与政府和企事业单位开展合作，建立广西民族团结教师培养基地，继续办好越南165项目培训班及区内各类党政干部培训班；按照市场需求，申报新专业，调整旧专业，按计划完成2012级成人高考新生录取任务并争取有较大增长。

四、拓展科学研究服务平台，提升科研项目研究质量

1. 关注高层次科研成果、科研立项，强化科研项目组织与管理工作。组织做好2011年度国家民委科研项目、2012年度广西自然科学基金项目和科技开发项目、2012年国家自然科学和社会科学类项目的动员和申报工作；加强在研项目的中期检查和已经结题项目的鉴定工作，为2012年广西科学技术奖的申报做好前期准备工作；修订《广西民族大学校级科研项目管理办法》、《广西民族大学文艺创作获省部级及以上奖励认定办法(试行)》，召开科研平台建设和管理工作会议；进一步落实与南、北、钦、防、河池等地的合作协议，拓展横向合作，推进产学研结合和科技成果转化或产业化工作。

2. 加强学术交流。承办中国人类学民族学2011年年会，结合博士学科点建设、科研平台建设和60周年校庆工作，承办或协办16个学术会议(含4个国际会议)，68个外请专家的学术报告(讲座)和45个校内专家的学术讲座。

3. 加快大型仪器设备平台建设。制定《广西民族大学大型仪器设备运行补助基金实施办法(暂行)》、《广西民族大学大型仪器设备维修基金管理办法(暂行)》；完成以文科中心为主体的人文社会科学大型仪器平台和以化学分析测试中心为主体的理工学科大型仪器平台建设；进一步完善学校大型仪器共享体系管理体制及网站建设。

4. 做好学报工作。加强与世界人类学联合会的交流与合作，提高学校的国际化学术水平；办好中国—东盟研究栏目，召开东盟研究学术前沿座谈会，推动东盟研究的开展；组织自然科学方向的优秀专家稿件，打造学报自然科学版特色栏目。

五、加强国际交流与合作，进一步提升国际化内涵

1. 加大与国内外高校研究机构的合作力度，做好随教育部赴美举办教育展的相关准备工作，积极引进欧美优质教育资源，争取中外合作办学项目的突破；做好学校艺术交流团赴老挝孔子学院、教学检查团赴越南和泰国等合作院校的交流访问工作。

2. 加强国际性大学建设。进一步推进东盟学院各项工作的建设进度，全面开展东盟学院队伍建设、科学研究、咨询服务、人才培养、信息平台建设各项工作；召开外事工作会议，完善国际性大学建设相关制度；继续办好泰国玛哈沙拉坎大学孔子学院和老挝国立大学孔子学院，做好印尼丹戎布拉大学孔子学院挂牌相关准备工作；落实和接收越南和泰国合作院校“2+2”和“3+1”培养模式的学生，扩大外国留学生的规模和层次。

3. 加强出国学生和外国留学生管理。密切关注国际形势和出国学习学生、外国留学生的思想动态和学习情况，加强出国前教育，制定《广西民族大学在校学生出国期间突发事件应急处理办法》，保障学生出国后学习生活的安全与质量；制定《广西民族大学外国留学生突发事件应急处理办法》，加强外国留学生学风建设和日常管理工作；重视国际教学管理，建立国际教学评估机制。

六、加强基建工程制度建设，确保校园建设各类项目质量和进度

1. 完善基建工程制度建设。修订和完善《广西民族大学监理管理办法》、《广西民族大学工程项目决策评估办法》、《广西民族大学工程预算控制办法》、《广西民族大学基建管理实施细则》、《广西民族大学基建项目经费管理办法》等规章制度，确保基建项目的施工质量和安全。

2. 继续加大工作力度，统筹推进西校区二期工程建设。力争东盟学院大楼项目主楼、副楼、专家楼建设到三层顶板；图书馆项目完成裙楼，主楼主体建设到四层；学生食堂及附属用房项目、露天篮球场项目进入施工阶段；永久供电专线项目、艺术楼项目、西校区大门及围墙项目完成施工；校园曲水景观工程进入项目设计招标阶段。

3. 完善东校区基础设施。继续推进30栋高层集资住宅楼建设，争取项目封顶并完成部分装修；附属小学宿舍楼开工建设，力争项目完工并达到验收条件；继续推进八坡危旧房改住房改造项目，完成项目立项、报建及设计工作，争取进入招投标阶段；采取措施督促承租方加快学术交流中心装修进度；按计划完成各项基建水电维修工程、校园绿化美化工程，进一步改善校园环境。

七、加强和改进大学生思想政治教育，创新学生工作机制

1. 深入推进大学生“思想道德建设工程”。以学习胡锦涛总书记“七一”讲话精神为重点，以纪念辛亥革命100周年为契机，深入开展多种形式的爱国主义教育和民族团结进步教育活动；推进大学生“心灵关怀工程”，积极构建大学生心理健康预警和心理危机干预机制，建立课内与课外、教育与指导、咨询与自助相结合的心理健康教育工作体系。

2. 推进大学生“暖心帮扶工程”。进一步完善以国家奖助学金、国家助学贷款为主体的资助政策体系，切实解决学生经济上的困难，帮助学生顺利完成学业；强化诚信教育、励志教育和感恩教育，大力宣传大学生自立自强先进典型，推动助困育人，使受助学生坚定信心、立志成才、回报社会。

3. 实施大学生“就业创业教育工程”。认真落实就业工作“一把手”工程和就业工作责任制，进一步完善“学校主导、部门统筹、学院推动、上下配合、全员参与”的就业工作体制和机制；按照就业工作“全程化、全员化、专业化、信息化”的建设目标，深化就业创业指导服务体系建设，引导大学生树立正确的就业观、成才观。

八、深化内部管理体制改革，提高行政管理与服务质量

1. 积极稳妥地推进人事改革。建立健全教师的业务档案和教师数据库，完善教职工培训进修相关规定；做好新进人员的报到、入编工作，拟定2012年用人计划，为2011—2012学年度下学期的人才引进与招聘做好相关准备工作；实施“红色园丁培育工程”，制定辅导员队伍培养规划，提高辅导员的思想政治素质和业务能力。

2. 加强经费管理和财务监控。做好2011年预算执行情况检查工作、2011年度财务决算编制工作和2012年度部门预算编制工作；加强国库集中支付管理工作，做好财政“零”余额账户的管理，做好资金使用计划，保证学校资金的支付；继续做好“小金库”专项治理工作，针对存在问题，加强整改，建立治理“小金库”的长效机制；做好基建项目的报建、招标、合同审核，落实各项目资金，保证合理使用，提高资金使用效益。

3. 规范内部审计程序。制定《广西民族大学预算执行和决算审计办法》、《广西民族大学财务收支审计办法》，逐步完善不同审计事项操作规范及步骤；加强政府资助项目的跟踪审计工作，开展对学校各单位内部控制制度健全及有效性的审计专项调查。

4. 抓好仪器设备管理和大宗物品招标采购工作。做好2012年学校行政设备预算编制工作；加强学校设备和物资的管理和使用体制建设，构建学校—院(处)—实验室(使用者)三级管理体系；完成学校的仪器设备条码管理系统建设，加强对各单位设备管理的动态监管力度；继续对固定资产进行核查，严格执行国家有关的设备报废政策规定，加强设备报废工作的管理，制定下发《广西民族大学设备(物资)报废实施细则(暂行)》等规定，防止国有资产流失；加强大宗物品采购的计划性和精确性，认真做好采购预算和计划，提高采购效率。

5. 强化后勤管理，提升后勤服务能力和质量。建立健全《广西民族大学修缮工程暂行管理办法》、《广西民族大学教职工住宅小区管理暂行办法》等规章制度，推进后勤管理规范化；创建文明公寓、标准公寓、安全公寓，迎接标准化学生公寓评估工作；继续完善标准化学生食堂建设，开展“三优一满意”活动，进一步拓宽服务范围，优化差异服务领域，满足师生多元需求；完成西校区民族预科与干部培训楼、理工实验楼、学生公寓楼等绿化工程项目；加强校卫生所管理，改进服务态度，提高医疗水平。

6. 完善校园安全管理机制。推进教职工宿舍区门禁系统建设，逐步建立起覆盖全校的技防监控体系，提升校园安全保障能力；完善以校园110为平台的快速反应工作机制和群防群治工作机制；积极解决校园周边交通、治安等问题；加紧完善西校区安保设施，做好西校区安全保卫工作；加强师生安全教育，提高预防灾害、应急避险和防范违法犯罪活动能力；加强治安管理，减少治安案件发生。

7. 提升档案工作信息化水平。继续开展历史纸质档案目录的计算机录入工作；开展馆藏照片档案扫描、光盘档案检查翻刻、录音录像档案数字化转换等工作；完成年度归档工作和年度归档质量年检工作。

8. 认真做好离退休工作。落实离退休人员政治和生活“两个待遇”；加强老年活动中心的管理，制定《广西民族大学老年活动中心管理规定(试行)》等规章制度；组织开展丰富多彩的文体活动，提高离退休同志的晚年生活质量。

9. 做好计划生育工作。加强计划生育宣传教育力度，开展“婚育新风进万家”活动，确保计划生育各项指标的完成；做好迎接2011年计划生育工作检查的各项准备工作。

广西民族大学
2010—2011学年度下学期党政工作总结

(2011年12月31日)

2010—2011学年度下学期，在上级党委、政府和主管部门的领导下，在全校师生的共同努力下，加强了内涵建设，顺利完成了工作要点的各项目标和任务，学校事业取得了较好发展。

一、以迎接中国共产党建党90周年为契机，党的建设工作和思想政治工作取得新成效

积极开展庆祝中国共产党成立90周年活动。召开理论研讨会、党史专题报告会和庆祝中国共产党成立90周年暨表彰大会，举办红歌比赛、演讲比赛、征文比赛、党史知识竞赛等活动，通过组织党员志愿服务、走访慰问老党员老干部和困难党员等形式多样的党团日活动，引导基层党组织和广大党员讲党性、学党史、树典型、当先锋，深入了解建党90年的光辉历程、优良传统和宝贵经验，以党组织带动团组织，以党员带动身边群众，切实加强党员意识，增强党性教育的感染力和实效性，为“十二五”开好局起好步提供动力和保证。

基层党组织建设和党员队伍建设得到加强。抓好党委中心组理论学习，主要开展了《中国共产党普通高等学校基层组织工作条例》、中国共产党党史等专题学习，把集中学习与邀请专家学者作辅导报告、成员中心发言有机结合起来，采取“课题引导、菜单式学习”的方法增强学习针对性和时效性，推进学习型党组织建设；扎实开展党校培训，完善网上党校考试系统，共培训入党积极分子2511人；做好党员教育和发展工作，发展新党员524人，批准预备党员转正183人；建党90周年之际，学校党委被中共中央授予“全国先进基层党组织”荣誉称号，被自治区党委授予“自治区先进基层党组织”荣誉称号，1人被评为“全区优秀组工干部”；6个先进基层党组织、12名优秀共产党员、6名优秀党务工作者受到自治区高校工委表彰；20个基层党组织被评为学校2009—2011学年“先进基层党组织”，15人被评为学校“优秀党务工作者”，98人被评为学校“优秀共产党员”。

干部队伍建设进一步加强。不断创新选人用人机制，通过公开推荐的方式面向全校公开选拔目前空缺的10个处级领导干部岗位，开展了校内外挂职锻炼计划；选派7名干部到国家行政学院、教育部中南教育管理干部培训中心、自治区党校、广西高工委党校等机构学习培训；选派1名干部到区外高校挂职锻炼；选派2名分团委书记参加县级团委挂职工作；选拔处级领导干部5名；交流处级干部4名。重视干部素质的提高，举办党务系统干部专题培训班，提升党务干部的理论素养、实践素养和管理水平；组织50多名处级领导干部赴延安、井冈山等革命圣地考察学习，通过重温历史，接受革命传统教育，加深对革命精神和革命信念的理解。

党风廉政建设扎实推进。加强反腐倡廉宣传教育，精心组织廉政考试，扎实开展警示教育活动，进一步增强了党员干部反腐倡廉、廉洁从政意识；认真贯彻执行中央《关于实行党风廉政建设责任制的规定》，学校党政主要领导与各单位党政主要领导签订了《党风廉政建设责任书》，切实把党风廉政建设内容纳入领导班子和领导干部目标管理与考核之中，增强领导干部党风廉政建设责任意识；认真开展“小金库”专项治理工作，对个别违法违纪现象，学校党委行政态度坚决、严肃处理；强化对学校招生、收费、基建工程、物资采购、后勤等的管理和监督，预防腐败现象发生。

切实加强大学生思想政治工作。以建党90周年为契机，深入开展爱党爱国爱社会主义理想信念教育、贫困大学生励志教育、大学生就业创业教育等系列主题活动；加强辅导员队伍建设，提高辅导员育人能力，共派出19人次参加辅导员培训，设立“大学生思想政治教育理论与实践研究”专项课题；推进学风建设工程，培育优良学风，开展评优评先活动，树立先进典型；加强大学生心理健康教育，举办了第六届“心理健康节”，开展了系列心理健康知识普及、咨询和心理危机干预活动；指导学生会、大学生社团开展丰富多彩的校园文化活动，营造良好的校园文化氛围。

宣传工作、统战工作、保密工作稳步推进。积极开展校内外宣传，做到网络新闻天天有更新、学校大事件件有报道，中心工作事事有记载；学校与广西日报传媒集团签订合作框架协议，搭建校企合作双赢新平台；积极开展统战工作主题活动，承办了江苏、广西两省区高校统战工作座谈会，进一步推进高校统战工作的交流与合作；完成西乡塘区广西民族大学选区第二届人大代表选举工作；认真组织学习新修订的《保密法》，做好信息化条件下的保密工作，积极配合自治区专项保密检查组对我校保密工作进行检查。

二、启动实施“十二五”发展规划，60 周年校庆筹备工作按计划推进

“十二五”发展规划编制出台。学校“十二五”发展规划以《国家中长期教育改革和发展规划纲要(2010—2020)》和《广西中长期教育改革和发展规划纲要(2010—2020)》为依据，经过多方征求意见，反复深入修改，对学校“十二五”期间学科建设、人才培养、科学研究、社会服务能力、国际交流与合作、师资队伍建设、管理体制改革、公共服务体系建设等作了明确规定，并按程序审批，于 2011 年 5 月 31 日公布实施，开启了学校“十二五”规划建设的第一步。

校庆筹备工作逐步推进。校庆 1 号公告已在《广西日报》刊登；60 周年校庆专题网站开通；《广西民族大学校园地图》初稿基本完成；校庆服装已经全校广泛征集意见选定款式，进入招标程序；开发了校友录编录软件，各学院校友录编录工作进展顺利；《60 周年校庆纪念画册》、《60 周年校庆电视片》文稿初稿完成；《校史》编写初稿基本完成。

三、博士学位授予单位立项建设通过中期检查，学科建设全面推进

博士学位授予单位立项建设工作有效推进。2011 年 6 月下旬，以国务院学科评议组成员、中国国家图书馆馆长詹福瑞教授为组长的国务院学位委员会专家组对我校新增博士学位授予单位立项建设工作进行中期检查。专家组通过听取汇报、查阅档案材料、实地考察和召开座谈会等方式，考察、了解、分析和指导我校新增博士学位授予单位立项建设工作，并一致同意我校通过中期检查，申博工作取得阶段性成果，为 2012 年博士授予权单位整体验收打下良好的基础。

学科建设扎实开展。中国科学院成都计算机应用研究所博士后流动站广西民族大学科研基地挂牌；图书情报与档案管理、化学工程与技术 2 个博士学位授权建设学科和材料科学与工程、计算机科学与技术 2 个硕士学位授权建设学科获得 2011 年自治区财政专项经费资助；制定了《广西民族大学校级重点学科建设与管理办法(试行)》，5 个校级重点学科和 5 个校级重点建设学科通过评估验收；完成第三次学科带头人换届遴选工作，45 名教师成为新一届学科带头人。

师资队伍建设取得新成绩。自治区党委人才工作协调小组在我校设立了 2 个八桂学者岗位——“中国与东南亚关系研究”、“混杂计算与集成电路设计分析”和 1 个特聘专家岗位——“中国南方与东南亚民族研究”，目前已按照规定程序确定八桂学者推荐人选 4 人、特聘专家推荐人选 2 人；引进各类高层次人才 9 人；外聘教授 8 人；2010 年学校教职工通过高级职称评审 49 人，比 2009 年增加 8 人；制定了 2011—2012 学年度教师进修计划，按计划考取博士 4 人、做博士后研究 3 人、访学 4 人、入选广西 2011 年财政资助出国留学项目 4 人；开展了 2009—2011 年学校“优秀教师”和“优秀教育工作者”的评选工作，36 人评为“优秀教师”，33 人评为“优秀教育工作者”。

四、教育教学改革不断深化，各层次教学建设质量和水平稳步提高

本科教学质量与教学改革工程建设不断深入。《民族学》等 8 个专业入选广西高等学校特色专业与课程一体化建设项目；《教育学》教学团队入选 2010 年度广西教师教育学科教学团队预立项项目；新增 2 个本科专业——《金融学》、《金属材料工程》和 3 个高职高专专业——《应用印尼语》、《应用越南语》、《应用泰语》；评选出 12 门校级精品课程；获得自治区级教改项目立项 20 项，校级教学改革工程项目立项 96 项；校级教改项目 32 项，校级教育科学课题 22 项获得结题；出版《中级缅甸语会话教程》等教材 6 部；组织开展了第七届教师课堂教学比赛、第二届师范生教学技能比赛。

国际教育教学平台进一步拓展。与马来西亚新世纪大学学院和美国特洛伊大学签订接收我校学生留学协议书；分别与越南河内大学所属外国语大学、越南海防大学、老挝国立大学制定了联合培养中国语言文学专业硕士研究生培养方案，与老挝苏发努冯大学制定了联合培养法律硕士专业学位研究生培养方案。

研究生教育管理水平和培养质量不断提高。召开了研究生工作大会，总结学校12年来研究生教育的成绩与经验，确定研究生教育的发展方向，指导和促进研究生教育发展；组织开展授予硕士学位和培养研究生的二级学科自主设置工作；完成了2011年度硕士研究生导师遴选和认定工作；推荐35项研究生科研创新项目、11项研究生教育科学专项课题、1项研究生学术论坛申报2011年自治区研究生教育创新计划项目；资助校级研究生创新计划项目100项；组织“第五届研究生学术论文竞赛”，举办10项学术沙龙活动，对61名研究生论文进行了奖励；评选出33篇2011届优秀硕士论文；4名研究生获得自治区优秀毕业生。

继续教育改革得到深化。强化了成人高等教育教学管理，以远程教学课件作为创新点，加强函授站点、自学考试的教学过程和考试等重要环节的监控；大力发展非学历继续教育，举办区内各类人才培训，包括全区民委信息员培训班，壮汉双语教学骨干教师培训班，壮文小学教导主任培训班，壮汉双语教师培训班，2期钦州地税局领导干部培训班，7期越南165项目培训班。

招生录取工作顺利，各类生源质量较好。今年录取硕士研究生460人，本科生3613人(招生专业60个)，专科生473人；一本录取的文史类最低分(出档分)为519分、理工类最低分(出档分)为506分；二本录取的文史类最低分(出档分)为497分、理工类最低分(出档分)为467分，分别高出区内最低录取控制线41分和43分；高职高专录取的文史类最低分(出档分)为375分、理工类最低分(出档分)为321分。相思湖学院面向17个省(市、自治区)录取2354人；文史类一志愿录取最低分(出档分)418分，理工类一志愿录取最低分(出档分)378分，分别高出区内最低录取控制线22分和44分，超出第二批本科录取控制线录取的考生有29人。

人才培养质量不断提高。2011届3315名本科生，3123人获得毕业，3075人获得学士学位；559名专科生，544人获得毕业；394名研究生获得毕业，384人获得硕士学位；学校荣获第六届全国安利杯大学生计算机作品赛银奖1项，铜奖2项，是广西唯一一所获得此殊荣的高校；荣获“党旗颂”2011年全国大学生演讲大赛团体三等奖，个人三等奖2项；获国家民委组织的民族类院校演讲比赛优秀奖1项；获全区大学生课外学术科技作品竞赛特等奖1项，一等奖2项，二等奖5项，三等奖7项，其中特等奖作品《纳米材料原位生长及其规定热力学函数研究》等4项作品被推荐参加第十二届“挑战杯”全国大学生课外学术科技作品竞赛决赛；7名同学荣获“2010年度广西高校优秀共青团员”称号；1人荣获“2011年铁路春运青年志愿者服务活动突出贡献奖”十佳志愿者，7人获“优秀志愿者”；校龙舟队在南宁国际龙舟邀请赛250米直道竞速和500米直道竞速中获得两金三银；在第四届中国大学生龙舟锦标赛中获得女子200米冠军、500米季军及男女混合组500米第四名。

五、科学研究基础不断夯实，公共服务体系建设稳步推进

科研创新平台建设取得新进展。“中国南方与东南亚跨国民族研究基地”入选国家民委首批人文社科重点研究基地；第三批自治区重点实验室“广西混杂计算与集成电路设计分析重点实验室”正式授牌，并获2011年自治区财政资助建设经费120万元；广西科学实验中心——“中国—东盟研究中心”正式启动，获自治区财政首批资助建设经费1000万元；广西区级重点实验室“广西林产化学品开发与应用重点实验室”获得本年度自治区财政资助建设经费100万元。

科学研究能力不断提高。获国家社科基金项目11项(含全国教育科学规划课题2项),资助经费148万元;国家自然科学基金项目4项,资助经费187万元;获国家教育部科技重点项目1项、国家体育总局哲学社科项目1项、国务院侨务办项目1项、国家民委民族问题研究课题2项、广西哲社规划课题28项、广西国家级非物质文化遗产丛书编纂项目4项、广西自然科学基金12项、广西科技开发与计划项目4项、广西社科联项目1项,横向合作项目5项;到账资助经费284.2万元。各级各类科研项目结题52项,其中国家社科基金项目2项,国家自然科学基金项目1项,广西哲学社会科学项目5项,广西科学基金项目3项,广西民委课题2项,广西教育厅项目11项,学校科研项目28项。

学术研究成果丰硕。获第六届广西文艺创作铜鼓奖5项;评出2009—2010年度校级科技进步奖和人文社科优秀成果奖,其中科技进步奖6项,人文社科优秀成果奖29项;2010年度全校教职工科研奖励金额共计460多万元,其中课题申报奖11万元,课题立项奖188.154万元,科研成果奖229.93万元,获奖成果再奖励31.4万元。

学术交流活跃,学术氛围浓厚。制定了2011年学术活动计划;举办或承办了"纪念中国共产党成立90周年理论研讨会"、"2011年积分方程、微分方程及其应用全国会议"等重要的学术会议;邀请校外专家学者到校作学术报告78场次。

名栏名刊建设不断加强。与云南民族大学学报和云南大学学报共建"中国—东盟"研究栏目;主办全国"学术期刊·文摘与影响因子学术研讨会";举办了3场人类学研究学术讲座;刊发了原生态文化、语言变迁、旅游与景观3期主打栏目优秀论文。

文献信息资源建设不断完善。制定了《2011年文献信息资源采购方案》;新采购图书13450册,报刊15609册;组织非通用语专业教师在7个东盟国家采购缅甸语图书1036册,泰语图书4101册及光盘251张,印尼语图书1947册,马来语图书1604册,越南、老挝、柬埔寨图书5081册,充实了非通用语原版图书;启动博士点建设学科专业图书补遗工作。

实验教学基础设施不断改进。完成了2010年中央财政支持地方高校发展项目的审核和采购任务,进一步改善实验室设备条件;完成了大型仪器共享平台网站建设,大型仪器平台收费方案、维护及运行管理制度建设等博士学位授予单位大型仪器平台建设工作年度任务;完成民族预科与干部培训楼和国际教育综合楼录播教室、54间多媒体教室、18间双功能语音室的建设。

六、国际性大学建设迈出新步伐,国际影响力日益扩大

东盟学院建设全面启动。根据自治区教育厅《关于广西民族大学东盟学院组建方案的批复》精神,完善并印发《广西民族大学东盟学院建设实施方案》;启动东盟学院师资队伍建设,开展公开招聘专业教师和辅助专业技术岗教师工作;组建东盟学院领导班子,设立八桂学者岗位。

对外交流与合作继续扩大。共接待国(境)外来访或顺访团组49个725人次,其中越南法律大学、越南外语外贸大学、印尼华文教育机构、缅甸福庆学校、马来西亚世纪大学学院、美国西来大学等首次访问我校;共派出因公出访或参团出访的团组/个人10个共22人次赴15个国家或地区进行工作访问、学术交流;与国(境)外高校和学术文化机构新签协议3份,续签协议6份;与英国斯泰福夏大学草签了联合办学协议;承办了纪念中国—东盟建立对话关系20周年广西"农垦杯"外语大赛汉语组复决赛;选送4名小语种志愿者服务深圳大运会,选拔了97名专业志愿者参与今年的中国—东盟博览会、中国—东盟商务与投资峰会的筹备和服务工作。

国际汉语推广工作取得新成绩。印尼丹戎布拉大学孔子学院获得国家汉办批准,双方学校已签定执行协议，成为我校在国外设立的第三所孔子学院，使我校成为广西在国外设立孔子学院最多的高校；完成了泰国玛哈沙拉坎大学孔子学院中方院长的更换交接工作；印尼丹戎布拉大学孔子学院中方新任院长和老挝国立大学孔子学院中方院长更换推荐与培训工作已按国家汉办要求进行；完成赴泰国43名汉语志愿者教师和赴菲律宾27名汉语志愿者教师的选拔派出工作。

留学生教育稳步发展。上半年在校学习留学生达到1010人；66名留学生本科毕业获得学士学位，16名留学生研究生毕业获得硕士学位；完成各类奖学金项目113人的招生工作，其中中国政府奖学金27人、孔子学院奖学金26人、广西政府老挝留学生奖学金项目40人、广西政府柬埔寨留学生奖学金项目10人，广西东盟奖学金项目10人；成立首届广西民族大学留学生会；组织汉语水平考试，其中高等考试1次，12名留学生参加；初中等考试2次，761名留学生参加。

七、基本建设项目进度加快，校园基础设施不断完善

积极落实校园建设资金。中央基建专项和自治区有关专项资金落实到位，中央拨付了1亿元图书馆资金，自治区拨付了2500万元理工楼资金，东盟学院大楼资金也已经到位6000万元，为项目的顺利进行提供了保障。

东西两校区基本建设进展良好。东校区附属小学学生宿舍楼破土动工，完成大礼堂消防改造等小额工程项目42项、小型维修项目26项。西校区基础设施项目主要道路基本完成，自来水工程投入使用，排水工程大部分投入使用，配电工程部分完成；图书馆施工至地下室底板；艺术楼东楼施工至六层，西楼施工至五层，音乐厅完成顶板施工；东盟学院大楼已开工；永久供电系统进行管道敷设；西校区大门完成现场定点放线、交桩；西校区围墙完成施工招标；学生食堂及附属用房完成设计方案评审；运动场馆完成方案设计；李宁田径场完成场地土方工程；露天篮球场正在进行施工招标。

校园环境进一步改善。通过自治区“卫生优秀学校”复评；制定并实施了《2011年维修专项及绿化美化计划》，完成了校园主干道路、六坡和八坡小区道路翻建，国际综合大楼周边广场及道路建设，对大礼堂、四坡、五坡学生公寓等教学、办公、生活设施进行了维修，实施了相思湖周边、附中周边及教职工高层住宅西面等地的绿化美化工程；西校区绿化项目正在加紧进行。

八、不断改善师生生活学习条件，努力解决实际问题

全力推动毕业生就业工作。召开了2011年就业工作会议和就业工作中期会议，及时总结有效部署就业工作；举办了第二期自主创业培训班、公务员考试公益讲座、公务员面试知识讲座、实战模拟训练等辅导活动和恒安大学生职场挑战赛宣讲会，开展就业指导，提高学生就业技能；先后派出6个工作组赴广西各地市开拓就业市场，收集就业信息；举办校园大型招聘会2场，文科综合类专场招聘会1场，校园专场招聘会168场，共有968家企业参会，提供19444个就业岗位；安置40名困难毕业生就业岗位。首次启动“蒋全斌”大学生创业基金，资助创业项目4个，合计金额2万元；建立了12个青年学生就业创业见习基地，为学生提供了490个就业创业见习岗位。42人录取为“西部志愿者”，133人录取为“特岗教师”，29人入选“三支一扶计划”，124人确认为入伍预征对象，406人通过“到村任职”资格审查。截至7月27日，有3499人就业，就业率为85.66%（比去年同期下降5.21个百分点），其中本科就业率为87.06%（比去年同期下降3.93个百分点）；专科就业率为96.01%（比去年同期下降1.94个百分点）；研究生就业率为58.56%（比去年同期下降17.51个百分点）。

贫困资助与励志教育相结合，学生资助工作成效显著。累计发放各类奖、助、贷学金3462.77

万元，受助人数累计19944人次，其中国家助学贷款4626人次2377.09万元，各类奖助学金8204人次871.34万元，勤工助学金1747人次137.63万元，困难补助金364人次9.77万元，物价补贴66.94万元。举办“学生资助政策宣传月”、“助学政策助我成才”征文活动和“爱心助学，回报社会”主题公益活动等，开展“励志青春，自强人生”主题班会、“贷款助学信用树人”专题报告会、受助学生“助学政策助我成才”主题座谈会等，营造了励志自强的良好风气；举办贫困生普通话培训班、写作提高班、计算机技术应用班、素质拓展提高班等，提高经济困难学生综合素质。

积极解决学生参保就医问题。为解决学生就医后顾之忧，方便参保学生就近就医，学校申请成为南宁市学生医保定点单位，2011年3月开始实行学生就医医保收费。

着力解决教职工住房等实际问题。继续推进5坡30栋高层职工集资住宅楼工程，目前已完成25层；协商中国银行到校与30栋高层职工集资住宅楼住户签订住房贷款合同，方便住户办理公积金贷款手续；八坡危旧房改住房改造项目确定以限价住房方式进行，目前已完成规划、勘察、设计及环境评估等前期工作，完成了八坡部分危旧房改住房改造报名重新签字确认、拆迁安置以及剩余周转房源处理等工作；为购买5坡19栋至26栋住户申请办理房产证；关心教职工身体健康，制定了《广西民族大学教职工身体健康检查方案》。

九、深化管理体制改革，行政管理与服务水平不断提高

人事制度改革有新突破。完成全校教职工首次岗位聘任工作，首次设置岗位总量为1268个，现有在编人员1134人全部纳入岗位管理，同时按岗位类别分别确定在编人员的岗位等级，逐步实现人员从身份管理向岗位管理的转变；根据学校岗位设置及编制使用计划，制订了《广西民族大学2011年公开招聘人员实施办法》，面向社会公开招聘63名专任教师、管理人员、辅导员和教辅人员，目前，管理人员、辅导员已完成笔试、面试，其他岗位人员的招聘工作正在进行。

资金管理和内部监控工作不断加强。完成2011年预算分配方案的编制和预算执行情况检查工作；完成2011年“小金库”专项治理工作，查处“小金库”215万元；配合自治区审计厅对我校进行的2010年预算执行和其他财政收支情况审计、学校主要领导经济责任审计。完成了对后勤各经济实体2010年目标管理完成情况审计；完成经济合同审计事项267项，合同金额达15097.13万元；制定《广西民族大学基建修缮工程项目跟踪审计实施细则》，完成基建维修工程预算上控价审核15项，送审额2332.24万元，审减234.36万元；完成基建维修工程结算审计55项，送审金额11048.35万元，审定金额10316.57万元，审减731.78万元，审减率为6.62%。规范物资招标采购程序，完成物资采购项目131项，预算金额2879.9万元，成交金额2748.1万元，节省131.8万元。

固定资产管理日趋规范。开展了全校教学科研仪器设备的普查工作；制定了《广西民族大学部门固定资产管理工作职责》、《设备验收细则》和《设备报废细则》，建立设备管理层次网络结构；初步建立实验室耗材基础数据库；完成国际教育综合楼、民族预科与干部培训楼、西校区三栋学生宿舍新增设备的安装、调试、验收、固定资产登记工作。

校园安全秩序稳定。初步完成了校园安全技防方案的制定工作；将预防工作作为安全工作重点，排查安全隐患并及时整改；实行案情通报制度，及时通报校内和其他高校发生的典型案件，提高师生的安全防范意识和能力，防止了重、特大案件的发生。

离退休人员管理和服务不断加强。积极落实离退休人员政治待遇和生活待遇，建立健全离退休专业技术人员人才库，推进离退休人员两级管理工作，协助离退休专业技术人员申报岗位聘任，组织离退休人员参加自治区、驻邕高校、学校纪念中国共产党建党九十周年文艺汇演、书画摄影展、图片图书展、党史报告会、红歌比赛等系列活动。

校内产业管理进一步规范。学术交流中心正式交付承租单位进行二次装修；完成竞争性谈判和公开招租铺面的《铺面租赁协议》签订工作。

档案信息化建设步伐加快。使用《GD2000 档案管理系统》对归档材料进行预立案，补充馆藏历史档案纸质档案目录录入 2 万条。

完成计划生育工作任务。召开 2011 年计划生育工作会议，与各单位签订《计划生育目标责任状》；完成计划生育目标管理各项主要指标；做好计划生育宣传工作；做好流动人口和大学生计划生育工作。

对照本学期工作要点，学校工作中仍存在一些问题，教学改革力度有待加强，教学管理、学生管理等方面还存在一些薄弱环节，少数干部岗位责任意识、政策意识和法纪观念比较薄弱。为此，我们要正视存在的问题，认真分析和查找原因，在学校发展中逐步改进和完善。

重要会议（活动）领导讲话

认清形势　明确任务　加强领导　深入开展党风廉政建设和反腐败斗争

——钟海青书记在广西民族大学2011年纪检监察工作会议上的讲话

（2011年3月25日）

同志们：

这次全校纪检监察工作会议，主要任务是学习贯彻中纪委十七届六次全会、自治区纪委九届九次全会和2011年度全区教育系统纪检监察工作会议精神，总结、部署我校党风廉政建设和反腐败工作。刚才，杨再延副书记传达了上级会议精神，总结了我校2010年纪检监察工作，提出了2011年的工作任务。我完全同意，希望大家抓好落实。下面，我讲三点意见。

一、提高认识，把握形势，切实增强加强反腐倡廉建设的紧迫感和责任感

2010年，我校认真学习贯彻落实中央、自治区的决策部署，将党风廉政建设和反腐败斗争纳入学校发展总体规划，狠抓落实，取得了明显成效。我校在区属高校贯彻落实反腐倡廉建设工作汇报会及落实三委部《意见》汇报会、在全区本科院校大学生廉洁教育工作座谈会上分别作了典型经验发言，我校作为全区高校的唯一代表在2010年全区提高选人用人公信度视频会议上作了典型发言，得到了上级领导的肯定和社会的好评。我校反腐倡廉建设总体形势是好的，但是，也存在一些问题：有的领导干部遵纪守法和廉洁自律意识较薄弱，致使个别领导干部受到责任追究；反腐倡廉制度还需要进一步完善；校园廉政文化建设有待进一步深化。这都要求我们在今后的反腐倡廉工作中认真研究并加以解决。

今年是中国共产党成立90周年，是实施“十二五”规划的开局之年，也是全面落实《建立健全惩治和预防腐败体系2008年—2012年工作规划》（以下简称《工作规划》）和自治区党委《实施意见》的关键一年。新形势新任务，对我们高校反腐倡廉建设提出了新的挑战和更高要求。

第一，深入开展反腐倡廉建设，是新形势下党的建设的迫切要求。胡锦涛总书记在十七届中纪委六次全会发表重要讲话中明确指出，当前反腐倡廉形势“三个并存”，即成效明显和问题突出并存，防治力度加大和腐败现象易发多发并存，群众对反腐倡廉期望值不断上升和腐败现象短期内难以根治并存。并强调：深入贯彻落实以人为本、执政为民理念，扎实开展党风廉政建设和反腐败斗争。把实现好、维护好、发展好最广大人民根本利益作为一切工作的出发点和落脚点，着力加强以人为本、执政为民教育，着力建立健全体现以人为本、执政为民要求的决策机制，着力按照法律法规和政策开展工作，着力维护人民群众权益，着力查处损害群众切身利益的案件，着力加强基层干部队伍作风建设，以党风廉政建设和反腐败斗争的实际成效取信于民。胡锦涛总书记的重要讲话为我们今后反腐倡廉建设明确了目标，指明了方向。我们一定要认真学习，深刻领会和准确把握反腐败斗争形势。既要看到反腐败斗争形势的长期性、复杂性和严峻性，又要看到反腐败斗争取得的明显成效，充分认识深入推进反腐倡廉建设的有利条件，坚定不移地把反腐倡廉建设推向前进。

第二，深入开展反腐倡廉建设，是教育事业发展的必然要求。今年是全面实施《国家教育规划纲要》和《广西教育规划纲要》的关键之年，我们必须深刻认识到，国家的发展和强盛，从根本上取决于国民素质，国民素质的提高，基础在教育，关键也在教育。因此，我们教育系统反腐倡廉建设事关教育改革和发展，事关党的事业兴旺发达和国家长治久安。我们必须不断深入开展反腐倡廉建设，全面贯彻党的教育方针，坚持社会主义办学方向，围绕高等教育事业的改革和发展，严格管理，加强监督，惩治腐败，促进我校科学发展、健康发展、和谐发展，切实为深入实施科教兴国、人才强国和“富民强桂”战略提供重要保证。

第三，深入开展反腐倡廉建设，是推动和谐校园建设的内在要求。今年是我校启动实施“十二五”规划开局之年，我校教育改革发展项目、投入将随之增多。随着招生规模不断加大，人才队伍建设任务日趋繁重，学科建设经费迅速增多，基建项目投资大幅增加，物资采购大量增多，与社会各层面的联系沟通范围不断扩大，经济往来日趋频繁。导致滋生腐败的各方面因素将长期存在，社会上形形色色的腐朽落后思想每时每刻都有可能侵蚀我们高校的党员领导干部，影响着师生员工。如果筑不牢我们的思想防线，就容易受到腐败“病毒”的感染。所以，我们必须不断深化反腐倡廉建设，加强对中央和自治区党委政府重大决策部署执行情况的监督检查，及时排查化解高校改革进程中的矛盾和风险；加强领导班子和领导干部的党风作风建设，提高拒腐防变和抵御风险能力，以干部的优良作风正校风、促学风，带教风，切实为构建风清气正和谐校园、建设高水平民族大学保驾护航。

二、围绕中心，服务大局，扎实推进反腐倡廉建设各项工作

今年我校的反腐倡廉工作仍然繁重，我们一定要按照十七届中纪委六次全会和九届自治区纪委九次全会的部署和要求，围绕全面落实《工作规划》部署的任务，结合我校教学、科研中心工作，坚持以人为本、执政为民要求，重点树立“五个理念”、提高“五种”能力，扎实推进我校党风廉政建设和反腐败斗争各项工作见成效。

第一，树立围绕中心、服务大局的理念，提高贯彻落实重大决策部署的能力。全面落实中央和自治区重大决策部署的任务和要求，还有大量工作要做，还有许多重点问题、突出问题和难点问题亟待解决。这就要求我们树立围绕中心，服务大局的理念，将纪检监察工作紧紧围绕学校党委、行政的中心工作来谋划思路、确定重点、部署力量；自觉把反腐倡廉建设融入我校教育改革发展的全过程，对重大决策部署、重要工作、重大活动及时跟进、积极参与；切实做到学校党委、行政中心工作部署到哪里，反腐倡廉建设就抓到哪里，服务保障就跟进到哪里，哪里出了问题，就要追究相应责任人。抓紧建立健全权责统一、协调有力、运转高效的落实机制。认真抓好对“三重一大”决策制度、领导干部个人重大事项报告制度、民主集中制和《关于加强高等学校反腐倡廉建设的意见》落实情况的监督检查；加强对教育收费政策执行情况的监督检查，全方位加强教育收费监控，确保政策得到全面贯彻执行；对资金落实情况进行跟踪检查，确保教育改革发展顺利推进；加强对国家资助资金、教育重大项目、学科建设项目、科研项目等落实情况的监督检查，提高贯彻落实重大决策部署的能力，为促进高等教育事业改革发展提供坚强有力的保证第二，树立热爱学习，接受教育的理念，提高干净干事、干事干净的能力。古人云：“立身百行，以学为基。”学习是提高素质、增长能力的重要途径，也是干好事业的重要基础。我们要切实加强政治理论学习，要认真学习中国特色社会主义理论体系，学习党的路线、方针、政策，不断提高政治思想觉悟和理论政策水平，提高战略思维、创新思维和辩证思维的能力。要兼顾全面，广泛学习工作所需要的知识。当前，要把全面学习党的十七届五中全会精神和胡锦涛总书记在十七届中纪委六全全会上的重要讲话精神当作一项重要政治任务来抓。同时，要深入开展示范教育、警示教育和科学发展观教育，推进廉政文化建设。要把以人为本、执政为民教育作为反腐倡廉教育的重点，进一步加强党的宗旨教育、廉洁从政教育。要教育和引导广大党员干部培养提高干净干事，干事干净的能力。在本职岗位上为民掌好权，服好务，是领导干部的基本职责。这一职责，人们俗称为“干事”。能否做到干净干事、干事干净，是衡量领导干部是否称职的一个重要标准。干净干事，即一身正气、两袖清风，以清正廉洁的态度和作风开展工作、履行职责。古语云：“公生明、廉生威”，领导干部秉公执政、清正廉洁，办事就会光明磊落，就能脚下站得稳、腰杆挺得直、说话就会有底气，得到群众的信任和支持，从而为干成事、干好事奠定坚实基础。干净干事与干事干净密切联系、相互促进。将干净干事与干事干净有机统起来，要求领导干部牢固树立正确的世界观、人生观、价值观，保持平常之心、平淡之欲、平实之风，知所避，知所守，不为名所累，不为利所困，保持强烈的事业心和高度的责任感，以扎实的工作和贴心的服务取信于全校师生员工、办好人民满意的教育。

第三，树立以人为本、执政为民的理念，提高解决突出问题的能力。以人为本、执政为民，是我们党的性质、宗旨的集中体现和一贯的政治主张、执政理念，是全党迫切需要抓好的重要任务，也是顺利实施“十二五”规划的客观需要。因此，我们要牢固树立以人为本、执政为民的理念。认真落实中央关于加强和改进群众工作的各项要求，加强对党的群众路线执行情况的监督检查，督促领导干部带头做好群众工作，进一步密切党群干群关系。坚决纠正损害人民群众利益的不正之风，重点解决损害人民群众利益和反映强烈的突出问题，进一步加大工程建设领域突出问题、“小金库”和教育乱收费等专项治理工作。畅通人民群众反映问题、表达合理诉求的渠道，做好信访举报受理工作，维护人民群众合法权益。着力整治发生在人民群众身边的腐败现象，不断以反腐倡廉建设实际成效取信于民、造福于民。

第四，树立监督是爱护、管理是帮助的理念，提高监督制约权力的能力。监督是爱护，管理是帮助，需要解决这个思想问题，就是正确看待监督和管理，充分认识到严是爱、松是害，纵容必然害人，监督才是爱护，放任必然误事，管理才是帮助。权力和监督存在一种共生关系：有权力的地方就需要监督，缺乏监督的权力就很容易走向腐败。党员领导干部要为人民掌好权、用好权，就必须接受监督。从关心和爱护干部角度出发，严格监督、严格管理不可或缺。说到这里，让我不禁想起了“治未病”的典故。我国古代名医扁鹊在回答魏王问他家兄弟三人哪一位医术最高时说：长兄医术最好，中兄次之，自己最差。因为长兄治病，是治理病情未发作前；中兄治病，是治于病情初起之时；自己治病，是治于病情严重之时。这个典故可以说明，严格监督、严格管理，不仅意味着在党员领导干部出大问题后严肃处理，更重要的是严在平时、严在经常，使党员领导干部做到“于善也，无小而不举”、“于过也、无微而不改”，治患疾于“未”，断诱惑于“始”，把问题消除在萌芽状态。因此，我们要按照权力制约的特点和决策、执行、监督相协调的要求，建立健全权力运行制约和监督机制，切实让权力在阳光下运行；要坚持党要管党，从严治党，不断加大对党员领导干部的管理力度；要严格执行党内监督各项制度，要大力实施各项公开制度，加强对重点人员、重点岗位、重要职能、重要事项的全方位全过程监督。各级领导干部要把党组织的管理和人民的监督看成是对自己的爱护和帮助，从而自觉增强监督意识，主动接受监督，带头开展监督，使自己不犯错误或少犯错误。

第五，树立惩防并举、标本兼治的理念，提高推进惩防体系建设的能力。贯彻落实《工作规划》还剩两年，处于关键阶段，我们要树立“惩治腐败是政绩，预防腐败同样是政绩”的理念，把处理人与教育挽救人相结合，把监督管理干部同信任激励干部结合起来，坚持惩前毖后，治病救人的方针，既严惩腐败分子，又保护党员干部的合法权益和干事创业的积极性。更好地把改革的推动力、教育的说服力、制度的约束力、监督的制衡力、惩治的威慑力有机结合起来，增强工作的系统性、协调性，推进惩防体系建设，努力拓展从源头上预防腐败的工作领域。要巩固去年在全校开展的“反腐倡廉制度建设年”活动中取得的成果，继续围绕规范决策行为、行政行为和办学行为，规范干部管理和加强招生、财务、基建，设备物资采购、校办产业监管等方面的工作，进一步推进制度建设。在“深化”上动脑筋，增强制度的系统性；在“细化”上下工夫，增强制度的可操作性；解决好有章不循、违章不究的问题，增强制度的严肃性。加强依纪依法和安全文明办案工作，提高办案能力和水平，坚决查处重点领域和关键环节发生的腐败案件。充分发挥查办案件的治本功能，针对案件中暴露出的问题，建章立制，堵塞漏洞。不断提升惩防体系建设的综合效能和科学化水平。

三、加强领导，落实责任，确保反腐倡廉建设各项工作落到实处

2010 年，中共中央、国务院结合党风廉政建设的新形势，重新修订了《关于实行党风廉政建设责任制的规定》(中发〔2010〕19 号)，这是深入推进反腐倡廉建设的一项基础性制度。学校各级党组织要把落实责任制，作为强化各级领导班子和领导干部抓好反腐倡廉建设的政治责任的抓手，督促党员领导干部全面履行“一岗双责”，确保反腐倡廉建设各项工作落到实处。

第一，要加强组织领导，确保责任到位。校纪委要协助校党委根据《规定》的要求，结合学校实际，着力完善各处级单位及学院一级党风廉政建设责任体系，进一步健全处级单位和学院党风廉政建设领导体制机制，明确党委(总支、支部)书记、院长(处长)以及领导班子成员的责任，形成完整的一级抓一级，层层抓落实的党风廉政建设责任体系。纪检监察室要积极协助党委行政抓好党风廉政建设责任制的组织协调、政策指导、监督检查及贯彻落实等工作。学校各职能部门要充分发挥职能作用，加强协调配合，共同完成承担分解的任务。

第二，要加强监督检查，确保考核到位。校纪委要协助校党委建立党风廉政建设责任制的检查考核制度，建立检查考核机制，制定检查考核的评价标准、指标体系，明确检查考核的内容、方法、程序。学校纪检监察部门要充分发挥组织协调和监督的作用，切实按照“依靠不依赖，到位不越权、督办不包办、参与不干预”的工作原则，严格执行检查考评规定，通过落实年度考核制度、民主生活会制度、述职述廉制度以及组织检查考评、成果评审等方式，进行检查考核。动员和组织党员、教职工代表、群众有序参与，广泛接受监督。

第三，要强化责任追究，确保责任制落实到位。对违反和未能正确履行党风廉政建设责任的领导班子和领导干部，对失职渎职导致损害师生员利益的突出问题和反腐倡廉建设中师生员工反映强烈的突出问题长期得不到有效解决的，要依纪依法严肃追究有关领导班子和领导干部的责任。要进一步规范责任追究的方式、程序，增强责任追究的科学性和操作性。要做到年初有布置，过程有检查，年终有总结。纪委要加强指导检查，确保责任制落实到位。

同志们，反腐倡廉工作任重而道远，我们使命在肩，责任重大。让我们在自治区党委、政府和区纪委的正确领导下，在自治区高校工委和纪工委的指导支持下，振奋精神、严格自律，求真务实，敬业工作，为深入推进党风廉政建设和反腐败斗争，为推动我校教育事业科学发展作出新的贡献！

加强党的先进性建设　促进学校全面协调可持续发展

——钟海青书记在广西民族大学庆祝中国共产党成立90周年暨先进表彰大会上的讲话

（2011年7月1日）

同志们：

今天，我们在这里隆重集会，庆祝伟大的中国共产党成立90周年，表彰先进基层党组织和优秀共产党员、优秀党务工作者，这是我校全体党员政治生活中的一件大事。首先，我代表学校党委，向在座各位并通过你们向辛勤工作在教学管理第一线的广大党员干部表示节日的祝贺和诚挚的问候！向受表彰的先进集体和个人表示热烈的祝贺！

回顾中国共产党90年的奋斗历程，我们倍感自豪，充满信心。90年来，中国共产党把马克思主义的普遍真理与中国的革命与建设实际相结合，创立了毛泽东思想、邓小平理论和“三个代表”重要思想，并在这些理论的指导下，坚定不移地领导中国人民，出生入死、百折不挠，自力更生、艰苦奋斗，改革开放、与时俱进，建立了新中国，开辟了中国特色社会主义道路，在推动中国社会主义革命和建设的进程中，取得了举世瞩目的伟大成就。党的十七大以来，以胡锦涛同志为总书记的党中央，全面落实科学发展观，加快推进全面建设小康社会进程，社会主义经济建设、政治建设、文化建设、和谐社会建设和党的建设取得新的进展，经济社会持续保持快速发展，人民生活日益改善，综合国力显著增强，国际地位和国际影响力不断提高。

中国共产党90年的历史，就是为中华民族的独立、解放、繁荣，为中国人民的自由、民主、幸福而不懈奋斗的历史。这90年，是马克思主义基本原理同中国具体实际相结合、不断推进马克思主义中国化的90年；是我们伟大的祖国结束近代饱受屈辱的历史和长年战乱的局面、战胜各种困难和风险顽强奋进的90年；是中国人民掌握自己的命运、意气风发地建设新生活的90年；是我们党经受住各种风浪考验、不断发展壮大、不断开创各项事业新局面的90年。建党90周年的实践充分证明，中国共产党无愧为伟大、光荣、正确的马克思主义政党，无愧于领导中国人民不断开创新事业的核心力量。

在我们党领导我国各项事业不断取得胜利的进程中，我们学校也取得了巨大的发展。在过去的两年里，在上级党委的正确领导下，学校党委以邓小平理论和“三个代表”重要思想为指导，深入贯彻落实科学发展观，正确把握办学方向，更新办学观念，创新办学思路，强化办学特色和优势，抓住发展机遇，领导和带领全校师生员工朝着建设高水平民族大学的目标艰苦奋斗，励精图治，推动了学校各方面的事业快速发展。

我们扎实开展深入学习实践科学发展观活动和创先争优活动，建设了群众满意的实效工程。作为全国、全区和自治区高校工委的重点联系单位，广西民族大学学习实践科学发展观活动党委重视、准备充分、组织到位、亮点突出、特色鲜明，把学习调研、分析检查、整改落实和巩固扩大成果有机结合，提高了党员的思想政治素质，加强了基层组织建设，解决了群众关心的热点难点问题，学习实践科学发展观活动群众测评满意率为98.7%。2010年5月10日，中共中央政治局常委、中央书记处书记、国家副主席习近平到广西民族大学视察工作，参加“我与祖国共成长”党团主题活动，并对学校的发展给予充分肯定。2011年1月，自治区高校工委率全区高校“创先争优”活动领导点评工作现场交流会代表60多人到我校观摩指导“创先争优”点评活动，对我校“创先争优”活动所取得的成效给予了很高评价。光明日报、中国教育报等媒体全面、系统推介了我校学习实践科学发展观活动和创先争优活动的成功做法和经验。因两项学习活动亮点突出、特色鲜明、成效显著，2010年学校党委作为全区高校唯一代表先后3次被推荐在全区深入学习实践科学发展观活动总结大会、全区贯彻实施四项监督制度进一步提高选人用人公信度视频会议、全区人才工作会议上介绍工作经验。最近，学校被推荐为全国教育系统创先争优示范点。

我们大力加强校院两级领导班子建设，提高了领导班子办学治校水平。学校党委坚持党委领导下的校长负责制，深入贯彻执行民主集中制；坚持中心组理论学习制度，建立了领导干部坚持理论学习与理论研究、指导工作相结合的学习长效机制；坚持领导联系点制度，强化领导班子成员的群众意识，进一步密切干群关系；先后到清华大学、中国浦东干部学院等地举办了6期处级领导干部培训班，进一步提升领导干部领导水平和管理水平，增强干部岗位履职能力。通过理论学习和实践能力培养，切实把校院两级领导班子建设成为政治坚定、求真务实、开拓创新、勤政廉政、团结协作、治校有方的坚强领导集体。

我们坚持以党建带团建，加强了基层党组织建设和党员队伍建设。学校党委深入开展“学习型党组织建设”、“党组织建设年”、“结对共建先锋同行”等活动，扎实推进基层党组织建设，切实发挥基层党组织战斗堡垒作用。2009年学校调整了16个基层党委，建立健全党委、党总支、党支部工作机制，完善学校党委的议事和会议制度及组织员工作制度，实行基层党组织活动项目化管理，积极推进党建工作进网络、进学生公寓工作，探索基层党建工作新领域、新平台，充分发挥了基层党组织的政治核心和保证监督作用。学校党委认真做好在青年教师和大学生中发展党员工作，通过以党建带团建，做到了“四抓四带”，即“抓教育、带思想，抓机制、带组织，抓干部、带班子，抓载体、带争优”，形成党团共建、整体推进的工作格局。大学新生党的基本知识教育普及率、入党积极分子培训率、预备党员培训率、毕业生党员培训率均达100%，近两年来，申请入党的团员数为7340人，推优入党的团员数为2101人，全校现有党员6185人，其中学生党员5021人，占在校学生的28.6%，在校学生递交入党申请书达78%，有些高年级班级党员人数达到80%。

我们加强和改进了思想政治工作，营造了良好的育人氛围。学校党委认真贯彻落实全国民族院校大学生思想政治教育工作会议精神，加强和改进大学生思想政治教育，深化大学生“诚、勤、信、行”思想道德品牌创建活动，进一步构建全员育人、全过程育人、全方位育人的新格局。深入推进思想政治教育进网络、进公寓、进社团，拓展思想政治教育的有效途径。实施“红色园丁培育工程”，加强辅导员队伍内涵建设，切实提高育人能力。组织开展师德建设专题教育活动，努力建设适应学校改革和发展要求、敬业奉献、教书育人、遵纪守法、为人师表的教师队伍。实施“暖心帮扶工程”、“就业创业教育工程”、“心灵关怀工程”等学生工作工程，切实解决好民族学生生活、学习、心理和就业上的压力。推进学风建设工程，培育优良学风。加强宣传舆论工作和精神文明建设，积极为学校改革和发展营造良好的环境。指导学生会、大学生社团开展丰富多彩的校园文化活动，营造良好的校园文化氛围。

我们加强了党风廉政建设，努力从源头上预防腐败案件的发生。学校党委坚持标本兼治、综合治理、惩防并举、注重预防的方针，建立健全惩治和预防腐败体系，不断完善反腐倡廉领导体制和工作机制，积极探索党风廉政建设新途径。加强对学校收费、基建、招生、采购、后勤等重点领域和薄弱环节的管理和监督，系统建立规章制度，并认真落实，形成了用制度管权、按制度办事、靠制度管人的有效机制，较好地消除了学校发展过程中的不和谐现象，有力地促进了各项工作的深入开展。

我们抢抓了机遇，深化改革，促进学校发展。学校党委牢固树立机遇意识，努力提高把机遇和优势变为加快发展实际成果的能力和本领，牢牢抓住了新增博士学位授予单位立项建设的良好机遇，加强战略谋划和整体运筹，以制定并实施“十二五”规划、新增博士学位授予单位立项建设工作和西校区二期工程建设工作为重点，深化教育教学改革，有力地促进了学校的发展。经国务院学位委员会批准，学校成为广西2008—2015年新增博士学位授予单位的立项建设单位，经过近三年的建设，2011年6月，学校以优异的成绩通过了国务院学位委员会委托自治区学位委员会组织的新增博士学位授予单位立项建设中期检查；2009年9月，在共和国成立60周年之际，学校被国务院评为“全国民族团结进步模范集体”并进京接受表彰；2010年11月，学校被广西壮族自治区党委宣传部、统战部评为“自治区民族团结进步教育示范基地”；在全党全国全军共同庆祝中国共产党成立90周年之际，学校党委被自治区党委授予“广西壮族自治区先进基层党组织”荣誉称号、被自治区党委向中组部推荐为“全国先进基层党组织”。

两年来，在学校党委的领导下，全校基层党组织和广大共产党员紧紧围绕学校的中心工作，充分发挥基层党组织的战斗堡垒作用和党员的先锋模范作用，为推进学校改革、发展和稳定作出了积极的贡献，涌现出了一大批先进基层党组织和优秀共产党员、优秀党务工作者。今天受到表彰的先进集体和先进个人，就是其中的优秀代表。他们的典型经验和先进事迹，充分体现了我校各级党组织和党员队伍在学校建设与发展中的重要作用，展示了广大党员的良好精神风貌和崇高的精神品格。学校各级党组织、广大党员和党务工作者，要向今天受到表彰的先进集体和优秀个人虚心学习，艰苦奋斗、顽强拼搏，积极进取、扎实工作，切实发挥积极作用，为学校的改革和发展做出自己应有的贡献。

当前，我国发展已经站在了新的历史起点上，面临的机遇前所未有，面对的挑战也前所未有，既有许多有利条件，也有不少不利因素。面对新形势新任务，胡锦涛总书记6月28日在中共中央政治局第十三次集体学习时发表重要讲话。胡锦涛指出，先进性是马克思主义政党的本质属性，是马克思主义政党的生命所系、力量所在。90年来，我们党之所以能够从小到大、由弱变强，团结带领全国各族人民战胜各种艰难险阻，不断夺取革命、建设、改革的伟大成就，关键在于我们党坚持马克思主义科学理论指导，始终把党的先进性建设摆在突出位置来抓，不断保持和发展党的先进性。

胡锦涛强调，新形势下推进党的先进性建设，必须深刻认识和充分运用坚持马克思主义基本原理同中国具体实际相结合、坚持科学理论指导、坚定不移走自己的路的历史经验，始终把马克思主义作为自己的指导思想，坚持解放思想、实事求是、与时俱进，坚持用马克思主义立场观点方法观察当今世界、观察当代中国，准确把握时代脉搏，不断推进马克思主义中国化时代化大众化，使党的理论和实践始终体现时代性、把握规律性、富于创造性，使党的路线方针政策不断与时俱进，保证党始终站在时代发展的前列和中国社会发展进步的潮头。必须深刻认识和充分运用紧紧依靠人民群众、诚心诚意为人民谋利益、从人民群众中汲取前进力量的历史经验，坚持以人为本，把最广大人民根本利益作为党全部工作的出发点和落脚点，深入做好群众工作，办好顺民意、解民忧、惠民生的实事，不断实现好、维护好、发展好最广大人民根本利益，使党始终得到人民群众支持和拥护。必须深刻认识和充分运用自觉加强和改进党的建设、不断增强党的创造力凝聚力战斗力、永葆党的生机活力的历史经验，坚持党要管党、从严治党，紧紧围绕党的中心任务，以改革创新精神全面推进党的思想建设、组织建设、作风建设、制度建设和反腐倡廉建设，着力加强党的执政能力建设和先进性建设，不断解决好提高党的领导水平和执政水平、提高拒腐防变和抵御风险能力这两大历史课题，不断提高党的建设科学化水平。

胡锦涛总书记的重要讲话高瞻远瞩，内涵丰富，思想深刻，富于创新，对于我们深入贯彻落实科学发展观，全面推进高水平民族大学建设有着重要的指导意义。我们一定要认真学习、深刻领会讲话精神，把学习贯彻讲话精神作为当前一项重要政治任务，通过中心组学习、党员干部研讨等形式，把党员干部的思想认识统一到讲话精神上来，用讲话精神指导工作实践，把讲话精神转化为率先发展、科学发展、和谐发展的强大动力，转化为推进学校建设和党的建设的能力和水平，转化为建设高水平民族大学的实际行动，以更大的力度和更有效的措施，大力推进改革发展稳定各项工作，进一步开创学校发展新局面。

今天，我们纪念中国共产党成立90周年，最重要、最根本的，就是要继承和发扬党的优良传统，更加自觉地贯彻落实好科学发展观，继往开来，乘势前进。这是时代的要求，群众的愿望。当前，我们要推进学校科学发展、建设高水平民族大学，关键看我们基层党组织战斗堡垒作用的发挥，看我们全体共产党员先锋模范作用的发挥。因此，我们必须按照“党要管党、从严治党”的方针，进一步加强学校党的建设，特别是在当前工作任务更重、要求更高、压力更大的情况下，我们的领导干部和党员同志更要以政治上的清醒、思想上的统一、工作上的实干、作风上的严谨要求自己、勉励自己。为此，我代表学校党委对各级领导干部和党员同志提出几点要求和希望：

一、要继续加强党的先进性建设，做永葆先进性的楷模

胡锦涛总书记的讲话精辟阐述了党的先进性建设的深刻内涵，提出先进性是我们党的安身立命之本、发展壮大之源、执政兴国之基。加强党的先进性建设，是加强和改进党的建设的长期任务和永恒课题。各级党组织和全体党员要以建党90周年为契机，进一步加强党的先进性建设，做永葆先进性的楷模。要把推进党的先进性建设同继续解放思想、推动科学发展、促进校园和谐的实践紧密结合起来，同全面实施学校“十二五”规划紧密结合起来，同加强和改进党的建设的实践紧密结合起来，着力把党的先进性建设成果转化为推进学校改革发展稳定各项工作的实际成效。要按照加强党的先进性建设的要求，加强党的组织建设，进一步完善保持共产党员先进性长效机制，不断增强党组织和党员队伍的创造力、凝聚力、战斗力，造就能够适应新形势、完成新任务，有激情、干实事的高素质领导班子、干部队伍和党员队伍，把党组织真正建设成为带领群众促进学校发展、维护校园和谐稳定的坚强领导核心，使党员的先锋模范作用得到更好的体现。

二、要深入开展创先争优活动，促进学校全面协调可持续发展

要按照中央和自治区党委的要求，结合学校实际，创新活动载体，拓宽活动途径，将创先争优活动与学科建设相结合，与推进学习型党组织建设相结合，与基层党建相结合，与促进广西经济社会发展需要相结合，与促进民族团结进步相结合，与学习实践活动整改后续工作相结合。在推进创先争优活动中，要进一步创新发展思路，寻求发展路径，谋划发展举措，深化教育教学改革，努力提高教育质量和自主创新能力，促进规模、质量、结构、效益协调发展；要扎实推进新增博士学位授予单位立项建设工作，力争2012年通过国务院学位委员会的验收，成为博士学位授予单位；要全面实施“十二五”发展规划，争取得到上级更大的支持，进一步搭建学校发展新平台，拓展学校发展空间；要加强基础设施建设，进一步加快西校区二期工程建设步伐，以西校区建设为突破点，带动学校基础设施建设，同时，不断完善东校区基础设施，改善东校区办学条件；要积极推进国际化发展战略，以特色学科建设、国际教育、汉语国际推广工作、科研合作为重点，全面推进国际化进程，提升国际化特色，并促进民族性、区域性和国际性统一与融合，使学校的整体特色得到进一步强化，并成为学校的核心竞争力，带动学校整体发展。

三、要大力推进和谐校园建设，构建和谐宽松、团结奋进的校园文化氛围

和谐稳定的良好环境，是科学发展的基本前提和根本保障。我们要时刻绷紧维护学校和谐稳定这根弦，正确处理改革发展稳定的关系，努力解决与广大师生切身利益相关的问题，积极推进和谐校园建设，为构建社会主义和谐社会作出更大的贡献。要把和谐校园建设同加强和改进思想政治教育工作紧密结合起来，进一步贯彻育人为本、德育为先的理念，坚持把立德树人作为根本任务，切实形成全员育人、全过程育人、全方位育人的工作格局，打牢和谐校园建设的思想基础。要始终把关注和解决民生问题放在首位，坚持依法治校，从源头上预防和解决矛盾纠纷，保障教育公平，促进学校和谐稳定。要进一步建立健全维护稳定工作机制，加大矛盾纠纷排查调处力度，及时化解矛盾，妥善处理各种事端，调动一切积极因素，促进学校科学发展。

同志们，建设高水平民族大学是一项长期而艰巨的历史任务。艰巨的使命、繁重的任务，要求全校党员一定要居安思危、增强忧患意识，一定要戒骄戒躁、艰苦奋斗，一定要加强学习、勤奋工作，一定要加强团结、顾全大局，做到思想上始终清醒、政治上始终坚定、作风上始终务实。希望广大党员以学习贯彻胡锦涛总书记讲话精神为契机，进一步统一思想，增强信心，振奋精神，明确任务，扎实工作，努力开创各项工作的新局面，为学校的又好又快发展做出更大的贡献！

谢谢大家！

认清形势　查找差距　强化监管
深入开展党风廉政建设和反腐败斗争

——钟海青书记在广西民族大学开展以案明纪警示教育活动动员会上的讲话

（2011 年 9 月 29 日）

同志们：

这次学校开展以案明纪警示教育活动工作布置会议，主要任务是学习贯彻全区教育系统以案明纪警示教育大会精神，部署我校以案明纪警示教育活动工作。刚才，杨再延同志传达了全区教育系统以案明纪警教育会议精神，通报了一批近年来全区教育系统查处的严重违纪违法典型案件，请大家认真学习领会，抓好贯彻落实。下面，我主要结合近年来我校党风廉政建设和反腐败工作取得的成绩、存在的主要问题和今后努力方向讲三点意见：

一、学校党风廉政建设和反腐败工作取得的成绩

近年来，我校坚持以邓小平理论和“三个代表”重要思想为指导，深入贯彻落实科学发展观，按照中央、自治区党委和高校工委的决策部署，紧紧围绕学校教学、科研中心工作，坚持“标本兼治、综合治理、惩防并举、注重预防”的方针，党风廉政建设和反腐败工作取得了一定的成绩。

（一）反腐倡廉宣传教育扎实推进

我们在全校每年开展一次反腐倡廉主题宣教活动，先后开展了“树新风正气，促廉洁从政”、“加强党性修养，弘扬良好作风”、“讲诚信、促廉学”和“清廉务实，执政为民”等主题宣教活动，组织全校党员领导干部和师生员工观看党风廉政建设和反腐败工作成果展览、反腐倡廉书画展、预防职务犯罪图片展览、廉政电影、电教片，宣传先进人物事迹，进行正反两面典型警示教育；充分利用校园网、广播电视、校报、宣传橱窗等阵地开展反腐倡廉建设理论的宣传；充分运用党委中心组和民主生活会、专题法制讲座、党风廉政教材和法规文件读本等学习平台，认真学习中纪委、自治区纪委有关会议和文件精神，学习《党章》、《中国共产党党员领导干部廉洁从政若干准则》等党内法规；参加《“三个代表”重要思想反腐倡廉理论学习纲要》、《廉政准则》等党纪知识考试竞赛活动。通过一系列反腐倡廉宣教活动，进一步增强了全校党员干部和师生员工的遵纪守法、廉洁治校意识。

（二）反腐倡廉制度建设扎实推进

我们紧紧围绕党中央颁布实施的《建立健全教育、制度、监督并重惩治和预防腐败体系实施纲要》和《建立健全惩治和预防腐败体系 2008—2012 年工作规划》为重点，根据我校改革发展实际，着重在建立和完善“三重一大”（即重大事项、重要干部任免、重大项目安排和大额度资金使用）决策制度上下功夫。学校修订了《关于贯彻〈广西壮族自治区高等学校实行党委领导下的校长负责制的实施办法（试行）〉的意见》，出台了《关于贯彻落实〈建立健全教育、制度、监督并重的惩治和预防腐败体系实施纲要〉的实施意见》、《关于贯彻落实〈建立健全惩治和预防腐败体系 2008—2012 年工作规划〉的分工方案》、《关于实行党风廉政建设责任制的暂行办法》、《党风廉政建设责任制考核和责任追究实施细则》、《领导干部廉洁自律暂行规定》等一系列关于惩防体系建设制度。

逐步建立完善了《党内监督规定(试行)》、《校务公开实施办法》和《教职工代表大会实施细则》等一系列党内监督和民主监督制度。先后出台了《领导干部任期经济责任审计暂行办法》、《基建、维修工程招标监督办法》、《物资招标采购监督办法》、《财务管理办法》和《科研项目管理办法》等一系列与“三重一大”相关的行政监管制度。通过制度建设，逐步构建了符合学校实际的反腐倡廉制度体系，确保了学校党委和行政重大决策的科学化、民主化、程序化、规范化。

(三)反腐倡廉监督检查扎实推进

我们始终坚持“两公开一监督”(办事过程公开，办事结果公开，接受群众监督)办事制度，形成了比较完善的民主监督和廉政监督机制，确保了各项工作健康运行。为防止权力失控，我们着重围绕“三重一大”民主决策制度贯彻落实情况进行监督检查，严格执行领导干部重大事项报告、民主生活会、述职述廉、党务公开、校务公开等监督制度，接受党内监督和群众监督；为防止用人失察，我们严格干部选拔标准，坚持实行领导干部竞聘上岗、民主推荐、民主评议、廉政鉴定、廉政谈话和廉政承诺制度，强化对干部任免的监督；为防止暗箱操作，我们强化对艺术高考、体育特长生测试、研究生复试及招生录取、本、专科生招生录取等环节的监督；为防范行为失范，我们强化对基建项目招投标、竣工验收、物资设备招标采购、教学科研等重点领域、关键环节的监督管理；为防止资产流失，我们加强对财务和内部审计监管力度，强化对大额度资金使用、治理教育乱收费、公务用车管理、工程建设领域突出问题和“小金库”专项治理等工作的监督检查；同时，我们还做好“推优评先”和铺面招租等其他师生员工关注事项的监督。通过监督检查，确保行政权力运行过程中的公开透明。

(四)信访受理和案件查办工作扎实有力

近年来，我们先后共接待和处理了各类来信来访800余件次(其中离退休干部教职工信访事件就达500余件次)，信访举报件60余件(其中3件转立案)。无论问题大小，都努力做到“件件有落实，事事有结果”，起到澄清是非，化解矛盾的作用，得到2011年5月到我校进行信访工作调研的国家教育部信访办领导的充分肯定。对发现的违纪违法案件进行了严肃查处。2006年以来，查结违纪违规案件共3件，2名领导干部、8名教师受到党纪政纪处分，7名学生受到纪律处分。目前正在立案调查案件1件，学校依纪依规对2名领导干部进行了组织处理。通过办案，严肃了党纪政纪，教育了党员干部和师生员工。

(五)切实落实党风廉政建设责任制

学校纪委每年结合党风廉政建设当前形势和学校实际，修订完善学校年度《党风廉政建设责任书》，并组织做好学校同各学院和各处级单位签订党风廉政建设责任书工作。全校处级单位领导班子和领导干部每年向学校党委、纪委报告年度落实党风廉政责任制情况，学校党政领导班子和班子成员向自治区高校工委、高校纪工委报告落实党风廉政责任制情况。着力完善党风廉政建设工作机制，明确处级领导班子及成员的责任，形成完整的一级抓一级，层层抓落实的党风廉政建设责任体系。通过落实年度党风廉政建设责任制度考核，有力地推动了惩防体系和党风廉政建设责任目标的落实。

二、学校党风廉政建设和反腐败工作存在的问题

我校党风廉政建设和反腐败工作取得了明显成效，曾先后在区属高校落实三委部《意见》汇报会、全区本科院校大学生廉洁教育工作座谈会、全区高校反腐倡廉工作会议上作了典型经验发言；我校作为全区高校的唯一代表在2010年全区提高选人用人公信度视频会议上作了典型发言，得到了上级领导的肯定和社会的好评。在肯定成绩的同时，也要清醒地看到，我校党风廉政建设和反腐败斗争还存在一些问题。

（一）违纪违法案件时有发生

近年来，我校发生了几起违纪违法案件，特别是有经费项目来源收入的单位案发较为突出；有的单位、部门违反中央规定设立和使用“小金库”，个别单位在中央和自治区开展“小金库”专项治理活动中继续设立和使用“小金库”，利用“小金库”款项为教职工发放补贴津贴和奖金福利；有的领导干部和教师宗旨意识和法纪意识较薄弱，工作责任心、事业心不强，道德失范，致使个别领导干部和教师受到党纪政纪处分。下面我向大家通报近年来我校查处的几起违纪违法典型案件：

1. 体育高考术科测试徇私舞弊案。2006 年广西普通高校招生体育术科测试于 3 月 27 日至 4 月 2 日在我校举行。测试期间，篮球考评组考评员黄×串通 6 名教师考评员和 7 名学生考评员等人作弊，收受考生现金，改动考生成绩，严重违反了国家教育考试规定。2006 年 4 月，学校依纪依规对涉案的 7 名教师、7 名学生做出了党纪政纪和纪律处分。并对违反体育高考纪律的学院党政主要领导实行了责任追究。

2. 卢××违反社会主义道德案。预科教育学院实验师卢××，身为人民教师、有妇之夫，从 2003 年 8 月至 2005 年 8 月两年间，与我校预科部 2002 级文科二班(2003 年升入中文学院汉语言文学专业三班)女大学生黄××发生不正当男女关系。2006 年 12 月，学校依纪依规给予卢××行政记过处分

3. 教务处设立和使用“小金库”案。2001 年至 2008 年 7 月，教务处将大学英语四、六级考试和计算机等级考试报考费等本应学校留成的款项，全部留在本处存入私人银行账户，设立“小金库”；每年以单位名义将“小金库”金额共计人民币 119 万多元集体私分给本处职工；将大部分会计凭证销毁。2010 年 10 月，学校分别给予该案相关责任人张××留党察看一年和行政撤职处分、李××严重警告和行政记大过处分。

4. 附属中学设立和使用“小金库”案。自 2009 年学校开展“小金库”专项治理及“回头看”工作以来，附中没有严格按上级的规定和学校的要求执行，2008 年 8 月至 2011 年 7 月，隐瞒截留部分捐资助学款、择校费、学杂费等收入设立“小金库”；私设银行账户，自收自支；将“小金库”款项用于弥补办学经费不足，发放教职工补贴津贴、奖金福利，支付教师课酬补缴个人所得税等。2011 年 8 月，学校党委决定对附中设立“小金库”问题进行立案调查，并按有关政策、法规的规定免去附中主要负责人邓××、李×的职务。目前此案正在进一步审理中。

除上述列举的事实之外，还有一些学术腐败的现象，虽不典型，但也时有发生。

（二）存在问题的原因剖析

通过对典型案件的剖析，可以看出造成我校党风廉政建设和反腐败斗争工作中存在这些问题的原因主要有以下五个方面：

1. 学习不够，思想觉悟不够高。不注重学习，甚至以为学习是虚的，工作是实的，有些同志还以为这些政策的东西一阵风讲讲而已。

2. 宣传教育不够深入。在反腐倡廉宣传教育过程中，还存在宣传教育不够深入、效果不太理想的现象，未能真正将反腐倡廉的精神渗透到全校师生的心中。有的教师认为廉政教育是纪委的事情，领导干部的事情不愿也不会在课堂教学中渗透敬廉崇洁教育，认为只要学好专业知识就行了。一些单位和部门在开展廉政教育活动中只停留在以会议落实会议，很少触及思想实际，没有真正触

及灵魂。

3. 制度建设不够完善。目前我校制度建设和执行方面还存在一些漏洞。有些制度缺乏针对性，过于原则宽泛，缺少具体实施措施，如党风廉政建设责任制缺乏简便而有效的测评评价标准和考察考核办法；有些制度缺乏系统性和配套性，不能有效发挥作用，如重要领域和关键环节的监督制度不够健全，管理制度不够完善，对廉政风险的预防措施不够有效；有些制度缺乏操作性，也难于执行。

4. 监督管理不够有力。监督检查工作方法过于简单、形式化，只强调监督人员到位、全过程监督，但缺乏科学、可操作性强的监督手段，监督检查往往流于表面形式。一些重点岗位和关键环节仍存在权力配置过于集中，权力运行不够公开透明等问题，如从体育高考术科测试徇私舞弊案、教务处和附属中学“小金库”案中，就能看到存在监督手段落后、管理脱节、监督不力的现象。

5. 财经法纪观念淡薄。普及财务知识、财经纪律及相关法规法纪知识宣传、学习、教育不够。如教务处和附属中学“小金库”案中相关责任人长期从事教学科研工作而后走上领导岗位或一直从事管理工作，没有受过财务和财经法纪等方面的培训。法律意识淡薄，认为自己只要没有贪污多占就不算违法，而且为了学校的发展，为本单位职工提高福利待遇算是好事，而没有意识到这些做法是违背政策，甚至是违纪违法了。

6. 党性锻炼师德修养缺失。个别领导干部和教职工走上违纪违法道路，其根源在于放松了对科学理论、党性党风党纪和法律知识的学习，放松了党性锻炼，放松了师德修养。致使世界观、人生观、价值观发生扭曲，心态失衡，守不住清贫，抗不住诱惑，管不住小节，漠视校纪校规，无视党纪国法。如体健学院部分教师为了那点个人利益，无视国家考试纪律和法律，在体育高考术科测试中徇私舞弊。

三、学校党风廉政建设和反腐败工作努力的方向

深入开展党风廉政建设和反腐败斗争，必须进一步认清形势，查找差距，总结教训，以案明纪，警钟长鸣。刚才通报的几起典型案例，就是用身边的事、身边的人开展警示教育，从而有效地预防和减少违法违纪案件和腐败现象的发生。当前和今后一个时期，在开展党风廉政建设和反腐败斗争过程中，我们要注意把握好以下几个方面的工作：

(一)发挥好党组织的堡垒作用，着力在组织领导上下功夫

学校各级党组织作为反腐倡廉建设的责任主体，要始终坚持党要管党、从严治党的方针，切实担负起全面领导反腐倡廉建设的政治责任，把反腐倡廉建设纳入学校教育改革发展和党的建设全局，把反腐倡廉建设与教学科研业务工作一起部署、一起检查、一起落实。要统一思想，认清形势，切实增强反腐倡廉建设工作的紧迫感和责任感；明确目标任务，突出工作重点，切实抓好以案明纪警示教育工作的贯彻落实；加强组织领导，确保以案明纪警示教育活动取得成效。

(二)发挥好教育的基础作用，着力在学习教育上下功夫

以理想信念教育和法纪教育为重点，深入开展党规法制教育、以案明纪警示教育和财经知识纪律教育。创新教育内容、形式和手段，增强教育学习的针对性和实效性。普及财务知识和财经纪律教育，让全校各级领导干部和教职工能够自觉按财务制度的要求去工作。在全校范围内深入开展法制教育，重点学习《廉政准则》、《反腐倡廉10个热点问题》等党纪法规及廉政教材，不断提高广大教职工的法制水平和依法依纪办事观念。

(三)发挥好制度的保障作用，着力在制度建设上下功夫

继续巩固学校开展反腐倡廉制度建设年活动成果，以落实惩防体系《工作规划》和自治区党委《实施意见》为重点，针对学校各项管理工作中发现的漏洞和薄弱环节，进行深层次的研究分析，逐步完善学校规章制度建设，特别是要加强监督检查、责任追究、案件查办等方面的制度建设。严格落实党风廉政责任制，对单位和部门有违纪违法行为的，追究一把手的责任。建立科学的制度测评体系，切实抓好各项制度的落实，提高制度的执行力，努力做到用制度管权、按制度办事、靠制度管人。

（四）发挥好监督的关键作用，着力在监督管理上下功夫

严格执行各项监督制度，加强对重点人员、重点岗位、重要事项和容易诱发腐败关键环节的全方位全过程监督；大力推进党务公开、校务公开，把党内监督、民主监督、群众监督、舆论监督结合起来，形成监督合力，提高监督实效。推行财务公开，加大财务和审计监督，坚决切断“小金库”资金来源，铲除“小金库”滋生土壤。加强对学校各级领导干部的监督，使干部权力运用规范化、科学化和合理化。学校纪委监察室要认真履行职责，加大监督检查力度，对违纪违规案件要严肃查处，对相关单位和责任人员要依纪依规严格执行责任追究，发挥好惩治的威慑作用。

（五）发挥好模范的带头作用，着力在作风建设上下功夫

在长期的实践中，我们党形成了理论联系实际、密切联系群众、批评与自我批评的三大优良传统。新时期，我们要继续发扬这些优良传统，发挥好党员领导干部和教师的模范带头作用，运用好反面典型的警示教育作用。着力整顿党员干部特别是领导干部在作风方面存在的突出问题，教育、引导和督促党员干部大兴密切联系群众之风，大兴求真务实之风，大兴艰苦奋斗之风，大兴批评和自我批评之风。坚持讲党性、重品行、作表率，严格遵守党纪国法，敢于同各类违法乱纪行为作不懈斗争，切实维护公平与正义。

同志们，我们要以全区教育系统开展以案明纪警示教育活动为契机，牢记使命，坚定信心，扎实工作，不断开创学校反腐倡廉建设和反腐败斗争新局面，为我校顺利实施“十二五”发展规划、为推动学校科学发展、和谐发展提供坚实保证！

我就讲到这里。谢谢大家！

以提高能力和素质为目标
切实加强高校纪检监察干部队伍建设

——钟海青书记在广西民族大学反腐倡廉教育专题培训班上的讲话

（2011 年 12 月 10 日）

同志们：

俗话说，磨刀不误砍柴工。尽管年终大家工作都比较忙，但是学校纪委经过精心的筹备，还是要把大家集中起来静下心来，在这里举办一期全校纪检监察干部党风廉政专题培训班。首先，我代表学校党委对全校纪检监察战线的同志们所付出的辛勤劳动表示衷心的感谢并致以亲切的问候！借

此机会，我就围绕：“以提高能力和素质为目标，切实加强高校纪检监察干部队伍建设”这一主题与大家探讨交流。

一、充分认识加强纪检监察干部队伍建设的重要意义

纪检监察工作是党的建设和国家政权建设的重要组成部分，纪检监察干部队伍建设是纪检监察工作的重要组成部分，也是党的组织工作的重要组成部分。纪检监察干部肩负着党风廉政建设和反腐败斗争的重要使命，随着改革发展的不断深入，党风廉政建设和反腐败工作不断面临新情况、新问题、新任务。纪检监察干部队伍的素质如何，直接影响着这些新情况、新问题、新任务的解决和完成，决定着纪检监察工作的效率和质量，同时关系到人民群众对党风廉政建设和反腐败斗争的信心。党中央和中央纪委始终高度重视纪检监察干部队伍建设。最近，中央纪委、监督部下发了《关于进一步加强和改进纪检监察干部队伍建设的若干意见》，这是当前和今后一个时期加强纪检监察干部队伍建设的重要指导性文件。我们要深刻认识到加强纪检监察干部队伍建设对推进党风廉政建设和反腐败斗争的重要性，同时也是落实反腐败斗争各项任务的重要保证。在当前全党深入推进反腐倡廉建设的新形势下，加强纪检监察干部队伍自身建设具有重要而特殊的意义。

(一)加强纪检监察干部队伍建设，是深入开展反腐倡廉工作的根本任务

党风廉政建设和反腐斗争关系党的生死存亡，所以，党的十六大以来，党中央在党风廉政建设和反腐败工作方面，提出了坚持标本兼治、综合治理、惩防并举、注重预防的方针；提出了建立健全与社会主义市场经济体制相适应的教育、制度、监督并重的惩治和预防腐败体系；提出了通过深化改革、创新体制机制，从源头上预防和治理腐败问题的要求，等等。反腐倡廉工作力度不断加大，腐败现象进一步得到遏制，党风廉政建设和反腐败斗争取得明显成效。但是，我国正处于并将长期处于社会主义初级阶段，腐败现象滋生的土壤和条件在短期内难以消除，腐败现象仍然比较严重，反腐倡廉任务仍然相当艰巨。胡锦涛总书记在党的十七大报告中强调：“坚决惩治和有效预防腐败，关系人心向背和党的生死存亡，是党必须始终抓好的重大政治任务。全党同志一定要充分认识反腐败斗争的长期性、复杂性、艰巨性，把反腐倡廉建设放在更加突出的位置，旗帜鲜明地反对腐败。”胡锦涛总书记还在十七届中纪委六次全会重要讲话中明确指出：“当前反腐倡廉形势‘三个并存’，即成效明显和问题突出并存，防治力度加大和腐败现象易发多发并存，群众对反腐倡廉期望值不断上升和腐败现象短期内难以根治并存。”在党风廉政和反腐败斗争不断深入的新形势下，面对如此艰巨的反腐倡廉任务，只有把加强纪检监察干部队伍建设作为一项十分紧迫的政治任务来抓，对干部严格要求、严格教育、严格管理、严格监督，堵住内部管理上的各种漏洞，才能适应形势需要，做好纪检监察工作。因此，加强纪检监察干部队伍建设，建设一支高素质的纪检监察干部队伍，既是时代发展的必然要求，更是深入开展反腐倡廉建设工作的根本任务。

(二)加强纪检监察干部队伍建设，是深入推进反腐倡廉工作的组织保证

纪检监察工作是全面系统艰苦复杂的社会政治工程，是各项社会机制长效运转、各项社会事业有效进步的保证。加强纪检监察干部队伍建设是一个永恒的主题，更是在新的历史条件下更好地完成党风廉政建设和反腐败工作各项任务的重要措施。多年的实践证明，反腐败斗争之所以不断深入发展，不断取得阶段性成果，一个重要原因，是有一支政治坚强、能打硬仗、党和人民信赖的纪检监察干部队伍作为组织保证。但我们必须要清醒地看到，随着我国经济体制改革的不断深入和市场经济的不断发展，党风廉政建设和反腐败斗争的情况越来越复杂，任务越来越繁重，对纪检监察干部队伍的素质要求也越来越高。同时，纪检监察干部队伍素质的现状，相对于新时期党风廉政建设

和反腐败工作的任务来讲，还不同程度地存在着差距，有不相适应的地方，一些纪检监察干部的政治理论水平、知识水平、专业水平、领导水平不完全适应形势发展的要求。胡锦涛总书记在中央纪委五次全会上强调，在党风廉政建设和反腐败斗争中，纪检监察干部要“公正无私、刚直不阿、不徇私情、敢于碰硬”，短短十六字，对于新时期的纪检监察干部提出了新的更高更严格的要求。为此，我们要以贯彻落实《意见》为契机，以总书记的要求，大力加强纪检监察干部队伍建设，教育纪检监察干部自觉加强思想政治、能力素质、作风修养、职业道德等建设，树立可亲、可信、可敬的良好形象，努力把纪检监察干部队伍建设成为政治坚强、公正廉洁、纪律严明、业务精通、作风优良的队伍，才能为深入推进反腐倡廉工作，为纪检监察事业兴旺发达、继往开来提供坚强有力的组织保证。

（三）加强纪检监察干部队伍建设，是做好高校反腐倡廉工作的重要保证

高等教育事业是国家各项事业的重要组成部分，我们必须深刻认识到，国家的发展和强盛，从根本上取决于国民素质，国民素质的提高，基础在教育，关键也在教育。因此，高等教育系统反腐倡廉建设事关教育改革和发展，事关党的事业兴旺发达和国家长治久安。今年是国家全面实施《国家教育规划纲要》的关键之年，也是各高校启动实施“十二五”规划开局之年，高校教育改革发展项目、投入将随之增多。随着招生规模不断加大，人才队伍建设任务日趋繁重，学科建设经费迅速增多，基建项目投资大幅增加，物资采购大量增多，与社会各层面的联系沟通范围不断扩大，经济往来日趋频繁。导致滋生腐败的各方面因素将长期存在，社会上形形色色的腐朽落后思想每时每刻都有可能侵蚀我们高校的党员领导干部，影响着师生员工。近年来，我校发生了几起违纪违法案件，特别是有经费项目来源收入的单位案发较为突出；有的单位、部门违反中央规定设立和使用“小金库”；有的单位无视国家考试纪律发生了集体徇私舞弊案；有的领导干部和教师宗旨意识和法纪意识较薄弱，工作责任心、事业心不强，道德失范，致使个别领导干部和教师受到党纪政纪处分。为此，高校同样要加强纪检监察干部队伍建设，组织高素质、精干力量，全面贯彻党的教育方针，坚持社会主义办学方向，围绕高等教育事业的改革和发展，不断深入开展高校党风廉政建设和反腐败工作，切实为实施科教兴国、人才强国战略保驾护航。加强高校纪检监察干部队伍建设，建设一支综合素质较高的专、兼职纪检监察干部队伍，是促进高校科学发展、健康发展、和谐发展，更是做好高校反腐倡廉建设的重要保证。

二、纪检监察干部必须具备的综合素质

纪检监察干部素质是指纪检监察干部在政治、思想、文化、业务、心理等方面的素质的总和。纪检监察干部队伍应以良好的思想政治素质作为自身建设的重要内容，同时，还必须根据纪检监察工作的特殊职能，提出相应的业务文化素质、职业道德和心理素质要求。

（一）纪检监察干部必须具备良好的思想政治素质

思想政治素质的高低，是能否做好纪检监察工作的思想基础。纪检监察干部思想政治素质，主要包括正确的政治思想观念和较强的政策法制观念。

正确的政治思想观念就是要求纪检监察干部讲党性、讲政治，即要认真学习马列主义、毛泽东思想、邓小平理论和“三个代表”重要思想，贯彻落实科学发展观，树立正确的世界观、人生观、价值观，坚定共产主义信念；要有坚定正确的政治方向和政治立场，具有鲜明的政治观点和很强的政治鉴别力，严守党的纪律，善于从政治的高度来考虑和处理党风廉政建设中遇到的各种问题；要具有党风廉政建设和反腐败斗争的使命感、责任感和紧迫感，坚持群众路线、实事求是，一切从实

际出发。

较强的政策法制观念主要有两方面的含义，一是纪检监察干部要熟悉党和国家有关政治、经济工作的政策、法规、条例，这是做好纪检监察工作的依据和基础。二是一旦发现有违背党和国家有关政策、法规、条例以及党纪、政纪的人和事，能以党和国家的利益为重，坚决予以制止，按党纪政纪有关规定进行处理。纪检监察工作的政策性、原则性强，会遇到来自各方面的阻力和干扰，这就要求纪检监察干部既要严格执行党和国家的政策、法规，工作中不谋私利，不徇私情，秉公执纪，还要敢于碰硬，刚正不阿，不怕得罪人、不怕打击报复，坚持每个党员干部在党纪政纪和国家法律面前人人平等的原则。

（二）纪检监察干部必须具备良好的业务和文化素质

业务素质是指纪检监察干部必须具备的与工作职责相适应的知识、经验和能力。业务素质的强弱直接关系到纪检监察干部的工作水平。纪检监察工作的性质决定纪检监察工作是一项专业性强、同时又是一项涉及面非常广的工作，涉及政治、经济、文化、社会生活等各个领域。它不仅要求纪检监察干部掌握纪检监察工作的原则、方针、任务、政策以及基本方法；要具有宣传教育、监督检查、制度建设、案件查处、信访举报等业务工作的技能；还要具有相应的业务素质，如观察分析判断能力、调查研究能力、丰富的纪检监察业务知识和工作经验、组织协调能力、办案能力和语言文字表达能力等。

文化素质是指纪检监察干部应具备的文化修养和知识，它是纪检监察干部应具备的基本素质，也是提高其他素质的基础。纪检监察干部接触面广，涉及的问题复杂，突发性事件多，这就要求纪检监察干部具备的知识也是多方面的。有人简单地认为，纪检监察工作只要掌握了纪检监察工作的原则、政策、方法就行了，其实这是很片面的。如果不具备相应的文化修养和知识，就不可能真正掌握这些原则、政策和方法，也不可能在工作中正确地运用这些原则、政策和方法，工作中也会感到无从下手。纪检监察干部必须根据工作需要，下苦功夫学习与专业有关的政治理论基础知识、哲学理论基础知识、市场经济理论基础知识，学习法律、科技、管理等其他基础理论知识，以适应新时期纪检监察工作的需要。

（二）纪检监察干部必须具备良好的职业道德和心理素质

职业道德是指某种职业所应遵循的为社会所公认的行为规范。纪检监察干部的职业道德是社会主义职业道德的组成部分，是纪检监察干部在维护党纪党规、行政法规的纪检监察工作实践中形成的带有纪检监察工作特色的道德观念和行为规范的总和。纪检监察干部的职业道德素质是做好纪检监察工作的必要前提。一个道德败坏、品质低下的人，如何去检查监督他人，又怎能具有影响力和说服力。具体来讲，纪检监察干部必须具备高尚的情操和忠诚无私的品质，秉公执纪、刚直不阿的品德，勤奋工作、甘于奉献的敬业精神，注重调查、实事求是的工作作风，谦虚谨慎、艰苦奋斗的美德。纪检监察干部还要注意无论在工作上，还是日常生活中，要求别人做到的，首先自己做到；要求别人不做的，自己带头不做，严于律己、廉洁奉公，模范遵守国家法律和党纪政纪，在群众中树立良好形象，争取群众的支持和拥护。

心理素质是指一般性格、气质、情绪以及自我意识的道德感、理智感、责任感、美感等诸多方面。科学研究表明，根据人的不同性格和气质安排适当的工作，在工作效率方面会起到事半功倍的作用。纪检监察干部应具有良好的心理素质。要有情感丰富的性格。纪检监察干部应当对党、对祖国、对人民和对社会主义事业具有深厚的感情，对一切有损于党和人民利益的现象和行为怀有强烈的憎恨。只有立场坚定，爱憎分明，才能在工作中维护真、善、美，鞭挞假、恶、丑。要有正确对待现实的态度。纪检监察监察干部应该具备对社会、对集体、对违纪党员、对党纪法规的极端负责的态度，要善于处理现实生活中的各种矛盾，勇于面对现实困难，使理想与现实结合起来。要有坚强的意志。纪检监察干部在工作中要有坚定的目的性和韧性，不因工作过程中的困难而退缩，不因工作中的挫折而气馁，坚忍不拔、克服困难、勇往直前、一干到底。要有沉着冷静的情绪。在工作中就是要能控制自己的情绪，约束自己的行为，能冷静地处理突发事件，坚持原则，不感情用事。

三、加强高校纪检监察干部队伍建设必须把握的几个环节

纪检监察工作是政治性、政策性和专业性以及纪律性、独立性很强的工作，具有自身的规律和特点，面对当前反腐败斗争的复杂性、尖锐性和科技性，需要有一支能战善谋、既有过硬的基本功，又能掌握高科技和有综合才能的纪检监察干部队伍。因此，加强高校纪检监察干部队伍建设，我们必须以思想建设为根本，武装头脑，切实提高运用科学发展观理论指导实践、推动工作的能力和水平；必须以能力建设为关键，内强素质，切实提高高校纪检监察干部履行职责的能力和水平；必须以作风建设为保障，外塑形象，切实提高服务学校科学发展、和谐发展的能力和水平。

（一）加强纪检监察干部队伍建设，必须强化思想抓根本

加强思想建设，增强党性修养，是提高纪检监察干部队伍素质的基础。提高纪检监察干部队伍素质，必须强化学习。

一要加强党的理论政策的学习。没有正确的理论指导，就不可能有坚定的理想信念，不可能有正确的政治观点，不可能有良好的思想政治素质。纪检干部要发扬良好的学习风气，学习党的基本理论、基本路线、基本纲领和基本原则等。当前最重要的是加强马列主义、毛泽东思想、邓小平理论、“三个代表”重要思想和科学发展观理论的学习。深刻领会中国特色社会主义理论体系，进一步增强贯彻落实科学发展观的自觉性和坚定性，始终保持正确的政治方向。坚定不移地在政治上、思想上、行动上与党中央保持高度一致，切实按照中央和自治区党委、以及高校纪工委的部署，增强抓好党风廉政建设的决心和信心，提高纪检监察干部的理论水平，提高运用马列主义的立场观点和方法分析问题、思考问题和解决问题的能力。

二要加强纪检监察业务知识的学习。面对反腐倡廉的新形势、新任务、新要求，我们有时遇到这样的领导干部，面对歪风邪气不能坚决抵制；面对工作难题无所作为；面对突发案件束手无策。凡此种种，损害了纪检监察干部队伍形象，使工作陷入被动局面，给事业带来不利影响。为此，我们要认真学习纪检监察业务知识，学习纪检监察业务知识，是我们做好本职工作的前提和基础。我们要认真学习反腐倡廉法规制度、执法监察、信访举报、案件检查、案件审理等纪检监察业务教材；要学习《廉政准则》，正确认识和行使手中权力，以人为本，执政为民；要学习《中国共产党纪律处分条例》，严守党的纪律，严格要求自己，坚持工作原则不动摇。要进一步把握纪检监察工作特点和规律，真正成为业务精通的行家里手。要不断适应当前文化强国的发展趋势，从反腐倡廉的工作实际出发，广泛学习哲学、政治、历史、经济、金融、法律、科学、社会管理学等各方面知识，不断拓宽知识面，增强知识储备，提高业务水平。

三要加强社会实践知识的学习。面对日新月异的社会生活和日益复杂的社会形势，如果不注重学习和积累，知识就会老化，思想就会僵化，能力就会退化。现在我们有的领导干部肚子里没有“干货”，患上“本领恐慌”症，开会讲话的时候要么套话连篇、实则无物，要么拾人牙慧，毫无新意；找人谈话的时候要么漫无边际、抓不住重点，要么心理胆怯，毫先底气；遇到问题的时候，

要么故弄玄虚装深沉，要么避重就轻装糊涂；遇到矛盾的时候，要么回避绕道走，要么忽悠拖着办。实践出真知，我们要坚持理论联系实际，把学到的知识运用到党风廉政建设和反腐败工作实践中，提高学习效果。我们要牢固树立重视学习、终身学习的观念，不断学习新知识、新本领；坚持在工作中学习，在学习中干作；在发现和解决问题的过程中，不断增长知识，锻炼才干，提高能力，用实践检验学习效果。

(二)加强纪检监察干部队伍建设，必须强化能力抓关键

强化能力建设，增强综合素质，是纪检监察干部队伍安身立命的资本。提高纪检监察干部队伍素质，必须在提高服务大局、调查研究、解决问题、拒腐防变、开拓创新“五大能力”上下功夫。

一要围绕中心，提高服务大局的能力。围绕中心、服务大局，是纪检监察机关开展工作的根本原则。纪检监察干部的眼光不能仅限于自己所做的具体工作，而应该立足本职，胸怀大局。有没有大局意识，善不善于把握大局，是衡量纪检监察干部素质高低、能力强弱的重要标准。要自觉在大局下考虑问题，谋划工作，更好地发挥纪检监察机关为全局工作服务的功能与作用。这就要求我们树立围绕中心，服务大局的理念，将纪检监察工作紧紧围绕学校党委、行政的中心工作来谋划思路、确定重点、部署力量；对重大决策部署、重要工作、重大活动及时跟进、积极参与；切实做到学校党委、行政中心工作部署到哪里，反腐倡廉建设就抓到哪里，服务保障就跟进到哪里。要正确处理学校改革发展稳定和反腐倡廉工作的关系，紧紧围绕解决影响和制约科学发展的突出问题，解决损害师生利益的突发问题，确保中央关于推动科学发展重大决策部署的贯彻执行，努力为学校发展大局服务，保证和促进政令畅通，力求做到每项工作与学校全局工作相协调，把加强反腐倡廉工作作为贯彻落实科学发展观和构建和谐校园的重要手段。

二要联系实际，提高调查研究的能力。调查研究是我们发现、研究、解决问题的重要方法，纪检监察调研工作是纪检监察部门组织研究问题、制定政策、总结经验、指导工作、狠抓落实的重要基础和有效途径。在反腐倡廉建设新阶段，纪检监察干部要高度重视调查研究工作，不断研究新情况，解决新问题，从而使纪检监察各项工作站在更高的起点上，加强对全局性问题的调查研究。要善于从工作实践中发现、判断易于发生腐败的部位和环节，超前研究对策。要善于在实际工作中及时抓住倾向性、苗头性问题，进行深入细致的研究分析，把握新形势下反腐倡廉建设的特点和规律，取得工作主动权。“调查与研究”关键在于“研究”，即进行综合分析。要对基础调查材料进行认真细致地分析、概括和提炼，既要剖析显性的矛盾，又要发现潜在的矛盾，深化对问题的认识。提出的对策建议要经过系统的分析、反复的比较、严谨的论证，必须符合学校实际、符合师生意愿，在实践中行得通、做得到、有实效。要不断提高科学研判形势、实地调查、分析概括、信息综合和组织协调等能力，找出解决问题的办法，提出切实有效的对策，进一步提高做好调查研究工作的能力。

三要运用政策，提高解决问题的能力。纪检监察工作的政策性、原则性很强，严格按党的政策办事是纪检监察工作的基本要求。在现实工作中，我们一些纪检监察干部按政策办事、处理问题，解决矛盾的能力较弱。如在案件审理、处理矛盾，解决问题时，凭经验、用“土办法”、靠领导把关，不善于根据不同情况，采取不同方法，往往“一锅煮”或“一刀切”。不善于选择解决问题的时机和方法，该“冷处理”的不会“冷”，该“热处理”的又“热”不起来。在做当事人思想工作时，不善于运用政策做工作，有时想抓紧去做工作，矛盾反而一触即发；有时想放一放，却又错过了时机。因此，纪检监察干部既要正确把握各项政策规定，又要从实际出发把掌握政策与运用政策

有机结合起来，找准结合点，充分发挥政策规定在解决问题、推动工作中的作用。要正确处理从严治党与宽严相济的关系。对人的处理既要严格依纪依法，又要综合考虑社会、政治效果，坚持惩前毖后、治病救人，能教育挽救的要尽量教育挽救，化消极因素为积极因素。对历史遗留问题的处理，要考虑到当时的社会环境与政策规定，不能简单地以现在的法纪法规去处理当时的问题，也不能放过那些蓄意钻政策空子、谋取非法利益的腐败分子。

四要加强监督，提高拒腐防变的能力。有权力的地方就需要监督，缺乏监督的权力就很容易走向腐败。因此，纪检监察干部要树立加强监督是本职、疏于监督是不称职的思想，加强对领导干部权力的有效监督制约，做到有权必有责、用权必监督、违法违纪必追究。要促进规范权力运行，努力使权力配置科学，运行公开，行政依法，监督到位。要严格执行党内监督各项制度，大力实施各项公开制度，加强对重点人员、重点岗位、重要职能、重要事项的全方位全过程监督。同时，纪检监察干部更是要确立监督者首先自己要经得起被监督的意识，模范遵守党纪国法，严格执行纪检监察工作纪律，自觉接受各方面的监督，严格要求自己，不断增强拒腐防变的能力。提高拒腐防变能力是对纪检监察干部最根本、最重要的要求。能否保持清正廉洁，直接关系到纪检监察机关、纪检监察干部队伍的形象和声誉。对此，我们必须保持高度的警觉和清醒的头脑，以对党、对国家、对组织、对家人高度负责的精神，牢固树立拒腐防变的思想道德防线，努力成为忠于党、忠于人民、忠于纪检监察监察事业的政治上合格的干部。

五要与时俱进，提高开拓创新能力。纪检监察工作要体现时代性、把握规律性、富于创造性。纪检监察干部要自觉运用科学发展观总结反腐倡廉规律，以与时俱进的风范、求真务实的态度，开拓创新的精神，主动把握新情况，积极构建惩治和预防腐败体系，应对当前高校纪检监察工作中出现的新情况、新问题，努力提高崇尚创新、勇于创新、开拓创新的能力。要创新工作理念，创新工作思路，勇于冲破那些不合时宜的思想观念束缚，主动学习新知识、接受新观念、形成新思维，用改革创新的办法分析新形势、研究新情况、探索新办法、处理新问题。要创新工作方法，必须不断改进纪检监察工作的方式方法，坚持制度创新与机制创新相结合，增强制度落实的刚性和机制运行的规范性。要创新工作业绩，要有开拓进取争创一流的志向，要大力倡导创造性开展工作，超水平发挥自己的主观能动性，对自己从事的工作深入思考、潜心研究，推行新思路、新举措、创造新亮点、新特色，要认真搞好教育、制度、改革、监督、纠风、惩处等方面工作，建立健全科学的反腐倡廉建设工作机制，形成反腐倡廉建设的整体合力。

（三）加强纪检监察干部队伍建设，必须强化作风抓保障

作风代表着形象，体现着品味。作风是一个人内在素质的外在表现，是一个人世界观、人生观、价值观的直接反映。加强纪检监察干部队伍作风建设，必须从思想作风、工作作风、生活作风等三个方面强化。

一要强化思想作风，不断提高使命意识。加强作风建设，必须把思想作风建设摆在第一位。纪检监察干部处于反腐倡廉建设的最前沿，直接面临着腐败与反腐败斗争的考验，要防止纪检监察干部蜕变，就要自觉加强党性修养，强化思想作风建设，牢固树立正确的世界观、人生观、价值观，切实增强政治意识、大局意识和使命意识。如果我们不加强世界观的改造，不学习党纪法规，不分清是非，就会犯错误。原浙江省委常委、省纪委书记黄华元是党的高级领导干部，就是因为没有加强世界观的改造，不遵守党纪条规，顶风违纪，走了违法犯罪的道路。原湖南省郴州市委常委、纪委书记曾锦春也是利用查办案件的权力，索贿受贿，最后走上了断头台。前车之覆，后车之鉴。作

为纪检监察干部，更是要时刻敲响警钟，严于律己，不断增强自律观念，加强党性锻炼，坚定理想信念。要坚持讲政治、讲正气，坚决维护党纪、政纪的严肃性，以对党、对组织、对家人高度负责的精神，筑牢拒腐防变的思想道德防线。要善于从政治的高度看问题，摒除个人私利，全心全意搞好纪检监察工作，履行好党赋予的职责，维护好纪检监察干部的形象和尊严，做党的忠诚卫士。

二要强化工作作风，不断提高宗旨意识。纪检监察干部要把工作作风作为一项严肃的政治任务来完成，做到见微知明、明辨是非，要大力弘扬求真务实精神、大兴求真务实之风，牢固树立全心全意为师生员工服务、为学校发展服务的宗旨意识，真正把师生的根本利益和推动高校科学发展为出发点和落脚点。要始终坚持密切联系师生，主动深入基层、深入实际，真诚倾听师生呼声，时刻把师生的冷暖放在心上，真正做到为师生办好事、办实事。要发扬真抓实干、团结奋斗、严谨高效的工作作风，要做到干实事、务实效、重实绩，在各自岗位上创造性地开展工作。近年来，从全国各地涌现出一批优秀纪检监察干部，他们爱岗敬业，任劳任怨，勤勤恳恳，开拓进取，无私奉献，为我们作出了表率。我们要学习以王瑛同志为代表的全国纪检监察系统的先进人物事迹，争创工作亮点；我们要学习以钟世才、覃俊同志为代表的广西纪检监察系统的先进人物事迹，在工作中出成果。对此，我们要以先进典型为引领，以他们的人格为榜样，以他们的先进事迹激励自己，敢于秉公执纪，敢于碰硬，不为困难所惧；情系百姓，服务群众，不为得失所移；埋头实干，创新有为，不为成绩所骄，把自己的生命投入到党的纪检监察事业中，以实际行动展现纪检监察干部的可亲、可信、可敬的精神风貌。

三要强化生活作风，不断提高廉洁意识。随着反腐败工作的逐步深入，纪检监察干部日益成为腐败分子拉拢腐蚀的重点对象，每一个纪检监察干部都要倍加珍惜党和人民的信任和重托，倍加珍惜自己的政治生命，不断提高廉洁从政意识，时刻绷紧廉洁自律这根弦，牢固坚守党纪国法这根高压线，保持高度的警觉和清醒的头脑。纪检监察干部必须要以更高的要求，更高的标准严格要求自己，在任何情况下都要做到见诱不动心、见利不伸手、见色不晕脑、把良好的人格魅力培养成一种理想、一种精神、一种境界，体现在日常的生活作风之中。在生活中，要慎权、慎独、慎欲、慎交、慎危，清清白白做人，干干净净做事。要常弃非分之想，有的人梦想一鸣惊人，一步登天，总是恨职位低，恨收入少，就是不知自己几斤几两。古人云：“储水万担，用水一瓢；广厦千间，夜卧六尺；家财万贯，日食三餐。”这说明了一个“人生不过如此”的道理。每个纪检监察干部应该有高尚的精神追求，做到在拜金主义、享乐主义、极端个人主义和灯红酒绿的侵蚀影响面前，一尘不染、一身正气。每个纪检监察干部都应当正确对待个人的荣辱得失，得意不忘形，失意不失职。宠辱不惊，看庭前花开花落；去留随意，任天际云卷云舒，这才是我们每个纪检监察干部应有的境界和胸怀。

加强和改进纪检监察干部队伍建设，是纪检监察工作的一个永恒主题，是深入推进党风廉政建设和反腐败斗争的一项基础工程。希望大家不负重托，牢记使命，与时俱进，开拓创新，内强素质，外树形象，以改革创新精神，不断提高纪检监察工作的能力和水平，为推动高校的科学发展、和谐发展作出新的贡献！

克服精神懈怠　创新工作方式
以高度的政治责任感提高宣传思想工作水平

——钟海青书记在2011年学校宣传工作会议上的讲话

（2011年12月23日）

2011年即将过去，我们将迎来令人期待的2012年。学期即将结束，在年终大家工作都比较忙的情况下，今天召开我校宣传工作会议，主要是回顾和总结近年来我校宣传思想工作，探讨下一阶段我校宣传思想工作的方向。今天，我们还很荣幸邀请到了自治区党委宣传部有关处室和自治区高校工委宣传部的负责同志出席我们这个会议，并给我们作了很好的指示。让我们对他们的出席再次表示感谢。

刚才，武波副书记就过去几年学校的宣传工作作了一个全面回顾和总结，进一步明确了今后工作的努力方向，讲得很实在、很具体、很有针对性。还对这两年来在宣传工作取得突出成绩的单位和个人进行了表彰。

人们常说，干一行爱一行。只有从内心里热爱，工作才能做好，才有激情、有干劲。刚才我们对近两年宣传工作表现突出的单位和个人进行了表彰，我向获奖的单位和同志表示祝贺，也向同志们付出的辛苦劳动表示感谢。借这个机会，我想就学校宣传工作再谈几点意见，供大家参考。

一、宣传思想工作是党的优良传统

宣传是我们党的发家本钱、看家本领。先有马克思主义的传播，后有中国共产党的成立。早在我党成立之前，我国的共产主义运动先驱李大钊、陈独秀等积极发表文章、出版书刊宣传共产主义思想。使当时处在半封建半殖民地的中国人民认识到只有通过团结起来推翻帝国主义、封建主义、资本主义三座大山，占中国绝大多数的劳动人民才能获得解放，建立一个没有压迫、没有剥削、劳动人民当家作主的社会主义社会。共产主义思想的宣传为中国共产党的成立奠定了思想基础和理论基础。《向导》周刊是中国共产党创办的第一个公开发行的中央机关报，以后每一时期都十分重视出版党报党刊宣传党的路线方针政策，用马克思主义思想统领全党，团结人民，凝聚力量。即使是在长征这样极其困难的情况下，党仍然指派邓小平同志主编油印出版《红星报》，宣传革命思想、理想信念。回顾我们党90年的光辉历程，无论是28年的新民主主义革命，30年的社会主义基本建设阶段，还是30多年的改革开放，党始终把宣传思想工作摆在十分重要的位置，始终把思想政治工作作为党的生命线。强有力的宣传思想工作使我们始终坚持马克思主义不动摇，坚持社会主义信念不动摇。宣传思想工作是我们党的传家宝，看家本领，任何时候都不能丢。要不断发扬光大，创新发展。

二、宣传思想工作必须坚定中国特色社会主义信念

进入新时期新阶段，科学技术日新月异，信息世界瞬息万变，国际局势发生深刻的变化，世界多极化和经济全球化的趋势继续在曲折中前行，综合国际竞争日趋激烈，各种思想文化相互激荡，意识形态的争夺从未中断。我国改革发展处于关键期，机遇和挑战同时存在，社会利益关系矛盾错综复杂，新情况新问题层出不穷。面对这样的新形势，胡总书记指出：党面临着“执政考验、改革开放考验、市场经济考验、外部环境考验”，同时还面临着“精神懈怠的危险，能力不足的危险，脱离群众的危险，消极腐败的危险”。胡总书记把精神懈怠放在第一的危险，有很强的现实性和针对性，对全党的警示作用是很大的。“精神懈怠”实际上就是消极不作为，缺乏责任心和事业心，缺乏职业道德。思想层面的懈怠主要表现为一些党员干部忽视理论学习，理想信念动摇，信仰不坚定，对中国特色社会主义缺乏信心。可以说，精神懈怠已经影响到党和国家战略目标的实现。

因此我们必须克服精神懈怠，加强和改进宣传思想政治工作，提高宣传工作的效率，高举中国特色社会主义伟大旗帜，以马克思列宁主义、毛泽东思想、邓小平理论和“三个代表”重要思想为指导，深入贯彻落实科学发展观，坚持社会主义先进文化前进方向，坚持以科学的理论武装人，以正确的舆论引导人，以高尚的精神塑造人，以优秀的作品鼓舞人。树立社会主义的核心价值观，坚定理想信念不动摇，为中国特色社会主义建设提供强大的精神动力和思想保证。

党的十七届六中全会指出：要坚持马克思主义新闻观，牢牢把握正确导向，坚持团结稳定鼓劲、正面宣传为主，壮大主流舆论，提高舆论引导的及时性、权威性和公信力、影响力，发挥宣传党的主张、弘扬社会正气、通达社情民意、引导社会热点、疏导公众情绪、搞好舆论监督的重要作用。在高等学校做好宣传思想工作，有两层含义：一是从宏观的角度看，要宣传好党的路线方针政策和国家的发展战略，把广大师生的思想统一到建设中国特色社会主义事业上，保证高校办学的社会主义方向。二是从微观的角度看，主要是指围绕学校的中心工作，鼓舞士气，振奋精神，传播信息，促进工作。不仅要做好教职工的宣传思想工作，而且还要加强和改进大学生的宣传思想工作，提高师生员工的思想道德素质，激励广大师生员工为建设高水平民族大学而奋斗。

三、做好宣传思想工作要强化四种意识

第一，要强化政治意识，增强守土有责的使命感和责任感。高校作为培养中国特色社会主义事业合格建设者和可靠接班人的基地，在当前各种文化、思潮、观点不断交流、交融、交锋的背景下，我们一定要增强政治敏锐性和政治鉴别力，及时了解社会关注的焦点和热点，抢占舆论引导先机和制高点，掌握舆论引导的话语权和主动权。在事关大局、事关政治方向、事关根本原则的问题上，要头脑清醒，态度鲜明，心中有数。要充分认识新形势下宣传思想文化工作的极端重要性，切实增强责任感、使命感，做到守土有责、管理有责、发展有责。要按照“谁主管谁负责”和属地管理的原则，切实担负起领导责任、把关责任，既要看好自己的阵地，又要带好自己的队伍，确保学校宣传思想工作主旋律高扬、主基调鲜明、主渠道畅通、主动权在握、主阵地巩固，不负重托，不辱使命。

第二，要强化主导意识，始终坚持正确的舆论导向。十七届六中全会指出，舆论导向正确是党和人民之福，舆论导向错误是党和人民之祸。在经济社会深刻变革、思想文化日益多样的新形势下，我们必须始终坚持主导性原则，进一步加强和改进正面宣传，通过开展政策解读、典型宣传、热点引导等途径，唱响主旋律，充分发挥教育宣传凝聚共识、鼓舞士气、化解矛后的导向作用。严格宣传纪律，在宣传的重大问题、敏感问题、热点问题上把好关把好度。坚持实效性原则，全面掌握舆情动态，讲究宣传艺术，丰富报道形式，与社会舆论的良性互动，提升产在全社会的美誉度。

第三，强化策划意识，牢牢把握宣传主动权。宣传是学校工作的有机组成部分。各单位要把宣传作为推动学校发展的重要方式，切实加大新闻宣传力度，积极做好宣传舆论策划工作，整体提高宣传水平。要围绕学校重点工作制定年度宣传计划，分阶段做好日常新闻宣传工作。要抓好正面宣传，各单位领导要学会与新闻媒体打交道，主动接受媒体采访，及时为有关媒体提供采访线索、新闻通稿、新闻背景材料，把握新闻宣传的主动权。特别是要精心筹划与组织重大活动和典型的宣传，学会用鲜活的新闻语言把教育理念传播好，把政策阐释好，把学校改革发展业绩报道好，把先进典型事迹推介好，把热点问题引导好，着力营造有利于学校改革与发展的社会舆论与环境。当然宣传策划也要实事求是，绝不是哗众取宠、无中生有地编造新闻。

第四，强化协调意识，形成校内外宣传工作合力。学校宣传部要加强与上级宣传部门和新闻单位的协调联系，积极争取上级宣传部门对学校的重视与支持，进步加强对学校宣传的指导。建立与媒体的良好合作关系，及时推介学校，让各级各类新闻媒体为学校改革发展鼓与呼，赢得社会各界对学校各项工作的理解、关心与支持。

四、切实加强对宣传思想工作的组织领导

第一，要抓好队伍建设，弘扬求真务实的工作作风。宣传思想工作是党的执政水平的重要依靠和外在体现，而宣传思想工作队伍的整体素质和工作水平又是达到这一目的的重要保证和关键所在。要通过有力的手段和有效的载体，优化宣传工作队伍，加强培训，把宣传思想工作队伍打造成懂政策、会业务、讲奉献、能吃苦、敢拼搏、善创新的优秀队伍，形成重实际、想实招、干实事、求实效的良好风气，以队伍整体战斗力的提升，推动宣传工作水平不断提高。特别要提到的是，根据十七届六中全会提出的“加强舆情分析研判，加强社会热点难点问题引导，从群众关注点入手，科学解疑释惑，有效凝聚共识”这一要求，我们要重视舆情信息员队伍的建设。信息员不仅要文字功底扎实，熟悉学校情况，熟练掌握互联网新技术新业务，而且要有高度的政治敏锐性和责任感以及快速的反应能力，这样才能加强及时了解师生的思想、情绪和诉求，有效开展舆论引导。

第二，要改革创新，形成协调各方的工作格局。宣传思想工作既是最需要创新的领域，又是需要各方共同参与的工作。不创新就没有发展动力和活力，就不能有效地服务全校的工作大局。同样，没有全校各方面的参与和支持，仅凭宣传部门“一支笔”是不够的，必须众人拾柴，宣传工作的火焰才能旺起来。为此，必须把改革创新精神贯穿于宣传思想工作的全过程，努力探索新形势下宣传思想文化工作的规律特点和方式方法，用新观念研究新情况，用新办法解决新问题，用新举措开拓新局面。同时，要善于组织动员，协调各方，形成全校参与宣传思想工作的强大合力，推动宣传思想工作实现新突破，再上新台阶。

第三，加强宣传主阵地建设。我校宣传的主阵地，概括起来就是“一社一报一网一台”。“社”是大学生通讯社，“报”是校报，“网”学校网站，“台”是广播电台，这些校园媒体构成了我校宣传的主要舆论阵地，是我们开展宣传工作的依托和载体。当今世界是信息社会，学校网站是我们的共同脸面，必须加强建设和管理，各学院各部门也要花心思、用精力建设好自己网站和宣传队伍，树立好自己的形象，不要影响学校的整体形象。

第四，加强对宣传工作的领导。宣传思想工作是高校工作的一项灵魂工程，必须加强领导。各单位领导同志要站在政治的高度，站在事业发展的高度，把宣传工作列入重要议事日程，掌握宣传的主动权，不仅要做宣传的指挥者，还要做教育宣传的策划者，舆论的引导者，环境的维护者。要亲自参与到宣传工作中去，把自己的思考与见解撰文发表，把工作中发现的典型和总结的经验加以推广，这本身就是我们工作的部分。

同志们，加强宣传思想工作，发挥校园精神文化工作的心灵塑造作用，鼓舞团结广大师生为建设高水平民族大学而努力奋斗，是摆在我们面前的光荣任务和职责。我们一定要克服精神懈怠，以强烈的历史使命感，时代责任感，努力抓好这项工作，让宣传工作在学校改革发展的新征程中发挥重要的作用。

深化内涵　协调发展
努力加快高水平民族大学建设步伐

——何龙群校长在六届二次教职工代表大会上的报告

(2012 年 1 月 21 日)

各位代表、同志们:

我代表学校行政向大会作工作报告，请予审议。

一、2011 年主要工作回顾

2011 年是实施“十二五”规划的第一年，也是亮点纷呈、学校各项事业取得较大发展的一年，全校师生员工深入贯彻落实科学发展观，围绕全面提高质量，加强内涵建设的主题，齐心协力，努力工作，为实现“十二五”良好开端做出了积极贡献。

(一)“十二五”发展规划启动实施，学校发展开启新篇章

《广西民族大学“十二五”发展规划》在广泛征求意见、充分酝酿讨论、多次修改完善的基础上于 2011 年 5 月颁布实施，学科、科研、师资队伍等各“十二五”专项规划也陆续出台。根据当前我国教育的主要矛盾的变化和高校之间的发展竞争日趋激烈的现状，“十二五”发展规划的主线确定为以全面提高教育质量为核心的内涵式发展，确定了到 2015 年，基本建成在国内和东南亚地区有较大影响、“民族性、区域性、国际性”特色更加明显、学科门类更加齐全的有特色高水平民族大学的总体目标，确立了九大重点建设任务并结合国家、自治区的有关政策提出了实现这些目标任务的有效措施。“规划”颁布实施后，学校组织中层干部进行了专题培训，以明确方向，提高认识，调动全校师生员工执行“规划”的积极性。“十二五”发展规划和各专项规划的实施开启了学校发展的新篇章。

(二)60 周年校庆筹备工作全面铺开，各项工作取得新进展

60 周年校庆是学校总结经验、展示成就、凝心聚力的新契机，是继往开来的新起点。校庆筹备工作委员会制定了 60 周年校庆筹备工作方案，紧张有序地开展了各项筹备工作。

校庆系列宣传活动广泛开展。在《广西日报》刊登了校庆 1 号公告；开通了专题网站；完成了纪念画册、电视专题片脚本的编撰；校园地图即将定稿出版；打造以校训为核心的校园文化价值体系，校风、学风表述语完成征集。

校庆文集和资料编写工作基本完成。《广西民族大学校史(2002—2011)》第二稿正在进行修订；校庆纪念文集《似水年华》征集编写工作全面展开；系列管理文件汇编(2002—2011)、《广西民族大学教学科研成果目录(2002—2011)》正在进行汇总编排。

各类展览工程和纪念物品设计制作进展顺利。完成了校史展、礼品展、面向东盟人才培养成果展设计方案审定及布展工程招标工作；教学科研成果展、民族文物展布展工程已进入招标阶段；初步拟定了礼品、纪念品设计制作方案；校庆纪念服装已完成招标和量身工作。

外联接待工作按计划开展。已向国外高校及合作机构发出邀请函；召开了校友会理事会扩大会议，调整和充实了国内外校友组织机构，成立了国外第一个校友会——广西民族大学老挝留学生校

友会；校领导联络各地校友方案开始实施，各学院校友联络工作也积极开展。

(三)博士学位授予单位立项建设顺利通过中期检查，学科建设水平得到新提高

博士学位授予单位立项建设工作进展顺利。通过了国务院学位委员会专家组对新增博士学位授予单位立项建设的中期检查，申博工作取得了阶段性成果，为2012年博士学位授予单位整体评估验收打下了良好基础。

学科建设扎实开展。根据学校学科建设实际情况对理工类学科布局进行了调整，撤销了原数学与计算机科学学院、物理与电子工程学院、化学与生态工程学院，成立了理学院、信息科学与工程学院、软件学院、化学化工学院、海洋与生物技术学院5个新的理工类学院；制定了《广西民族大学校级重点学科建设与管理办法(试行)》；完成了第三轮学科带头人换届遴选工作，45名教师成为新一届学科带头人；中国科学院成都计算机应用研究所博士后流动站广西民族大学科研基地挂牌成立；图书情报与档案管理、化学工程与技术2个博士学位授权建设学科，材料科学与工程、计算机科学与技术2个硕士学位授权建设学科获得2011年自治区财政专项经费资助。

师资队伍建设成绩喜人。获得了首批八桂学者和广西特聘教授岗位3个——厦门大学国际关系学院院长庄国土受聘于中国与东南亚关系研究岗位，美国波特兰州立大学电子与计算机工程系教授宋晓宇受聘于混杂计算机与集成电路设计分析岗位，周建新教授被聘为广西特聘教授，这是学校学科领军人才队伍建设的重要成果；化学与生物技术过程转化创新团队被确定为第四批广西高校人才小高地创新团队；引进高层次人才11人，外聘教授28人；通过高级职称评审47人，其中正高18人，副高29人；开展了2009—2011年学校“优秀教师”和“优秀教育工作者”评选，36人被评为“优秀教师”，33人被评为“优秀教育工作者”。

(四)人才培养质量不断提高，教育教学改革获得新成果

本专科教学质量与教学改革工程建设不断深入。新增金融学、金属材料工程2个本科专业，新增应用印尼语、应用越南语、应用泰语3个专科专业，我校普通本科专业点达62个，列广西高校第二位；民族学等8个专业入选广西高等学校特色专业与课程一体化建设项目；教育学教学团队入选2010年度广西教师教育学科教学团队立项项目；获得国家民委本科教学改革与质量建设研究项目5项，自治区级教改项目立项20项；组织开展了首届教学十佳、教学新秀、优秀教学团队和特色专业评选工作，评选出了10名教学十佳、10名教学新秀、5个优秀教学团队和10个特色专业；组织开展了第七届教师课堂教学比赛、第二届师范生教学技能比赛。

研究生培养取得好成绩。完成了2011年度硕士研究生导师遴选和认定工作，205名教师志获得硕士研究生指导教师资格；召开了研究生工作大会，确定了研究生教育进一步发展的方向；组织开展了授予硕士学位和研究生培养的二级学科自主设置工作，有22个学科获得教育部备案；获区级研究生科研创新项目44项，资助校级研究生创新计划项目100项；在全区硕士学位毕业论文抽查中优秀率达30%，居全区首位。

继续教育在创优创效中转型发展。学历教育招生人数4336人，比2010年增加了890人，创2000年以来历史新高；非学历教育在服务新广西中转型发展，全年共举办国内外各类培训班59期，培训人数4775人。

预科教育改革逐步展开。组织开展了少数民族预科特色教材编写工作；协助教育厅调整和完善我区民族预科招生录取政策；承办2011年全区预科教育工作会议。

学生在各类比赛中屡获佳绩。学校荣获第六届全国大学生计算机作品赛银奖1项，铜奖2项，

是广西唯一一所获此殊荣的高校；获第十二届“挑战杯”全国大学生课外学术性科技作品竞赛三等奖2项；获“党旗颂”2011年全国大学生演讲大赛团体三等奖，个人三等奖2项；获国家民委组织的民族类院校演讲比赛优秀奖1项；获第五届全国大学生越南语演讲大赛一等奖6项，二等奖3项；获第十二届全国大学生英语竞赛中优秀奖1项；获第六届“外研社杯”广西高校大学生英语戏剧节大赛本科组优秀奖1项；获第九届中国环境艺术设计大赛优秀奖2项；获第九届全国少数民族传统体育运动会二等奖6项、三等奖2项；校龙舟队在南宁国际龙舟邀请赛中获得2金3银；在第四届中国大学生龙舟锦标赛中获得1项冠军、1项季军；组织选拔1000多名志愿者参加了“两会一节”的志愿服务工作；学校荣获“2011年广西大学生社会实践优秀组织奖”。

高质量完成招生录取工作。2011年录取硕士研究生460人，本科生3613人，专科生473人，其中二本录取的文史和理工类最低分分别高出区内最低录取控制线41分和43分；相思湖学院录取2354人，其中文史类和理工类一志愿录取最低分分别高出区内最低录取控制线22分和44分。

(五)积极服务地方社会经济发展，科学研究跨上新台阶

科研创新平台进一步提升。“中国南方与东南亚跨国民族研究基地”入选国家民委首批人文社科重点研究基地；第三批自治区重点实验室“广西混杂计算与集成电路设计分析重点实验室”正式授牌；广西科学实验中心——“中国—东盟研究中心”正式启动；“东盟多语种服务信息技术处理工程中心”、“林产化工联合共建重点实验室”被确定为广西高校校企校地创新平台；获自治区财政资助平台建设经费共820万元。

科学研究成果丰硕。2011年科研经费总额为2023.6万元，比2010年增长了7%；2011年我校获省部级课题共67项，比2010年增长了76.3%；获2011年度国家社科基金项目11项，首次突破10位数；申请国家专利12件，获得授权2件；获得省部级以上成果奖9项。

系列学术活动有序进行。举办或承办了“纪念中国共产党成立90周年理论研讨会”、“第九届少数民族科技史国际研讨会”、“全国毛泽东哲学思想学术研讨会”、“中国人类学民族学2011年年会”等10场大型学术会议；邀请校外专家学者作学术报告150场次。

名栏名刊建设不断加强。学报(哲社版)再次入选最新版的南京大学中文社会科学引文索引(CSSCI)核心期刊和北京大学中国人文社会科学核心期刊；主办了全国“学术期刊·文摘与影响因子学术研讨会”；与《云南民族大学学报》和《云南大学学报》共建“中国—东盟”研究栏目；刊发了6期主打栏目优秀论文。

文献信息资源建设日益完善。制定了《2011年文献信息资源采购方案》；组织非通用语专业教师在泰国、越南、马来西亚、柬埔寨、缅甸、印尼、老挝等东盟国家采购各类图书15252册，充实了非通用语原版图书；博士点建设学科专业图书补遗工作正在开展。

实验教学基础设施不断改进。完成了2010年中央财政支持地方高校发展项目的审核和采购任务；完成了博士学位授予单位大型仪器平台建设的年度工作。

(六)国际影响力不断增强，对外交流与合作开创新局面

东盟学院建设工作全面展开。印发了《广西民族大学东盟学院建设实施方案》；聘任了东盟学院部分领导；完成了公开招聘部分专业教师和辅助人员工作；成功举办了“中国东南亚研究高级专家第一次圆桌会议”；与外交部中国太平洋经济合作全国委员会、广西对外经济文化交流中心合办了首届“东亚智库论坛”学术会议；被教育部初选为东盟区域研究中心进行建设。

对外交流与合作继续扩大。接待国(境)外来访顺访团组91个，共1349人次；派出出访团组18

个，赴越南、老挝、印尼、马来西亚、台湾等国家和地区进行访问交流；先后与国外高校和学术机构新签续签合作协议书27份，我校与国外学校合作增至79所。

研究生教育国际合作进一步拓展。分别与越南河内大学所属外国语大学、越南海防大学、老挝国立大学制定了联合培养中国语言文学专业硕士研究生培养方案；与老挝苏发努冯大学制定了联合培养法律硕士专业学位研究生培养方案。

国际汉语推广工作卓有成效。印尼丹戎布拉大学孔子学院获得国家汉办批准并于2010年11月揭牌，成为我校在国外设立的第3所孔子学院，使我校成为广西在国外设立孔子学院最多的高校；进行了泰国玛哈沙拉坎大学、老挝国立大学孔子学院中方院长的更换交接和印尼丹戎布拉大学孔子学院中方院长的聘任工作；举行了玛哈沙拉坎大学孔子学院成立五周年系列纪念活动；完成了70名汉语志愿者教师的选拔派出工作；承办了由教育部资助的大学生艺术团赴泰国、印尼、老挝文化交流演出活动，扩大了学校的国际影响。

(七)东西校区建设项目进展顺利，校园建设呈现新气象

东校区建设项目进展顺利。国际教育综合楼、附中综合教学大楼、学生公寓6号楼3个项目已竣工验收；完成附小学生宿舍楼主体工程建设，大礼堂消防改造工程和留学生公寓楼装修工程，网球馆、相思湖周边美化绿化，六坡、八坡教工区道路翻修及部分教学楼、学生公寓维修工程等。

西校区建设项目如期推进。基础设施项目路面已全部完成施工；永久供电工程完成并通过验收；东盟学院大楼、图书馆、西校区大门工程进展顺利；艺术楼东楼、西楼已封顶，开始进行水电安装；学生食堂及附属用房和运动场馆进入施工招标阶段；李宁田径场完成人工草皮的铺设，正在进行塑胶跑道的施工；园林景观绿化工程已经全部完成并竣工验收。

(八)学生的教育与管理进一步加强，学风建设取得新成效

思想政治教育工作继续加强。组织学生学习胡锦涛清华百年校庆讲话精神和“两会精神”；积极开展“我与祖国共成长”主题党团日教育活动；开展“文明养成与健康成才”主题教育活动；成立“民族旗舰”学生骨干培训学校；注重大学生心理健康教育，通过多种方式缓解部分学生的心理压力。

学风建设工程深入开展。制定并实施了《广西民族大学学风建设月活动方案》；不断加大考研辅导工作力度，为学生考研提供全面服务；通过举办辅导报告、召开座谈会、树立学风建设先进典型、开展主题校园文化活动等各种方式，促使学风建设与各学院专业实际相结合，增强了大学生的学习主动性和社会责任感。

(九)着力解决师生切身利益问题，师生工作学习条件得到新改善

毕业生就业工作取得实效。召开了2011年就业工作会议，总结布置就业工作；举行各种就业技能培训，提高了学生就业技能；举办了各类校园招聘会201场，共提供19444个就业岗位；2011年毕业生就业率为91.53%，高于全区平均就业率1.55个百分点，被评为广西“2011年度就业工作先进集体”。

资助贫困生成绩显著。累计发放国家助学贷款、各类奖助学金5654.85万元，受奖助人数累计44536人次；举办了“学生资助政策宣传月”、“助学政策助我成才”征文活动、“励志青春，自强人生”主题班会，营造了励志自强的良好风气。

教职工生活条件逐步改善。在增加岗位津贴发放月数的基础上，提高在职教职工岗位津贴标准和退休退职人员生活补贴标准20%；教职工健康体检由原来的每4年1次改为正高职称教职工每年

1 次，其余教职工每 2 年 1 次；八坡危旧房改住房改造项目已获区发改委批复，设计方案顺利通过并进入施工图设计阶段，住房代表顺利完成选房工作；五坡 30 栋高层职工集资住宅楼工程完成封顶进入内部装饰装修阶段。

（十）内部管理体制改革进一步深化，管理服务推出新举措

人事制度改革深入推进。完成全校教职工首次岗位聘任工作，现有在编人员全部纳入岗位管理，确定了岗位等级，开始了人员从身份管理向岗位管理的转变；制订了《广西民族大学 2011 年公开招聘人员实施办法》，面向社会公开招聘了 63 名专任教师、管理人员、辅导员和教辅人员。

资金管理和内部监控不断加强。完成了 2011 年预算分配方案的编制和预算执行情况检查工作；筹集资金，积极落实高校化债工作，偿还银行贷款 28030 万元，减轻了学校债务压力；完成各类经济合同、工程结算审计 623 项；完成物资采购项目 284 项；对后勤各经济实体 2010 年目标管理完成情况进行了审计；配合自治区审计厅完成了学校 2010 年预算执行和其他财政收支情况审计与学校主要领导经济责任审计；2011 年"小金库"专项治理查处了"小金库"金额 215 万元。

固定资产管理日趋规范。制定和完善了资产管理和设备仪器管理相关制度，建立了较为完善的仪器设备管理体系；基本完成了教学单位和部分行政单位教学科研仪器设备的普查工作；初步建立实验室耗材基础数据库。

后勤管理工作不断完善。节能减排工作成绩突出，被评为南宁市"十一五"节水先进单位；开展了各项专项整治，促进食堂管理和服务逐步规范；学术交流中心正式交付承租单位进行二次装修；完成了东校区铺面竞争性谈判和租赁协议签订工作及西校区铺面规划工作；通过自治区"卫生优秀学校"复评；荣获"全国高校后勤十年社会化改革先进院校"称号。

校园安全得到有效维护。初步完成了校园安全技防方案的制订工作；认真排查安全隐患并及时整改；实行案情通报制度，提高师生的安全防范意识和能力，无重、特大案件的发生。

离退休人员管理和服务质量不断提高。落实了离退休人员政治待遇和生活待遇，垫支发放退休人员 2011 年生活补助费 194.6 万元；建立健全了离退休专业技术人员人才库；协助离退休专业技术人员申报相应岗位；组织各种文体活动，丰富离退休生活。

档案信息化建设步伐加快。开展档案管理信息系统论证工作，制定了档案管理电子化进程方案；完成了 2010 年度档案材料整理和归档工作。

计划生育工作顺利开展。召开 2011 年计划生育工作会议，督促各单位落实《计划生育目标责任状》；完成了计划生育目标管理各项主要指标。

学校在长期的办学实践中，不断强化办学特色，推动民族文化传承创新和服务区域经济文化发展，取得了可喜的成绩，得到了社会的广泛认可，2011 年学校党委被中共中央授予"全国先进基层党组织"荣誉称号。这些成绩的取得是党和政府高度重视，学校党委正确领导和全校师生员工共同努力的结果。同时我们清醒地认识到，学校发展还存在许多困难和问题：高层次人才引进和培养力度有待进一步加大；人才培养质量需从基础认真抓好；公共服务体系有待进一步完善；科技创新和社会服务能力相对较弱；办学体制机制需要进一步理顺，管理水平和执行力需进一步提升等等。我们要进一步增强紧迫感和使命感，用求真务实、改革创新的精神解决和克服发展中遇到的困难和问题，加快创建有特色高水平民族大学的步伐，推动学校各项事业持续、健康发展。

二、2012 年工作思路和工作重点

2012 年，是党的十八大召开之年，是实施"十二五"规划承上启下的关键一年。高等教育进

入以全面提高教育质量为核心的内涵建设的发展阶段，国家、自治区将进一步加大高等教育振兴力度，出台一系列涉及教育改革发展、保障等方面的政策措施。我们要科学把握教育发展的新趋势、新要求，解放思想，抢抓机遇，努力保持学校发展的良好势头。

为此，2012 年学校工作的总体思路是：以邓小平理论和“三个代表”重要思想为指导，贯彻落实科学发展观，推进以全面提高质量为核心的内涵建设，以做好 60 周年校庆活动、博士立项建设单位评估验收工作为重点，狠抓教学质量建设，努力构建科技创新体系，提升社会服务能力，加快西校区二期工程进度，大力推进有特色高水平大学建设，以优异的成绩迎接党的十八大的胜利召开。重点抓好以下工作：

(一)努力办好 60 周年校庆

2012 年，是学校建校 60 周年。我们要按照“热烈隆重、简朴务实、讲求实效”的原则，凝心聚力做好各项工作，把 60 周年校庆办成一次弘扬传统、展示成就、凝聚力量、促进发展的盛会。

一是加大校庆宣传力度，展示学校办学成就。完成画册、电视片的编撰、制作和出版工作；认真做好“五大展”（校史展、礼品展、面向东盟人才培养成果展、教学科研成果展、民族文物展）的布展工作。二是完成出版《广西民族大学校史(2002—2011)》、纪念文集《似水年华》和编订《广西民族大学制度性文件汇编(2002—2011)》、《广西民族大学教学科研成果目录(2002—2011)》及校友名录。三是有序开展各种文化活动和系列庆典活动。举办名家讲坛、学术沙龙、学术报告、高雅艺术进校园、征文比赛、演讲比赛等系列校园学术文化活动；制定 60 周年校庆庆典活动方案及校庆活动指南，成功举办 60 周年校庆庆祝大会和校庆文艺晚会；召开第三届繁荣民族院校哲学社会科学高层论坛等大型学术会议。四是做好联络和接待工作。按计划推进联络校友的各项安排，调整、充实国内外校友组织机构，指导各地校友会开展迎校庆活动；制定周密的接待方案，并做好参加庆典大会的各级领导、嘉宾及校友的邀请和接待工作。

我们要以高度的责任感和事业心，积极参与校庆工作，以精益求精的工作质量和优异的工作业绩来迎接学校 60 周年校庆。

(二)力争顺利通过博士立项建设单位评估验收

2012 年我们要力争成为国务院学位委员会博士立项建设评估验收单位，并按要求全面做好准备，力争顺利通过博士立项建设单位验收。

一是要对照博士学位授予单位各项建设指标，加快授权学科和支撑学科的学科队伍、科学研究、人才培养和公共服务体系的建设。要查漏补缺，缩小差距、凸显优势，高质量完成各项建设任务；要加强申博外联工作，做好各项宣传，争取各方支持，创造各种条件，志在成功。

二是实施《广西民族大学学科建设“十二五”发展规划》，加大特色学科建设。按“主干文科，精干理科”的思路优化学科结构，明确特色优势学科建设目标，做好各类学位点、重点学科、重点实验室(基地)、学科群的申报、建设和新成立的理工类学院的学科建设工作。

三是加大师资队伍建设。根据《自治区海外高层次人才引进计划》和《广西高校人才小高地建设实施意见》，制定“相思湖学者”特聘教授计划实施办法，重点做好学术带头人、紧缺专业师资引进工作；继续鼓励教师攻读博士学位、参加高级别课题研究和学术会议；加强骨干教师的培养工作，造就学术领军人才、中青年教师骨干人才和优秀教师团队。

(三)切实提高教育教学质量

提高教育教学质量是大学永恒的主题。我们要牢固确立人才培养是学校第一职能的理念，把提高人才培养质量放在更加突出的位置，通过改革和优化教学过程的各个环节，为社会培养大批高素质专门人才和拔尖创新人才。

一是完善本科人才培养模式。以自治区级特色专业及课程一体化项目建设为切入点，着重抓好研究性课程的改革工作；按照文科专业向应用型文科专业倾斜，理工科专业向技术性专业倾斜的专业设置思路，做好本科新专业的申报工作；自编高水平、有特色教材，做好自编教材的计划、管理和审核工作；加强教学实习实训基地建设，注重实践技能的培养。

二是提高研究生教育教学质量。建立健全研究生教育质量评估体系；创新专业学位研究生培养模式，改革留学研究生培养机制；实施研究生教育创新工程，完善研究生教育创新三级体系；加强硕士学位论文质量监控；努力推进与科研院所联合培养研究生基地建设。

三是创新继续教育培养机制。围绕自治区终身教育体制机制建设试点工程，建立健全非学历教育培养机制；积极拓宽办学渠道，争取成高招生录取工作按计划完成并有较大增长；加强国际成人教育合作。

四是加快预科教育教学改革。抓住自治区实施民族教育特色建设工程的契机，协助上级部门修改完善《广西普通高校少数民族预科生管理规定》，按要求建设好广西少数民族预科教育基地。

(四)努力增强科研创新和服务社会能力

通过体制机制创新和政策项目引导，鼓励高校同科研机构、企业开展深度合作，建立协同创新的战略联盟，是国家促进创新能力提高的重要举措，我们要依托国家政策，树立“协同创新”的理念，联合开展科研项目攻关，推进产学研用的融合发展，增强社会服务能力。

一是注重科研与社会的结合。要深入贯彻实施“教育服务广西新发展行动计划”，推进校地(企)科技合作；根据《广西“十二五”校地校企共建高校科技创新平台建设规划》，进一步落实与河池、南宁、北海、钦州、防城港、百色等地市的合作协议；搭建学校与企业交流合作平台，发挥重点实验室龙头作用，大力推进与中亚石化有限公司等企业的合作项目；积极组织参与各级各类成果评奖和科研项目的申报，力争在数量和质量上有新的突破。

二是以高度的文化自觉和文化自信，传承优秀文化。加强中国南方与东南亚跨境民族研究基地、马克思主义理论研究基地、中国南方与东南亚民族研究创新团队的建设，推进学校哲学社会科学创新体系建设；办好《广西民族大学学报》，加强与世界人类学民族学联合会的交流与合作，在做大做强“民族学”、“人类学”品牌栏目的同时继续办好“中国—东盟研究”栏目。

三是做好科学研究基础建设。修订科研管理和成果认定奖励办法，建立本科教学实验室评估常规化机制；加强实验室建设力度，重点支持2—3个人文社科学院设立独立的实验室建制；召开科技创新平台建设工作会议，落实广西高校科技远程平台建设任务，建立并完善科技创新平台网站；继续加强东盟、广西少数民族、亚非语言文学等特色文献信息资源建设；开展纸质图书数字化建设，丰富特色信息网络资源。

(五)拓展国际合作领域，提升国际化水平

全国教育工作会议和教育规划纲要明确提出要把扩大教育开放作为今后一个时期推动我国教育改革和发展的战略举措。我校一些项目已列入广西教育国际交流合作区域特色建设工程，我们要抓住机遇，开展多层次宽领域的教育国际交流与合作，打造面向东盟的教育国际交流与合作高地。

一是着力推进东盟学院建设。完善体制机制，引进培养东盟研究高端人才，按教育部要求建设东盟区域研究中心，与中国社科院共同开展东盟政治问题研究，制定东盟研究计划，紧密结合国家战略和地方需求，推出高质量的科研成果。

二是完善校院、师生多层面参与国际教育交流的机制，在密切与东南亚各国教育合作的基础上，进一步扩展与东亚、欧美和港澳台地区的教育合作与交流；争取获得英国斯泰福厦大学的中外合作办学项目。

三是继续做好汉语国际推广工作。推进泰国玛哈沙拉坎大学孔子学院、老挝国立大学孔子学院和印尼丹绒布拉大学孔子学院的建设与发展，开展与缅甸曼德勒外国语大学建立孔子学院的筹备工作；认真完成国家汉办各类汉语培训、考试和选派工作；争取成为汉语国际推广多语种培训基地。

四是加强出国学生学习管理和外国留学生管理。加强出国前教育，保障出国学生的学习质量和生活安全；继续做好政府奖学金留学生招生、遴选和培养工作；关注外国留学生的思想动态和学习情况，加强留学生学风建设和日常管理工作。

(六)扎实提高管理质量和服务水平

我们要树立现代管理的新理念，实行精细化管理。精细化管理就是由过去的粗放型管理向集约化管理的转变，由传统经验管理向科学化管理的转变，其特征是“精确、细致、深入、规范”。通过管理的科学化、精细化，提高管理效益。

一是要完善学校各项管理制度，执行科学、规范的工作流程，形成善于在细微中做学问、做事情的风格，培养精益求精的精神，以有效提高学校的管理水平和管理质量。二是要加强信息化建设，运用信息化管理的技术手段，把管理对象分解细化为具体的数字、程序、责任，各负其责，各司共职。各部门、各学院要建立相应的基础数据库，通过对数据的统计、分析、挖掘、评价为学校的科学决策、科学管理、绩效考核提供依据，为学校上报各项工作情况和对外宣传提供实时、准确动态的数据，要实现各部门内部信息的有效共享，以不断提高工作效率。

(七)加强基础设施建设，进一步改善办学条件

良好的办学条件是建设高水平大学不可或缺的重要环节。2012 年学校将继续加强基础设施建设，积极改善办学条件，为提高教育教学质量提供保障。

大力推进西校区二期工程建设，着力抓好东盟学院大楼建设，完成学生食堂及附属用房、体育馆、游泳馆主体施工，加快各项在建工程进度；进一步完善东校区基础设施建设，及时完成新建项目周边水、电、路、网等公共服务配套实施建设；做好校园绿化美化工作，与校友植树捐赠相结合，规划并做好各个绿化点的种植，进一步提升校园环境质量，按照南宁市创建卫生城市标准，进一步完善校内卫生设施。

(八)坚持为师生办实事办好事

关注师生的热点难点问题并认真加以解决，是构建和谐校园的必然要求，是促进学校各项事业全面协调可持续发展的现实需要。2012 年学校将坚持为广大师生办实事办好事。

要加强大学生思想政治教育。开展大学生思想政治理论课教改，探索大学生思想政治理论课教学的新方法；开展丰富多彩的思想政治教育活动，践行“团结和谐、爱国奉献、开放包容、创新争先”的广西精神，更新网络心理健康教育系统，做好学生心理健康服务工作；做实做细毕业生就业工作。建立“全程化、全员化、信息化、专业化”的“四化”就业指导体系，实施就业信息“快递工程”、基层就业“引领工程”和创业“孵化工程”；继续改善教职工工作生活条件。建成第 30 栋高层住宅楼，加快推进危旧房改住房改造工程项目工作进度，积极为学科带头人和高层次人才改善工作条件；努力创建安全文明校园。建立健全维护学校安全的长效机制和处理各类突发事件的预

警应急机制，加快校园视频监控系统建设，完善校区安保设施；做好离退休人员政治和生活“两个待遇”的落实工作，加强与离退休教职工的信息沟通，妥善解决离退休工作人员反映的各种问题，办好老年大学、老龄委、老年体协和老年科协。

各位代表，回顾成绩，令人鼓舞，催人奋进；展望未来，蓝图美好，重任在肩。2012 年是建校 60 周年，这是学校发展的重要里程碑。我们要以科学发展观为指导，按照“稳中求进进中求好”的工作方针，推动各项工作的开展。

一要解放思想，更新观念。要深入开展调查研究，深入查找制约学校发展的突出问题，分析问题前后的原因，研究提出解决问题的思路和办法，推动学校事业实现新的跨越；要认真学习国家和自治区的政策文件，吃透精神，用好政策，将政策优势转化为发展优势，指导各项工作有效开展；要注重学习国内外高校的先进办学理念和经验，结合学校办学的实际情况，取其所长，融会贯通，为我所用。

二要明确责任，严格管理。要通过明晰分级管理层次，明确责任，严格管理，狠抓落实，确保学校的各项工作有计划地开展并落到实处；要完善考核奖励制度，对于较好完成工作任务的单位和个人进行表彰奖励，并与评优评先、项目安排等方面挂钩；对纪律松散、工作懈怠的单位和个人进行通报批评；对渎职、失职行为，要按有关规定追究责任。

三要积极进取，尽职尽责。要加强学习，全面提高自身素质和业务能力，满足岗位职责要求；要牢固树立责任意识，爱岗敬业，乐于奉献，尽心竭力地完成本职工作；要从细节做起，以精益求精的态度，勤奋工作，努力提高工作执行力。

四要善于思考，开拓创新。要切实培养勤于思考、善于思考的良好习惯，注重从学校发展全局的角度思考各自的工作，理清思路、找准重点；要善于总结工作经验，增强对各种信息的判断分析能力；要坚持实事求是，敢于开拓创新；要充分激发广大教职员工爱校建校的热情，集中全校的智慧力量，把实践证明了的新思路、好方法加以推广运用。

同志们，让我们坚定信心，按照学校发展的目标要求，为创建有特色高水平民族大学而努力奋斗！

何龙群校长在庆祝第 27 个教师节暨表彰大会上的讲话

（2011 年 9 月 9 日）

老师们、同志们：

今天我们在这里隆重集会，庆祝我国第二十七个教师节！我谨代表学校党委和行政，向全体教职员工致以节日的问候和美好的祝愿，并通过你们向你们的家人表示亲切的慰问和衷心的感谢！

在过去的两年里，在上级党委、政府和主管部门的领导下，经过全校师生员工的共同努力，学校各项事业取得了可喜的进展。博士学位授予单位立项建设顺利通过中期检查；一级学科硕士点达到 11 个，专业硕士学位点增至 4 个，2 个博士后流动站科研基地相继挂牌；东盟学院成立，聘请全国人大常委、外事委员会主任委员、外交部前部长李肇星为名誉院长；印尼丹戎布拉大学孔子学院获得国家汉办批准，成为我校在国外设立的第三所孔子学院，使我校成为广西在国外设立孔子学院最多的高校；自治区党委人才工作协调小组在我校设立了2个八桂学者岗位——“中国与东南亚关系研究”、“混杂计算与集成电路设计分析”和1个特聘专家岗位——“中国南方与东南亚民族研究”。教师队伍建设取得较好成绩：通过高级职称评审49人；45名教师成为新一届学科带头人；1人被评为“全国先进工作者”，1人获中华全国总工会授予“全国五？一巾帼标兵”，3人入选“广西优秀专家”，2人被授予“八桂名师”荣誉称号，4人成为广西第八届签约文艺家，1人被评为“广西先进工作者”，1人获“广西五？一巾帼奖”和“广西五一劳动奖章”，1人被评为“全区优秀教育工会之友”，1人被评为“全区优秀教育工会工作者”，1人被评为“全区优秀组工干部”，36人被评为学校“优秀教师”，33人被评为学校“优秀教育工作者”。学校每前进一步，每取得一项成就，都凝聚着全校教职员工的心血，融汇着全校教职员工的艰苦劳动和创造。在此，我代表学校向在教学、科研、管理等工作中受表彰的同志们表示热烈的祝贺！

老师们，同志们，今年教师节的主题是：“忠诚党的教育事业，落实教育规划纲要”，这个主题具有深刻内涵和重要的现实意义。

“忠诚党的教育事业”这句话是1937年毛泽东主席为抗大二期书写的题词，它激励和鼓舞了一代代教育工作者在自己的岗位上，兢兢业业、辛勤耕耘，为党的教育事业，为国家长远发展而无私奉献。无论条件多么艰苦，无论社会地位的高低变化，他们不计较生活的清贫，待遇的不尽如人意，不辞辛劳，关爱学生、淡泊名利、默默耕耘，把自己的青春和智慧奉献给了党的教育事业，为祖国建设培养了一批批的栋梁之才。当然，我们也看到，“忠诚党的教育事业”在过去一段时间内提得少了，强调少了，以至于有些人慢慢地淡忘了，在教师队伍中产生了一定消极影响。今年教师节重新强调，并作为教师节主题之一，有着重要的现实针对性。我认为“忠诚党的教育事业”它不是一句口号，而是我们每位教育工作者的行动准则，主要有以下内涵：

首先要求我们热爱祖国、热爱社会主义、热爱中国共产党，在教育教学中自觉同党和国家的方针政策保持一致。我们要不断增强政治理论素养和形势政策水平，树立科学的世界观、人生观、价值观和社会主义荣辱观，自觉抵制社会不良思潮的冲击，杜绝各种不端行为，以良好的道德品行影响和引领青年学生，真正做到行为是范，为人师表。

其次要求我们爱岗敬业、甘于奉献，永远把学生的需要放在第一位。一名教师对人民教育事业的热爱、忠诚和献身精神，只有通过热爱学生，在教书育人的具体行动才能体现出来。今年，自治区党委、政府号召全区广大教师和教育工作者学习的石兰松老师，是广西上林县西燕镇大龙洞村内泽庄刁望教学点教师，他从1985年成为一名代课教师起，就撑着自家的小木船，载着他的学生往返于求学路上，25年间已经撑烂了8艘木船。不仅如此，在全镇统考中，石松兰负责的刁望教学点年年名列前茅。石兰松老师是我们千千万万个优秀教师的代表，体现了人民教师这一光荣职业的精神，那就是时刻以“做一名人民满意的教师”要求自己，“立足岗位，积极奉献”，以饱满的热情去教书育人，精心准备每一堂课，努力教好每一门课，以教为乐，奉献不竭；时刻以学生为重，关注学生的身心健康，引导学生树立正确的世界观、人生观、价值观和社会主义荣辱观，指导学生塑造健全的人格；时刻以学生为本，尊重学生的主体地位，激发学生的学习热情和兴趣，引导学生个性发展和优势潜能开发，增强学生勇于创新的精神；善于鼓励学生积极投身社会实践，将所学知识运用到实践，在实践中汲取新的知识，真正把科学理论知识和实践经验教育结合起来，使他们成长为社会主义事业优秀的建设者和接班人。

再次要求我们不断加强学习、努力钻研，具备较高专业能力和专业素养。教师的职责就是传道、授业、解惑。要成为一名优秀的教师，就要具备丰富的专业知识。当今社会，信息技术飞跃发展，知识创新与日俱增，各种思想文化相互激荡，综合实力竞争异常激烈，面临的挑战越来越多。如果教师放松学习，不以先进思想和科学知识武装自己、提高自己、完善自己，就有可能落后于时代，就无法胜任人民教师这份神圣的职业。所以，我们要坚持“严谨笃学，精益求精”，认真学习专业基础知识，不断吸收新知识、新理念、新思维，做学生求知不竭的源头活水；坚持积极关注现代教育理论和教育技术，刻苦磨炼教书育人本领，不断提高教书育人的效率与效果；坚持“追求真理，崇尚学术”，崇尚学术事业，恪守学术道德，以实事求是的科学态度，积极开展科学研究活动，努力提升学校科学研究水平。只有这样，才能与时俱进，担负起教书育人的重任，进而获得党和国家、社会、人民的认可和满意，我们也因此有一个充实而有价值的人生。。

老师们，同志们，忠诚党的教育事业是教育工作者一个永恒的主题，当前，体现到我们的行动上就是认真落实教育规划纲要。2010 年 7 月 8 日，党中央、国务院正式发布《国家中长期教育改革和发展规划纲要(2010—2020)》，明确了到 2020 年，我国基本实现教育现代化，基本形成学习型社会，进入人力资源强国行列的发展目标，对高等教育提出的发展要求是全面提高高等教育质量，包括提高人才培养质量、提升科学研究水平、增强社会服务能力、优化结构办出特色，实现从高等教育大国向高等教育强国的跨越。2011 年 2 月颁布的《广西壮族自治区中长期教育改革和发展规划纲要(2010—2020)》确定了今后十年广西教育的 10 项发展任务，并在 2010 年至 2012 年启动实施 10 项教育发展重点工程和 10 项教育体制改革试点，其核心就是教育要“服务广西新发展”。《广西民族大学“十二五”发展规划》贯彻落实国家、自治区教育发展纲要，结合学校实际，提出五年发展目标是“建成学士—硕士—博士完整的人才培养体系，建成一批高水平学科，全面提高人才培养质量，打造高素质创新型人才队伍，产出一批原创性成果，提供一流的社会服务，大力推进国际化交流与合作。到 2015 年，基本建成在国内和东南亚地区有较大影响、‘民族性、区域性、国际性’特色更为明显、学科门类更加齐全的高水平民族大学。”学校“十二五”规划已经全面启动实施，今后五年学校的工作主线就是按照国家、自治区、学校“十二五”规划要求，加强以提升质量为核心的内涵建设，实现规模、质量、结构、效益协调发展。

一要调整、完善和优化学科专业结构，进一步深化学科专业建设对社会产业新发展的适应性。围绕广西新兴产业的发展需求，我们要在学科专业方面做出适应性回应与变革。一是按照学科发展规律，结合学校学科建设实际，进一步理顺学科专业关系，整合学科资源，催生新的学科生长点。学校正在进行的理工类学院整合工作，就是进一步优化学科布局，提升学科水平，突出优势和特色，形成可持续发展的理工类学科体系的重要举措，希望教职工们从学校工作的大局出发，支持学校的改革与发展，实现调整的平稳、和谐过渡。二是在学校办学定位与发展的基础上，认真学习、准确把握国务院学位委员会、教育部颁布的《学位授予和人才培养学科目录(2011 年)》内涵，做好学科专业建设规划设计，关注学科领域的发展情况，跟踪最新的学术动态，拓展学科特色和新的研究方向，增强学科的综合实力和竞争力。

二要更新人才培养理念，提高人才培养质量。一是围绕社会经济新发展对技能型人才和应用型人才的迫切需要，以跨学科课程、核心课程的建设为突破口，培养一大批具有坚实基础且实践能力强、能直接面向和服务于社会经济发展的专业技术人才，主动适应并不断满足社会经济发展对应用型人才的需求；二是围绕地方产业新发展对高层次人才的迫切需求，瞄准产业发展所需的核心技术，凝练人才培养方向，通过创新培养模式和拓宽研究方向的措施，着力培养地方产业新发展所需的高层次、技术实用型人才；三是以国家级、自治区级创新团队、学科带头人、各类杰出青年人才科学基金获得者等的培育与培养为目标，改革和创新人才引进、使用与评价制度，培养一批在国内外、区内外享有较高知名度和学术声望的拔尖创新人才。

三要提升科学研究水平，提高科研成果原创力和创新性。一是加强体现学校定位的基础研究和应用研究。人文社会科学研究要立足自身优势，在中国—东盟合作和民族区域发展等领域大力开展开拓性、原创性的战略研究；理工学科要面向广西千亿元产业、战略性新兴产业及北部湾经济区、西江经济带和桂西资源富集区等科技发展需求，开展基础研究和应用研究；二是提高承担高级别项目能力。积极争取国家哲学社会科学基金、国家自然科学基金等国家级项目，积极争取国家教育部、民委等部委项目，提高获得广西哲学社会科学基金、自然科学基金等项目的数量和经费资助总量，提高学校承接广西重大科研任务的能力以及解决区域经济与社会发展重大问题的能力，横向科研经费力争有较大突破，产出一批原创性成果。

四要积极开展社会服务，进一步提升服务社会的能力和水平。一是探索“产学研”一体化的新途径和新路子，积极主动谋求与科研机构、重点产业的龙头企业联合开展深度合作，联合开展科研攻关、共建重点实验室等科技创新平台，促进学校科技资源和创新成果直接指向和服务社会经济发展；二是通过开展政策研究和对策性研究，积极发挥高校智囊团、思想库作用，努力为政府的科学决策、民主决策作出积极贡献；三是鼓励师生开展志愿服务，推动学习型社会建设，适应全民学习、终身学习的时代需要，为社会提供形式多样的教育服务。

五要提高国际交流合作的层次和水平，加快国际性大学建设步伐。一是提升与东南亚的交流与合作水平，重点巩固和发展与东南亚各国高校、学术机构的合作交流关系，积极探索与东南亚国家的高校或教育机构合作培养研究生的新途径，大力发展留学生教育，扩大留学生规模；二是积极寻求高层次、高水准的国际合作伙伴，引进优质教育资源，大力开展中外合作办学项目，争取中外合作办学项目新的突破；三是服务国家战略，充分利用各级政府奖学金项目吸引东盟及其他国家青年学生、教师、学者来华留学和交流，积极参与汉语国际推广。

六要完善现代大学制度，提高管理质量。一是根据现代大学管理体制和运行机制的需要，建立层次清晰、责权统一的校院两级管理制度，强化学院在人才培养、科学研究、队伍建设、学科建设方面的主动性、积极性；二是以教学科研为中心，明确职能部门的职责，加强职能部门的服务意识、协同意识，提高职能部门工作效率；三是做好岗位设置和聘任工作，建立激励机制，充分调动广大教职工的工作积极性和创造性；四是优化学术管理体制，充分发挥学校、学院学术委员会的作用，建立科学的学术评价体系和考核评估制度，营造激励创新、竞争向上、客观公正、民主宽松的学术环境。

老师们、同志们，“强国必强教，强国先强教”，振兴教育，教师是关键。希望大家牢记温家宝总理对教师们的殷切希望——“要无私奉献，要满怀爱心，要提高素质，要教书育人”，忠诚党的教育事业，积极贯彻落实教育规划纲要，自觉增强教书育人的责任感和使命感，始终坚持“热爱教育、热爱教学、热爱学生、热爱学术”，努力成为广受学生爱戴、德艺双馨的优秀教师和教育工作者，以优异的成绩迎接建校60周年，为学校实现“十二五规划”的发展目标做出新的贡献。

今年教师节恰逢中秋节假期，祝大家节日快乐、工作愉快、身体健康、合家幸福！

谢谢大家！

转变教育发展方式　认真落实“十二五”规划

——何龙群校长在学校中层领导干部培训班上的讲话

(2011年12月16日)

同志们:

《广西民族大学“十二五”发展规划》已颁布实施一年了，规划文件也已下发给大家。对照一年实施的情况，进一步明确规划目标、重点和要求，推进今后一个时期规划的落实非常重要。这里，我围绕十二五发展的主线、目标、重点和措施，结合个人的一些思考谈谈以下几个问题。

一、关于十二五发展的主线——以全面提高教育质量为核心的内涵式发展

(一)当前教育领域主要矛盾发生变化

随着经济社会的发展和教育改革的深化，我国教育事业获得了长足的发展，原来教育供给总量不足的矛盾得到根本缓解，当前我国教育的主要矛盾已转化为社会公众和经济社会发展对于高质量教育的迫切需求与优质教育资源严重短缺之间的矛盾。教育领域主要矛盾的转化势必导致教育发展重心的调整，我国教育正在从以规模扩张为主的外延发展，进入到以全面提高质量为核心的内涵发展的新阶段，提高教育质量、推进教育国际化已经成为今后一个时期教育发展的时代任务。

既往偏重规模扩展和硬件建设、教育公平缺失的教育发展方式和资源配置方式在过去有其合理性和作用，但已不能适应我国经济发展方式转变和建设人力资源强国等重大战略的实施，必须根据新的发展目标，选择更加适合国情、符合教育发展规律的发展方式和资源配置方式，就是要使教育资源配置紧扣人才培养这个中心，促进受教育者的全面发展，促进社会文明的不断进步。

面对教育领域主要矛盾的变化，我国及时做出了将教育重心转移到以全面提高质量为核心的内涵发展上的重大决策，2001年11月，教育部出台了《关于加强高等学校本科教学工作提高教学质量的若干意见》，2004年12月教育部又出台了《关于进一步加强本科教学工作的意见》，为全面贯彻落实科学发展观，切实把高等教育重点放在提高质量上，2007年1月，教育部、财政部联合下发了《关于实施高等学校本科教学质量与教学改革工程的意见》。2010年7月颁布实施的《国家中长期教育改革和发展规划纲要(2010—2020)》明确指出:“把提高质量作为教育改革发展的核心任务。树立科学的教育质量观，把促进人的全面发展、适应社会需要作为衡量教育质量的根本标准。”今年4月24日，胡锦涛同志在庆祝清华大学建校100周年大会上发表重要讲话，从提升人才培养水平、增强科学研究能力、服务经济社会发展和推进文化传承创新四个方面对如何提高我国高等教育质量作出了重要阐述。总书记的讲话实质上是要求高等教育按照科学发展观的要求，走向科学发展之路，从外延式发展走向内涵式发展。这一论述，对于高等教育发展具有鲜明而深刻的指导意义。

(一)高校之间的发展竞争日趋激烈

近年来，随着教育全球化的发展，海外高校在华招生的范围和力度逐渐加大，越来越多的学生选择出国留学接受高等教育，面对国际教育竞争的冲击，国内教育竞争也日趋激烈。各高校在吸引生源、人才队伍培养和学科建设等方面展开了激烈的角逐，在吸引生源方面，近年来国内一些高校陆续推出“自主招生”、“自主招生联盟”计划，通过提供奖助学金、减免学费、保送研究生、“本硕”连读、“硕博”连读等政策和手段吸引优质生源；在引进人才方面，国内很多高校不仅通过提供住房、安家费，解决家属调动、安排子女就学就业等优厚待遇吸引人才，更通过提供实验室、科研启动经费和配备科研助手等手段招揽优秀人才；在学科建设方面，重点学科、重点实验室、工程研究中心、研究基地以及硕士点、博士点和博士后流动站的设置与建设已经成为国内各高校重点角力的阵地。

在全国高等教育竞争日趋激烈的同时，广西高校之间的竞争形势也日趋严峻。2011 年我区高考招生形势已发生明显变化，一是生源持续减少；二是区域选择性增强；三是学校和专业选择性增强，优势学校和优势专业生源非常充足，高校普遍设置的专业，如计算机、英语等专业招生不理想；四是部分学校招生困难；五是民办高校与公办高校差异性不明显。吸引生源的最主要因素除了办学地点之外，就是学校的专业优势、教育质量和社会声誉。可以说，高等教育进入以全面提高教育质量为核心的内涵建设的发展阶段，也是高等教育分化发展的阶段，十年间高校的倒闭和品牌学校、品牌专业强化的现象同时存在，谁醒悟早行动快，谁就能赢得主动，我们必须高度重视这一点。对于学校是如此，对校内各个学院也是如此。只有学习上的先知才能态度上的先觉，只有先觉才能先悟，从而才有行动上的先做先行。如果我们不认清这一严峻形势并立即行动起来，那么必将在未来激烈的高校竞争中处于被动。

二、关于“十二五”发展的指导思想和目标

基于我校现有的发展基础和对未来发展形势的科学判断，我们在“十二五”期间科学发展的指导思想是：高举中国特色社会主义伟大旗帜，以邓小平理论和“三个代表”重要思想为指导，以科学发展观统领学校发展全局，贯彻落实《国家中长期教育改革和发展规划纲要(2010—2020)》和《广西中长期教育改革和发展规划纲要(2010—2020)》，坚持“民族性、区域性、国际性”办学定位，按照“丰富内涵，拓展平台，提高质量，打造品牌”的发展思路，实现规模、质量、结构、效益协调发展，更加注重以人为本，更加注重提高质量，更加注重特色办学，为国家和区域社会经济发展提供强有力的人才支持和智力支撑。

同时，综合考虑未来国际国内发展趋势和条件，提出了我校“十二五”期间学校发展的总体目标，即：建成学士—硕士—博士完整的人才培养体系，建成一批高水平学科，全面提高人才培养质量，打造高素质创新型人才队伍，产出一批原创性成果，提供一流的社会服务，大力推进国际化交流与合作。到 2015 年，基本建成在国内和东南亚地区有较大影响、“民族性、区域性、国际性”特色更加明显、学科门类更加齐全的高水平民族大学。当然，高水平大学是相对的，目前是要谨慎地提，国家体系为：985 +211 +有特色高水平大学。

为了使规划更具操作性，我们从六个方面提出了“十二五”发展的具体目标：

在学生规模方面，预计到 2015 年我校各类学生将达全日制在校生达 25900 人左右。其中，普通本科生 19000 人左右，普通专科生 1500 人左右，博士研究生 48 人左右，硕士研究生 2000 人左右，预科生 160 人左右，留学生 2700 人左右。基本要求是：本专科生规模除了新增专业外不再增加，维持相对稳定态势，主要发展研究生和留学生。研究生主要是专业硕士研究生的增加，预科生按照教育厅要求增加较大(见文件要求，我们已上文要求不在我校增加普通预科)一定要控制规模，稳步发展，从外延发展转到内涵发展才能实现。虽然国家提出 2020 年在校生达到40%，但由于高中毕业生总量降低，即使招生规模零增长也能达到35%，实现目标实际只需要增长 5 个百分点，平均增长低于 50 万，而这些增量主要是用于高职、民办和专业研究生。

在学科建设方面，我们的具体目标是：争取成为博士学位授权单位，自然科学学科、技术学科、哲学社会科学学科和学位点学科协同发展，大力发展具有区域特色的学科和学位点；获得博士学位授权点3个左右，新增一级学科硕士学位授权点20个左右，新增专业硕士学位点20个左右；新增一批自治区级重点学科或优势特色学科；新增普通本科专业15个左右，自治区级品牌专业达到10~15个，新增国家级精品课程3门以上，国家级特色专业建设点5—8个，力争在理学、工学方面获得国家级特色专业建设点；通过国际合作交流，提升学科发展水平。这里关键是争取2012年进入并通过新增博士学位授予单位验收。当然，其他要求似乎较高，但认真分析是可行的，主要从抢占特色制高点考虑。

在人才培养方面，我们要牢固确立人才培养在学校工作中的中心地位，把提高人才培养质量放在更加突出的位置；科学构建课程体系，优化课程内容，强化实践教学环节，促进理论和实践有机衔接，实施专业、课程与教材一体化建设；培养品德优良、基础扎实、有较强实践能力和国际意识的高素质专门人才和拔尖创新人才。

科学研究方面，争取获得80项以上国家级立项课题，获得各级各类科研经费2500万元左右；新增若干省部级以上人文社会科学重点研究基地和重点实验室及培育基地；争取获得100项以上省部级人文社科奖、10项以上省部级科学技术奖；获得一批横向科研课题；积极开展科研国际合作与交流。从“十一五”的情况及我校发展势头看，是有望实现的。

社会服务方面，人文社会科学领域积极参与地区战略研究，为民族地区经济与社会发展决策咨询服务；自然科学领域积极开展产学研合作，大力推进科技成果转化及产业化。这里提的地区战略，包含国家在东南亚地区的战略。产学研协同创新是国家科技规划中最大的政策创新亮点，提出产学研战略联盟，开展深度合作，建立协同创新，与原来单打独斗式创新有很大不同。目前，许多重点高校在与企业合作，争取成为国家级协同创新平台，为此我们要高度重视。

队伍建设方面，突出建设高水平师资队伍的战略地位，抓好人才培养、引进、使用、管理、提高等环节，建立科学合理的人才管理、评价和激励机制，努力建设一支年龄、职称、学历、专业、学缘结构合理、适应学校发展需要的高素质教学和管理队伍。

今后五年我校发展目标有两个突出特点：一是长短结合，把“十二五”规划的各项目标任务与建设新增博士学位授予权单位立项建设工作的重大阶段性目标紧密衔接，与学校“十一五”发展规划提出建校70周年成为教学研究型大学的奋斗目标紧密衔接。二是针对高水平民族大学建设中的突出问题，更加明确了学科建设、人才培养、科学研究、社会服务、队伍建设方面的目标。这就使建设高水平民族大学的主题和提高质量内涵建设的主线更加突出，并有了具体的考量标准。体现了战略性、前瞻性、指导性和实践性的要求。

三、关于“十二五”规划的重点

“十二五”期间，我校要紧紧围绕建设高水平民族大学的目标，将提高质量的主线贯穿到学校核心竞争力建设中，重点做好优化学科结构与特色、提高人才培养质量、提升科学研究水平、增强社会服务能力、加强国际交流与合作、强化队伍建设、深化管理体制改革、健全公共服务体系、倾力关注民生等九大重点建设任务。下面就这些重点建设任务做进一步的说明。

(一)关于优化学科结构与特色

结构包括课程、专业、学科及队伍、师生、组织等方方面面。结构是否合理会影响甚至决定高校功能的发挥。结构优化的主要依据，从内部看，各类各层次规模或体系是否匹配，发展是否协调；从外部看，学科专业课程是否与经济社会发展需求与学生全面发展基本适应。

我们要重视结构优化，首先是课程结构的优化。学生发展和教育质量是最基础的东西。清华大学把这归于学生的特质，美国大学归于课程优势。课程是基础，它与专业、学科、高校一脉相乘，有好的课程，就有好的专业，有好的专业，就有好的学科，有好的学科，就有好的大学。必须从课程结构优化着手，扎实地推进专业、学科结构的优化。教务处要组织各学院，各学院要组织各教研室认真仔细地做好这一工作。如果坚持下去，经过五年的努力，我们就会处于相对主动的地位，核心竞争力会随之提高。同时，我们要打造通识课的精品课程。

专业结构的优化要抓住学校自主设置专业的机遇，设置和培育特色专业，强化“民族性、区域性、国际性”的特性。要有抢占制高点的意识，我们这样的学校难以在综合上制胜，但可以在单项中领先。要有所为有所不为，选准专业，搭建学科的构架。要把市场需求与社会需求结合起来。因为市场需求是社会需求的一部分，但社会需求不仅仅表现为市场需求。如少数民族语言(目前要求招收汉族学生)、哲学、民族等的研究。同时争取本硕连续的资格。

学科结构的优化按“主干文科，精干理科”的思路进行。学科是大学人才培养、科学研究与社会服务的基本平台，学科建设是学校发展的龙头。我国高校之间发展水平的差异，说到底是学科发展水平的差异。所以，我们在制定发展战略时，首先就要明确以学科建设为龙头，带动学校发展建设整体上台阶的发展思路为此，我们把优化学科结构与特色作为“十二五”规划的首要任务，按照“突出特色、重点突破、协调发展”的学科发展思路，优先发展民族学和东盟学两大特色学科群，凸显学校民族性、区域性和国际性的办学优势和特色；重点发展博士立项建设学科，以突破博士学位授予单位的获得；大力发展硕士学位授权学科、专业硕士培养单位，引领和带动应用学科、理工学科、交叉学科的发展，实现学校学科的整体协调发展。

特色是大学发展的生命力所在，是大学的标志，大学的名片，要精心培植、倍加珍视，用心呵护和发扬光大。去年(2010年)颁布的《国家中长期教育改革和发展规划纲要(2010—2020)》中明确提出，到2020年，建成一批国际知名、有特色、高水平的高等学校。《广西高水平地方特色大学建设方案》也提出，未来5年广西投资10亿元，重点建设广西大学、广西民族大学、广西医科大学、广西师范大学、桂林电子科技大学、桂林工学院和广西中医学院等7所高水平地方特色大学。可以说，有特色高水平大学建设已经成为时代的要求，无论对国家还是区内的广西大学、广西民族大学等上述7所高校，都是促进经济社会科学发展、提高发展质量的战略选择。

大学特色的形成是一个创新、实践、积淀、提炼和发展的过程。是长期积淀、相对稳定、为世人所认可的。大学特色的挖掘和提炼并非易事，关键是找准切入点。大学特色既可以体现在学校的办学理念上，包括大学的治学方略、办学思想等，它们是大学的灵魂所在、特色之本；也可以体现在学校的管理体制、运行机制、学科布局、课程体系、人才培养模式等方面。学科有特色是大学办出特色的一个重要基础，是核心竞争力的最重要组成部分。在当前高校要特别注意在学科发展上做到有所为、有所不为，重点发展本校的优势学科和特色学科，以点带面。要通过人才培养模式和课程体系将学校的特色“移植”到学生身上。比如，开展本科层次“3+1”、“3.5+0.5”、“2+2”等国际化人才培养工作，突出对学生区域合作交流能力的培养，提高应用型人才就业的区域针对性，既强化了学校的“区域性”、“国际性”特色，也使学生具备了学校特色的品质。只有办出特色，才能办出水平；也只有办出水平，才能更好彰显特色。

(二)关于人才培养质量问题

人才培养是高校第一职能，提升人才培养水平是提高教育质量的第一要务，高校要牢牢把握这一方向。要注重从更新教育观念入手促进人的全面发展，培养适应社会需要的高素质人才。

经过一段时期的加快建设，学校的办学条件已得到较大改善。当前学校所面临的突出问题是努力提高教育质量和办学水平。我在今年12月14日召集了学工处、教务处、团委和后勤处的领导及各个学院的学生代表召开了教学质量座谈会。在会上，同学们在对我校的教学质量提出肯定的同时，也诚恳地指出了目前存在的许多问题。如关于课程设置与教学计划方面：某些专业的课程设置不是很合理，不少课程是临时开设，教学资源不充足，理论性教学太多，实践性教学环节太少。教学计划上有些专业在大二设置课程较少，大三理论课设置过多，影响到了学生专业水平的提高；同时部分课程内容的更新过慢，没有结合当前的就业形势。关于师资队伍建设方面：某些学科师资力量不足，个别老师的教学水平有待提高。网上评教方面同学们有抵触情绪，存在应付性，网上教学评价没有达到预期效果。以上这些都是值得我们深思的问题。

我们要提高人才培养质量就必须坚持两个适应：一是适应社会发展需要：创立高校与科研院所、行业、企业联合培养人才的新机制，探索校企合作的“订单式”人才培养模式；支持学生参与科学研究，强化实践教学环节；完善实习计划，规范实习管理与考核；改进国际化人才培养模式，突出对学生区域合作交流能力的培养，提高应用型人才就业的区域针对性，力争在国家级人才培养模式创新实验区项目上实现零的突破。二是适应人的全面发展：树立多样化人才观念和人人成才观念，树立终身学习和系统培养观念，造就信念执著、品德优良、知识丰富、本领过硬的高素质人才。坚持教学的中心地位不动摇，从深化教育教学改革、优化本科人才培养模式、推进研究生教育创新等方面进行统筹谋划，培养和造就全面发展的高素质人才。

全面提高教育质量，是要把质量提高落实在人才培养、科学研究、社会服务、文化传承创新的方方面面。明确人才培养目标；端正人才培养理念，处理好因材施教与重点培养关系；完善培养方案，处理好理论知识与动手能力、通识教育与专业教育的关系；采取多样化的培养方法，重视研究型教学与实践型教学，培养大批高质量合格人才，才是高校的落脚点。

(三)关于提升科学研究水平

提高培养质量，就要有高水平的科学研究。我校在由教学型大学向教学研究型大学转变，尤其是在新增博士学位授予权单位立项建设过程中，科学研究必须由量的扩张向质的提高转变，提高科学研究水平就成为学校发展中的重要任务之一。

目前学校学术交流活动非常活跃，学术质量也有了提高。如“十五”期间，我校仅获得18项国家级项目，其中国家社科基金项目14项，自然科学基金4项。“十一五”期间，我校承担国家级项目的能力有了质的飞跃，共获得国家级项目66项，每年平均约13项，其中，哲学社会科学基金45项，自然基金17项，国家软科学研究项目3项，国际合作项目1项。进入“十二五”以后，我们面临的任务更艰巨，我校要紧密结合《中共中央关于进一步繁荣哲学社会科学的意见》和《国家中长期科学和技术发展规划纲要(2006—2020)》以及《广西壮族自治区中长期科学和技术发展规划纲要(2006—2020)》所确定的重点领域及优先主题、前沿技术、基础研究和重大专项，选择有限目标，组织优势力量，积极争取国家哲学社会科学基金、国家自然科学基金等国家级项目，积极争取国家教育部、民委等部委项目，大幅提高获得广西哲学社会科学基金、自然科学基金等项目的数量和经费资助总量，着力提高学校承接广西重大科研任务的能力以及解决区域经济与社会发展重大问题的能力，力争横向科研经费有较大突破，产出一批原创性成果，为我们建设高水平民族大学，成为教学研究型大学，提供更多的科技平台支撑，力争明年完成新增博士学位授予权立项建设单位验收工作。

(四)关于增强社会服务能力

服务功能是大学学术研究和人才培养功能的延伸。就大学来说，发挥服务社会的职能应以科学研究为基础，服务社会本质上是大学的学术责任和学术水平的反映。要服务社会必须与社会保持密切联系。高校服务社会就是要围绕科学发展这个主题，不断增强服务经济社会发展能力，自觉参与推动战略性新兴产业加快发展，促进产学研紧密融合，加快科技成果转化和产业化步伐。

“十二五”期间学校主要从四个方面进行谋划，即，推进校地、校企合作加快科研成果转化，加强国家战略研究、提供继续教育服务、鼓励志愿服务。

一是创新研发平台建设机制，加强与地方政府、行业、企业合作，共建一批集研究开发、中试生产、企业孵化和人才培养于一体的高水平产学研用相结合的产业技术创新组织。大力推进“广西林产化学品开发与应用”和“混杂计算与集成电路设计分析”两个自治区级重点实验室建设。

二是人文学科要立足自身优势，在中国—东盟合作和民族区域发展等领域大力开展战略研究，积极参与马克思主义理论研究和建设工程、高等学校哲学社会科学繁荣计划；理工学科要面向广西千亿元产业、战略性新兴产业及北部湾经济区、西江经济带和桂西资源富集区等科技发展需求，开展基础研究和应用研究。

三是大力推进与政府部门、科研院所、企业等相关组织联合开展继续教育；深入实施少数民族干部培训工程、企业专业技术人员与管理人员培训工程、边境八县市和民族地区农村中小学教师素质提升培训工程、国际化人才培训工程、校企合作培训工程。

四是鼓励全校师生结合自己的知识和技能，主动参与科技推广、环境保护、中国—东盟博览会、青少年援助、社区建设、扶贫济困等社会活动，无私奉献社会。用所学知识服务社会，在服务社会中提升自己。

(五)关于加强国际交流与合作

高水平的大学必须在国际上有广泛的交流。全国教育工作会议和教育规划纲要对未来 10 年国家教育改革和发展做出了全面部署，把扩大教育开放作为今后一个时期推动我国教育改革和发展的战略举措。

考虑到我校的地缘特点和自身发展实际，我校加强国际交流与合作重点：一是提升与东南亚的交流与合作水平，建设好东盟学院；二是引进优质教育资源，开展中外合作办学项目；三是积极参与汉语国际推广，争取建设达到孔子学院五个；四是努力推进留学生人数增长，完善双方互认学分的教学计划。按我的经验，像我们这样的地方院校，等不来，轮不到，要主动争取。

(六)关于队伍建设

我们说没有高水平的教师，就没有高质量的教育。加强高校教师队伍建设，是全面落实教育规划纲要、全面提高高等教育质量最重要的基础，对于深入实施科教兴国和人才强国战略，培养高素质人才，建设人力资源强国、人才强国和创新型国家具有重要意义。

虽然我校初步形成了一支年富力强、热心民族高等教育事业、学术水平高、教学经验丰富的师资队伍。但相对于我校发展的人才需求来说，人才仍显不够，尤其是缺乏高层次的学科领军人物，在国内、国际享有盛誉的更是少之又少；我们的老师大多数是单打独斗，团队意识不强，高水平创新团队少，而创新团队却是当前资助的重点。随着学校大力发展理工科，教辅人员队伍建设也提到了议事日程。除了专任教师外，职业化的管理队伍、工勤队伍也是高水平民族大学的关键一环。几支队伍同样重要，都要抓好，都要与时俱进，不能歧视。

基于上述原因，我校实施人才强校战略，就要培养、提高与引进结合，逐步形成一支结构合理、人员精干的师资及管理队伍，整体提升师资水平和干部管理能力。主要从三个方面着手，一是引进和培养学科领军人物，并形成可持续发展的人才梯队，二是从创新团队、中青年教师和实验员队伍入手打造一支高素质的教师队伍，三是建设高素质一支职业化的管理队伍。要重视梯队、年龄、专业等结构建设，重视能往返于国际学术平台的国际性人才和学者。引进国际性和新学科人才。另外，要重视教师的道德水准建设，要能忠于职守，忠于党和人民的教育事业，忠于学术规范。既做教师，也要做人师，为人师表，以人格魅力教育和影响学生成长。

(七)关于管理体制改革

改革创新是教育发展的强大动力，建立现代大学制度，是新时期高等教育改革的方向，发展的必然要求。现代大学制度的核心是在政府的宏观调控下，大学面向社会，依法自主办学，实行民主管理。“十二五”期间，学校要以体制机制改革为重点，进行大胆探索和试验，着力推进现代大学制度建设。处理好与政府的关系、党政关系、学术权利与行政权力的关系、学校与学院的关系(三级架构两级管理)制度建设是学校能力的表现，制度完善有效，就能营造民主、创新的氛围，营造能干事、干成事的氛围，就有利于学生健康成长，全面发展。制定学校预算执行和决算审计办法及财务收支审计办法，规范内部审计程序；抓好仪器设备维护和管理，做好大宗物品招标采购；改进后勤管理服务，提高后勤保障和管理服务水平，确保教学办公活动正常开展。尽快建立东、西校区联动管理机制。

(八)关于健全公共服务体系

高等学校的公共服务体系，是学校教学科研以及师生员工工作、学习和生活得以顺利开展的重要条件和保障系统。建设好公共服务体系是优化学校办学条件的必要环节，是我校迅速发展的重要保证，也是我国经济体制改革和现代化建设的形势对学校提出的迫切要求。

据估计，未来5年教学行政用房合计需增加面积197372.17 ㎡，需投入经费54964万元。其中：教室五年合计需增加面积26263 ㎡，需投入经费7125万元；实验室五年合计需增加面积74880 ㎡，需投入经费19445万元；图书馆五年合计需增加面积51395 ㎡，需投入经费17010万元；风雨球场五年合计需增加面积1600 ㎡，需投入经费420万元；行政用房五年合计需增加面积43235 ㎡，需投入经费10964万元。学校重点做好五方面的工作，一是完善东、西校区基础设施，二是建设校园管理与服务网络平台，三是图书文献资料特色化、专业化建设，四是实验教学基础设施，五是加强优质资源开发与应用。加速建设一个资源高度共享的、智能化的多媒体教学信息网络，改善教学科研环境，拓展电子化图书馆的服务功能，为人才培养和科学研究提供有力支持。

(九)关于倾力关注民生

我校正处在发展的扩张期，师生员工不断增加，需求量大且多元化，民生问题相对集中。目前，我校在校学生19513人(不含函授生)，毕业生5387人。到2015，预计在校生将达到25000人左右，当年毕业生达到6500人左右，庞大的毕业生队伍将产生巨大的就业压力。同时在校贫困生的绝对数也随之增加。人员的不断扩张，增加了教学行政生活用房需求，据估计，未来5年仅生活用房合计需增加面积161942平方米，需投入经费23188万元。

基于上述原因，学校将坚持把改善民生作为学校工作的出发点和落脚点，统筹学校发展与改善民生的关系，更加注重解决师生关注的现实问题。“十二五”期间重点抓好三件大事，一是完善家庭经济困难学生的资助体系；二是促进毕业生就业。深入推进“大学生学业规划”，建立“学业导师”制度，确保学生接受学业规划指导。建立困难群体毕业生信息数据库，开展“一对一”服务，促进困难毕业生尽快实现就业；三是着力解决教职工实际问题。依据国家相关政策，积极改善教师的工作条件，不断提高教师的政治地位、社会地位和生活待遇，2012 年将拿出万百万元左右提高教职工和退休人员岗位津贴和生活补贴标准 20%。维护教师权益，更好地发挥教职工从事教育事业的积极性、主动性、创造性。认真执行国家房改各项政策，继续深化教职工住房制度改革，按期按质完成教职工集资房建设。

四、关于“十二五”发展的主要保障措施

“十二五”时期，是国家全面实现小康社会的关键期，是国家构建社会主义和谐社会的战略执行阶段，是国家实施西部大开发的重要战略机遇期，也是广西经济社会持续跨越发展的黄金期。对于我校来说，更是整体办学实力上水平的机遇期和关键期，主要体现在以下六个方面：第一，《国家中长期教育改革与发展规划纲要（2010—2020 年）》的颁布实施为学校发展带来新机遇；第二，《国家中长期人才发展规划纲要（2010—2020 年）》的颁布实施为学校建设发展创造了有利条件；第三，广西北部湾经济区开放开发上升为国家战略、中国—东盟自由贸易区建成为学校实施国际化大学发展战略提供了更多的发展空间和资源、参与国内国际竞争带来更多机遇；第四，国务院《关于进一步促进广西经济社会发展的若干意见》的发布以及新一轮西部大开发的实施等为我校服务广西新发展提供了全新的舞台；第五，省部共建的体制和自治区人民政府的重点支持，为学校提供良好的政策环境和发展平台；第六，高等教育的国内外交流与合作将更加活跃，教育部留学中国计划等规划项目的出台，为学校实施国际化大学发展战略提供了更多的发展空间和资源、参与国内国际竞争带来更多机遇。

我校一方面恰逢多机遇叠加的发展机遇期，同时也面临着诸多挑战。我校要走以提高质量为核心的内涵式发展道路，实现建设高水平民族大学的发展目标，完成九大建设任务和十大重点项目，从现有的条件来说，可谓任重道远，需要科学谋划。为此，规划从组织领导、经费投入、制度建设、和谐稳定以及评估机制五个方面提出了保障措施，具体来说。

一是加强组织领导。在学校党委的统一领导下，充分发挥各级党组织在领导学校发展、服务师生员工、维护学校稳定、构建和谐校园等方面的中坚作用，为推动学校又好又快发展提供坚强的组织保证。各有关单位要明确本规划实施的专门负责人，组成强有力的工作班子，将规划任务逐年分解，创造性地予以贯彻落实，切实做到“决策部署以规划为依据，工作目标以规划为指南，考核工作以规划实施效果为主要标准”，共同维护规划的权威性。

二是推进依法治校，提高管理质量。遵循国家高等教育法，加强和完善党委领导下的校长负责制。建立和完善符合法律规定、体现自身特色的学校章程和制度，依法办学，从严治校，认真履行教育教学和管理职责。尊重教师权利，加强教师管理，扩大教师对学校事业的知情权、参与度。保障学生的受教育权，公平、公正实施对学生的奖励与处分。

加强内涵发展，需要有高质量的管理来支撑。目前，精细化管理已成为高校进行内涵建设的重要手段。就是由过去的粗放型管理向集约化管理的转变，由传统经验管理向科学化管理的转变，其特征是“精确、细致、深入、规范”，是科学化管理的第二层次，（规范化、精细化、个性化三个层次）。其本质意义就在于它是一种对战略和目标分解细化和落实的过程，是让战略规划能有效贯彻到每个环节并发挥作用的过程，同时也是提升整体执行能力的一个重要途径。我们需要形成精细化管理理念，并应用于学校建设的方方面面，完善学校各项管理制度，执行科学、规范的工作流程，形成善于在细微中做学问、做事情的风格，培养精益求精的精神，以有效提高学校的管理水平和管理质量。当然精细化管理需要信息化管理作为强有力的技术手段，把管理对象分解是化为具体的数字、程序、责任，各负其责，各司其职。加强信息化建设，是落实精细化管理的前提和基础。这个全是我们的弱项。因此各部门、各学院需要建立相应的基础数据库(学科、专业、教学、科研、后勤、基建等)通过对数据的统计、分析、挖掘、评价为学校的科学决策、科学管理、绩效考核提供依据，为学校上报各项工作，对外宣传提供实时、准确动态的数据，要实现各部门内部信息的有效共享，以便提高工作效率。

三是争取多元投入。争取获得更多中央和自治区财政资金的支持，尤其是各种专项拨款的支持。引导学院通过教育培训、科技成果转化、社会服务等多种合理方式，增强学院发展的“造血”功能；加强学杂费、多种形式办学经费、科研经费、校办产业收入以及社会捐赠等办学经费的管理，拓宽教育发展基金的筹资融资功能，形成以政府投入为主，学校自筹和社会引资相结合的多元筹资体系。投入使用要向人才培养、队伍建设与科学研究倾斜。

四是维护和谐稳定。加强和改进学校思想政治工作，加强校园文化建设，深入开展平安校园、文明校园、绿色校园、和谐校园创建活动。建立健全学校利益协调、诉求表达、矛盾调处、权益保障等相关工作机制，加大矛盾和问题排查化解工作力度，切实维护师生合法权益；认真落实《关于进一步加强和改进大学生思想政治教育工作的实施意见》，深入推进大学生思想政治教育精细化辅导，开展学生安全法制教育和形势政策教育，不断提高学生安全防范和应急避险能力；配备专兼职结合的心理健康教育教师，深入推进大学生心理健康教育，建立完善大学生心理危机干预预警机制和心理危机应急处置体系；健全完善应急机制建设，稳妥做好重大节日及重要敏感时期高校稳定工作，不断提高应对校园突发事件的能力。加强校园和周边环境治安综合治理，为师生创造安定有序、和谐融洽、充满活力的工作、学习、生活环境。

五是健全评估机制。对总体规划中确定的主要任务和重大项目，学校将科学分解到相关部门、相关学院和相关科研机构，并将明确相关目标完成的时序要求。规划目标完成情况将作为重要依据纳入各单位主要领导的绩效考核范围。同时，学校将加强对规划执行情况的跟踪与控制，在实施年度检查的基础上，建立中期评估制度，及时把握规划实施情况，确保学校事业发展沿着规划描绘的宏伟蓝图奋勇前进。

同志们：今年是“十二五”的开局之年，从一年实施来看，以提高质量为核心的内涵发展的主线尚未落实到位，许多具体环节尚未起步；结构优化尤其是课程、专业方面有待进一步推进，产学研平台建设相对薄弱；国际性的广度和深度需进一步扩展和深入。

总之，转变教育发展方式，是我校科学发展的必然选择，是关于学校命运的深层次变革，是我们实现十二五发展目标的必由之路。推进这一转变，需要以科学的教育理念作为先导，以促进内涵发展作为主要目标，以有效的制度体系作为根本保障。我们要深化对教育教学规律的研究，集中精力抓好人才培养，切实提高学校管理水平效益和教育教学质量，使我校在科学发展的道路上走得越来越好。

学校组织机构及负责人

中共广西民族大学第一届委员会

（2011 年 12 月 31 日在任）

书　记：钟海青
副书记：何龙群　杨再延　武　波
委　员：（按姓氏笔画为序）
伍先华　刘德智　农克忠　杨再延　何龙群　武　波　钟海青　贺争平　袁鼎生

广西民族大学校长、副校长

（2011 年 12 月 31 日在任）

校　长：何龙群
副校长：贺争平　袁鼎生　伍先华　李珍刚　吴尽昭

中共广西民族大学第一届纪律检查委员会

（2011 年 12 月 31 日在任）

书　记：杨再延
副书记：邓光辉
委　员：（按姓氏笔画为序）
韦可春　邓艳葵　杨再延　杨家民　吴　芳　陆宏儒　周文伟

广西民族大学党群部门及负责人

（2011年12月31日在任）

党委办公室

主　任：周丽华

副主任：韦惠文

监察室

主　任：邓光辉（兼）

副主任：吴易安

党委统战部

部　长：周丽华（兼）

副部长：韦惠文（兼）

党委组织部

常务副部长：欧以克

副部长：王　诤

中共广西民族大学委员会党校

校　长：武　波（兼）

常务副校长：王　诤（兼）

副校长：周丽华（兼）　陈积光（兼）　周文伟

党委宣传部

部　长：陈积光

副部长：黄安策　黄国春

学生工作部（处）/武装部

部（处）长：蔡其明

副部（处）长：李济权　胡牧君

离退休人员工作处

处　长：李再莲

副处长：曲长富

校工会

主　席：杨再延

常务副主席：陆宏儒

副主席：梁曼芝　黄小玲　李道山（兼）

校团委

书　记：胡良人

副书记：黄　旭

机关党委

书　记：刘德智

副书记：何　波（兼）

广西民族大学行政部门及负责人

（2011 年 12 月 31 日在任）

校长办公室

主　任：邓艳葵

副主任：吴先源　孙鲁毅　王禄平

督查办公室

主　任：韦惠文（兼）

校友联络办公室

主　任：唐金连

副主任：覃　雄

档案馆

馆　长：李彩丽

西校区综合管理办公室

主　任：王禄平（兼）

教务处

处　长：黄世喆

副处长：赵　颜　潘　学　卢扬奎　周　桂

招生办公室

主　任：潘　学（兼）

科研处

处　长：谭学才

副处长：陆世宏　梁桂娥

发展规划处

处　长：崔晓麟

副处长：曲用心

研究生处

处　长：刘焕文

副处长：唐贤秋

人事处

处　长：黄奇良

副处长：何　波　韦可春

职称改革工作办公室

主　任：黄奇良(兼)

副主任：韦可春(兼)

财务处

处　长：苏华董

副处长：张琴珍　李盛海

审计室

主　任：谭卡芬

设备实验管理处

处　长：廖安平

副处长：韦绍波　胡　忠

保卫处

处　长：梁炳先

副处长：黄康元

国际交流处

处　长：韦锦海

副处长：杨晓强　何　东

基建管理办公室

主　任：姚伟用(兼)

西校区建设指挥部：

指挥长：贺争平(兼)

常务副指挥长：张九凯

副指挥长：覃　宁

后勤管理处

书　记：蒋朝霞

处　长：黄　河

副处长：赵杰清　罗　军　姚伟用

广西民族大学直属业务单位及负责人

（2011 年 12 月 31 日在任）

图书馆

书　记：李华明

馆　长：李冠盛

副馆长：苏瑞竹　韦心援　蒋艳萍

学报编辑部

主　任：秦红增

副主任：廖智宏　黄祖宾

附属中学

书　记：

校　长：

副校长：黄巨鹏

附属小学

校　长：兰金萍

副校长：钟庆光

幼儿园

园　长：吴菁华

广西民族大学直属研究机构及负责人

（2011 年 12 月 31 日在任）

民族研究中心

主　任：李富强

副主任：莫金山

文学影视创作中心

主　任：田代琳

副主任：樊一平

中国—东盟研究中心

主　任：黄兴球（兼）

副主任：秦红增（兼）　潘克建（兼）

广西民族大学各学院及负责人

（2011 年 12 月 31 日在任）

政治学与国际关系学院（社会科学教学部）

书　记：张　强　　院　长：陈元中（兼社科部主任）

副书记：唐荣双　　副院长：韦有多（兼社科部副主任）　贺应魁　陈　媛

马克思主义学院

院　长：贺争平（兼）

副院长：陈　媛（兼）

法学院

书　记：唐国军　　院　长：

常务副院长：何立荣

副书记：邹同霞　　副院长：杨红文　李立景

管理学院

书　记：韦焕贤　　院　长：麻新纯

副书记：韦德宗　　副院长：崔万安　唐晓华　陈永清

商学院

书　记：谢焕文　　院　长：王新哲

副书记：陈就汉　　副院长：李振艺　旷　乾　廖东声

文学院

书　记：蒋兴礼　　院　长：黄晓娟

副书记：罗　源　　副院长：李道山　黄平文　李启军

外国语学院

书　记：陈铭彬　　院　长：韦树关

副书记：黄大周　　副院长：粟　芳　梁　远　覃修桂　罗利玉

民族学与社会学学院

书　记：吕俊彪　　院　长：周建新

副书记：李玉雄　　副院长：吴国富　李强珍　黄家信

理学院

书　记：刘振海　　院　长：刘晓冀

副书记：唐艳军　　副院长：王志文　卢若飞　梁建烈

信息科学与工程学院/软件学院

书　记：文国富　　院　长：周永权

副书记：黄仲品　　副院长：韦文山　黄海春　黄　勇

化学化工学院/海洋与生物技术学院

书　记：杨家民　　院　长：谭学才
副书记：廖辉天　　副院长：刘红全　蓝　平　黄　钦

体育与健康科学学院

书　记：伍广津　　院　长：王敬浩
副书记：黄　忠　　副院长：廖振军　黄建团　李荣源

艺术学院

书　记：黄佩华　　院　长：
副书记：吴正明　　副院长：邱　萍　何　江　覃勇军

国际教育学院

书　记：韦志江　　院　长：冯光火
副书记：吴晟志　　副院长：俸　萍　邱　武

教育科学学院

副书记：唐德海　　院　长：李枭鹰
副院长：韦克平

东盟学院

名誉院长：李肇星（兼）　　院　长：何龙群（兼）
学术副院长：庄国土（兼）　　行政副院长：黄兴球

人民武装学院

书　记：梁吉健　　院　长：肖志华
副书记：朱定奎　　副院长：朱定奎（兼）　潘　学（兼）

预科教育学院

书　记：郭金世　　院　长：林志杰
副书记：黄炤英　　副院长：黄永彪　梁元星

继续教育学院

书　记：农克忠　　院　长：农克忠
副院长：覃志和

相思湖学院

书　记：陆喜培　　院　长：李国祥
副书记：梁晓军　　副院长：任剑波　马现诚　郑锡伟

2011年广西民族大学成立或调整的职能部门和管理机构

序号	成立（调整）的机构名称	成立（调整）时间	批准文号	备　注
1	马克思主义学院	2011年5月12日成立	民大党发〔2011〕40号	
2	西校区综合管理办公室	2011年5月19日成立	民大发〔2011〕120号	
3	理学院	2011年11月21日调整	民大党发〔2011〕68号	撤销数学与计算机学院
4	信息科学与工程学院	2011年11月21日调整	民大党发〔2011〕68号	撤销物理与电子工程学院
5	软件学院	2011年11月21日成立	民大党发〔2011〕68号	
6	化学化工学院	2011年11月21日调整	民大党发〔2011〕68号	
7	海洋与生物科学学院	2011年11月21日成立	民大党发〔2011〕68号	

2011年广西民族大学
成立或调整的专门委员会和领导小组成员

广西民族大学调整党校校务委员会成员(2011年4月2日)

主　任：武　波

副主任：赵　伟

委　员：周丽华　邓光辉　陈积光　蔡其明　王　诤

广西民族大学调整学校党委党校领导成员(2011年4月2日)

校　长：武　波

常务副校长：王　诤

副校长：周丽华　陈积光　周文伟

党校办公室设在组织部

办公室主任：黄　弢

广西民族大学调整党建工作领导小组成员(2011年4月2日)

组　长：钟海青

副组长：何龙群　杨再延　武　波

成　员：贺争平　袁鼎生　伍先华　李珍刚　吴尽昭　赵　伟　农克忠　刘德智　周丽华　邓光辉

领导小组下设办公室

办公室主任：杨再延(兼)

副主任：赵　伟　周丽华

广西民族大学调整安全文明校园创建工作领导小组成员(2011 年 4 月 2 日)

组　长：钟海青

副组长：武　波　伍先华

成　员：周丽华　陈积光　蔡其明　胡良人　邓艳葵　黄世喆　刘焕文　梁炳先　黄　河　张九凯

领导小组下设办公室

主　任：周丽华

副主任：陈积光　梁炳先

广西民族大学调整充实关心下一代工作委员会成员(2011 年 4 月 2 日)

顾　问：奉　江(学校原党委书记)

主　任：武　波(学校党委副书记)

常务副主任：韦日科(学校原院长)

副主任：朱耀枢(学校原副院长)
覃乃文(学校原副院长)
万辅彬(学校原副院长)
唐　鹏(学校原党委宣传部部长)

委　员：钟　天　赵世怀　麻务金　李春生　王启慧　梁淑芳　朱慧珍　蒋士亮　来松曼　赵　伟　周丽华　陈积光　蔡其明　陆宏儒　胡良人　邓艳葵　黄世喆　李再莲　曲长富

秘书长：梁淑芳(兼)

副秘书长：曲长富(兼)

广西民族大学调整离退休工作领导小组成员(2011 年 4 月 2 日)

组　长：何龙群

副组长：杨再延

成　员：邓光辉　周丽华　赵　伟　陈积光　李再莲　陆宏儒　胡良人　邓艳葵　黄奇良　苏华董　蒋朝霞　蒋兴礼　文国富　伍广津　王德良

办公室主任：李再莲

广西民族大学调整马克思主义理论研究和建设工程广西民族大学研究基地建设领导小组成员(2011 年 4 月 2 日)

组　长：钟海青

副组长：何龙群　武　波　袁鼎生

成　员：农克忠　陈积光　谭学才　刘焕文　黄奇良　崔晓麟　张　强　陈元中　韦有多

学校党委宣传部为基地管理部门，基地挂靠政治学与国际关系学院。为做好基地日常工作，成立基地管理中心，成员名单如下：

主　任：何龙群(兼)

副主任：武　波(兼)　袁鼎生(兼)　陈元中

基地办公室主任：韦有多

基地办公室副主任：宋朝光

广西民族大学调整普法领导小组成员(2011 年 4 月 2 日)

组　长：武　波

副组长：陈积光

成　员：周丽华　赵　伟　蔡其明　陆宏儒　邓艳葵　黄世喆　黄奇良　梁炳先

领导小组办公室设在党委宣传部

办公室主任：黄国春

广西民族大学调整党风廉政建设责任制领导小组成员(2011 年 4 月 3 日)

组　长：钟海青

副组长：何龙群　杨再延　武　波

成　员：贺争平　袁鼎生　伍先华　李珍刚　吴尽昭　赵　伟　农克忠　刘德智　邓光辉　周丽华　陆宏儒

领导小组下设办公室

办公室主任：邓光辉

广西民族大学调整大学生思想政治教育工作领导小组成员(2011 年 4 月 3 日)

组　长：钟海青　何龙群

常务副组长：武　波

副组长：杨再延　贺争平　袁鼎生　伍先华　李珍刚　吴尽昭

成　员：赵　伟　农克忠　刘德智　周丽华　陈积光　蔡其明　邓艳葵　黄奇良　黄世喆　刘焕文　崔晓麟　谭学才　苏华董　蒋朝霞　梁炳先　韦锦海　陈元中　胡良人

领导小组办公室设在学生工作部

办公室主任：蔡其明(兼)

广西民族大学调整治理商业贿赂领导小组成员(2011 年 4 月 3 日)

组　长：钟海青

副组长：何龙群　杨再延

成　员：武　波　贺争平　袁鼎生　伍先华　李珍刚　吴尽昭

领导小组下设办公室

主　任：邓光辉

成　员：赵　伟　农克忠　刘德智　周丽华　陆宏儒　邓艳葵　苏华董　廖安平　黄　河　秦红增　谭卡芬　姚伟用　吴易安

广西民族大学调整毕业生就业工作领导小组的通知(2011 年 4 月 3 日)

组　长：钟海青　何龙群

副组长：武　波　袁鼎生

成　员：赵　伟　农克忠　刘德智　邓光辉　周丽华　蔡其明　胡良人　邓艳葵　黄世喆　刘焕文　崔晓麟　苏华董　韦锦海　潘　学　李济权

毕业生就业指导中心挂靠学生工作处

主　任：蔡其明(兼)

副主任：李济权(兼)　李大庆

广西民族大学调整维护学校社会政治稳定领导小组成员(2011 年 4 月 12 日)

组　长: 钟海青　何龙群

副组长: 武　波　伍先华

成　员: 周丽华　陈积光　蔡其明　胡良人　邓艳葵　黄世喆　刘焕文　梁炳先　韦锦海　黄　河　冯光火　李国祥

领导小组下设办公室

办公室主任: 武　波(兼)

副主任: 周丽华　邓艳葵

联络员: 蔡其明　梁炳先

广西民族大学调整越南 165 项目工作领导小组成员(2011 年 4 月 3 日)

组　长: 钟海青　何龙群

副组长: 李珍刚

成　员: 赵　伟　周丽华　陈积光　邓艳葵　韦锦海　苏华董　黄　河　梁炳先　韦树关　冯光火　农克忠　李　邕

领导小组负责组织、协调、实施在我校执行的越南 165 项目的教育和培训工作。领导小组下设办公室，主任由继续教育学院院长农克忠兼任，副主任由国际交流处副处长李邕兼任。办公室设在继续教育学院，人员由继续教育学院工作人员组成。

广西民族大学调整学习型党组织建设领导小组成员(2011 年 3 月 30 日)

组　长: 钟海青

副组长: 何龙群　杨再延　武　波

成　员: 贺争平　袁鼎生　伍先华　李珍刚　吴尽昭　赵　伟　农克忠　刘德智　周丽华　邓光辉　陈积光　蔡其明　张　强　唐国军　韦焕贤　谢焕文　蒋兴礼　陈铭彬　吕俊彪　周永权　文国富　杨家民　伍广津　黄佩华　韦志江　郭金世　欧以克　陆喜培　梁吉健　蒋朝霞　李华明

领导小组下设办公室

主　任: 武　波(兼)

副主任: 赵　伟　周丽华　陈积光

广西民族大学调整创优争先活动、党组织建设年活动、“结对共建、先锋同行”活动领导小组成员(2011 年 3 月 30 日)

组　长: 钟海青

副组长: 何龙群　杨再延　武　波

成　员: 贺争平　袁鼎生　伍先华　李珍刚　吴尽昭　赵　伟　农克忠　刘德智　周丽华　邓光辉　陈积光　蔡其明　胡良人　张　强　唐国军　韦焕贤　谢焕文　蒋兴礼　陈铭彬　吕俊彪　周永权　文国富　杨家民　伍广津　黄佩华　韦志江　郭金世　欧以克　陆喜培　梁吉健　蒋朝霞　李华明

领导小组下设办公室

办公室主任: 武　波(兼)

副主任: 赵　伟　周丽华　邓光辉　陈积光

广西民族大学调整校务公开工作领导小组成员(2011年5月4日)

组　长：何龙群

副组长：杨再延　武　波

成　员：赵　伟　周丽华　陈积光　蔡其明　陆宏儒　邓艳葵　黄世喆　谭学才　崔晓麟　刘焕文　黄奇良　苏华董　韦锦海　廖安平　黄　河吴　芳

领导小组办公室设在学校工会

办公室主任：陆宏儒(兼)

广西民族大学调整校务公开工作监督小组成员(2011年5月4日)

组　长：杨再延

副组长：邓光辉

成　员：陆宏儒　邓艳葵　杨家民　吴　芳　韦可春　王　诤　学生会主席

办公室设在学校监察室

主　任：邓光辉(兼)

广西民族大学成立马克思主义学院(2011年5月12日)

马克思主义学院与政治学与国际关系学院实行一套人马、两块牌子的建制。

广西民族大学成立西乡塘区人大代表选举工作领导小组(2011年5月27日)

组　长：杨再延

副组长：周丽华　陆宏儒

成　员：王　诤　黄国春　何　波　黄小玲　吴先源　李济权　曲长富

领导小组下设选举办公室，负责选举具体工作。

主　任：韦惠文

副主任：吴　芳　吴易安

广西民族人学调整后勤改革领导小组成员(2011年11月9日)

组　长：何龙群

副组长：杨再延　伍先华

成　员：邓光辉　赵　伟　周丽华　蔡其明　陆宏儒　邓艳葵　黄奇良　苏华董　李再莲　廖安平　何登旭　黄　河　蒋朝霞　谭卡芬　姚伟用

领导小组办公室设在后勤管理处。

办公室主任：黄河(兼)

副主任：张琴珍　赵杰清　罗　军

广西民族大学委员会关于调整学校保密委员会成员(2011年11月24日)

主　任：杨再延

副主任：周丽华

成　员：邓光辉　赵　伟　陈积光　黄奇良　黄世喆　谭学才　韦锦海　梁炳先　黄安策　韦惠文　孙鲁毅　李彩丽

保密委员会办公室设在党委办公室

主　任：韦惠文

2011年广西民族大学教职工担任各级人大代表、政协委员、各民主党派委员

广西区人大常委会委员

何龙群

广西区人大代表

何龙群　马现诚

广西区政协常委会委员

田代琳　黄晓娟

广西区政协委员

黄世喆　覃雄　陈中华　龚永辉　苏燕玲　黄晓娟　刘业信　何登旭　樊一平　田代琳

南宁市人大代表

杨再延

南宁市政协委员

玉时阶

南宁市西乡塘区人大代表

钟小佩

南宁市西乡塘区政协委员

李国祥

中国国民党革命委员会广西区委会委员

任剑波

中国民主同盟广西区委会委员

黄世喆

中国致公党广西区委会委员

何登旭　樊一平(常委)

中国民主促进会广西区委会委员

黄晓娟

中国民主建国会广西区委会委员

陈中华

2011年广西民族大学各民主党派、侨联负责人

中国民主同盟民大总支

主任委员：黄世喆

副主任委员：夏　璐　张柱林

中国农工民主党民大总支

主任委员：杨　放

副主任委员：马卫华　刘业信　周　洁

中国致公党民大支部

主任委员：何登旭

副主任委员：韦心援　刘晓冀　梁莉莉

中国民主促进会民大总支

主任委员：黄晓娟

常务副主任委员：赵　颜

副主任委员：包　莉　吴　巧

中国民主建国会民大支部

主任委员：龚永辉

副主任委员：潘克建

中国国民党革命委员会民大小组

小组长：何江川

九三学社民大支社

主任委员：姚兴东

副主任委员：莫燕玲　蒋东升

广西民大大学归国华侨联合会

负责人：曾瑞莲　郑锡伟

广西民族大学党外知识分子联谊会

会　长：玉时阶

副会长：王志文　何东

秘书长：李启军

副秘书长：李盛海

2011年学校教职工在省级以上社会团体任职情况

序号	姓名	学会名称	学会任职	备　注
1	钟海青	广西师范生基础教育新课程通识教育专家指导委员会	主任	
2	钟海青	广西教育学会	副会长	
3	钟海青	广西“21世纪园丁工程”专家委员会	主任	
4	钟海青	广西小学教育专业建设专家指导委员会	主任	
5	钟海青	广西教师教育研究会	名誉会长	
6	钟海青	广西雷沛鸿教育思想研究会	会长	
7	钟海青	教育部中学校长培训中心	兼职教授	
8	钟海青	第一届全国中小学生校长培训专家委员会	委员	
9	钟海青	广西高等教育学会	副会长	
10	何龙群	广西社会科学界联合会	副主席(兼)	
11	何龙群	中国共产党广西党史学会	副会长	
12	何龙群	广西壮学学会	副会长	
13	何龙群	广西历史学会	副会长	
14	何龙群	广西中青年高级科技专家咨询委员会	秘书长	
15	何龙群	西南民族研究学会	副会长	
16	贺争平	广西系统工程学会	副理事长	
17	贺争平	广西数量经济学会	副会长	
18	贺争平	中国高师院校美育研究会学术委员会	主任	
19	贺争平	中华美学会	理事	
20	袁鼎生	广西美学会	会长	
21	武　波	广西微生物学会	副理事长	
22	武　波	广西生物化学与分子生物学会	副理事长	
23	吴尽昭	广西高教学会科研管理研究专业委员会	副理事长	
24	吴尽昭	广西计算机学会	副理事长	
25	吴尽昭	广西政协理论研究会	常务理事	
26	吴尽昭	中国数学会计算机数学专业委员会	委员	
27	李珍刚	广西劳动保障学会	常务理事	
28	李珍刚	广西行政管理学会	副秘书长	
29	李珍刚	广西管理科学研究会	副会长	

序号	姓名	学会名称	学会任职	备　注
30	李珍刚	中国国际贸易促进委员会广西分会	副会长	
31	李珍刚	广西法学会	副会长	
32	陈元中	广西国际共运史	会长	
33	刘国彬	广西国际共运史	副会长	
34	黄　骏	广西思维科学学会	副会长	
35	崔晓麟	中国共产党广西党史学会	副秘书长、常务理事	
36	曲用心	广西自然辩证法研究会	副秘书长	
37	谭　洁	广西经济法学会	秘书长	
38	何立荣	广西法学会刑法学研究会	副会长	
39	李远龙	法人类学学会	副主任委员	
40	黄天源	广西翻译协会	会长	
41	粟　芳	广西高校大学外语教学研究会	副会长	
42	苏剑芳	广西教育学会外语教学专业委员会	副理事长	
43	韦树关	广西语言学会	副会长	
44	崔晓麟	中国共产党广西党史学会	副秘书长、常务理事	
45	黄　河	广西高教学会后勤管理研究专业委员会	副秘书长	
46	归发钊	广西高教学会后勤伙食管理专业委员会	副主任	
47	罗　军	广西高教学会后勤学生公寓管理专业委员会	副主任	
48	陆卓宁	广西语言文学学会	副会长	
49	陆卓宁	中国世界华文文学学会	副会长	
50	海柳文	广西语言学会	副会长兼秘书长	
51	蒙元耀	广西语言学会	副会长	
52	黄晓娟	广西写作协会	副会长	
53	蒋兴礼	广西写作协会	秘书长	
54	李启军	广西美学学会	秘书长	

党建与思想政治工作

组织工作与党校建设

组织部坚持以邓小平理论和“三个代表”重要思想为指导，深入贯彻落实科学发展观，紧紧围绕学校中心工作，坚持服务科学发展这条主线，加强各级领导班子和干部队伍建设，夯实学校党组织建设科学发展的基础，激发各级党组织和广大党员的创造活力，着力提升学校党建工作的整体水平。

一、以迎接建党 90 周年为契机深入推进创先争优活动

（一）把纪念建党 90 周年作为推进创先争优活动的重要节点

深入开展党性教育活动。通过召开理论研讨会和党史专题报告会、庆祝中国共产党成立 90 周年暨表彰大会，举办唱红歌、演讲、征文和党史知识竞赛等形式多样的党性教育活动，组织广大党员干部认真学习党的理论、党的知识、党的历史，深入了解建党 90 年的光辉历程、优良传统和宝贵经验，增强党性教育的感染力和实效性，切实加强党员意识，激发创先争优的内生动力。

（二）积极组建党员志愿者服务队伍，完善工作机制

引导各单位党组织采取灵活多样、贴近实际的方式组建党员志愿服务队，发动党员踊跃参与到志愿者服务行动中来。建立和完善志愿者的吸收、登记、组织工作机制，累计 5621 名党员参加志愿者服务，共组建 415 个服务队，开展党员志愿者服务活动 479 次，服务群众 15924 人次。党员志愿者服务活动逐渐步入正轨，形成常态，服务长效化、经常化。

（三）开展走访慰问老党员老干部、困难党员活动

在“七一”前走访慰问老党员老干部、困难党员 65 人，发放慰问金达 72200 元。关心他们的思想和生活，倾听他们的意见建议，共同回顾党的光辉历史和优良传统，帮助生活困难党员解决实际问题，激励老党员老干部和生活困难党员发挥作用、做出贡献。

二、扎实推进党的基层组织和党员队伍的建设

（一）做好基层党组织建设工作

根据相关规定，民族学与社会学学院党委委员选举顺利进行，新一届委员会成立，为基层党组织注入新鲜血液。配合学校理工科学院整合优化工作，撤销物理与电子工程学院等三个理工类学院党委，成立理学院、信息科学与工程学院、化学化工学院党委。随着学科的发展和党员的增加，在教育学与科学学院成立党总支，授权审批大学生入党工作。学校现有基层党委 16 个，党总支 5 个，直属党支部 5 个，党支部共 209 个。

（二）进一步完善党员发展机制

对印发的《发展党员工作手册》（试用版）征求各基层党组织意见并进行修订，进一步明确党员

发展程序，使党员发展工作更加具体化、规范化。

（三）加强党员的发展工作

积极贯彻“坚持标准，保证质量，改善结构，慎重发展”的方针，注重在大学生、青年教师和高学历、高职称人员中发展党员工作。严格审核党员发展的程序和手续，今年共发展了 1917 名学生党员，有 1249 名预备党员顺利转正。

（四）做好党组织关系转入手续

认真审核新生党员和新入职教工的党组织关系介绍信和相关档案，在规定时间完成党组织关系接转工作，为新党员的组织生活顺利开展提供保障。对党员档案不全或手续不完整的党员督促其尽快与原基层党组织联系，对入党程序不规范的新生党员进行进一步审查。今年共转入党员 202 名，其中学生党员 166 名，教职工党员 36 名。

（五）做好毕业生党员组织关系的转出手续

针对往年毕业生党员容易出现的问题，制定《广西民族大学毕业生党员须知》、《毕业生党员组织关系接转手续注意事项》、《组织关系转移附表》分发到毕业生党员和党支部手中，督促他们尽快将组织关系转到所去单位，今年共顺利转出毕业生党员 2476 名。

（六）开展党建评优工作

一是根据相关文件要求，经各支部民主评选和校党委会研究，向自治区党委、高校工委推荐，学校党委被授予“全国先进基层党组织”称号和“自治区先进基层党组织”称号，一人被评为“全区优秀组工干部”；学校 6 个先进基层党组织、12 名优秀党员、6 名优秀党务工作者受到自治区高工委表彰。二是根据《关于做好 2010 年“大学生党的基本知识教育工程”总结工作的通知》（桂党高工组〔2011〕11 号）文件要求，评选并向高工委推荐，有 1 个基层党组织荣获广西高校“党在我心中”主题实践活动优秀组织，2 个学生党支部荣获广西高校优秀学生党支部。三是开展学校 2009 至 2011 学年度“先进基层党组织、优秀共产党员和优秀党务工作者”评选和表彰，共评出 20 个“先进基层党组织”、15 位“优秀党务工作者”和 98 位“优秀共产党员”。四是开展基层党组织建设工作创新成果奖评比，共有 18 个基层党组织参与评比，大力推进了基层党组织建设工作的创新。

（七）举办学校党务工作培训暨创先争优活动推进会

邀请上级部门领导对新修订的《中国共产党普通高等学校基层党组织工作条例》作专题讲解。全校党务干部和辅导员认真学习《中国共产党普通高等学校基层党组织工作条例》，进一步明确了推进创先争优活动的工作要求，工作思路，工作重点，交流了经验，得到了启发，增强了创新和加强基层党建工作的紧迫感和责任感。

三、做好党校工作

（一）扎实开展党校培训

2011 年共培训入党积极分子 4900 人。在培训中强调各分校要注意积极改进教学形式，综合采用课堂讲授、自学思考、座谈讨论、演讲交流、录像电视、社会实践、制订学习计划、撰写读书笔记、撰写学习体会、培训总结和结业论文等多种教学形式，不断地提高教学水平，激发学员的学习兴趣，增强学员的学习主动性，充分发挥党校的阵地作用。

（二）继续完善网上党校考试系统

利用校园网，组织开展党的基本知识教育，把《党的基本知识自测题》挂在网上，让学生更方便地学习。通过对他们进行系统的党的基本知识、基本理论、基本路线教育，进一步加深他们对党的认识，端正入党动机，增强共产主义信念，牢固树立正确的世界观、人生观和价值观，努力提高思想政治素质，在学习和生活等各方面起模范作用和骨干作用。继续使用网上党校考试系统，实现无纸化考试，减轻各分党校工作量，提高工作效率。

四、加大干部培养力度，做好各级领导干部的培训、选拔、任用、交流工作

（一）加大干部培训的力度

2011年6月份开展了全校党务干部培训班，邀请区党委组织部和高工委组织部的领导为党务干部讲课，分析了当前高校党建的形势和任务，指导创新性开展高校党建的做法，广大党务干部受益匪浅。8月份组织全校处级领导干部赴延安、井冈山考察；10月份举办新提拔副处级干部培训班，12月份举办全校处级干部培训班，邀请区党委办公厅领导、高工委、教育厅领导、学校领导及公文写作专业、公共礼仪专业教师为干部讲课。

坚持向上一级党校推荐有潜力的干部参加培训。2011年分别选派1名干部到国家教育行政学院和自治区党校参加培训，2名干部参加教育部中南教育管理干部培训，1名干部参加中央团校的培训，4名干部参加广西高工委党校学习，1名干部到区外高校挂职锻炼，6名干部参加县级党政机关挂职工作。

（二）创新选人用人机制形式，扩大基层民主使优秀人才脱颖而出

组织部继续深化干部选拔任用制度改革，加大竞争性选拔任用干部工作力度，把空缺的32个处级领导干部岗位通过公开推荐的方式面向全校进行公开选拔，深化了处级领导干部竞聘上岗的力度。在实施公开推荐空缺处级领导干部职位拟任人选工作过程中，组织部着眼落实干部群众对干部选拔任用的知情权、参与权、选择权和监督权，提高干部工作的民主化程度，创新机制，以更广阔的视野、更严密的程序进行公开选拔处级领导干部。

（三）做好干部选拔、调整、配备工作

2011年学校共选拔处级领导干部18名，其中正处级领导干部5名，副处级领导干部13名；新提拔的干部具有研究生以上学历的有14人，占77.78%，其中博士研究生5名，占提拔总人数的27.78%；重视提拔少数民族干部，新提拔的干部中有11人是少数民族干部，占61.11%；交流处级干部9名，通过调整，有效地激活了干部的工作热情。重视科级干部培养和选拔，共提拔21名优秀干部到科级领导岗位上来。另外学校也注意在科级干部中推行竞争性上岗，把空缺的27个科级领导职位都拿出来面向全校公开招聘。

（四）做好理工科分流合并后领导聘任工作

根据学校党委部署，三个理工科学院分流整合，以公开推荐的方式，选拔3名院长、9名副院长，经过自荐（组织推荐、群众推荐）、资格审查、个别谈话考察等程序，共产生2名院长及9名副院长。同时，在原三学院党党委领导人员的基础上进行调整、补充，及时成立学院党委，完成三学院领导班子选拔配备工作，为三个学院顺利完成分流整合、健康发展奠定坚实基础。

五、做好2011年度选调生工作和选聘高校毕业生到村任职工作

会同学工（部）处做好2011年选调生的报名、推荐、选拔、考核和毕业生到村任职的选聘等工作，2011年共有45名大学毕业生被确定为选调生考察对象参加考察，238名毕业生报名到村任职。组织部认真做好报名和考察接洽工作，协同相关部门对入选的学生进行考察，按照规定的时间将考查材料发送给相关单位，确保选调生考察工作和到村任职报名工作顺利开展。 （唐丽娜）

宣传工作与精神文明建设

2011年，学校宣传思想工作以邓小平理论和“三个代表”重要思想为指导，全面贯彻落实科学发展观，按照高举旗帜、围绕大局、服务师生、改革创新的总要求，以爱党爱国爱社会主义为主题，以组织开展形势政策宣传教育为重点，以深化学习型党组织建设为抓手，以重大理论与现实问题为主攻方向，以提高师生思想道德素质和校园文明程度为目标，以提升学校形象为载体，在推进学习型党组织建设、提升理论武装工作水平上取得新成效，在提高舆论引导能力上迈出新步伐，在加强社会主义核心价值体系建设、深化精神文明建设上开创新局面，在对外宣传民大、提升民大知名度和影响力上实现新突破。

一、不断加强理论武装，用中国特色社会主义理论体系教育广大师生

坚持以理想信念为核心、以爱国主义教育为重点、以思想道德建设为基础、以师生全面发展为目标，推进宣传思想工作创新。

以中心组学习深化理论武装。党委中心组坚持把理论武装与推动工作结合起来，完善学习制度，创新学习方式，注重成果转化，确保理论学习的质量和效果，促进了领导班子和领导干部思想理论建设。一年来共举办了学习贯彻《中国共产党普通高等学校基层组织工作条例》、中国共产党历史专题学习会、学习胡锦涛总书记在纪念建党90周年大会上的讲话、“坚持制度、提高质量、强化素质、增进团结、提高领导班子整体合力”、学习党的十七届六中全会精神等6次党委中心组学习，采取“课题引领、菜单式学习”的方法，把集中学习与邀请专家学者作辅导报告、成员作中心发言有机结合起来，增强了学习针对性和实效性。中心组学习成果推动了机关和基层的学习，充分发挥了领导班子和党员领导干部的示范带头作用。

以主题教育活动推进理论武装。一年来紧紧抓住学习型党组织建设、创先争优活动和纪念建党90周年等重大契机，加强理论宣传。以社会主义核心价值体系为重点，突出理想信念教育，引导广大师生党员不断增强党的意识、宗旨意识、大局意识和责任意识。组织党员干部和广大师生深入学习胡锦涛同志在庆祝中国共产党成立90周年大会上的讲话精神、十七届六中全会和自治区第十次党代会精神，把集中学习、个人自学、通读文件、专题研讨、调查研究和解决实际问题结合起来，进一步提高了理论学习的系统性、针对性和时效性。举办纪念建党90周年理论研讨会，精心组织了征文活动，动员师生撰文，收到征文134篇。论文作者以强烈的责任感使命感，深入学习胡锦涛总书记“七一”重要讲话精神，围绕党和国家工作大局，结合高校理论工作实际，多维度、多学科、多视域深入开展理论研究，显示出了学校师生极大的理论研究热情。向师生党员赠阅十七届六中全文件汇编等学习读物，师生党员进一步强化了用科学理论武装头脑的意识，增强了理论学习的自觉性，提升了理论联系实际的水平。

二、着力推进新闻宣传，为学校改革发展营造良好舆论氛围

坚持正确舆论导向，坚持解放思想、实事求是、与时俱进，做到贴近实际、贴近生活、贴近学生，做好校内外宣传工作。紧紧围绕学校“十二五”规划、争先创优活动、博士单位立项建设、庆祝中国共产党建党90周年系列活动、60周年校庆筹备工作等开展舆论宣传工作。

对外宣传工作质量不断提高。主动加强与党报、党刊、电台、电视台等媒体的沟通协调，共同研究、精心策划各项新闻宣传活动，围绕学校党建工作、人才培养、办学特色、校园文化、创先争优活动等方面形成了强大宣传声势。2011年接待记者采访近20次，中央电视台、《光明日报》、《中国教育报》、中新网、《广西日报》、广西电视台等中央、地方主流媒体刊播学校新闻达200多篇(次)，学校影响力进一步增强。配合建党90周年撰写新闻通稿，配合广西电视台《广西新闻》、《广西日报》、《当代广西》等报纸、杂志、电视台对学校获得"全国先进基层党组织"和"优秀党务工作者"的采访。香港亚洲卫视、凤凰网等境外媒体对学校的办学特色进行深入报道，学校国际知名度不断提升。结合党的十七届六中全会精神撰写的新闻稿《广西民大：以校园精品文化育人》、《以文化育人走强校之路——广西民族大学加强校园文化建设纪实》于10月28日同时刊登在《光明日报》和《广西日报》上，较好地宣传了学校。

新闻宣传工作机制日益完善。学校与近20家区内外新闻单位建立紧密联系，逐步完善对外宣传网络。与广西日报传媒集团签订合作框架协议。根据协议，广西日报传媒集团将为学校提供相对稳定的科研、教学、实习和培训基地，共建发展创新平台和人才联合培养机制，并利用其自身的新闻平台优势为学校提供新闻宣传方面的咨询。双方还将在新闻信息、教育培训、社会实践、理论研讨、人才培养、信息服务等方面开展合作。完善校园新闻宣传培训机制，大力推进信息员队伍建设。邀请广西日报传媒集团党委书记、学校特聘客座教授李启瑞总编辑作题为"突发公共事件管理中的媒体沟通、应用和形象塑造"的报告。2011年培训大学生记者400余人次。召开2011年度学校宣传工作会议，表彰了学校2010—2011年度宣传工作先进单位和先进个人。

新闻宣传整体效应不断增强。充分发挥《广西民族大学报》、校园新闻网站、相思湖广播电台"一报一网一台"的作用，紧紧围绕学校中心工作，就师生关注的热点问题开辟专栏专版专论，深入挖掘校园先进典型，主题选得准、报道力度大，对准确有力地引导校园舆论，积极推进学校改革发展起到了积极作用。一年来，学校网站发表各类新闻近2000条，照片3700张，各类视频报道100多条。编发《学习型党组织建设简报》45期，《创先争优简报》50期。做到网络新闻天天有、学校大事件件有报道，中心工作事事有记载。

确定60周年校庆宣传工作方案，积极联系媒体策划宣传，在《广西日报》刊登校庆60周年第一号公告；开通60周年校庆专题网站；《广西民族大学校园地图》、《60周年校庆纪念画册》、《60周年校庆电视片》初稿完成；校史展、礼品展以及面向东盟人才培养成果展等完成初步设计；校风、学风表述语征集阶段工作完成。

三、积极探索舆论引导，为学生成长成才搭建重要平台

一是新闻网、校园BBS等网络信息发布平台建设进一步加强，学校新闻网进行了改版，推出更多吸引大学生注意力的资讯和内容。

二是紧跟当前网络发展趋势，支持相思湖广播电台、相思湖网站开通新浪网官方微博，采取不同的信息传播口吻，以图片、视频、文字等形式，满足不同受众的需要。

三是舆情信息工作常态化。通过浏览校园BBS特别是关注点击率及跟帖数量多的内容分析师生较突出的情绪、意见和诉求内容，掌握舆情变化的特点和趋势。坚持每周网络舆情信息分析和报送的制度，编印《网络舆情动态》供领导干部参考，目前已编发202期。作为自治区党委宣传部舆情信息直报点，积极撰写舆情信息和调研报告，上报33篇舆情信息，1篇调研报告，上报数及采用数占高校直报点之首。2010年提交的调研报告获优秀调研报告三等奖。

四是正确引导校内网络舆论，及时处置网络不良信息，有针对性地对学生进行教育和引导，进一步增强网络思想政治教育的针对性和时效性。继续抓好网监队伍建设，实时监测网络舆论动向，维护网络安全健康；在敏感时期和日常工作中，加强值班和信息报送工作，把问题解决在萌芽状态，有效地维护了校园稳定安全。

四、努力促进精神文明建设，为师生学习工作创造良好环境

在师生中大力倡导文明行为，树立文明新风，大力开展、法制教育、民族团结教育、诚信教育等各种专题教育活动。结合东盟博览会等重大活动，深入宣传学校志愿服务活动。深入开展“读红色经典树理想信念”的校园读书活动，举办纪念中国共产党成立90周年图片图书展、红色经典经典名篇诵读大赛和“永远跟党走——纪念建党90周年全校教职工演讲比赛”，承办“广西纪念建党90周年演讲比赛半决赛”，推选选手参加此赛事获二等奖。进一步加强师德师风建设，结合创先争优活动和第26个教师节，深入开展“讲大局、比贡献、树正气”活动，大力宣传一批先进教育工作者的先进事迹，发挥先进人物的模范带头作用。加强对师生员工的稳定安全教育引导工作，增强师生员工的防范意识，深入开展平安校园创建活动，切实维护校园稳定安全。组织好本年度普法考试。开展依法治理和加强对校园周边环境的综合整治工作，规范校内宣传标语横幅的管理，拟定、审查和制作的宣传横幅2000余条。（张　婧　黄国春）

资料　2011年市级以上媒体报道学校的新闻索引

媒体名称	篇数	发布日期	版次	标　题	备　注
光明日报	1	2011年10月28日	6	广西民大：以校园精品文化育人	作者：张婧
人民日报	1	2011年7月02日	04	中共中央关于表彰全国先进基层党组织和优秀共产党员、优秀党务工作者的决定	
中国青年报	1	2011年10月22日		中国—东盟博览会催生广西小语种学习热	
中国教育报	1	2011年8月10日	04	广西首招376名普通民族预科生	
人民政协报	1	2011年5月12日		爱心树信心？“瑶族女生班”走进广西民族大学	摘自网络
中国新闻出版报	1	2011年6月13日		广西日报传媒集团与广西民族大学合作共建	摘自网络
山西日报	1	2011年4月14日		广西民族大学举行“老挝、泰国新年泼水节活动”（图）	摘自网络
广西日报	1	2011年1月10日	07	大学毕业生：我的青春我做主	
广西日报	1	2011年1月11日	11	我区8位诗人作品入选《21世纪诗歌排行榜》	
广西日报	1	2011年1月12日	02	“宋庆龄精神进校园”活动走进广西民族大学	
广西日报	1	2011年3月26日	02	广西民族大学学子情系忻城留守儿童	
广西日报	1	2011年3月29日	10	加快健全覆盖城乡居民的社会保障体系	作者：陈元中
广西日报	1	2011年3月30日	10	重视跨境民族发展推进和谐边境建设	作者：周光大
广西日报	1	2011年4月12日	11	闲话广西汉语方言	作者：韦树关

媒体名称	篇数	发布日期	版次	标　题	备　注
广西日报	1	2011年5月05日	02	庆祝建党九十周年暨构建和谐警民关系先进事迹报告会	
广西日报	1	2011年6月03日	12	在“千佛之国”播种汉语	
广西日报	1	2011年6月09日	02	广西日报传媒集团与广西民族大学签订合作框架协议	
广西日报	1	2011年6月10日	07	广西又一批国际汉教志愿者抵泰援教	
广西日报	1	2011年6月17日	14	博览会力促中国—东盟教育合作	
广西日报	1	2011年6月30日	03	助推民族院校科学发展——记广西民族大学党委党建工作	作者：何龙群等
广西日报	1	2011年6月30日	18	民族地区基层党建与社会和谐	
广西日报	1	2011年7月19日	07	稳步推行工资集体协商制度	作者：陈元中
广西日报	1	2011年8月30日	10	共产党员要拜人民为师	作者：陈元中
广西日报	1	2011年9月05日	01	“不走寻常路”已成“寻常事”	
广西日报	1	2011年9月13日	10	健全维护群众权益机制	作者：程林辉
广西日报	1	2011年10月14日	07	广西民族大学首届新闻方向班正式开班	
广西日报	1	2011年10月17日	07	“学术探索让我永远年轻”	
广西日报	1	2011年10月28日	09	以文化育人　走强校之路	
广西日报	1	2011年11月02日	06	老挝佬族起源学术研讨会在南宁举行	
广西日报	1	2011年11月02日	06	“小白帽”：“两会”靓丽的名片	
广西日报	1	2011年11月16日	03	广西与东盟教育合作渐入佳境	
广西日报	1	2011年11月18日	11	我区高校学子挥笔谈“人性”	
广西日报	1	2011年11月29日	03	第十一届广西青年科技奖获奖者事迹介绍	
广西日报	1	2011年11月29日	14	第二届“人保杯”南宁大学生泰语口语邀请赛落幕	
广西日报	1	2011年12月06日	02	广西民族大学在东南亚创办第三所孔子学院	
广西日报	1	2011年12月11日	02	首届东亚智库交流研讨会在广西民大举行	

媒体名称	篇数	发布日期	版次	标　题	备　注
广西日报	1	2011年12月11日	02	国内外专家学者在邕研讨人类学民族学	
广西日报	1	2011年12月13日	14	广西与东盟携手推进人才培育	
广西日报	1	2011年12月21日	11	加强广西与东盟文化交流的对策思考	作者：梁炳猛 黄耀东
广西日报	1	2011年12月25日	01	春风化雨　润物无声	
南宁日报	1	2011年4月12日	05	追逐梦想　创造希望	
南宁日报	1	2011年4月18日	09	“泼出来更精彩”	
南宁日报	1	2011年4月25日	07	南宁市“千团万场”活动再创佳绩	
南宁日报	1	2011年5月30日	09	友谊在联欢中萌芽	
南宁日报	1	2011年7月02日	04	高校学生更加坚定跟党走的信念	
南宁日报	1	2011年7月25日	09	东盟留学生：我在南宁过暑假	
南宁日报	1	2011年7月25日	09	留学在越南	
南宁日报	1	2011年9月05日	09	美好印象——记在越南遇到的那些人和事	
南宁日报	1	2011年9月21日	09	交了“学费”就要好好学习——首先要学会分析市场	
南宁晚报	1	2011年3月28日	29	2011，加拿大留学移民大步向前	
南宁晚报	1	2011年3月30日	07	中国移动MM孵化基地落户广西民族大学	
南宁晚报	1	2011年6月06日	19	唐力凡一平力推“小邓丽君”	
南宁晚报	1	2011年7月14日	08	14岁那年，瞒着母亲参军报国	讲述人：刘贵
南宁晚报	1	2011年7月29日	08	社会实践成大学生暑假主要活动	
南宁晚报	1	2011年9月04日	10	“绿色通道”助贫困学子5分钟办理手续	
南宁晚报	1	2011年9月18日	06	壮乡铜鼓文化千载悠悠流传	
南宁晚报	1	2011年11月12日	08	六十名外国留学生预约办证一次搞定	
南宁晚报	1	2011年12月14日	11	把“自然林保护区”建到校园里	

媒体名称	篇数	发布日期	版次	标　题	备　注
南国早报	1	2011 年 3 月 09 日	04	广西首家高校外国人服务点在广西民大正式揭牌	
南国早报	1	2011 年 3 月 21 日	33	演员海选首场吸引校园达人	
南国早报	1	2011 年 5 月 12 日	13	一大学男生上游泳救护课时不幸溺亡	
南国早报	1	2011 年 6 月 09 日	02	广西日报传媒集团与广西民族大学签订战略合作框架协议	
南国早报	1	2011 年 6 月 17 日	11	“媒体接班人”在校先打预防针	
南国早报	1	2011 年 9 月 04 日	04	上大学，家长该给多少生活费	
南国早报	1	2011 年 9 月 05 日		东西：用“后悔药”治疗《后悔录》	
南国早报	1	2011 年 9 月 05 日	36	大学开学　“让负面情绪飞”	
南国早报	1	2011 年 9 月 09 日	37	坐拥万卷书甘当伴读人	
南国早报	1	2011 年 10 月 10 日	47	萧敬腾、郭采洁南宁举办歌友会	
南国早报	1	2011 年 10 月 16 日	03	博览会志愿者卡通形象出炉	
南国早报	1	2011 年 11 月 14 日	06	外国留学生的广西情缘：结交深厚友情邂逅甜美爱情	
南国早报	1	2011 年 11 月 15 日	35	本土互联网还有哪些机遇和挑战	
南国早报	1	2011 年 11 月 21 日	36	提前到美国走一遭	
南国早报	1	2011 年 11 月 28 日	06	选手拍搞笑短片“推销”自己	
南国早报	1	2011 年 12 月 11 日	03	全区大学生现场作文大赛昨日颁奖	
南国早报	1	2011 年 12 月 12 日	38	图片新闻：广西民族大学 5 名学生光荣入伍	
南国早报	1	2011 年 12 月 12 日	34	学生为何不愿走进心理咨询室	
南国早报	1	2011 年 12 月 14 日	12	大学生校园内募捐　资助贫困小学生	
南国早报	1	2011 年 12 月 20 日	42	他写了悲伤，但不绝望——我读六卷本《东西作品集》	
南国早报	1	2011 年 12 月 22 日	62	高校大学生礼仪风采大赛落幕	
南国早报	1	2011 年 12 月 26 日	34	歌舞传递友谊　广西大学生东盟展风采	

媒体名称	篇数	发布日期	版次	标　题	备　注
当代生活报	1	2011 年 7 月 04 日	08	应届毕业生成考场主力	
当代生活报	1	2011 年 9 月 04 日	07	“我的路费是我自己暑期赚来的”	
当代生活报	1	2011 年 10 月 16 日	08	图片新闻：“两会”首次推出志愿者卡通形象	
当代生活报	1	2011 年 10 月 17 日	06	我在博览会做过 5 天翻译	
当代生活报	1	2011 年 11 月 14 日	24	小清新战胜海豚音	
当代生活报	1	2011 年 12 月 01 日	14	本报将直播 4 位 90 后毕业生求职过程	
当代生活报	1	2011 年 12 月 25 日	10	苹果，除了吃还能传情筹善款	
新华网	1	2011 年 1 月 04 日		广西民大与中亚石化合作基地在钦州港挂牌	
新华网	1	2011 年 9 月 21 日		中国东盟建立对话关系 20 周年教育交流不断升温	
中国网	1	2011 年 10 月 22 日		中国—东盟博览会催生广西小语种学习热	
人民网	1	2011 年 6 月 16 日		广西纪念建党 90 周年电视演讲比赛预赛在邕举行	
人民网	1	2011 年 10 月 15 日		第八届中国—东盟博览会 1300 余名志愿者培训上岗	
中国日报网	1	2011 年 9 月 12 日		老挝司法部将派人员到广西民族大学培训	
中国华文教育网	1	2011 年 10 月 17 日		广西华侨学校与广西民大共设汉语国际教育基地	
科学网	1	2011 年 11 月 07 日		第二届中国技术史论坛在广西民族大学举行	
中国新闻网	1	2011 年 1 月 18 日		广西选拔 130 名汉语教师志愿者赴泰国菲律宾任教	
中国新闻网	1	2011 年 3 月 05 日		广西越南留学生学雷锋：参与志愿服务要用“心”	
中国新闻网	1	2011 年 3 月 12 日		通讯：中泰文化交流的友谊使者	
中国新闻网	1	2011 年 3 月 13 日		通讯：广西赴泰汉语教师志愿者的故事	
中国新闻网	1	2011 年 3 月 23 日		广西民大组团访印尼丹绒普拉大学推进孔子学院合作	
中国新闻网	1	2011 年 3 月 30 日		通讯：中国赴菲律宾汉语教师志愿者的执教之旅	
中国新闻网	1	2011 年 4 月 14 日		东盟留学生在广西欢度新年泼水节互祝吉祥	

媒体名称	篇数	发布日期	版次	标 题	备 注
中国新闻网	1	2011 年 5 月 03 日		广西赴泰汉语教师备受好评被称为来自中国的天使	
中国新闻网	1	2011 年 5 月 17 日		广西选派百名汉语教师赴泰国菲律宾任教	
中国新闻网	1	2011 年 5 月 19 日		2011 年首批 39 名赴泰国执教汉语教师志愿者将出发	
中国新闻网	1	2011 年 6 月 04 日		2011 广西高校大学生泰语演讲比赛落幕	
中国新闻网	1	2011 年 8 月 09 日		广西龙州胡志明展馆成中越青少年结交友谊新平台	
中国新闻网	1	2011 年 9 月 22 日		泰国两所大学访问广西民族大学加强交流合作	
中国新闻网	1	2011 年 10 月 08 日		218 名泰国学生参加汉语训练营快乐体验中国文化	
中国新闻网	1	2011 年 10 月 25 日		东盟十国司法官员广西南宁研修中国法律	
中国新闻网	1	2011 年 10 月 29 日		广西举办国际汉语教师志愿者选拔工作推介会	
中国新闻网	1	2011 年 11 月 16 日		广西民族大学第一个海外校友会在老挝成立	
中国新闻网	1	2011 年 12 月 02 日		广西民族大学与国外高校共建第三所孔子学院挂牌	
中国新闻网	1	2011 年 12 月 02 日		中国—东盟旅游合作持续升温互为重要客源地	
中国新闻网	1	2011 年 12 月 11 日		中国—东盟密切人文交流与合作夯实双边友好基础	
中国新闻网	1	2011 年 12 月 20 日		“中国大学生艺术团”赴泰国老挝演出受欢迎	
中国新闻网	1	2011 年 12 月 23 日		东盟在华留学生热学汉语赞汉语是如此具有魅力	
广西新闻网	1	2011 年 3 月 25 日		专家研究龙州口岸经济发展：与越方全面经济合作	
广西新闻网	1	2011 年 3 月 28 日		激励党员干部创先争优广西深入学习韦寿增先进事迹	
广西新闻网	1	2011 年 4 月 29 日		记广西民族大学 2010 年赴泰汉语教师志愿者	
广西新闻网	1	2011 年 9 月 05 日		东西：用“后悔药”治疗《后悔录》［图］	
广西新闻网	1	2011 年 10 月 14 日		广西民族大学首届新闻方向班正式开班	
广西新闻网	1	2011 年 10 月 20 日		《新越汉词典》20 日首发 50 年来最具创新越汉词典	
广西新闻网	1	2011 年 11 月 14 日		外国留学生的广西情缘：结交深厚友情邂逅甜美爱情	

媒体名称	篇数	发布日期	版次	标　题	备　注
新河内报	1	2011 年 4 月 26 日		加强合作，提升干部队伍水平	
香港凤凰网	1	2011 年 4 月 11 日		盘点：小语种专业最牛的八大院校(组图)	
香港凤凰网	1	2011 年 4 月 29 日		盘点坐落中国大学校园内的著名湖泊(组图)	
广西校园网	1	2011 年 3 月 28 日		民大“双选会”226 家企业提供近 4700 个岗位	
广西校园网	1	2011 年 5 月 30 日		广西民族大学 148 名毕业生竞争 32 个志愿者岗位	

统战工作

2011 年，学校党委统战部深入贯彻落实科学发展观，围绕学校中心工作，努力做好各领域的统战工作，为促进学校改革、发展和稳定做出了积极贡献。

一、坚持理论学习，努力建设学习型统战队伍

学校党委统战部积极组织民主党派和无党派人士深入学习胡锦涛同志在庆祝中国共产党成立 90 周年大会上的讲话精神、十七届六中全会和自治区第十次党代会精神，学习实践科学发展观，努力提高思想理论水平。坚持自学学习与集中学习、理论学习与实践活动相结合，不断夯实统战成员的思想理论基础。一方面通过组织理论研讨会、专题座谈会、专题报告会、学习交流会、参观考察等，组织广大统战成员学习、领会科学发展观、社会主义核心价值体系的重要内涵；一方面通过组织、动员学校统战工作专、兼职干部以及统一战线广大成员认真学习统一战线有关文件，提升工作水平。通过理论学习，帮助民主党派和无党派人士提高政治觉悟和理论水平，扩大视野，增强团结合作意识和实际工作能力。

二、切实做好民主党派和无党派人士、党外知识分子的统战工作

学校党委切实帮助和指导各民主党派加强基层组织建设和思想建设，建立健全工作制度和完善组织发展程序。2011 年是各民主党派集中换届的一年，党委统战部按照上级部署和要求，协助九三学社广西民大支社、民进广西民大总支、致公党广西民大支部、民建广西民大支部等顺利完成了换届工作。党委统战部积极创造条件，为民主党派开展工作给予支持，提高党外人士综合能力，鼓励民主党派和无党派人士参政议政。学校进一步健全重大事项决策前征求意见的制度，通过个别谈话、召开座谈会、发放征求意见表、走访调查、校内公示等方式，在重大事项决策前充分征求民主党派成员和无党派人士的意见，鼓励他们为学校建言献策，充分发挥民主党派和无党派人士在政治协商、民主监督、参政议政方面的作用。

学校党委十分重视党外知识分子工作，认真贯彻中央统战部《关于巩固和壮大新世纪新阶段统一战线的意见》、《关于进一步加强无党派代表人士培养工作的意见》和《中共中央关于加强新形势下党外代表人士队伍建设的意见》精神，积极探索建立党外代表人士的联系、交流、沟通工作平台。一是成立组织机构。2011 年，学校成立了党外知识分子联谊会，成为自治区内第一个成立党外知识分子联谊会的高校。二是加强党外代表人士的教育培训。党委统战部认真贯彻落实《2010—2020 年党外代表人士教育培训改革和发展纲要》，会同党委组织部共同做好党外代表人士教育培训中长期规划，有计划、有重点地加强后备人选、骨干人选和党外干部的教育培训。

学校积极支持并创造条件为人大代表、政协委员及民主党派、侨联开展活动提供必要的支持和帮助。年底召开统战之春团拜会，学校领导走访看望和慰问民主党派、无党派人士、侨联等代表。

三、积极稳妥做好留学人员和侨联工作

学校重视留学回国人员工作，认真贯彻落实国家和广西关于留学回国人员工作和服务的方针、政策，为海外留学人员回校工作创造更好的条件和环境。注意了解掌握留学回国来校人员的总量、分布、结构等情况并纳入学校人才管理范畴，建立留学人员信息库，更新了《广西民族大学留学回国人员名单》(出国一年及以上)。学校成立有广西留学归国人员联谊会广西民族大学分会，组织召开留学回国人员座谈会，听取他们的建议和意见，鼓励留学回国人员发挥自身的特点和优势，为学校的建设发展积极建言献策。充分发挥归侨侨眷、台港澳胞的独特优势，学校成立有侨联组织，负责做好港澳台同胞、海外侨胞及其亲属的工作，以联谊、联根、联心为宗旨，广泛开展联谊交友活动，依法维护归侨、侨眷的合法权益，引导他们为学校和谐发展营造良好的氛围。

四、认真做好民族宗教和统战工作

学校党委坚持把《民族理论与民族政策》课作为全校学生的必修课，不断创新教育途径，引导师生树立马克思主义国家观、民族观、宗教观、历史观和文化观。通过举办三月三、盘王节、藏历年、开斋节、苗年等各民族传统节日活动和开展民族艺术文化展演、民族音乐欣赏、民族文化讲座，提高各族师生对不同民族文化的认同感和自豪感。2011 年学校给少数民族师生发放过节补助近 8 万元，使各民族师生员工倍感党和政府的温暖。进一步做好少数民族学生资助工作，帮助贫困生解决经济上的困难，解除他们的后顾之忧，使各民族学生深切感受到党组织对他们的关心和爱护，增进各民族学生对党的感情。学校积极团结和引导有宗教信仰的人士，注意研究高校中涉及民族宗教问题的新情况，及时发现和正确处理涉及民族、宗教方面的重要事件。2011 年 4 月 18 日，作为全国首个地方民族教育研究中心的广西民族团结教育师资培训基地在学校揭牌。11 月 28 日，学校召开辅导员专题培训会，会议传达了自治区党委常委、统战部部长黄道伟在全区抵御境外利用宗教对高校进行渗透和防范校园传教工作会议上的讲话精神，并分析了当代大学生思想政治教育工作中出现的新情况、新问题。

五、做好统战研究和宣传工作

进一步加强统战理论、统战政策和民族政策研究，充分发挥学校的学科优势，组织、整合多学科的研究力量，针对统战工作、民族工作中的重大理论问题进行研究，为党和政府制定统战政策和民族政策提供理论依据。11 月，学校《创新教育体裁，增进民族团结，促进民族和谐》荣获全区统战工作实践创新成果奖。加大宣传力度，充分利用校园网宣传统战理论政策、工作成就、重大活动和统战成员的优秀事迹。积极向自治区统战部和《广西统战信息》报送学校统战信息，及时准确反映高校统战工作新动态、新变化及党外人士的意见建议。进一步完善和更新学校统战部网页，开设统战理论、多党合作、少数民族、工作动态等专栏，积极推进统战工作进网络，扩大统战工作覆盖面，努力探索新形势下统战工作的有效途径，提高统战工作的针对性和实效性。 （韦惠文）

保密工作

2011年，学校认真学习贯彻中央、自治区党委关于加强保密工作的文件精神，重点抓好保密宣传教育、保密规章制度建设、计算机网络安全、保密技术和监督检查等工作，确保国家秘密安全，不断强化涉密人员保密意识和保密责任，提高保密工作业务水平，使保密工作更好地为学校的教学、科研工作服务。

一、领导重视和支持保密工作，明确分工，强化责任

学校领导一直高度重视保密工作，并将其列入重要议事日程。设立有保密委员会，由校党委副书记、纪委书记杨再延担任主任，对保密工作负总责；由党办主任担任保密委员会副主任，纪委、组织部、宣传部、人事处、教务处、科研处、国交处等相关部门负责人为委员。保密委员会下设保密办，由党办副主任担任主任，管理日常保密工作，负责指导、协调和督促、检查保密事务，及时处理保密工作中的重大问题和失泄密事件。

为加强保密要害部门、部位的管理，预防和杜绝泄露事件的发生，确保国家秘密安全，根据《自治区党委保密委员会办公室、自治区国家保密局关于保密要害部门、部位保密管理实施细则(试行)》的要求，结合学校实际，按照"谁主管、谁负责"的原则，2011年1月学校保密委员会与各单位和学院签订保密责任书共60份，明确了保密工作分管领导和直接责任人。学校涉密人员均参加了涉密人员岗前培训，共有160名涉密人员签订了保密承诺书，其中核心涉密人员38人，重要涉密人员26人，一般涉密人员96人。

二、修订和完善保密规章制度，确保保密工作的规范性

学校建立健全保密工作制度。2011年11月，学校党委认真审议保密规章制度，重新讨论修订了《广西民族大学保密工作规定》、《广西民族大学保密委员会工作职责》，确保保密工作的规范性。学校不断完善保密工作会议制度，定期召开保密工作表彰会议，全年学校未发生泄密事件。

三、加大保密工作宣传与培训力度，提高涉密人员保密意识

为了提高学校保密工作人员对保密工作重要性的认识，学校经常开展形式多样的保密宣传教育活动。2011年7月13—15日，组织保密信息员参加全区保密系统特约信息员培训班；2011年9月9日，组织全校涉密人员共40余人到广西博物馆参观由国家保密局、最高人民法院、最高人民检察院、公安部、国家安全部、解放军保密委员会主办，中共广西壮族自治区保密委员会承办的全国窃密泄密案例警示教育展。

四、加强对密件资料、保密设备及网络的管理，增强保密技术的防范和检查能力

严格按照《国家秘密载体保密管理规定》管理密件资料，党委办公室、校长办公室在起草、收发、传递、使用、保管和清退密件文件时做到登记明确、手续清楚。涉密文件起草时定密科学准确、密级标注符合要求；密件在印发和传输过程中，遵循"根据工作需要知悉"、"知悉原则最小化"原则，专车接送，不得停留，不带入家中及公共场所；学校设有机要室，设施设备及周边环境均符合保密要求，机要件的查阅在机要室进行，按规定不能随意复印，确有需要复印时须校领导签字，并做好登记、回收工作，不存在越范围阅读传达或擅自复制汇编文件信息资料问题。档案馆规定向外借阅文件、档案均应由单位领导批准，做到上缴文件齐全，没有丢失现象，档案室严禁无关人员进入；办公室每天午休或下班前都检查文件、材料是否收好，文件柜、门窗是否关严锁好，有无火灾隐患等，防止意外事情发生，确保文件资料的绝对安全；党委组织部做好对干部信息的保密工作；国交处在师生出境出国前做好保密法规教育；教务处、研究生处等在学生信息和试卷管理方面做好保密工作。学校实行对密件资料统一归档，密件资料的使用，严格实行审批手续，经批准才能使用。学校按上级有关规定对相关文件进行清退和销毁，手续齐全。

加强计算机信息网络的保密管理。严格贯彻落实《中共中央保密委员会关于严禁用涉密计算机上国际互联网的通知》，坚持“谁上网、谁负责”原则，认真抓好计算机系统保密管理工作的落实，做到涉密机专人管理，不得联网。学校对于财务、信息中心、办公室等重要电脑资料设置专用密码，并由专人管理。有密件的电脑，实行专人管理，专人专用，相关资料不上网。涉密移动存储介质严格按照保密规定使用，定期进行检查，消除泄密隐患。

五、开展保密自查与检查工作，确保保密防护措施及其效果

2011 年 5 月 5 日，学校相关涉密部门对遵守保密法律法规、落实保密责任、采取保密措施及其效果进行了自查工作，2011 年 5 月 9 日，自治区专项保密检查组对学校保密工作进行了检查，针对检查组对学校保密工作提出的涉密文件信息资料管理制度尚不完善、网络保密及学校内部产生的秘密事项管理不够到位等情况，学校及时进行了整改。（韦惠文）

纪检监察 审计 督查

纪检监察工作

2011年，学校纪检监察工作坚持以邓小平理论、“三个代表”重要思想和科学发展观为指导，坚持“标本兼治、综合治理、惩防并举、注重预防”的方针，围绕学校教育改革发展稳定大局，抓好以完善教育特色的惩治和预防腐败体系建设为重点的反腐倡廉建设，不断提高反腐倡廉建设科学化水平。

一、党风廉政建设责任制得到进一步落实

学校党委和行政高度重视党风廉政建设工作，把党风廉政建设纳入学校发展总体规划，列入党委议事日程，融入学校各项工作。党政主要领导坚持做到重要工作亲自部署，重大问题亲自过问，重要环节亲自协调，重要信件亲自批阅，重要案件亲自督办。学校认真落实中央《关于实行党风廉政建设责任制的规定》，年初，结合学校实际重新修订《党风廉政建设责任书》，学校党政主要领导与各学院、各职能部门党政主要领导签订了《2011年党风廉政建设责任书》，把党风廉政建设纳入领导班子和领导干部目标管理与考核之中。按照自治区纪委规定，各学院和职能部门领导班子及成员按时向学校党委、纪委报告年度落实党风廉政建设责任制和廉洁自律情况。学校党政领导班子及成员向自治区纪委和高校工委报告落实党风廉政建设责任制和廉洁自律情况。

二、反腐倡廉宣传教育得到进一步增强

一是扎实开展主题教育，强化理论学习。年初，召开全校纪检监察工作会议，传达学习十七届中纪委六次全会、九届自治区纪委九次全会和全区教育系统纪检监察工作会议精神。按照自治区纪委的部署，在全校开展“清廉务实，执政为民”主题教育活动。学校党委中心组和各学院党委（党总支）中心组组织专题学习胡锦涛总书记在中央纪委十七届六次全会上的重要讲话精神，全面把握以人为本、执政为民的基本要求和精神内涵。以理想信念教育和党性党风党纪教育为重点，组织全校各级领导、教职工代表，到广西人民会堂参观最高人民检察院主办的“法治与责任——全国检察机关惩治和预防渎职侵权犯罪展览广西巡展”，到南宁国际会展中心参观广西区纪委主办的“广西反腐倡廉建设成果展”，党员干部和教职工受到教育。

二是深入开展以案明纪警示教育，深化活动效果。按照自治区纪委、高校工委的部署，在全校开展“以案明纪警示教育活动”。主要抓好六个环节：及时动员部署。学校召开“以案明纪警示教育活动”工作布置会，传达贯彻全区教育系统以案明纪警示教育会议精神，校党委钟海青书记亲自作动员，对我校警示教育活动进行了全面部署。成立机构制订方案。学校成立了警示教育活动领导小组，由钟海青书记、何龙群校长任组长。制定印发了警示教育活动方案，明确了教育活动的工作重点和教育内容。上好廉政党课。学校先后举办近三年新提拔的处级领导干部培训班和全校处级干部培训班，校党委钟海青书记带头为学校处级领导干部上廉政党课；何龙群校长为全校学生党员骨干上廉政党课。同时，邀请自治区高校工委副书记、高校纪工委书记孙海潮同志到我校作党风廉政建设专题报告。各学院相关领导均按要求分别给师生上了廉政党课。抓警示专题教育。学校党政领导带头和全校副科以上领导干部一起观看了《背叛与忏悔》和《贪之悔》警示教育片。各学院党委(党总支)组织本院全体教职工观看警示教育片。为提高学校纪检人员的业务素质，学校组织校内各级党组织纪检委员、纪委监察室工作人员和相关重点部门的领导举办了一期反腐倡廉教育专题培训班，学校党委钟海青书记、杨再延副书记和高校纪工委陆寿万副书记分别在培训班上作了专题报告。抓活动亮点。各级党组织在完成十个规定动作的同时，还结合工作实际，积极创新活动形式，争创活动亮点。如：管理学院党委结合教学质量建设，开展廉政与质量建设大交流大检查活动；原物电学院精心设计表格，细化量化活动实施步骤和目标要求；文学院开展以案说法，进行交心谈心活动，组织教职工到南宁监狱参观，开展警示教育；后勤管理处结合服务实际，完善反腐倡廉制度建设等等。抓检查验收。警示教育活动领导小组先后两次派出督查小组深入基层，抽查指导各单位开展警示教育活动实施情况，并对各单位警示教育活动进行检查验收。警示教育活动领导小组办公室共收到48个党组织的教育活动总结，收到廉政建设意见建议66条，处级以上领导干部填写的廉政“风险点”安全检查表157份和撰写的心得体会70篇。通过警示教育活动，全校党员干部和教职工受到了深刻的教育，进一步增强了廉洁从政、廉洁从教和遵纪守法的意识，教育活动取得了良好效果。

三是扎实开展廉政文化建设，营造廉洁氛围。充分利用校园网、校园广播、校报校刊、宣传橱窗、党风廉政教材等各种载体和宣教阵地，进行廉政法规和廉政理论的宣传。为深入学习和贯彻《中国共产党党员领导干部廉洁从政若干准则》，营造学准则、知准则、守准则的良好氛围。组织各学院、各部门科级以上干部共440人进行了《廉政准则》测试，组织全校党员干部积极参加“庆祝中国共产党成立90周年党的知识竞赛活动”，参加“纪念建党90周年反腐倡廉知识竞赛活动”。按照中纪委监察部等六部委印发的《关于加强廉政文化建设的意见》，面向全校师生组织开展征集廉政公益广告创意竞赛活动，共收到参赛作品59件，从中评选出一等奖2项，二等奖3项，三等奖6项，优秀奖10项。学校将获得一、二等奖的5项作品推荐上报自治区高校纪工委参加评比，学校被评为优秀组织单位。做好对外宣传，制作《反腐倡廉教育、制度、监督三重并举》宣传展板，在全区高校反腐倡廉工作座谈会上参展，何龙群校长代表学校在会上作了典型发言，得到与会领导和兄弟院校的好评。组织撰写《扎实推进反腐倡廉建设　促进学校科学发展》的宣传稿，在广西区检察院法律综合月刊《公诉人》杂志上刊登，扩大了学校影响。

三、监督检查和专项治理得到进一步强化

一是强化重大决策部署执行情况的监督。加强对落实“三重一大”决策制度执行情况的监督。重点检查党员领导干部党风廉政建设责任制、个人重大事项报告、兼职情况、述职述廉、诫勉谈话、民主生活会等党内监督制度的落实，对落实党风廉政建设责任制进行责任考核。扎实开展公务用车问题专项治理工作。抓好中央、自治区其他重大决策部署贯彻落实情况的监督检查。

二是强化选人用人环节的监督。加强对《党政领导干部选拔任用工作责任追究办法(试行)》等四项监督制度落实情况的监督检查；规范对拟提拔干部的廉政考察及廉政承诺工作；做好学校专业技术人员岗位设置与聘用工作的监督；做好科级、处级领导干部选拔任用及面向社会公开招聘人员考核录用工作的监督；做好各类推优评先、资助项目评审以及重大工作责任事故评定的监督。

三是强化考试招生录取工作的监督。坚持实施考试招生“阳光工程”，做好2011年艺术高考专业测试、体育特长生测试、研究生复试面试及招生录取、本专科生招生录取等全程监督工作，确保了各项招生录取工作的公开、公平、公正。

四是强化财务监管和内部审计的监控。严格执行年度财务预算、“收支两条线”规定；做好2011年“小金库”专项治理工作的监督检查；做好2011年全国治理教育乱收费规范教育收费专项督查，并通过全国专项督查小组来校实地检查。加强内部审计监控，依法认真开展对学校大额度资金使用情况的审计、对后勤经济实体承包运行财务情况的审计，对工程项目实行全过程审计监督。

五是强化基本建设和物资招标采购的监督。坚持“政府采购”和“公开招投标”制度，全年完成东、西校区重大基建项目招投标和小额工程定点采购修缮项目招投标监督170余项，共派出招标评审现场及工程竣工验收的监督人员60余人(次)。完成物资设备采购项目监督340余项，监督抽取评审专家49次，共派出招标采购评审现场监督人员31人(次)。

四、信访受理和案件查办得到进一步规范

一是规范做好信访受理工作。制订了《纪检监察信访工作管理办法(试行)》，完善了信访举报处理机制。全年受理信访件共18件(举报件8件、申诉件10件)。做好近三年来学校信访工作情况汇报材料的撰写及信访档案材料的收集整理工作，2011年5月，国家教育部信访办领导到学校进行信访工作调研时，对此项工作给予了充分肯定。

二是严肃查处了“小金库”案件。依纪依规对学校附属中学设立和使用“小金库”案件进行初核、立案调查和审理，对相关责任人分别给予党纪政纪处分。配合地方检察机关做好学校教务处“小金库”案的后续处理工作。　(梅　芬)

审计工作

2011年学校内部审计工作以科学发展观为指导，坚持“围绕中心，服务大局，全面审计，突出重点”的方针，充分发挥内部审计“免疫系统”功能，按照“依法审计，依法行政，依法理财”的原则，以风险为导向，加大审计力度，认真履行职责，充分发挥内部审计的监督和服务职能，处理好常规审计和重点审计的关系，不断提高审计质量，为加强学校管理，防范经济风险，提高资金使用效益服务。

一、创新审计工作思路，树立审计新观念

一是深入学习新颁布的《内部审计准则》，树立现代内部审计管理理念，深刻理解“内部审计是一种独立、客观的确认与咨询活动，旨在增加价值和改善组织运营”这一内部审计职能的新内涵，把风险管理引入审计工作中，从关注学校各项经济活动的开展情况入手，加强对经济活动事项风险点的控制和治理。

二是完善制度建设和推进各项制度的落实，探索审计工作机制新模式，在开展各项审计业务中，以法律、规章、制度为准绳，通过对法规、制度的健全及有效进行实质性测试，检查各项经济业务活动的合法、合规、真实性，及时发现问题，解决问题，促进各部门的制度建设。

三是规范审计工作程序，完善内部审计制度，完善审计岗位内部制约机制，不断提高审计质量，在开展审计业务中，要求审计人员按准则和制度规定的审计工作流程办理审计业务，所有送审事项都经两人以上相互复核后，形成审计意见或建议，促进内部审计工作更加规范化，降低审计风险。

二、加大审计工作力度

（一）开展基建维修工程项目跟踪审计情况

随着学校规模的不断扩大，基础设施的建设及维护的任务也就日益繁重，所需要投入的资金也越大，为此学校把基建、维修工程审计作为学校内部审计工作的重中之重，按照《教育部关于加强和规范建设工程项目全过程审计意见》（教财〔2007〕29 号）文件精神，对基建工程项目进行全过程审计，根据审计部门的人员结构及工程项目的特点，采取点式跟踪方法对每个项目建设过程的设计、勘察、标底预算的编制审核、合同谈判及审查、施工过程中的设计变更及隐蔽工程的签证、材料价格的见证及核定、结算全过程的监控等关键环节进行了事前、事中、事后跟踪审查，对引起工程造价变动的因素进行严格把关。2011 年，完成基建维修工程预算上控价审核 21 项，送审额 11911.84 万元，审减 1046.16 万元，完成基建维修工程结算审计共 100 项，送审金额 17842.96 万元，审定金额 16449.44 万元，审减 1393.52 万元，审减率为 7.8%。并通过加强合同管理，扣减送审施工单位审计费，为学校节约审计费开支约 11.5 万元。

（二）进行经济合同审计

经济合同审计从 2005 年开展以来，就列入学校的常规审计项目，通过审核经济合同约定事项的立项及采购程序的合法性，合同内容的严谨性，来对学校的货物、工程及服务等重大经济活动事项的运作情况进行事前审计，以保证学校大的财务收支的合法、真实，同时促进学校内部控制得以加强。2011 年完成经济合同审计事项 502 项，合同金额达 27513.95 万元，提出审计建议 1340 条被采纳。在加强部门内部监控，维护学校合法权益的同时，降低了学校经济的风险。

（三）开展效益审计

3 月，对学校后勤处下属的水电管理及维修服务中心、学生公寓园区、物业服务中心、交通运输服务中心、饮食服务中心这五个经济实体的目标任务完成情况及财务核算情况进行审计，检查学校下拨的承包经费使用的合法性、合理性和效益性，对审计中发现的问题提出整改建议，为确定下一年度后勤承包责任目标及学校下拨承包经费的额度提供参考。

（四）进行重大经济活动事项的审计监督

在物资和工程项目采购方面，积极参与，按照政府采购制度的有关规定，参与的招标、询价或竞争性谈判的过程监督工作，发现问题及时提醒有关部门，加以改进，尽可能参与每项经济活动的全过程，通过参与提供服务，通过服务加强监督，切实维护了学校的利益。今年审签的专项科研项目 11 项。

三、加强审计队伍建设

学校审计室重视审计队伍建设，配备了所需相关专业的人员，审计队伍专业结构较合理。组织全体审计人员参加了相关的审计培训或会计学习，不断提高审计人员的政治素质与业务能力。鼓励审计人员开展审计理论和实际工作中的重点、热点、难点问题的研究，参加教育厅和审计协会教育分会编写《广西高校审计实务操作手册——预算执行与决算审计》。学校的内部审计工作得到学校党委和行政领导的关怀和高度重视，各职能部门对内部审计工作也给以大力支持和配合，开展的各类审计基本达到既定目标，对审计中发现的问题各部门都能积极落实整改，并逐步完善内部管理制度，如合同审计提出审计建议 1340 个，都被采纳。（吴旭桦）

督查工作

2011 年，督查办公室以邓小平理论和“三个代表”重要思想为指导，深入贯彻落实科学发展观，围绕学校中心工作开展督查活动，切实提高督查工作的针对性和实效性，确保上级、学校重大决策和重要工作部署贯彻落实到位。

一、完善制度抓督查

为建立健全督查工作制度，督查办公室组织各职能部门对 2006 年以来学校党委、行政颁发的制度性文件进行了全面梳理，编印了《广西民族大学制度性文件汇编（2006—2012 年）》。《文件汇编》根据文件内容的管理性质，分为党的建设与思想政治教育、综合管理、学科建设、教学工作、科研工作、研究生教育、学生工作、国际交流与合作、师资与人事工作、财务工作、审计工作、实验室与设备管理、后勤基建、档案管理等 14 个栏目，共 257 份，既方便各单位和广大师生学习、查阅和贯彻执行有关制度，又推进了学校管理制度化、规范化和科学化进程，形成有章可循、按章办事、规范高效的管理体制，为督查工作的顺利开展提供了科学合理的制度环境。

二、落实批件抓督查

督查办公室认真履行督查工作职责，凡上级重要工作部署、学校主要领导批示和交办的督查事项，均提出拟办意见，及时登记、立项和转办，逐件进行督查，逐项协调落实，确保督查事项事事有回音，件件有结果，从而使学校领导与师生交流沟通的渠道畅通。根据学校领导的批示，对师生反映的问题逐一跟踪督查，在认真调查了解的基础上，通过《督查通知单》的形式，对承办单位提出办理要求及承办时限，然后进行中期督查，主要了解办理进度或办理中是否存在困难，最后对照问题逐项检查，督查办理结果。在督办过程中，虚心听取相关部门的意见，找有关人员谈话，查看原始材料，找出问题产生的原因，督促相关部门作好整改措施，直至问题得到解决。2011 年，共督办各类批件 50 余件。

三、创新方式抓督查

把督查和调研、书面督查与实地调查、一次性督查和全程跟踪督查结合起来，创新督查方式，实现由被动督查向主动督查转变，由独立督查向合力督查转变，由实地督查为主向电话督查、跟踪督查、暗访督查相结合转变，由突击性、阶段性的督查向制度化、经常化督查转变，切实推进了督查工作的顺利开展。（韦惠文）

队伍建设与人事管理

师资队伍建设

2011年学校积极迎接博士点中期评估工作，为配合博士点建设，鼓励有资历的教师申报区内外高校博士生导师，截至2011年底，已有17位教师被聘为外校博士生导师。学校于2011年5月成立中国科学院成都计算机应用研究所博士后流动站广西民族大学科研基地。

学校列支50万元作为年度师资培训专项经费，派出教职工攻读国内定向或委托培养博士4人，国外博士1人，国内访问学者4人，国外访问学者8人。

加强骨干教师培养工作，推荐优秀教师申报自治区及国家留学基金委相关项目，有2人入选国家留学基金委出国留学项目，3人入选2011年西部地区人才培养特别项目，4人入选广西2011年财政资助出国留学项目，1人入选2011年地方自筹经费公派出国项目。另有6人入选2011年广西高等学校优秀人才资助计划。

完善规章制度，修改教师学术假制度，印发《广西民族大学教师学术假实施办法》，全年安排1人享受教师学术假。修改青年教师导师制度，印发《广西民族大学青年教师导师制实施办法》。

不断拓宽人才利用渠道，聘请兼职教授、名誉型教授共11人。做好人才稳定工作，兑现引进或学成回校博士的相关待遇。

组织教师参加教师资格技能考试，并为62位符合条件的教师成功地申报高校教师资格证。加强教师外语能力培训，举办第三期教师外语培训班，开设英语、泰语、越语三个语种课程，有近50名教师报名参加培训。加强教师思想道德政治教育，组织15名教师参加优秀教师先进事迹视频报告会，组织30名辅导员参加广西科学道德和学风建设宣讲教育活动。

学校师资队伍建设得到了加强。截至2011年12月，学校有专任教师710人，占在职教职工总数的58.34%。学历结构方面，具有研究生学历的有500人，占教师总数的70.42%；具有硕士学位的有302人，占教师总数的42.54%；具有博士学位的有179人，占教师总数的25.21%。职称结构方面，专任教师中正高154人、副高216人、中级272人占教师总数的比例分别是25.21%、30.42%、38.31%；在年龄结构方面，教师的平均年龄为41岁，教授的平均年龄为50岁，副教授的平均年龄为43岁。（*赵磊岩*）

资料1　2011年学校专任教师名单(710人)

政治学与国际关系学院(39人)：

陈　强　陈　琼　陈元中　陈　媛　程翠平　程林辉　崔晓麟　邓艳葵　樊端成　高剑平
何龙群　贺争平　黄　骏　黄雅丽　李艾丽　李建光　李玉玲　廖业扬　刘国彬　刘　佳

龙启平　莫放春　农　莹　庞明珍　曲用心　宋朝光　覃殿益　覃慧芳　覃青必　唐荣双
唐贤秋唐展风　韦汉军　韦有多徐江虹杨宏郝　詹永媛张　强　周志武

法学院(25 人)：

邓崇专　何立荣　黄中显　蒋鸣湄　李立景　李远龙　刘　珊　鲁学武　陆镇养　蒙晓毅
农晓霞　齐爱民　秦莉佳　覃晚萍　谭　洁　唐国军　吴远负　伍光红　徐黎明　杨凤宁
杨红文　张春林　张显伟　周喜梅　朱继胜

管理学院(44 人)：

包学雄　陈路芳　陈桃红　陈永清　陈　勇　崔万安　凡兰兴　冯奕强　何致武　胡　佳
黄世喆　黄夏基　蒋丽霞　蓝巧燕　黎　平　李国祥　李　俊　李　涛　李田香　李伟山
李　先　李珍刚　梁　涛　刘二丽　刘宏盈　罗贤春　吕本勋　罗银鹤　麻新纯　马　楠
潘炳至　庞文军　孙大英　唐剑辉　唐小林　张　华　张瑞梅　张升飞　张小艳　张新文
郑　慧周　澜　朱环新　邹　源

商学院(41 人)：

陈正波　东　方　高　歌　何朝秋　何晓岚　胡　超　黄素心　旷　乾　李　畅　李从政
李菁菁　李雪岩　李振艺　梁冬梅　廖东声　廖万红　刘远震　刘志雄　陆壹东　蒙菊花
彭　振　秦小辉　任剑波　石建斌　覃毅延　唐　黎　唐连生　田　涛　王新哲　王　玥
韦桂红　韦　韡　文　岚　谢焕文　谢学兴　徐李桂　许登峰　尹叶青　张　宏　张　娟
周锰珍

文学院(80 人)：

蔡勇庆　陈成才　陈金文　陈丽琴　单　辉　董迎春　范秀娟　冯仲平　海柳文　何山燕
何　霜　黄秉生　黄国春　黄可兴　黄平文　黄任忠　黄晓娟　蒋新平　焦亚东　金　丽
康忠德　蓝芝同　雷晓臻　黎曙光　李大西　李惠玲　李谟润　李启军　李运抟　李忠敏
李宗宏　林余荫　刘长荣　刘　华　卢勇斌　陆凌霄　陆晓芹　陆卓宁　吕瑞荣　吕书宝
吕晓燕　罗红流　马卫华　马现诚　蒙银菊　蒙元耀　苗　军　欧宗启　盘美花　丘　冬
申扶民　石天飞　唐谊军　汪业全　王尔勃　王　芳　韦顺莉　韦文安　魏继洲　吴爱月
吴大为　吴纪梅　吴健玲　吴　兰　吴小奕　伍先华　颜色星　杨宁宁　袁鼎生　翟　红
翟鹏玉　张国安　张景霓　张小克　张永刚　张泽忠　张柱林　赵　筠　赵益贵　钟乃元

外国语学院(104 人)：

闭思滨　岑新明　陈金红　陈艳艳　陈有金　寸雪涛　邓　涛　耿慧蓉　朱利平　韩倩兰
韩艳妍　何云燕　何转红　贺小燕　黄贵燕　黄伟生　黄伟伟　黄小平　黄小萱　黄秀莲
贾　芝　江　敏　赖　桃　蓝艳芳　雷　丹　黎　莉　黎巧萍　李　静　李丽娟　李　娜
李　雪　李一丹　李　英　李芝燊　梁茂华　梁　远　林　莉　林　琳　零宏惠　刘芳琼
刘　瑞　刘雪芹　刘业信　刘志强　卢建家　陆卓明　鹿一琳　吕　兰　罗　明　罗文青
欧江玲　欧　曼　潘华慧　潘克建　容　曙　施修丽　苏剑芳　粟　芳　粟培田　覃　红
覃修桂　覃秀红　覃　翊　谭敏冬　唐　虹　唐　玮　唐小诗　唐秀现　唐秀珍　陶　红
王海玲　王文娟　韦长福　韦凡州　韦锦泽　韦树关　卫彦雄　翁　平　吴岸燕　吴国胜
吴金明　伍　琼　肖　昉　谢少万　谢　英　谢智乐　徐创新　徐　颖　杨莉灵　杨令飞
杨　宁　杨万洁　杨晓强　姚小文　游辉彩　余　越　张建英　赵　欢　赵维伟　郑相斌

钟小佩　周　洁　周　洁　周　彦

民族学与社会学学院(39 人)：

冯朝亮　甘品元　龚永辉　郭　亮　郭维利　郭云涛　何西湖　胡小安　黄家信　黄兰红
黄雁玲　赖莉云　李富强　廖建夏　刘建民　吕俊彪　罗宗志　莫金山　欧世健　潘　岳
秦红增　覃慧宁　覃主元　谭　萍　谭正伟　唐晓涛　滕兰花　王柏中　王耿红　韦丹芳
吴国富　肖宏发　谢崇安　玉时阶　张丽君　郑维宽　郑一省　周建新　周　婷

理学院(55 人)：

班陈隆　曹敦虔　陈　静　陈向阳　邓艳平　韩道兰　何崇南　何登旭　何良明　何燕和
侯显学　黄敬频　黄学宁　蓝　奇　蓝师义　蓝永红　黎进香　李雪梅　李耀俊　李招文
梁济仁　梁建烈　梁莉莉　刘焕文　刘晓冀　刘振海　卢卫君　蒙洁丽　莫晓华　农吉夫
欧业林　潘身明　覃　钢　覃健生　容志毅　苏长鑫　谭福锦　唐国吉　唐铁媛　汪常明
王云葵　王志文　韦早春　吴致远　熊菊霞　崖立新　叶锦凤　尹彩流　曾令发　张树美
张　彰　赵　静　周　萍　祝金明　朱其明

信息科学与工程学院(56 人)：

冯　冰　何安平　何建强　贺忠华　黄开连　黄留佳　黄仁堂　黄天星　黄文钧　孔繁镍
李海滨　李为民　李　熹　李香林　李　燕　李映超　李永胜　梁　艺　廖海红　廖义奎
刘美玲　卢凤兰　罗丽平　罗万团　马伏花　孟华志　磨少清　莫武中　莫愿斌　潘彦燕
覃春芳　覃　冯　覃　晓　曲良东　史　丹　宋晓宇　汤卫东　王　永　王　勇　韦卫星
韦文山　韦艳艳　文　勇　吴尽昭　谢宁新　宣士斌　杨世瀚　张安华　张超群　张纲强
张桂芬　赵迎新　赵元庆　周　卫　周永权　潘李宜基

软件学院(11 人)：

陈尚飞　陈晓华　窦登全　葛丽娜　黄　勇　黄珍生　梁美珍　刘　勇　罗淇方　莫靖林
吴礼燕

化学化工学院/海洋与生物技术学院(50 人)：

白丽娟　邓光辉　刁开盛　冯　宇　韩燕燕　何秀苗　胡玉平　黄道战　黄奇良　黄　钦
黄在银　黄忠京　姜明国　蓝虹云　蓝丽红　蓝　平　雷福厚　李　媚　李小燕　廖安平
廖海达　廖艳娟　林日辉　刘　宝　刘红全　刘绍刚　刘祖广　卢彦越　聂园梅　申利群
谭学才　唐世华　吴　健　吴如春　武　波　夏　璐　谢　涛　杨立芳　姚先超　姚兴东
叶　芬　尹显洪　余会成　袁爱群　张卫民　钟　磊　钟莲云　周　桂　周菊英　周泽广

体育与健康科学学院(43 人)：

柴　萍　陈凤珍　陈支越　戴友胜　方文宇　何江川　何珂峻　何　林　何卫东　黄　河
黄杰聪　姜　钊　蒋东升　蒋心萍　李　娟　李荣源　梁　锋　梁路军　凌　齐　刘德琼
刘靖南　马　军　蒙昌勇　莫再美　邱红霞　沈雪松　施　展　石　俭　孙新宇　覃明路
王超聪　王敬浩　王　徽　韦江华　吴惠卓　吴健俊　伍广津　徐　波　杨　放　余文军
张一文　赵学森　周　园

艺术学院(43 人)：

安　静　陈艺峰　陈　中　陈中华　董斌斌　杜宗景　伏　虎　符　艺　龚丽娟　郭　雅
何　江　黄　宪　李达旭　李飞锐　李　宏　李　俊　李　琳　李绍渊　李文超　毛　艳

邱　萍　苏燕玲　孙　进　覃慧敏　覃媛元　唐　力　涂　超　万益杰　王伟超　韦　浩
文　嫚　文　萍　巫　诺　吴金琳　吴宁华　吴　巧　杨冬燕　杨汉军　杨学明　易嘉勋
尹　力　张　磊　周天一

教育科学学院(14 人):

李枭鹰　梁洪坤　林琼芳　农　正　欧阳常青欧以克　潘晨璟　唐德海　唐定财　唐　健
王喜娟　韦克平　钟海青　周海华

东盟学院(2 人):

陈丙先　滕成达

国际教育学院(24 人):

蔡晓碧　陈海丽　陈嘉逸　陈孝玲　董海伟　桂春芳　何　东　何　卫　郑小圆　雷伟中
刘艳霞　庞丽华　彭　臻　蒲春春　时昌桂　宛风庆　王　晖　王　蕾　韦翠梅　韦红萍
熊　琦　杨君楚　张群芳　张晓勤

预科教育学院(40 人):

陈　燕　陈　莹　邓家芳　樊爱琼　樊常宝　何　毅　贺仁初　黄永彪　蒋远鸾　雷　芸
黎　旦　李　华　梁丽杰　梁元星　梁振桂　林志杰　卢静宝　陆广文　陆艳云　陆映红
满若君　蒙江凌　蒙良秋　慕玉兰　潘洪湄　盘鹏慧　容学德　沈彩霞　覃炳荣　覃梅溪
覃文娟　温　颖　巫　莉　谢　铭　杨柳青　杨社平　赵留美　周国平　周轶文　朱　晨

资料 2　2011 年学校在职教授（研究员、研究馆员、编审、一级演员、一级作曲）名单(183 人)

（按姓氏笔画排序）

政治学与国际关系学院(17 人):

韦有多　邓艳葵　刘国彬　曲用心　何龙群　陈元中　陈　媛　陈　琼　贺争平　唐贤秋
高剑平　崔晓麟　黄　骏　程林辉　覃殿益　廖业扬　樊端成

法学院(7 人):

齐爱民　李远龙　李立景　何立荣　杨红文　张显伟　唐国军

管理学院(11 人):

包学雄　李珍刚　何致武　陈　勇　陈永清　陈路芳　张新文　麻新纯　崔万安　黄世喆
黄夏基

商学院(6 人):

王新哲　文　岚　旷　乾　周锰珍　高　歌　廖东声

文学院(38 人):

马现诚　王尔勃　韦顺莉　冯仲平　申扶民　吕书宝　吕瑞荣　李大西　李启军　李运抟
伍先华　陆卓宁　杨宁宁　陆凌霄　陈丽琴　陈金文　汪业全　张小克　张景霓　张泽忠
张柱林　张国安　苗　军　金　丽　范秀娟　欧宗启　海柳文　袁鼎生　唐谊军　黄秉生
黄晓娟　黄平文　蒙元耀　焦亚东　蒋新平　黎曙光　蓝芝同　翟　红

外国语学院(12 人):

韦树关　邓　涛　杨令飞　苏剑芳　周　彦　罗文青　钟小佩　陶　红　黄秀莲　梁　远　谢少万　覃修桂

民族学与社会学学院(12 人):

王柏中　玉时阶　吕俊彪　肖宏发　周建新　郑一省　唐晓涛　秦红增　龚永辉　黄家信　谢崇安　覃主元

理学院(13 人):

王志文　刘振海　刘晓冀　刘焕文　李招文　何良明　吴致远　欧业林　容志毅　黄敬频　梁建烈　蓝师义　谭福锦

信息科学与工程学院/软件学院(6 人):

王　勇　李为民　吴尽昭　周永权　宣士斌　葛丽娜

化学化工学院/海洋与生物技术学院(23 人):

邓光辉　尹显洪　李小燕　刘祖广　吴如春　何秀苗　武　波　周　桂　张卫民　姚兴东　姜明国　袁爱群　夏　璐　唐世华　黄奇良　黄在银　黄忠京　雷福厚　蓝　平　蓝虹云　谭学才　廖安平　廖海达

艺术学院(4 人):

韦　浩　苏燕玲　易嘉勋　唐　力

体育与健康科学学院(11 人):

马　军　王敬浩　伍广津　刘靖南　刘德琼　李荣源　何江川　杨　放　黄杰聪　黄　河　蒋心萍

教育科学学院(5 人):

李枭鹰　欧以克　欧阳常青　钟海青　唐德海

东盟学院(2 人):

何登旭　黄兴球

国际教育学院(1 人):

张晓勤

预科教育学院(1 人):

林志杰

学工处(1 人):

胡牧君

教务处(1 人):

赵　颜

科研处(1 人):

陆世宏

图书馆(3 人):

李冠盛　苏瑞竹　骆柳宁

学报编辑部(3 人):

韦光化　方丽菁　廖智宏

民族研究中心(2 人):

李富强　莫金山

文学影视创作中心(3 人):

田代琳　黄佩华　樊一平

资料3　2011 年校外聘请广西民族大学教师名单(按拼音顺序排列)

序号	姓名	聘任单位	聘任职务	聘任日期
1	范宏贵	广西艺术学院	客座教授	2009.10—2014.9
	范宏贵	广西财经学院	客座教授	2010.11—2013.11
	范宏贵	南宁市社会科学院	特邀研究员	2010.5—2012.4
2	何龙群	中央民族大学	兼职博导	2009.9—2012.8
	何龙群	广西区党校	客座教授	
3	蒋心萍	广西体育高等专科学校	兼职教授	2009.10—2012.9
4	雷福厚	广西大学	兼职博导	2010.7
5	李富强	南宁师范高等专科学校	客座教授	2008.11
6	李运抟	湖南师范大学	兼职博导	2006.7
7	李珍刚	广西大学	兼职教授	
8	廖安平	广西大学	兼职教授	2010
9	刘焕文	湘潭大学	兼职博导	2005.9
10	刘振海	中南大学	兼职博导	2005.4
11	陆卓宁	首都师范大学中国女性文化研究中心	特约研究员	2010.7
12	吕书宝	东北师范大学	兼职博导	2011.11
13	蒙元耀	中央民族大学	兼职博导	2009.9—2012.8
14	齐爱民	重庆大学	兼职博导	2006
15	秦红增	中山大学	兼职教授	2009.2—2012.1
	秦红增	云南大学西南边疆少数民族研究中心	特聘研究员	2008.4—2012.4
	秦红增	中央民族大学	兼职博导	2009.9—2012.8
16	容志毅	四川大学道教与宗教文化研究所	兼职博导	2007.9
17	万辅彬	中国科学院自然科学史研究所	兼职博导	2010.5—2013.5
18	韦树关	上海师范大学	兼职博导	2010.6
	韦树关	中央民族大学	兼职博导	2009.9—2012.8
19	武　波	广西大学	兼职博导	2003.5
20	吴尽昭	北京交通大学	兼职博导	
	吴尽昭	中科院成都计算所	兼职博导	

序号	姓名	聘任单位	聘任职务	聘任日期
	吴尽昭	兰州大学	首席教授	2005—2011
21	袁鼎生	云南大学	兼职博导	2005. 6
	袁鼎生	广西教育学院	兼职教授	
	袁鼎生	贵州大学	客座教授	2010. 3—2013. 3
22	钟海青	中央民族大学	兼职博导	2009. 9—2012. 8
	钟海青	中央民族大学	“985 工程”外聘专家	2011. 11—2014. 10
23	周建新	中央民族大学	兼职博导	2009. 9—2012. 8
24	周永权	河池学院	兼职教授	2008. 10—2011. 11

资料4　2011 年学校聘请外籍教师名单

序号	姓　名		性别	国籍	学位	课程
	英文	中文译名				
1	Florent Didier Claude Dubreuil	佛朗·杜伯奕	男	法国	硕士	法语
2	Noraini Binti Abd Hamid	诺艾妮	女	马来西亚	学士	马来语
3	Waddy Thwin	杜瓦底敦	女	缅甸	硕士	缅语
4	San Sothrathana	珊·索拉塔娜	女	柬埔寨	本科	柬语
5	Pham Thi Hong Nhung	范氏红绒	女	越南	在读硕士	越南语
6	Viengsavanh Saysouma	文沙婉·塞苏玛	女	老挝	硕士	老挝语
7	Meli	刘美丽	女	印度尼西亚	硕士	印尼语
8	Angelia Widiyanti	颜南岭	女	印度尼西亚	硕士	印尼语
9	Nantakard Lakana	娜塔卡·拉卡娜	女	泰国	硕士	泰语
10	William Warner Chamberlain	钱伯伦·威廉华纳	男	美国	学士	英语
11	Truong Nhat Vinh	张日荣	男	越南	学士	越南语
12	Karunaraj Retnanandam	瑞特那南达姆·卡鲁恩吉	男	英国	学士	英语
13	Nguyen Thi Huyen Giang	阮氏玄江	女	越南	硕士	越南语
14	Piyanuch Petchyen	毕雅奴·培妍	女	泰国	学士	泰语
15	Sucipto	苏吉布托	男	印度尼西亚	硕士	印尼语
16	Jeffrey Lynn Bullock	杰弗里·布罗克	男	美国	学士	英语
17	Tran Thi Phuong Thuy	陈氏凤翠	女	越南	学士	越南语
18	Passorn Phiwkhaw	帕宋·批考	女	泰国	硕士	泰语
19	Hoang Thi Duyen	黄氏缘	女	越南	硕士	越南语
20	Brian Bunyard	布莱恩·班扬	男	南非	学士	英语

资料5 2011年学校享受政府特殊津贴人员名单

钟海青 何龙群 袁鼎生 欧业林 李冠盛 刘振海 吴尽昭 田代琳 万辅彬 徐方治
黄天源 范宏贵 朱慧珍 张有隽 徐治平

资料6 2011年学校外聘兼职(客座)教授名单

姓　名	所在单位	专　业	职务、职称	聘任类型	备注
白先勇			作家	名誉教授	硕士
陈林杰	广西区委党校	政治经济与行政管理	副校长、教授	客座教授	
陈鋈鋆	香港高等法院大律师	商业法	大律师	名誉教授	硕士
杜进森	越南社会科学院	历史学	所长、高级研究院、副教授	名誉教授	博士
范志新	河北工业大学	液晶材料及器件	教授	兼职教授	博士
干胜道	四川大学	会计与财务管理理论	博导、教授	名誉教授	博士
谷昭民	中国法学会对外联络部	法学、公共管理、外语	中国法学会对外联络部主任	客座教授	硕士
贺圣达	云南省社会科学院	东南亚史	研究员、博导	兼职教授	
贾丽军	中国卓越形象创意产业机构	广告学	硕导、高级工业设计师	兼职教授	
金湘军	广西玉林市委	公共管理	市委书记、研究员	名誉教授	硕士
敬一丹	中央电视台	播音与主持艺术	播音指导	客座教授	硕士
康　辉	中央电视台	播音与主持艺术	播音指导	客座教授	
李启瑞	广西日报传媒集团	新闻出版	董事长、总编辑	客座教授	
林怀勇	广西区党委办公厅	档案学	副主任、硕导、研究馆员	名誉教授	
刘　兵	清华大学	科学史	博导、教授	名誉教授	硕士
卢　红	中国科学院	高能物理	博导、研究员	名誉教授	博士
卢天宝	越南国家民族委员会	民族学	副院长、硕导	名誉教授	博士
Martin Heeney	英国帝国理工大学	有机化学光电材料	博导	客座教授	博士
潘文雄	越南国家民族委员会	管理学	院长、硕导	名誉教授	博士
品颇·班雅努冯				名誉教授	
齐建国	中国外交部	外交学	中国原驻越南大使(副部级)	名誉教授	
王秀飞	北京浦然铁路制动科技有限责任公司	材料学、摩擦材料	总工程师、高级工程师	兼职教授	博士
吴新民	北京石油化工学院	材料化学	硕导、教授	兼职教授	博士
吴新兴	台湾南台科技大学	政治学	副校长、教授	名誉教授	博士
徐新义	美国加州州立大学北岭	公共管理、组织行为学	教授	客座教授	博士
叶宝赫	老挝司法部	政治学	部长	名誉教授	博士
曾永森			世界华人联合总会永远名誉主席	名誉教授	

姓　名	所在单位	专　业	职务、职称	聘任类型	备注
张　颂	中央传媒大学	播音与主持艺术	博导、教授	客座教授	
张泽洪	四川大学	中国少数民族宗教	博导、教授	兼职教授	博士
赵德明	广西壮族自治区金融工作办公室	金融学	高级经济师	兼职教授	
周大荒	美国周氏兄弟艺术中心	美术		客座教授	
周山作	美国周氏兄弟艺术中心	美术		客座教授	
庄国土	厦门大学南洋研究院	东南亚、华侨人研究	院长/会长、教授、博导	兼职教授	博士

资料7　2011 年学校教师技术职称结构表

职　称	正高级	副高级	中　级	初　级	无职称
人　数	154	216	272	19	49
合　计	710				

资料8　2011 年学校教师学历结构表

学　历	研　究　生				本　科		专科及以下
	博士研究生		硕士研究生		硕士学位	学士学位	
	学历	学位	学历	学位			
	179	179	321	258	43	120	22
合　计	500				188		22
总　计	710						

资料9　2011 年学校教师年龄结构表

项　目	小计	30 岁及以下	31 至 35 岁	36 至 40 岁	41 至 45 岁	46 至 50 岁	51 至 55 岁	56 至 60 岁	61 至 65 岁	66 岁及以上	平均年龄
合　计	710	87	116	154	122	136	46	42	6	1	41
其中：女	320	66	65	83	51	36	10	8	0	1	38
正高级	154	0	0	8	29	58	24	28	6	1	50
副高级	216	5	20	54	51	55	19	12	0	0	43
中　级	272	35	80	87	42	23	3	2	0	0	37
初　级	19	9	5	5	0	0	0	0	0	0	32
无职称	49	38	11	0	0	0	0	0	0	0	29

人事管理

2011 年，学校在职在编教职工总人数为 1217 人。

第一，在学校领导的具体部署下，人事处不断深入贯彻落实科学发展观，进一步加大了引进和培养学科带头人和学术骨干力度。在编制有限的情况下，优先考虑重点学科、重点实验室、特色学科、新兴学科等学科团队的人才引进，努力造就一批创新人才队伍。

第二，认真贯彻落实国家、自治区事业单位人事制度改革政策，进一步规范学校人员公开招聘、考核、录用程序，不断提高干部人才队伍整体素质，修订出台了《广西民族大学 2011 年公开招聘人员实施办法》。

第三，根据自制区人社厅关于高校岗位设置的新要求，完成了学校首次岗位设置的工作。学校首次设置岗位总量为 1268 个，在编人员 1134 人将全部纳入岗位设置管理。在本次岗位设置管理工作中，学校坚持以自治区编办下达岗位控制数和标准比例作为岗位设置管理的发展方向，尊重目前实际情况，逐步实现标准设置管理。根据实际情况和工作需要，本次岗位设置管理岗位 215 个；专业技术岗位 846 个；工勤技能岗位 81 个。2006 年 7 月 1 日以后退休专业技术人员首次聘用调整岗位高级专业技术岗位 64 个；中级岗位 9 个；初级岗位 4 个。

第四，做好各类人才招聘、引进工作。根据学校岗位设置及编制使用计划，认真组织实施 2011 年岗位招聘计划。2011 年共引进了 11 名博士。同时，在学校引进人才经费紧张的情况下，积极对引进的人才做好服务及解释等工作，在学校同意的情况下积极为引进人才落实各项待遇，使引进人才能安心开展教学、科研工作。在公开、公平、公正、择优的招聘原则下，圆满完成了本年度管理、教辅和专任教师岗位的公开招聘工作，本年度共招聘人员 37 人，招聘过程严格按照程序进行，没有出现违规现象。

第五，按照《中华人民共和国劳动合同法》及学校有关规定，不断完善学校用工制度。认真做好学校编制外聘用各类人员的招聘、管理和考核、续聘工作，本学期共为 307 人次的编制外聘用人员办理了相关手续。同时认真处理出现的一些人事争议、仲裁等，努力营造和谐的校园氛围。

第六，认真做好学校人事调配、借调、退休、辞职等工作。2011 年共办理入编 37 人(其中博士 12 人)；出编 31 人，其中辞职 5 人，退休 26 人。

第七，认真组织并完成上级部门开展的各项推荐工作。根据上级部门的文件精神，共组织了第十四批“广西新世纪十百千人才工程”第二层次人选、第四批自治区级人才小高地、第一批八桂学者、特聘专家、广西“十百千”拔尖会计人才(学术类)选拔培养对象等多个部门组织的推荐和招聘工作。经推荐申报，学校中国东盟关系研究岗位聘任了八桂学着庄国土教授、混杂计算与集成电路设计分析岗位聘任了八桂学者宋晓宇教授，中国南方与东南亚民族研究岗位聘任了特聘专家周建新教授。学校推荐申报的教育厅人才小高地创新团队“化学与生物转化过程技术”获得批准，廖安平教授成为创新团队带头人。

第八，认真做好人事的其他各项工作。包括做好人事信息管理工作，及时更新教职工数据库，为各单位提供教职工信息查询服务。做好教职工的考勤管理、年度考核工作，评选 2009 — 2011 年学校“优秀教师”和“优秀教育工作者”，共评定“优秀教师”36 人、“优秀教育工作者”33 人，同时做好年鉴、校史编写、年度预算内引进人才经费和教职工培训费的管理和使用、教职工的出国出境政审工作、开具证明等各项日常工作。 （吴雄祥）

劳资、津贴、福利、社会保障管理

学校2011年劳动工资、津贴、福利、社会保障工作认真贯彻执行国家政策和法律法规，切实维护职工的合法利益。

一、职工工资收入水平

2011年支付全校在职教职工年工资总额为8004万元，年人均工资为5.11万元；支付离退休人员年离退休费为2264.1万元，年人均离退休费为3.5万元。

二、工资管理、发放工作

第一，根据自治区人事厅2011年电话通知精神，审核发放了538位退休老同志2010年的生活补助费。审核发放1207位在职人员的2011年终一次性奖金。根据桂政发〔2006〕50号文件精神，审核发放了2011年1月正常晋升一级薪级工资1151人。

第二，根据桂老通字〔2009〕4号文件精神，为学校符合条件的1位离休干部调整了护理费；审核发放了2011年度离休老干部1个月至2.5个月的生活补贴。

第三，根据自治区人社厅批复的学校岗位设置的结果上报1212位教职员工的工资兑现；计发了2011年20位退休人员的退休工资，使这些同志能心情舒畅的离开工作岗位，安度晚年。

第四，整理打印2011年在职人员工资变动审核表共计2383份。

三、完善岗位津贴实施办法，做好津贴发放工作

第一，岗位津贴发放工作。继续实行《广西民族大学岗位津贴实施办法》，完善二次分配制度。2011年度共计发放岗位津贴3242.8万元。

第二，做好非通用语种教师津贴、学科带头人津贴、实验人员保健津贴、档案人员保健津贴、拔尖创新人才补贴、博士生导师津贴、青年教师导师津贴等津贴的发放工作。

四、加强福利费管理和使用

本着管好用对的原则，进一步规范职工福利费的使用范围和开支标准。2011年支付看望生病住院职工慰问金、职工生活困难补助、召开职工座谈会、职工健康体检等福利开支共计19.72万元；支付教师节慰问金、“六一”儿童节慰问金、春节慰问金共计123.6万元；发放18位2011年去世教职工的抚恤金共计47.68万元；根据桂人发〔2007〕117号文件要求，调整24位遗属的生活困难补助标准，按时发放遗属生活困难补助共计11.35万元。

五、社会保障方面的工作

完成了2011年度南宁市养老、工伤、生育保险缴费基数的申报、核定工作，参加南宁市社保养老、工伤、生育险基数申报、核定的职工总人数78人；完成了2011年度区社保医疗、失业、养老、工伤、生育保险缴费基数的申报、核定工作，参加区直基数申报、核定的教职工总人数2323人。办理基本医疗的人员变动及新增人员总共100人次，其中办理在职在编人员的办证、办卡工作，共计27人次，办理了新聘的73位编制外聘用人员的五项保险及办证办卡；办理医疗保险变化总人数169人；办理养老、失业、工伤、生育保险增减变化总人数280人次，其中办理解除劳动合同或辞职的157位编制外人员的五项保险的停保报表工作，以及为他们办理终止或解除劳动合同证明，并为符合条件的11人办理失业救济金的申报及办证工作；办理了在职转退休保险变动及在职转退休人员的医疗证更改共计23人，办理医疗报销及17位逝世人员的医保个人账户的继承及报销手续，办理医疗保险住院报销、医疗保险资金转移或继承总共48433.47元；办理申报养老退休手续2人；办理编外聘用人员的养老关系转移手续，办理了异地居住、异地就诊人员医疗费报销和2010年度大额医疗费用补助报销；核对并分发2011年养老对账单668人次，办理编制外人员的工伤待遇申报5人次，职工享受工伤保险待遇3035.4元；办理编制外人员的生育待遇申报22人次，职工编外聘用人员享受生育保险待遇合计126384.8元；办理每月医疗、失业、养老、工伤、生育保险的对账、转账，2011年转账合计是8553519.87元；为12户家庭生活困难的职工或家属按季度申报最低生活保障的工作；组织教职工进行健康体检共计1454人。（卢俊华　杨素贞）

技术职称评聘

一、职称评审工作

截至2011年12月31日，学校共有专业技术人员1174人，其中正高163人，副高290人，中级533人，初级73人。

2011年共有135人申报职称。其中申报正高34人，通过20人，通过率58.8%，教授通过15人、研究员3人、编审1人；申报副高54人(含校内评审20人)，通过30人，通过率55.6%，副教授通过25人(含校内评审通过10人)、副研究员1人、高级工程师1人、高级实验师3人；申报评审中级职称33人，通过17人，通过率51.5%，讲师通过7人、助理研究员8人、馆员1人、幼儿园高级教师1人。转正定职12人，通过8人，通过率66.7%。

二、学校自主评审副教授工作

2011年，参加校内副教授评审的参评人员共有20人，申报学科包括马克思主义理论、民族学、科学技术史、中国语言文学、外国语言文学、数学等8个学科。经过学科整合分为4个学科小组进行评审推荐，最后提交到学校副教授评审委员会审议，共评审通过副教授10人。

三、职称日常管理工作

第一，公布资格和办证工作。下文公布2010年度各类晋升专业技术职称的人员74人次，集中办理全校专业技术资格证书高级49本，中级22本，初级3本，并对通过讲师、助教评审会的25名专业技术资格人员进行职称证书统一编号。

第二，职称考务工作。通知专业技术人员参加全国职称外语考试、计算机应用能力考试；通知有关人员参加经济、会计、出版专业技术资格考试。

第三，调整基层审议推荐小组成员。共成立16个基层审议推荐小组，负责组织88名申报高级专业技术资格人员进行答辩，并对本单位申报人的材料进行审议和推荐。

第四，论文鉴定工作。2011年，累计送给校内专家鉴定论文代表作87份，其中本校送审论文鉴定34份，接收校外送来论文鉴定53份。

第五，调整学校各级评审会成员并组织召开评审会议。学校审议推荐小组会议审议申报人员123名，通过103名；学校讲师评审会议评审申报人员10名，通过7名；学校转正定职会议评审申报人员12名，通过8人。

第六，更新职称数据库。根据学校人员岗位变动、调进调出、学历学位、专业技术人员职称（职务）变动、离退休等情况，每月及时更新职称数据库，并协助人事科做好聘任和聘后考核管理工作。

第七，文件归档。收集整理2011年度上级部门下发文件39份，学校职改文件23份，并统一进行了归类编目，部分材料按要求分别移交综合档案室和人事档案室保存。（唐冬琳　潘小灵）

人事档案管理

2011年，人事档案室共收集、补充归档材料4139份，受理借阅查阅档案644人次，接收调入人员档案36袋，转出工作调动、就学政审档案及厅级干部和聘用人员归档材料11袋，整理装订档案33卷。

人事档案室总面积54.6平方米，专用库房面积41.2平方米。至2011年底，广西民族大学人事档案室库存档案2093卷，其中：在职干部档案1129卷，在职工人档案76卷，离退休干部工人档案636卷，死亡人员档案252卷。（朱丹华）

资料10　2011年学校教职工结构状况统计表

项目	合计	女	少数民族	中共党员	博士	硕士	研究生	大学本科	大学专科	中专	高中及以下	35岁以下	36岁至40岁	41岁至45岁	46岁至50岁	51岁至54岁	55岁以上	
总计	1217	568	516	689	183	442	695	354	107	14	47	351	227	202	246	75	116	
管理人员	220	87	106	194	7	80	125	59	30	2	4	77	32	39	29	13	30	
专业技术人员	高级职务	420	147	180	242	142	89	260	130	29	1	0	27	68	87	139	39	60
	其中：正高级职务	155	35	54	99	69	26	102	37	15	1	0	0	8	30	61	20	36
	中级职务	402	233	175	182	21	207	228	140	31	3	0	154	110	61	52	17	8
	初级职务	28	17	10	8	2	8	11	10	3	3	1	17	6	1	2	1	1
	未聘任专业技术职务	71	55	23	50	11	58	69	1	0	0	1	69	1	0	0	1	0
工勤人员		76	29	22	13	0	0	2	14	14	5	41	7	10	14	24	4	17

离退休工作

截至2011年12月31日，学校共有离退休人员641人，其中：离休干部29人，退休干部453人，退休工人156人，退职人员3人；90岁以上9人，80—89岁104人，70—79岁173人；具有副高以上职称181人，约占全部离退休人员的28%。2011年学校新增退休人员22人。

一、做好政治待遇和生活待遇落实工作

进一步加强同学校各单位的联系、协调和沟通，做好以学校为一级，各单位为一级的离退休人员两级管理工作。加强离退休党支部的建设，及时了解掌握离退休教职工党员的思想情况，协助离退休党支部开展创先争优等活动。1月11日，组织召开离退休代表迎春座谈会，校党委书记钟海青、副书记杨再延、副校长伍先华以及相关部门领导参加。3月23日，召开学校离退休工作会议，传达了自治区老干部工作会议精神，总结学校2010年离退休工作，安排部署2011年全校的离退休工作。3月30日和9月21日，组织召开学校情况通报会，校党委副书记杨再延向离退休同志通报学校有关情况。4月24日，组织老同志70余人游览南宁市的广西体育中心、孔庙、药用植物园等景点。4月27—28日，组织老同志300余人游览宾阳白鹤观、蔡氏古宅等景点，使老同志能够亲身感受到改革开放以来的发展成果和人民生活水平提高所带来的巨大变化。

不定期为居住在外地的老同志办理异地门诊、住院医疗费报销以及定点医院选择备案手续等，协调、帮助解决就医过程中遇到的问题，做好离休干部医药费节余金结转工作，全年共计为9位异地居住人员办理异地医疗备案年审手续，为21位老同志报销医疗费金额，报销金额17.2万多元；每月为全校离退休同志发放校内生活补贴，共享学校改革成果；2011年，学校向自治区人力资源与社会保障厅相关职能部门申领退休证100余本，办理39人次，使老同志充分享受国家对老年人的优待政策；按照《广西壮族自治区人民政府关于印发广西壮族自治区老年人优待规定的通知》等文件精神，为老同志办理高龄证222本；为90岁及以上老人办理寿星津贴，让老同志能够及时地享受到政府优待政策。5月份分五批做好离退休教职工健康体检工作。4月至5月，做好2006年7月1日工资制度改革后至2011年3月30日期间已办理退休手续的专业技术人员111人申报岗位等级工作。6月，积极落实中共中央组织部、财政部、人力资源和社会保障部联合下发的《关于提高离休干部生活补贴标准和扩大发放范围的通知》(组通字〔2011〕29号)文件精神，于“七一”前夕将离休干部增发的生活补贴划入个人交通银行卡中。

二、组织老同志开展丰富多彩的文体活动

元月7日晚，举办了离退休人员“庆回迁迎新春”文艺晚会；3月8日上午，组织女离退休教职工在老年活动中心开展庆“三八”麻将、乒乓球、门球等比赛；3月30日下午，组织老同志开展徒步走活动；5月中旬，承办区直地掷球西乡塘赛区比赛，学校老同志代表队获得区直第八名的好成绩；组队参加区直老体协举办的气排球、乒乓球比赛；7月7日老体协组织太极拳剑班学员外出参观学习；10月16日上午，承办区直机关老年人太极拳、剑比赛，学校老年代表队荣获太极拳第一名、太极剑第三名；10月19日，组织学校离退休教职工参加在农科院举办的区直健身球操比赛，获优胜奖；10月17—20日，组织参加西乡塘区举办的“庆国庆、重阳节暨西乡塘门区门球协会成立四周年”门球赛，学校老年代表队获第一名；11月2日，组织学校第十一届老年人运动会。

11月4日，组织由离退休教职工和部分教职工家属组成的太极拳表演队连续第三年在校运会开幕式上表演；11月10—11日，组织老体协委员赴桂北参观学习；11月25日，组织老年体协会员的门球、地掷球、气排球、乒乓球、羽毛球比赛；11月28日，组织学校第十二届教职工气排球比赛老年人赛区比赛；12月8日，校老年太极拳表演队应经济干部管理学院离退处邀请，参加经干院老年人运动会进行太极拳表演，受到一致好评；12月12日，组织校拳剑队参加区老年大学建校25周年文艺汇演。

三、办好老年大学，协助校关工委、校两“老协”等老年组织开展活动

校老年大学继续开设国画、歌咏、舞蹈、太极拳剑等课程，设6个班级134名学员参加学习。在物价居高不下的形势下，适时适当的调整老年大学学费和教师的课酬及交通补贴。10月至12月，围绕自治区老年大学25周年校庆和第二节文化艺术节开展一系列活动；10月15日，学校承办区直机关老年人太极拳、剑比赛，学校拳剑班学员获太极拳第一名，太极剑第三名；12月6日，组织老年大学领导班子成员、各班班长及书画研究会正副会长赴上林参观考察；12月21日召开广西老年大学民族大学分校建校20周年座谈会，会上表彰了学校老年大学5位荣誉学员、1个区老年大学先进班集体和23位区老年大学优秀教师、先进教育工作者、优秀班干部及优秀学员。全年共组织老年书画研究会会员到自治区、南宁市参观书画展3次。

3月28日下午，学校召开关心下一代工作会议。7月11日至12日，协助学校关工委组织30多人赴龙州、明仕田园开展为期两天的红色之旅活动。10月9日和11月15日，学校关工委和“两老”协举办纪念辛亥革命100周年专题报告会，邀请赵世怀副教授主讲。11月下旬—12月中旬，组织评选2010—2011年度学校关心下一代先进集体和先进个人。

5月27日和9月16日，组织召开两“老协”会员工作会议。9月28日，组织学校26名科技老寿星参加区老科协主办的“九九重阳敬老祝寿大会”。10月19日，协助校老科协邀请广西医科大学、广西中医学院、广西区妇幼保健院的知名医学专家十余人来学校义诊，学校有300多名教职工及家属参加了问诊、咨询；12月9日，组织两“老协”会员赴南宁城市规划馆参观改革开放成果。周光大教授的《现代民族学》专著获得2010年广西社科科研成果二等奖，农学冠教授的《岭南文化》专著获三等奖。

四、以庆祝建党九十周年为载体，开展一系列庆祝活动和走访慰问活动

6月17日晚，学校选送舞蹈《我的祖国，我的党》参加自治区老干部局举办的“‘颂歌献给党’全区离退休干部纪念中国共产党成立90周年文艺汇演”，取得优秀奖。7月1日晚，130多名离退休教职工参加学校庆祝中国共产党成立90周年“颂歌献给党”红歌比赛。参赛曲目《走向复兴》、《最好的歌儿唱给妈妈》在大礼堂的演出中获得一等奖；

6月8日上午，学校老年书画爱好者到广西大学参加“驻邕高校离退休教职工纪念建党90周年书画摄影作品展”开幕式，学校选送13幅作品参展；6月24日下午，由学校党委宣传部、团委、工会、离退处、关工委主办的“广西民族大学纪念中国共产党成立90周年的‘丰功90载’书画作品展”在科技楼一楼展出，学校老同志的49幅书画作品参展，校党委书记钟海青教授为书画展题词；7月7日，学校老年书画爱好者参加自治区老干部局举办的“全区离退休干部纪念中国共产党成立90周年书画摄影展”开幕式，学校有5幅作品入选；5月20日，由学校关工委主办、图书馆承办的纪念中国共产党成立90周年图片图书展在图书馆一楼开展，共展出400多幅图片、1000多册图书。

6月14日下午，自治区关工委、学校党委组织部和关工委共同主办庆祝建党90周年“学党史、颂党恩、跟党走”主题报告会，邀请自治区党校陈学璞教授作题为“艰难困苦风雨兼程走向辉煌”的报告，7月9日下午，校关工委召开专题学习会，学习贯彻胡锦涛总书记在建党90周年庆祝大会上的重要讲话精神。组织老同志参加学校纪念中国共产党成立90周年征文比赛，马伟鹗、梁小仲，刘贵在征文比赛中获特别奖。

“七一”期间，认真做好全校离休干部和困难离退休党员目前状况的调查摸底工作，制定《广西民族大学关于在中国共产党成立90周年之际开展走访慰问离休干部活动工作方案》，6月22日到7月1日，离退处陪同校党委书记钟海青，校长何龙群，副书记杨再延、武波，副校长贺争平、袁鼎生、伍先华、吴尽昭等8位校领导，到医院、家中走访慰问离休干部，送去中组部慰问信和慰问金等，感谢他们为国家和学校的建设发展做出的贡献，转达中共中央组织部、广西壮族自治区党委和学校的关怀与问候。对住在南宁市外的2名老干部，通过打电话或网络的形式致以问候。同时，自治区老干局抽调张新蕾同志参加全区老干系统开展的“进企业、送温暖、解难题”活动。

五、做好走访慰问等工作，构建和谐校园

做好常规走访慰问工作，重点做好春节和重阳节的走访慰问工作，平日深入到老同志中去，扩大走访面。全年共走访慰问住院老同志170人次；为80周岁、90周岁老人生日祝寿21人次，为90岁及以上老人办理寿星津贴；协助有关部门配合家属妥善处理15位去世老同志的后事。接待来电、来信、来访240次。

加大对异地居住老同志的生存状况调查，提高管理水平。根据《广西民族大学人事处关于加强离退休人员离退休费管理有关问题的通知》精神，离退处于4月中旬至5月中旬期间对各单位上报情况进行督促检查和进一步的核实，补充、更新了全校630多位离退休人员信息，核实清楚30多位信息不明确人员，暂停1位长期联系不上的老同志的退休金。

做好老同志校庆服装的询价采样、定版上报，危旧房改报名通报等工作。

六、加强老年活动中心管理等工作

在广泛征集意见的基础上，制定出《广西民族大学老年活动中心管理规定（试行）》、《阅览室管理规定（试行）》、《综合活动室管理规定（试行）》、《进入老年活动中心参加活动人员范围的规定（试行）》等相关管理制度，规范活动中心管理。

加强离退休工作的宣传，出版《离退休工作与生活》简报17、18期，老科协、老教协《简报》14期，采编有关新闻50余条。

办好老年阅览室，全年共为老同志订购报纸、杂志29种，为全校离退休同志订购老年知音、广西老年报、中国老年等杂志报刊642份。（张新蕾）

资料 11　2011 年学校离退处人员基本情况表

项目及内容				离休干部	退休人员		退职人员	合计	
					退休干部	退休工人			其中 2011 年退
现有人数				29	453	156	3	641	22
其中	行政	厅级	正厅		2			2	
其中	行政	厅级	副厅	1	4			5	
其中	行政	处级	正处	12	40			52	
其中	行政	处级	副处	4	34			38	2
其中	行政	科级	正科	4	38			42	2
其中	行政	科级	副科		9		1	10	2
其中	行政	科员			1			1	
其中	正高	教授		3	32			35	3
其中	正高	研究员			3			3	
其中	正高	其他							
其中	副高	副教授		3	121			124	2
其中	副高	副研究员			4			4	
其中	副高	高级工程师			1			1	
其中	副高	副主任医师		1	6			7	
其中	副高	副研究馆员		1	15			16	
其中	副高	其他			6			6	
其中	中级				110			110	1
其中	初级及其他				27			27	2
其中	技术工人	技师				1		1	
其中	技术工人	高级工				70		70	8
其中	技术工人	中级工				27	2	29	
其中	技术工人	初级工				10		10	
其中	普通工人					46		46	
其中	中共党员			23	277	18		318	7

关心下一代工作

2011 年，校关工委围绕学校工作重点，组织离退休教职工在关心教育青年学生健康成长上取得了成绩。校关工委被评为“教育部关心下一代工作先进集体”，韦日科被教育部、刘贵被自治区评为“关心下一代工作先进个人”。

一、围绕庆祝中国共产党成立 90 周年、辛亥革命 100 周年开展庆祝活动

2011 年 5 月 5 日，校关工委召开“学党史、颂党恩、跟党走”主题教育研讨会。校关工委常务副主任韦日科同志在研讨会上作题为“学习党的历史，增强党的观念”的辅导报告，从而拉开了建党90周年系列庆祝活动的序幕。5月20日，由校关工委主办、图书馆承办的纪念中国共产党成立90周年图片图书展在图书馆一楼展出。共有400多幅图片、1000多册图书参展。6月14日，自治区关工委在学校主办了庆祝建党90周年“学党史、颂党恩、跟党走”主题报告会。邀请自治区党校陈学璞教授作题为“艰难困苦风雨兼程走向辉煌——庆祝中国共产党成立90周年”的党史报告。6月24日，由校关工委、校工会、校党委宣传部、校团委联合举办的书画“丰功90载”庆祝建党90周年书画作品展在科技楼报告厅举行。共展出学校师生书画作品70多幅，这是从学校师生近期创作的300多幅作品中精选出来的优秀作品，包含书法、人物画、山水画、花鸟画、油画、水彩画等多种艺术形式。7月1日晚，在学校举办的庆祝建党90周年“颂歌献给党”红歌比赛大会上，组成130多人老年合唱队，他们演唱的《走向复兴》、《最好的歌儿唱给妈妈》获得一等奖的好成绩。7月11日至12日，校关工委组织30多人赴龙州、明仕田园开展为期两天的红色之旅活动。9月17日，校党史专家、政关学院关工委副主任黄成授教授为政关学院120名学生做“日本侵略者发动9.18事变与中华民族的抗日战争”的专题报告。10月9日、11月15日，校院关工委举办两场纪念辛亥革命100周年专题报告会，由学校原教务处处长、历史学家、校关工委委员赵世怀副教授主讲。

二、继续开展“十大员”和“十个一”活动

2011年，校院两级关工委组织“五老”人员不断深入开展“十大员”和“十个一”活动，呈现出关工委委员参加人员多，活动内容丰富，形式多种多样的特点。校关工委副主任万辅彬、委员赵世怀、蒋士亮、王启慧、麻务金，各学院关工委委员李宏庆、刘桂容、黄成授、林英武、元鲁、凌世国、刘贵等14位老同志结合自己的专业特点联系学生的思想实际，为校内外的青年学生作科普演讲、党史报告、生活知识等讲座，共24场。麻务金同志2011年11月1日为学校21期党校培训班的同学作了题为《共产党员的修养》的报告，南宁电视台2次到管理学院专访介绍关工委开展活动情况，提高了广西民族大学关工委在外界的影响力；蒋士亮教授结合我国成功发射“神舟”8号载人飞船“嫦娥”号月球卫星、天宫一号等，到玉林市、北流市、容县等8所中小学作了8场“飞出地球，遨游太空”科普演讲，介绍中国航天技术成就和发展情况。刘桂容、吴永培、梁英彰、麻务金、林英武、凌世国、归杰新等31名老同志联系52个班级，63个小组，69个宿舍，9个学生社团，对学生进行思想道德教育，辅导学生开展艺术文化活动。预科学院关工委委员吴永培老师担任校“民族文化和谐促进会”、“相思湖印社”两个学生社团辅导老师，每周为社团上课，组织学生整理民族文化、民族习俗与风物资料、相片，还辅导学生学习侗族大歌队和芦笙的演奏方法，为学校开展大型活动及接待外宾增添了民族氛围。周光大、唐鹏、黄成授、马伟鹗、朱慧珍、农学冠、刘贵等9名老同志撰写21篇反映时代主旋律、激励学生上进的文章；校关工委委员朱慧珍教授指导青年教师陆晓芹、吴兰承担广西少数民族女性口述史课题的调研编写工作，2011年已经结题，出版论文集《朱慧珍集》赠送青年教师和学生100本，指导研究生韦玲玲的论文写作，多次出席参与有关美学研讨会，并在研讨会上发表美学论文，对与会青年教师和学生发挥了学术研究的启迪作用。民社学院关工委委员周光大教授利用自己在国内外民族学的声誉，在参加国内外民族学研讨会时，安排民社学院学生李媛媛、唐静、梁晟才等出席研讨会，并指导他们撰写会议论文。这几名学生还在周光大教授的帮助下分别担任现代民族学世界大会和年会的秘书、现代民族学专业委员会秘书，使他们在实践中提高了专业学术水平和工作能力。校关工委副主任、校教学督导组组长朱耀枢同志带领校教学督导组成员梁成林、庞林林、李增爱、张直、黄成授、元鲁、蒙世奎等老教授，认真履行教学督导员的职责，不辞劳苦地坚持深入课堂的各个教学环节和师生当中进行教学督导，对教学管理问题提出意见和建议，还开展了指导青年教师教书育人、参加岗位技能大赛等大量深入细致的教学指导工作。校关工委常务副主任韦日科同志经常深入各学院调查研究学生思想状态，探讨新形势下如何加强大学生思想政治工作的新思路，撰写《关工委基本知识学习纲要》一书，亲自上课对“五老”人员进行培训，对大学生进行社会主义核心价值体系辅导。校关工委顾问，原学院党委书记奉江同志十分关心学校关工委的活动和发展，虽然家住校外，但他不辞辛苦地从校外赶回学校参加校关工委开展的历次活动，并对做好关工委工作提出意见。校关工委秘书长梁淑芳同志身兼校老年人体协主席、机关一支部书记，工作十分繁忙，带腿伤坚持组织“五老”成员排练建党 90 周年文艺节目，手术后仍坚持活跃在老同志的活动场地；麻务金、刘桂容等 11 位老同志帮助 14 名毕业生顺利毕业；预科学院组织退休党员 15 人深入到预科新生宿舍及班级，帮助学生树立正确的人生观、价值观，解决学生生活中的实际困难，为青年学生的健康成长发挥了积极的作用：外国语学院长期聘用退休教师归杰新同志为院关工委委员，兼职 10 个班班主任；聘任退休老师梁英彰同志为院关工委副主任，兼出国留学生班班主任。这两位老师尽职尽责，坚守岗位，持之以恒地对学生进行思想政治教育，引导学生树立社会主义人生观、价值观、世界观，受到学生的一致拥护。离休老干部刘贵同志长期被学校聘为精神文明督导员参与学校的“五乱”治理，为新生讲解卫生保健知识，他连续九年资助的周小丁同学 2010 年考人广西财经学院，随后，他每年又拿出 2000 元资助北海二中的陈明媚同学完成三年高中学业。刘贵同志被评为“广西高校工委优秀共产党员”；还有 70 多名老同志采取不同的形式为学校建言献策，提出提高教学质量、改进学风、校风，加速培养高素质人才的意见。

三、进一步加强校关工委自身建设

校关工委始终坚持不懈地加强校院关工委自身建设和“五老”队伍建设，努力打造一支能适应时代需要的多角度，全方位为青年学生服务的关心下一代工作群体。2011 年 3 月 28 日，召开了校关心下一代工作会议。传达了自治区关工委《关于学习贯彻温家宝等 8 位中央领导同志重要批示的通知》、《刘延东在会见全国关心下一代工作会议代表时的讲话》、2011 年全国、自治区关心下一代工作会议的有关精神，总结校关工委工作并部署 2011 年关工委工作。为保证关工委工作的正常开展，按校关工委的要求，对各学院关工委进行了调整充实，督促各学院的关工小组改为学院级的关工委。目前，各学院、图书馆、中小学已经完成了关工委改建，为做好我校关心下一代工作在组织上提供了保证。根据各学院关工委调整后人员变动较大的实际，开展了关工委委员、“五老”人员关工委基本知识培训。7 月 8 日，召开了学习胡锦涛总书记庆“七一”讲话座谈会。通过培训，使校、院两级关工委成员和“五老”人员对关工委的基本知识和工作方法有了较全面的了解，增强了对关工委工作重要性的认识，提高了做好关心下一代工作的能力。经过两个多月的系统调查统计、整理、核对，进一步充实完善了校关工委委员和“五老”队伍、“十大员”队伍，并建立健全了相关档案。目前，学校有院校两级关工委 20 个，有关工委领导成员、工作人员及“五老”人员 154 人，有十大员 129 人。其中：校关工委领导 7 人，委员 19 人，院关工委离退休委员 47 人，关心下一代工作协调员 14 人，邓小平理论和“三个代表”重要思想报道员 17 人，传统教育宣传员 17 人，学生社会课堂辅导员 11 人，党校教员 11 人，党建工作组织员 9 人，教学工作督导员 13 人，科学文化知识传播员 23 人，校园文化监督员 5 人，调查研究员 9 人。（曲长富）

学生思想教育与管理

学生思想教育

一、以建党90周年为契机，开展爱国主义教育活动

以学习全国“两会”精神及胡锦涛总书记在建党90周年大会上讲话精神为契机，对学生深入进行革命传统教育和爱国主义教育。如组织召开学生代表座谈会，开展大学生红歌比赛、征文比赛、演讲比赛、党史知识竞赛、参观党史展览等，引导广大学生深入了解历史，正确认识国际国内形势，坚定爱党爱国的决心和信心。2011年，共组织召开座谈会、报告会11场次，参加学生5000多人次。

二、以诚信教育为重点，推进大学生思想道德建设

继续深入开展“文明养成与健康成才”主题教育活动，把道德实践融入大学生学习生活中；倡导大学生文明修身，引导大学生从身边的事情做起，从具体的事情做起，着力培养良好的道德品质和文明行为习惯；组织学生开展与之相关的各项主题实践活动；在国家助学贷款、奖助学金、学费缴纳、考试等事务性工作中不断加强大学生的诚信教育、感恩教育等，进一步提高大学生思想道德教育素养。

三、以学生党建为核心，继续深入推进“党旗领航工程”

积极开展“我与祖国共成长”主题党团日教育活动，坚定学生党员、团员的理想与信念，充分发挥学生基层党组织的战斗堡垒作用和学生党员的先锋模范作用，充分发挥学生党员和入党积极分子在广大学生中的引领和示范作用；成立“民族旗舰”学生骨干培训学校，以学生党员、入党积极分子、学生干部等为培训对象，着力造就一支政治坚定、作风过硬、素质全面的有学校特色的大学生骨干队伍。2011年第一期培训班顺利开班，学员共计90人。

四、以人为本，做好学生的安全教育工作，确保校园安全稳定

开展安全知识、技能的宣传和学习活动，增强学生安全防范意识和能力；加强全国“两会”、清明节、端午节、“五一”、“十一”、元旦等重大活动和节假日的安全教育和管理工作；组织学工队伍开展全校学生宿舍安全隐患大排查，加强对学生的作息管理，杜绝学生晚归、晚不归现象；制定出台《学生校外活动管理规定》，加强对学生校外活动安全的管理。

五、以“爱国、爱校、感恩”为主题，开展毕业生文明离校教育工作

唱响就业主旋律，积极引导毕业生面向基层就业；加强成才观教育，树立“行行建功、处处立业”的正确观念；关注每个毕业生思想动态，排解毕业生就业压力；开展毕业生“难忘母校”主题班会、“种植纪念树”、“留给母校的一句赠言”等活动，积极营造“文明、和谐、有序”的毕业生离校环境，确保毕业生文明、安全、顺利离校。（马志伟）

学风建设

一、制定并实施了《广西民族大学学风建设月活动方案》，通过扎实有效的措施，促进学校的学风建设

6 月，开展全校学风建设月活动。一是通过报告会、座谈会、班会等方式，增强大学生的社会责任感；二是深化管理，严肃校纪校规，健全学风建设制度，形成学风建设的长效机制；三是开展丰富多彩的校园文化活动，使学风建设与各学院专业实际相结合；四是培育学风建设的先进典型，举办了学风建设活动月成果展，各学院学风建设的经验、特色项目得到集中展现。

二、鼓励本科生考研，以学业表现优秀的学生带动学风建设

加大考研工作力度，大力鼓励毕业生考研并把考研作为学风建设重要的抓手；及时了解各学院学生考研的主要措施、成绩，存在不足与困难等，共同探讨改进工作的办法；做好考研学生的跟踪服务工作，最大限度为考研学生提供便利。据统计，2011 年，全校报考研究生 619 人，报考率 18.65%；上线人数 273 人，上线率 8.23%；录取人数 218 人，录取率 6.57%。

三、做好学生年度评奖评优工作，树立学生先进典型

2011 年，共评出全区先进班集体 6 个，全区“三好学生”17 名，全区“优秀学生干部”8 名；全区普通高等教育优秀大学毕业生 39 名。评出学校“先进班集体”42 个，“优良学风班”37 个，“三好学生”881 名，“优秀学生干部”1127 名，“学术科研奖”371 名，“文体优秀奖”657 名，优秀大学毕业生 205 名。

四、做好学生先进典型的宣传，发挥典型的示范作用

举办了全区三好学生、优秀学生干部、优良学风班、奖学金获得者、自立自强学生等先进事迹报告会，用学生身边人、身边事感染学生；举办就业、创业先进事迹报告会。通过典型宣传，引导广大学生积极向上、自觉成才。（马志伟）

勤工助学与助困

第一，细化程序，规范科学做好贫困生认定工作。2011 年度学校认定贫困生 7314 人，占全日制本专科生 47.71%，其中特困生 2285 人。

第二，推进“十个一”助困帮扶品牌，确保“绿色通道”畅通无阻。2011 年，全校共有 1529 名家庭经济困难新生通过“绿色通道”入学，发放生活学习用品物资 5.94 万元，400 人次获助。

第三，大力开展国家助学贷款，做到应贷尽贷。2011 年度，全校获得国家助学贷款 4957 人，贷款金额 2693.48 万元。其中生源地信用助学贷款 3410 人，金额 1979.18 万元；校园地国家助学贷款续放款1547人，金额714.30万元。

第四，完善奖助学金体系建设，发挥“帮困奖优”作用。2011年，学校设立政府类奖助学金7项，社会捐助类奖助学金23项。共评出各类奖助学金获奖学生9821人，发放金额2029.28万元。其中政府类奖助学金9246人次，金额1887.79万元；社会捐助类奖助学金575人次，金额141.492万元。

第五，广泛开辟学生勤工助学岗位，为贫困生提供锻炼平台。2011年，学校设立助教、助研、助管等校内勤工助学固定岗位1548个，临时岗位658个，累计发放勤工助学补贴274.01万元。

第六，做好毕业生学费代偿工作，加大贷后管理工作。为毕业生贴心服务，跟踪毕业生工作情况，为122名在边远地区工作和应征入伍毕业生办理学费或助学贷款代偿手续，2011年度发放代偿金额80.88万元。认真做好毕业生按时还款教育工作，毕业生还款违约率有所下降。

第七，建立特殊困难学生数据库，多形式多渠道予以帮扶。2011年，共发放各类补助26724人次，金额571.74万元。其中，发放物价补贴及临时生活补贴26228人次555.31万元；减免西部开发助学工程助学金、在部队荣立三等功以上学生的学费16人3.70万元；发放家庭经济困难学生特殊补助21人2.582万元；为76名考上研究生的贫困生报销住宿、交通等费用4.42万元。

第八，坚持“助困与育人”相结合，提高贫困生综合素质。开展贫困生普通话、计算机技能培训，提高贫困生综合竞争力。2011年，共举办贫困生普通话培训与测试1期，参加培训学生98人；举办计算机技能培训2期，参加培训学生180多人。

联合情系三农协会开展“爱心宿舍”公益项目，鼓励贫困生参与到学校、社会的公益活动中，培养学生热心公益意识。

开展资助政策宣传月活动，评选出2011年度“十大奋进之星”；举办“助学政策助我成才”征文比赛，其中1名学生获自治区一等奖，2名学生获二等奖。

2011年度，学校获全区高校资助工作先进单位，胡牧君获先进个人。（庞　丽　顾京安）

心理健康教育

一、认真做好大学生心理健康知识普及教育工作

出版心理健康知识宣传板4块，印制“人际”、“学业”、“情绪管理”方面的宣传手册8000多份。利用“心灵驿站”网站，通过网络向大学生普及心理健康知识。

二、举办第六届心理健康活动节系列活动

举办班级心理委员沙龙、“爱自己、爱他人”心理游园及心理健康教育主题班会等活动，全校共有12000多名学生参加。

开展校园心理情景剧剧本原创大赛、心理电影赏析及辅导员同理心工作坊，让辅导员们亲身体验同理心技术的使用及效果，同时启发学生去思考解决问题的各种方法。

三、开展大学生心理咨询活动

积极开展心理咨询，为存在人际关系困扰的同学开设了为期4周的“温馨之旅——人际沟通工作坊”，较好地缓解了学生心理问题带来的压力。2011 年，个别咨询学生达 221 人次，来信咨询 4 人次。

四、开展学生心理健康危机干预与处理工作

普及学生心理健康教育知识。9 月为 2011 级新生心理健康教育报告，发放心理保健知识小手册，并为全校学生开设《大学生心理健康》通识选修课，

建立 2011 级学生心理档案，并及时做好心理干预。10 月底至 12 月初，对 2011 级本专科、预科新生(5084 人)进行心理健康普查工作，处理公共危机 2 次，危机干预 40 人次。(毛小玲)

毕业生就业指导

一、基本情况

一是毕业生就业情况。2011 年，全校毕业生总人数为 4099 人，截至 2011 年 9 月 1 日，有 3752 人就业，就业率为 91.53%。其中，本科生就业率为 94.05%，专科生就业率为 97.82%，研究生就业率为 60.96%。

二是毕业生流向情况。在区内就业的有 1930 人，占就业人数的 51.44%。其中，在南宁就业的有 1171 人，占就业人数的 31.21%；到柳州就业的 125 人，占就业人数的 3.33%；到桂林就业的 89 人，占就业人数的 2.37%；到钦州、北海、防城就业的 132 人，占就业人数的 3.52%；到玉林、贵港就业的 97 人，占就业人数的 2.59%；到梧州、贺州就业的 94 人，占就业人数的 2.51%；到百色、河池就业的 118 人，占就业人数的 3.14%；到崇左、来宾就业的 104 人，占就业人数的 2.77%。区内就业人数比例与去年基本持平，南宁是毕业生就业的集中地。

到区外就业的有 750 人，占就业人数的 19.99%。其中，到广东就业的 415 人，占就业人数的 11.06%；到江苏、浙江就业的 56 人，占就业人数的 1.49%；到湖北、湖南就业的有 54 人，占就业人数的 1.44%；到北京就业的 35 人，占就业人数的 0.93%；到山东就业的 26 人，占就业人数的 0.69%；到上海就业的 20 人，占就业人数的 0.53%；到区外其他地区就业的 144 人，占就业人数的 3.84%。广东是毕业生区外就业的聚集地，比例较去年同期上升了 2.66 个百分点。到国外就业的 103 人，占就业人数的 2.75%。自主创业和灵活就业的 152 人，占就业人数的 4%。入伍预征的有 124 人，占就业人数的 3.3%。继续学习深造的有 693 人，占就业人数的 18.47%。

三是就业单位性质情况。到党政机关、公有制事业单位就业的有 567 人，占就业人数的 15.11%。其中，到党政机关就业的有 180 人，占就业人数的 4.80%，到公有制事业单位就业的有 387 人，占就业人数的 10.31%。到国有企业、金融单位就业的有 377 人，占就业人数的 10.05%。到外资、三资企业就业的有 83 人，占就业人数的 2.21%。到基层就业的有 1929 人，占就业人数的 51.41%。其中，参加基层项目的有 118 人，占就业人数的 3.14%；到私营、民营企业的有 1499 人，占就业人数的 39.95%；到部队就业的有 160 人(含入伍预征)，占就业人数的 4.26%，自主创业的有 41 人，占就业人数的 1.09%；灵活就业的有 111 人，占就业人数的 2.95%。出国与升学的有 796 人，占就业人数的 21.22%。

二、主要做法和措施

（一）领导高度重视

学校领导把就业工作作为重要的民生工程和“一把手”工程，列入学校党委、行政每学期的工作要点和重要议事日程，摆在学校工作的突出位置，常抓不懈。学校主要领导亲自抓就业，多次过问就业情况并作出指示。2011 年 1 月召开了全校就业工作会议，钟海青书记对 2011 年就业工作进行了全面部署，提出了工作要求；何龙群校长同各单位签订了就业目标责任书，明确了目标任务和责任。党委会、校长办公会多次研究并解决就业工作中的问题，给予就业工作大力支持。

（二）就业指导服务体系进一步完善

1. 开展多渠道、多形式的就业指导。建立了以课堂教学为主渠道，以班会、座谈会、网络咨询、就业创业讲坛等为辅助的就业指导模式。各学院针对应征入伍、基层就业项目、择业观等方面召开专题班会，学校层面先后举办了“大学生职业生涯规划大赛”、“面试训练营”等讲座及比赛活动共计 22 场。重视就业师资队伍建设，2011 年共派出 7 名教师参加区内外大学生就业指导与职业规划课程培训；鼓励辅导员开展就业工作研究，全年共有 8 人发表就业工作研究论文 12 篇。

2. 为毕业生提供了丰富的就业信息。坚持“走出去、请进来”的方式，大力拓展毕业生就业市场，广泛收集就业信息。2011 年，学校派出 5 个工作组深入桂林、贺州、钦州、梧州、柳州等地，加强同当地人事部门和教育部门的联系。积极开发区内外市场，与东莞智通人才市场、中国东盟博览局、大唐发电等 68 家区内外企事业单位建立合作关系，为毕业生就业实习提供平台。举办大型校园招聘会 3 场、文科综合类专场招聘会 1 场、校园专场招聘会 197 场，共有 986 家单位进校招聘人才，提供就业岗位 19000 多个，毕业生人均就业岗位信息 4. 6 个。

3. 完善就业信息化服务。建立就业在线咨询平台和就业信息查询室，对毕业生就业信息网进行改版，增设“职业辅导”、“创业专栏”、“在线职业测评”、“基层就业项目”、“实习信息”等栏目，进一步增强了就业网的服务功能。截至 8 月 14 日，网站总点击量达 271 万人次，平均日访问量 1 万人次。

4. 实施“就业帮扶工程”，促进困难毕业生充分就业。建立困难毕业生档案，实行动态跟踪，及时了解困难毕业生的学习、生活和就业状况，对他们进行重点指导、重点服务和重点推荐；2011 年，对 41 名毕业时尚未就业的困难毕业生，由专职老师带队到广东东莞、虎门，与当地人才市场和企业对接，逐一落实单位，并解决他们的路费和求职中介费。

（三）加强引导，毕业生到基层就业取得新进展

在毕业生中广泛开展基层就业政策宣传和就业观、成才观教育，鼓励毕业生到基层建功立业。2011 年到基层和中小企业就业的毕业生首次超过 50%，达 51. 4%。截至 9 月 1 日，全校共有 37 人录取为“西部志愿者”，有 133 人录取为“特岗教师”，有 29 人录取为“三支一扶”，有 406 人通过“到村任职”资格审查，有 124 人通过审查确认为入伍预征对象。体健学院结合本院学生特点，深入发动学生参加入伍预征，共有 45 名毕业生报名入伍预征，占本学院毕业男生的 30. 82%，效果明显。

（四）加强创业教育，创业氛围逐步形成

2011 年共举办了 2 期 SYB 大学生创业培训，共有 80 名毕业生参加培训；先后两次邀请广东青少年素质拓展中心李懿恒博士到全校开展“大学生创业与就业实战训练”演练课程；开办“相思湖就业创业大讲坛”，邀请成功人士到校做创业讲座 3 场；举办“挑战杯”创业设计大赛，并组织学

生参加全国大学生“挑战杯”科技创新大赛，荣获区级特等奖一项，一等奖两项，二等奖四项，三等奖八项，荣获全国三等奖两项，取得良好成绩；建设大学生创业孵化基地，在学校四坡12栋装修了12间门面作为基地，征集大学生创业孵化项目28个。学校还与西乡塘工商局共建微型企业创业孵化园。（李大庆）

军事训练

2011年，依据《中华人民共和国兵役法》、《中华人民共和国国防教育法》和教育部、总参谋部、总政治部关于《学生军事训练工作规定》的要求，学校对3878名2011级新生进行了两周的军事训练，圆满完成了条令条例、解放军优良传统、军兵种知识、队列动作、战术基础动作、反恐防暴、紧急情况疏散与隐蔽、消防防灾及自救与互救等训练科目。经考核，各科成绩均达到良好以上，达到了军训的目的，按计划完成了军训任务。

一、以爱国教育为重点，把思想政治教育渗透到军训的每个环节

在军训中，学校以强化大学生的国防观念和提高军事技能为目的，以帮助学生全面发展为目标，以爱国主义教育为主，把思想政治工作贯穿到训练的每个环节。一是进行《中华人民共和国宪法》和《中华人民共和国兵役法》的宣传教育，使参训学生明确大学生军训是国家法律赋予的义务；二是进行解放军优良传统教育，使大学生养成良好的生活习惯和优良作风；三是进行爱国爱军教育，进一步激发学生的爱国主义情感，增强国防观念和国家安全意识，增强维护国家利益的使命感。

二、讲究训练方法，科学组织训练

一是循序渐进，注重把握军事训练的基本规律，不蛮干。二是在训练教学活动中提倡“精讲多练”，针对学生特点，做到因人施教，争取军训的整体进度一致。三是分步细训，使训练的效果既快又好。四是广泛开展各种评比竞赛活动，使军训充满生机活力。

三、健全各项制度、严格组织管理

军训前，武装部召开副排长以上的军训团干部会议进行动员，组织学习军训的各项行政管理制度和安全规定，以及军训目标责任、各级领导的工作职责和军训先进单位和先进个人的评比条件等具体规定。同时要求各级负责人把军训的各项规章制度和目的要求传达到每个参训学生，使参训学生心中有数，认真执行。为确保军训工作顺利开展，武装部结合学校实际情况，重新修订了《广西民族大学学生军训安全工作应急预案》下发给各单位执行。对训练中使用武器的管理都进行严格规定，保证武器出入库的安全。对军训全过程，则重点抓好安全教育，加强组织领导，杜绝一切事故苗头的发生。（刘　兵）

2011年学校普通本专科、预科学生各民族比例

序号	民族	本专科人数	预科人数	合计人数	所占比例	区内人数	区外人数
1	汉族	9038	0	9038	54.347%		
2	壮族	4678	922	5600	33.674%		
3	瑶族	682	198	880	5.292%		
4	苗族	210	66	276	1.660%		
5	侗族	158	56	214	1.287%		
6	仫佬族	85	23	108	0.649%		
7	回族	89	3	92	0.553%		
8	土家族	62	0	62	0.373%		
9	满族	58	2	60	0.361%		
10	毛南族	48	13	61	0.367%		
11	京族	27	5	32	0.192%		
12	彝族	39	3	42	0.253%		
13	布依族	23	0	23	0.138%		
14	水族	19	6	25	0.150%		
15	白族	19	0	19	0.114%		
16	黎族	14	1	15	0.090%		
17	蒙古族	20	0	20	0.120%		
18	仡佬族	9	2	11	0.066%		
19	畲族	9	0	9	0.054%		
20	藏族	7	0	7	0.042%		
21	哈尼族	4	0	4	0.024%		
22	傣族	9	0	9	0.054%		
23	朝鲜族	6	1	7	0.042%		
24	土族	5	0	5	0.030%		
25	纳西族	2	0	2	0.012%		
26	东乡族	1	0	1	0.006%		
27	景颇族	1	0	1	0.006%		
28	拉祜族	1	0	1	0.006%		
29	傈僳族	1	0	1	0.006%		
30	锡伯族	2	0	2	0.012%		
31	其他	3	0	3	0.018%		
合计		15329	1301	16630	99.998%	12526	2761

教代会与工会　人口与计划生育
共青团

工会工作

学校工会各级组织在学校党委、上级工会领导和各级行政部门的大力支持下，坚持以邓小平理论和“三个代表”重要思想为指导，深入贯彻落实科学发展观，切实按照“巩固提高，有所创新，有所发展”的广西工会工作总体要求，围绕中心，服务大局，发挥特色优势，突出工作重点，务实创新，主动作为，各项工作扎实推进，取得良好成效。

一、服务发展，积极组织和动员教职工为实现学校“十二五”规划起好步、开好局建功立业

重视教职工思想政治建设。在广大教职工中深入开展理论学习和各项主题教育活动，用中国特色社会主义理论武装头脑。结合建党90周年和辛亥革命100周年，校工会会同学校有关部门，组织开展了“丰功90载——优秀美术书法摄影作品展”、“颂歌献给党——师生广场红歌大合唱比赛”、“缅怀光辉岁月——红色影片展映及影评征文”等活动，还组织各级工会干部及部分教职工参观了“共和之光——广西纪念辛亥革命100周年文物、图片展”。通过开展一系列活动，进一步坚定理想信念，强化对社会主义核心价值体系的认同感。

服务中心，深入开展创先争优建功立业活动。围绕学校教育改革发展目标，以提高教职工思想道德素质、教育教学水平和创新能力为重点，以“创建学习型组织，争做知识型职工”活动为载体，广泛开展以“三育人”为主要内容的“当好主力军、建功‘十二五’”竞赛活动。校工会联合教务处、图书馆等单位，举办了“第七届教师课堂教学大赛”、“‘回顾红色经典，打造精品文化’——2011年广西民族大学读书系列活动”等活动，后勤处开展了第八届“优质服务月”活动。通过这些活动，增进了教职工相互交流，激发了创新意识和创造活力。

选树典型，大力弘扬先进人物的优秀品格。校工会与有关部门共同做好劳模等先进人物的推荐、评选、表彰工作，选树了一批先进典型，不断壮大优秀教师群体。文学院黄晓娟博士荣获“全国五一巾帼标兵”称号，文学影视创作中心田代琳荣获“新中国成立以来广西最具影响力的劳动模范”称号，发展规划处崔晓麟博士荣获“广西五一巾帼标兵”称号，有69人荣获学校2009—2011年度“优秀教师”、“优秀教育工作者”称号。

二、坚持和发展民主管理机制，保持工会基层民主政治建设的良好发展势头

以构建和谐校园为主线，教代会制度顺利运行。学校工会各级组织主动履行教代会工作机构职责，积极在广大教职工和教代会代表中征求教代会议题、提案，精心策划教代会筹备方案，督促落实教代会有关决议，处理代表提案。成功召开了学校六届二次教代会，61件代表提案得到较好处理落实，提案人满意率达100%，3个单位被评为“承办提案先进单位”，4件提案被评为“优秀提案”。校内符合条件的二级单位普遍召开了二级教代会，校院两级教代会制度扎实推进。

以提高公开实效为目标，推动校务公开工作不断深化。坚持校务公开制度，会同党委宣传部建立了“校园网校务公开专栏”，筹备召开了2011年校务公开工作会议，制定校务公开年度工作计划，检查、督促各种公开事项，学校作为高校唯一代表在“全区深入创新厂务公开民主管理工作经验交流会”上作典型经验介绍，校务公开工作排在全区高校的前列。

三、着力加强维权、帮扶机制，切实维护学校和谐稳定

加大源头参与力度。学校工会加强与学校有关部门的联系沟通，主动参与涉及教职工切身利益的政策法规的制订，按要求积极参与学校基建招投标、物资采购、学术交流中心租赁谈判、八坡危旧房改住房改造工作等各项监督工作，收集教职工意见，提出建议等，努力促进将教职工权益保护纳入学校改革发展方案的设计之中。

做好送温暖和困难教职工帮扶工作。继续发动教职工参加广西职工互助保障计划，教职工参保677份，因患重病得到理赔的教职工3人，理赔金2.7万元；坚持重大节假日集体慰问和平时个别慰问相结合制度，营造人文关怀氛围。校工会春节期间集体慰问全校教职工，发放慰问品总价值20万多元，日常慰问病困教职工及家属40多人次，发放慰问金2600多元。工会各级组织关心教职工生活，组织形式多样的送温暖活动，主动为教职工排忧解难。

维护稳定，促进学校和谐。工会各级组织积极配合党政有关部门做好教职工的思想政治工作，高度关注国内外形势变化可能引发的社会问题，引导广大教职工以理性合法方式表达利益诉求。同时，认真落实上级工会和学校党政有关维稳工作的要求，主动与学校行政部门沟通，扩大信息来源，畅通信息渠道，立足抓早、抓苗头、抓重点和敏感时节，对影响职工队伍稳定的问题做到及早发现、及早介入、及早报告，维护了学校的安全稳定。

四、加强工会自身建设，提高服务能力和水平

进一步加强工会干部队伍建设。通过以会代训、研讨会、派出参加上级工会培训班等形式，加强对工会干部和工会积极分子的理论政策、工会业务知识和法律等相关知识的培训，使他们的思想政治素质、业务水平和工作能力得到普遍提高，工作效率和工作质量有了新的飞跃。

坚持工会工作激励机制。开展了工会工作先进集体和个人的评选表彰活动，表彰工会工作先进集体8个，优秀工会工作者20名，优秀职工之友13名，优秀工会积极分子101名，推动了工会工作健康发展。

加强工会理论调研工作。承担上级工会调研课题，校工会主持的《“十二五”时期发展社会主义和谐劳动关系与工会作用问题研究》入选自治区总工会重点课题，教师庞明珍撰写的《高校教师评价体系与高校教师师德建设研究》在《中国教工》刊发，并荣获中国教科文卫体工会第十一届优秀调研成果评选论文类优秀奖，校工会女工委撰写的《高校工会在学校改革发展中的执行力刍议》论文荣获广西教育工会理论政策研究优秀成果二等奖。

加强校际工会交流。组织学校工会领导参加了全国民族院校工会联谊会议，与民族院校工会进行交流。组织工会干部到区内高校开展交流活动，共同探讨新时期高校工会工作，增进了友谊，促进了工作。

五、统筹兼顾，推进工会各项工作全面发展

发扬工会工作传统特色，大力开展教职工文体活动，丰富教职工业余文化生活。组织教职工参加自治区教育工会、教育厅举办的体育竞赛，荣获驻邕高校教职工气排球比赛普通教职工组亚军，党政工领导、工会专干组第四名，驻邕高校教职工扑克牌比赛党政工领导、专职工会干部组第一名，第二届广西高校教职工羽毛球锦标赛“校长杯”双打第四名、单打第八名，教职工混合团体第七名。校工会举办了教职工健康步行、篮球比赛、第12届气排球比赛、秋季体育运动会、扑克牌比赛、歌曲演唱比赛、“太极拳培训”等各种文体活动，参加活动的教职工达3000多人次。此外，各单位分工会、工会小组和教职工社团还开展了各种丰富多彩、健康有益的活动，吸引众多教职工参加，活跃了教职工业余文化生活，陶冶了情操，增强了团队意识和凝聚力，营造了团结向上、和谐友爱的校园氛围，促进了校园文化建设。

重视女教职工和青年教职工工作。女教职工委员会开展形式多样的活动，开展经常性“五必访”、送温暖活动，组织女教职工进行健康检查，举办庆祝“三八”妇女节女教职工趣味体育比赛、女教授、女博士、女正处级领导干部联谊等等系列活动，让她们在繁忙的工作之余，释放心情、放松身心、缓解压力，增进彼此间的交流与友谊，增强女教职工的凝聚力。主动为单身教职工搭“鹊桥”，做好沟通、信息服务工作，组织学校单身教职工参加上级工会举办的联谊交友活动，为他们提供交友平台。

开展社会公益献爱心活动。响应自治区教育工会号召，向南丹县吾隘小学捐款4000元购置电脑，改善贫困山区基础教育条件，女工委开展爱心传递促和谐活动，深入兴宁区三塘镇中心小学，慰问贫困女童，为她们献上一份爱心。（陆宏儒　黄小玲）

广西民族大学第六届教职工代表大会第二次会议

2011年1月21日至22日，广西民族大学第六届教职工代表大会表大会第二次会议在科技楼报告厅召开。

大会代表137人，特邀代表18人，列席代表32人。? 这次大会的主要议程有：听取、审议《学校工作报告》；审议《学校财务报告》、《十二五发展规划》、《岗位设置与聘用管理暂行办法》；表彰六届教代会一次会议承办提案先进单位、优秀提案等。

校党委书记、大会主席团执行主席钟海青主持大会开幕式。何龙群校长代表学校行政作了题为《深化内涵　提升质量开启“十二五”科学发展新篇章》的工作报告。报告分为三部分，一是2010年工作回顾与“十一五”目标实现情况；二是“十二五”发展总体思路与主要任务；三是2011年主要工作安排。

报告指出，2010年是学校发展进程中取得重大成就的一年。学校以邓小平理论和“三个代表”重要思想为指导，切实贯彻落实科学发展观，充分依靠全校师生员工，突出重点，抢抓机遇，扎实工作，开拓创新，较好地完成了“十一五”规划主要目标任务，为“十二五”规划的实施奠定了坚实基础。一是以落实博士学位授予单位立项建设任务为重点，学科建设全面推进。二是大力推进教育教学改革，人才培养质量不断提高。三是积极融入地方社会经济发展，科学研究与服务社会能力进一步提升。四是加快推进国际性大学建设，国际教育交流与合作迈上新台阶。五是努力筹措建设资金，东、西校区工程项目进展顺利。六是加强学生的教育与管理，学风建设工作稳步推进，七是认真解决师生困难和热点问题，师生学习生活条件得到改善。八是深化内部管理体制改革，安全文明校园建设取得新进展。九是谋划“十二五”发展前景，60 周年校庆筹备工作全面启动。

报告明确提出了“十二五”时期学校发展的总体思路及发展重点和2011 年学校工作总体思路和主要工作。“十二五”时期，学校发展的总体思路是：以邓小平理论和“三个代表”重要思想为指导，以科学发展观统领学校发展全局，贯彻、落实《国家中长期教育改革和发展规划纲要》、《广西中长期教育改革和发展规划纲要》和全国、全区教育工作会议精神，全面落实党的教育方针和民族政策，科学准确定位，以加强内涵建设和提高教育教学质量为重点，强化特色优势，打造品牌，切实增强自主创新和社会服务能力，促进规模、质量、结构、效益协调发展，以普通本科教育为主，积极发展各层次教育，调整和建构与经济社会发展相适应的人才培养模式，建立起完整的高等教育人才培养体系，夯实高水平民族大学发展的基础。“十二五”时期学校的发展重点放在五个方面：提高教育教学质量；建设博士授权单位和博士授权学科点；推进国际化进程；完成西校区二期工程并投入使用；推进现代大学制度建设。

2011 年学校主要工作有：一是启动“十二五”规划，抓紧筹备60 周年校庆。二是以迎接博士学位授予单位立项建设中期检查为契机，推进学科学位点建设水平整体提升。三是积极适应形势发展需要，完善人才培养模式。四是拓展科研创新平台，积极服务区域经济社会新发展。五是以建设东盟学院为机遇，全方位提升国际化水平。六是加快东、西校区项目建设进度，做好有关学院搬迁工作。七是深入推进大学生思想政治工作，创建校园文化品牌。八是着力优化制度环境和管理手段，提高行政管理水平。九是关注广大师生的热点难点，努力构建安全文明校园。

大会表彰了广西民族大学六届一次教代会承办提案的先进单位和优秀提案的先进个人。后勤管理处等单位荣获承办提案先进单位的称号，图书馆李华明等获得了优秀提案的先进个人。校党委副书记、工会主席杨再延宣读了表彰决定，校党委书记钟海青为先进单位和个人颁奖。

校党委书记钟海青致闭幕辞。他说，学校第六届教职工代表大会第二次会议是一次民主、团结、务实、鼓劲的大会。大会以邓小平理论和“三个代表”重要思想为指导，认真贯彻党的十七届四中、五中全会精神，坚持科学发展观，全面总结了六届一次教代会以来学校在学科建设、教学科研、人才培养、管理服务等方面所取得成绩和经验，并认真总结“十一五”期间学校改革与实践取得的喜人成绩和成功经验，客观分析了存在的困难和不足，明确提出学校“十二五”发展总体思路与主要任务，对学校建设与发展将产生积极而深远的影响。

钟海青书记就如何贯彻落实本次大会的精神提出四点意见：一是贯彻落实大会精神，努力巩固改革发展的成果。希望各位代表继续在本职岗位上发挥好带头作用，会后把大会精神传达给师生员工，引导全校师生振奋精神、团结一致，正确认识学校目前面临的机遇和挑战，把大会提出的各项任务变成全体师生员工的共同意志和实际行动，真正把大会提出的各项任务落实到实处；二是大力推进自主创新，努力实现学校的发展目标。要以加强内涵建设和提高教育教学质量为重点，大力推进学科与队伍建设，积极探索产学研合作新模式，加强对外交流与合作，加快东西两校区基础工程建设，完善教学、科研和生活设施等公共服务体系，落实党的教育方针和民主法制教育，加强精神文明建设和民主法制教育，坚定信心，扎实工作，勇于进取，开拓创新，努力完成学校 2011 年的工作任务和实现学校“十二五”发展规划的目标；三是提高依法治校水平，充分调动广大教职工参与学校建设的积极性。要不断完善教职工代表大会制度，支持工会更好地履行维护、建设、参与、教育四项职能，进一步推行校务公开制度，从而调动和提高广大教职工的积极性、主动性和创造性，形成全校上下心往一处想，劲往一处使，群策群力、共谋大计、共创大业的良好局面；四是切实做好安全稳定和民族团结教育工作，确保学校改革发展顺利。要从维护民族团结和安全稳定的高度，以改革促发展，以发展保稳定，解决学校发展中出现的矛盾和问题，认真做好学校的各项工作。全体师生员工要牢固树立稳定压倒一切的思想，倍加珍惜来之不易的大好局面，自觉维护学校稳定大局，以实际行动支持学校各项改革，保证学校各项工作的顺利进行。（陆宏儒）

人口与计划生育工作

2011 年，学校人口与计划生育工作坚持以科学发展观为指导，深入学习、贯彻落实十七大和《中共中央国务院关于全面加强人口和计划生育工作统筹解决人口问题的决定》的指示精神，以“稳定低生育水平、提高出生人口素质”为中心，围绕学校发展大局，着力强化服务能力建设，持续、稳定、健康地开展人口和计划生育工作。

一、学校基本情况和指标完成情况

2011 年年末，广西民族大学总人口数 21794 人，已婚育龄妇女 660 人；共出生 26 人，其中男孩 15 人，女孩 11 人；女性初婚 30 人。全年办理《计划生育服务手》34 本，《独生子女父母光荣证》29 本。

2011 年计划内生育一孩 25 人，计划内生育二孩 1 人，全年计划生育率 100%；二孩符合政策生育率达 100%；人口出生和主要工作指标统计合格率达 100%；新婚夫妇参加市优生优育学习参学率达 100%；全校独生子女保健费兑现率达 100%。

二、主要工作和措施

（一）领导高度重视，坚决落实“一票否决”制

1. 认真贯彻落实计划生育“一票否决”制，坚持党政一把手亲自抓、负总责的领导体制。

2. 经费上给予保证。学校全年投入计划生育专项经费 11 万多元，确保了人口与计划生育工作的顺利开展。

3. 学校坚持与各单位负责人签订计生工作目标管理责任状，将计生任务指标细化分解到单位，责任落实到人，做到责任、投入、人员三到位。

（二）突出工作亮点，营造计划生育工作氛围

采取多种形式，加强宣传教育，营造计划生育工作氛围，把婚育新观念、新知识、新技术、新道德、新风尚、新制度、新方式广泛宣传到师生员工当中去。

1. 为新婚、怀孕、生育妇女发放相关计生政策宣传资料及优生优育知识材料 160 多份，同时提供“婚、孕、产、育、养”等方面的咨询服务。

2. 积极响应国家对预防艾滋病宣传活动，发放预防艾滋病宣传材料近 1000 份。

3. 充分利用学校网络和八坡计划生育专栏等宣传阵地广泛宣传计划生育相关知识。

（三）紧抓重点，全面加强流动人口管理工作

对流动人口管理，坚持以“公平对待、合理引导、完善管理、优质服务”为工作原则，把流动人口纳入学校计划生育管理范围，全年组织流动人口参加健康知识讲座、妇女健康检查、专家现场

义诊等活动，真正做到与常住人口“同宣传、同管理、同服务”。

1. 4月份，组织近100名流动人口到西乡塘区安宁计划生育服务站进行妇科健康检查。

2. 5月份，组织外聘女教职工78人到自治区妇幼保健院进行健康检查。

3. 9—12月组织9对新婚夫妇到南宁市人口计生服务中心做孕前健康检查。

（四）树高校品牌，努力加强大学生计划生育工作服务与管理

1. 根据《国家人口计生委、教育部、公安部关于高等学校在校学生计划生育问题的意见》精神，4月底印发了《广西民族大学全日制在校生计划生育管理暂行办法》发放到各学院。

2. 为推动“计划生育国策宣传进校园”教育活动扎实、有序地开展，增强学生的计生国策意识，消除学生的生理困惑和心理焦虑，引导树立正确的人生观、价值观。6月7日，邀请南宁市安宁计划服务的站长在学校基地楼为200多名女生做关于青春期自我保健知识讲座，让学生真正了解自己，树立正确的恋爱观并把好青春期健康第一关。

3. 2011年全年为应届毕业生办理《流动人口婚育证明》200多人次，开具毕业生婚育证明及各种婚育状况证明580份。

（五）以计生政策为依据，积极落实各种奖励制度

1. 严格兑现奖励制度。按时足额兑现教职工独生子女父母保健费，全年兑现教职工独生子女保健费402人，对独生子女教职工发放春节慰问品410份，使教职工享受计划生育奖励优惠政策落实率达到100%。此外，给施行计划生育手术的教职工及流动人口发放补助总计1700元。

2. 完善奖励机制。对年度计划生育目标管理先进集体、先进楼栋管理员给予表彰奖励。

（六）以技术服务为重点，全面开展优质服务

1. 加强楼栋管理，经常入户了解情况，及时掌握育龄妇女的婚、孕、育、术等动态情况，同时做好跟踪服务工作。

2. 为提高服务质量，派车送育龄妇女34人次到计划生育技术服务部门落实长效避孕措施，坚持产后42天送药具上门，送药具及时率达100%。

3. 积极配合做好毕业生离校手续办理，为外出工作毕业生办理《流动人口婚育证明》300多人次，流出人口办证率达90%以上。为师生办理各种婚育证明206人次。

（七）以创新活动为载体，积极开展协会活动

1. 3月4日，学校计生办为相思湖学院年轻教职工做“加强婚育政策宣传，提高优生优育”知识讲座。

2. 4—5月份，开展优质服务活动，组织学校女教职员工近300多人到自治区妇幼保健院进行健康检查。

3. 6月份，组织各单位人口管理员、各楼栋管理员开展计生知识与计生协会知识抢答比赛。

4. 12月组织计生专（兼）干外出学习培训，拓宽计生专（兼）干的视野。

2011年，学校人口与计划生育工作紧紧围绕上级计划生育部门的工作要求及学校工作重点，坚持“宣传教育为主、避孕措施为主、经常性工作为主”的工作思路，以教职员员工的需求为出发点，为建设和谐向上的学校新风貌创造了良好的人口环境，荣获西乡塘区街道人口和计划生育工作特别先进单位奖。（黄小玲　黄观萍）

共青团工作

2011年，共青团工作在校党委和上级团组织领导下，紧紧围绕学校党委中心工作，以求真务实、开放开拓、朝气蓬勃、锐意进取为动力，着力开展纪念中国共产党成立90周年、加强团的基层组织建设、推进大学生就业创业等重点工作。

一、以纪念中国共产党成立90周年为契机，开展系列丰富多彩的文化活动，引导青年团员牢固树立跟党走社会主义道路的理想信念

第一，开展系列中国共产党成立90周年主题纪念活动。承办团区委北京“心灵之声”残疾人艺术团“高雅艺术校园行青春励志报效党”的主题演出；举行2011年校园十大歌手红歌大赛；与西乡塘公安分局联合举办“奉献警营为党旗增光添彩”庆祝建党90周年暨构建和谐警民关系先进事迹报告会；联合党委宣传部开展“永远跟党走”主题征文比赛，同时承办自治区高校团工委“永远跟党走”纪念中国共产党成立90周年大学生征文比赛；开展以“党旗下的青春”为主题的第九届社团文化节活动；选派4名青年学生参加在青岛举行的2011“党旗颂”全国大学生演讲比赛，选派两名学生参加首府南宁青年庆祝建党90周年创先争优主题演讲比赛；组织200余名青年团员收看庆祝中国共产党建党90周年大会实况转播，学习胡锦涛讲话精神；联合学工处、工会等部门举办广西民族大学庆祝中国共产党成立90周年“颂歌献给党”红歌比赛；邀请何龙群校长作党史专题报告会；选派4名少数民族大学生参加“广西各族各界青少年代表学习贯彻自治区第十次党代会精神座谈会”。

第二，组织开展系列纪念“五四”运动主题活动，加强对青年团员的思想政治教育。组织民族学生代表参加自治区广西青年联合会第九届委员会全体会议、广西学生联合会第十次代表大会；选派学生干部参加在广西师范学院举行的广西高校“五四”论坛；承办首届驻邕高校大学生联谊集体舞会，驻邕16所高校师生代表欢聚一堂，共同庆祝青年人自己的节日。

二、扎实推进“党建带团建”的团建基础工程，提高团组织的凝聚力和战斗力

第一，精心做好全区基层党建带团建代表团到学校考察党建带团建工作的筹备工作，认真总结党建带团建工作经验，分别制作视频资料和展板向上级领导汇报工作。

第二，认真细致完成2010年共青团系统信息统计工作。

第三，切实做好年度团员评议和团内评优表彰活动。管理学院团委荣获“广西五四红旗团支部（总支）”称号，数计学院团委书记刘桂青被评为“广西优秀共青团干部”，商学院毛源、政关学院覃慧被评为“广西优秀共青团员”，校团委被评为“2009年度广西高校五四红旗团委”，商学院团委、外国语学院团委、文学院团委、物电学院团委被评为“2010年度广西高校五四红旗团支部（总支）”称号，杨荔斌、高文涛、覃锐钧、钟华4名团干被评为“2010年度广西高校优秀共青团干部”，民社学院梁宏章、物电学院王荣、法学院刘施显、文学院孙晓庆、外国语学院陈思颖、数计学院谭春婕、体健学院李成等7名同学被评为“2010年度广西高校优秀共青团员”。在校内评优活动中共评选出1个“红旗分团委”，3个“优秀分团委”，39个“优秀团支部”，10名“十佳团干”，10名“十佳团员”，10名“十佳团支部书记”519名“优秀团干”，1093名“优秀团员”。

三、深入实施学校青年学生就业创业行动，积极调动各方面资源，大力促进大学生就业创业工作

第一，大力推进大学生就业创业见习工作的深入开展。共建立12个青年学生就业创业见习基地，为学生提供490个就业创业见习岗位；选派106名大学生到广西桂果食品有限公司开展见习实践活动。

第二，启动学校首个大学生创业基金——“蒋全斌”大学生创业基金，评选出2项青年学生创业项目进行扶持，每项给予创业经费支持。

第三，认真完成2011年广西国际博览事务局见习生工作。共有460余名同学报名，最终录取97名见习生进入博览局工作。

第四，做好西部计划志愿者的宣传、招募工作。全校共有160多人报名参加，经过各项选拔，42人被录用为西部计划志愿者，分赴东兰、龙州、钟山等30个市县区开展志愿服务。

第五，与南宁市西乡塘区微企办发展工作办公室、南宁市工商行政管理局西乡塘分局共同举办“西乡塘区大学生创办微型企业工作推进会暨广西民族大学微型企业创业孵化园授牌仪式”。

第六，举行由共青团中央和联想集团共同创立的“国家青年创业就业见习基地”挂牌仪式，“联想idea精英汇”见习基地将为大学生提供就业实习岗位。

四、规范学生组织管理，优化学生干部队伍

第一，规范学生组织管理，完成年度换届选举。指导召开第五次研究生代表大会，完成研究生会换届选举；召开第二次学生代表大会二次会议，监督选举新一届学生委员会委员，表彰一批“先进学生会”、“十佳班长”、“优秀学生会干部”、“优秀学生会理事”等先进集体和先进个人；监督选举新一届社团联合会委员，并对新任的委员增设述职演讲和民意测评的考核环节。

第二，开办“民族旗舰”学生骨干培训学校。第一期培训班开班仪式于11月26日举行。校党委书记钟海青任培训学校名誉校长，校党委副书记武波任校长，钟海青书记作题为“青年大学生的使命”的首场辅导报告；选派1名少数民族大学生骨干赴北京参加少数民族大学生骨干培训班；选派6名学生骨干赴澳门参加青年交流活动。

五、围绕60周年校庆主题，精心打造校园文化品牌活动

第一，开展迎校庆主题系列校园文化活动。组织校学生会、大学生社团和《相思湖青年》报社在校内开展大学生书画大赛、大学生辩论赛、大学生“感恩母校”主题演讲比赛、60周年校庆作品征集大赛、迎新晚会。

第二，开展各种校园文化活动。举办萧敬腾、郭采洁歌友会；庆祝泰国玛哈沙拉坎大学孔子学院成立五周年文艺晚会；校园寻宝活动；乐享东盟·“绿”动校园——一周厨品·“两会一节”进校园中外文化交流晚会；“魅力女生节”系列活动；冠军班级篮球联赛；校园十大歌手红歌大赛等活动。

第三，加强社团文化建设，指导大学生社团开展各种社团文化艺术活动。举办第九届社团文化节，开展“党史知识竞赛”、“党的基本知识竞猜游园活动”、“青春献给党校园达人秀”等活动，直接参与人数达2000人次；组织49个社团举办以“阅十载风华，迎六十校诞，展万千社采”为主题的青春风采系列、感恩校园系列、我竞我SHOW系列的第十届社团活动月；各社团开展各种特色活动，如第八届“相思湖”新文学全区作文大赛、2011年广西民族大学·加勒比水上世界第二十三届武术文化节、驻邕高校现场书画大赛、驻邕高校辩论赛、CCTV杯英语演讲大赛等。

第四，指导大学生参与校内外各种文化艺术活动。组织“中国大学生艺术团东盟行”先后到泰国和老挝进行演出；指导大学生艺术团参加2011年老挝、泰国泼水节文艺晚会、校内选拔各学院艺术精英参加全区、全国大学生艺术展演和校庆文艺演出的准备工作。选派1名民族学生参加国家民委组织的民族类院校演讲比赛。组织20名学生代表与澳门22名青年代表开展文化艺术交流活动。

六、围绕学校学风建设，扎实开展大学生科技创新活动

第一，组织参加“挑战杯”全国大学生课外学术科技竞赛大赛。举办广西民族大学第四届“挑战杯”大学生课外学术科技作品竞赛，通过校级竞赛选拔，选送15件作品参加全区大学生课外学术科技作品竞赛，最后有4项作品获得推荐参加第十二届“挑战杯”全国大学生课外学术科技作品竞赛决赛。

第二，组织参加第二届“金蝶杯”广西大学生模拟创业大赛。

第三，正式启动广西民族大学第三届“挑战杯”创业计划竞赛。

七、深入推进大学生社会实践和志愿服务工作

第一，选派优秀学生党员到社区挂职锻炼。90名大学生助理在西乡塘社区大学生助理岗位上表现突出，其中17名同学的考核成绩为优秀；共有89名大学生参加高新区基层挂职学习。

第二，深入开展大学生暑期“三下乡”社会实践活动。共组织30支重点团队700余名大学生志愿者，奔赴东兰、百色等革命老区开展“三下乡”社会实践志愿服务活动。另外选派17名少数民族骨干参加团中央组织的“青少年民族团结交流万人计划”社会实践活动，选派4名学生骨干到北京央企进行实习实践活动；承办2011年广西大学生暑期社会实践优秀成果评审会。

第三，积极开展“学雷锋活动月”系列活动。活动内容涉及关爱农民工子女志愿服务活动、城乡清洁工程、植树造林等。共表彰31个优秀志愿者群体，135名优秀青年志愿者。

第四，做好中国—东盟博览会、中国—东盟商务与投资峰会志愿者的招募选拔和管理工作。组织选拔700多名“两会”志愿者，服务内容包括外语翻译、外宾接待、信息录入和会场秩序维护等。

第五，做好各种重大活动的志愿者选拔工作。选拔4名小语种志愿者服务深圳大学生运动会；选派30名志愿者参加邓颖超纪念馆讲解志愿服务活动；选派200名志愿者服务中国—东盟出版博览会；组织志愿者参加“百万志愿者和谐广西面对面活动”；组织近200名志愿者服务南宁国际民歌节活动；组织400名学生参加相思湖管委会相思湖公园开园仪式；组织100名学生观众参加相思湖管委会“庆祝建党90周年”主题晚会；组织100名志愿者参加广西万名大学生禁毒志愿者进社区活动启动仪式。

第六，继续推进常规志愿服务活动，如地球一小时、关爱女孩儿、关爱农民工以及艾滋病预防宣传、那桐“四月八”农具节志愿服务等公益服务活动。

八、办好团刊《相思湖青年》报和《广西高校共青团工作信息简报》，做好共青团宣传工作

第一，团刊《相思湖青年》报共出版？期；举办《相思湖青年》“七年之扬”推介会。

第二，承办《广西高校共青团工作信息简报》的编辑工作，共编辑5期。（胡良人）

学生会工作

2011年，校学生委员会在学校党委的正确领导和团委的悉心指导下，弘扬开拓进取、勇于创新的精神，内强素质，外塑形象，团结和带领广大同学积极开展各种校园文化活动，努力推进社会主义和和谐校园的建设，全面推动学校学生各项工作持续协调健康发展，经过校学生会全体成员并在广大同学的共同努荣获广西高校“十佳学生会”称号。

一、理论武装与实践引导并举，青年学生思想政治工作取得新成效

第一，加强理论学习，推进青年学生思想建设。坚持用科学发展观武装青年学生，坚定不移地贯彻落实“以人为本”的核心理念，以纪念建党90周年为契机，不断深化理论学习、参与教育实践活动。举办学习实践科学发展观、胡锦涛总书记纪念“清华大学建校100周年”重要讲话精神、全国“两会”精神、党的十七届五中全会精神等交流座谈会近300多场，参与人数为16523人次。

第二，注重理论联系实际，提高学生干部思想素质。2010年12月，选派校学生会常委副主席李国宁参加“广西大学生2010年度青年马克思主义工程学生骨干培训班”。

二、完善管理体制，健全培训机制，全方位素质拓展，提高整体战斗力

第一，完善制度，规范管理，提高效率。不断完善学生代表制度、学生委员会管理办法、校学生会财务管理制度、干部监督制度、会议制度、赞助事宜管理条例等规章制度、档案管理制度等。坚持严谨审慎的原则，做到学生代表选举工作的公开化和透明化；规范大学生活动中心教室的申请使用程序及学生会物品借用程序；严格执行各项会议制度，加强理事例会、委员例会、主席团会议的考勤工作，实现奖惩分明等。

第二，整合资源，优化配置，促进发展。第二届校学生委员会增设公共关系部与国际交流部，并将12个职能部门与三大隶属组织机构成功整合为新闻宣传、学生服务、素质拓展与对外交流四大中心，明确各个中心的主要任务。在留学生工作方面，指导成立留学生会，积极引导留学生融入校园氛围，健康成长。

第二，强化培训，提高技能，保持活力。在学生会内部进行的培训内容包括：公文写作培训达352人次；新闻写作培训达102人次；摄影培训达134人次；POP字体、PS设计程序、硬笔、软笔书法培训达254人次，礼仪培训达223人次；活动策划培训达121人次；团队培训达298人次。此外，还邀请学校领导老师、阅历丰富的历届学生干部传授工作经验，提高学生干部实际操作能力。

三、立足校园，狠抓特色，构筑多彩校园文化工作呈现新亮点

第一，围绕中心，服务大局，促进和谐校园文化建设。针对完善大学生知识技能结构、进一步锻炼运用理论知识能力，举办2011年读书月活动、新思路英语四六级试听讲座、环球百特国际英语高校公益讲座、“抓住现在，赢在未来”理财公益讲座、环球雅思高校英语巡回讲座；“Delay&曾轶可”歌友会暨第十九届科技文化节开幕式晚会、国家京剧院“京剧艺术进校园”、“文学进校园”诗歌朗诵会、澳门访问团联欢晚会、“森林小姐大赛”、留学生联合会元旦晚会、“青春励志报效党”北京残联表演晚会；第七届优质服务月暨第二届饮食文化节、第四届大学生厨艺大赛等活动。

第二，打造品牌，突出特色，丰富课余生活。举办第八届大学生辩论赛、“墨香经管书画人生”

第二届校园书画大赛、“幸福四叶草”女生节系列活动、2011年校园十大歌手红歌大赛、冠军班级篮球联赛、校园首届3D电影节等品牌校园文化活动。

第三，强化服务，注重实践，搭建锻炼平台。协助校团委组织300多名志愿者参加中国—东盟博览会志愿服务工作，积极参与广西大学生志愿服务万村远程教育行动、中越青年大联欢、2010年国际田联世界半程马拉松锦标赛等大型活动的志愿服务工作；组织骨干成员到汪甸瑶族乡开展“追忆红色记忆，激情挥洒瑶乡”暑期三下乡社会实践活动。此外，认真管理大学生活动中心的场地申请，201室累计使用次数超过800次，302室累计使用次数达到667次；大学生健身房除周五外每天向全校同学定时开放，其累计使用人数达1568人次。同时，校学生委员会网站点击率达到3万人次，同比去年增长了20%，。

第四，积极探索，促进交流，共同发展。分别与广西艺术学院、广西建设职业技术学院、广西工业职业技术学院、南宁职业技术学院等30所高校互访学习，并受到广西大学、广西师范大学、玉林师范学院、钦州学院、广西教育学院、广西农业职业技术学院等高校的邀请，参加高校学生会联谊活动、相互观摩学习和借鉴各兄弟学校品牌活动和精品活动。2011年4月，选派4名学生代表作为中韩青年友好使者，赴韩国与韩国汉拿大学学生进行友好交流访问；开展桂港民族文化探索之旅活动；与厦门大学、云南民族大学学子以及越南、泰国留学生座谈交流。（刘　逸　李国宁）

研究生会工作

2011年，在学校党委的关心和学校团委、研究生处的指导下，研究生会始终坚持“全心全意为广大研究生服务”的工作宗旨，贯彻落实学校的研究生教育方针，秉承“厚德博学，和而不同”的校训，紧紧围绕学校创建“民族性、区域性、国际性”大学的奋斗目标，贯彻“自我管理、自我教育、自我服务、自我约束”的理念，圆满完成本年度的工作任务。

一、完善内部机制建设

实行部长问责制，建立财务管理制度，完善内部培训制度、考核制度，重新修订人事任免制度、值班制度、活动制度、办公室档案管理制度。在服务广大研究生的过程中，通过开展抽样问卷调查活动，积极收集师生对研究生会的意见和建议。广泛招纳新成员，着力培养骨干力量。

二、举办高品位的学术活动

2011年1月13日，协助研究生处举办第三届“我的研究”学术研究比赛；首次组队参加首届驻邕高校研究生辩论赛；举办相思湖创新论坛启动仪式，同时开展相思湖创新论坛之博导系列讲座活动，相继邀请学校党委书记钟海青教授、民社学院徐杰舜教授、文学院李运抟教授作讲座；积极组织开展“党在我心中”征文征稿工作，共收到稿件近60篇。

三、开展丰富多彩的文体活动

2011年4月，组织开展研究生第四届男子“六人制”足球赛；5月，组织研究生参加学校“团结杯”篮球赛和“冠军杯”篮球赛，男女队均获亚军。6月19日举办2011届研究生“朱槿花开的路口”毕业晚会。10月，组织开展研究生“迎新杯”男子篮球赛。11月4日，组织研究生参加学校运动会，研究生代表队获男子甲组第二名，女子甲组第四名，总成绩第五名。

四、加强校内宣传，积极开展对外交流

着力打造研究生报、研究生网站等重要宣传窗口。结合工作实际，在网站上增设“毕业生专栏”，对有突出成就的毕业生进行专题报道。不断加强与学校党政部门、主管部门、学生会、社团组织的联系，在“研究生教育工作大会”召开期间，校研究生会主席董建根据研究生主席团分会场讨论的实际情况，将与广大研究生切身利益相关问题向学校和各职能部门领导作汇报。先后选派代表参加外国语学院、数计学院、化生学院、文学院、政关学院的研究生代表大会。9 月积极协助研究生处做好新生入学工作。10 月，组织成员开展为学校领导、老师“送贺卡、表祝福”活动。11 月 19 日，发动各学院研究生会为遭遇车祸的赵光伟同学捐款，捐款总数为 3716.50 元。

积极扩大对外交流。先后与广西大学、广西医科大学、广西师范学院、广西中医学院、广西艺术学院等驻邕高校研究生会进行交流。4 月，校研究生会主席董建参加广西师范学院“求真·创新”为主题的学术论坛开幕式，并代表驻邕高校致辞。其后，与副主席王林一起参加自治区学生联合会第十次代表大会，在分会场的讨论中介绍工作经验。11 月 1 日，校研究生会主席董建参加广西大学第六届研究生创新论坛开幕式，并代表区内高校研究生致辞。　（董　建　赵安杰）

大学生社团活动

广西民族大学大学生社团联合会在学校团委的引导、支持和关怀下，在学校各社团的积极配合下，本着“服务学生，丰富校园生活”的社团活动宗旨，坚持“管理、服务、协调、监督”的指导方针，进一步促进学校社团的发展。目前，大学生社团已发展到 50 个，会员人数达 4500 多名。社团服务质量不断提高，社团活动内容丰富，形式多样。

一、整合社团资源，开展丰富多样的社团活动

2011 年 3—4 月，广西民族大学第三次社团代表大会在大礼堂召开，进行换届选举活动，选拔人才首次采用了无领导小组面试，包含逻辑思维情商性格的笔试，集体竞聘演说，候选人从中总结自己，纠正不足，提高自我，最终选出了新一届领导班子，过程持续一个月之久。5—6 月，社团联合会及各校级社团开展了以庆祝中国共产党建党九十周年为主题的第九届社团文化节，在此期间，各社团积极开展活动，精品活动层出不穷，得到了广大师生的一致好评。9 月，大学生社团招新工作顺利开展，加入社团成为同学们丰富课余文化生活的有力途径。之后，社团联合会理事竞聘为社联注入了新鲜血液，引入了优秀人才，促进学校大学生社团联合会健康、有序的发展。11—12 月，以“阅十载风华迎六十校庆展万千社采”为主题的第十届社团活动月如火如荼地开展，社团围绕学校党委、团委政治理论宣传重点开展了一系列主题多样、内容丰富、形式新颖的社团精品活动。活动月期间，评出了“星级社团”3 个，“优秀社团”9 个。

二、抓机遇、促发展，努力创建社团品牌活动

新一届委员充分利用校内外社团，其他学校组织的力量，举办了一系列有意义的活动，努力创造社团活动品牌。2011 年 4 月，情系“三农”协会举办了那桐社区四月八壮族农具节活动，把校园文化传播到基层，增强大学生对社会的关注意识；2011 年 5 月，东盟语言文化交流俱乐部的民族风情晚会，彰显了民大的特色；2011 年 6 月，社团联合会和民族文化和谐促进会共同举办的万水千山‘粽’是情活动，宣传了端午节的历史由来，丰富了学生们的知识面；2011 年 10 月，青年志愿者协会在五坡文化广场开展主题为“无偿献血共筑爱心”无偿献血志愿服务活动，传递希望，奉献爱心，获得了学生的一致好评。除此之外，还有相思湖文学社的全区现场作文大赛、书法协会的第三届驻邕高校现场书画大赛、知行学社协办的党史知识竞赛、英语俱乐部 CCTV 杯英语演讲大赛、东盟语言文化交流俱乐部的民族风情晚会、第十届社团活动月的闭幕式晚会等，尤其是闭幕式晚会既是活动月的高潮又是一次完美的落幕，为全校师生展示了一场充满青春气息与社团活力的视觉盛宴。

三、继续加大社团宣传力度，营造社团舆论氛围，扩大社团影响

社联对每次的大型活动充分做好宣传准备工作，通过海报、横幅、展板、报刊、网络、广播等多种形式进行大力宣传，扩大了活动影响，并多次要求社团负责人做好相关宣传报道工作。各社团还通过网络对本社团的活动动向进行宣传，同时在活动过程中积极与校内外各宣传媒体保持联系，使各项活动及时得到宣传。

四、积极配合校团委开展工作

2011 年 3 月，响应校团委开展“学雷锋活动月”要求，积极开展一系列学习雷锋活动；7 月，为配合校团委开展广西大学生暑期“三下乡”活动，社团联合会组织同学们到那马镇坛僚村来开展暑期“三下乡”工作；9 月，社团联合会配合校团委做好迎接新中国成立 60 周年大庆的相关准备工作。（黄东勤）

大学生艺术团活动

2011 年，大学生艺术团在校团委领导和指导下，坚持文艺服务团员青年，文艺服务校园文化，努力完成各项文艺演出活动，丰富校园文化生活。打造校园文化艺术品牌。

一、积极参加各项演出，丰富校园文化生活

2011 年 4 月，参加东南亚新年泼水节文艺晚会。7 月 11 日，参加广西民族大学研究生毕业欢送晚会。9 月 24 日，参加广西第三届大学生艺术展演舞蹈比赛，并获得普通组二等奖。11 月 2 日，参加广西民族大学“一周厨品”“两会一节”进校园中外文化交流会。12 月 11—19 日，参加“中国大学生艺术团东盟行”泰国、老挝文艺巡演。12 月 23 日，参加广西民族大学迎校庆、庆青春“——启航、青春飞扬”迎新晚会。12 月 27 日，参加广西民族大学法学院 2011 年迎新晚会。

二、做好礼仪接待工作，树立民大新风貌

校礼仪队在 2011 年工作中，参加了各项校内外活动，校内参加的活动有：6 月 29 日参加广西民族大学毕业典礼暨学位授予仪式，52 人次；9 月 19 日，参加诗琳通公主捐赠泰国国王及王后画像仪式，10 人次；11 月 4—5 日，参加广西民族大学校运会，18 人次；参与其他各项接待工作、报告会、研讨会、晚会、工作会议等共 40 项活动；参加的校外活动有：10 月 22 日，参加民族博物馆第一届东盟出版博览会开幕仪式，30 人次；12 月 20 日参加第三届广西驻邕高校大学生礼仪风采大赛获得团体二等奖及最佳着装奖。同时，校礼仪队积极开展自主活动，5 月 15 日，举行“红色青春风采大赛”。（李　伊　黄丽萍）

教学与教学改革

普通本专科教育

2011年，在校党委和校行政的领导下，教务处与各教学单位、各职能部门通力合作，以“三个代表”重要思想为指导，牢固树立科学发展观，积极组织实施学校的工作计划和工作要点，深化“质量工程”建设，在普通本专科教育方面取得了较好的成绩。

一、教学基本建设

（一）专业建设

广西民族大学根据经济社会发展对人才的需求，不断优化学科专业结构，加强新专业设置建设和管理，拓宽专业口径，灵活设置专业方向，以“换旧改老、扶新补缺、保重扬优、显独强特、成群结对”为专业建设与发展原则，不断推进专业建设的特色化发展和群集化发展。

1. 组织广西高等学校特色专业与课程一体化建设项目申报工作。2011年6月，组织广西高等学校特色专业与课程一体化建设项目申报工作。经过各学院申报，学校专家评审，共向广西教育厅推荐申报了《档案学》等10个特色专业与课程一体化建设项目。最终共获得《民族学》等10个特色专业与课程一体化建设项目。

2. 组织开展新增专业申报工作。2011年7月，组织2012年新增专业申报工作。经过校教学指导委员会审定，共向广西教育厅推荐申报“知识产权”、“海洋科学”、“人类学”、“税务”等4个本科专业，“艺术设计（广告与视觉传达方向）”、“汉语言文学（文化产业创意方向）”2个本科专业方向，“旅游管理”1个高职高专专业。

3. 认真做好专业调研工作。2011年3月份至5月份，组织学校教学督导员对学校目前的60个本科专业进行了一次大规模的专业调研工作。通过实地调研发现专业建设过程中存在的问题，摸清目前有哪些优势专业和弱势专业，为加强专业建设提供翔实的材料。在经过认真的调研基础上，最终形成了完整的专业调研报告。

4. 中外合作办学项目。2011年9月，组织申报“软件工程”、“会计学”、“国际经济与贸易”中外合作办学项目。

（二）课程建设

课程是教学基础，也是高素质人才培养的前提。以校级精品课程为基础，不断加强课程的建设、评估与管理，构建起校级、自治区级、国家级三级精品课程建设体系。

1. 加强在建各级精品课程的检查评估。2011年5月份，组织开展了校级精品课程的检查评估工作，在校级精品课程检查的基础上还重点加强了国家级精品课程网站的检查，为迎接教育部的国家级精品课程复核做好了前期准备。

2. 做好2011年度广西教师教育精品课程评估总结工作。根据广西教育厅的文件要求，认真组织学校2008年广西教师教育精品课程《教育学》申报评估验收，2009年广西教师教育精品课程《公共心理学》中期检查。通过检查，《教育学》精品课程达到验收标准，《公共心理学》精品课程达到合格标准。

3. 组织开展2011年度校级精品课程申报和评估工作。经过严格的评选，共评选出《生物化学》等12门校级精品课程。

二、教学研究与教学改革工作

（一）质量工程建设

1. 组织第六届国家级教学名师奖候选人推荐工作。2011年6月，组织了第六届国家级教学名师奖候选人的推荐工作。经过各学院申报推荐，经过学校教学指导委员会审议，向广西教育厅推荐龚永辉教授为第六届国家级教学名师奖候选人。

2. 做好2011年度广西教师教育学科教学团队的申报总结工作。对2010年获得的预立项的广西教师教育学科教学团队《教育学》教学团队进行了认真的评估总结，评估结果达到广西教师教育学科教学团队的建设标准。

3. 拟定了一系列校级质量工程项目建设文件。为了完善校级质量工程建设项目，起草拟定了《广西民族大学教学十佳评选与奖励办法》等7个校级质量工程项目文件。这些校级质量工程建设文件的出台将会促进质量工程建设形成校级、自治区级、国家级三级完整的建设体系。

4. 做好“十二五”期间质量工程项目建设规划。在学校“十一五”质量工程建设总结的基础上，结合广泛的调研，高教室完成了“十二五”质量工程建设规划，为下一阶段的质量工程项目建设制定了具体目标。

5. 组织开展第四届广西高等学校教学名师奖评选工作。根据广西教育厅的文件精神，认真组织开展了第四届广西高等学校教学名师奖推荐评选工作。经过专家组织评议，学校教学指导委员会审定，向广西教育厅推荐黄在银、黄秀莲两位教师参加评选，黄在银老师获得第四届广西高等学校教学名师奖。

6. 协助开展自治区级实验教学示范中心检查工作。根据广西教育厅的文件精神，高教研究室协助设备处等相关单位开展迎接教育厅对学校自治区级实验教学示范中心的实地检查工作。经过检查，5个自治区级实验教学示范中心建设情况良好，获得检查专家组的一致好评。并完成了自治区级实验教学示范中心检查报告。

7. 组织开展校级质量工程项目评选工作。根据校级质量工程建设文件，组织开展了首届校级教学十佳、教学新秀、教学团队、特色专业评选工作。

（二）教改工程建设

1. 组织各级各类教改工程项目申报，努力促进学校教学改革的不断深化。2011年8月，组织申报2011年国家民委本科教学改革与质量建设研究项目。经过各学院申报，教务处组织专家进行评审，报送7项教改项目申报2011年国家民委本科教学改革与质量建设研究项目。共有5项项目获得国家民委本科教学改革与质量建设研究项目。

组织申报2012年新世纪广西高等教育教学改革工程项目工作。经过组织专家评议，教学指导委员会评审，推荐了《依托科研创新平台开展计算机类专业创新人才培养模式的研究与实践》等20个项目申报。

组织参加新世纪广西等教育教学改革工程重大项目遴选工作。经过教育厅评选，何龙群负责的《探索有特色高水平民族大学人才培养路径的研究与实践》项目获得新世纪广西高等教育教学改革工程2011年重大项目立项。

组织开展2011年度校级教学改革工程项目的立项评审工作。共评选出96项立项建设项目。

2. 做好各级各类教学研究项目的结题工作。2011年5月组织专家对学校历年承担的国家民委教改项目、自治区教改项目、校级教改项目以及广西教育科学规划课题、校级教育科学课题进行了结题验收。最终，共有3项国家民委教改项目、10项自治区教改项目，32项校级教改项目，22项校级教育科学研究项目通过结题验收。

3. 组织申报了组织参加2011年广西教育科学“十二五”规划课题大学英语教学改革专项课题申报工作。（陆海棠）

普通本专科和预科招生

2011年学校计划招收普通高校学生4100人。

2011年的招生计划安排在全国26个省(自治区、直辖市)。学校生源总体质量良好，计划招收学生4100名，实际录取新生4337名，其中本科3613名，占83.31%；高职专科564名，占13.00%；预科160名，占3.69%。其中艺术类本科考生367名，占8.46%；体育类本科考生212名，占4.89%；普通类本科考生3034名，占69.96%。其中，男生1668名，占38.46%，女生2669名，占61.54%；学生民族构成情况：汉族学生2418名，占55.75%，壮族学生1410名，占32.51%，其他民族学生509名，占11.74%，分别分布在24个民族。

2011年，广西区内第一批本科最低控制分数线为文科519分，理科506分，学校第一批本科(东南亚小语种各专业)录取的平均分为，文科527.99分，理科517.86分。广西区内第二批本科最低控制分数线文科为456分，理科为424分，学校第二批本科录取的平均分为，文科508.72分，理科482.21分。所有批次录取的全部为第一志愿考生。（潘　学）

普通本专科毕业生

2011年，学校2011届普通本专科毕业生3874人，涵盖46个本科专业，4个专科专业。

本科毕业生3315人，毕业3226人，毕业率为97.32%，结业89人，结业率为2.68%，经审核有3165人符合学士学位授予条件，被学校授予学士学位，学位授予率为95.48%。授予的学科门类为：经济学学士学位210人，法学学士学位360人，教育学学士学位192人，文学学士学位969人，历史学学士学位69人，理学学士学位302人，工学学士学位400人，管理学学士学位663人。

专科毕业生559人，毕业544人，毕业率为97.32%，结业15人，结业率为2.68%。（古明家）

教学制度建设

2011年，广西民族大学教务处共制订了七个校级质量工程文件，具体是：《广西民族大学大学生创新性实验计划项目实施细则》、《广西民族大学教学十佳评选与奖励办法》、《广西民族大学教学新秀评选与奖励办法》、《广西民族大学人才培养模式创新实验区建设与管理实施办法》、《广西民族大学双语教学示范课程建设管理办法》、《广西民族大学特色专业评选与管理办法》、《广西民族大学优秀教学团队评选与奖励办法》。（陆海棠）

教材建设

在教材建设方面，主要抓了教材立项管理、教材编写出版以及选用优秀教材等三项工作：

组织开展学校十二五第一批校级教材立项建设项目评审工作。经个人申报、学院推荐、专家组初审，学校教材建设委员会委员投票表决，共评选出30个立项项目。其中9个重点建设项目，21个一般建设项目，拟分别于2011、2012两个年度建设立项。（见资料13和资料14）

出版了《国际商务谈判》、《中级缅甸语会话教程》、《东南亚各国历史与文化》、《大学泰语语音教程》等共10部教材（见资料15）。

加强教材选用制度，严格教材选用程序。加强教材的“精品意识”，确保教材的先进性和适用性，为所开设课程选用高质量的教材，把好教材选用的审核与质量关。（王艳清）

现代教学手段应用

一、2011年网络课程与多媒体课件立项

继续开展2011年网络课程与多媒体课件的立项工作，通过专家评审，最后确定35门课程为2011年学校资助项目。通过课件立项，鼓励和支持更多一线教师开发、使用多媒体课件以及进行网络教学，促进了全校教育教学的信息化发展。

二、网络课程与多媒体课件参赛获奖

积极组织教师参加2011年第十一届全国多媒体课件大赛和第八届广西高等教育教学软件大赛，对参赛作品提供技术指导和经费支持。

在第十一届全国多媒体课件大赛中，《体育教学论》网络课程（蒋心萍等）荣获高教文科组一等奖，《史学概论》网络课件（肖宏发等）获高教文科组二等奖，《报关实务》网络课件（廖万红等）获高教文科组三等奖，《现代教育技术应用》网络课件（王庆等）获高教工科组三等奖。其余的《计算机基础》网络课程等六个作品获优秀奖。此外，在本次大赛中，学校获优秀组织奖。

在第八届广西高等教育教学软件大赛中，《体育教学论》网络课程（蒋心萍等）荣获一等奖，《广播电视编导与制作》网络课程（赵颜等）和《现代教育技术应用》网络课件（王庆等）荣获二等奖，《计算机基础》网络课程（李永胜等）和《体质人类学》网络课件（韦丹芳等）获三等奖。《体育教学论》网络课程（蒋心萍等）同时还获得了最佳教学设计单项奖。学校获优秀组织奖。

通过参赛，教师提高了自身的教育技术应用水平，促进了教师的信息化教学改革，同时也增加了和兄弟院校同行的交流合作机会。

三、精品课程建设工作

2011年，现代教育技术中心继续承担了国家级精品课程相关申报网站和网络课程的开发和维护工作。此外，还完成了区级精品课程的技术指导和自查工作。通过精品课程的示范辐射作用，从整体上推动了全校的学科建设和教学改革。

四、学校网络教学平台的建设、维护与推广工作

管理与维护MOODLE开源网络教学平台，协助包括《民族理论与民族政策》在内的30门课程开展网络教学。在该平台上，教师和学生通过网络完成课程讲解、小组讨论、作业提交、教师答疑、学习进度监控等一系列教学活动。“基于MOODLE平台的网络教学+传统课堂教学”的混合式教学模式，既是学校高等教育教学信息化改革的一个重要举措，也为日后解决多校区教学资源配置问题和开展网络教学打下了基础。（梁　嘉）

双语教学

2011年，根据《广西民族大学双语教学示范课程建设管理办法》（民大〔2011〕221号），进一步规范并加强了对双语教学课程的管理，提高了双语教学课程的质量。

本年度的两个学期，学校的文学院、数学与计算机科学学院、化学与生态工程学院、物理与电子工程学院、商学院共5个学院5位教师（3位教授、2位讲师）开设英汉双语教学课程5门5次，共计261个课时，受益学生10个班353人。　（叶宗霞）

公共体育教学

学校公共体育教学由体育与健康科学学院负责完成。2011 年上半年体健学院有 32 位教师讲授公体课，学生人数为 8308 人(含大学预科部、国教院、武装学院)；2011 年下半年体健学院有 35 位教师讲授公体课，学生人数为 8708 人。体健学院公共体育教研室根据学生数量持续增加、教学场地相对不足、西校区授课等实际情况，鼓励教师们克服困难，按时按质按量完成 2011 年教学任务。

遵照公共体育课教学大纲，科学安排教学进度和教学内容，体现新课标、新理念、新教学、健康第一终身体育的教学内容和课程体系。

开设多样特色课程，推行网上选课。体健学院开设了篮球、足球、排球、网球、羽毛球、乒乓球、太极拳、户外运动、体育舞蹈、健美操、瑜伽、民族传统体育等课程，推行网上预先选课，基本满足了学生的不同兴趣爱好和需求。

科学评分，成绩网上管理。公体课成绩按平时占 20%、期考占 60%、其他占 20% 来计。成绩填入学校综合教务系统，实行网络管理，学生可随时登录学校网站进行查询。

积极完成学校 2011 年学生体质健康标准测试工作。根据教育部、广西教育厅的文件精神和要求，公共体育教研室对全校本科生进行了体质健康标准测试，测试合格率达到 97.6%，并按时把测试数据上报到教育部学生体质健康标准数据管理中心。

加强教学管理，确保完成公体课教学任务。体健学院不定期组织教师开展听课教学活动，不断提高教师的业务水平和综合素质。(黄　飞)

实践教学

实践教学主要包括学生科技活动(如信息科学与工程学院、理学院学生开展的科技活动月活动)、创新实践活动(如法学专业的模拟法庭模拟审判、汉语言文学专业的“读研写演”活动等)、实习(如师范类专业、师范兼非师范类专业的教育实习，部分文科类专业的社会调查、田野考察、语言实习、机关工作实习，理工类等专业的电工电子实习、化工实习等)。

一、学生科技活动情况

信息科学与工程学院 2011 年第十届“求索杯”科技文化艺术节参加同学达 800 余人。2011 年全国大学生数学建模竞赛组织 11 支队伍，每队 3 人参赛。

二、学生创新实践活动情况

第一，法学院——模拟法庭大赛：

法学院首届模拟法庭大赛决赛于 2011 年 12 月 11 日晚在大学生活动中心 201 室举行。

第二，文学院的“读研写演”审美体验工程已历经十四载，文学作品经过再创造被搬上舞台，同学们用丰富的肢体动作和生动的话语演绎经典人物和情节，领会文学作品精髓，感受文学散发的魅力。

“读、研、写、演”审美体验工程是文学院师生在多年探索“大写作品牌”过程中形成的一项教学改革实践，是针对学生的专业特点，将思想教育、审美教育、专业学习和动手能力训练融为一体的系统的实践性教学活动，旨在探索高校文科实践性教学的新途径。

三、教育实习和生产实习

2011 年，学校参加实习的 2007 级、2008 级、2009 级和 2010 级本科生共计 90 个班 3635 人，参加指导的教师 132 人，支出经费 1052960 元。（叶宗霞）

毕业设计和论文

2011 年，根据《广西民族大学本科生毕业论文（设计）基本规范》、《毕业论文评分标准》，进一步加强了对本科生毕业论文的指导和管理，保证了这项工作的顺利完成，提高了毕业设计（论文）的质量。

为了认真贯彻教育部办公厅《关于加强普通高等学校毕业设计（论文）工作的通知》（教高厅〔2004〕14 号）精神，切实做好学校 2011 届毕业论文（设计）工作，进一步提高教学质量。首先，教务处组织专家对各学院 2011 届毕业论文（设计）选题进行了逐一审查。其次，教务处开展了 2011 届毕业生优秀毕业论文（设计）评选活动，凡学校应届全日制本科毕业生的毕业论文（设计），均可参加评选。评选优秀毕业论文（设计）首次使用“学术不端行为检测”系统对所参加评选的毕业论文（设计）进行检测，检测结果重复比不超过 10% 的，方可进行评优，优秀毕业论文（设计）评选遵循的是“科学公正、注重创新、严格筛选、优中选优、宁缺毋滥”的原则。要求评优成果能起到示范作用，有利于激发学生的创新精神，勤奋学习，刻苦钻研，增强素质。经学院组织评选、学校聘请有关专家组成专家组进行评审、学校领导审定等一系列严格的评选程序，全校共有 139 篇毕业论文（设计）被评为校级优秀毕业论文（设计），其中一等奖 33 篇，二等奖 58 篇，三等奖 48 篇。学校对获奖毕业论文（设计）的同学，在 2011 届毕业典礼上进行了表彰。（吴桂清）

学生参加各类竞赛活动

2011 年，学生参加了 2011 年全国大学生电子设计竞赛，获一等奖 3 名，二等奖 6 名；参加广西高校大学生第十二届化学化工类论文及设计竞赛，获一等奖 5 名，二等奖 4 名，三等奖 1 名；参加广西第四届中华经典诵读大赛，获大学生专业组一等奖 1 名；参加 2011 年全国大学生英语竞赛（广西赛区），获奖人数达 113 人，其中特等奖 3 人，一等奖 1 人，二等奖 10 人，三等奖 21 人，优胜奖 78 人；参加全区第二届师范生教学技能大赛，获一等奖 2 名，二等奖 2 名，优秀奖 4 名；参加 2011 年全国大学生数学建模竞赛广西赛区，获全国二等奖 1 组，获一等奖 2 组，二等奖 3 组，三等奖5组；参加全国大学生数学竞赛，获非数学专业三等奖2人；参加第五届“三井化学”杯大学生化工设计竞赛，1个团队获全国三等奖、华南赛区二等奖；第五届全国大学生越南语演讲大赛，获四年级组一等奖1名，四年级组二等奖2名，三年级组一等奖3名，二年级组一等奖2名，二年级组二等奖1名。（吴桂清）

资料1　2011年学校“双语”教学情况统计表

	学院	授课教师	职称	课程名称	课时	授课对象（年级、专业班级）	学生人数
	文学院	金丽	教授	东盟十国概览	36	08对外汉语1、2、3班	54
	数计学院	刘美玲	讲师	专业英语	60	09软件	68
	化生学院	姚兴东	教授	波谱分析	40	08化学、应化、化工	154
	物电学院	王志文	教授	电动力学	74	08物本	34
	商学院	徐李桂	讲师	国际会计	51	10会计1、2班	43
总计	5	5	5	5	261	10	353

资料2.1　2011年自治区级特色专业与课程一体化项目情况一览表

序号	项目（专业）名称	负责人	职称	特色课程	类型
1	化学与工程与工艺	廖安平	教授	化工原理、化学工艺学	急需
2	信息与计算科学	何登旭	教授	计算方法、数学模型	急需
3	国际经济与贸易	王新哲	教授	国际经济与合作、国际贸易实务	急需
4	政治学与行政学	陈元中	教授	领导科学、东南亚政治制度	急需
5	播音主持艺术	陆卓宁	教授	普通话语音与艺术发声　广播电视文体播音乐与主持	急需
6	民族学	周建新	教授	民族学概论、民族理论与政策	优势
7	越南语	梁　远	教授	越南语口语、越南口译	优势
8	档案学	黄世喆	教授	档案管理学、电子文件管理	优势
9	物理学	王志文	教授	电磁学、等离子体物理与技术	特色
10	体育教育	王敬浩	教授	民族传统体育、学校体育学课群	特色

资料2.2　2011年新世纪广西高等教育教学改革工程项目一览表

序号	项目名称	申请人及项目组成员	批准文号
1	民族院校师范类专业建设的研究与实践	欧以克、钟海青、黄世喆、黄晓娟、黄秀莲、刘晓冀、刘靖南	桂教高教〔2011〕24号
2	以实验室内涵建设为核心的地方民族高校实验室管理体制研究与实践	廖安平、胡　忠、覃勇军、许同正、韦绍波、黎　鲜、黄善斌	
3	以培养实践与创新能力为导向“产学研用”深度结合的高校实践教学改革研究	万辅彬、石令明、李勇齐、苏一丹、赵　颜、廖安平、邓　文、唐述荣、蒋士亮、雷福厚、韦卫星	

序号	项目名称	申请人及项目组成员	批准文号
4	《民族理论与政策》课程的现代化本土化生活化探索与实践	龚永辉、郑锡伟、杨社平、滕成达、郭维利、郭　亮	桂教高教〔2011〕24号
5	民间文学大学课堂教学与田野调查的链接	陈金文、吴盛枝、陆晓芹、王　芳、雷晓臻	
6	思想政治理论课辩论式教学研究与实践	刘国彬、陈元中、程林辉、徐江虹、李艾丽、王晓丽	
7	西方经济学"探究性教学"的研究与实践	旷　乾、沈有禄、黄素心、王新哲、许登峰、徐李桂	
8	《财务管理学》教学方法探索与实践	刘志雄、秦小辉、何晓岚、王新哲、谢学兴、徐李桂	
9	大课堂条件下的公共课教学改革实践探索	唐定财、李枭鹰、韦克平、欧阳常青、梁洪坤	
10	民族地区高校体育教育专业改革与建设研究	黄　河、蒋心萍、王敬浩、刘德琼、余文军、韩　羽	
11	立体式实践性教学在复合型法律人才培养模式中运用研究	张春林、唐　亦、王　强、徐黎明、唐军成	
12	项目驱动式教学在软件设计课程中的研究与实践	周　卫、韦文山、李欣欣、孟华志、唐轶媛	
13	民族院校《公共教育学》课程教学改革研究与实践	林琼芳、钟海青、李枭鹰、欧阳常青、韦克平、唐健、蒋珍莲、刘前程	桂教高教〔2011〕24号
14	广西高校工商管理专业(本科)实践教学问题研究	陈永清、崔万安、刘二丽、张升飞、凡兰兴、陈桃红	
15	面向东盟的国际商务高级人才培养模式研究	文岚、廖万红、许登峰、旷　乾、刘远震、陈晓华	
16	面向东盟的"3+1"国贸人才培养模式研究	廖东声、黄素心、秦小辉、谢焕文、文　岚、陆利香	
17	在数学分析教学内容与方法上凸显信息与计算科学专业特色的教学研究与实践	莫愿斌、刘焕文、方丽菁、黄敬频、谭福锦、曹敦虔、唐国吉、卢若飞	
18	线性代数教学改革与实践的研究	刘晓冀、黄敬频、卢若飞、黄留佳、赵　静、曹敦虔	
19	非文本资料解读能力的训练——《文化地理学》课程的实践性教学改革与大学生创新能力培养研究	赖莉云、陆海棠、滕兰花、覃慧宁、黄雁玲、颜海云、王美桂	
20	基于有效性教学研究基础上的多媒体教学新模式建构的研究与实践	邱　武、赵　颜、马伏花、何　东、李文超、卢丹华	

资料2.3　2011年国家民委教改项目一览表

序号	课题名称	负责人
1	面向东盟的商务统计类课程实验教学改革研究	黄素心
2	民族地区村官等新型人才培养现代化平台建设的研究与实践	黄　骏
3	网络工程专业核心课程项目化教学改革探索与实践	韦文山
4	民族地区高校学生评教体系的构建与实践	周　桂
5	民族地区东盟合作背景下的大学英语课程体系改革研究	粟　芳

资料 2.4　2011 年广西高校大学英语教改项目一览表

课题编号	课题名称	课题负责人	所在学院
2011ZY010	大学英语听力教学改革：基于课堂和网络的视听说教学模式研究	刘芳琼	外国语学院

资料 3　2011 年广西高校思想政治理论课精品课程

课程名称	课程负责人	职称	所属学院
思想道德修养与法律基础	唐贤秋	教授	政治学与国际关系学院

资料 4　2011 年度校级精品课程一览表

序号	课程名称	课程负责人	所属单位
1	生物化学	武　波	化学与生态工程学院
2	水污染控制工程	夏　璐	
3	乒乓球	蒋心萍	体育与健康科学学院
4	中国传统运动养生理论与方法	王敬浩	
5	物流运输与配送管理	唐连生	商学院
6	宏观经济学	文　岚	
7	设计素描	邱　萍	艺术学院
8	行政诉讼法学	张显伟	学院
9	法理学	李远龙	
10	民族学田野调查方法	韦丹芳	民族学与社会学学院
11	中国现代文学	黄晓娟	文学院
12	广播电视编导与制作	赵　颜	教务处

资料 5　2011 年学校普通本科专业设置及在校生人数一览表

学院	专业代码	专业	小计	年级				小计
				2008	2009	2010	2011	
政治学与国际关系学院	030401	政治学与行政学	400	87	99	120	94	564
	110307	公共政策学	164	35	49	42	38	
		小计	564	122	148	162	132	

学院	专业代码	专业	小计	年级				小计
				2008	2009	2010	2011	
法学院	030101	法学	776	187	182	203	204	776
		小计	776	187	182	203	204	
管理学院	110201	工商管理	456	130	103	116	107	1648
	110205	人力资源管理	216	48	53	54	61	
	110206	旅游管理	402	103	90	115	94	
	110300	公共管理类	197			98	99	
	110301	行政管理	118	57	61			
	110302	公共事业管理	69	43	26			
	110502	档案学	190	43	49	52	46	
		小计	1648	424	382	435	407	
商学院	020102	国际经济与贸易	635	231	191	121	92	1662
	020104	金融学	51				51	
	110202	市场营销	273	75	48	73	77	
	110203	会计学	246		51	100	95	
	110209	电子商务	155	42	27	44	42	
	110210	物流管理	302	71	50	96	85	
		小计	1662	419	367	434	442	
文学院	050100	中国语言文学类	262				262	1614
	050101	汉语言文学	908	324	290	294		
	050103	对外汉语	182	64	67	51		
	050104	中国少数民族语言文学(壮语)	34	5	5	15	9	
	050304	编辑出版学	228	65	58	51	54	
	小计	1614	458	420	411	325		
外国语学院	050201	英语	335	84	74	71	106	893
	050204	法语	94	23	21	19	31	
	050212	印度尼西亚语(国家基地班)	33		14		19	
	050214	柬埔寨语(国家基地班)	39		13	13	13	
	050215	老挝语(国家基地班)	52	15	13	12	12	
	050216	缅甸语(国家基地班)	40	14	13	13		
	050217	马来语(国家基地班)	19	19				
	050220	泰语(国家基地班)	104	31	25	23	25	
	050223	越南语(国家基地班)	177	52	47	49	29	
		小计	893	238	220	200	235	

学院	专业代码	专业	小计	年级				小计
				2008	2009	2010	2011	
民族学与社会学学院	030301	社会学	142	41	28	42	31	629
	030302	社会工作	154	41	47	35	31	
	060101	历史学	181	41	50	50	40	
	060105	民族学	152	28	59	31	34	
		小计	629	151	184	158	136	
理学院	070101	数学与应用数学	233	48	49	87	49	412
	070201	物理学	137	34	38	35	30	
	080202	金属材料工程	42				42	
		小计	412	82	87	122	121	
信息科学与工程学院	080605	计算机科学与技术	229	84	47	51	47	1388
	070102	信息与计算科学	183	43	46	50	44	
	080600	电气信息类	387			209	178	
	080602	自动化	141	64	77			
	080603	电子信息工程	79	40	39			
	080613	网络工程	196	43	48	60	45	
	080604	通信工程	173	91	82			
		小计	1388	365	339	370	314	
软件学院	080611	软件工程	314	49	68	101	96	589
	110102	信息管理与信息系统	275	55	86	49	85	
		小计	589	104	154	150	181	
化学化工学院	070301	化学	117	25	29	37	26	64
	070302	应用化学	155	38	32	46	39	
	080204	高分子材料与工程	81			41	40	
	081001	环境工程	168	46	42	40	40	
	081101	化学工程与工艺	309	94	85	59	71	
	081102	制药工程	134	25	32	38	39	
		小计	964	228	220	261	255	
海洋与生物技术学院	070402	生物技术	155	39	37	42	37	155
		小计	155	39	37	42	37	
体育与健康科学学院	040201	体育教育	662	151	160	179	172	814
	040203	社会体育	152	36	37	39	40	
		小计	814	187	197	218	212	

学院	专业代码	专业	小计	年级				小计
				2008	2009	2010	2011	
艺术学院	050403	音乐表演	113	26	23	25	39	1367
	050406	美术学	45			23	22	
	050408	艺术设计	367	114	99	76	78	
	050409	舞蹈学	88	19	13	20	36	
	050419	播音与主持艺术	478	151	129	106	92	
	050420	广播电视编导	276		91	91	94	
		小计	1367	310	355	341	361	
教育科学学院	071502	应用心理学	129	30	37	29	33	129
		小计	129	30	37	29	33	
人民武装学院	110312	国防教育与管理	355	85	89	88	93	355
		小计	355	85	89	88	93	
		本科合计	13959	3429	3418	3624	3488	13959

资料6　2011年学校普通专科专业设置及在校生人数一览表

学院	专业代码	专业	小计	年级			小计
				2009	2010	2011	
国际教育学院	620305	国际商务(泰国方向)	537	168	220	149	370
	620305	国际商务(印尼方向)	110	31	48	31	
	620305	国际商务(越南方向)	349	137	157	55	
	660106	应用法语	43			43	
	660130	应用越南语	40			40	
	660131	应用泰国语	63			63	
	660141	应用印尼语	13			13	
	690104	法律事务(东南亚方向)	215	68	81	66	
		小计	1370	404	506	460	
		专科合计	1370	404	506	460	

资料7　2011届学校普通本科
毕业生毕业、结业及学位授予情况统计表

序号	学院	专业	人数	毕业人数	毕业比例	结业人数	结业比例	授予学位人数	授予学位比例
1	法学院	法学	175	173	98.86%	2	1.14%	172	98.29%

序号	学院	专业	人数	毕业人数	毕业比例	结业人数	结业比例	授予学位人数	授予学位比例
2	管理学院	档案学	55	53	96.36%	2	3.64%	53	96.36%
3	管理学院	工商管理	133	133	100.00%			132	99.25%
4	管理学院	公共事业管理	30	30	100.00%			30	100.00%
5	管理学院	旅游管理	107	104	97.20%	3	2.80%	104	97.20%
6	管理学院	行政管理	78	78	100.00%			78	100.00%
7	化学与生态工程学院	化学	41	40	97.56%	1	2.44%	40	97.56%
8	化学与生态工程学院	化学工程与工艺	61	59	96.72%	2	3.28%	59	96.72%
9	化学与生态工程学院	环境工程	54	52	96.30%	2	3.70%	51	94.44%
10	化学与生态工程学院	生物技术	55	53	96.36%	2	3.64%	53	96.36%
11	化学与生态工程学院	应用化学	55	55	100.00%			55	100.00%
12	民族学与社会学学院	历史学	44	43	97.73%	1	2.27%	41	93.18%
13	民族学与社会学学院	民族学	28	28	100.00%			28	100.00%
14	民族学与社会学学院	社会工作	45	45	100.00%			45	100.00%
15	民族学与社会学学院	社会学	39	39	100.00%			39	100.00%
16	商学院	电子商务	52	52	100.00%			52	100.00%
17	商学院	国际经济与贸易	214	210	98.13%	4	1.87%	210	98.13%
18	商学院	市场营销	63	61	96.83%	2	3.17%	61	96.83%
19	商学院	物流管理	61	60	98.36%	1	1.64%	60	98.36%
20	数学与计算机科学学院	计算机科学与技术	54	52	96.30%	2	3.70%	52	96.30%
21	数学与计算机科学学院	软件工程	54	53	98.15%	1	1.85%	49	90.74%
22	数学与计算机科学学院	数学与应用数学	86	77	89.53%	9	10.47%	75	87.21%
23	数学与计算机科学学院	信息管理与信息系统	63	62	98.41%	1	1.59%	58	92.06%
24	数学与计算机科学学院	信息与计算科学	50	50	100.00%			45	90.00%
25	体育与健康科学学院	社会体育	48	44	91.67%	4	8.33%	43	89.58%
26	体育与健康科学学院	体育教育	153	149	97.39%	4	2.61%	149	97.39%
27	外国语学院	柬埔寨语(国家基地班)	13	13	100.00%			13	100.00%
28	外国语学院	老挝语(国家基地班)	12	12	100.00%			12	100.00%
29	外国语学院	泰语(国家基地班)	47	47	100.00%			47	100.00%
30	外国语学院	印度尼西亚语(国家基地班)	16	16	100.00%			16	100.00%
31	外国语学院	英语	76	76	100.00%			76	100.00%
32	外国语学院	越南语(国家基地班)	43	43	100.00%			43	100.00%
33	文学院	编辑出版学	66	63	95.45%	3	4.55%	63	95.45%
34	文学院	对外汉语	110	109	99.09%	1	0.91%	109	99.09%
35	文学院	汉语言文学	334	332	99.40%	2	0.60%	331	99.10%
36	文学院	中国少数民族语言文学(壮语)	12	12	100.00%			12	100.00%
37	物理与电子工程学院	电子信息工程	64	58	90.63%	6	9.38%	52	81.25%

序号	学院	专业	人数	毕业人数	毕业比例	结业人数	结业比例	授予学位人数	授予学位比例
38	物理与电子工程学院	通信工程	57	55	96.49%	2	3.51%	46	80.70%
39	物理与电子工程学院	网络工程	51	44	86.27%	7	13.73%	38	74.51%
40	物理与电子工程学院	物理学	38	36	94.74%	2	5.26%	34	89.47%
41	物理与电子工程学院	自动化	75	68	90.67%	7	9.33%	53	70.67%
42	艺术学院	播音与主持艺术	128	121	94.53%	7	5.47%	121	94.53%
43	艺术学院	艺术设计	101	92	91.09%	9	8.91%	91	90.10%
44	艺术学院	音乐表演	35	35	100.00%			35	100.00%
45	政治学与国际关系学院	公共政策学	35	35	100.00%			35	100.00%
46	政治学与国际关系学院	政治学与行政学	104	104	100.00%			104	100.00%
	合计		3315	3226	97.32%	89	2.68%	3165	95.48%

资料8　2011届学校普通专科毕业生毕业、结业情况统计表

序号	学院	专业	人数	毕业人数	毕业比例	结业人数	结业比例	授予学位人数	授予学位比例
1	国际教育学院	国际商务(东南亚经贸旅游泰语方向)	324	314	96.91%	10	3.09%		
2	国际教育学院	国际商务(东南亚经贸旅游印尼语方向)	39	38	97.44%	1	2.56%		
3	国际教育学院	国际商务(东南亚经贸旅游越南语方向)	171	167	97.66%	4	2.34%		
4	国际教育学院	应用法语	25	25	100.00%				
5	合计		559	544	97.32%	15	2.68%		

资料9　2011年学校运动会冠军榜

序号	项目	单位／个人	单位	成绩
1	甲组和谐跑	化生学院	化生学院	20″68
2	乙组和谐跑	体健学院	体健学院	27″62
3	男子甲组跳远	李陈达	国教院	6.11m
4	男子乙组跳远	陆良源	体健学院	6.65m
5	女子甲组跳远	黄风继	研究生队	4.50m
6	女子乙组跳远	韦月幸	体健学院	4.94m

序号	项目	单位／个人	单位	成绩
7	男子甲组三级跳远	黄安新	化生学院	12.63m
8	男子乙组三级跳远	陆良源	体健学院	13.98m
9	女子甲组三级跳远	黄风继	研究生队	10.21m
10	女子乙组三级跳远	韦西香	相思湖学院	10.32m
11	男子甲组跳高	周昌勇	化生学院	1.75m
12	女子甲组跳高	李红春	相思湖学院	1.42m
13	男子乙组跳高	李振朝	体健学院	1.83m
14	女子乙组跳高	韦振丹	体健学院	1.45m
15	男子甲组铅球	黎年茂	研究生队	10.06m
16	女子甲组铅球	蒙东玲	研究生队	8.33m
17	女子乙组铅球	姚风酬	体健学院	9.57m
18	男子乙组铅球	秦坎	体健学院	12.73m
19	甲组两人三足接力赛	政关学院	政关学院	1′21″89
20	乙组两人三足接力赛	体健学院	体健学院	1′25″32
21	男子甲组1500米	张港	政关学院	4′35″50
22	男子乙组1500米	黄锡灿	体健学院	4′24″10
23	女子甲组1500米	李雪萍	数科学院	5′55″10
24	女子乙组1500米	何静	管理学院	6′11″98
25	男子甲组100米	张璞	物电学院	11″62
26	男子乙组100米	彭思秋	体健学院	11″28
27	女子甲组100米	王玲	相思湖学院	14″41
28	女子乙组100米	周佩玲	体健学院	13″78
29	男子甲组4×100米	文学院	文学院	47″91
30	男子乙组4×100米	体健学院	体健学院	44″92
31	女子甲组4×100米	相思湖学院	相思湖学院	57″59
32	女子乙组4×100米	体健学院	体健学院	54″07
33	男子甲组400米	黄全	中文学院	54″15
34	男子乙组400米	李章召	体健学院	52″18
35	女子甲组400米	莫依仙	相思湖学院	1′07″60
36	女子乙组400米	罗兰	体健学院	1′07″45
37	男子甲组200米	史雪峰	管理学院	24″26
38	男子乙组200米	彭思秋	体健学院	23″34
39	女子甲组200米	莫依仙	相思湖学院	29″37
40	女子乙组200米	左秋梦	体健学院	29″25
41	女子甲组100米栏	颜玉香	化生学院	20″63
42	女子乙组100米栏	左秋梦	体健学院	18″56
43	男子甲组110米栏	罗帆	商学院	17″00
44	男子乙组110米栏	曹青	相思湖学院	17″83

序号	项目	单位／个人	单位	成绩
45	男子甲组 800 米	黄志国	民社学院	2′11″93
46	男子乙组 800 米	黄锡灿	体健学院	1′59″96
47	女子甲组 800 米	徐芳	外国语学院	2′48″21
48	女子乙组 800 米	龙秋笑	体健学院	2′43″70
49	甲组环校跑	化生学院	化生学院	11′23″18
50	乙组环校跑	体健学院	体健学院	12′43″60
51	女子甲组 4×400 米	相思湖学院	相思湖学院	4′52″84
52	女子乙组 4×400 米	体健学院	体健学院	4′33″04
53	男子甲组 4×400 米	研究生队	研究生队	3′47″87
54	男子乙组 4×400 米	体健学院	体健学院	3′35″40
55	男子甲组 3000 米	吴望彩	商学院	10′23″71
56	男子乙组 3000 米	武斌	体健学院	10′17″26
57	女子甲组 3000 米	吕敏兰	化生学院	12′59″76
58	女子乙组 3000 米	黄蒙	体健学院	13′20″44
59	男子甲组抛绣球	化生学院	化生学院	进球 262 个
60	男子甲组跳绳	文学院	文学院	2′03″70
61	男子乙组跳绳	体健学院	体健学院	2′33″30
62	男子甲组三人板鞋	化生学院	化生学院	2′00″21

学科建设与研究生教育

发展规划与学科建设

2011 年，学校颁布了“十二五”发展规划，顺利通过了国务院学位委员会专家组对博士学位授予单位立项建设中期检查，完成了理工类学院的整合等工作，为学校的发展规划和学科建设奠定了扎实的基础。

一、关于发展规划方面的工作

(一)修改、完善并颁布实施《广西民族大学“十二五”发展规划》

2011 年 1 月 20 日，六届二次教代会原则通过了《广西民族大学“十二五”发展规划》(征求意见第三稿)，同时提出了修改意见和建议。在学校领导的直接指导下，发展规划处根据教代会代表提出的修改意见反复进行修改，分发给相关职能部门和各学院征求意见。4 月，何龙群校长、袁鼎生副校长、吴尽昭副校长及相关人员集中时间对规划进行了修改和完善，何龙群校长就规划的框架结构以及发展背景、指导思想、发展目标、主要任务、重大项目、保障措施等各个部分做了认真斟酌，强调要突出学校发展的主要任务，规划好重大建设项目。5 月 30 日，学校党委会审定通过了修改完善后的学校“十二五”规划，5 月 31 日，《广西民族大学“十二五”发展规划》(民大〔2011〕130 号)正式下发各单位实施。

(二)拟定并颁布《广西民族大学理工类学院整合实施方案》及实施细则

2011 年 6 - 7 月，根据《广西民族大学“十二五”发展规划》关于理工类学院整合与建设的主要任务及时间安排，发展规划处在学校主管领导的指导下，拟写了《广西民族大学理工类学院整合实施方案》。9 月，学校党委、行政统一下发了《关于印发理工类学院整合实施方案的通知》(民大党发〔2011〕56 号)，学校理工类学院整合工作进入了实施阶段。9 - 10 月，经过充分调研并综合相关学院师生的意见和建议后，发展规划处形成了《关于信息与计算科学本科专业归属相关问题的建议》、《广西民族大学理工类学院整合执行方案》等实施细则上报学校。

(三)编制 2012 年一级学科博士点、硕士点建设学科经费预算及博士学位立项建设单位项目经费预算

为了争取更多的财政资助，根据《广西民族大学新增博士学位立项建设单位项目规划(2009—2011)》以及《2011—2015 年广西学位与研究生教育发展规划》、《2011—2015 年广西专业硕士研究生教育发展规划》的精神，2011 年 9 月，发展规划处组织将于 2012 年启动建设的外国语言文学、数学 2 个一级学科博士学位授权点，教育学、法学 2 个一级学科硕士学位授权点编制预算总计 780 万元，其中申请自治区财政资助 260 万元。依据《广西民族大学新增博士单位立项建设规划》和实际建设情况，组织民族学、中国语言文学、外国语言文学 3 个申博授权学科，马克思主义理论、数学、科学

技术史3个申博支撑学科，以及大型仪器设备共享平台建设、文献信息中心建设、信息化建设等3个公共服务体系项目，编制预算共计4423.91万元，其中申请自治区财政资助2064万元。

（四）申报2011年中央财政支持地方高校发展专项资金项目，编制获得财政资助的项目经费使用执行方案

2011年4—5月，发展规划处组织申报2011年中央财政支持地方高校发展专项资金项目10个。8月，学校获中央财政支持地方高校发展专项资金项目7个，即自治区级重点学科建设类项目2个（亚非语言文学、民族学），教学实验平台类项目5个（计算机课程实验教学示范中心项目、面向东盟的国际商务综合教学实验平台项目、东盟国家语言信息处理与教学实验室项目、管理学科教学实验中心项目、材料专业实验室项目），共获得财政资助800万元。9月6日，发展规划处组织以上7个项目作好项目经费执行方案上报教育厅。

（五）编制广西民族大学校庆60周年重大项目

2011年9月20日，根据学校领导的指示，发展规划处会同相关职能部门，通过召开协调会和征求意见会，编制了校庆60周年15个重点项目。经校长办公会审定，最终确定三大项目上报自治区政府，即中国南方与东南亚民族研究创新基地（6000万元）、广西林产资源综合利用与绿色精细化工高技术科技创新平台（8000万元）、留学生公寓楼（9960万元）。

（六）编制广西地方特色高水平大学建设项目规划

2011年10月31日，按照自治区教育厅《关于组织编制广西地方特色高水平大学建设细化方案的通知》，发展规划处在相关职能部门和学院的共同努力下，围绕国内一流大学管理者培育工程、高水平科技创新平台和团队打造工程、高水平哲学社会科学创新基地建设工程、高层次人才引进和国家级名师培育工程、重大项目和标志性成果培育工程、特色学科及学科群建设工程、国际科技创新合作工程、数字化图书馆和校园特色文化建设工程等八大工程，规划了26个项目，经多次论证，反复修改，形成《广西民族大学地方特色高水平大学建设方案》呈报学校领导审定。11月1日，由何龙群校长签发上报自治区教育厅。

（七）编制《广西民族大学学科建设“十二五”发展规划》

2011年9月，发展规划处对学科建设“十二五”规划（征求意见稿）做了进一步修改。10月14日，就征求意见稿向有关学院和职能部门征求意见。11月24日，召开专家组会议，对修改后的学科建设规划进行讨论。12月2日，形成《广西民族大学学科建设“十二五”发展规划》上报学校领导审定。

（八）制订《广西民族大学校级重点学科建设与管理办法（试行）》

为使学校2008、2010年评定的17个校级重点学科有法可依，保证校级重点学科建设的顺利实施和经费的有效使用，发展规划处拟定了《广西民族大学校级重点学科建设与管理办法（试行）》。2011年6月9日通过学校学术委员会审定，7月12日颁布执行。

二、关于学科建设方面的工作

（一）组织迎接国务院学位委员会专家组对博士学位授予单位立项建设的中期检查，及时调整博士学位授予单位立项建设学科规划及自评报告

迎接国务院学位委员会专家组对博士学位授予单位立项建设的中期检查是2011年学科建设的重中之重。为此，从4月份开始，发展规划处根据上级文件精神，对博士学位授予单位立项建设规划进行调整，将原来立项建设的3个授权学科和3个支撑学科从二级学科调整为一级学科进行建设

和规划。4 月 18 日，吴尽昭副校长主持召开迎接新增博士学位授予单位立项建设中期检查工作布置会。5 月 13、16 日，校长何龙群在副校长袁鼎生、吴尽昭及发展规划处有关人员陪同下，先后到博士学位授予单位立项建设授权学科、支撑学科所在学院，检查指导申博学科立项建设情况，提出了具体的迎检要求。6 月 1 日，发展规划处要求相关学院围绕一级学科的建设标准，更新申博报表数据，做好档案支撑工作。

6 月 21 日，以国务院学科评议组成员、中国国家图书馆馆长詹福瑞教授为组长的国务院学位委员会专家组一行 10 人开始对学校博士学位授予单位立项建设情况进行中期检查。根据学校的统一部署，发展规划处为何龙群校长制作了多媒体汇报课件，准备了《广西民族大学新增博士学位立项建设中期自评报告》，以及有关申博工作管理机构、经费保障、师资队伍、科学研究、人才培养、公共服务等学校层面的材料。6 月 22 日，国务院学位委员会专家组组长詹福瑞教授宣读了《广西民族大学新增博士学位授予单位立项建设中期检查报告》，专家组一致同意学校通过新增博士学位授予单位立项建设中期检查。

7 月 6—9 日，何龙群校长带领发展规划处、申博学科负责人等专程到延边大学考察该校外国语言文学博士点建设情况。7 月 11 日，何龙群校长主持召开博士学位授予单位立项建设后期工作布置会，对学校申博学科后期建设工作做了具体要求。8 月 22 日，发展规划处对《广西民族大学新增博士学位立项建设单位规划(2011—1012)》、《广西民族大学新增博士学位立项建设中期自评报告》进行了调整、补充和完善，由何龙群校长签发上报自治区学位委员会转呈国务院学位委员会。

(二)迎接自治区教育厅对广西高校重点学科、重点实验室(基地)的检查评估

2011 年 10 月 27 日，根据自治区教育厅的通知，学校要求民族学、亚非语言文学、马克思主义中国化研究、计算数学、中国少数民族语言文学 5 个广西高校重点学科填报自评报告书。11 月 7 日，袁鼎生副校长主持召开广西高校重点学科、重点实验室(基地)迎评工作布置会。11 月 9 日，袁副校长到各受检点检查迎评情况。11 月 11 日，广西民族大学广西高校重点学科和重点实验室(基地)检查评估汇报会召开，教育厅评估专家组听取了重点学科、重点实验室(基地)负责人的汇报，校长何龙群、副校长袁鼎生参加了汇报会。11 月 25 日，根据评估专家组提出的意见和建议，由何龙群校长签发，发展规划处向自治区教育厅上报了修改完善后的《广西民族大学广西高校重点学科、重点实验室(基地)自评报告》。

(三)对启动建设的学位点学科进行检查验收

2011 年 11 月 1—16 日，根据自治区学位委员会、教育厅的要求，学校对 2007 年启动建设的 5 个学位点学科(中共党史、凝聚态物理、旅游管理学、中国少数民族艺术、英语语言文学)，对 2009 年启动建设的 10 个学位点学科(人类学、计算机软件与理论、体育教育训练学、文艺学、企业管理、政治学理论、概率论与数理统计、系统分析与集成、生物化学与分子生物学、刑法学)进行了验收自评，对 2011 年启动建设的 2 个一级学科博士点(化学工程与技术、图书情报与档案管理)、2 个一级学科硕士点(材料科学与工程、计算机科学与技术)进行了中期检查。11 月 17 日，学校向自治区教育厅上报了《广西民族大学 2007、2009、2011 年启动建设的学位授权点学科建设自评报告》。

(四)遴选 2011 届硕士学位点学科带头人

2011 年 4 月 9 日，根据《广西民族大学学科带头人选拔与管理办法》(民大〔2008〕135 号)，学校决定面向全校公开遴选、竞聘 2011 届学科带头人。4 月 19 日，学校召开学术委员会会议，遴选

出新一届硕士学位点学科带头人，经在全校范围公示后，决定聘任新一届学科带头人共计 45 人，聘期 3 年。7 月 5 日，学校举行新一届学科带头人聘任仪式，校长何龙群为新一届学科带头人颁发了聘书，校党委书记钟海青做了重要讲话。

（五）评估验收 2008 年校级重点（建设）学科

2011 年 5 月 12 日，吴尽昭副校长主持专家组会议，对 2008 年遴选出来的 5 个校级重点学科（应用化学、计算机应用技术、科学技术史、美学、政治学理论）及 5 个校级重点建设学科（英语语言文学、档案学、中国现当代文学、行政管理学、国际贸易学）进行评估验收，检查评估以上学科 2009 年 1 月 1 日至 2010 年 12 月 31 日的建设情况。经过无记名投票方式，专家组一致同意以上学科通过验收。

（六）组织报送自治区财政资助学位点学科、校级重点学科建设任务书

2011 年，学校共有 2 个博士点建设学科（图书情报与档案管理、化学工程与技术）和 2 个硕士点建设学科（材料科学与工程、计算机科学与技术）获得自治区财政专项资助共计 130 万元。7 月 12 日，经审改并报校领导审定后，发展规划处将上述学科填报的《学位授权点学科建设任务书》上报自治区学位委员会。此外，根据《广西民族大学关于公布 2010 年校级重点学科的通知》（民大〔2010〕295 号），2011 年 6 月底，学校资助 2010 年 12 月遴选的 7 个校级重点学科（中共党史、社会学、民族传统体育、专门史、应用数学、生物化学与分子生物学）的建设经费分配到位。7 月 1 日，学校要求以上校级重点学科填报《广西民族大学校级重点学科建设任务书》报送发展规划处。

（七）组织填报《广西高校重点学科和重点实验室建设项目计划任务书》

2011 年 7 月，学校民族学、亚非语言文学获“优势特色重点学科”立项，东盟多语种服务信息技术处理工程中心、林产化工联合共建重点实验室获“校地校企共建科技创新平台”项目，共获资助经费 140 万元。根据上级要求，发展规划处及时组织项目所在学院填报建设项目计划任务书，于 8 月 31 日上报自治区教育厅，同时督促各项目负责人按照建设任务书完成建设任务，特别是尽快完成招标采购工作。12 月 8 日，发展规划处会同项目所在学院向自治区教育厅科研处和财基处上报了项目建设实施情况总结材料。

（八）聘任第二期、第三期申博学科学术助手

为继续发挥申博学科学术助手的积极作用，9 月 15 日，学校给第一期配备了学术助手的申博学科带头人或方向负责人继续聘任第二期学术助手，共计 12 人。9 月 30 日，学校给调整后的民族学、外国语言文学、中国语言文学 3 个授权学科带头人和方向负责人，以及马克思主义理论、数学、科学技术史 3 个支撑学科带头人配备第三期学术助手，共计 15 人。

（九）调整相关学科门类，做好现有学位点的重新填报工作

2011 年 5 月，根据自治区学位委员会的要求，发展规划处对学校相关学位点进行了对应调整，将历史学一科学科调整为学科门类，其下设中国史、世界史两个一级学科，最后中国史通过了国务院学位委员会审批。11 月 18 日，发展规划处对学校现有的硕士学位点（含目录外自主设置的学科）进行了相应调整和重新填报。12 月，发展规划处将艺术学、历史学 2 个硕士学位授权一级学科对应调整为学科门类下的一级学科，即戏剧与影视学、中国史，组织这两门学科重新填报了学科申请书及论证报告上报自治区学位委员会。

（十）撰写有关学校规划及学科建设等校史章节

发展规划处积极参加《广西民族大学校史（2002—2011）》有关学校规划及学科建设方面的编写工

作。6 月底，上交了《制定学校规划及调整学科布局》、《增设与调整本科专业、硕士学位点》、《博士学位授权单位建设》、《筹办东盟学院》等二章四节近 7 万字的初稿。11 月再次对相关章节进行了核对、补充和完善。

（十一）加强外联工作，重视对学科建设工作的指导

2011 年 7、11 月，学校先后邀请国务院学位办、江苏省教育厅等领导和专家前来指导申博学科立项建设工作；10 月，专程到新疆师范大学、新疆财经大学等区外高校考察申博学科建设情况，力争学科建设工作的领先权和主动权。

（十二）规范日常管理，及时完成学校安排的其他工作任务

2011 年 1 月 12 日，学校召开 2010 年规划与学科建设工作年度总结会，明确 2011 年规划与学科建设的目标和要求。9、11 月，分别向上级报送了《广西实施地方特色高水平大学建设方案》、《关于提高自主创新能力，加快建设创新型广西的若干意见》的修改意见。在日常工作中，主动到相关学院调研学科建设工作，做好学科建设日常管理，认真完成上级主管部门和学校领导交办的其他工作任务。（蒙本曼）

研究生教育管理

围绕提高研究生培养质量这一核心目标，学校采取多项措施加强研究生教育管理工作。

一、研究生工作大会

2011 年 6 月 7 日，学校召开了研究生工作大会，何龙群校长在开幕式上作了题为《提高质量，突出特色，促进学校研究生教育水平迈上新台阶》的主题报告，报告回顾了学校研究生教育发展历程、取得的成果和经验，分析了目前研究生教育面临的新形势，提出在提高质量与突出特色中提升学校研究生教育整体水平。6 月 10 日，钟海青书记在闭幕式上作了《创新研究生培养模式，着力培养拔尖创新人才》的总结报告，提出为提高研究生培养质量，应做到更新研究生教育观念、创新研究生培养体制机制、健全研究生教育质量保障体系。

二、自主设置二级学科

2011 年，学校首次开展自主设置二级学科工作。根据国务院学位委员会、教育部相关文件精神，学校各研究生培养单位可申请在学校 11 个一级学科学位授权权限内自主设置与调整二级学科。经学院学位评定委员会初审、学校学位评定委员会办公室审查、学校学位评定委员会审核与投票、上网公示等程序，学校共自主设置了 13 个目录内二级学科和 9 个目录外二级学科。

三、研究生招生录取工作

完成 2011 级硕士研究生的招生评卷、调剂、复试、录取工作。2011 年学校共录取硕士研究生 460 名，完成招生计划的 100%，其中国家计划 360 名。为进一步提高研究生招生录取工作的公平、透明度，学校采取了多项措施确保招生录取工作的严谨性和科学性：

第一，接收和整理试卷全程都在视频监控下进行，更好的保证了公平和公正，也使得发生争议

后有据可查，确保了考生以及整卷人员的利益。

第二，加强同校保卫处、网络中心等各部门的协作，加强封堵有害信息，净化校园网络环境，消除有害信息对考试安全造成的不利影响。加强复试考场管理，按照初试的要求来布置考场，从客观上遏制各种形式的作弊行为。

第三，对拟录取名单严格审核，面试小组决定的任何不按照总成绩排名录取或确定公费名额的考生，都必须写出详细意见并且签章，经主管校领导、纪委审核过之后，才决定是否采纳面试小组意见。

四、研究生培养管理工作

第一，完成2008级硕士研究生的毕业工作。协助各有关部门做好2008级研究生学位论文答辩、毕业资格审核、学位评定、毕业证书和学位证书发放等毕业工作。严格按照《广西民族大学关于加强研究生硕士学位论文质量监控的暂行规定》要求，对硕士学位论文文稿进行三稿检查和“双盲评审”，并使用学位论文学术不端行为检测系统（TMLC）对所有学位论文进行检测。2011年学校共有人382毕业（包括16名留学生），400人获得硕士学位（包括16名同等学力人员），根据盲评成绩、答辩成绩，共评选出33篇2011届优秀硕士学位论文。在2011年全区学位论文抽查中，学校推荐的10篇论文有3篇获得全区优秀硕士学位论文称号，未有不合格论文，优秀率达30%，居全区首位。积极与中国知网合作，把学校毕业研究生学位论文加入“中国优秀硕士学位论文全文数据库”，为学校研究生培养成果扩大影响。

第二，组织开展研究生评优工作。在2011届毕业研究生中评选出28名校级优秀毕业研究生；组织推荐的4名毕业研究生获得了“2011届广西壮族自治区普通高等教育优秀大学毕业生”称号；组织推荐的26名在校研究生获“2011年全区高校优秀硕士研究生”称号。

第三，为适应学校学科发展和研究生培养需要，修订了《广西民族大学硕士学位论文开题报告管理规定（试行）》，使研究生论文质量管理更加科学化和规范化。同时，组织制订了《广西民族大学专业学位授予授予暂行办法》。

第四，严抓研究生考风考纪和道德素质教育，严肃处理研究生公共课考试和英语六级考试中作弊的研究生，在研究生中起到了警示作用。

五、研究生科研创新管理工作

第一，为进一步提高学校研究生的培养质量，促进研究生创新能力的提升，激励广大研究生在校期间积极开展科研工作，多出好的学术成果、多发表高质量论文，学校组织了奖励2010年研究生发表高档次论文活动，共对61名研究生发表的91篇高档次论文进行了奖励，奖金共计2.288万元。

第二，继续开展“广西民族大学第五届研究生学术论文竞赛”活动。共收到参赛论文256篇，研究生处对参赛论文进行学术不端检测，有103篇因文字复制率（指剔除正常引用和对本人已发表论文的引用后的复制率）超过10%的论文被取消参赛资格，经学院推荐、组织校内外专家对推荐的一等奖论文进行了盲评，学校评审委员会进行最后审定，共评选出获奖论文56篇，其中一等奖13篇，二等奖20篇，三等奖32篇。

第三，组织研究生申报2011年自治区研究生教育创新计划项目，共获得研究生科研创新项目35项，研究生教育科学专项课题研究8项和研究生创新论坛1项，教育厅拨款和学校配套的资助总额达36.21万元，比去年增加3.3万元。

第四，做好2009、2010年区级、校级研究生创新项目的结题工作，督促项目承担人按时结题，将提交的科研成果和经费使用记录表装订成册，便于存档；协助获得研究生创新论坛的学院做好论坛的闭幕工作和成果归档。

第五，为加强不同学科专业研究生之间的了解、交流、合作，从整体上提高研究生的科研能力和学术素养，组织研究生通过立项形式，要求两个学院不同专业的研究生合办学术沙龙，为不同专业的研究生提供交流平台，以达到开拓研究视野、促进学科交叉，激发创新思维的目的，2011年共立项资助10项学术沙龙，每项资助0.25万元，资助金额合计2.5万元。

第六，继续组织开展学校第四届研究生学术演讲竞赛，在各学院进行初赛和复赛选拔，最后再举行校级决赛，提供多层次的比赛机会给研究生锻炼学术研究和学术表达能力。共评选出一等奖7名，二等奖10名，三等奖14名，团体奖3名。

第七，继续实施2011年广西民族大学研究生教育创新计划项目。共立项资助研究生校级创新计划项目100项，其中文科74项，每项资助额度2000元；理科26项，每项资助额度3000元，资助总额22.6万元。

六、研究生导师管理工作

第一，开展2011年度硕士研究生导师遴选和认定工作。经教师个人书面申请，所在学院学位评定分委员会审查同意报学位评定委员会办公室审核，学校召开学位评定委员会全体委员会议，对所有候选人进行审核和投票表决，通过投票的教师名单在校内进行公示，最终有205位教师获得硕士研究生指导教师资格。

第二，在研究生处网页设立导师简介栏目，继续要求全校所有硕士生导师上网填报《广西民族大学硕士研究生指导教师简况表》并上传照片。通过在网页上填写硕导简况，由研究生处建立起相应的数据库，对硕导的科研论文、项目和成果等进行统计，为分配指导研究生名额提供相应的依据，也方便新生通过网络了解和选择导师。

七、在职研究生班工作

第一，为加强研究生班学员的管理工作，制订了《广西民族大学区内地方性计划研究生班学员教育管理规定（试行）》。

第二，积极做好2011级地方性在职研究生班的招生工作。通过发布广告、各学院积极拓展招生渠道等多种途径，今年录取在职研究生学员1590人。

第三，2011年共有16位研究生班学员获得硕士学位。（*唐贤秋　冯　嘉*）

资料1　2011年学校授予硕士学位学科、专业一览表

序号	专业代码	专业名称	学科级别	学位授予级别	批准设置日期	所在院系
1	050107	中国少数民族语言文学	二级学科	硕士	1998年	文学院
2	050210	亚非语言文学	二级学科	硕士	2000年	外国语学院
3	120401	行政管理	二级学科	硕士	2000年	管理学院
4	120503	档案学	二级学科	硕士	2000年	管理学院
5	0712	科学技术史	二级学科	硕士	2003年	民社学院

序号	专业代码	专业名称	学科级别	学位授予级别	批准设置日期	所在院系
6	030402	马克思主义民族理论与政策	二级学科	硕士	2003 年	民社学院
7	030404	中国少数民族史	二级学科	硕士	2003 年	民社学院
8	030106	诉讼法学	二级学科	硕士	2003 年	法学院
9	050102	语言学及应用语言学	二级学科	硕士	2003 年	文学院
10	070101	基础数学	二级学科	硕士	2003 年	理学院
11	070102	计算数学	二级学科	硕士	2003 年	理学院
12	010105	伦理学	二级学科	硕士	2006 年	政关学院
13	010106	美学	二级学科	硕士	2006 年	文学院
14	0304	民族学	一级学科	硕士	2006 年	民社学院
15	0305	马克思主义理论	一级学科	硕士	2006 年	政关学院
16	030104	刑法学	二级学科	硕士	2006 年	法学院
17	030201	政治学理论	二级学科	硕士	2006 年	政关学院
18	030204	中共党史	二级学科	硕士	2006 年	政关学院
19	030501	马克思主义基本原理	二级学科	硕士	2006 年	政关学院
20	030502	马克思主义发展史	二级学科	硕士	2006 年	政关学院
21	030503	马克思主义中国化研究	二级学科	硕士	2006 年	政关学院
22	030504	国外马克思主义研究	二级学科	硕士	2006 年	政关学院
23	030505	思想政治教育	二级学科	硕士	2006 年	政关学院
24	030301	社会学	二级学科	硕士	2006 年	民社学院
25	030403	中国少数民族经济	二级学科	硕士	2006 年	民社学院
26	030405	中国少数民族艺术	二级学科	硕士	2006 年	民社学院
27	060105	专门史	二级学科	硕士	2006 年	民社学院
28	040303	体育教育训练学	二级学科	硕士	2006 年	体健学院
29	040304	民族传统体育学	二级学科	硕士	2006 年	体健学院
30	050101	文艺学	二级学科	硕士	2006 年	文学院
31	050103	汉语言文字学	二级学科	硕士	2006 年	文学院
32	050105	中国古代文学	二级学科	硕士	2006 年	文学院
33	050106	中国现当代文学	二级学科	硕士	2006 年	文学院
34	050108	比较文学与世界文学	二级学科	硕士	2006 年	文学院
35	050211	外国语言学及应用语言学	二级学科	硕士	2006 年	外国语学院
36	070104	应用数学	二级学科	硕士	2006 年	理学院
37	081203	计算机应用技术	二级学科	硕士	2006 年	理学院
38	071010	生物化学与分子生物学	二级学科	硕士	2006 年	海洋生物学院
39	081704	应用化学	二级学科	硕士	2006 年	化工学院
40	120404	社会保障	二级学科	硕士	2006 年	管理学院
41	120501	图书馆学	二级学科	硕士	2006 年	管理学院
42	0351	法律	专业硕士	硕士	2010 年	法学院

序号	专业代码	专业名称	学科级别	学位授予级别	批准设置日期	所在院系
43	0453	汉语国际教育	专业硕士	硕士	2010 年	文学院
44	0302	政治学	一级学科	硕士	2011 年	政关学院
45	0501	中国语言文学	一级学科	硕士	2011 年	文学院
46	0502	外国语言文学	一级学科	硕士	2011 年	外国语学院
47	0602	中国史	一级学科	硕士	2011 年	民社学院
48	0701	数学	一级学科	硕士	2011 年	理学院
49	0812	计算机科学与技术	一级学科	硕士	2011 年	信工学院
50	0817	化学工程与技术	一级学科	硕士	2011 年	化工学院
51	1205	图书馆、情报与档案管理	一级学科	硕士	2011 年	管理学院
52	0551	翻译	专业硕士	硕士	2011 年	外国语学院
53	1252	公共管理	专业硕士	硕士	2011 年	管理学院
54	030207	国际关系	二级学科	硕士	2011 年	政关学院
55	050104	中国古典文献学	二级学科	硕士	2011 年	文学院
56	050201	英语语言文学	二级学科	硕士	2011 年	外国语学院
57	050203	法语语言文学	二级学科	硕士	2011 年	外国语学院
58	070103	概率论与数理统计	二级学科	硕士	2011 年	理学院
59	070105	运筹学与控制论	二级学科	硕士	2011 年	理学院
60	081201	计算机系统结构	二级学科	硕士	2011 年	信工学院
61	081202	计算机软件与理论	二级学科	硕士	2011 年	软件学院
62	081701	化学工程	二级学科	硕士	2011 年	化工学院
63	081702	化学工艺	二级学科	硕士	2011 年	化工学院
64	081703	生物化工	二级学科	硕士	2011 年	化工学院
65	081705	工业催化	二级学科	硕士	2011 年	化工学院
66	120502	情报学	二级学科	硕士	2011 年	管理学院
67	0302Z1	东盟研究	二级学科	硕士	2011 年	东盟学院
68	0304Z1	民族教育学	二级学科	硕士	2011 年	教育科学学院
69	0304Z2	壮学与瑶学	二级学科	硕士	2011 年	民社学院
70	0501Z1	中国民间文学	二级学科	硕士	2011 年	文学院
71	0502Z2	中国与东南亚文明	二级学科	硕士	2011 年	东盟学院
72	0712Z1	材料分析与古代文明	二级学科	硕士	2011 年	理学院
73	0817Z1	生物质化学与工程	二级学科	硕士	2011 年	化工学院
74	0817Z2	工业分析	二级学科	硕士	2011 年	化工学院
75	1205Z1	电子政务	二级学科	硕士	2011 年	管理学院

资料2　2011年学校在岗硕士研究生导师名单

专业代码	专业名称	硕士研究生导师
0302	政治学	陈元中
0304	民族学	周建新
0305	马克思主义理论	何龙群
0351	法律专业硕士	齐爱民　覃晚萍　张春林　黄中显　鲁学武
0453	汉语国际教育专业硕士	熊琦　何山燕
0501	中国语言文学	袁鼎生
0502	外国语言文学	覃修桂
0551	翻译专业硕士	周　彦　潘克建　姚小文　刘雪芹　黎巧萍　徐　颖　李　莹　沈　菲　吴天成　黄世芳　容向前　周永安　温日豪
0602	中国史	王柏中　樊端成　肖宏发　覃主元　滕兰花　廖建夏　郑维宽
0701	数学	刘振海
0712	科学技术史	吴致远　万辅彬　容志毅　曲用心　赵　颜　何良明　韦丹芳　高剑平　韦文山　汪常明　农　正　黄全胜
0812	计算机科学与技术	周永权
0817	化学工程与技术	雷福厚
1204	公共管理	钟海青
1205	图书馆、情报与档案管理	黄世喆
1252	公共管理专业硕士	钟海青　陈　勇　包学雄　陈永清　崔万安　张新文　刘二丽　陈路芳　李　涛　李珍刚　李兰荣　陈林杰　黄　灿　莫光政
010105	伦理学	唐贤秋　覃青必
010106	美学	袁鼎生　李启军　范秀娟　申扶民　银建军　黄秉生
030104	刑法学	何立荣　邓崇专　李远龙　刘建昌　欧锦雄　覃珠坚　覃祖文　杨凤宁　杨红文
030106	诉讼法学	张显伟　向忠诚　邓辉辉　伍光红　曹　平　雷裕春　李立景　韦　军　谢尚果　齐爱民　周喜梅
030201	政治学理论	陈元中　唐国军
030204	中共党史	崔晓麟　刘国彬
030301	社会学	秦红增　甘品元　黄世杰　郭云涛
030401	民族学	周建新　钟海青　欧以克　李远龙　吕俊彪　徐杰舜　郑一省　李枭鹰　陈家柳　杨超有　陈　洛　徐书业　吴国富　罗宗志　韦丹芳　唐德海
030402	马克思主义民族理论与政策	龚永辉　滕成达　周　健
030403	中国少数民族经济	吕俊彪　樊兰兴　韦复生　文　岚　王新哲　翁乾麟　秦小辉　唐连生　廖东声　许登峰　唐晓涛
030404	中国少数民族史	李富强　莫金山　玉时阶　黄家信　毛汉领
030405	中国少数民族艺术	谢崇安　唐　力　吴　巧　吴宁华　廖明君　覃彩銮　苏燕玲

专业代码	专业名称	硕士研究生导师
030501	马克思主义基本原理	韦有多　陈　媛　宋朝光
030502	马克思主义发展史	陈　媛　樊端成
030503	马克思主义中国化研究	何龙群　崔晓麟　黄　骏　黄焕汉
030504	国外马克思主义研究	黄　骏　莫放春
030505	思想政治教育	程林辉　贺争平　唐耀华　邓艳葵　唐荣双
030506	中国近现代史基本问题研究	刘国彬
040303	体育教育训练学	杨　放　何江川　蒋心萍　胡英清　徐　波　李荣源　黄　河　韦晓康　陈立基
040304	民族传统体育学	伍广津　刘靖南　刘德琼　王敬浩　蒋东升　何卫东　莫再美　李志清
050101	文艺学	范秀娟　李启军　凡一平　黄佩华　田代琳　欧宗启　李大西
050102	语言学及应用语言学	黄平文　张小克　海柳文　蓝芝同　杨学明　蒋新平　吕瑞荣　黄　健　何　江　韦光化
050103	汉语言文字学	汪业全　海柳文　韦顺莉　叶桂郴
050105	中国古代文学	冯仲平　陆凌霄　杨宁宁　张国安　马现诚　翟鹏玉　吕书宝　张永刚　李惠玲　石天飞
050106	中国现当代文学	黄晓娟　苗　军　张柱林　魏继洲　李运抟　容本镇　翟　红　李建平　陆卓宁
050107	中国少数民族语言文学	蒙元耀　韦树关　陈丽琴　陈金文　黄平文　吴小奕　张景霓　陆晓芹　张泽忠　马树春　韦茂繁　何　霜　吕书宝　罗　红　康忠德　陈孝玲
050108	比较文学与世界文学	金　丽
050210	亚非语言文学	韦树关　古小松　梁　远　黎巧萍　罗文青　钟智翔　刘志强　唐小诗　杨晓强　陶　红　邓淑碧　阮文康　陈智睿　彭　晖　于在照　黄伟生　农立夫　黄兴球　孙小迎　游辉彩
050211	外国语言学及应用语言学	覃修桂　黄秀莲　钟小佩　刘雪芹　潘克建　苏剑芳　谢少万　杨令飞　刘卫东
070101	基础数学	李招文　蓝师义　刘晓冀　欧业林　谭福锦
070102	计算数学	刘焕文　黄敬频　莫愿斌　刘振海　何崇南　黄文鈞
070104	应用数学	刘振海　刘晓冀　薛明志
071010	生物化学与分子生物学	武　波　何秀苗　刘红全　姜明国　周　桂谭学才　李容柏　林日辉
081203	计算机应用技术	吴尽昭　宣士斌　何登旭　王　勇　张超群　吴礼燕　贺忠华　杨　磊　葛丽娜　黄　勇
081704	应用化学	尹显洪　谭学才　夏　璐　黄在银　廖安平　李小燕　刘祖广　邓光辉　袁爱群　唐世华　姚兴东　王志文　吴如春　廖海达　黄道战　黄　钦　冯　宇　张卫民　黄忠京　蓝　平　刁开盛　蓝虹云　纪红兵　蔡成翔　孙果宋　韦寿莲　农亮勤　黄科林　申利群　余会成　黄锁义　李冬青　周　健　谭明雄　吴新民　钟莲云　林日辉　卢彦越　梁建烈　尹彩流　周　桂

专业代码	专业名称	硕士研究生导师
120401	行政管理	李珍刚 钟海青 包学雄 张新文 莫勇波 李　涛 陈永清 刘二丽 欧以克 李枭鹰 张　华 陈路芳 黄科宏 崔忠仁 潘启富 崔晓麟
120404	社会保障	包学雄 崔万安 金湘军 李珍刚
120501	图书馆学	苏瑞竹 陈　勇 何致武 骆柳宁 麻新纯 罗贤春
120503	档案学	黄世喆 麻新纯 陈　勇 黄夏基 何致武 石建斌 黄景文 林怀勇 金湘军 郑　慧

资料3　2011年在校硕士研究生人数一览表

专业代码	专业名称	在校学生人数				备　注
		2009级	2010级	2011级	合计	
030104	刑法学	15	12	12	39	
030106	诉讼法学	14	15	10	39	
035102	法律硕士		24	33	57	
010105	伦理学	5	5	4	14	
030201	政治学理论	5	5	6	16	
030204	中共党史	7	4	6	17	
030501	马克思主义基本原理	7	5	3	15	
030503	马克思主义中国化研究	6	7	6	19	
030504	国外马克思主义研究	2	1	1	4	
030505	思想政治教育	14	9	9	32	
030502	马克思主义发展史		1	3	4	
030301	社会学	8	8	7	23	
030401	民族学	17	15	14	46	
030402	马克思主义理论与政策	3	4	4	11	
030403	中国少数民族经济	7	9	8	24	
030404	中国少数民族史	8	6	5	19	
030405	中共少数民族艺术	5	3	4	12	
060105	专门史	7	7	7	21	
040303	体育教育训练学	14	10	10	34	
040304	民族传统体育学	10	12	12	34	
010106	美学	11	7	4	22	
050101	文艺学	11	11	8	30	
050102	语言学与应用语言学	16	10	12	38	
050103	汉语言文字学	7	5	4	16	
050105	中国古代文学	11	11	11	33	

专业代码	专业名称	在校学生人数				备　注
		2009 级	2010 级	2011 级	合计	
050106	中国现当代文学	14	14	14	42	
050107	中国少数民族语言文学	19	17	16	52	
050108	比较文学与世界文学	5	2	2	9	
570100	汉语国际教育		19	25	44	
050210	亚非语言文学	17	14	15	46	
050211	外国语言学及应用语言学	21	15	14	50	
070101	基础数学	7	6	6	19	
055201	英语笔译			7	7	
055202	英语口译			7	7	
070102	计算数学	10	9	10	29	
070104	应用数学	4	4	6	14	
081203	计算机应用技术	11	10	10	31	
071010	生物化学与分子生物学	9	9	6	24	
081704	应用化学	29	29	28	86	
0712	科学技术史	11	10	11	32	
120401	行政管理	22	27	19	68	
120404	社会保障	9	9	5	23	
120501	图书馆学	6	6	5	17	
120503	档案学	11	11	9	31	
125200	公共管理硕士			24	24	
	合计	415	417	442	1274	

资料 4.1　2011 年在校留学硕士研究生人数

专业代码	专业名称	在校学生人数				备　注
		2009 级	2010 级	2011 级	合计	
030106	诉讼法学		1	2	3	留学生
035102	法律硕士		1		1	留学生
060105	专门史		1		1	留学生
081203	计算机应用技术		1	1	1	留学生
030401	民族学			1	1	留学生
050108	比较文学与世界文学			1	1	留学生
050103	汉语言文学			1	1	留学生
570100	汉语国际教育	10	8	17	34	留学生
050102	语言学及应用语言学	2	22	12	36	留学生
120401	行政管理	5	25	17	24	留学生

专业代码	专业名称	在校学生人数				备　注
		2009 级	2010 级	2011 级	合计	
120404	社会保障		1		1	留学生
	合计	17	60	52	129	

资料 4.2　2011 年在校高师攻读硕士学生人数

专业代码	专业名称	在校高师攻硕学生人数				备　注
		2009 级	2010 级	2011 级	合计	
030104	刑法学		1		1	高师攻硕
040303	体育教育训练学	3	2		5	高师攻硕
040304	民族传统体育		2		2	高师攻硕
050102	语言学及应用语言学	1	4		6	高师攻硕
050210	亚非语言文学	2			2	高师攻硕
120401	行政管理	1	1			高师攻硕
120503	档案学			1	1	高师攻硕
	合计	7	10	1	18	

资料 5　2011 届学校毕业研究生考取博士名单

政治学理论：成为杰　刘国普

民族学：雷　韵

中国少数民族：容　婷

中国少数民族语言文学：白　帆

基础数学：农丽娟　周仕忠

应用数学：王国滨

计算机应用技术：刘　洋　祝华正

应用化学：李艳芬　武巧兰

科学技术史：刘安定

行政管理：李文军

诉讼法学：尹少成

科研管理与学位、学术委员会

科研管理工作

学校科研工作在上级主管部门和学校党政领导的关心指导下，坚持“民族性、区域性、国际性”的办学定位，按照“丰富内涵，拓展平台，提高质量，打造品牌”的发展思路，秉承“热情、主动、准确、高效”的工作作风，紧紧围绕2011年度学校的中心工作，学校各部门的互相支持配合，创新科研管理机制，不断改进工作方法，提高工作效率，努力为国家和区域社会经济发展提供强有力的人才支持和智力支撑。

一、高度重视，加强领导，强化责任意识

2011年是实施“十二五”规划的开局之年，学校领导班子高度重视科研工作，力争在未来的五年中充分发挥科研服务教学、服务学科建设的作用，增强学校服务社会能力。本年度学校分管科研的副校长多次主持召开科研工作总结汇报会，对学校科研工作做具体指导，使“科研兴校”的意识深入人心。并对每一次会议进行总结并做出重要指示，指出科研工作及科研成果是学科建设、科研平台建设及人才培养的重要支撑。学校要进一步加强科研工作，要提高敏锐度、关注度、积极性，依托学校科研平台，整合资源，围绕“六个高水平”大施身手：即高水平人才、高水平科研平台、高级别项目、高水平科研成果和奖励、高国际交流与合作和高水平外联沟通。

二、明确目标，创造良好科研大环境

项目研究是学校科研工作的重要内容之一。根据学校“十二五”发展规划，学校科研任务之一是着力提高承担高级别项目的能力，科学研究要紧密结合《中共中央关于进一步繁荣哲学社会科学的意见》和《国家中长期科学和技术发展规划纲要(2006—2020)》以及《广西壮族自治区中长期科学和技术发展规划纲要(2006—2020)》所确定的重点领域及优先主题、前沿技术、基础研究和重大专项，选择有限目标，组织优势力量，积极申报国家哲学社会科学基金、国家自然科学基金，积极争取国家教育部、民委等部委项目，大幅提高获得广西哲学社会科学基金、自然科学基金的项目数量和经费资助总量，着力提高学校承接广西重大科研任务的能力以及解决区域经济与社会发展重大问题。2011年度，积极实施“项目带动科研”战略，以强化科研基础地位为目标，提升科研水平。在项目申报组织工作中，突出三个重点：一是冲刺高层次大项目，力求出精品，提高影响力；二是密切关注地方经济社会发展，积极争取横向合作项目，提高科研服务地方经济社会的能力；三是依托学科优势，拓展国际合作项目研究。

努力创新科研管理运行机制，创造良好科研大环境。根据学校科研工作的发展需要，2011年进一步修订了部分科研管理文件，如《广西民族大学科学研究奖励办法》、《广西民族大学科研奖励期刊及出版社分级目录》、《广西民族大学科技成果转化管理办法》、《广西民族大学校级科研项目管理办法》等文件已经修订并且印发，《广西民族大学获省部级及以上科研成果奖认定办法(试行)》《广西民族大学文艺创作获省部级及以上奖励认定办法(讨论稿)》也在学术委员会上进行了讨论，这些文件从科研申报立项、开展研究、成果转化、奖励等方面为科研人员提供全方位的政策支持，充分调动了广大科研人员的科研积极性和科研创新，推动科研工作更上一个新台阶。

三、科研创新平台(基地、实验室)建设方面取得新进展

2011年，学校围绕提升自主创新能力和服务地方的需要，探索实验室建设新机制，大力推进“广西林产化学品开发与应用”和“广西混杂计算与集成电路设计分析”两个自治区级重点实验室建设。创新研发平台建设机制，加强与地方政府、行业、企业合作，共建一批集研究开发、中试生产、企业孵化和人才培养于一体的高水平产学研用相结合的产业技术创新组织。

2011年4月组织申报了“十二五”科技基础条件建设备选项目；2011年5月对学校现有的各级各类科研平台进行了重新登记，并对各单位“十二五”期间拟建设的平台进行摸底，这项工作的开展，为今后科研平台的管理与建设起到了很好的铺垫作用；2010年12月学校的“广西混杂计算与集成电路设计分析重点实验室”被确广西科技厅认定为第三批自治区重点实验室；2011年5月，学校的“中国南方与东南亚跨国民族研究基地”获批准成为国家民委人文社科重点研究基地；广西科学实验中心“中国—东盟研究中心”2011年正式启动，6月份获自治区财政首批资助建设经费1000万元；“东盟多语种服务信息技术处理工程中心”、“林产化工联合共建重点实验室”被确定为广西高校校企校地创新平台，共获自治区财政资助建设经费100万元；继续加大对原有广西高校重点实验室“化学与生物转化新技术实验室”、“绿色化学与技术实验室”和重点基地(中心)“生态审美与民族文艺研究基地”、“中国—东盟政治法律文化研究中心”、“壮学研究中心”、“瑶学研究中心”、“马克思主义理论研究和建设工程基地”的建设，学校多方筹措经费，投入150万元建设经费；2011年11月，自治区重点实验室“广西林产化学品与应用重点实验室”2007、2009年建设项目通过科技厅专家组验收；2011年6月，“中国科学院成都计算机应用研究所博士后流动站科研基地”落户学校；2011年9月，学校的化学与生物技术过程转化创新团队(创新团队带头人廖安平教授)被广西教育厅确定为第四批广西高校人才小高地创新团队；2011年12月，广西教育厅批准学校成立广西民族教育研究中心、广西民族团结教育师资培训基地。

四、做好各级各类科研项目的申报及管理工作

(一)科研项目申报数量质量有明显提高

一是提前准备，及时规划，广泛发动，做到计划性强、申报面广；二是点面结合，学科综合，资源整合，结合热点，突出重点，努力攻克难点；三是加强科研指导服务、优化形式审查和预评审，提高项目申报质量；四是及时跟踪，努力做好项目的沟通和协调工作。2011年学校组织完成各级各类纵向项目申报414项，其中国家级10类项目104项，占申报总数25%；省部级19类项目224项，占申报总数54%；厅局级8类项目86项；另外组织申报校级4类科研项目近200项，横向合作项目27项。组织完成2012年度各级各类科研项目164项申报工作。

(二)科研项目喜获丰收

2011年学校获得各级各类纵向科研项目立项274项，资助经费2163.19万元，其中，国家社科基金类项目11项，合同经费138万元；国家自然科学基金项目5项，合同经费197万元；全国教育科学规划课题2项，合同经费22万元。省部级74项，合同经费481万元；厅局级72项，合同经费1166.8万元。另有，校级科研项目立项92项，资助经费40万元；承担包括国际合作、“985工程”、企事业、地方政府、高校等横向合作项目18项，资助经费118.39万元。

（三）提高科研项目的结题率

为了提高科学研究质量，提高科研项目的结题率，加强了科学研究各环节的管理，积极配合各级项目主管部门开展工作。主要是加强在研项目各级各类项目的年度研究进展（组织在研项目年度研究进展报告的填报），并形成总的自查报告；督促已到期项目申请结项等。目前，已完成教育部人文社科项目的中期检查，广西自然科学基金的年度调查等工作；已布置国家自然科学基金项目进展报告、国家自然科学基金项目年度管理工作报告、国家自然科学基金委有关问卷调查、国家社科基金项目年度检查、广西哲社规划课题年度检查等项目的年度检查工作。

2011年度各级各类课题获准结题共100项，其中，国家社科基金项目4项，国家自然科学基金项目1项，广西哲社规划课题13项，广西自然科学基金项目结题9项，教育厅科研项目结题11项，学校项目60项，广西区民委项目2项。

五、认真组织科技成果的统计、鉴定、登记及科研成果报奖

2011年学校教职工共发表学术论文1135篇，其中在中文核心刊物发表论文353篇，被SCI、EI、ISTP、SSCI、ISSHP等权威机构收录184篇，出版学术著作59部，申请国家专利12件，获得授权2件。

在成果报奖和成果获奖方面，2011年学校组织申报各级各类科研成果奖126项，获奖成果44项，其中省部级成果奖8项：全国教育科学研究优秀成果奖二等奖1项，全国民委系统调研报告奖三等奖1项，第六届广西文艺创作铜鼓奖5项，自治区纪念中国共产党成立90周年理论研讨会征文二等奖1项，学校优秀科研成果奖35项。另有一人获广西第十一届青年科技奖。多次组织教职工参加各种征文活动，在“广西北部湾经济区人才支撑体系研讨会”征文活动中，共有19篇学术论文参评，6篇入围，4篇获奖，学校获得了“优秀组织奖”。

六、及时完成科研数据的统计及科研奖励的审核

为了加强科研成果管理，促进学校科技成果转化为现实生产力，根据教育部工作部署及学校工作计划，组织相关人员及时并顺利完成了教育部2010年科技统计年报、全国第二次R&D资源清查工作。编印了广西民族大学2010年科研工作年报。同时，还圆满完成学校2010年度科研成果的审核工作及科研奖金的核算，并做出了奖金支出方案，保证了科研奖励奖金的按期发放。2011年，学校共投入4604840元用于2010年度的科学研究奖励，同比增长40%。

七、积极推进产学研用结合及科技成果的转化（产业化）

第一，加强与社会各界联系，积极开展科技服务社会服务地方活动，进一步扩大横向合作领域。2011年积极开展科技服务社会服务地方活动，主动深入社会，积极努力为国家和区域社会经济发展提供强有力的人才支持和智力支撑。上半年，何龙群校长、吴尽昭副校长分别代表学校与广西日报传媒集团、南宁市平方软件新技术有限责任公司签订了合作协议。根据协议，双方充分利用各自资源优势，共建发展创新平台和人才联合培养机制，在新闻信息、教育培训、社会实践、理论研讨、人才培养、信息服务项目申报、科技成果的应用和转化等方面的开展深度合作，双方谋求共同发展，实现科研成果向现实生产力转化。学校还承担企事业地方政府高校横向科研项目21项。

第二，积极推进科技成果成果的转化和产业化工作。2011年初，学校参加了由广西科技厅组织的2011年科技活动周，通过展板的形式展示了学校十一五以来在科研平台、科研项目、科研成果、专利及专利转让、横向合作、社会服务等各方面的成绩。学校被评为“广西科技活动周20周年先进单位三等奖”、“2011 年广西科技活动周最佳组织三等奖”。另外，由学校化学化工学院雷福厚教授牵头主持的广西科学研究与技术开发计划项目“松香基大孔吸附树脂新产品开发研究”项目通过自治区科技厅验收；化学化工学院雷福厚教授负责完成的用于药物和食品分离的松香基大孔吸附树脂新产品已在梧州松香厂中试，这为学校科研成果产业化打开了新局面。鉴于学校服务社会地方的贡献，2011 年 3 月份，在南宁市西乡塘区召开的 2010 年科技工作会议上，学校荣获“科技创新区长奖”、“科技成果转化先进单位”、“科技工作先进单位”、“科企联合俱乐部先进单位”4 项荣誉，学校离退处荣获“科普工作先进单位”，科研处处长谭学才教授荣获“科技领军人物奖”，梁杰等 10 名同学荣获“青少年科技创新区长奖”。

八、扩大学术交流合作，促进学术创新发展

学校十分注重国际合作与交流，依托特色学科优势和毗邻东南亚的地缘优势，不断加强与境外大学和知名研究机构的交流与合作，构筑国际交流与合作平台。

2011 年学校积极开展学术交流合作，年内主办或承办了 18 场国际性、全国性学术会议，主要是“2011 年积分方程、微分方程及其应用全国会议”、“促进人与人交流，夯实东亚合作基础”东亚智库论坛、“第三届中国越南语言文化教学与研究国际学术研讨会”、“2011 中国—东盟国际木文化论坛”、“第五届中国与东南亚民族论坛”、“纪念中国共产党诞辰 90 周年暨党的理论创新研讨会”、“2011 年可信性计算国际研讨会”、“第九届少数民族科技史国际研讨会”、“中国东南亚研究高级专家第一次圆桌会议”、“新媒体、文学生产与公共空间”、“区域合作背景下的中国—东盟关系”学术研讨会、“第二届中国技术史论坛”、“亚洲及大洋洲地区大众体育合作发展论坛暨中国—东盟大众体育合作发展论坛”、“中国人类学民族学 2011 年年会”、“首届中国—东盟武术发展论坛、太极拳与健康研究国际学术会议”等。

积极主动邀请校外专家到学校讲学，鼓励科研人员外出学术交流，为营造浓厚的学术氛围提供经费和条件。年内邀请校外专家学者到校为广大师生举办学术报告 187 场。同时，不定期不定人数派出教职工到国内外参加学术交流，积极探索开展国际合作研究项目，学校理学院刘振海教授，凭个人多年的学术造诣和声誉，争取到了 2 项国际合作项目，分别是“欧洲共同体玛丽居里——国际合作科研基金项目”1 项，经费达 44.35 万元；国家自然科学基金中俄合作项目 1 项，经费 9 万元。政关学院陈媛教授争取到了福特基金项目 1 项，经费 13.61 万元。通过广泛的学术交流合作，学校的学术影响得到了进一步的提升。

九、其他工作

第一，为科研工作的发展营造了良好的宣传氛围。采用多种宣传途径和手段，全面、及时地宣传报道学校在科学研究方面的最新动态和最新成果。在校内，一方面通过学校的校园网、报纸和宣传栏，另一方面科研处在 2011 年全面打造自身的“形象工程”，对科研处的网页进行全面改版，并组织学校厅级以上的科研平台在学校网页上设置自己的网页，加大宣传力度；在校外，积极向上级有关部门传达我校科技动态，通过以上有效形式，从不同层面构建起来的宣传平台，从而更全方位地发挥了重要的信息传递作用。科研处获得了学校 2010—2011 年度宣传工作先进单位。

第二，编撰了各种科研资料，如广西科技十一五年鉴、中国民族年鉴(科技部分)、广西通志·教育志(1986—2005)、广西社科年鉴、学校年鉴等；还组织编写印制了《广西民族大学科研工作年度报告(2010 版)》。以图文并茂、文字和数据相结合等多种方式，很好地总结了学校科研不同阶段取得的成绩。 （陈其锋）

资料1　2011年学校获省部级科研成果奖一览表

序号	成果名称	成果形式	成果完成人	获奖名称	获奖等级	作者单位
1	现代民族学	著作	周光大	第四届全国教育科学研究优秀成果奖	二等奖	民社学院
2	民族地区基层党建与社会和谐	论文	何龙群	广西纪念中国共产党成立90周年理论研讨会征文	二等奖	政关学院
3	广西少数民族传统体育文化保护开发现状与对策研究	调研报告	黄建团等	全国民委系统调研报告奖	三等奖	体健学院
4	后悔录	长篇小说	东　西	第六届广西文艺创作铜鼓奖	铜鼓奖	文学影视创作中心
5	扑克	中篇小说	凡一平	第六届广西文艺创作铜鼓奖	铜鼓奖	文学影视创作中心
6	一体化时代的文学想象	文艺理论	张柱林	第六届广西文艺创作铜鼓奖	铜鼓奖	文学院
7	瓦西里	音乐（歌曲）	唐　力	第六届广西文艺创作铜鼓奖	铜鼓奖	艺术学院
8	《徐治平散文选》	散文集	徐治平	第六届广西文艺创作铜鼓奖	铜鼓奖	文学院

资料2　2011年学校获省部级以上科研项目情况一览表

序号	项目名称	编号	项目负责人	职称	所在部门	项目来源	立项时间	资助金额（万元）
1	依托社区文化社团推动当代中国马克思主义大众化研究	11BKS028	陈　媛	教授	政治学与国际关系学院	国家社科基金一般项目	2011	15
2	中国瑶族志	11BMZ017	玉时阶	教授	民族学与社会学学院	国家社科基金一般项目	2011	15
3	东晋道士发明火药的模拟实验及文献再检索	11BZJ025	容志毅	教授	理学院	国家社科基金一般项目	2011	15
4	壮语语法化研究	11BYY108	黄平文	教授	文学院	国家社科基金一般项目	2011	15
5	广西“社”信仰下的多民族地区社会建设研究	11CSH047	覃慧宁	副教授	民族学与社会学学院	国家社科基金青年项目	2011	15
6	明清时期桂西南地区伏波信仰的社会史考察	11CZS044	滕兰花	副教授	民族学与社会学学院	国家社科基金青年项目	2011	15
7	秦汉国家理论建构研究	11XFX006	唐国军	教授	法学院	国家社科基金西部项目	2011	12

序号	项目名称	编号	项目负责人	职称	所在部门	项目来源	立项时间	资助金额（万元）
8	西部民族地区基层民主发展规范化研究—基于村民自治现状的实地调查与思考	11XFX013	张显伟	教授	法学院	国家社科基金西部项目	2011	12
9	广西少数民族语言使用情况调查与研究	11XYY007	张景霓	教授	文学院	国家社科基金西部项目	2011	12
10	民族文学生态关系论——以壮族文学经典的谱系生发为例	98503yws216	袁鼎生	教授	文学院	中央民族大学“985工程”三期课题	2011	6
11	口传文学与民族作家文学关系研究	98503yws215	黄晓娟	教授	文学院	中央民族大学“985工程”三期课题	2011	6
12	含三环菲骨架的分子印迹固相萃取材料用于偶氮类色素检测及构效关系	21165003	李小燕	教授	化学化工学院	地区科学基金项目	2011	50
13	圆填充及若干相关问题研究	11161004	蓝师义	教授	理学院	地区科学基金项目	2011	50
14	泛函网络代数理论与学习算法及泛化能力研究	61165015	周永权	教授	信息科学与工程学院	地区科学基金项目	2011	47
15	水电站水力发电系统模型及控制	51167003	孔繁镍	副教授	信息科学与工程学院	地区科学基金项目	2011	40
16	缓坡方程、修正缓坡方程和扩展缓坡方程的准确解析解研究	5114907	刘焕文	教授	理学院	科学部主任基金	2011	10
17	非线性包含和H—半变分不等式在接触力学中的应用	295118	刘振海	教授	理学院	欧洲联盟基金项目	2011	5.04
18	跨境民族教育研究	BMA110095	钟海青	教授	教育科学学院	全国教育科学规划课题一般项目	2011	12
19	中国—东盟高等教育区域性合作研究	CIA110145	李枭鹰	教授	教育科学学院	全国教育科学规划课题青年项目	2011	10
20	笛卡尔的数学哲学思想研究——直觉主义视角下笛卡尔解析几何的认识论意义	11YJA720009	高剑平	教授	政治学与国际关系学院	教育部人文社科规划项目	2011	9
21	环境物权的公法逻辑——以公共权力对环境物权品格之型塑为视角	11YJC820039	黄中显	副教授	法学院	教育部人文社科青年项目	2011	7

序号	项目名称	编号	项目负责人	职称	所在部门	项目来源	立项时间	资助金额（万元）
22	中国—东盟高等教育合作模式研究	11YJC880084	欧阳常青	副研究员	教育科学学院	教育部人文社科青年项目	2011	7
23	语境理论视域下的缅甸本部民间口头文学研究	11XJC752001	寸雪涛	副教授	外国语学院	教育部人文社科西部青年项目	2011	7
24	重型车辆用炭布叠层/聚合物基湿式摩擦材料的研制	211137	尹彩流	副教授	理学院	教育部科技重点项目	2011	5
25	社会转型期大学生就业问题与社会控制机制研究	EIA110380	李玉雄	讲师	民族学与社会学学院	全国教育科学规划课题教育学青年项目	2011	2
26	高校突发事件与辅导员外置能力研究	11JDSZ3082	史丹	讲师	信息科学与工程学院	教育部人文社科目思政专项	2011	1
27	神明信仰认同与岭南民族地区和谐社会构建研究	2011—GM—003	滕兰花	副教授	民族学与社会学学院	国家民委民族问题研究课题	2011	3
28	中国与东盟民族传统体育资源开发与合作研究	2011—GM—050	伍广津	教授	体育与健康科学学院	国家民委民族问题研究课题	2011	3
29	中国西南边疆新移民研究——以广西与云南为例	GQBY2011054	郑一省	教授	民族学与社会学学院	国务院侨务办	2011	3
30	广西传统侨乡的社会和文化变迁研究——以容县、东兴镇为例		郑一省	教授	民族学与社会学学院	中国华侨华人历史研究所	2011	3
31	中国—东盟体育交流与合作研究	1688SS11096	黄建团	副教授	体育与健康科学学院	国家体育总局哲学社科项目	2011	0.6
32	广西世居少数民族法制与社会变迁研究——历史与现状的考察	11BFX001	唐国军	教授	法学院	广西哲社规划课题一般项目	2011	2.6
33	新闻监督与司法公正法律问题研究	11BFX002	李立景	副教授	法学院	广西哲社规划课题一般项目	2011	2.6
34	马克思的生态学思想与西方生态学马克思主义研究	11BKS003	莫放春	副教授	政治学与国际关系学院	广西哲社规划课题一般项目	2011	2.6
35	文学史视阈下的广西民族民间文学	11BZW007	吕书宝	教授	文学院	广西哲社规划课题一般项目	2011	2.6
36	大学生职业价值观与职业生涯管理研究	11BGL006	李　涛	副教授	管理学院	广西哲社规划课题一般项目	2011	2
37	中国特色社会主义理论体系进大学生头脑研究	11BKS015	陆世宏	教授	政治学与国际关系学院	广西哲社规划课题一般项目	2011	2

序号	项目名称	编号	项目负责人	职称	所在部门	项目来源	立项时间	资助金额（万元）
38	壮泰民族民间歌唱文化比较研究——以壮族“末伦”和泰佬民族MAWLUM的比较为个案	11BMZ006	陆晓芹	副教授	文学院	广西哲社规划课题一般项目	2011	2
39	广西道教史研究	11BZJ001	容志毅	教授	理学院	广西哲社规划课题一般项目	2011	2
40	中越涉外婚姻法律问题研究	11BFX008	覃晚萍	副教授	法学院	广西哲社规划课题一般项目	2011	1.8
41	面向东盟的广西制造业发展研究：区域生产网络的视角	11BJY021	王新哲	教授	商学院	广西哲社规划课题一般项目	2011	1.8
42	广西炮龙狂欢节知名度与文化元素保护对地方经济社会发展影响研究	11BTY006	伍广津	教授	体育与健康科学学院	广西哲社规划课题一般项目	2011	1.6
43	经济全球化背景下的广西民族文化传承与发展策略研究：以《印象·刘三姐》为例	11BXW008	杨宁宁	教授	文学院	广西哲社规划课题一般项目	2011	1.6
44	广西新型农村养老保险制度研究	11CGL015	李俊	副教授	管理学院	广西哲社规划课题青年项目	2011	1.6
45	迁徙自广西的越南侬族语言使用及变异情况调查研究——以万承侬为例	11CYY006	蒲春春	讲师	文学院	广西哲社规划课题青年项目	2011	1.6
46	泛在信息环境下图书馆信息资源组织研究	11ETQ002	欧阳剑	副研究员	图书馆	广西哲社规划课题青年自选项目	2011	2
47	广西企业社会责任问题研究	11FSH003	陈永清	副教授	管理学院	广西哲社规划课题一般自筹经费项目	2011	自筹
48	行政诉讼程序制度发展研究——以广西区行政审判实务为视角	11FFX009	张显伟	教授	法学院	广西哲社规划课题一般自筹经费项目	2011	自筹
49	中国传统运动养生在东盟国家的推广研究	11FTY003	王敬浩	教授	体育与健康科学学院	广西哲社规划课题一般自筹经费项目	2011	自筹
50	体验哲学视角下英汉感觉范畴概念隐喻的聚类对比研究	11FYY005	覃修桂	教授	外国语学院	广西哲社规划课题一般自筹经费项目	2011	自筹

序号	项目名称	编号	项目负责人	职称	所在部门	项目来源	立项时间	资助金额（万元）
51	地域文化传统、社会转型与文学风格异同——当代广西与北方少数民族作家汉语创作比较研究	11FZW015	张柱林	教授	文学院	广西哲社规划课题一般自筹经费项目	2011	自筹
52	毛泽东军事战略思维与马克思主义中国化军事实践研究	11FKS018	徐江虹	副教授	政治学与国际关系学院	广西哲社规划课题一般自筹经费项目	2011	自筹
53	仪式中的史诗——《盘王歌》研究	11FMZ008	吴宁华	副教授	艺术学院	广西哲社规划课题一般自筹经费项目	2011	自筹
54	广西民族民间工艺、美术的文化生态研究	11FMZ022	易嘉勋	教授	艺术学院	广西哲社规划课题一般自筹经费项目	2011	自筹
55	食品安全监管法律问题研究	11FFX022	谭洁	讲师	法学院	广西哲社规划课题青年自筹经费项目	2011	自筹
56	广西少数民族文献资源共建共享研究	11FTQ006	郑慧	副教授	管理学院	广西哲社规划课题青年自筹经费项目	2011	自筹
57	越南京族与占婆古典文学名著研究	11FWW003	刘志强	副教授	外国语学院	广西哲社规划课题青年自筹经费项目	2011	自筹
58	广西农业文化遗产保护与利用研究	11FGL039	何晓岚	讲师	商学院	广西哲社规划课题青年自选自筹经费项目	2011	自筹
59	国际区域经济一体化下的中国—东盟高等教育合作模式研究	11FJY056	旷乾	教授	商学院	广西哲社规划课题自选自筹经费项目	2011	自筹
60	肉桂醛、茴脑中 C＝C 双键断裂的绿色化学方法研究	2011GXNSFD018014	姚兴东	教授	化学化工学院	广西自然科学基金重点项目	2011	25
61	新型催化剂对汽车泡沫材料发泡—凝胶反应动态平衡的调控	2011GXNSFD018015	廖安平	教授	化学化工学院	广西自然科学基金重点项目	2011	20

序号	项目名称	编号	项目负责人	职称	所在部门	项目来源	立项时间	资助金额（万元）
62	波浪反射效应的数学模拟及防波堤优化设计的基础研究	2011GXNSFD018006	刘焕文	教授	理学院	广西自然科学基金重点项目	2011	18
63	铸造铝合金相关相图热力学优化研究	2011GXNSFA018030	梁建烈	教授	理学院	广西自然科学基金面上项目	2011	5
64	蒎烯绿色催化氧化合成蒎酮酸的研究	2011GXNSFA018057	黄道战	副教授	化学化工学院	广西自然科学基金面上项目	2011	5
65	海洋未培养微生物新型丝氨酸蛋白酶抑制剂 Spi1C 的功能研究	2011GXNSFA018073	武波	教授	化学化工学院	广西自然科学基金面上项目	2011	5
66	嵌入式软件协同验证与评估	2011GXNSFA018154	吴尽昭	教授	信息科学与工程学院	广西自然科学基金面上项目	2011	5
67	映射方法及其在广义度量空间中的应用	2011GXNSFA018125	李招文	教授	理学院	广西自然科学基金面上项目	2011	4
68	双调和映射与双调和子流形的几何研究	2011GXNSFA018127	欧业林	教授	理学院	广西自然科学基金面上项目	2011	3.5
69	松香基聚合物/无机纳米复合材料对水中重金属离子吸附研究	2011GXNSFB018021	刘绍刚	副教授	化学化工学院	广西自然科学基金青年项目	2011	4
70	有噪声的可控量子离物传态及其应用	2011GXNSFB018062	周萍	副教授	理学院	广西自然科学基金青年项目	2011	3.5
71	发酵产琥珀酸的代谢调控研究	2011GXNSFC018015	林日辉	教授	信息科学与工程学院	广西自然科学基金回国项目	2011	4
72	广西混杂计算与集成电路设计与分析重点实验室	桂财教〔2011〕31号	吴尽昭	教授	信息科学与工程学院	自治区重点实验室	2011	120
73	广西林产化学品开发与应用重点实验室	桂财教〔2011〕31号	雷福厚	教授	化学化工学院	自治区重点实验室	2011	100
74	100吨/年互穿网络型多功能汽车底盘漆产业化开发	桂科攻11107013—6	袁爱群	教授	化学化工学院	广西科技开发与计划项目	2011	26
75	铝合金表面三价铬转化膜处理系列新产品试制	桂科攻11107003—2	余会成	副教授	化学化工学院	广西科技开发与计划项目	2011	15

序号	项目名称	编号	项目负责人	职称	所在部门	项目来源	立项时间	资助金额（万元）
76	面向3G移动电子商务的亿万级图像内容检索系统	桂科攻1114006—10A	黄勇	副教授	信息科学与工程学院	广西科技开发与计划项目	2011	10
77	梅宇装饰管理信息平台的开发与应用	桂科攻1114006—6D	冯泽	副教授	相思湖学院	广西科技开发与计划项目	2011	10
78	广西战略性新兴产业发展现状及对策研究	桂财教〔2011〕217号	许登峰	副教授	商学院	广西软科学计划项目	2011	8
79	广西自治区级重点实验室创新能力建设研究	桂财教〔2011〕217号	吴尽昭	教授	信息科学与工程学院	广西软科学计划项目	2011	7
80	民族地区高校科技创新能力建设研究——以广西为例	桂科计字〔2011〕194	张丽娟	工程师	科研处	广西科学研究与技术开发计划第二批自筹经费项目	2011	自筹
81	民族地区城市发展与新型城镇化科技问题研究	桂科计字〔2011〕194	刘佳	讲师	政治学与国际关系学院	广西科学研究与技术开发计划第二批自筹经费项目	2011	自筹
82	广西学术型研究生培养模式创新研究——以广西民族大学民族学为例	2011A0003	刘前程	讲师	教育科学学院	广西教育科学“十二五”规划A类(资助经费重点)课题	2011	1
83	高校贫困生资助模式由“经济帮扶”向“能力开发”转变的研究	2011ZZ002	蔡其明	副研究员	学工处	广西教育科学“十二五”规划高校学生资助研究专项课题	2011	1
84	东盟大学生来桂留学意愿调查与比较研究	2011B0009	刘宏盈	副教授	管理学院	广西教育科学“十二五”B类(自筹经费重点)课题	2011	自筹
85	广西边境民族地区教师发展研究	2011B0008	蒋珍莲	副研究员	教育科学学院	广西教育科学“十二五”B类(自筹经费重点)课题	2011	自筹
86	中美两国高中学校结构布局调整比较研究	2011B0006	王喜娟	讲师	教育科学学院	广西教育科学“十二五”规划B类(自筹经费重点)课题	2011	自筹

序号	项目名称	编号	项目负责人	职称	所在部门	项目来源	立项时间	资助金额（万元）
87	城乡义务教育均衡发展研究	2011B0007	旷乾	教授	商学院	广西教育科学“十二五”规划B类(自筹经费重点)课题	2011	自筹
88	集中办学模式下民族预科教育课程设置与教学内容改革研究	2011C0022	潘洪媚	讲师	预科教育学院	广西教育科学“十二五”规划C类(自筹经费一般)课题	2011	自筹
89	广西少数民族预科生自信心研究与培养策略	2011C0018	朱晨	中学一级	预科教育学院	广西教育科学“十二五”规划C类(自筹经费一般)课题	2011	自筹
90	高校思想政治理论中的生命教育与生态教育研究	2011C0021	莫放春	副教授	政治学与国际关系学院	广西教育科学“十二五”规划C类(自筹经费一般)课题	2011	自筹
91	大学生自主学习研究	2011C0019	陈　强	讲师	政治学与国际关系学院	广西教育科学“十二五”规划C类(自筹经费一般)课题	2011	自筹
92	高校学科建设研究——以“图书馆/情报与档案管理”学科为例的实证分析	2011C0020	罗贤春	副教授	管理学院	广西教育科学“十二五”规划C类(自筹经费一般)课题	2011	自筹
93	大学英语听力教学改革：基于课堂和网络的视听说教学模式研究	2011ZY010	刘芳琼	讲师	外国语学院	广西教育科学“十二五”规划高校大学英语教学研究专项课题	2011	自筹

资料3 2011年学校出版学术著作一览表

序号	成果名称	作者	职称	排名	成果形式	发表的期刊名称（或出版社名称）	发表（或出版）时间	级别	单位
1	犯罪私人追诉的法理逻辑	李立景	教授	独著	专著	中国法制出版社	2011年8月	B	法学院
2	接触与变迁——广西金秀花蓝瑶人类学考察	覃锐钧	助理研究员	第一	专著	民族出版社	2011年5月	B	法学院
3	中越刑事侦查程序比较研究	伍光红	副教授	独著	专著	越南司法出版社	2011年5月	C	法学院
4	瑶族地区农村社会福利研究	包学雄	教授	独著	专著	中国致公出版社	2011年12月	B	管理学院
5	残疾人社会保障与基金管理研究	包学雄	教授	独著	专著	中国致公出版社	2011年12月	B	管理学院
6	中国长三角入境旅游流西向扩散研究	刘宏盈	副教授	独著	专著	经济科学出版社	2011年11月	B	管理学院
7	广西壮族历史记录生态型保护研究	麻新纯	教授	独著	专著	中国致公出版社	2011年12月	B	管理学院
8	发展型社会政策与我国农村扶贫	张新文	副教授	独著	专著	广西师范大学出版社	2011年5月	C	管理学院
9	瑶族文书档案研究	郑慧	讲师	独著	专著	民族出版社	2011年8月	B	管理学院
10	侗台语核心词研究	陈孝玲	副高	独著	专著	巴蜀书社	2011年7月	C	国际教育学院
11	高等教育选择论	李枭鹰	教授	独著	专著	中国社会科学出版社	2011年8月	A	教育科学学院
12	大学学科发展论	李枭鹰	教授	独著	专著	广西师范大学出版社	2011年5月	C	教育科学学院
13	大学教学管理：反思与实践	欧阳常青	副研究员	独著	专著	广西师范大学出版社	2011年6月	C	教育科学学院
14	守望边疆教育：广西边境民族地区教育质量保障与特色发展研究	钟海青	教授	第一	专著	人民出版社	2011年9月	A	教育科学学院
15	教育科学研究方法概论	钟海青	教授	独著	专著	广西师范大学出版社	2011年1月	C	教育科学学院
16	亚洲史的创新范式：中国与东盟的合作共赢	黄成授	教授	第一	专著	广西人民出版社	2011年6月	C	离退处

序号	成果名称	作者	职称	排名	成果形式	发表的期刊名称（或出版社名称）	发表（或出版）时间	级别	单位
17	人类学视野下的传统工艺	万辅彬	教授	第一	专著	人民出版社	2011 年 5 月	A	理学院
18	边境上的村落	郝国强	助研	第一	专著	社会科学文献出版社	2011 年 9 月	C	民社学院
19	“那”人社会的嬗变——广西宁明县明江镇洞廊村社会发展调查报告	吕俊彪	教授	第一	专著	社会科学文献出版社	2011 年 9 月	C	民社学院
20	俍傜何在——明清时期广西浔州府的族群变迁	唐晓涛	教授	独著	专著	民族出版社	2011 年 7 月	B	民社学院
21	明清时期广西区域开发不平衡研究	滕兰花	副教授	独著	专著	民族出版社	2011 年 12 月	B	民社学院
22	短衣壮的家乡——广西大新县宝圩乡板价村板价屯调查报告	王柏中	教授	第一	专著	社会科学文献出版社	2011 年 11 月	C	民社学院
23	兴边富民新壮村——广西靖西县龙邦镇其龙村调查报告	王柏中	教授	第一	专著	社会科学文献出版社	2011 年 11 月	C	民社学院
24	濒临消失的广西少数民族服饰文化	玉时阶	教授	独著	专著	民族出版社	2011 年 5 月	B	民社学院
25	清代广西生态变迁研究——基于人地关系演进的视角	郑维宽	副教授	独著	专著	广西师范大学出版社	2011 年 4 月	C	民社学院
26	一个移植在海滨的村庄	郑一省	教授	第一	专著	社会科学文献出版社	2011 年 11	C	民社学院
27	国门第一村	郑一省	教授	第一	专著	社会科学文献出版社	2011 年 11	C	民社学院
28	蓝靛瑶的甜蜜生活	周建新	教授	第一	专著	社会科学文献出版社	2011 年 9 月	C	民社学院
29	沿边公路进深山	周建新	教授	第一	专著	社会科学文献出版社	2011 年 9 月	C	民社学院
30	融入中国—东盟自由贸易区的中越边贸研究	高歌	教授	第一	专著	中南大学出版社	2012 年	C	商学院
31	广西参与 GMS 合作与沿边开放研究	高歌	教授	独著	专著	中南大学出版社	2011 年 12 月	C	商学院
32	中国证券市场内幕交易监管研究	黄素心	副教授	独著	专著	经济管理出版社	2011 年 10 月	B	商学院
33	中国—东盟农业领域相互投资问题研究	廖东声	教授	独著	专著	经济管理出版社	2011 年 12 月	B	商学院

序号	成果名称	作者	职称	排名	成果形式	发表的期刊名称（或出版社名称）	发表（或出版）时间	级别	单位
34	基于外商直接投资视角的东亚经济增长研究	刘志雄	副教授	独著	专著	广西美术出版社	2011 年 8 月	C	商学院
35	东亚及中国经济相关问题研究	刘志雄	副教授	独著	专著	广西美术出版社	2011 年 12 月	C	商学院
36	突发事件下的车辆路径问题研究	唐连生	副教授	独著	专著	中国物资出版社	2011 年 1 月	B	商学院
37	越南语双音节汉越词研究	罗文青	副教授	独著	专著	世界图书出版公司		C	外国语学院
38	中国南方与越南灰姑娘故事比较研究	唐小诗	副教授	独著	专著	越南河内国家大学出版社	2011 年 9 月	C	外国语学院
39	壮族风物传说的文化研究	陈金文	教授	独著	专著	民族出版社	2011 年 12 月	B	文学院
40	十三经字频研究	海柳文	教授	独著	专著	高等教育出版社	2011 年 12 月	A	文学院
41	忻城壮语语气词研究	何霜	副教授	独著	专著	广西民族出版社	2011 年 6 月	C	文学院
42	壮族文化生态美	黄秉生	教授	第一	专著	广西师范大学出版社	2011 年 6 月	C	文学院
43	居都仡佬语参考语法	康忠德	副教授	独著	专著	中国社会科学出版社	2011 年 11 月	A	文学院
44	现代中国文学思潮新论	李运抟	教授	独著	专著	广西师范大学出版社	2011 年 10 月	C	文学院
45	广西隆林各族自治县语言使用情况调查与研究	蒙元耀	研究员	第一	专著	广西民族出版社	2011 年 11 月	C	文学院
46	形式意识的觉醒——五四白话文研究	魏继洲	副教授	独著	专著	民族出版社	2011 年 1 月	B	文学院
47	侗族古俗文化的生态存在论研究	张泽忠	教授	第一	专著	广西师范大学出版社	2011 年 6 月	C	文学院
48	小说的边界：东西论	张柱林	副教授	独著	专著	广西师范大学出版社	2011 年 8 月	C	文学院
49	泛函网络模型及其学习算法与应用	周永权	教授	独著	专著	电子工业出版社	2011 年 11 月	B	信工学院
50	中国民族政策简史	徐杰舜	教授	第一	专著	宁夏人民出版社	2011 年 11 月	C	学报编辑部

序号	成果名称	作者	职称	排名	成果形式	发表的期刊名称（或出版社名称）	发表（或出版）时间	级别	单位
51	马克思主义理论中国化理论专题探究	何龙群	教授	独著	专著	中共中央党校出版社	2011 年 9 月	B	学校领导
52	3dsMax2011 + Vray 效果图制作完美实现	何登旭	教授	主编	编著	电子工业出版社	2011 年 1 月	B	东盟学院
53	名刊建设与主编自觉	秦红增 徐杰舜	教授	主编	编著	黑龙江人民出版社	2011 年 5 月	C	学报编辑部
54	壮族：他们的历史文化与民族性	金丽	教授	第一	译著	广西人民出版社	2011 年 9 月	C	文学院
55	SQL 语言详解(第三版)	吴骅	工程师	第一	译著	清华大学出版社	2011 年 12 月	B	宣传部
56	新越汉词典	曾瑞莲	教授	第一	工具书	广西教育出版社	2011 年 8 月	C	外国语学院
57	中国共产党与马克思主义中国化	政关学院			论文集	广西人民出版社	2011 年 11 月		政关学院
58	首届中越语言文化教学与研究国际研讨会论文集	外国语学院	论文集			世界图书出版社	2011 年 5 月		外国语学院
59	老挝佬族起源研究文集	范宏贵	教授	主编	论文集	世界图书出版公司	2011 年 9 月		外国语学院

资料 4　2011 年学校获授权专利一览表

序号	设计人	名称	专利类型	专利号	授权单位	授权公告日
1	雷福厚、李小燕、赵慷、姚兴东、刘祖广	含三元菲环骨架的分子印迹聚合物及其制备方法	发明专利	ZL200710050367.4	国家知识产权局	2011 年 2 月 16 日
2	黄在银、米艳、李艳芬、姜俊颖	一种粒径可控的钼酸镉八面体的制备方法	发明专利	ZL200910114354.8	国家知识产权局	2011 年 4 月 13 日

资料5　2011年学校论文被国际权威检索机构收录情况一览表

序号	单位	作者	职称	成果名称	收录情况	原发表情况
1	化工学院	武　波	教授	Characterization of a Novel Serine Protease Inhibitor Gene from a Marine Metagenome	SCI	Marine Drugs, 2011, 9 (9): 1487 – 1501
2	化工学院	武　波	教授	A novel beta – glucosidase with lipolytic activity from a soil metagenome	SCI	Folia microbiologica, 2011, 56 (6): 563 – 570
3	化工学院	武　波	教授	Biochemical characterization of two novel beta – glucosidase genes by metagenome expression cloning	SCI	Bioresource Technology, 2011, 102 (3): 3272 – 3278
4	信工学院	吴尽昭	教授	Approximate Equivalence and Optimization for High – level Datapath	EI	Journal of Computational Information Systems, vol. 8 (16), 4131 – 4142
5	信工学院	吴尽昭	教授	Applying Wu' s Method to Symbolic Simulation for Boolean Layer PSL Assertion Checking	EI	Journal of Convergence Information Technology
6	信工学院	吴尽昭	教授	Generating Invariants for Polynomial Transition System	EI	ESEP '11, IEEE Computer Society Press
7	信工学院	吴尽昭	教授	On Approximate Bisimulation for Polynomial Algebraic Transition Systems	EI	ESEP '11, IEEE Computer Society Press
8	信工学院	吴尽昭	教授	Formal Verification of RGPS – S	EI	2011 International Conference on Business Computing and Global Information, IEEE Computer Society Press 599 – 602
9	研究生处	刘焕文	教授	Discussion of Analytic solution of long wave propagation over a submerged humpby Niu and Yu (2011)	SCI、EI	Coastal engineering, 2011, 58 (9): 948 – 952
10	研究生处	刘焕文	教授	Analytical Solution for Long – Wave reflection by a Rectangular Obstacle with Two Scour Trenches	SCI	Journal of engineering mechanics, 2011, 217 (12): 919 – 930
11	化工学院	谭学才	教授	A novel hydrogen peroxide biosensor based on sol – gel poly (vinyl alcohol) (PVA) / (titanium dioxide) TiO (2) hybrid material	SCI、EI	Analytical Methods, 2011, 3 (1): 110 – 115

序号	单位	作者	职称	成果名称	收录情况	原发表情况
12	化工学院	谭学才	教授	Fe3O4 Magnetic Nanoparticles Modified Electrode as a Sensor for Determination of Nimesulide	SCI	Chemical Research in Chinese Universities, 2011, 27 (4): 566 - 569
13	化工学院	黄　钦	副教授	Structure and physical properties of Mn (Ⅱ) and Co (Ⅱ) complexes with multicarboxylate ligands	SCI	Inorganic chemistry communications, 2011, 14 (12): 1889 - 1893
14	化工学院	黄　钦	副教授	Cyclic Water Clusters in Tape - Like and Cage - Like Structures	SCI	Molecules, 2011, 16 (4): 2871 - 2883
15	化工学院	黄　钦	副教授	Crystal structure of 2 - chloro - 5 - fluoro - N - (4 - fluorophenyl) benzamide, C (13) H (8) ClF (2) NO	SCI	Z. Kristallogr. NCS, 2011, 226 (1): 145 - 146
16	化工学院	黄在银	教授	Thermodynamic functions of the ZnO nanoweeds	SCI、EI	Materials chemistry and physics, 2011, 130 (3): 839 - 842
17	化工学院	黄在银	教授	Thermodynamic functions of the grain - like ZnO nanostructures	SCI	Materials Letters, 2011, 65 (17 - 18): 2783 - 2785
18	化工学院	黄在银	教授	Synthesis of micro - sized Sb2O3 hierarchical structures by carbothermal reduction method	SCI、EI	Materials Letters, 2011, 65 (8): 1141 - 1144
19	化工学院	黄在银	教授	Simple carbothermal reduction route for Sb2O3 submicron rods	SCI、EI	Micro & Nano Letters, 2011, 6 (1): 55 - 58
20	化工学院	黄在银	教授	Preparation of Sb2O3 Submicron Rod Arrays by the Carbothermal Reduction Method	SCI、EI	Materials and Manufacturing Processes, 2011, 26 (10): 1273 - 1276
21	化工学院	黄在银	教授	Preparation and Standard Molar Formation Enthalpy of Weed - like ZnO Nanostructures	SCI	高等学校化学学报, 2011, 32 (5): 1016 - 1018
22	化工学院	黄在银	教授	Standard Molar Formation Enthalpy for Nano Zinc Oxide	SCI	无机化学学报, 2011, 27 (8): 1513 - 1516
23	化工学院	黄在银	教授	Thermokinetic study on growth process of CdS nanocrystals by in situ microcalorimetry	SCI、EI	Materials Letters, 2011, 65 (12): 1768 - 1771

序号	单位	作者	职称	成果名称	收录情况	原发表情况
24	化工学院	黄在银	教授	Room – temperature synthesis, growth mechanism and properties of uniform CdMoO (4) nano – octahedra	SCI	Crystengcomm, 2011, 13 (7): 2649 – 2655
25	化工学院	黄在银	教授	Kinetic investigation of in situ growth of CdMoO (4) nano – octahedra	SCI	Chinese Science Bulletin, 2011, 56 (3): 269 – 274
26	化工学院	黄在银	教授	In – situ Growth and Mechanism of the Octahedron BaMoO (4) Nanostructures	SCI	高等学校化学学报, 2011, 32 (12): 2838 – 2843
27	化工学院	黄在银	教授	Preparation and Standard Molar Enthalpy of Formation for the Octahedron BaMoO (4) Nanostructures	SCI	化学学报, 2011, 69 (21): 2637 – 2640
28	化工学院	尹显洪	教授	Two cobalt (II) complexes based on 2 – propyl – 4, 5 – imidazoledicarboxylic acid: syntheses, crystal structures, and properties	SCI	Journal of Coordination Chemistry, 2011, 64 (6): 1054 – 1062
29	化工学院	尹显洪	教授	Crystal Structures and Thermal Properties of Two Binuclear Cd (II) Supramolecular Complexes Based on Quinolinecarboxylate Ligand	SCI、EI	Bulletin of the korean chemical society, 2011, 32 (9): 3255 – 3260
30	化工学院	尹显洪	教授	Synthesis, crystal structures, and properties of three helical coordination polymers with quinolinecarboxylate ligand	SCI	Journal of Coordination Chemistry, 2011, 64 (6): 965 – 974
31	化工学院	尹显洪	教授	Syntheses and Crystal Structures of Two New Cadmium (II) and Nickel (II) Complexes with 1, 4 – Phenylenediacetate and 2, 2′– Bipyridyl – Like Ligands	SCI	Journal of Chemical Crystallography, 2011, 41 (5): 664 – 669
32	化工学院	尹显洪	教授	Solvothermal syntheses and crystal structures of two new thiogermanates [M (dap) (3)] (4) Ge (4) S (10) Cl (4) (M = Co, Ni) with metal complexes as counterions	SCI	Monatshefte Fur Chemie, 2011, 142 (8): 763 – 768
33	化工学院	尹显洪	教授	Two Novel Adamantane – Like Thio/Selenidogermanates with Complex Cations	SCI	Zeitschrift Fur Anorganische Und Allgemeine Chemie, 2011, 637 (10): 1388 – 1393
34	化工学院	尹显洪	教授	Hydrothermal Synthesis and Electrochemical Properties of Complex Bis [6 – (3, 5 – dimethyl – 1H – pyrazol – 1 – yl – kappa N (2)) picolinato – kappa (2) N, O] iron (II) tetrahydrate	SCI	Journal of Chemical Crystallography, 2011, 41 (6): 787 – 790

序号	单位	作者	职称	成果名称	收录情况	原发表情况
35	化工学院	尹显洪	教授	Hydrothermal Synthesis, Structural Determination, and Properties of a New Family of Mononuclear Lanthanide Complexes with Pyridines Bearing More Flexible Pendant – Arm Carboxylate Substituents	SCI	Synthesis and Reactivity in Inorganic Metal – Organic and Nano – Metal Chemistry, 2011, 41 (9): 1208 – 1214
36	化工学院	尹显洪	教授	Synthesis, Crystal Structure and Thermal Property of a Novel Mn (Ⅱ) Coordination Polymer Bridged by Imazapyr	SCI	Journal of chemical crystallography,: 2011, 41 (12): 1839 – 1843
37	化工学院	刘祖广	教授	Cationic polymerization of β – pinene using Keggin phosphotungstic acid as catalyst	EI	化工学报, 2011, 62 (4): 962 – 969
38	化工学院	刘祖广	教授	Cationic polymerization of alpha – pinene using Keggin silicotungstic acid as a homogeneous catalyst	SCI、EI	Reaction kinetics mechanisms and catalysis, 2011, 104 (1) : 125 – 137
39	化工学院	袁爱群	教授	Synthesis of lamellar Shape KZnPO4 and Its Standard Molar Enthalpies of Formation	EI、ISTP	CCE 2011, 1877 – 7058
40	化工学院	唐世华	教授	Interaction via in situ binding of CdS nanorods onto gelatin	SCI、EI	Journal of Colloid and Interface Science, 2011, 360 (1): 71 – 77
41	化工学院	黄忠京	副教授	Poly [[mu (2) – aqua – mu (3) – (4 – carboxy – 2 – propyl – 1H – imidazole – 5 – carboxylato – kappa (4) N (3), O (4): O (4): O (5)) – sodium] hemihydrate]	SCI	Acta Crystallographica Section E, 2011, 67: M408 – U255
42	化工学院	姜明国	教授	Microbiological purification of L – arabitol from xylitol mother liquor	SCI	J. Microbiol. Biotechnol, 2011, 21 (1): 43 – 49
43	化工学院	姜明国	教授	A novel method to prepare L – Arabinose from xylose mother liquor by yeast – mediated biopurification	SCI	Microbial Cell Factories, 2011, 10 (7), Article Number: 43
44	化工学院	姜明国	教授	Xylitol production from xylose mother liquor: a novel strategy that combines the use of recombinant Bacillus subtilis and Candida maltosa	SCI	Microbial Cell Factories, 2011, 10, Article Number: 5
45	化工学院	刁开盛	副教授	Effect of nitrogen number on the metal binding selectivity of 12 – membered macrocycles	SCI	Computational and Theoretical Chemistry, 2011, 964 (1 – 3): 18 – 24
46	化工学院	余会成	副教授	Preparation and electrochemical characteristics of trivalent chromium – zirconium hybrid coatings on 6063 aluminum alloy	EI	化工学报, v 62, n 10, p 2861 – 2866

序号	单位	作者	职称	成果名称	收录情况	原发表情况
47	化工学院	林日辉	副教授	Immpbilization of oxalate decarboxylase to Eupergit and properties of the immobilized enzyme	SCI	Preparative Biochemistry & Biotechnology, 2011, 41 (2): 154 – 165
48	化工学院	卢彦越	副教授	Study on operation and control of large multi – chiller system	EI	Advanced Materials Research, v 335 – 336 (2011): 1273 – 1278
49	化工学院	卢彦越	副教授	The reverse osmosis membrane system design for freshwater production	EI	Advanced Materials Research, v 332 – 334 (2011): 1539 – 1544
50	化工学院	钟　磊	副教授	Analysis of entrance converging flow of polymer melts. A comparison between Liang model and Cogswell model	EI	Advanced Materials Research, v 311 – 313 (2011): 1110 – 1113
51	化工学院	石展望	实验师	Aquabis (benzoato – kappa O) (1, 10 – phenanthroline – kappa (2) N, N′) zinc (II)	SCI	Acta Crystallographica Section E, 2011, 67: M30 – U415
52	化工学院	石展望	实验师	4, 6 – Dichloro – 5 – (2 – methoxyphenoxy) – 2, 2′ – bipyrimidine	SCI	Acta Crystallographica Section E, 2011, 67: O1334 – U2094
53	信工学院	周永权	教授	A Hybrid Glowworm Swarm Optimization Algorithm for Solving Matrix Eigenvalues	SCI、ISTP	Information – an International Interdisciplinary Journal, 2011, 14 (3): 999 – 1004
54	信工学院	周永权	教授	A Quasi – Newton population migration algorithm for solving systems of nonlinear equations	EI	Journal of Computers, 2011, 6 (1): 36 – 42
55	信工学院	周永权	教授	Using glowworm swarm optimization algorithm for clustering analysis	EI	Journal of Convergence Information Technology, 2011, 6 (2): 78 – 85
56	信工学院	周永权	教授	Double glowworm swarm co – evolution optimization algorithm	EI	Journal of Computational Information Systems, 2011, 7 (14): 5259 – 5266
57	信工学院	周永权	教授	Improved particle swarm algorithm for interval nonlinear programming	EI	CCC 2011, p 5382 – 5386
58	信工学院	周永权	教授	Artificial glowworm swarm optimization algorithm for solving 0 – 1 knapsack problem	EI、ISTP	Advanced Materials Research, v 143 – 144 (2011): 166 – 171

序号	单位	作者	职称	成果名称	收录情况	原发表情况
59	信工学院	周永权	教授	An improved PSO – ACO algorithm for solving large – scale TSP	EI、ISTP	Advanced Materials Research, v 143 – 144 (2011): 1154 – 1158
60	信工学院	周永权	教授	Hybrid mean particle swarm optimization algorithm for permutation flow shop scheduling problem	EI	Applied Mechanics and Materials, v 44 – 47 (2011): 270 – 274
61	信工学院	周永权	教授	A Novel Chaos Glowworm Swarm Optimization Algorithm for Optimization Functions	EI	Lecture Notes in Bioinformatics
62	信工学院	周永权	教授	Glowworm Swarm Optimization Algorithm for Solving Numerical Integral	ISTP	ICICIS 2011, Part I, CCIS 134: 389 – 394
63	信工学院	周永权	教授	Hybrid Artificial Fish Swarm Algorithm for Solving Ill – Conditioned Linear Systems of Equations	ISTP	ICICIS 2011, Part I, CCIS 134: 656 – 661
64	信工学院	周永权	教授	Hybrid artificial glowworm swarm optimization algorithm for solving multi – dimensional knapsack problem	EI	Procedia Engineering, 2011, 15: 2880 – 2884
65	信工学院	周永权	教授	A glowworm swarm optimization algorithm based on definite updating search domains	EI	Journal of Computational Information Systems, 2011, 7 (10): 3698 – 3705
66	信工学院	周永权	教授	Using complex method guidance GSO swarm algorithm for solving high dimensional function optimization problem	EI	Journal of Convergence Information Technology, , 2011, 6 (11): 352 – 360
67	信工学院	周永权	教授	Niching Glowworm Swarm Optimization Algorithm with Mating Behavior	EI	Journal of information and computational science, 2011, 8 (16): 4175 – 4184
68	信工学院	周永权	教授	An artificial glowworm swarm optimization algorithm based on Powell local optimization method	EI	模式识别与人工智能, 2011, 24 (5): 680 – 684
69	信工学院	张超群	副教授	Development of a dynamic demo program for LL (1) parsing	EI	Energy Procedia, 13 (2011): 5968 – 5974
70	信工学院	黄　勇	副教授	Dynamic Service Composition Based on Federated Agents	EI	Energy Procedia, 13 (2011): 6267 – 6272

序号	单位	作者	职称	成果名称	收录情况	原发表情况
71	信工学院	黄　勇	副教授	The research on definition of multi-level security based on the construction of covert channels	EI	CCIS, n PART 4, p 157 – 162
72	信工学院	罗淇方	副教授	Hybrid artificial glowworm swarm optimization algorithm for solving constrained engineering problem	EI、ISTP	Advanced Materials Research, v 204 – 210 (2011): 823 – 827
73	信工学院	曲良东	讲师	Improved differential evolution for the maximum module of the roots of polynomials and its application	EI	Journal of Information and Computational Science, v 8, n 1, p 169 – 177
74	信工学院	曲良东	讲师	Hybrid coevolutionary particle swarm optimization for linear variational inequality problems	EI	Journal of Computers, v 6, n 3, p 586 – 593
75	信工学院	孔繁镍	讲师	Cultural algorithm based long – term optimization scheduling of cascaded Hydro – Plant	EI	CSAE 2011, v 1: 136 – 139
76	信工学院	莫愿斌	副教授	Application of particle swarm optimization in cylinder helical HGearH multi – objective design	EI	Key Engineering Materials, v 474 – 476 (2011): 2229 – 2233
77	信工学院	莫愿斌	副教授	Shanghai Stock Index Forecast Based on Support Vector Machine	EI	Energy Procedia, 13 (2011): 5529 – 5535
78	信工学院	莫愿斌	副教授	Boundary Detection Based on Ant – Colony Algorithm in Ultrasonic Images	EI	Energy Procedia, 13 (2011): 6267 – 6272
79	信工学院	莫愿斌	副教授	A data compression algorithm based on adaptive Huffman code for wireless sensor networks	EI	ICICTA 2011, v 1, p 3 – 6
80	信工学院	莫靖林	副教授	Design and Implementation of Distance Teaching Platform Based on ASP. Net	EI	Energy Procedia, 13 (2011): 7281 – 7287
81	信工学院	韦文山	副教授	Digital signature technology research of distance education network security authentication	EI	Advanced Materials Research, v 267 (2011): 831 – 836
82	信工学院	韦文山	副教授	Application of Machine Learning in individualized Network Teaching	EI	Energy Procedia, 13 (2011): 5984 – 5990

序号	单位	作者	职称	成果名称	收录情况	原发表情况
83	信工学院	黄银娟	工程师	Research and design of learning environments based on information technology	EI	Energy Procedia, 13 (2011): 7513 - 7517
84	信工学院	王　勇	教授	An improving FSOA optimization by using orthogonal transform	EI	CCIS 2011, V144, PART2, P63 - 69
85	信工学院	李永胜	讲师	Improved ant colony algorithms embedded chaotic choice Strategy for solving QoS routing problems	EI	Energy Procedia, 13 (2011): 5890 - 5897
86	信工学院	卢凤兰	讲师	On the professional guidance of the basic computer experiment instruction of high education	EI	ICEE 2011, p 8906 - 8909
87	信工学院	卢凤兰	讲师	Open laboratory and Technological Innovation Ability′s Culture of College Students	EI	Energy Procedia, 13 (2011): 5524 - 5528
88	信工学院	卢凤兰	讲师	Innovation ability training of college students through multimedia network teaching	EI	ICMT 2011, p 4948 - 4950
89	信工学院	刘美玲	讲师	A novel approach to mining local outliers	EI	Energy Procedia, 13 (2011): 6332 - 6339
90	信工学院	吴礼燕	副教授	The Dynamic Model of Epidemic with Drug Resistance Effects	EI	Energy Procedia, 13 (2011): 7377 - 7388
91	信工学院	张桂芬	讲师	An investigation on the design and application of multimedia CAI courseware	EI	ICECE 2011, p 6323 - 6326
92	信工学院	张桂芬	讲师	Constructing the Exploring Teaching Pattern with the Application of Modern Education Technology	EI	Energy Procedia, 13 (2011): 6562 - 6567
93	信工学院	谢宁新	讲师	The numerrical calculation of fractional - order differentiatars using functional network	EI	Energy Procedia, 13 (2011): 6867 - 6874
94	信工学院	郑惠琴	实验师	Non - intrusive Speech Quality Assessment in VoIP Using the Extended E - model	EI	Energy Procedia, 13 (2011): 6867 - 6874

序号	单位	作者	职称	成果名称	收录情况	原发表情况
95	信工学院	葛丽娜	教授	A group key assignment based on a line's properties	EI	Energy Procedia, 13 (2011): 5354 - 5350
96	信工学院	黄珍生	工程师	A metadata - P2P framework for discovery of file - sharing	EI	Energy Procedia, 13 (2011): 9250 - 9259
97	信工学院	刘桂青	讲师	Application of Differential Evolution Algorithm in Solving Matrix Eigenvalues	EI	Energy Procedia, 13 (2011): 5461 - 5466
98	信工学院	余 高	讲师	Base on AFSA - Tabu search algorithm combined QoS Multicast Routing Algorithm	EI	Energy Procedia, 13 (2011): 5746 - 5752
99	设备处	刘益良	初级	A class of BVPS for first order impulsive integro - differential equations	SCI、EI	Applied Mathematics and Computation, 2011, 218 (7): 3667 - 3672
100	设备处	刘益良	初级	A note on three comparison principles obtained by X. Wang, G. Wang and X. He	EI	ICMT 2011, p 2368 - 2371
101	设备处	刘益良	初级	Periodic boundary value problems of fourth order impulsive differential equations	EI	ITME 2011, Volume 2, 424 - 427
102	教育科学学院	农 正	副教授	Design and exploration of network - course for computer architecture based on autonomous learning	EI	Energy Procedia, 13 (2011): 7464 - 7470
103	教育科学学院	农 正	副教授	Design and Application of Multimedia Network Course based on Web	EI	ICCSN 2011, p 177 - 181
104	教育科学学院	农 正	副教授	The Reform and Practice of Open Teaching for Micro - Computer Principle and Interface Technology	EI	CCIS, n PART 2, p 1 - 6
105	理学院	刘振海	教授	Integral boundary value problems for first order integro - differential equations with impulsive integral conditions	SCI、EI	Computers & mathematics with applications, 2011, 61 (10): 3035 - 3043
106	理学院	刘振海	教授	Inverse coefficient problems for parabolic hemivariational inequalities	SCI	Acta Mathematica Scientia, 2011, 31B (4): 1318 - 1326

序号	单位	作者	职称	成果名称	收录情况	原发表情况
107	理学院	刘振海	教授	Boundary value problems for second order impulsive functional differential equations	SCI	Dynamic Systems and Applications, 2011, 20 (2-3): 369-382
108	理学院	刘晓冀	教授	Note on the iterative methods for computing the generalized inverse over Banach spaces	SCI	Numerical Linear Algebra with Applications, 2011, 18 (4): 775-787
109	理学院	刘晓冀	教授	The spectrum of matrices depending on two idempotents	SCI、EI	Applied Mathematics Letters, 2011, 24 (10): 1640-1646
110	理学院	刘晓冀	教授	The group inverse of the combinations of two idempotent matrices	SCI	Linear & Multilinear Algebra, 2011, 59 (1): 101-115
111	理学院	刘晓冀	教授	On the group inverse of linear combinations of two group invertible matrices	SCI	Electronic Journal of Linear Algebra, 2011, 22: 490-503
112	理学院	刘晓冀	教授	On linear combinations of generalized involutive matrices	SCI	Linear & Multilinear Algebra, 2011, 59 (11): 1221-1236
113	理学院	刘晓冀	教授	On Nonsingularity of combinations of two group invertible matrices and two tripotent matrices	SCI	Linear & Multilinear Algebra, 2011, 59 (12): 1409-1417
114	理学院	刘晓冀	教授	On the Drazin Inverse of the Sum of Two Matrices	SCI	Journal of Applied Mathematics, Article Number: 831892
115	理学院	刘晓冀	教授	Perturbation bounds for the generalized inverse AT, S ((2)) with respect to the Frobenius norm	SCI、EI	Applied Mathematics and Computation, 2011, 218 (8): 4595-4604
116	理学院	刘晓冀	教授	A Chaotic Mutation Differential Evolution Algorithm	EI	Energy Procedia, 13 (2011): 5242-5247
117	理学院	刘晓冀	教授	The Weighted Moore-Penrose of Intuitionistic Fuzzy Matrices	EI	Energy Procedia, 13 (2011): 5257-5264
118	理学院	梁建烈	教授	Phase Equilibria in the Ni-Sn-Zn System at 500 degrees C	SCI、EI	Journal of electronic materials, 2011, 40 (11): 2290-2299

序号	单位	作者	职称	成果名称	收录情况	原发表情况
119	理学院	何登旭	教授	An improved glowworm swarm optimization algorithm for high – dimensional function optimization	EI	Energy Procedia, 13 (2011): 5657 – 5664
120	理学院	何登旭	教授	Glowworm swarm optimization algorithm for solving multi – constrained QoS multicast routing problem	EI	Seventh International Conference on Computational Intelligence and Security
121	理学院	何登旭	教授	Hybrid coevolutionary glowworm swarm optimization algorithm for fixed point equation	EI	Journal of Information and Computational Science, v 8, n 9, p 1721 – 1728
122	理学院	何登旭	教授	Hybrid coevolutionary glowworm swarm optimization algorithm with simplex search method for system of nonlinear equations	EI	Journal of Information and Computational Science, v 8, n 13, p 2693 – 2701
123	理学院	何登旭	教授	Hybrid coevolutionary population migration algorithm for integer programming and its application in neural network	EI	Journal of Computational Information Systems, v 7, n 11, p 3878 – 3885
124	理学院	何登旭	教授	Population migration algorithm for integer programming and its application in cutting stock problem	EI、ISTP	Advanced Materials Research, v 143 – 144, p 899 – 904
125	理学院	蓝师义	教授	The C (infinity) – convergence of circle packings of bounded degree to the Riemann mapping	SCI	Journal of Mathematical Analysis and Applications, 2011, 376 (1): 1 – 10
126	理学院	李招文	教授	Spaces with sigma – compact finite weak – bases	SCI	Journal of Computational Analysis And Applications, 2011, 13 (1): 157 – 166
127	理学院	李招文	教授	Weak – open images of locally separable metric spaces	SCI	Studia Scientiarum Mathematicarum Hungarica, 2011, 48 (2): 145 – 159
128	理学院	黄敬频	教授	The subpositive definite solution of the unified algebraic Lyapunov equation over quaternion field	EI	CCC 2011, p 142 – 146
129	理学院	黄敬频	教授	Inverse Problems of Unitary Matrices for a Type of Quaternion Matrix Equation	EI	Energy Procedia, 13 (2011): 5385 – 5391
130	理学院	黄敬频	教授	The Least Squares Solutions of Inverse Problems of Unified Algebraic Lyapunov Equation	EI	Energy Procedia, 13 (2011): 6237 – 6244

序号	单位	作者	职称	成果名称	收录情况	原发表情况
131	理学院	农吉夫	副教授	The design of RBF neural networks and experimentation for solving over-fitting problem	EI	ICEOE 2011 v 1, p V1 75 - V1 78
132	理学院	农吉夫	副教授	Semiparametric credibility ratemaking using a piecewise linear prior	EI	CSO 2011, p 112 - 116
133	理学院	农吉夫	副教授	The hurdle - race problem	EI	CSO 2011, p 117 - 121
134	理学院	农吉夫	副教授	Methods of improving generalization capability of neural networks	EI	Energy Procedia, 13 (2011): 5237 - 5241
135	理学院	农吉夫	副教授	Parameter selection and optimization of radial basis function neural networks	EI	Energy Procedia, 13 (2011): 5380 - 5384
136	理学院	尹彩流	副教授	Carbon nanolines grown on carbon cloth prepared by a two - step method	EI、ISTP	Advanced Materials Research, v 194 - 196 (2011), p 747 - 750
137	理学院	尹彩流	副教授	Carbon nanotubes with uniform wall thickness synthesized via a solid - liquid reaction	EI、ISTP	Advanced Materials Research, v 194 - 196 (2011), p 442 - 445
138	理学院	何良明	教授	Relaxation of Magnetic Nanoparticle Chain without Applied Field	SCI	Communications in Theoretical Physics, 2011, 55 (3): 537 - 540
139	理学院	周　萍	副教授	Multiparty - controlled teleportation of an arbitrary GHZ - class state by using a d - dimensional (N + 2) - particle nonmaximally entangled state as the quantum channel	SCI、EI	Science China - Physics Mechanics & Astronomy, 2011, 54 (3): 484 - 490
140	理学院	李雪梅	副教授	SIRT method for diagnostics of inhomogeneous dense DT plasmas with fast protons	EI	计算物理, 2011, 28 (1): 75 - 80
141	理学院	赵　静	博初	Lie triple derivations for the parabolic subalgebras of gl (n, R)	EI	Lecture Notes in Computer Science, 2011, 6729: 457 - 464
142	商学院	秦小辉	副教授	An optimization model of integrated forward/reverse logistics network for manufacture of jiont operations under uncertain environment	EI	MACE 2011, p 5557 - 5560,

序号	单位	作者	职称	成果名称	收录情况	原发表情况
143	商学院	秦小辉	副教授	Dynamic optimazation design for integrated forward/reverse logistics network with stochastic environment	EI	CSSS 2011, p 3205 – 3208
144	商学院	石建斌	副教授	Discuss of Personalization Information Services on the Multilingual Electronic Commerce	EI	ICEE2011, p 6884 – 688
145	商学院	石建斌	副教授	Optimization of the Online Order Process for Small and Medium Enterprises	EI	AIMSEC 2011, p 3151 – 3155
146	商学院	尹叶青	副教授	An New Speech Recognition Method based on Prosodic Analysis and SVM in Zhuang Language	EI	MEC 2011, p 1209 – 1212
147	商学院	刘远震	讲师	Game Theory Analysis on Electronic Commerce Alliance of Scenic Spot in Minority Areas	EI	ICEE2011, p 6970 – 6972
148	商学院	刘远震	讲师	A Study on the Travel E – Commerce Alliance Based on Transaction Cost Theory	EI	AIMSEC 2011, p 6124 – 6126
149	体健学院	蒋心萍	教授	Promotion of Exercise Intervention on Mental Health of Drug Abusers under Compulsory Detoxification 3	ISTP	The proceedings of the China Association for Science and Technology, 2011, 7 (2): 1328 – 1333
150	体健学院	蒋心萍	教授	Cooperation Strategic Research on Physical Education in High Schools between Vietnam and Guangxi	ISSHP	ESE 2011, VOL V: 293 – 296
151	体健学院	蒋心萍	教授	Comparative research on the cultivating Mode of physical education personnel between GuangXi and Vietnamese universities	ISTP	Proceedings of the 22nd Pan – Asian congress of Sports & Physical Education, Volume X, 360 – 363
152	体健学院	何卫东	副教授	Paper according to China – ASEAN background China's Guangxi professional training of the Vietnamese high – level sports study	EI	ICFCSE 2011, p 466 – 468
153	体健学院	何卫东	副教授	China's Guangxi and Vietnam Laos and Cambodia in stadiums investment cooperation study	EI	ICFCSE 2011, p 469 – 472

序号	单位	作者	职称	成果名称	收录情况	原发表情况
154	管理学院	陈桃红	讲师	A Study on Consumers' Skincare Brand Relationship Quality - Based on Nanning's Investigation	EI	ICEE 2011 p 5772 - 5776
155	管理学院	陈桃红	讲师	Face Consciousness and Female Brand Clothing Consumer Marketing Strategy	ISTP	EBM 2011, VOLS 1 - 6: 1666 - 1670
156	管理学院	陈桃红	讲师	Study on the FMGG Marketing Strategy Based on Impulsive Buying	ISTP	EBM 2011, VOLS 1 - 6: 1505 - 1509
157	管理学院	崔万安	教授	Analysis on Port Informationalization in China	EI	ICCIIA 2011
158	管理学院	崔万安	教授	Ports hinterland distribution center division with shortest path	EI	ICCIIA 2011
159	管理学院	崔万安	教授	Ports logistics cost optimization with linear transportation cost function and shortest path	EI	RCCS 2011
160	管理学院	崔万安	教授	Vehicle dispatching under the shortest path and port centralization	EI	RCCS 2011

资料6　2011年学校主办、承办国际及全国性学术会议

序号	会议名称	时　间	地　点	主　办	协　办	人数
1	2011年可信性计算国际研讨会	2011年7月17日—20日	广西民族大学	中国科学院数学与系统研究院、广西民族大学	广西民族大学数计学院	80人
2	中国东南亚研究高级专家第一次圆桌会议	2011年9月10日	广西民族大学	广西民族大学	广西民族大学东盟学院	30人
3	2011中国—东盟国际木文化论坛	2011年11月19日	广西南宁	国际木文化研究会、中国林产工业协会、中国—东盟博览会秘书处、国际林业研究组织联合会第五学部、广西大学	广西民族大学东盟学院	80人

序号	会议名称	时 间	地 点	主 办	协 办	人数
4	亚洲及大洋洲地区大众体育合作发展论坛暨中国—东盟大众体育合作发展论坛	2011年11月21日—23日	广西南宁	国家体育总局、区人民政府、亚洲及大洋洲地区大众体育协会	国家体育总局、广西壮族自治区体育局、广西民族大学体健学院	300人
5	“促进人与人交流，夯实东亚合作基础”东亚智库论坛	2011年12月10日	广西民族大学	外交部中国太平洋经济合作全国委员会、广西对外经济文化交流中心、广西民族大学	广西民族大学东盟学院	50人
6	中国人类学民族学研究会	2011年12月10日—12日	广西民族大学	中国人类学民族学研究会	广西民族大学	350人
7	首届中国—东盟武术发展论坛、太极拳与健康研究国际学术会议	2011年12月15日—18日	广西民族大学	国家体育总局武术运动管理中心、中国武术协会、广西体育局	广西民族大学体健学院	100人
8	第三届中国越南语言文化教学与研究国际学术研讨会	2011年12月15日—17日	广西民族大学	广西民族大学、越南河内国家大学所属人文社科大学	广西民族大学外国语学院	50人
9	第五届中国与东南亚民族论坛	2011年12月28日—29日	老挝万象	广西民族大学和老挝社会科学院历史研究所	广西民族大学民社学院	60人
10	2011年积分方程、微分方程及其应用全国会议	2011年6月4日	广西民族大学	北京师范大学、北京交通大学、广西民族大学	广西民族大学数计学院	50人
11	“新媒体、文学生产与公共空间”学术研讨会	2011年9月24日	广西民族大学	首都师范大学文学院、《中国社会科学》杂志社文学部、广西民族大学	广西民族大学文学院	55人
12	“区域合作背景下的中国—东盟关系”学术研讨会	2011年10月15日—16日	北京	中国社会科学院亚洲太平洋研究所、广西民族大学中国—东盟研究中心、厦门大学南洋研究院	广西民族大学中国—东盟研究中心	50人

序号	会议名称	时　间	地　点	主　办	协　办	人数
13	第二届中国技术史论坛	2011 年 11 月 4 日—7 日	广西民族大学	中国科学技术史学会技术史专业委员会、农学史专业委员会、金属史专业委员会等	广西民族大学科学技术与社会发展研究中心、广西自然辩证法研究所	180 人
14	第十八次全国毛泽东哲学思想学术研讨会	2011 年 12 月 16 日—18 日	广西民族大学	全国毛泽东哲学思想研究会、广西民族大学	广西民族大学政关、广西国际共运史学会	100 人
15	广西计算机学会 25 周年纪念会暨 2011 年学术年会	2011 年 12 月 9 日—10 日	广西民族大学	广西计算机学会	广西民族大学信息科学与工程学学院	80 人
16	广西经济法学会 2011 年学术年会暨广西第七次经济法理论研讨会	2011 年 12 月 31 日	广西民族大学	广西民族大学	广西民族大学法学院	30 人
17	纪念中国共产党诞辰 90 周年暨党的理论创新研讨会	2011 年 7 月 6 日	广西民族大学	广西民族大学	广西民族大学政关学院	100 人

科协工作

2011 年学校组织完成各级各类纵向项目申报 414 项，其中国家级 10 类项目 104 项，占申报总数 25%；省部级 19 类项目 224 项，占申报总数 54%；厅局级 8 类项目 86 项；另外组织申报校级 4 类科研项目近 200 项，横向合作项目 27 项。组织完成 2012 年度各级各类科研项目 164 项申报工作。

2011 年学校科协会员共获得各级各类纵向科研项目立项 89 项，资助经费 866.77 万元，其中，国家自然科学基金项目 5 项，合同经费 197 万元；省部级 21 项，合同经费 395 万元，教育部科技重点项目 1 项，资助金额 5 万，教育部人文社科规划项目 2 项，资助金额 10 万，广西自然科学基金项目 12 项，资助金额 102 万，广西科学研究与计划开发课题 5 项，资助金 271 万；广西软科学项目 1 项，资助金额 7 万；厅局级 12 项(含校企校地共建平台)，合同经费 144 万元。另有，校级科研项目立项 42 项，资助经费 58.48 万元；承担包括国际合作、企事业、地方政府、高校等横向合作项目 9 项，资助经费 72.29 万元。

2011 年度科协会员各级各类课题获准结题共 34 项，其中，国家自然科学基金项目 1 项，广西自然科学基金项目结题 9 项，教育厅科研项目结题 5 项，学校项目 19 项。

2011 年学校科协共协助申请专利 12 项，获得授权发明专利 2 项。

2011 年学校科协有一会员获广西第十一届青年科技奖，6 名会员获学校科技进步奖。

2011 年，会员发表论文 410 篇，其中被 SCI、EI、ISTP 等国际权威检索机构收录的论文有 184 篇。

2011 年学校科协还与社会各界开展合作：

2011 年 1 月 7 日参加了由科技厅组织的 2011 年科技活动周，通过展板的形式展示了我校十一五以来在科研平台、科研项目、科研成果、专利及专利转让、横向合作、社会服务等各方面的成绩。学校被评为“广西科技活动周 20 周年先进单位三等奖”、“2011 年广西科技活动周最佳组织三等奖”，何玉艳被评为先进个人。

2011 年 3 月 25 日上午，南宁市西乡塘区召开 2010 年科技工作会议，表彰 2010 年科技工作先进单位和个人。学校荣获“科技创新区长奖”、“科技成果转化先进单位”、“科技工作先进单位”、“科企联合俱乐部先进单位”4 项荣誉，学校离退处荣获“科普工作先进单位”，科研处处长谭学才教授荣获“科技领军人物奖”，梁杰等 10 名同学荣获“青少年科技创新区长奖”。

2011 年 5 月 24 日，化学化工学院雷福厚教授牵头的“松香基大孔吸附树脂新产品开发研究”项目通过自治区科技厅验收。

2011 年 7 月 13 日上午，吴尽昭副校长代表学校与南宁市平方软件新技术有限责任公司吴玉军总经理签订“产、学、研”合作框架协议。（张丽娟）

社科联工作

一、认真学习、贯彻落实自治区社科联工作要点

第一，按广西社科年鉴编委的要求，认真并按时完成 2011 年广西社科年鉴组稿和编写工作，并资助出版；

第二，组织学校各单位申报广西社科联科普各种活动；

第三，积极配合区社科联科普的工作，组织人员和编印宣传资料，参加 2011 年全区社会科学普及十月大行动朝阳广场科普活动；

第四，组织专家学者参加广西社科联举办的“社科专家活动日”；

第五，积极撰写并向区社科联报送社科信息，传达学术理论动态，交流社科信息，2011 年向《广西社科联通讯》和广西社科联网站报送舆情信息 30 多条；

第六积极参加广西社科联组织的各种活动。

二、围绕学校科研工作，配合科研部门作好各级各类课题申报工作

2011 年学校组织完成各级各类纵向项目申报 414 项，其中国家级 10 类项目 104 项，占申报总数 25%；省部级 19 类项目 224 项，占申报总数 54%；厅局级 8 类项目 86 项；另外组织申报校级 4

类科研项目近200项，横向合作项目27项。组织完成2012年度各级各类科研项目164项申报工作。

2011年学校社科联会员获得各级各类纵向科研项目立项185项，资助经费1375.42万元，其中，国家社科基金类项目11项，合同经费138万元；全国教育科学规划课题2项，合同经费22万元。省部级53项，合同经费86万元；厅局级60项，合同经费1022.8万元。另有，校级科研项目立项50项，资助经费60.52万元；承担包括国际合作、“985工程”、企事业、地方政府、高校等横向合作项目9项，资助经费46.1万元。

2011年度社科联会员各级各类课题获准结题共66项，其中，国家社科基金项目4项，广西哲社规划课题13项，教育厅科研项目结题6项，学校项目41项，广西区民委项目2项。

三、社科联会员积极进行科学研究和参与成果评奖，取得了丰硕的成果

2011年，社科联会员发表论文725篇，其中在中文核心刊物发表论文289篇，出版学术著作59部。

2011学校组织申报各级各类科研成果奖125项，获奖成果37项，其中省部级成果奖8项：全国教育科学研究优秀成果奖二等奖1项，全国民委系统调研报告奖三等奖1项，第六届广西文艺创作铜鼓奖5项，自治区纪念中国共产党成立90周年理论研讨会征文二等奖1项，学校人文社科优秀成果奖29项。多次组织教职工参加各种征文活动，在“广西北部湾经济区人才支撑体系研讨会”征文活动中，共有19篇学术论文参评，6篇入围，4篇获奖，学校获得了“优秀组织奖”。（何玉艳）

学位评定委员会工作

2011年6月23日，学校召开学位评定委员会会议，参加会议的有何龙群、袁鼎生等17位委员。会议由学位评定委员会主席何龙群校长主持，会议议程：一是本科生学士学位评审；二是研究生硕士学位评审；三是硕士研究生导师资格评审；四是二级学科设置；五是研究生培养管理文件修订。（潘　学）

学术委员会工作

2011年学术委员会召开了四次会议。

2011年4月19日，学校学术委员会2011年第一次会议在学校行政办公楼三楼会议室召开。会议由学术委员会主任何龙群教授主持，本次会议应到学术委员会委员27人，实到22人，实到人数超过总人数三分之二，符合法定人数。会议议程有四项：①审议《广西民族大学科研成果转化管理办法》(修订稿)；②审议《广西民族大学科学研究奖励办法》(修订稿)；③审议《广西民族大学重点学科建设管理暂行办法》；④遴选学校新一届硕士点学科带头人。

2011 年 6 月 10 日，学校学术委员会会议在学校行政办公楼三楼会议室召开。会议由校学术委员会主任何龙群教授主持。本次会议应到学术委员会委员 27 人，实到 21 人，实到人数超过总人数三分之二，符合法定人数。会议有七项议程，①审议 2010 年下半年学术假考核；②讨论修订《广西民族大学教师学术假暂行办法》；③审议《广西民族大学学科带头人选拔与管理办法》；④审议《广西民族大学校级重点学科建设与管理办法》；⑤审议《广西民族大学获省部级及以上科研成果奖认定办法(试行)》；⑥审议 2010 年科研奖励核算中待解决的问题。

2011 年 7 月 3 日，学校学术委员会 2012 年第三次会议在学校行政办公楼三楼会议室召开。会议由校学术委员会主任何龙群教授主持。本次会议应到学术委员会委员 27 人，实到 23 人，实到人数超过总人数三分之二，符合法定人数。会议议程主要是：评选 2009—2010 年度学校优秀科研成果奖。

2011 年 12 月 12 日，学校学术委员会会议在学校行政办公楼三楼会议室召开。会议由校学术委员会主任何龙群教授主持。本次会议应到学术委员会委员 27 人，实到 18 人，实到人数达到总人数三分之二，符合法定人数。会议有四项议程，①2011 年上半年学术假考核；②2012 年上半年学术假申报评审；③审议《广西民族大学文艺创作成果奖励办法》(讨论稿)；④评审 2011 年度广西民族大学校级科研项目。 (陈其锋　张丽娟)

交流与合作

国际交流与合作

一、加强交流与合作，对外交流不断扩大

(一)巩固旧关系和建立新关系

2011 年，学校先后与国外高校和学术机构新签续签合作协议书 31 份(详见附件 1)。新建立合作关系的院校有：印尼丹戎布拉大学、越南河内法律大学、马来西亚世纪大学学院、美国西来大学、美国特洛伊大学和英国斯泰福厦大学。

(二)继续实施“走出去”战略

1. 组团出访。2011 年，学校有计划、有目的地组派了由校领导、部门领导、学科带头人和专家学者等人组成的出访团组 18 个，共 34 人次(详见附件 2)，先后访问了越南、老挝、印尼、马来西亚、台湾等国家和地区的合作院校及学术文化机构，巩固了传统友谊，促进了务实合作。

2. 参加国际教育展。学校先后派代表团应邀参加了教育部国家留学基金管理委员会在希腊、土耳其、斯里兰卡、新加坡、奥地利、法国和美国举办的中国教育展，参加了自治区教育厅在印尼、马来西亚举办的广西教育展，宣传和展示了学校的办学成就，扩大了学校的国际影响。

3. 组派大学生艺术团赴东盟国家交流演出。2011 年 11 月，经教育厅国际合作与交流处推荐，学校获教育部国际司经费支持，于 11 月 25 日派出由 25 人组成的大学生艺术团赴印尼交流演出；12 月 11 日，又派出由 32 人组成的大学生艺术团赴泰国和老挝交流演出。教育部国际司派出 3 位同志随团指导，南宁晚报一名记者随团进行实地宣传报道。广西民族大学大学生艺术团的交流演出活动得到中国驻外使领馆的充分肯定，受到当地观众的热烈欢迎。

(三)热情“请进来”

据统计，2011 年学校共接待国(境)外来访顺访团组 92 个，共 1389 人次(详见附件 3)，为学校接待来访团组和人数最多的一年。来访的嘉宾中有大学领导、专家学者、驻华外交官员和友好人士。2011 年 5 月，老挝国家社科院院长和国家行政学院院长率领老挝“6. 7”学校代表团顺访了学校。9 月，老挝司法部长叶鲍赫率领代表团访问学校，双方签订了有合作培养法学专业硕士等内容的协议，受聘为学校名誉教授。

二、积极扩大汉语国际推广，对外影响更加扩大

(一)与国外高校合作新设立一所孔子学院

2011 年 3 月，学校与印尼丹戎布拉大学签署了合作建设孔子学院的执行协议；6 月，获国家汉办/孔子学院总部的批准，这是继学校先后与泰国玛哈沙拉坎大学、老挝国立大学合作设立孔子学院后，学校在国外设立的第三所孔子学院，是目前全区高校在国外设立孔子学院最多的学校。11 月

26 日，印尼丹戎布拉大学孔子学院举行了隆重的揭牌仪式，何龙群校长率领学校代表团和艺术团前去参加，并开展中国文化推介活动。

（二）加强孔子学院的各项建设

1. 加强与孔子学院的协调沟通。对孔子学院反映的情况和问题，能解决的及时协商解决；不能解决的也及时呈报学校领导，确保了学校对孔子学院工作的掌控和领导。

2. 完成了中方院长的轮换工作。2011 年 7 月完成了泰国玛哈沙拉坎大学孔子学院第三任中方院长的轮换工作

3. 完成了孔子学院中方院长的推荐工作。2011 年推荐了老挝国立大学孔子学院和印尼丹戎布拉大学孔子学院中方院长人选，经过面试选拔、组织培训等程序，两人获得了批准。

4. 举行第一所孔子学院成立五周年系列纪念活动。为了扩大影响，学校利用召开 2011 年年度孔子学院理事会之机，举行了泰国玛哈沙拉坎大学孔子学院成立五周年系列纪念活动，合作方派出学生艺术交流团前来参加活动。内容有纪念座谈会，联欢文艺晚会、学生学习交流等。

5. 各孔子学院运行良好。(1)泰国玛哈沙拉坎大学孔子学院：大力开拓汉语教学市场，先后在学校本部及玛哈沙拉坎府、加拉信府、黎逸府共开设教学点 18 个，支持建立了 7 个中文教学中心。教学班级为 160 个，学习汉语人数上升到 5896 人；教学层次从研究生、本科生覆盖到高职生、中学生、小学生。还积极举办丰富多彩的文化活动，如：汉语训练营、汉语知识竞赛、书法讲座、民族舞蹈班、中国传统节庆活动、校园中文歌手大赛、孔子学院开放日等等；组织好 HSK 和 YCT 考试，参加考试人数从 2010 年的 377 人增加到 2011 年的 595 人。在泰国东北部逐步形成了自己的特色，有的项目成为品牌。(2)老挝国立大学孔子学院：积极开展汉语教学活动，根据学生的汉语水平，分设初级班、中级班和高级班。上学期注册生有 736 人，下半年学期注册生有 848 人；加强内部管理和教学管理，制定有《老挝国立大学孔子学院教师手册》，对教师的教学、言行、衣着等有规范要求；积极开展“老挝汉语市场调研”项目。对老挝 4 省 1 市（琅勃拉邦省、万象省、沙湾拿吉省、占巴塞省和万象市）、14 个市、局、县教育管理部门、9 所高校、15 所中学的汉语市场现状开展了调研。通过调研，了解到了老挝教育部在学校开设汉语的政策、各级教育部门对教育部政策的态度、各级学校对开设汉语的认识与需求。这一调研成果为在今后老挝开展汉语推广工作提供了重要的参考依据；结合孔子学院建院一周和中老建交 50 年，开展一系列丰富多彩的文化交流活动。

（三）做好孔子学院（学堂）公派汉语教师的推荐和汉语志愿者教师的选派工作

学校 2011 年推荐的 3 名汉语教师参加国家汉办的面试选拔和培训后，全部被录用；此外，学校共选派了 43 名汉语志愿者教师赴泰国，27 名汉语志愿者教师赴菲律宾执行汉语教学任务。学校派出的汉语志愿者教师富于责任心，教学能力强，深受国家驻外使领馆的充分肯定，得到国外学校的好评。以志愿者教师留任为例，2010—2011 年度，广西民族大学派赴泰国的志愿者教师留任率达到 64%，在中国向泰国选派志愿者的 18 个省厅教育局，80 多所高校中，广西民族大学排名第一。目前泰国 11 所孔子课堂的中方负责人，有 3 所是由学校派出的志愿者留任后担任的。

三、做好学生出国派出，加强学生出国管理

2011 年学校共派出学生 881 人到 8 个国家的 26 所合作院校学习（详见附件 4）。其中越南 8 所大学 365 人，泰国 11 所大学 397 人，老挝 13 人，柬埔寨 10 人，印尼 2 所 39 人、马来西亚 38 人，美国 7 人，缅甸 12 人。为了做好派遣和出国后的管理工作，国际交流处注意做好几方面的工作：

1. 做好学生派出的准备工作。一是协商完成了 5 所越南接受院校合作协议期满的续签，并调整

了新的收费标准；二是与马来西亚世纪大学学院和美国特洛伊大学协商签订了关于接收广西民族大学学生的协议书。

2. 统筹安排出国带队教师。本着做好工作、统筹兼顾、节省经费的原则，国际交流处与教务处协商，从学校整体考虑出发，统一安排学生出国带队教师，改变了以往各学院自行派出的现象。

3. 做好出国前教育。学生出国前，配合相关学院组织学生学习学校的《在校学生出国管理办法》，学习了解所在国家的法律法规和风俗习惯以及留学学校的规章制度，邀请有关人员作外事、国家安全和出入境知识讲座。

4. 提醒学生国外党小组应注意的事项。根据组织规定和保密原则，及时指出了个别学院国外学生党支部或党小组活动不规范的现象，提出了改进的意见和建议。

5. 及时妥善处理学生的突发事件。对学生在国外学习期间发生的突发事件，国际交流处及时向学校领导和上级主管部门报告情况，及时与中国驻外使领馆和留学学校联系，了解情况，协商解决办法，使事件得以妥善解决。如 2011 年 4 月和 10 月，泰国洪水肆虐时，广西民族大学在中国驻泰国教育组的帮助和校方的配合下，及时把在泰国苏拉塔尼皇家大学受海水上涨围困的 9 名学生和在泰国大城皇家大学受洪水围困的 42 名学生安全撤离。

四、做好外教的聘请与管理，提高外教聘用效益

2011 年，学校为外语类专业共聘请了 20 名外教(详见附件 5)。国际交流处主动配合校内相关部门，做好外教管理。一是在住宿条件差的情况下，国际交流处耐心做外教的解释工作，并根据外教的个人具体情况，合理安排住宿；二是国际交流处根据外教合同，7 月份及时处理了相思湖学院英语外教在合同期满时的意见纠纷；三是两次组织外教赴桂林和巴马参观考察，外教对此非常满意，因为已有多年不组织外教外出考察了。广大外教安心教学，在教学科研活动中发挥了应有的作用。

五、主动为中国—东盟自由贸易区服务，提高学校的国际影响力

配合做好越共中央组织部 165 项目的干部教育培训工作。国际交流处积极配合学校相关部门承担越南 165 项目干部教育培训任务。汉语培训方面，学校先后两次选派了 7 名对外汉语教师赴越南下龙湾和谅山教授汉语；干部短期培训方面，学校共承担了河内市委 23 期共 498 名，谅山省委 4 期共 69 名党政干部短期培训。广西民族大学的工作得到了越南共产党中央组织部的充分肯定。越南清化省委也效仿河内市委，与学校签订了合作开展干部教育培训的备忘录。

组织参加中国—东盟建立对话关系 20 周年、中国—东盟友好交流年系列重要活动。一是承办纪念中国—东盟建立对话关系 20 周年"广西农垦杯"外语演讲大赛汉语组复决赛，被大赛组委会授予"特别贡献奖"称号。二是配合组织参加中国—东盟友谊知识竞赛。2011 年 9 月 28 日，受自治区教育厅的指定，学校组织了 10 名学生与 15 名来自东盟各国的选手组成混合组，参加了由中国外交部、教育部和广西壮族自治区政府主办的中国—东盟友谊知识竞赛总决赛。最后，由广西民族大学学生与外国选手组成的黄队、紫队和蓝队分别获得冠、亚、季军。

六、协调做好留学生的招生及管理，留学生规模稳步发展

经报请学校领导，明确了外国留学生的招生工作由国际教育学院负责，并协助其首次赴老挝、柬埔寨开展招生的相关工作；协调国际教育学院完成了 2011 年中国政府奖学金、孔子学院奖学金、广西政府老挝留学生奖学金和广西政府柬埔寨留学生奖学金的招生工作，特别提出了广西政府老挝干部子弟来桂奖学金的录取办法；国际交流处与研究生处、文学院妥善处理了国际汉语硕士生年度评审中遇到的问题；协调成立了学校留学生会；积极与相关学院配合，协商处理越南留学生的打架事件。

七、加强学术国际交流，提高合作层次

在开展学术国际交流与合作方面，国际交流处一方面鼓励和支持教师学者出国（境）参加学术会议，开展学术交流提供便利，为他们办理各种出访手续；另一方面为举办国际学术研讨会办理报批手续。经统计学校2011年共有10人（次）教师出国（境）参加学术会议，在校内举办了“中国少数民族文学国际研讨会”、“2011老挝佬族起源学术研讨会”和“第三届中越越南语言文化教学与研究国际学术研讨会”等三次国际学术研讨会。

八、校庆筹备工作

第一，2011年11月，向国（境）外合作院校和学术文化机构发出了参加校庆60周年庆典活动的邀请信。

第二，协助校友联络办成立了国外第一个校友会——广西民族大学老挝留学生校友会。

九、协调解决了与国外合作办学中遇到的学位学历认证问题

2011年5月，国际交流处主动向教育部留学服务中心汇报了2009年以前学校与东盟国家高校采取“1+3”合作培养学生的情况，以及这些学生毕业后在学位学历认证遇到的问题。在学校领导的重视以及上级有关部门的理解和帮助下，2011年10月13日，教育部留学服务中心作出批复，同意以遗留问题的形式，受理广西民族大学学生的国外高校学位的认证申请。最终解决了因国外学位学历得不到认证而可能引起的矛盾纠纷和影响稳定的问题。（蒋　励）

资料1　2011年学校接待来访国（境）外团组/个人一览表

序号	起止时间	国别/地区	团组单位	团组人数	访问性质
1	2011.01.05—16	越南	越共中央165项目办公室	24	短期培训
2	2011.01.13—14	泰国	博仁大学	3	访问
3	2011.02.22	泰国	泰国教育部教育委员会	12	访问
4	2011.03.01	马来西亚	双威大学怡宝学院	1	访问
5	2011.03.01—02	美国	西来大学	4	访问
6	2011.03.02—04	越南	东方大学	4	访问
7	2011.03.06—07	泰国	苏拉塔尼皇家大学	5	访问
8	2011.03.07	泰国	华侨崇圣大学	4	访问
9	2011.03.11	印度尼西亚	驻广州总领馆	3	访问
10	2011.03.11	泰国	驻南宁总领馆	2	访问
11	2011.03.16	泰国	碧武里皇家大学	7	访问
12	2011.03.21	泰国	商会大学	2	访问
13	2011.03.21—29	泰国	大城皇家大学	3	访问
14	2011.03.22	马来西亚	新纪元学院	4	访问
15	2011.03.22—27	越南	越南河内法律大学	6	访问
16	2011.03.22	越南	越共中央165项目办公室		短期培训

序号	起止时间	国别/地区	团组单位	团组人数	访问性质
17	2011.03.24	印度尼西亚	教育机构	1	访问
18	2011.03.24	越南	越南外语外贸大学	4	访问
19	2011.03.28—31	泰国	东亚大学	4	访问
20	2011.04.04—12	越南	越共中央165项目办公室	25	短期培训
21	2011.04.14—15	缅甸	福庆学校	1	访问
22	2011.04.19—05.02	泰国	国家汉办驻泰国代表处	35	HSK 夏令营
23	2011.04.19—20	越南	海防大学	4	访问
24	2011.04.23	中国香港	香港教育局	354	参观
25	2011.04.24—30	越南	驻越南使馆刘三振参赞夫妇	2	考察
26	2011.04.25—28	泰国	博乐大学	4	访问
27	2011.04.26—28	泰国	博仁大学	3	访问
28	2011.04.27	越南	河内大学所属人文社科大学	2	访问
29	2011.04.27	越南	商业大学	4	签署协议
30	2011.04.27—05.01	泰国	泰国玛哈大学孔院	17	访问
31	2011.05.10—12	泰国	川登喜皇家大学	4	访问
32	2011.05.10—12	泰国	蓝实大学国际学院院长		访问
33	2011.05.14—20	泰国	朱拉隆功大学诗琳通泰文中心	10	测试
34	2011.05.12—14	马来西亚	双威大学	1	访问
35	2011.05.15—19	泰国	清莱皇家大学	3	访问
36	2011.05.23	马来西亚	英迪集团	3	访问
37	2011.05.27	泰国	清莱皇家大学	1	签署协议
38	2011.05.31—06.02	越南	河内国家大学所属外语大学	3	访问
39	2011.06.02—06.03	越南	河内大学	5	访问
40	2011.06.01—06.02	英国	斯泰福厦大学	4	访问
41	2011.06.02—11	越南	越共中央165项目办公室	28	短期培训
42	2011.06.06—08	中国台湾	大丰教育基金会	2	访问
43	2011.06.11—24	越南	越共中央165项目办公室	25	短期培训
44	2011.06.14—15	马来西亚	世纪大学学院	4	访问
45	2011.06.20—21	法国	驻广州总领事馆文化教育领事	1	访问
46	2011.06.24—25	马来西亚	精英大学	2	访问
47	2011.06.24—07.07	越南	越共中央165项目办公室	25	短期培训
48	2011.06.29	老挝	六七学校校友团	30	访问
49	2011.7.07—20	越南	越共中央165项目办公室	25	短期培训
50	2011.07.13—14	印度尼西亚	华文教育基地代表团	3	访问
51	2011.07.15	老挝	2011年海外华裔青少年中国寻根之旅夏令营美丽广西集结营	187	夏令营
52	2011.07.15—07.19	印度尼西亚	丹戎布拉大学	2	访问

序号	起止时间	国别/地区	团组单位	团组人数	访问性质
53	2011.07.18	老挝	2011年海外华裔青少年中国寻根之旅夏令营代表团	42	夏令营
54	2011.07.26—08.02	老挝	青少年夏令营	21	夏令营
55	2011.08.09—08.16	老挝	汉语桥—老挝中学校长访华之旅	30	访问
56	2011.09.06—09	老挝	司法部	6	访问
57	2011.09.08	美国	晨光基金会	2	访问
58	2011.09.13	泰国	苏拉塔尼皇家大学	5	顺访
59	2011.09.21	泰国	博仁大学	4	顺访
60	2011.09.21	泰国	班颂德皇家大学	5	访问
61	2011.09.21	马来西亚	高博集团	3	访问
62	2011.09.26	泰国	黎逸皇家大学	22	访问
63	2011.10.05—07	越南	清化省委代表团	4	访问
64	2011.10.08—09	越南	河内大学	2	访问
65	2011.10.11—未知	老挝	国立大学	2	访问
66	2011.10.12—25	越南	越共中央165项目办公室	25	短期培训
67	2011.10.18	越南	海防大学	3	访问
68	2011.10.22	韩国	忠清北道	5	访问
69	2011.10.24—28	泰国	东亚大学	2	访问
70	2011.10.25	美国	周氏兄弟	2	讲学
71	2011.10.25—28	越南	清化省委组织部代表团	5	访问
72	2011.10.25—11.7	越南	河内市委第十五期干部培训班	25	短期培训
73	2011.10.26	台湾	花莲县政府原住民行政处	12	访问
74	2011.10.31	越南	海防大学	20	参观校园
75	2011.11.5	美国	晨光基金会	20	访问
76	2011.11.6—12	越南	教育部	2	访问
77	2011.11.7—20	越南	河内市委第十六期党政干部培训班	25	短期培训
78	2011.11.8—9	法国	法国驻广州领事馆	3	访问
79	2011.11.8	日本	日中文化协会	1	访问
80	2011.11.18	马来西亚	世纪大学学院	2	访问
81	2011.11.20—12.3	越南	河内市委第十七期干部培训班	25	短期培训
82	2011.11.21—11.30	越南	谅山省第四期党政干部培训班	18	短期培训
83	2011.11.24—12.2	印度尼西亚	印尼驻广州总领事馆	8	访问
84	2011.11.29—12.4	印度尼西亚	阿赫玛·达兰大学	8	访问
85	2011.12.1—12.2	印度尼西亚	印尼驻广州总领事馆	1	访问
86	2011.12.3—16	越南	河内市委第十八期党政干部培训班	25	短期培训
87	2011.12.8	泰国	庄甲盛皇家大学	3	访问
88	2011.12.8—12.11	泰国	玛哈沙拉坎大学孔子学院理事会	6	访问

序号	起止时间	国别/地区	团组单位	团组人数	访问性质
89	2011. 12. 8—12. 15	泰国	玛哈沙拉坎大学艺术团	28	访问
90	2011. 12. 15	老挝	总理府秘书	5	顺访
91	2011. 12. 16—29	越南	河内市委第十九期党政干部培训班	25	短期培训
92	2011. 12. 19—2012. 1. 1	越南	河内市委第二十期党政干部培训班	25	短期培训
合计		13 个国家/地区	92 个单位	1389	

资料2　2011 年学校因公赴国(境)外访问团组/个人情况一览表

序号	出访时间	团长/人员	人数	国家/地区	出访任务
1	2011. 01. 14—25	吴尽昭	2	印度尼西亚、马来西亚	参加广西教育厅组团赴印度尼西亚和马来西亚举办广西国际教育展
2	2011. 01. 15—22	范宏贵	3	老挝	应老挝社会科学院的邀请赴老挝进行工作访问和讲学
3	2011. 03. 08—19	何龙群	2	希腊、土耳其	参加教育部组团赴希腊和土耳其举办中国国际教育展
4	2011. 03. 26—04. 04	钟海青	2	马来西亚、泰国	参加广西教育厅组团赴马来西亚举办广西国际教育展和访问泰国
5	2011. 04. 20—25	钟海青	5	越南	应越南共产党河内市委的邀请赴越南进行工作访问
6	2011. 04. 20—30	吴尽昭	1	中国台湾	应台湾工业总会的邀请参加广西教育厅组团赴台湾地区参加 2011 年桂台经贸文化论坛
7	2011. 05. 05—16	伍先华	2	新加坡、斯里兰卡	参加教育部组团赴新加坡和斯里兰卡举办中国教育展
8	2011. 06. 01—14	周建新	1	美国	应美国杜克大学的邀请赴该校学术访问
9	2011. 06. 05—16	杨再延	2	奥地利、法国	参加教育部组团赴奥地利和法国举办中国教育展
10	2011. 06. 12—23	杨红文	1	柬埔寨、印度尼西亚、菲律宾、泰国	参加中国法学会组团赴柬埔寨、印度尼西亚、菲律宾和泰国执行推介第五届“中国—东盟法律合作与发展高层论坛”及中国—东盟法律培训基地第五期研修班，推荐中国—东盟法律研究中心、中国—东盟培训基地校友会工作公务
11	2011. 07. 10—30	钟海青	1	英国	参加自治区党委组织部组团赴英国参加牛津大学高等教育管理专题培训班

序号	出访时间	团长/人员	人数	国家/地区	出访任务
12	2011.07.15—30	罗文青	2	越南	应越南社会科学院中国研究所的邀请赴越南进行“亚洲婚姻移民视角下的中越婚姻研究”课题调研
13	2011.07.21—08.20	郑一省	1	印度尼西亚	应印度尼西亚中爪哇省教育局华文教育综合统筹处的邀请赴印度尼西亚调研华人社会及华文教育状况
14	2011.09.20—10.01	黄兴球	1	美国	参加外交部组团赴美国参加 APEC 研究中心年会和 PECC 第 20 届大会
15	2011.10.02—16	杨令飞	1	中国台湾	应台湾中央大学文学院的邀请赴台湾进行学术交流
16	2011.11.02—17	贺争平	2	美国	参加教育部国际合作与交流司组团赴美国举办 2011 中国高等教育展
17	2011.11.04—08	武波	1	老挝	应老挝国立大学的邀请赴老挝参加该校建校 15 周年庆典活动
18	2011.11.25—30	何龙群	4	印度尼西亚	应邀赴印度尼西亚参加丹戎布拉大学孔子学院揭牌仪式
总计			34		

资料3　2011 年在校学生出国学习和实习一览表

国别	院校名称	人数	培养模式	专业	人数	派出单位
泰　国 （396 人）	碧武里皇家大学	24	3+1	泰语	24	相思湖学院
	清迈皇家大学	42	3+1	对外汉语	18	文学院
			2+2	国际商务	24	国际教育学院
	玛哈沙拉坎大学	16	3+1	对外汉语	16	文学院
	川登喜皇家大学	23	2+2	国际商务	23	国际教育学院
	大城皇家大学	44	3+1	旅游管理	44	管理学院
	商会大学	47	3+1	物流管理	21	商学院
				泰语	26	外国语学院
	布拉帕大学	29	3+1	泰语	29	相思湖学院
	坎查纳布里皇家大学	23	3+1	泰语	23	相思湖学院
	博仁大学	118	3+1	国际贸易	58	商学院
			2+2	国际贸易	60	国际教育学院
	华侨崇圣大学	10	3+1	对外汉语	10	相思湖学院
	博乐大学	20	2+2	法律事务	20	国际教育学院

国别	院校名称	人数	培养模式	专业	人数	派出单位
越　南（365人）	河内国家大学所属人文社科大学	47	3+1	越南语	47	外国语学院
	河内国家大学所属外语大学	24	3+1	物流管理	33	商学院
	河内大学	16	2+2	法律事务	16	国际教育学院
	商业大学	137	3+1	国际贸易	67	商学院
			2+2	国际商务	70	国际教育学院
	海防大学	62	3+1	旅游管理	27	管理学院
			2+2	国际商务	35	国际教育学院
	岘港大学所属外语大学	22	3+1	对外汉语	15	文学院
				越南语	7	相思湖学院
	岘港大学所属经济大学	27	3+1	对外、涉外	12	相思湖学院
			2+2	国际商务	15	国际教育学院
	胡志明市国家大学所属人文社科大学	30	3+1	越南语	30	相思湖学院
老挝(13人)	国立大学	13	3+1	老挝语	15	外国语学院
柬埔寨(10人)	金边皇家大学	10	3+1	柬埔寨语	10	外国语学院
印度尼西亚（40人）	阿赫玛·达兰大学	22	3+1	旅游管理	4	文学院
	阿赫玛·达兰大学		2+2	国际商务	18	国际教育学院
	乌达·雅娜大学	18	3+1	印尼语	18	相思湖学院
缅　甸（12人）	曼德勒外国语大学	12	3+1	缅甸语	12	外国语学院
						相思湖学院
马来西亚（38人）	世纪大学学院	38	3+1	会计学	15	商学院
				国际贸易	19	商学院
				对外、涉外	4	相思湖学院
美国(7人)	特洛伊大学	7	3+1	英语	7	商学院
合计	26所院校	881				6个学院

资料4　2011年学校与国(境)外院校及机构新签/续签协议情况

序号	国别/地区	合作院校及机构名称	签订时间	备　注
1	越南	河内法律大学	2011.03.29	新签三份
		商业大学	2011.04.27	续签三份
		河内国家大学所属外语大学	2011.06.28	续签一份
		河内国家大学所属人文社科大学	2011.07.05	续签一份
		胡志明市国家大学所属人文社科大学	2011.08.11	续签一份
		岘港大学	2011.11.22	续签三份
2	老挝	司法部法律与司法事务培训司	2011.09.07	新签一份
3	泰国	苏拉塔尼皇家大学	2011.03.08	续签一份
		清莱皇家大学	2011.05.27	续签一份

序号	国别/地区	合作院校及机构名称	签订时间	备　注
	泰国	博仁大学	2011. 05. 27	续签一份
		玛哈沙拉坎大学	2011. 08. 04	续签一份
4	印度尼西亚	丹戎布拉大学	2011. 03. 21	新签一份
		丹戎布拉大学	2011. 07. 16	续签一份
		国民大学	2011. 12. 01	续签一份
		阿赫玛·达兰大学	2011. 12. 02	续签两份
5	马来西亚	拉曼大学	2011. 01. 17	新签一份
		世纪大学学院	2011. 06. 15	新签一份
6	英国	斯坦福厦大学	2011. 07. 12	新签五份
7	美国	西来大学	2011. 03. 03	新签一份
		特洛伊大学	2011. 07	新签一份
合计	7 个国家，19 个单位，共签协议 31 份(新签协议 14 份，续签协议 17 份)			

办学条件与后勤保障

财务工作

一、财务收支基本情况

（一）经费收入情况

2011年经自治区人大审议批准，上级批复给学校的年度部门预算收入为26318.72万元（不含上年结转9349.09万元），包括：财政拨款11623.24万元；事业收入为14695.48万元。

2011年实现总收入61187.97万元，完成全年部门预算收入26318.72万元的232.49%，其中：财政拨款39319.49万元，上级补助收入75.20万元，事业收入14274.78万元，经营收入2630.21万元，其他收入4888.29万元。2011年财政拨款收入39319.49万元，比2010年实际财政拨款收入20193.90万元增加19125.59万元，增长94.71%，增长主要原因是2011年财政拨款追加专项经费较多，包括：化解高校债务专项经费12200万元，广西科学实验中心建设经费1000万元，2011年中央财政支持地方高校发展专项800万元，发改委拨基本建设资金7200万元等。2011年财政拨款包括：教育经费拨款38478.31万元，卫生经费拨款239.29万元，住房改革支出拨款299.11万元，其他科学技术支出20万元，社会保障和就业1.78万元，可再生能源281万元。上级补助收入75.20万元，其中区民委拨补经费补助20万元、教育部拨国别区域研究和国际教育研究基地经费50万元等。2011年实际事业收入14274.78万元，比2010年实际事业收入11973.02万元增加2301.76万元，增长19.22%，增长主要原因是相思湖学院上缴2007—2008年学费分成1590万元、校产办上缴2006—2010年利润289.69万元。其他收入4888.29万元，其中：自治区科技厅科研课题经费398万元、国家助学贷款风险补偿金14.34万元，基本建设资金4401.89万元等。

（二）经费支出情况

2011年实际总支出56833.94万元（其中：基本支出9184.44万元，项目支出45310.36万元，经营支出2339.14万元），完成年初门预算支出26318.72万元215.94%。比2010年实际支出28870.11万元增加27963.83万元，增长96.86%，增长的主要原因一是本年度财政拨款化债资金列支12200万元（房屋建筑物），二是基本建设类资金支出8055.31万元，三是经营支出2339.14万元。其中：工资福利支出8751.61万元，占全年支出的15.40%；商品和服务支出9160.07万元，占全年支出的16.12%；对个人和家庭补助支出7420.07万元，占全年支出的13.06%；债务利息支出2480.06万元，占全年支出的4.36%；基本建设支出4357.98万元，占全年总支出的7.67%；其他资本性支出22325.02万元，占全年支出的39.28%，经营支出2339.14万元，占全年支出的4.12%。

（三）经费结余情况

2010 年末结余 9717.48 万元(其中行政事业类结余 9349.09 万元，基本建设类结余 368.39 万元)，2011 年实际收入 61187.97 万元，实际支出 56833.94 万元，收支结余 14071.51 万元，收支结余中 291.08 万元(经营结余)转入事业基金，2011 年末实际结余 13780.43 万元(其中行政事业类 9865.45 万元，基本建设类 3914.98 万元)。

(四)2011 年末学校资产总额 235765.12 万元，其中：流动资产 76395.11 万元，对外投资 459 万元(其中对相思湖学院投资 300 万元，广西后勤集团投资 159 万元)，无形资产 13.51 万元，财政应返还额度 5697.03 万元，固定资产总值 89933.71 万元，基本建设资金占用 61886.87 万元，经营类资产 1379.89 万元。

2011 年年末学校负债总额 69671.77 万元，其中：借入款项 47298 万元(当年共偿还银行贷款本金 30334 万元，其中财政资金 24340 万元，学校自筹 5994 万元)，应付账款 21889.30 万元，应缴财政专户款 484.47 万元(年底学生缴费，未来得及上缴)。

2011 年年末净资产总额 104206.48 万元。其中：事业基金 1691.13 万元，固定基金 90272.41 万元(其中行政事业类 89933.71 万元，经营类资产 338.70 万元)，专用基金 2377.49 万元，其他净资产 9865.46 万元。

2011 年年末基本建设资金来源 61886.87 万元。

二、财务管理情况

2011 年学校以建设博士点授予建设单位为契机，继续加大对教学、科研和学科方面的投入，基础设施建设进一步加大，特别是西校区基础设施正在建设，需要大量资金，由于采取了各种有效措施，加强资金筹措，保证了学校各项工作的顺利开展，较好地发挥了资金使用效益。

(一)多渠道筹措办学经费

1. 积极争取上级专项经费，本年争取到了财政化债资金以及其他专项资金共 27719.91 万元(其中基建项目拨款 7200 万元)，是历年获得财政专项经费最多的一年。

2. 利用国家政策，挖潜扩大办学规模和层次，增强学校自筹经费的能力，提高办学效益。本年实现各项行政事业性收费 16225.58 万元。

3. 加强与社会和有关部门的联系与合作，全年争取横向科研经费共计 612.18 万元。

(二)统筹兼顾，合理安排

2011 年度经费财务工作虽然取得较好成绩，但经费的增长仍然满足不了办学经费的需求，西校区的建设需要大量资金，经费短缺情况仍然比较突出。学校在安排经费预算时坚持“精打细算，量入为出，保证重点，兼顾一般”的原则，在保证人员经费和日常公用支出的基础上，加大对学科建设、师资队伍建设、教学经费、图书购置费以及基础设施建设的投入，保证学校的各项事业发展的经费需求。

1. 以学科建设为龙头，加大学科建设力度。本年预算安排 1913.50 万元用于学科学位点建设，其中：博士点建设经费 1600 万元，硕士点建设经费 260 万元，其他 53.50 万元，学科建设经费得到有力保障。

2. 加大引进人才及师资培训力度。本年预算安排引进人才经费 200 万元，预算安排师资培训费 100 万元，实际支出 374.22 万元。

3. 保证教学经费的投入。本年初预算安排教学经费 4951.15 万元，其中四项教学经费按照本科教学工作水平评估 A 级指标要求(即本专科学生学费收入用于四项教学经费的比例应大于或等于

30%)安排1564.98万元，是本专科学生学费6114.24万元的26%。全年实际支出2915.12万元，占本专科学费收入的7714.34万元的37.79%，其中：本专科业务费1511.71万元，教学差旅费820.73万元，体育维持费431.45万元，教学仪器设备维修费151.23万元。。

4. 加大对图书经费的投入。本年预算安排图书购置费418万元，图书购置费实际支出443.28万元。年末藏书515.19万册，金额4094.38万元。

5. 增加对学校基础设施维修的投入。2011年维修费实际支出1190.11万元，其中行政设备维修费13.58万元，教学仪器设备维修费151.23万元，房屋建筑物维修367.03万元，基础设施维修457.58万元，实验室改造维修33.05万元，其他零星维修167.64万元。

(三)依法理财，强化学校财务管理

1. 认真贯彻执行国家财经法规，完善内部会计制度，规范财务管理，做到依法理财。

2. 加强预算管理工作，提高资金使用效率。一是要继续做好预算编制工作，提高预算编制工作的科学性和准确性，在保证人员经费的情况下，统筹安排各项事业支出，进一步细化预算，尤其是专项资金要编制有具体的开支明细，以便项目按时实施；二是加强对预算执行情况的检查和监督工作。对专项资金在下达预算时规定完成时间，并落实责任人，限期完成，学校将定期或不定期检查预算执行情况，发现问题立即要求整改，保证预算的按期执行；三是对专项资金实行绩效评价，对不按时使用经费或完不成任务的单位和责任人，要实行责任追究，采取收回经费或扣减单位相关经费的措施，对预算执行得好，任务完成好的单位在以后安排经费时优先考虑，以提高专项资金的使用效果。

3. 加强学校收费管理。进一步完善收费管理系统和改进收费管理办法，实行亮证收费和收费公示制度，严格执行自治区物价局下发的收费政策。学生学杂费收缴均委托银行代收，增加收费工作透明度。同时做好学生国家助学贷款工作，解决贫困生欠交学费问题。学校所有的收费收入按规定全额上缴财政专户，实行收支两条线，纳入部门预算管理。

4. 依法理财，加强监督管理工作。随着国家对财政管理改革的不断深入，自治区财政厅对机关行政事业单位实行国库统一支付制度提出了更高的要求，学校积极做好国库集中支付的各项工作，加强资金支付的管理和监督；学校进一步加强了对设备物品、工程和服务的支出方面的招标采购管理。加强了审计和纪检的监督，节省了开支，也防止了腐败行为和不正之风的发生。 (黄克闹)

设备与实验室管理

2011年，设备实验管理处在学校党政领导下，深入落实实践科学发展观，保持踏实苦干的精神，推进改革，以提升实验室内涵建设为重点，同时推进设备管理和物资招标采购工作。在各部门的积极配合下，设备实验管理处各方面的工作都取得了良好的效果。

一、努力提高思想素质和业务素质

2011年，设备实验管理处采用书刊、电视、报纸、网络、集中学习等多种学习形式，加强全体人员的理论学习，领会党、国家的最新政策，把握学校的指导精神和工作部署，提高全处人员的思想素养。同时，抓好全处员工的业务学习、不断提高整体工作水平。加强对外交流学习，进一步提高业务素质。设备实验管理处派出了12人次到校外进行实验室、设备和物资采购等方面的学习和交流。

二、抓内涵建设，提升实验室的建设水平

按照学校发展的规划，根据教学科研改革的需要，理清思路，做好学校“十二五”实验室建设规划工作。深入各学院实验室走访调研，对学校实验室工作状况进行全面检查，了解各学院实验室运行状态。要求各学院对现有的实验室要完善实验教学体系和设备体系，加大实验教学的改革力度，认真建设好已落实的项目。并对制订“十二五”实验室建设规划提出指导性意见和建议。

结合2011年中央财政支持地方高校专项规划中的实验室项目做好申报和建设工作。完成了2010年中央财政支持地方高校发展项目的审核和采购。随着这一批实验室项目设备到位，将使学校的实验室设备条件得到进一步改善。

初步建立了各学院的实验室网站。组织相关技术人员对新购置的实验室信息管理服务器进行验收调试，为更安全、便捷地储备和共享学校实验室信息资源及设备实验管理处网站数据做好硬件支撑工作。

组织相关部门做好学校公共服务体系十二五规划编制工作。完成博士授权单位建设任务中大型仪器平台建设工作年度规定任务。包括共享平台网站建设、大型仪器平台收费方案、大型仪器平台维护及运行管理制度等。

完善实验室布局、调整实验室场地。开展了实验室用房的调研工作，实地测量核实全校实验室现有用房面积情况，并对学校东校区实验室及附属用房做了重新调整和规划。

完成西校区教室、实验室的建设工作。周密部署，加班加点完成项目建设，2011年2月底西校区15间多媒体教室、10间双功能语音计算机实验室如期建成并投入使用，保证了化生学院搬迁到西校区后教学活动的正常开展。

完成国际教育综合楼教室语音室方案、建设，完成了2间录播教室、39间多媒体教室、8间双功能语音室的建设。

协调化生学院搬迁至西校区的有关事宜，协助和指导化生学院做好各项具体搬迁工作，为理工楼内购置设备的安装调试进行协调、安排，促进了理工楼内教学活动的正常开展。

进一步加强对实验室耗材的管理。初步建立实验室耗材基础数据库，组织人员对2010—2011年下学期耗材进行验收入库及发放，对耗材数量多的学院，工作人员亲自将耗材送到学院的仓库，优化服务，保证了实验教学的正常开展。

组织各学院完成填报广西民族大学教学实验室“十二五”建设规划的工作。

开展校级实验室检查、评估工作。为了加强学校实践教学和实验室管理工作，促进实验室规范运行，从2011年10月中旬开始，组织了对学校8个建制实验室(中心)的校级实验室检查工作。依据教育部高校实验室评估标准，分别按基础课实验室和专业实验室对这8个建制实验室(中心)进行检查和评估。

完成中央支持地方高校发展专项资金的各类项目的审核工作，并配合物资招标办公室做好各项目的招标采购工作，跟踪项目的进展情况。

基本完成各学院实验室调整的工作。例如，信工学院实验室的搬迁、管理学院和文学院增加新的实验室、以及新学院实验室的分配及调整。

认真、细致地完成了迎接自治区专家组2011年11月23日对学校五个自治区级实验教学示范中心的检查工作。在最后的检查评议会中，专家组对本次检查工作给予了肯定，对学校实验室管理的细致工作表示了赞扬。

做好其他一些实验室管理的日常工作，如完成实验劳动保护以及清洁用品的申报、审核和发放工作等。

三、创新实验室和仪器设备管理工作机制，全面提高设备管理水平

开展了全校教学科研仪器设备的普查工作，充分利用自“一体化固定资产资产管理系统”，分批做好校内各单位所用设备的“账、物、卡”核对工作。进一步完善了条码管理系统。

完善学校固定资产管理制度，加强“仪器设备管理员制度”建设。制定了《广西民族大学部门固定资产管理工作职责》、《广西民族大学仪器设备（物资）类资产报废细则（试行）》和《广西民族大学仪器设备（物资）验收管理细则（试行）》等管理文件。建立并形成一个设备管理层次网络结构，提高现有设备的完好率和使用率。

做好了新增设备的安装、调试、验收、固定资产登记工作。新增设备包括：国际教育综合楼的教学设备、网络布线的安装、调试、验收、固定资产登记，预科与干部培训楼余下教室的设备的安装、调试、验收、固定资产登记，西校区三栋学生宿舍床架的验收，还有西校区理工实验楼待新增设备的安装、调试、验收、固定资产登记。

组织协调国教楼电梯的安装、调试、验收工作，为后续工作提供了便利。做好在用电梯维修、维护管理工作。

积极指导、协助做好化生学院搬迁至西校区的各项工作。协助处理好实验室大量仪器设备特别是不少贵重的大型仪器设备的搬迁问题。

预科、化生等学院搬迁至西校区之后，以及国际教育综合楼的实验室投入使用之后，加强对西校区的专用实验室和公共计算机实验室、语音实验室的使用、管理和协调。

加强仪器设备维修力量，及时对出现故障的设备进行维修维护，上半年共维修，保证了教学、行政办公设备的正常运行。

根据上级部门对固定资报废程序，对全校报废设备进行上报、账目核销共计345万元资产设备进行报废手续处理并会同财务处进行残值处理。

完成国际教育综合楼设备的有关工作，包括一楼会议室设备选型、招标、安装、调试，国际教育综合楼的网络布线、图书馆电子阅览室设备、书架、数计学院实验教学设备的验收等；完成三楼同声传译室设备的安装、调试。

认真联系供货商对保修期内设备进行维修，对在用设备故障进行及时维修，共维修2070台次，保证了教学和科研的正常运转。

分批进行全校各单位固定资产的清点工作，努力摸清家底。

认真做好东、西校区教学、科研、行政设备的采购、安装、调试、验收、固定资产登记、报废、维修、维护等日常管理工作。

四、提高招标采购工作效率，严格规范有序地搞好物资招标采购工作

学校的物资招标采购工作严格按照自治区政府采购要求执行。加强招标采购程序在校内的宣传，在规范操作的前提下努力提高采购工作效率。

凡属于国家财政拨款的、政府采购目录以内的、采购限额标准以上的项目，都尽量报政府集中采购。

加强职工的思想政治教育，廉洁奉公，拒腐防变，严格依法办事，维护学校利益。校内的招标采购操作是规范的，每一个环节都严格依法、依规办事，没有违法违规现象发生。

加强人员培训，邀请专家来校指导。于2011年4月15日邀请自治区政府采购处处长黄明景举行一次关于“招标采购”的培训，学校各单位负责申购设备的分管领导和工作人员参加。

2011年上半年，物资招标办按规有序、加班加点、较好地完成了学校的各项采购任务。2011年(截至到2011年12月12日)，累计完成学校采购项目415项，预算金额6048.65万元，实际采购金额5427.70万元，相当于节省资金620.95万元。(黎　鲜)

资料1　2011年学校教学实验室设置一览表

所属单位	分管领导	实验室行政主任	实验室(中心)名称	建制实验室(中心)主任	课程实验室名称	课程实验室负责人
法学院	何立荣		1. 文科综合实验教学中心(自治区级示范中心)	赵　颜 胡　忠	模拟法庭实验室	尚艳华
文学院	黄平文				多媒体数字化实验室(编辑出版实验室)	蓝芝同
					多功能语言实验室	
管理学院	陈永清	朱环新			办公自动化实验室、工商管理模拟实验室、电子档案管理实验室、档案保护技术实验室、档案立卷实验室、摄影技术实验室、研究生专用实验室	陈秀琼
民族学与社会学学院	吴国富				心理学实验室、影视人类学实验室、民族工艺实验室、社会工作实验室	管博丽
外国语学院	粟　芳				外语非通用语专业实验教学中心(同声传译实验室、语音室)	韦丽娜
设备实验管理处	胡　忠	陆培汶			语言实验室	陆培汶
商学院	旷　乾	田　涛	2. 经济管理实验教学中心(自治区级示范中心)	田　涛	电子商务模拟实验室、国际贸易实务模拟实验室、物流实验室、多语种商务信息技术实验室	田　涛

所属单位	分管领导	实验室行政主任	实验室（中心）名称	建制实验室（中心）主任	课程实验室名称	课程实验室负责人
数学与计算机科学学院	宣士斌	黄银娟	3. 计算机基础课实验教学中心（自治区级示范中心）	宣士斌	计算机软件工程实验室、数学模型与仿真实验室、单片机实验室、微机原理实验室、计算机组成原理实验室、计算机网络实验室	黄银娟
设备实验管理处	胡　忠	白家杰			公共计算机教学实验室	白家杰
物理与电子工程学院	尹彩流	黄开连	4. 物理实验教学中心（自治区级示范中心）	王志文	力学实验室、热学实验室、光学实验室、电磁学实验室、电工电路实验室、激光与全息照相实验室、近代物理实验室、科技史实验室、中教法实验室、微格教学实验室、大学物理实验室、等离子体实验室、新能源实验室	梁济仁
			5. 通信工程实验室	黄开连	通信原理实验室、光纤通信实验室、移动通信实验室、卫星通信实验室、程控交换实验室、数字信号处理实验室、计算机通信实验室	
			6. 电子信息实验室	覃　晓	模拟电路实验室、数字电路实验室、高频电路实验室、电子仪器与测量实验室、电子技术工艺试验室、传感器实验室、自动控制实验室、EDA 实验室、基本技能训练实验室、电力电子技术及电视控制实验室、信号与系统实验室、模拟及集成电路应用实验室、DSP 实验室、电子设计实验室	
			7. 计算机应用实验室	赵元庆	微机原理实验室、微机硬件外设综合技术实验室、单片机实验室、计算机软件实验室、计算机网络实验室	

所属单位	分管领导	实验室行政主任	实验室(中心)名称	建制实验室(中心)主任	课程实验室名称	课程实验室负责人
化学与生态工程学院	姚兴东	罗伟强	8. 基础化学实验教学中心(自治区级示范中心)	雷福厚	无机化学实验室、有机化学实验室、物理化学实验室、分析化学实验室、分析测试中心	罗伟强
			9. 化学与应用化学专业实验室	李小燕 刘祖广	化学中教法实验室、工业分析实验室、仪器分析实验室、无机材料制备实验室、林产化工实验室、金属冶炼实验室	
			10. 生物技术及制药工程实验室	申利群 姜明国	生物化学实验室、微生物实验室、细胞生物实验室、普通生物实验室、生理学实验室、生物中教法实验室、制药工程实验室、制药工艺实验室	
			11. 化工技术与环境工程专业实验室	夏　璐	化工原理实验室、化工专业实验室、环境工程实验室、环境监测实验室	
体育与健康科学学院	李荣源		12. 体育基础理论实验教学中心	何珂峻	人体解剖学实验室、人体生理学实验室、体育心理学实验室、体育保健学实验室、运动生化实验室	何珂峻
艺术学院	覃勇军	涂　超	13. 艺术综合实验中心	涂　超	电脑艺术设计实验室、电脑音乐制作实验室、播音实验室、录音棚、艺术摄影棚、电视演播实验室	涂　超
预科教育学院	梁元星	陆文捷	14. 预科教育实验室	陆文捷	基础物理实验室、基础化学实验室、生物实验室、语音实验室、计算机实验室	陆文捷

资料2　2011年学校重点实验室及研究基地设置一览表

序号	机构名称	批准文号	负责人	所在部门	项目来源	级别	批准成立时间	备注
1	中国南方与东南亚跨境民族研究基地	民委发〔2011〕18号	周建新 蒙元耀 韦树关	民社学院 文学院 外国语学院	国家民委	部委级	2011年	国家民委首批人文社科重点研究基地
2	东盟多语种服务信息技术处理工程中心	桂教科研〔2011〕号	吴尽昭	信工学院	广西教育厅	厅级	2011年	
3	中国　东盟研究中心		黄兴球	东盟学院	广西教育厅	厅级	2011年	2004年成立校级研究中心；2011年被教育厅确定为广西科学实验中心

序号	机构名称	批准文号	负责人	所在部门	项目来源	级别	批准成立时间	备注
4	化学与生物技术过程转化创新团队	桂教人〔2011〕47号	廖安平	化工学院	广西教育厅	厅级	2011年	被广西教育厅确定为第四批广西高校人才小高地创新团队
5	中国科学院成都计算机应用研究所博士后流动科研基地		吴尽昭	信工学院	中国科学院成都计算机应用研究所		2011年	
6	林产化工联合共建重点实验室	桂教科研〔2011〕9号	雷福厚	化工学院	广西教育厅	厅级	2011年	
7	广西民族教育研究中心	桂教民教〔2011〕13号	李枭鹰	教科院	广西教育厅	厅级	2011年	
8	广西民族团结教育师资培训基地	桂教民教〔2011〕14号	李枭鹰	教科院	广西教育厅	厅级	2011年	
9	广西混杂计算与集成电路设计分析重点实验室	桂科计字〔2010〕8号	吴尽昭	信工学院	广西科技厅	省级	2010年	第三批自治区重点实验室
10	马克思主义理论研究基地	桂教科研〔2010〕6号	何龙群	政关学院	广西教育厅	厅级	2010年	
11	广西民族体育研究发展中心		何龙群	体健学院	广西区体育局广西民族大学	与广西区体育局共建	2010年	
13	广西教师教育基地	桂教师范〔2009〕1号	李枭鹰	教科院	广西教育厅	厅级	2009年	
14	中山大学博士后创新实践基地		周建新	民社学院	中山大学	与中山大学共建	2009年	
15	广西东盟旅游人才教育培训基地	旅办发〔2012〕58号	麻新纯	管理学院	自治区旅游局广西民族大学	与自治区旅游局共建	2008年	
16	中国少数民族研究中心中国少数民族非物质文化遗产资源研究基地		玉时阶	瑶学研究中心	中央民族大学中国少数民族研究中心	与中央民族大学中国少数民族研究中心共建	2008年	
17	马克思主义理论研究和建设工程研究基地	桂宣发〔2007〕21号	何龙群	政关学院	广西区宣传部广西高工委	省级	2007年	
18	广西林产化学品开发与应用重点实验室	桂教计字〔2007〕65号	雷福厚	化工学院	广西科技厅	省级	2007年	第二批自治区重点实验室；桂科基字〔2012〕9号《关于同意广西林产化学品开发与应用重点实验室更名和调整研究方向的批复》，正式更名为：广西林产化学与工程重点实验室

序号	机构名称	批准文号	负责人	所在部门	项目来源	级别	批准成立时间	备注
19	中国—东盟政治法律文化研究中心	桂教科研〔2007〕20号〔2010〕6号	黄兴球	东盟学院	广西教育厅	厅级	2007年	
20	化学与生物转化过程新技术重点实验室	桂教科研〔2007〕20号	廖安平	化工学院	广西教育厅	厅级	2007年	
21	中国南方与东南亚民族研究创新团队人才小高地		周建新	民社学院	广西教育厅	厅级	2007年	
22	生态审美与民族文艺学研究基地	桂教科研〔2007〕20号	黄秉生	文学院	广西教育厅	厅级	2007年	
23	广西播音主持理论基地		陆卓宁	艺术学院	广西广播电影电视局广西电视艺术家协会	与广西广播电影电视局广西电视艺术家协会共建	2007年	
24	瑶学研究中心	桂教科研〔2006〕12号	玉时阶	民社学院	广西教育厅	厅级	2006年	
25	广西高校松香系列新产品开发创新团队人才小高地		雷福厚	化工学院	广西教育厅	厅级	2005年	
26	中国边疆历史与社会研究广西工作站		周建新	民社学院	中国社科院	与中国社会科学院共建	2005年	
27	绿色化学与技术实验室	桂教科研〔2005〕44号	尹显洪	化工学院	广西教育厅	厅级	2005年	
28	壮学研究中心	桂教科研〔2001〕33号	李富强	民社学院	广西教育厅	厅级	2001年	

资料3　2011年中央与地方共建高校特色优势学科实验室一览表

实验室名称	实验室负责人	资助时间	资助金额(万元)
计算机课程实验教学示范中心项目		2011年	150
面向东盟的国际商务综合教学实验平台项目		2011年	100
东盟国家语言信息处理与教学实验室项目		2011年	150
管理学科教学实验中心项目		2011年	100
材料专业实验室项目		2011年	100

资料4　2011 年学校教学科研仪器设备增减变动情况表

单位：（万元）

编号	单位名称	年初台件数	年初金额数	本年增台件	本年增金额	本年减台件	本年减金额	年末台件数	年末金额数
1	广西民族大学	16286	11074.09	7809	4766.58	3301	2236.63	20794	13604.04
2	数学与计算机科学学院	2022	1246.84	124	139.4	1079	670.48	1067	715.76
3	物理与电子工程学院	2292	1025.94	891	482.59	239	67.36	2944	1441.17
4	化学与生态工程学院	2435	2195.67	426	442.57	127	60.01	2734	2578.23
5	外国语学院	338	169.95	186	147.43	0	0	524	317.38
6	政治学与国际关系学学院	119	56.29	64	22.13	11	6.75	172	71.67
7	文学院	275	152.34	198	147.82	1	0.95	472	299.21
8	管理学院	261	136.99	303	155.59	82	50.62	482	241.96
9	艺术学院	679	482.54	36	16.78	0	0	715	499.32
10	预科教育学院	697	273.03	55	11.54	1	0.85	751	283.72
11	继续教育学院	166	90.12	9	9.22	22	14.98	153	84.36
12	民族学与社会学学院	248	143.33	297	224.22	25	17.63	520	349.92
13	体育与健康科学学院	770	420.84	86	56.54	25	15.53	831	461.85
14	法学院	81	37.64	48	25.08	0	0	129	62.72
15	商学院	358	301.56	11	5.74	0	0	369	307.3
16	国际教育学院	181	82.65	54	22.39	0	0	235	105.04
17	教育科学学院	18	6.51	3	1.94	0	0	21	8.45
18	图书馆	433	320.52	369	289.85	0	0	802	610.37
19	教务处	245	224.93	15	11.12	0	0	260	236.05
20	科研处	54	26.43	12	4.88	21	12.16	45	19.15
21	研究生处	47	26.11	4	1.85	0	0	51	27.96
22	校园网络管理中心	627	815.74	388	219.48	0	0	1015	1035.22
23	科技史研究室	57	38.99	0	0	0	0	57	38.99
24	公共教学设备	2167	1321.65	1172	520.56	652	324.74	2687	1517.47
25	教授博士行政干部教学、科研专用	192	162.01	24	12.31	2	1.36	214	172.96

基建工作

2011年，学校东校区基建工作始终坚持“安全第一，质量为本”的宗旨，自觉贯彻落实科学发展观，切实加强队伍建设和制度建设，努力提高服务质量和管理水平，国际教育综合楼、附中学校综合教学大楼和学生公寓6#楼3个项目相继竣工验收并投入使用，完成了五坡30栋集资住宅楼和附属学校学生宿舍主体施工，完成四坡八栋学生公寓装修、留学生公寓楼装修工程等小额工程132项。

一、严格按照相关法律、法规进行基建工作

（一）严格按照政府采购程序，规范招标工作

一是为确保项目招标工作公平、公正、公开，凡2011年立项的基建项目，均严格执行国家、政府和学校有关招标采购程序，在“广西政府采购网—电子化采购系统”选取或对外发布公告，认真组织基建工作领导小组成员选择施工、监理招标代理单位和施工单位，并报学校领导及自治区财政厅采购管理处审核同意后，才确定单位。二是各个项目的《招标文件》初稿分送校基建领导小组成员和法律顾问审阅、修改后，分别送自治区财厅、南宁市招标办审阅和修改，并通过南宁市招标办和自治区财政厅按规定在相应的招标媒体对外发布公开招标。三是严格核实基建项目建设投资。每个项目的设计方案、工程量清单和预算控制价，基建办均组织学校审计预算人员、相关技术人员、监督代表、设计代表进行初审，并报自治区财厅审核，审核通过后才发布上限控制价。

（二）加强施工管理

一是签订合同，做到既坚持原则，又认真细致，各工程的施工合同、监理合同都要征求纪检、审计、财务等部门和法律顾问的意见，经过数次修改后定稿；二是工程管理继续保持工地代表具体负责、分管领导全程管理、主要领导全面负责的格局。三是严格签证管理，执行工地代表、施工单位、监理单位和审计人员共同签证的管理制度，所有的设计变更，均按照国家、政府和学校的基建管理制度执行，并按程序报学校领导和政府部门审批。由于依法办事和责任到位，2011年学校基建工作没有发生违法违纪现象。

二、统筹推进，基建工作成效明显

（一）在建项目进展顺利

1. 推进了30#高层职工集资住宅楼工程：建设面积17191.18平方米，投资总概算为4200万元，工程于2010年4月13日开工建设，2011年9月25日大楼完成了大楼主体建设，之后进入内部装饰装修阶段，工程将于2012年上半年竣工验收并交付使用。

2. 推进了附属中学学生宿舍工程。建设面积3260平方米，投资概算为440万元，工程于2011年7月28日开工建设，11月29日完成主体封顶。12月28日，该工程1—3层通过了相思湖管委会质量监督站进行的主体验收，之后进入内部装饰装修阶段，整个工程将于2012年上半年竣工验收并交付使用。

3. 完成国际教育综合大楼工程。总建筑面积为27171平方米，总投资概算为9566万元，工程于2008年12月开工建设，2011年1月25日竣工验收并交付使用。

4. 完成附中教学大楼工程。项目立项金额为857万元，建设规模为7888平方米，工程于2010

年4月27日开工建设，2011年1月25日进行竣工验收，2011年新学期交付使用。

5. 完成学生公寓6#工程：建设面积4783.29平方米，投资总概算为1000万元，工程于2010年4月27日开工建设，2011年1月25日进行竣工验收，2011年新学期交付使用。

(二)八坡危旧房改住房待建项目进展顺利

依据《关于申报危旧房改住房改造项目有关问题的通知》(桂房改〔2009〕6号)，学校于2010年6月29日制定了《广西民族大学八坡部分危旧房改住房改造方案》(民大〔2010〕179号)。

三、其他工作

(一)配合西校区建设工作

积极配合西校区加强与政府有关部门的联系与沟通，落实国家发改委支持的民族院校专项建设资金。发扬分工不分家的工作作风，积极配合西校区建设工作，本学期在工程技术人员较紧张的情况下，继续配合新学期完成项目的报建工作，并派出2名专职工程建设人员支持西校区第二期工程建设工作，分别负责艺术楼、东盟大楼项目和基础设施建设项目工作。截至2011年底，艺术楼完成90%，东盟大楼完成至第三层主体施工，基础设施建设项目基本完成。

(二)完成27#、28#、29#集资住宅楼保修期过后移交工作

2011年10月，基建办组织审计、纪委、施工单位等对保修期满的三栋职工集资住宅楼进行交付验收，经检查，符合交付条件，三栋高层集资住宅楼工程移交学校后勤管理处进行管理。

(三)做好竣工项目备案工作

2011年完成了新大学生公寓楼1#—5#楼建设项目竣工环境保护验收和建设项目竣工备案工作。

(四)做好各种退费工作

一是完成退还5坡28#楼、新大学生公寓1#—5#楼工程农民工工资保障金共计1286456元。二是退还学生公寓6#楼散装水泥专项基金。三是完成了5坡27#楼和29#楼的节能验收前期工作以及农民工工资保障金退还前期工作。四是完成了四坡食堂环保验收前期工作。五是完成了5坡27#、29#楼墙改费退还前期工作。

(五)做好基建档案管理工作

2011年完成的基建档案移交工作包括：2001年至2011年的小额维修工程档案已整理并移交学校档案馆；5坡19#—26#楼以及博士楼办理房产证资料移交房改办；网球馆工程、27#、28#、29#三栋高层资料整理移交学校档案馆；综合教学大楼工程、光彩教学楼工程等30个小型工程图纸移交至学校档案馆；网球馆工程、四坡食堂工程结算资料移交至学校审计室。

(六)完成了审计组对学校基建项目的审计

2011年6月，审计厅审计组对学校基建工作进行了审计，在审计学校东校区建设工程时，审计组对学术交流中心工程和网球馆工程提出了超规模建设、超期服务赔偿等8个问题，经过查找、整理当时的工程材料，基建办对这些问题都实事求是的做了合理的解答，并从中吸取经验教训，为学校基建工作积累了宝贵经验。(封艳梅)

西校区建设

西校区规划建设指挥部在学校党委、行政的正确领导和统一部署下，紧紧围绕学校的发展目标，围绕学校工作重点和西校区二期工程建设计划，切实抓好工程项目建设，为加快学校西校区建设步伐而努力。

一、加强协调管理，做好在续建和新建项目的前期各项工作

进一步重视工程设计阶段工作，指定专人与设计单位保持跟踪联系，掌握进度，发现问题及时研究解决。加强同使用单位和规划主管部门沟通，使方案尽量完善，减少开工后的工程变更。坚持项目前期各进度跟进督促工作的连续性，参与各阶段的管理工作。加强同上级规划部门的工作与协调，依法办理各项工程建设手续。

（一）完成各类招标代理遴选工作

按照严格、规范的程序，确定六个招标代理，为各项目顺利开展招标工作打下基础。共完成了学生食堂及附属用房项目，运动场馆项目，游泳馆及篮球场场地平整项目，露天篮球场项目，西校区艺术楼、大门周边及行道树、绿篱种植景观绿化工程项目施工招标代理、学生食堂及附属用房、运动场馆施工监理招标代理的遴选工作。

（二）完成学生食堂及附属用房等项目设计阶段各项工作

为了确保设计单位能及时提交各项目设计方案成果，并能顺利通过方案评审、初步设计评审等环节在项目设计过程中，指挥部多次召开会议，组织使用部门对学生食堂及附属用房、运动场馆、西校区景观绿化工程等项目设计方案提出意见及建议，不断修改完善项目功能需求方案，并及时将修改意见向设计单位反馈，督促设计单位根据学校要求对设计方案、初步设计进行修改完善，通过多次的反馈、沟通、修改、完善，学校各项目的设计规范合理、符合要求。按要求，学校学生食堂及附属用房、运动场馆项目方案设计及初步设计必须通过上级相关部门的审查，经过努力，这两个项目的方案设计顺利通过相思湖管委会组织的专家的评审，获得方案设计红线图，为项目的顺利进行奠定良好的基础。在组织学生食堂及附属用房、运动场馆进行初步设计过程中，指挥部也请使用单位人员参加评审会议，了解项目设计过程及专家评审情况，评审会后，召开协调会议，对初步设计进行修改，这两个项目也顺利通过了自治区工程咨询中心组织的专家评审，获得自治区发改委的批复。

（三）做好项目工程施工图、人防、消防施工图审查，合同备案和施工招标报建备案等各项工作

为了确保项目招标工作的顺利进行，指挥部办公室在设计单位进入施工图设计之后，马上落实各项目施工图审图单位，并提前与审图单位进行沟通，顺利完成了学生食堂及附属用房、运动场馆等项目的施工图审查工作，并根据项目需要，送相思湖管委会审查，通过备案，确保施工招标的材料的完整性。

同时，根据项目需要，完成学生食堂及附属用房项目人防设计条件申报及施工图、消防施工图审查，完成运动场馆项目人防易地建设申报及消防施工图审查工作；完成图书馆、东盟学院大楼、大门等项目合同备案及施工规划建设许可证、施工许可证的申报工作。

（四）完成各项招标采购工作

共完成四个项目设计单位遴选工作。分别是：完成西校区景观绿化总体方案设计单位遴选工作，设计中标单位是广西壮族自治区林业勘测设计院。完成图书馆人防地下室护坡设计单位遴选工作，该项目护坡设计由该项目设计单位广西建筑科学研究设计院负责。完成西校区曲水项目建设书编制单位遴选工作，设计中标单位是南宁市建筑设计院。完成了西校区风雨桥设计单位遴选工作，设计中标单位是桂林市市政综合设计院。

共完成十项招标工作任务，分别是：完成图书馆施工招标工作，施工中标单位是广西建工集团第二建筑有限责任公司。完成东盟学院大楼施工招标工作，施工中标单位是广西建工集团第一建筑有限责任公司。完成西校区大门施工招标工作，施工中标单位是广西矿建集团有限公司。完成西校区围墙施工招标工作，施工中标单位是广西矿建集团有限公司。完成西校区（学生公寓、理工实验楼、民族预科与干部培训楼周边及中庭）园林景观绿化工程施工招标工作，施工中标单位是广西绿茵茵园林景观工程有限公司。完成游泳馆及篮球场场地平整施工招标工作，施工中标单位是广西市政工程集团有限公司。完成露天篮球场施工招标工作，施工中标单位是广西海能建筑工程有限公司。完成大门、围墙、永久供电系统等项目施工监理招标工作，中标单位是云南世博建设监理有限责任公司。完成学生食堂及附属用房项目和运动场馆项目施工监理招标工作，中标单位是广州高新工程顾问有限公司。完成东盟学院大楼、图书馆基础沉降观测竞争性谈判，确定沉降观测单位为广西华蓝岩土公司。

共完成十五项小额工程项目施工单位的遴选工作。为进一步完善西校区学生公寓、教学设施、办公设施条件，根据要求，分别遴选西校区化学与生态工程学院、预科教育学院、西校区综合管理办公室等部门的教学实验室改造、办公室改造、学术报告厅装修、学生公寓防盗网安装等小额工程施工单位，并与后勤管理处一起，督促施工单位按期施工，确保各项工程顺利完工并交付使用。

（五）做好项目各阶段材料的审核、上报工作

1. 根据西校区建设总体规划的安排，认真做好各项目的立项报建等工作。2011 年完成西校区四个续建项目和两个新建项目申报工作并获自治区发改委批复；共完成 11 个招标采购计划的上报工作，分别是：完成东盟学院大楼施工招标，永久供电系统施工招标，西校区（学生公寓、理工实验楼、民族预科与干部培训楼周边及中庭）园林景观绿化工程施工招标，大门施工招标，围墙施工招标，游泳馆及篮球场场地平整施工招标，露天篮球场施工招标，学生食堂及附属设施施工招标，学生食堂及附属用房项目和运动场馆项目施工监理招标，大门、围墙、永久供电系统等项目施工监理招标，西校区艺术楼、大门周边及行道树、绿篱种植景观绿化工程施工招标等项目采购计划申报工作，并通过自治区教育厅、财政厅的审批。

2. 起草拟定各类招标文件文本，组织相关部门人员认真审阅、反复推敲，减少漏洞。共审核、报送 10 个项目的施工招标文件，分别是：东盟学院大楼施工招标文件、永久供电系统施工招标文件、西校区（学生公寓、理工实验楼、民族预科与干部培训楼周边及中庭）园林景观绿化工程施工招标文件、大门施工招标文件、围墙施工招标文件、游泳馆及篮球场场地平整施工招标文件、露天篮球场施工招标文件、学生食堂及附属设施施工招标文件、学生食堂及附属用房项目和运动场馆项目施工监理招标文件、大门、围墙、永久供电系统等项目施工监理招标文件、并通过财政厅、南宁市招标办的审核，确保招标工作的顺利进行。

3. 起草拟定各类合同文本，积极协调审计室等相关部门，认真审阅、修改完善。完成东盟学院

大楼等八个项目的设计招标、监理招标、施工招标代理合同、施工合同、在建项目安全防护、文明施工措施费用使用监控协议、小额工程协议书等各类合同的审查、签订工作。本年度共审阅、修改、完成55个各类合同、协议的签订，为项目招标工作的顺利实施提供有力保障。

二、加强施工现场管理，确保施工安全，不断提高工程质量

在施工过程中树立“安全责任重于泰山”的观念，把各项安全工作落到实处，依据国家和区市有关生产、消防安全的法律、法规，监督施工单位和监理单位落实生产安全规范。完善项目管理工作责任制，按程序进行现场签证、工程设计变更和各种验收，严格现场管理，确保工程质量，主要完成以下施工管理工作：

第一，大力配合学校审计部门完成了学生公寓、理工实验楼、民族预科与干部培训楼竣工验收后的整改移交工作以及结算资料整理报送等工作，为学校节省基本建设资金提供保障。学生公寓项目完成校内工程竣工结算并通过自治区投资评审中心的工程竣工结算评审；理工实验楼、民族预科与干部培训楼目前正在进行校内工程竣工结算。

第二，按照合同要求，认真抓好各建设项目的施工质量和进度，合理安排工程计划，文明施工，确保项目建设顺利进行。在施工过程中，坚持工地代表每天到施工现场进行现场管理，确保工程质量；坚持指挥部领导、学校分管领导现场办公制度，发现问题及时反馈，及时解决。如艺术楼在施工过程中，施工现场有一根临时供电电杆占到施工场地内，为了不影响工程进度，指挥部积极与供电局沟通，按要求上报电杆迁移方案，去函要求电杆迁移并重新接火，经过多方协商，终于完成电杆确保艺术楼的顺利施工。在围墙工程施工过程中，工地代表发现施工单位在进行混凝土搅拌中不按工程规范要求进行施工，马上及时向指挥部领导汇报，指挥部组织施工监理、施工单位现场进行处理，要求施工单位马上返工，确保工程质量。由于严格管理，西校区工程项目在相思湖管委会的各项检查中均获得好评，并多次获“流动红旗”。

第三，各项工程保质保量建设，项目建设顺利进行。目前西校区开工建设工程共十项。艺术楼工程西楼、东楼已封顶，抹灰和砌砖至第五层，开始水电安装；图书馆工程已施工至第七层；东盟学院大楼主楼正在进行地下室底板施工，副楼正在进行桩基础施工，专家楼建至二层楼面；大门工程已施式至三层楼面，正在进行保养期；围墙工程西面完成400米长的砌砖，南面完成300米长的砌砖；基础设施项目所有路面已经完成施工，目前正在进行校区西北角道路给排水管道、电缆管道的辅设，完成总工程量的90%；露天篮球场和游泳馆建设场地平整工程已经完成60%，该工程由于地质条件原因，影响施工进度，从而也影响到露天篮球场的开工建设；田径运动场工程已经完成人工草皮的铺设，正在进行塑胶跑道的施工；西校区(学生公寓、理工实验楼、民族预科与干部培训楼周边及中庭)园林景观绿化工程已经全部完成并竣工验收。

第四，努力做好西校区永久供电专线系统工程。西校区永久供电系统工程分为校外10千伏进线安装工程及校内电气工程两个部分。校外10千伏进线工程于2011年6月开始施工。为了加快工程建设步伐，施工中标单位与学校在合同签订过程中即进场开工。施工过程中，指挥部分别与南宁供电局城西分局、南宁市相思湖新区管委会建设房产局沟通联系，协调解决了10千伏进线安装工程免费使用大学西路通信管道的问题，确保该工程顺利完成竣工。10千伏进线安装工程于10月25日进行电力试验，并通过南宁供电局规定的检测部门的验收，可以接电。

校内电气工程属学校基础设施项目，已经完成部分电缆的铺设，总配电房及学生公寓、理工实验楼、民族预科与干部培训楼单体配电房的改建及设备的安装，目前准备进行中期验收。

三、加强多方协调，确保西校区其他各项工作顺利开展

(一)主动做好对外联系对内协调工作

1. 积极主动和上级各主管部门沟通联系，畅通信息，及时跟踪，确保各上报文件、材料的顺利审批，保证项目的顺利进行。积极与学校周边单位的沟通联系，为工程顺利进行提供便利条件，如通过与罗文公司的联系，该公司为学校施工过程中弃土外运、抛弃提供了场地，解决了部分弃土外运的问题。积极主动和设计单位等加强联系，设计环节是整个项目顺利进行的关键，为了能让设计单位明确学校设计要求，提供合理、完善的设计方案，指挥部专人与设计单位进行信息沟通，及时反馈学校要求，了解项目设计展情况；同时，根据项目要求，多次组织设计单位与学校相关部门进行面对面的沟通交流，确保设计信息畅通。积极与各项目代理单位沟通联系，确定各代理单位后，指挥部积极主动与代理单位沟通联系，了解掌握项目运行过程中的信息及进展情况，确保招标文件的编制、审核，招标公告的顺利发布，确保项目招标工作的顺利开展。

2. 积极与校内各相关部门密切联系，加强各方面工作衔接，争取得到各单位的密切配合，确保各工作环节能顺利实施。积极加强与校办、审计室沟通联系，确保各招标文件、合同等材料的顺利审批。积极加强与学校后勤管理处、财务处、设备管理处沟通联系，确保项目建成后顺利投入使用，工程款顺利拔付，工程顺利进行。积极配合学校财务处迎接自治区审计厅的检查工作，撰写西校区建设项目相关文字材料，收集整理审计厅要求提供的项目档案资料，确保顺利通过检查。

3. 积极加强与化学与生态工程学院、预科教育学院、艺术学院、图书馆、体育与健康科学学院等相关使用部门的沟通联系。在设计过程中，多次组织使用部门与设计单位、施工单位进行沟通，修改完善设计方案；在施工过程中，组织使用部门现场实地查看，及时发现项目设计中存在的问题，在政策允许的范围内，及时进行变更处理。工程完工投入使用后，认真倾听、及时掌握使用部门的反馈意见，及时处理使用过程中发现的问题，把保修期内的维护和维修工作落到实处。

(二)做好办公室日常管理工作

1. 做好指挥部各类文件、材料的撰写和文件处理工作；2. 做好指挥部各类会务工作；3. 做好工程联系单、设计变更的接收报送工作；4. 做好各类工程款的拨拔付工作；5. 做好各类人员来访接待工作；6. 做好各类报表统计上报工作。7. 做好西校区工作简报的编印工作。

(三)加强西校区基建档案管理

随着西校区建设的深入进行，西校区基建档案管理工作日益繁重，为了确保基建档案管理的规范、有序，两次组织相关人员参加自治区财政厅、自治区城建档案馆组织的学习培训，提高档案管理人员管理水平。在日常管理中，注重各类档案的收集与整理，工程竣工后，注重督促施工单位及时整理归档施工项目材料，确保档案完整无缺、内容规范，为学校的建设和发展提供有效的借鉴。

(梁曼芝)

后勤管理与服务

2011 年，坚持“以人为本、服务至上”的服务理念，紧紧围绕博士学位授予单位立项建设、贯彻落实“十二五”规划、西校区建设、60 周年校庆等学校重点工作，不断加强和改进后勤服务，进一步深化后勤管理机制改革，大力推进后勤文化建设，增强后勤服务保障能力，全面提升服务质量和管理水平，各项工作取得了新的进展，为学校科学发展提供强有力的后勤服务保障。2011 年，广西民族大学获全国高校后勤十年社会化改革先进院校称号。

一、党的建设和思想政治工作

（一）深入开展创先争优活动

后勤管理处进一步深入开展创先争优活动，组织干部职工深入学习胡锦涛总书记在庆祝中国共产党成立 90 周年大会的上重要讲话精神，举行党建工作暨领导干部执行力、公文写作与处理业务知识培训等，进一步强化党性意识，增强党性修养，提高后勤管理和服务水平。后勤管理处与“结对共建”点——南宁市坛洛镇群南村定力坡党支部结对共建以来，开展了形式多样的共建活动，赠送科普书籍，开展“农家书屋”共建活动，并举行了气排球友谊比赛、联欢晚会等文体活动，积极为群南村的建设与发展建言献策提供服务，进一步推进共建活动的深入开展。

（二）开展以案明纪警示教育活动

后勤管理处认真落实学校党委《关于开展以案明纪警示教育活动实施方案》通知要求，组织职工学习相关文件精神，观看以案明纪警示教育片，出版“以案明纪凝聚力量扎实推进后勤工作科学发展”版报，举办专题学习会，讲授廉政党课等，进一步提高了党员干部对党风廉政建设重要性的认识，增强党员干部拒腐防变和抵御风险的能力，增强了领导干部廉洁自律的自觉性。

二、制度建设和管理监督工作

（一）完善管理制度，有效促进管理工作的制度化和标准化

2012 年，后勤管理处结合后勤工作实际，进一步建立健全相关规章制度，对后勤管理处及各部门规章制度进行修订，拟定了《广西民族大学关于实行教职工高层集资住宅楼电梯及水泵运行维护费管理办法》（试行）；重点对《广西民族大学维修工程管理实施细则》（试行）进行完善并经校长办公会审议通过，有效促进管理工作的制度化和标准化。

（二）加强监管力度，确保后勤保障工作健康运行

1. 加强对服务实体的监管。后勤管理处目标管理监督领导小组定期或不定期对各服务实体进行监督检查，发现问题，及时督促整改，确保后勤服务实体健康运行。2011 年，5 个服务实体围绕《日标管理责任状》要求，规范管理，严格执行财经纪律和审批权限，做到依法依规办事、节约使用经费，降低运行成本。在员工学习培训、建章立制、完善管理机制、安全管理等方面也取得了良好效果，较好地完成了各项目标管理指标。

2. 抓好承包单位的监管。对承包校园绿化养护与卫生保洁、除“四害”与白蚁防治、四坡食堂三、四楼餐饮服务、学生公寓热水服务、西校区学生公寓饮用水等服务项目的单位，严格按承包合同进行监管，绿化卫生委员会办公室、校办产业管理科、校卫生所、学生公寓园区管理办公室等监督部门定期或不定期对各承包单位进行检查，对检查中发现的问题进行通报，并责成相关单位和责任人及时进行整改，确保各项承包服务的质量达到学校的预期目标和要求。2011 年，东校区满负荷且超量供应，增加电辅设备，学生投诉少；西校区在永久性供电未完善之前，及时调整电负荷，尽可能保证用电需求，并配合学校相关部门严查学生宿舍使用大功率用电，确保用电安全。

3. 加强成本核算管理，减少费用开支。饮食服务中心加强食堂成本及菜价核算工作，健全财务管理制度，加强财务管理，强化监督约束机制，管好、用好资金，提高资金使用效益；认真开展清产核资工作，优化配置资源，提高有限资源的利用率。水电与维修服务中心通过实行水电目标管

理，进一步完善水电用量监控系统，杜绝水电浪费现象；进行节电设备改造，大力推广节能灯，节约成本。由于成绩突出，学校被评为南宁市“十一·五”节水先进单位。

（三）创新服务方式，拓展服务内容，满足师生消费需求

1. 不断探索公寓园区管理模式。学校学生公寓楼原为单栋独立管理模式。为适应学校发展及学生需求，近两年来4坡11、12、13栋、5坡小区相继试行封闭式管理模式，取得了一定成效。2011年下半年4坡3、4A、4B实行封闭式管理模式，实行24小时值班，有效提高了管理效率。

2.“以人为本”，为师生提供多样化服务。随着电动自行车成为学生出行的主要交通工具。为避免因私拉电线引发的安全事故，确保公寓园区学生生命及财产安全，学生公寓园区管理办公室在四坡AB栋负一楼、四坡12栋负一楼开通电动自行车充电区，为学生提供了方便。另外，为完善校园住宅区配套功能，主动联系南宁市燃气公司，并协助学校工会做好安装管道燃气的宣传工作，受到广大教职工的欢迎。2011年下半年，东校区学生宿舍楼引进了湖南康之源科技有限公司全额投资的纯净水直供系统，可供学生自主消费和多种选择，满足学生不同层次需求。2011年年末，天气寒冷，正值学生期考，饮食服务中心在各食堂内免费提供姜糖水，为学生们带来冬日里的温暖，受到学生好评。

三、队伍建设工作

第一，做好编制外人员的管理工作。针对因物价上涨幅度较大、上升速度过快，导致用工成本增加，人员流失严重等问题，除严格按照《劳动合同法》和学校规定，规范用工，规范管理外，后勤管理处及时调整和补充人员，并与外聘员工谈心交流，为员工解决工作及生活中的实际困难，如想办法为他们联系租住房、解决子女入托入学问题，稳定员工队伍，确保各项服务工作顺利开展。

第二，开展业务学习和岗位培训，提高员工素质。围绕建设高素质员工队伍目标要求，后勤管理处采取多种形式组织员工开展业务学习与外出考察交流，注重加强与兄弟院校的交流学习，组织领导干部及技术骨干先后到华南农业大学、广州大学、广东工业大学、深圳大学、广西师范大学、桂林电子科技大学等区内外兄弟院校考察学习，学习后勤社会化改革及规范化管理经验，并与同行深入交流了标准化学生公寓建设、节能减排、危旧房改造、校园绿化美化、校医院建设等方面情况，促进了后勤管理服务工作。通过各种形式的学习、培训和交流活动，提高了员工的思想道德素质、科学文化素养、服务能力和创新能力。

四、围绕学校重点工作，做好后勤服务

第一，按照学校行政的总体工作思路和后勤工作要点，配合学校做好提高教学质量、推进国际化进程等重点工作。2012年，配合学校做好化生学院搬迁、国际教育综合楼装修等工作；完成3坡7栋、8栋实验楼综合节能改造方案的制订；完成学校2011年维修专项及绿化美化计划的编制等。配合学校做好各种大型活动的后勤服务保障工作，确保各项活动的顺利举办。

第二，完成自治区“卫生优秀学校”复评工作。在2007年评为自治区级“卫生优秀学校”的基础上学校投入了大量的人力物力开展“卫生优秀学校”工作，认真组织落实，积极开展检查治理，强化长效整治和管理，校园环境更为整洁干净，“卫生优秀学校”创建工作取得了良好成效。2011年6月，学校顺利通过了自治区“卫生优秀学校”复评。

第三，主动配合学校做好学术交流中心项目整体交付工作。为加快学术交流中心项目进度，经协商，学校按现状将项目整体交付承租方进行二次装修。在该项目整体交付工作中，后勤管理处主动配合学校做好沟通协调、谈判、协议的草拟等工作；为加快推进装修工程进度，后勤管理处加强

与承租方联系，成立学术交流中心装修检查小组，督促和配合租赁方按合同约定完成装修工作。

第四，组织校庆项目的编制与实施。后勤管理处按照学校60周年校庆筹备工作要求开展校园建设项目的编制，精心组织施工，截至2012年底，网球馆绿化、相思湖(上湖、下湖)周边美化绿化、六坡、八坡教工区道路翻修、部分教学楼、学生公寓维修等11项校庆项目已完工；学校大门景观灯、国际教育综合大楼中庭景观绿化等14项工程已立项或进行设计阶段，各项工程按计划稳步推进。

第五，八坡部分危旧房改住房改造工作进一步推进。按照学校部署，后勤管理处积极开展危旧房改住房改造工作。2011年9月底，8坡1、2栋住户搬迁工作全部完成；10月，危旧房改住房改造项目立项获区直房改办批复；11月，完成危旧房改住房价格评估、报名资格审查及积分统计工作。

第六，抓好学生食堂饭菜价格及质量稳定工作。近年来，由于国内物价总体水平不断攀高，特别是食品类价格持续高位运行，给学生食堂工作带来了极大的压力。学校学生食堂严格按照国家教育部、自治区教育厅关于进一步加强学生食堂工作要求，确保食堂为学生提供安全、卫生、营养、实惠的饮食服务。除2009年对蛋类等个别菜品调价外，几年来未对饭菜价格进行过调整，以保证在物价上涨情况下保持稳定。几年来，学生食堂经受了市场物价持续上涨等多重压力，采取节能降耗，减员增效等措施，保持了饭菜价格和质量的基本稳定，为教学、科研和师生生活提供了有力保障。

第七，顺利完成标准化学生公寓评估工作。2011年12月29日，高校标准化学生公寓检查评估专家组对学校学生公寓楼进行评估(共有17栋学生公寓申报标准学生公寓，共1568间宿舍)，取得了良好效果。学校领导高度重视标准化学生公寓建设，加大投入，完善设施，积极创新学生公寓管理模式，各部门齐抓共管统筹协调，学生公寓文化丰富多彩，公寓“家”的氛围浓厚，充满人文关怀，体现学校特色。广西学生公寓标准化建设工作已开展三年，在学生公寓管理方面取得显著成效。学校东校区共有27栋公寓，已有10栋学生公寓通过评估。

第八，配合学校做好西校区建设后勤保障工作。2010年10月、2011年3月，预科学院、化生学院先后搬迁至西校区。随着学生的入驻及教学活动的开展，后勤管理和服务的范围和对象也随之增加，面对永久性供电未接通、配套设施不完善、人员及经费不足等困难，后勤管理处从大局出发，统筹协调学生住宿、水电设备设施、交通服务、教室管理、医疗服务、卫生保洁等后勤保障工作，确保西校区各项教学活动正常开展。

第九，校医院新址装修设计等工作有序开展。根据南宁市卫生局对学校医院进行执业校验审查及学校实际情况，将7坡3栋学生宿舍进行必要的装修后改为校医院。目前，装修设计方案、医疗设备采购项目均进行立项阶段。在学校领导的高度重视和大力支持下，装修后的校医院新址软硬件设施将日趋完善，医疗队伍将得到进一步的加强，医疗服务水平将不断提高，为学校的教学科研提供更高层次的医疗保障。

第十，开展校园环境整治。为迎接学校60周年校庆及为师生学习生活创造良好的校园环境，后勤管理处联合学校保卫处、综治办、文明办等开展校园环境卫生综合整治活动，开展饮食安全、宿舍管理安全、交通服务安全、水电安全、卫生安全、商业网点安全等大排查，清理乱张贴、乱摆卖等不良现象，杜绝安全事故的发生；继续开展相思湖治理后续工作，通过采用生物治理水质、人工打捞水面漂浮物、更换及补充湖水等方法与措施，大大改善了相思湖水质，增添了相思湖的生机与活力。

五、推进后勤文化建设，构建和谐后勤

第一，2011 年 11—12 月，后勤管理处举办了主题为“迎校庆、创佳绩、学技艺、促服务”的第八届“优质服务月”活动，开展“精细化管理，规范化服务”劳动技能竞赛、后勤服务专业技能培训、“沟通 · 面对面”学生、教职工代表座谈会、“安全大排查，环境大整治”等四大主题活动，举办了形式多样、内容丰富的系列活动：厨师技能、宴席摆台、服务礼仪、安全万里行等岗位技能比赛；开展主题为“节约一滴水、一度电，心系学校做贡献”的技术改造和管理创新竞赛；举办食品安全知识、驾驶知识讲座、楼宇值班员基本礼仪培训、预防艾滋病知识普及卫生讲座、急救知识讲座，并与区红十字会举办了“应急救护进社区、学校、机关—创建平安广西”活动。通过开展“优质服务月”活动，引导后勤员工树立“爱岗敬业、诚实守信、积极进取、乐于奉献”的精神风貌，推进后勤文化建设，提高后勤服务水平，增强后勤服务保障能力。

第二，宣传工作。坚持围绕学校中心工作和改革发展思路，高唱主旋律，打好主动仗，在工作中注重营造声势、突出重点、挖掘亮点，从整体上推动全处宣传工作迈上新台阶，获得全校师生的关注和支持，为后勤管理服务工作的开展营造出内顺外和的工作环境和舆论氛围。2011 年，校园网宣传报道后勤管理服务工作的新闻稿件 50 多篇，其中由后勤管理处策划的《相思湖换新装魅力更胜当年》、《春临相思湖畔百般红紫斗芳菲》、《千枝百态郁葱葱绿色民大正可人》等三篇新闻稿件在民大要闻的排行榜上位列前十名(分别为 1、4、7 名)，扩大了后勤管理处在校内外的知名度和影响力。

第三，开展教学楼宇文化建设。制作文明标语在教室、电梯口、楼道口、卫生间门口等处张贴，进行宣传和温馨提示，促进楼宇的节能降耗、文明有序，推动广大师生共同维护楼宇的整洁、安全、文明。

第四，开展公寓文化节活动。学生公寓园区办公室每年举办一次“公寓文化节”活动，通过开展文明宿舍评比、“和谐公寓”交流会、宿舍设计大赛等活动，极大丰富了学生的课余生活，倡导了文明风尚，营造出健康向上、文明高雅的公寓文化；积极推进思想政治工作进公寓工作，在学生公寓中设置学生党团活动室、值班室，把学生公寓园区建设成为融思想教育、行为指导、生活服务、文化建设四位一体的育人新阵地。2011 年度荣获全国高校学生公寓文化建设优秀成果优秀策划案三等奖。

第五，积极开展丰富多彩的职工文体活动。组织员工参加庆祝中国共产党成立 90 周年“颂歌献给党”红歌比赛、教职工篮球赛、校运会等文体活动，举办了后勤管理处职工迎新晚会，丰富职工业余文化生活。2011 年后勤管理处获学校教职工气排球比赛第一名。

六、围绕学校中心工作，统筹安排，完成后勤常规保障任务

(一)饮食服务工作

1. 饮食服务工作。做好学生食堂服务工作，确保学校食堂饭菜质量、价格稳定，学校教学、科研、师生生活正常有序；完成上级领导来访、校际访学、重大考试、外国嘉宾及其团体到校访问培训、兄弟院校交流和学校重大活动的饮食接待服务保障任务。

2. 做好各项食品专项整治工作。抓好建章立制工作，继续完善内部管理体制，加强建章立制，进一步细化标准，建立餐厨废弃物管理台账制度，加强对食用油购货记录和票证检查，健全采购管理机制，完善采购台账制度，促进食堂管理和服务的逐步规范，杜绝“地沟油”等不合格食品流向学校食堂，确保师生的身心健康。

3. 安全指标情况。严格执行目标管理责任状要求，扎实开展食品安全工作，重点抓好预防、排查、整改三大环节，加强员工安全教育及食品安全知识培训，完善安全工作档案，落实各项工作责任制，切实抓好安全生产、消防安全和食品安全工作，2011 年未发生任何安全责任事故。

（二）学生公寓管理工作

1. 做好全校学生的住宿、调整及留学生、外教住宿等管理工作；

做好宿舍卫生清洁、设备设施报修等工作。

2. 加强安全隐患管理，堵塞安全漏洞。加强经常性巡查，把好公寓出入口管理关；坚持每天巡查宿舍，检查门窗、用电和外来人员情况，及时排查不安全因素；学期开学初、期中及节假日期间，对学生公寓进行安全隐患大排查，发现问题及时整改并上报学校相关部门；开展宣传教育，提高学生安全防范意识。

3. 加强公寓文化建设。结合开展“创先争优”活动，推进思想政治教育进公寓工作，制作“创先争优”宣传板报，让学生了解党的最新理论；结合开展学习雷锋活动，组织开展校园安全知识宣传月，利用板报、广播等媒体加强安全知识宣传，增强学生自我安全防范意识。

（三）水电与维修服务工作

1. 维修专项完成情况。2011 年，完成水电与基础设施维修、绿化专项 100 余项（其中临时维修项目、专项工程项目共 85 项），金额 1000 多万（其中专项维修工程项目投资 850 多万元），现场勘察工程（量）及编制预算 50 多项，在施工的临时维修项目 10 多项。

2. 完成了电的维修共 5691 次（处）、水的维修共 3380 件（处）等日常维修工作；对基地楼及多媒体楼的自修室进行节能改造；完成全校高压线路检测和变压器维护等工作。

3. 规范管理，抓好安全工作。施工过程中坚持“以人为本，安全第一”的思想，加强员工劳动安全意识教育，加强对专项维修工程施工的监管力度，落实安全生产责任制，采取面上管理与重点管理相结合，做到无违章指挥和无违章作业，杜绝各类事故的发生。

（四）教室管理工作

1. 做好教室管理日常服务工作。做好教室安排、调整及教学设备使用、教学楼安全防范及检查等管理服务工作，保证教学工作的顺利进行。

2. 做好国际教育综合楼等教室的接管工作。配合设备处做好西校区民族预科与干部培训楼、理工教学大楼、国际教育综合楼桌椅、教室门牌、窗帘安装及教室卫生清洁工作，确保各项教学活动有序开展；做好西校区民干楼、国际教育综合楼教师休息室家具、电器等设备的配置，得到老师好评。

3. 加强对勤工俭学学生的管理。及时对勤工助学学生进行调整补充，2011 年共调整补充勤工助学学生有 200 多人次，并注重做好学生思想工作，保证了教室卫生工作顺利进行。

（五）住房管理工作

1. 房改管理工作。协助财务处做好第 30 栋高层住宅楼住户公积金贷款申报手续，解决了部分集资户资金困难的问题；协助基建办做好第 30 栋高层集资款的缴款工作；做好本年度交通补贴的发放工作，经校内各单位核实上报，2011 年符合交通补贴发放条件的人数为 224 人，补贴金额 128760.00 元；做好学校周转房的安排工作，2011 年 9 月以来，共安排教职工、引进人才共 29 人次入住学校周转房。

2. 房产管理工作。积极推进5坡19—26栋住户房产证的办理工作(5坡19—26栋共有住户96户，其中房改房60户，全额集资36户，经初步资格审核，计划办证86户)，目前进行5坡19—26栋的测绘工作的公司已经确定，测绘工作正在进行中；完成本学期住房补贴的发放工作，本学期发放我校第四批符合发放住房补贴职工共12人，发放住房补贴金额122389元；做好第30栋住户的退房工作，共办理退房手续24人。

3. 开展大板房普查工作。根据《广西壮族自治区关于加快实施全区大板结构住房改造工作的意见》桂政发〔2011〕75号文件精神，对全校大板房结构住房进行普查。据统计，八坡3—7栋为大板房结构，总面积14193m^2，总套数206套，已出售126套，出售面积9173m^2。126户产权户中，仅有12户报名参加危旧房改住房改造。

(六)交通服务工作

1. 在完成东、西校区日常出车保障任务基础上，配合学校做好毕业生离校工作；及时办理新车入户手续，按时审验证件和车辆，办理车辆年度保险，确保交通服务的合法性。

2. 狠抓安全不放松，及时维修保养车辆；加强司机日常技术交流，促进技能提高，不断改进服务态度，提高服务质量。

3. 及时办理新车购置、旧车报废，完成校园车购置及管理工作。

(七)医疗卫生工作

1. 日常医疗工作。截至12月份，门诊病人19859人次，急诊3027人次，出诊15人次，收入514751.84元(其中药品收入299290.27元，处置费215461.00元，保健47人次/天，体检本科新生4011人次等。

2. 预防保健工作。做好学生常规体检、大型活动保健工作，根据传染病流行特点出版专题板报、撰写广播稿，宣传保健知识；定期对学生食堂、学生公寓桶装水、西校区饮用水进行监督检查，发现问题及时提出整改意见，排除安全隐患。2011年无食物中毒事件发生。

3. 加强医疗管理，提高医疗质量，保障医疗安全。重点落实首诊负责制、处方病历书写等医疗管理核心制度；加强质量关键环节、重点部门和重要岗位管理；在医疗安全方面，建立医疗风险防范控制和追溯机制，按规定报告不良事件，不隐瞒和漏报。2011年无重大医疗过失、事故发生，未产生严重医疗纠纷及投诉情况。

4. 开展学生参加医疗保险工作。2010年年底，学校申请为南宁市学生医保定点单位，2011年3月开始实行学生医保收费，极大方便了参保学生在校医院就医，充分调动学生参保的积极性，为全体学生参保打下良好的基础。

(八)校产管理工作

1. 抓好各类产业的管理。加大对铺面及所属实体的管理力度，配合工商管理部门做好校内经营场地检查工作；做好铺面租金和场地占用费的催缴工作；加强卫生安全防范工作，邀请五里亭工商所领导到学校指导日常经营管理及办证工作，宣传《食品卫生法》，取得很好成效；坚持“规范管理、方便师生”的宗旨，对学校八坡菜市及校内煤气站进行管理，认真做好菜市的收费、卫生、公共秩序等各项管理工作和校内煤气代销供应及送气工作。

2. 做好西校区新铺面的规划工作。为规范铺面管理，根据学校工作安排及《广西民族大学关于印发铺面出租管理办法(试行)的通知》和《广西民族大学校内铺面招租工作方案》要求，配合学校铺面招租工作小组做好西校区新铺面的规划工作。

3. 完成公开招租铺面的协议签订工作。根据《广西民族大学铺面出租管理办法(试行)》及《广西民族大学铺面房屋租赁管理实施细则(试行)》文件精神，做好东大门工商银行、十字路口电信营业厅、二坡邮政服务中心、十字路口移动营业厅、十字路口6间银行柜员机场地、2010年12月26日公开招租后40间铺面竞争性谈判及《铺面租赁协议》签订工作，做好腾空铺面及新旧承租交接工作。

(九)校园绿化保洁工作

1. 绿化工作。按照学校绿化规划，实施了相思湖上湖、中湖周边的绿化(绿化美化面积5000㎡)、七坡北面至相思湖坝口的绿化(绿化美化面积5000㎡)、西校区的预科干部实验楼、理工实验楼、学生公寓楼的中庭及周边的景观绿化、国际综合大楼周边绿化(绿化美化面积2000㎡)、4、6、8坡教职工住宅区维修道路两边绿化、校园内教学楼前、教职工住宅楼前后绿化整治等绿化工程项目；完成相思湖景观总体设计；组织师生员工参加整治校园卫生活动及义务植树活动；抓好学校绿化养护的监督管理工作，督促承包单位按照合同协议按时完成校园绿化美化任务，2011年共新种与补种乔木约200棵，灌木460棵，移栽树木150棵，补种绿地面积约3500㎡，清除生长有寄生物的乔木278棵，清理枯枝、枯叶78次；为防护害虫对树木涂白约60060多棵。

2. 卫生保洁工作。做好日常卫生保洁工作，卫生保洁工作做到定人、定点、定岗，监督检查与每周考核相结合。制订卫生保障应急预案。成立应急保障小组，遇到学校有重大活动和突发事件时，做到严密组织，人员设备落实到位。2011年，东校区购买4辆垃圾清运人力三轮车，东、西校区配置了室外垃圾桶20个、室内垃圾桶60个，校园主干道上的垃圾做到随时清理。

3. 灭四害工作。督促除“四害”承包单位严格按照承包协议按时完成除四害、防白蚁的各项工作任务，并以南宁市创建国家卫生城为契机，大力开展灭“四害”活动，2011年开展灭四害活动112次，大大降低了四害密度，经监测达到国家控制标准。(覃军梅)

安全保卫工作

2011年，保卫处坚持以邓小平理论和“三个代表”重要思想为指导，认真实践科学发展观，加强校园安全管理，强化安全稳定各项措施，维护学校良好的教学、科研、工作和生活秩序。

一、认真落实安全工作责任制，强化齐抓共管的工作机制

按照《广西民族大学2010—2011年校园安全稳定、治安综合治理目标管理责任书》，层层落实安全工作责任制，进一步巩固校领导为学校维护安全稳定责任人、各单位领导为本单位维护安全稳定责任人、一级抓一级、层层抓落实的工作格局，各单位做到“管好自己的人，看好自己的门，办好自己的事”。

二、加强治安防范和打击违法犯罪工作力度，校园治安秩序保持稳定

抓好校门守卫、治安巡逻、治安岗执勤和重点部位守卫等基础防范工作，有效预防重大财产被盗案件以及恶性案件的发生。抓好重点整治工作，努力解决师生员工反映较大的自行车被盗、学生宿舍财物被盗等多发性治安问题，积极会同学校工会做好教职工住宅区门禁系统安装推广工作，有效遏制盗窃案件的上升势头。抓好校园110工作，认真受理报警求助，为师生员工提供力所能及的帮助。积极协助公安机关做好案件查处工作，不断提高抓获现行违法犯罪嫌疑人员的能力，严厉打击校内各类违法犯罪活动。例如，2011年10月25日，广西某县无业人员黄某窜入学校四坡11栋某学生宿舍盗窃笔记本电脑时被学生发现，仓皇从三楼跳楼逃跑，被及时赶到的保卫人员抓获。

三、加强安全检查和消防安全管理，有效消除各类安全隐患

做好安全检查和安全隐患整改工作。密切注意校园安全状况，及时处理巡查中发现的安全问题。按照上级部门的统一部署，做好专项安全大检查工作，重点落实了自治区高工委、教育厅的《关于做好2011年全区高校秋季学期开学工作的通知》、《转发教育部关于认真贯彻落实国务院常务会议精神切实加强学校安全管理工作的紧急通知》、《关于转发教育部办公厅组织开展学校安全检查的通知》、《转发教育部关于做好冬季有关工作及开展学校交通安全检查的紧急通知》等有关文件精神，深入排查整治安全隐患。对检查出来的安全隐患，落实好整改人员、整改期限和整改措施，并做好整改工作的跟踪督办，避免安全隐患引发安全事故。强化消防安全管理工作。坚持常规检查和重点检查相结合的做法，纠正违反消防安全行为；及时更换过期失效的灭火器，维修损坏的防火和灭火设施，保证消防设施处于能发挥作用的完好有效状态。

四、认真做好大型活动的安全保卫工作，确保活动安全顺利进行

积极会同公安部门，制定好各项活动的安全保卫工作方案和突发事件应急预案，全面落实各项安全工作措施。2011年，保卫处共出动保卫人员2000多人次参加各项活动的安全保卫工作，各项活动安全顺利进行，没有发生一起安全事故。

五、认真抓好政保工作，学校政治局面稳定

广泛收集影响或有可能影响学校安全与稳定的各类信息，及时向学校领导和上级主管部门汇报，为学校领导和上级主管部门工作决策提供现实依据。做好不稳定因素和矛盾纠纷的排查化解工作。对排查出来的不稳定因素和矛盾纠纷，及时协调，妥善处理，把问题解决在萌芽状态。完善各类应急预案，加强应急培训和演练，强化突发事件联动机制，妥善处置各类突发事件。例如，2011年4月19日早上7时40分，学校化学实验楼一化学实验室发生火灾，现场的保卫人员发现火情后，立即断开实验楼电源，及时向119火灾报警中心报告，同时就近使用灭火器、消火栓等消防器材灭火，在消防队到来之前将火势扑灭，没有造成人员伤亡和重大财产损失。在事故处置过程中，保卫人员从发现火灾报警、切断大楼电源，到果断采取措施将火扑灭，整个处置过程有条不紊、程序措施正确有效，避免火势蔓延扩大造成严重损失。认真防范和依法处理境内外敌对势力、非法宗教势力、民族分裂势力在校园的渗透破坏活动，做好对“法轮功”邪教组织的防范工作，防止“法轮功”邪教侵入校园。

六、认真做好校园治安综合治理工作，积极协助有关部门整治校园周边环境，确保校园及周边秩序良好

牵头做好校园治安综合治理工作，深入开展校园治安综合治理专项行动，努力解决各类影响校园环境的问题。做好校园周边治安环境调研，积极向上级综治委提出整治学校周边治安秩序的意见和建议，认真协助上级综治委做好校园周边环境整治工作，消除周边不稳定因素。

七、积极会同有关部门做好安全教育

定期邀请公安消防管理、交通管理、治安管理等部门警官到学校开展安全讲座，充分利用校园网、校园广播(电视)、宣传板报、安全教育课等宣传阵地，丰富宣传内容和形式，广泛宣传安全知识。例如，在2011年新生入学教育活动中，保卫处梁炳先处长主讲了安全教育课，学校专门邀请辖区公安交通管理部门警官到校进行交通安全专题教育，还举办了第二届校园安全知识推广活动、第三届校园安全知识竞赛活动、安全知识文艺汇演等活动，有力促进了安全知识宣传教育工作，取得了较好实效；2011年9月16日下午，学校邀请辖区公安消防部门官兵到校开展消防安全知识讲座和疏散逃生、灭火等演练，提高师生的安全防范意识和自我防范能力。

八、认真做好户籍管理工作

协助辖区公安派出所办好学校常住人口户口迁移手续和有关证明手续。2011年主要办好如下工作：教职员工及家属户口登记、变更、迁移等手续7106份、户口托管手续1936份，办好师生员工出境出国、工作联系等需要的户籍证明和无犯罪记录证明手续6330份，整理核对户籍信息12865多份。做好校内流动人口管理工作。与基建管理处、后勤管理处密切配合，积极协助公安机关做好校内流动人口管理工作，做到流动人口底数清、情况明。

九、认真做好校园视频监控系统项目建设招标准备工作

积极会同党委宣传部、实验设备管理处等部门，制定校园视频监控系统项目方案，为2012年项目招标做好准备。（黄康元）

信息网络建设与应用

作为学校信息化的支撑平台计算机网建设与应用，是学校公共服务体系建设2010年至2015年重要任务之一，博士授予单位建设项目中信息化建设项目计划投入3120万元，2011年是项目实施重要的一年，也是广西民族大学信息化工作十二五规划实施的开年，这一年主要任务是以新校区校园网建设项目为重点，以网络为基础信息化服务环境，把握以基础设施建设为支撑、以信息资源建设为核心、以信息综合服务为目的、以多网融合业务为形式服务于学校各方面工作的目标，稳步发展。学校积极利用国家信息化发展环境和IT运营服务环境，积极推进学校信息系统建设的工作。加强综合教务管理系统、科研管理、办公OA、图书信息服务和相思湖网站为代表的信息服务平台建设力度，努力打造数字化校园基础环境，同时加大信息系统的安全管理项目建设投入。校园网作为学校公共服务体系组成部分，积极地为学校各项工作服务中积极探索新服务内容和方式，发挥网络融合服务的功能和较高的服务效率。

一、继续扩充和完善信息系统基础设施

信息系统建设重点在网络资源与应用基础设施建设，以新校区建设和博士单位建设为契机，推进信息系统基础建设工作，加强学校网资源拓展、整合和融合服务的规划指导，使网络与学校的整体发展同步。2011年实施了约255万元西校区第一期网络主干建设项目和学校数字广播系统项目建设。顺利完成理工楼、预科与继续教育楼、三栋学生公寓网络联网、两校区光缆系统互联，实现东西两校区三网络整体提供服务。建成新建国际教育大楼约95万元的网络系统，提供信息系统的正常服务功能。同时配合东校区相关楼宇改造，及时跟进配套网络设施改造工作，保证信息系统及时提供服务。学校确立了以加强网络信息数据安全、应用系统为主的约210万元的公共服务体系的信息系统建设实施方案，并顺利部署了新的综合教务管理系统，制订了295万元平安校园视频监控系统建设的设计和招标方案。国际教育大楼其他信息项目（计算机网络机房、网络多媒体语音室、网络音视频录播实验系统等）建设实施方案也快速推进。

二、积极开拓信息服务层次和多网融合服务

学校紧跟教育信息化发展形势，加快各种信息资源建设计划部署，学校各单位注重信息资源为学校发展、学科建设、日常管理、文化活动、和谐校园等方面的服务层次、服务方式和服务效益等发挥作用，加强资源整合与优化同时，注重校园多网融合应用与服务，积极寻求与外部运营商的多网发展（如移动3G业务、无线WiFi、WLAN服务、云服务）业务合作途径和方式，积极研究和尝试校园网综合信息服务功能与服务层次的部署方案与切入点。利用博士单位建设、西校区建设等项目稳步推进时机，制订十二五期间学校计算机信息系统、音视频综合业务、电信业务、移动业务等多业务融合的信息系统整体部署方案。

学校信息系统保持良好的可持续发展态势，2011年继续拓展和完善国家网络精品课程、网上报考与招生服务、毕业就业指导等信息服务等内容，校园信息系统包括电子图书馆、虚拟图书馆、动感校园、综合音视频服务、思政网站、相思湖BBS、外语教育信息服务、科研活动、网上实训平台、资产管理、组织与人力资源管理、后勤服务、网上咨询、领导网上在线互动交流等都在继续拓展服务方式和内容，工作效益和社会效益良好。各单位继承性地发展信息服务系统，不断充实更新和完善思政教育、时事宣传、政策宣传、教学科研、学术交流、管理、后勤、服务、咨询、文化活动、师生互动等信息服务栏目，同心协力致力推进学校信息化、数字化校园建设，进一步扩大了对外宣传深度和广度，促进国际广泛交流，拓展对外汉语教学、外籍师生的教学与文化等活动交流与合作空间，让信息系统充担缩小社会区域与时空距离使者。

2011年是全球信息化高速发展的一处，云技术、云服务是促使信息系统发展方向要重新定位重要因素，学校始终紧跟信息化的形势，时刻关注校园作息化工作与外部移动通信等多网融合业务应用趋势，积极利用移动3G业务、WLAN、卫星电视、云服务等发展的有利环境，筹划校园信息化基础平台与通信运营商服务平台融合业务与服务合作方案，以拓展学校自身深层次信息服务业务，为学校各项活动提供多元化、多层次的信息化环境。

学校在信息化工作过程中，坚持关注师生参与信息化过程和历练实际技能，师生从参加此类技术实践活动中，提高了信息技术的实际能力，有效地激励和促进学科信息化发展，信息化基础平台为师生参与学校信息化活动提供了实践环境。十二五期间，学校将继续积极利用部多网综合业务融合发展形势，夯实学校信息化基础和服务环境，筑高基础平台，不断完善与优化资源配置，保持可持续健康发展态势，更好地服务于学校整体发展。 （黄安策）

附属中学

广西民族大学附属中学属事业办学校。其业务纳入南宁市教育局管理，其他管理归属广西民族大学。附属中学2011年有教学班17个班，其中初中12个班，高中5个班，在校学生人数912人。

2011年教职工人数62人，其中专职教师55人，在编教师19人，具有中学高级教师职称15人，中学一级教师20人，具有研究生学历6人。

一、以科学发展观统领全局，推进学校工作全面发展

2011年附中在学校党委和行政的正确领导下，全面贯彻党的十七大精神，落实科学发展观，切实加强党的建设和思想政治工作，在创先争优活动中立足办实事促发展，为民族大学教职工解决后顾之忧。以师德建设为核心，以提高质量为根本，内强素质，外塑形象，从严治校，创建特色。坚持依法办学、自主发展，努力改善办学条件，继续深化各项教育教学改革，推进教师队伍专业化发展，着力提升学生的综合素质，构建和谐安全的育人环境。在全校教职工的共同努力下，学校各项工作稳步推进，教学质量和办学效益不断提高，取得了可喜的成绩。

二、加强政治思想教育工作，营造和谐的育人环境

建设“平安校园”。创造和谐稳定的教育环境，建立健全安全防范工作的各项规章制度，落实各项安全防范措施。以提高学生自我保护意识和能力为主线，通过宣传板报、班会课、张挂宣传条幅等形式，结合“十二个全国中小学安全教育日”、“珍爱生命、防范溺水”专项整治及安全生产月活动，积极有效地开展安全宣传与教育，促使全体师生积极参与创建“平安校园”工作。

加强德育队伍的建设。附中德育教育主要是通过支部书记——政教处——班主任；支部书记——政教处——学生会、分团委两条线进行。附中非常注重德育教师队伍的建设，坚持班主任双周碰头会制度，通过校内“师徒结对”、校外“高层培训”、“外出观摩学习”等办法，给班主任以主动或被动的“充电”，不断提高班主任的理论水平和工作能力，提高班主任队伍的管理水平；认真抓好学生管理工作，充分发挥共青团、学生会的作用。

坚持理论和业务学习。学校坚持双周四下午召开全体教职工会议，进行理论和业务学习。学校组织党员干部和教职工认真学习胡锦涛总书记等中央领导在全国教育工作会议讲话精神和《国家中长期教育改革和发展规划纲要(2010—2020)》，并组织师生学习《未成年人保护法》和《预防未成年人犯罪法》，开展“关爱明天、普法先行”青少年普法教育系列活动，培养依法治校、以人为本的办学理念，建设稳定和谐的校园。

抓好经常性的思想教育工作。利用升旗集会、主题班会课、广播、橱窗、板报和请专家做专题报告，对学生进行爱国主义，集体主义、法制等方面的教育。为了加强管理，提高工作效率，减少工作失误，2011年附中修订完善了“文明班级”评比细则。重视校园文化生活建设。通过出版报、广播体操比赛、班级篮球比赛、校运动会、校园十大歌手比赛，元旦迎新文艺晚会等，丰富了学生的第二课堂活动，提高了学生的思想素质。重视和家长的联系和沟通，每学期召开一次家长会。积极抓好安全工作。一是加强防范，实时检查，消除各种安全隐患；二是聘请有关专家进行知识讲座和现场消防演练；三是印发了安全知识条例以及如何防范不法侵害的有关知识和应急预案措施等。四是在西湖派出所和学校保卫处的大力协助下，加强了校园周边的管制，净化了校园周边的环境，保障学生的安全。

三、抓好教学、教务工作，努力提高教育教学质量

严格执行规定。教务处严格执行教育局颁布的义务教育课程计划，开齐开足各门课程，在初二年级加开了心理健康教育课和国防教育课。

完善制度，下达要求。要求每学期每周把各班各科老师布置的作业、学生缴交作业的情况等登记好，在周末上报教务处以便监督；规定每学期段考、期考后对教师的教案进行检查，从教学目标、教材分析、教学过程、教法学法及教学反思等方面进行评比，在期末评出一、二、三等奖项予以奖励，使教学常规检查工作真正落到实处，起到积极的促进作用。

加强师资队伍建设。坚持进行校本培训，明确提出“尊重关心每一个学生，认真上好每一节课，热情接待每一位家长，努力做好每一件工作”的“四个一”要求。全方位提高老师的素质。组织老师142人次参加全国、全区、全市的多种学习和比赛，同时举行校级青年教师课堂技能大赛，以此来提高我们青年教师的教学水平。

开展“推门听课”活动，唱好课堂教学重头戏。课堂教学是教学常规工作的重头戏，是教学质量的保证。校长、书记带头深入课堂听课、评课，教务处也随机听课，帮助和指导教师改进教法、提高教学业务水平，以此来提高课堂教学的质量。

严格考试管理，确保考试检查的可信度和权威性。加强教学质量监控，对期中、期末考试的管理进一步加强了规范。与兄弟学校加强联系，分工合作，做好出卷和质量分析工作。通过比较，认真研究分析教与学情况，提出针对性的改进措施，将质量分析落到实处。规范考务管理，每次考试，考生实行年级交叉，避免作弊现象发生。深入细致做好考试前的各项准备工作，从监考老师领试卷、装订试卷等都提出了明确的要求，使每次考试能比较公正反映出学生的学习情况。

四、抓好其他各方面的工作

抓好后勤保障服务工作。2011年9月份新综合教学楼启用，投入大量经费购置新课桌椅和其他教学设施，大大改善附中的办学条件。

认真抓好2011年秋季招生工作，完成初中一年级招生四个班，高一年级一个班的招生任务。

认真抓好外教外事工作。不但保障了学校外教教学工作的顺利正常进行，而且圆满地完成了“泰国HSK奖学金中学生团”的教学工作任务；2011年4月26日接待泰国东北部中小学校长代表团一行18人到学校参观访问；2011年9月15日泰国库坎中学代表团一行28人访问学校，并与学校签订友好学校协议，扩大了附中对外的影响。

组织教职工积极参加学校工会开展的各项体育竞赛活动。附中教工队在参加广西民族大学工会举办的教职工篮球赛中，获得男子第二、女子第五名的好成绩。参加2011年教工气排球比赛，获得第四名的好成绩。

积极开展送温暖活动。节假日组织慰问离退休和病休的教职工，同时做好教职工的其他福利工作等。

五、教学成果显著

（一）教师获奖情况

1. 徐梅英参加2011年首届南宁市中小学音乐教师说音乐演讲比赛中，荣获一等奖。

2. 在参加2011年全国“民教杯”说课和作品参赛中，麻娟娟、何新生获得说课比赛三等奖；张睿玲参赛的两篇论文各获得一等奖，奚智、邓婷婷各有一篇获得二等奖和三等奖。

3. 我校英语组教师在组织学生参加2011年全国中学生英语能力竞赛中，取得优异成绩。曾倩、韦祖平两位老师分别荣获七年级指导老师一等奖；邓婷婷老师荣获八年级指导老师一等奖；蓝芬、韦永俭两位老师分别获得八年级指导老师二等奖；麻娟娟老师获得九年级指导老师二等奖。民大附中荣获优秀组织奖称号。

4. 农壹米老师指导学生参加2011年全国第16届中小学生画展，荣获绘画类指导工作一等奖。民大附中荣获优秀组织奖称号。

5. 梁洁彬、李锋、黄巨鹏、蓝芬、奚智、邓振兴、龙家旺、王端卫、黎年茂等九位教师指导民大学生选手参加全区第二届师范生教学技能大赛并取得了良好的成绩：英语科、物理科获得了一等奖；体育、数学获得二等奖；政治、语文、历史、化学获得三等奖。

(二)学生获奖情况

1. 初10(1)班被评为南宁市级“优秀班集体”；41名学生被评南宁市市级“三好学生”，8名学生被评南宁市市级“优秀学生干部”。

2. 组织学生参加2011年全国、全区类的英语和美术竞赛中，取得了好成绩，共获初中组全国一等奖5人次，二等奖18人次，三等奖25人次；初中组广西一等奖71人次等。学校获得优秀组织奖。

3. 高二学生刘磊在参加2011年广西数学竞赛中荣获三等奖。(梁乃兵)

附属小学

一、学校概况

附属小学始建于1961年，坐落于美丽的相思湖畔。校园占地面积4140平方米，绿化率80%以上，教学楼内设有多媒体教室、实验室、微机室、图书室、音乐室、美术室等专用教室等，新建公寓式宿舍楼有舒适的休息寓所。学校环境优雅，是一所全日制普通小学。

2011年学校设有11个教学班，在校生438名，教职工43名。其中在编教师13名(其中校医一名)，聘任教师21人，生活老师4人，工人5人。在33名专任教师中，有小学高级教师17名，小学一级教师12名，在专任教师中有市级骨干教师3名。

2011年，学校以“培养良好习惯，提高综合素质”为工作目标，通过开展各类综合实践活动，深化教学改革，提高课堂教学实效。有效推动了学校教育教学工作的持续发展。

二、学校德育工作

第一，2011年，学校努力加强德育工作队伍建设，整合学校、社会和家庭的德育力量，形成德育合力，确保管理效果。一是抓主题班会，进行正面教育；二是加大力度进行日常班级管理；三是加强对后进生的转化和优秀生的培养，抓两头，带中间；四是利用国旗下的讲话对学生进行思想品德教育及养成教育；五是在各班级建立家校飞信平台，沟通家庭、学校教育。家校联合，共同努力，使家校联系更为便捷。

第二，注重落实常规管理，积极开展扎实的整顿教育和习惯养成教育，督促学生树立正确思想，养成良好的行为习惯。

第三，通过各种教育教学活动对学生进行爱国主义教育、亲情教育、安全教育工作。营造健康、和谐、文明的校园生活和学习环境。

三、教学与科研

2011年，附小教学科研工作在上级教育部门的指导下，根据学校教学工作计划，认真学习和贯彻新课程的有关理念和精神，将教研、科研、校本培训融为一体，不断提升学校的教育科研水平。

具体工作如下：

（一）注重实效，抓好教学常规管理

1. 严格执行课程计划，开齐、上足、教好每一门课程，不随意增减。把握学科的规律和特点，改进教学方法，不断提高教学水平。

2. 加强教研组、备课组管理。正常开展活动，营造浓厚的教研气氛，研究课堂教学微观领域经常面临的问题。做到有计划、有记载、有检查、有落实、有反馈。每次活动做到定主题、定主讲、定时间、定地点，内容形成专题化。

（二）抓好落实，建立校本培训制度

1. 加强文化学习，建立学习型学校。鼓励教师每学期精读一两本教学名著，订阅或借阅教育教学报纸杂志，有读书笔记。丰富教育理论知识，增加教学底蕴。每个教研组每学期有组织地开展理论学习，有心得交流，能有效推动教研开展。

2. 抓实业务培训。建立学习型教研组，学习各学科课程标准，了解学科课程的框架和特点，不断体验各学科的具体目标和具体要求，多方位的研讨并开展较为详细的教材分析，为课堂成为“浓缩的精华”提供保障。

3. 拓宽视野，拓展研修空间。鼓励教师积极探索实践，形成特色教育教学模式，鼓励跨学科教研活动，鼓励教师进行跨学科听课；以博采众长、融会贯通，以帮助学生更好地发展，促进和谐教育的实现。

4. 搞好“青蓝”结对工程，在学校原先实施的“青蓝工程”基础上，充分利用集团优势，加快青年教师成长的步伐。

（三）关注课堂，全面提高教学质量

课堂上教师能抓住重点、难点，教给学生学习方法，还学生充分自主学习的时间，培养学生自主合作，探究学习的能力。加大随堂听课力度。

重视特殊学生的辅导，加大辅导过程的管理力度。制订培优补差计划，提出转变措施，定期进行动态分析，切实做好转化工作。

继续搞好教学质量调研工作。语、数、英学科每一单元都要进行单元知识检测，以便及时了解学生的学习情况，制定符合班级实际又有前瞻性的学期教学质量目标，采用切实可行的方法措施，提高教学质量。

四、教育教学成果

2011 年，附小大力开展综合实践活动，积极参加各项活动和比赛，取得了丰硕的成绩。

（一）2011 年学校集体荣誉获奖

南宁市西乡塘区第七届中小学艺术节（舞蹈类比赛）一等奖

南宁市第十八届“希望之星”青少年文化艺术节优秀组织奖

（二）2011 年教师获奖情况

黄霜、王婷婷老师获得第十六届全国中小学生绘画、书法作品比赛美术指导工作一等奖。覃小谷老师获得西乡塘区 2011—2012 学年上学期小学语文专题赛课选拔赛二等奖。韦淑青、李娜老师获得南宁市西乡塘区第七届中小学艺术节（舞蹈类比赛）指导工作一等奖。王婷婷老师获得南宁市第十八届“希望之星”青少年文化艺术节绘画大赛优秀指导老师奖。李娜老师获得南宁市第十八届“希望之星”青少年文化艺术节第二届“绿城十大少儿歌手”大赛优秀指导金奖、优秀指导铜奖。

罗倩、韩燕凤老师获得第三届广西中小学英语教学设计大赛一等奖，朱晓宇老师获得三等奖。张东红所带的四年级(1)班荣获2011年度南宁市中小学优秀班集体称号。

(三)2011年学生获奖情况

韦颜叶子获得第十六届全国中小学生绘画、书法作品比赛书法类一等奖。苏葳葳、张琳伟、李珏、张妙蜜、何懿获得第十六届全国中小学生绘画、书法作品比赛绘画类一等奖。滕媛、黄诗妍、何姿璇、苏俊海、韦璎芮、周慧莹、唐涛、林欣欣获得第十六届全国中小学生绘画、书法作品比赛绘画类二等奖。莫茗茜获得南宁市第二届“绿城十大少儿歌手”歌唱比赛十佳歌手称号。罗璇、张琳伟获得南宁市青少年“争做党的好孩子”主题书法、绘画大赛一等奖；吴梦韵、甄妮、李子凤、李梓铭、梁佳获A组二等奖；黄诗妍、何懿获得B组一等奖。(兰金萍)

附属幼儿园

2011年，幼儿园以迎评为目标，在大学和西乡塘区教育局的正确领导下，充分依靠全体教职工，在艰苦的条件下，齐心协力做好各项迎评工作，顺利通过南宁市教育局评估验收，获得南宁市示范幼儿园称号。

一、基本情况

2011年，幼儿园共有教工34名，设置7个班级，上半年幼儿人数234名，下半年幼儿人数240名。

二、完善硬件设施

几年来，幼儿园的环境在不断地完善，为了达到示范园的标准，2011年在经费紧缺的情况下，又投入23万，用于建设户外塑胶场地、修复更新广播系统、安装重点区防盗门、更换北楼教室门、维修南北楼设施、购置专用室玩具及办公室设备等，进一步地优化了幼儿教育环境，丰富了幼儿的活动设施，改善了教职工办公条件。

三、建设东盟教育特色

充分依托大学的资源，构建基础性与拓展性相结合的园本课程。以《幼儿园适应性发展课程》为基础课程，东盟文化教育作为拓展的特色课程。通过将东盟文化元素渗透到环境和一日教育生活中，为幼儿营造浓浓的东盟文化氛围，在主题活动中渗透东盟文化教育活动内容，激发幼儿学习了解东盟国家文化的兴趣。

同时，幼儿园积极争取社区合作，设立了外国语学院教育基地。聘请外国语学院小语种专业的大学生担任东盟助教，定期来园开展东盟助教进课堂活动，向孩子们交流东盟国家的简单语言以及风土人情、舞蹈服饰等。这种互动方式深受孩子们的喜欢，取得了良好的效果。

四、创设课程化环境

幼儿园注重创设课程化环境，将课程的目标渗透到校园的每个角落，充分挖掘环境的教育价值，为幼儿的生活、游戏、运动、学习提供服务与支持。如完善盥洗室、寝室的环境，创设了既有帮助幼儿形成良好生活习惯的标识，也有正确洗手、就寝的步骤图等。在户外活动环境中，幼儿园建了体现自然野趣的大草坪、森林探险区、种植园、沙池等场地，提供自由取用和自由组合的运动小器械，设置与主题相结合的运动情景。老师们精细分析创设了西瓜庄园、舞炮龙、赶圩、海底世界、猫抓老鼠、小小消防员等等十多种非常有趣的户外游戏。完善了专用室的环境，在原有基础上，提供了更多丰富多样的活动材料。结合东盟特色教育，利用走廊的空间开设了东盟美食一条街，卖的全是老师们自制的仿真的东南亚美食，不管充当着卖家还是买家的孩子们都玩得不亦乐乎。走廊里布置了介绍东盟国旗、国花、风土人情的图片。每个班级活动室内都创设了许多符合本班幼儿年龄特点的区角，提供多维度的活动材料，让幼儿自由选择、自主学习。

五、规范迎评档案

档案是迎评工作的重中之重，在经验不足的情况下，园领导带领部分教工们到市内示范幼儿园自主学习档案建设工作。在时间紧任务重的情况下，教职工们利用业余时间完善档案，分别从园舍设备、教工队伍、园务管理、保教水平四个方面进行分类、整理、立卷。

2011 年 12 月，幼儿园完成了迎评档案装订立卷工作，整理了文书档案共 199 册。这些档案保存着三年来教育教学的成绩，同时为档案查阅人员提供了咨询服务。

六、成绩显著

（一）幼儿园荣誉

2011 年 12 月 9 日，幼儿园接受了南宁市示范性幼儿园评估验收领导小组的评估验收。评估组通过查阅资料、实地查看、召开座谈会及个别访谈等方法，对园舍设备、教工队伍、园务管理、保教水平等方面进行评估检查。幼儿园的办园质量获得专家组的高度肯定。尤其是园所优美自然的校园环境，自主快乐的游戏化课程，孩子们礼貌活泼、积极乐学的发展表现，得到了专家们的称赞。

2011 年 12 月 30 日，幼儿园顺利通过市级示范幼儿园的评估，获得了南宁市示范幼儿园称号。这是幼儿园一个阶段性的成果，这标志着幼儿园又上了一个新的台阶。

（二）教师获奖

2011 年 1 月，在全区幼儿园优秀自制玩教具评比活动中廖业聪的作品《草网》荣获三等奖，胡宇清的作品《舞狮》荣获二等奖。

2011 年 3 月吴菁华获广西民族大学优秀工会工作者、黄玲获广西民族大学优秀工会积极分子。

2011 年 6 月，林夏冰、黄小玉、彭芳芳在 2011 年广西幼儿讲故事大赛中，被评为优秀指导老师。

2011 年 8 月，在南宁市幼儿园论文、案例评比中，1 名教师获一等奖，4 名教师获二等奖，3 名教师获三等奖，1 名教师获鼓励奖。9 月，吴菁华、尹芳、林夏冰三位同志荣获 2011 年南宁市西乡塘区优秀教师荣誉称号；吴菁华荣获 2011 年广西民族大学优秀教育工作者。10 月，在 2011 年南宁市西乡塘区“幼儿园课堂教学大练兵”教学活动比赛中，3 名教师获一等奖，3 名教师获二等奖。11 月，在 2011 年南宁市西乡塘区“幼儿适应性发展课程”语言教学评比活动中包丽梅荣获二等奖，吴菁华、黄玲荣获指导二等奖，幼儿园荣获优秀组织奖。韦美秀老师获南宁市中小学幼儿园心理健康教育十年成果评比论文类三等奖。

（三）幼儿获奖

2011 年 6 月在广西幼儿讲故事大赛中，李白小朋友获一等奖，陆宇扬小朋友荣获二等奖，黄柳萌小朋友获三等奖。（黄梅英）

图书资料　学报出版　档案管理

图书资料建设

2011年，图书馆围绕学校党政工作及博士点建设工作重心，加强文献信息资源学科化、特色化建设，全面提高服务水平，开创图书馆各项工作新局面。

一、党建工作与职工队伍建设

开展《学习型党组织建设》、《创优争先、党组织建设年》、《结对共建先锋同行》、《反腐倡廉制度建设年》活动，在学校党委组织的党建创新成果评选中，获党建创新成果一等奖，被学校评为先进基层党组织，1名党员被学校评为优秀共产党员。开展以案明纪警示教育活动，做好科室领导干部及全员聘任工作。

二、围绕博士点建设加强文献信息资源学科化特色化建设

制定2011年书刊、电子资源的经费使用与购置方案、2011年东盟语种原版图书购置和实施计划、2012年经费预算方案；迎接国务院学位委员会专家组的中期检查，形成《公共服务体系文献信息资源建设自评报告》。

组织召开2011年图书馆工作委员会会议、三个博士点建设学科专业图书补遗工作会议和东盟文献信息资源建设座谈会，有针对性地开展文献资源科学化特色化建设。

按计划落实2011年度经费使用任务。完成正常经费418万元的文献招标采购任务，博士点建设的150万元书架招标采购任务、180万元电子资源招标采购任务。

多渠道购置特色文献信息资源。2011年初，组织非通用语专业教师赴越南、泰国、缅甸、老挝、柬埔寨、马来西亚、印尼等国家采购图书。采购泰语图书3552种4928册，越南语图书3416种(册)，马来西亚语图书2654种(册)，柬埔寨语图书1573种(册)，缅甸语图书584种1048册，印尼语图书2089种2094册，老挝语图书1139种(册)。全年共接受教师及社会各界人士捐赠图书1400种1500册，11月接受中公教育集团赠送公务员考试辅导培训资料400册(码洋一万元)。

2011年预订纸质图书33599种67914册，订购2012年中外文报刊2917种456089元(码洋)，电子资源42种。新购买中华数字书苑专业知识服务平台、书童标准资源全文数据库、SAGE外文期刊数据库、ProQuest博硕士学位论文全文数据库、Emerald管理学+工程学现刊数据库、英国皇家物理学会(IOP)出版社平台、ACS美国化学学会期刊数据库、FODS外文开放存取学位论文集成服务系统等。

做好东盟中文文献资料、亚非语言文学等特色全文数据库的建设。至2011年底已完成扫描、加工亚非语言原版图书3100多册，东盟中外文文献4200多种，壮学文献5100多种，壮侗语族语言文学文献2100多种，广西作家文库1200多册，学位论文1600多篇。

三、馆舍布局调整与阅读环境改善

筹划图书馆一楼过刊室和校友楼一楼六间教室建成密集书库。美化庭院内景观水池，安装石桌石凳，建造气排球场。

完成国际教育大楼诗琳通公主泰文资料中心、越南语文献信息中心、东盟综合文献信息中心、通用语种文献信息中心和电子阅览室的装修与家具设备安装，并完成图书资料搬迁工作，正式对读者开放。举行诗琳通公主泰文资料中心新址揭牌暨泰国外交部赠书仪式，接受泰国外交部赠送国王、王后画像和泰文图书音像资料(图书350册，光盘资料30件)，诗琳通公主泰文资料中心藏书达11652册。

加大对电子阅览室的投入，在国际教育大楼增加建设一个电子阅览室，购置144台液晶电脑，全部更新两个电子阅览室检索用机。

做好管理软件系统的采购工作。成立图书馆现代化管理系统建设项目组，组织技术人员和业务骨干到兄弟院校及系统研发商家进行考察，编制管理软件招标采购文书。

争取得到中山大学5个电子资源的账号，缓解学校外文电子资源不足的问题。

西校区图书馆于2011年3月动工建设，建筑面积4.08万平方米。

四、读者服务

调整部室设置。成立六部一室：采编部、外借部、报刊部、阅览部、技术部、数据资源建设部。同时做好部室主任及全员聘任工作。根据职龄和工龄，形成图书馆各级职称加分排名方案。

增加开馆时间，每周二下午及周六、日白天开馆；增加读者借阅册数，延长借阅期限。从3月18日起，在校本科生每证从可借10册增加至15册，借期从30日延长至60日；研究生每证从可借15册增至20册；教职工借阅期限从60日延长至120日。全年借出图书365000册，还书303000册。接待阅览读者151974人次。

完善读者服务标引，更新《开放时间一览表》、《楼层功能示意图》、《馆员岗位一览表》，制作《图书馆2011》、《电子资源简介2010—2011》等，指导读者快速查询与借阅，并对服务和管理进行监督。

举办“外研社外语资源库”使用方法培训。

2011级新生入学教育课采取视频解说和实地参观相结合的方式，累计上课77场次，培训新生4000人。

五、读书月活动

“2011年广西民族大学读书系列活动”由学校党委宣传部、学工处、教务处、团委、工会、图书馆等六个部门联合策划，以“回顾红色经典，打造精品文化”为主题，活动项目分为“红色经典”、“精品文化”上下两个篇章。活动项目有：纪念中国共产党成立90周年图片图书展；“荐读红书，谈写心得”征文活动；“读尽艰辛历程，勇当争优先锋”读红书交流会；观看红色影视精品，接受革命传统熏陶；读书活动logo作品征集；名师导读——大学生阅读讲坛；大学生经典图书推荐；电子文献资源推介活动；“我最喜爱的一本书籍”、“我最喜爱的一本杂志”、“我最喜欢的一个信息资源网站”征文评选活动；读书借阅排名。同时，举办“世界读书日”宣传活动，营造良好的阅读氛围。

六、学术交流

举办中南五省图书馆集成系统的智能化管理及特色资源建设高级研讨班。广西图书馆学会现代化技术工作委员会主办、广西民族大学图书馆承办的中南五省图书馆集成系统的智能化管理及特色资源建设高级研讨班于2011年7月13—14日在百色举行。参加研讨的有武汉理工大学、北方民族大学、贵州民族学院、湖北民族学院和广西有关高校图书馆、公共图书馆的领导和专家80多人，以及北京超星数图信息技术有限公司、深圳海恒智能技术有限公司、广州图创计算机软件开发有限公司、宁波市远望谷信息技术有限公司、南宁市永元兴创信息科技有限公司的代表。

举办学术报告。10月26日邀请武汉大学图书馆学系博士生导师黄如花教授到学校做题为“信息资源开发利用的理论与实践研究”学术报告，图书馆全体馆员、管理学院图书情报专业师生及全区高校十多所高校的同仁参加。

组织馆员参加各种学术报告及研讨会。参加“‘超星学习中心’报告会暨广西壮族自治区图书馆稀缺资源服务研讨会”、“2011数字资源建设与服务的统计分析研讨会暨CALIS第九届国外引进数据库培训周”、国家图书馆举办的“现代图书馆参考咨询馆员业务能力培训”和“信息时代图书馆读者服务工作培训”二期培训班、广西高校图工委2011年工作年会暨广西高教学会图专委第七次会员代表大会和第二十次学术年会、第十四期全国古籍修复技术培训班等。组织全体馆员听取美国石溪大学黄柏楼教授学术报告。参加广西图书馆学会2011年年会暨第29次科学讨论会，CALIS广西中心启动大会暨第一次成员馆业务培训会议，CNKI总库知识服务与深层应用高层研讨会，北京雷速科技有限公司的“2011e线图情冬季年会”等。

组织考察兄弟院校图书馆数字化建设。9月底，苏瑞竹、骆柳宁、欧阳剑到洛阳解放军外国语学院、北京大学和北京外国语大学考察。

接待吉林省高校图书馆参观考察团交流。11月吉林省高校图工委和同方知网高教分公司组织了吉林省的吉林大学、东北师范大学、延边大学等20多位馆长到学校图书馆参观考察。

科研成果。全年共发表论文24篇，获奖1篇(中国图书馆学会颁发)。

七、工会工作

关心离退休人员，慰问今年过80大寿的黄琳、戴孝礼、宋铭华；协助处理刘桂仙病故的后事，探望住院的陈宁芳、刘坚、韦美珠等。配合学校工会的工作安排，承办广西民族大学第二届教职工“拖拉机”扑克牌比赛。图书馆取得第二名和第三名的成绩。选派40名馆员与学校机关单位参加学校党委主办的建党90周年唱红歌比赛，获得第二名。组织参加学校第十二届教职工气排球比赛，组织馆员参加健身步行活动。组织参加2011年广西高校图书馆“爱迪科森杯”气排球比赛，获甲组第四名。(韦心援　梁　春)

资料1　2011年学校图书报刊及电子资源资产统计

类型	种(册)数	合计金额
图书类		
预订	2011年预订图书33599种，约67914万册	金额3205985元
加工入库图书	加工入库图书12739种20721册，金额893741.38元。	893741元
报纸期刊		

类型	种(册)数	合计金额
2011 年订购 2012 年报刊	2011 年新增期刊 225 种。订购 2012 年中外文报刊 2917 种，金额 456089 元(码洋)。其中，外文报刊 103 种，金额 326941 元(刊 96 种，报 7 份)；中文报刊 2782 种(刊 2626 种，报纸 140 种 156 份)，金额 450227.79 元(码洋)	456089 元
加工入库		
加工入库	2011 年加工入库期刊合订本 3102 种，7678 册 其中：中文期刊合订本 2866 种，6072 册，344416.6 元(含装订费)；外文期刊合订本 88 种，533 册，220778.8 元(含装订费)；加工入库报纸合订本 88 种，778 册，76538.6 元；中文报纸合订本 75 种，616 册，6160 元(包括装订费)；外文报纸合订本 13 种，162 册，61806 元(包括装订费)。	709700 元
电子资源		
电子资源	2011 年订购 32 种数据库，新订 11 种，续订 21 种，其中：电子图书新增 317586 册/篇(含博硕文，同时均为镜像数据)。中文电子刊物约 24000 种左右(其中镜像 18000 种左右)，外文电子刊约 22909 种左右(其中镜像 50 种)。已完成采购金额 1225900 元(7 种)，还未完成采购预算 1608456 元(正在招标采购中)。	1225900 元

资料 2　2011 年 12 月 31 日学校馆藏文献累计

2011 年馆藏文献总量		附：2010 年馆藏文献总量	
纸质文献总量 1509295 册/件 (含光盘)	图书册 1203767	纸质文献总量 1480896 册/件 (含光盘)	图书册 1183046
	刊册 293437		光盘 12091
	刊册 285759		光盘 12091
电子图书(含博硕论文)	2210311 册/篇	电子图书(含博硕论文)	1892725 册/篇

学报编辑出版

《广西民族大学学报(哲学社会科学版)》是广西民族大学主办的人文社会科学理论期刊，创刊于 1978 年，双月刊，国内外公开发行。学报是中国大陆具有较大影响的综合性学术期刊。其办刊的宗旨是：弘扬创新精神，提升学术品位。设有人类学、民族学、中国—东盟、语言学、哲学、政治学、法学、经济学、文艺学、教育学等多个栏目。

自 2001 年至 2007 年，先后被评为全国中文核心期刊、中国民族学类核心期刊、中国人文社会科学核心期刊、中国人文社会科学学报核心期刊、教育部中文社会科学引文索引(CSSCI)选用期刊等称号；2003 年 1 月荣获第二届国家期刊奖百种重点期刊，2004 年 12 月“人类学研究”栏目入选教育部首批名栏建设。2006 年 7 月入选第二批教育部高校哲学社会科学名刊建设。

《广西民族大学学报(自然科学版)》于 1995 年创刊，主要刊登科技史、科学哲学、科技战略、科技政策、科技管理、科技传播、科技人类学、传统工艺、数学、物理、化学化工、计算机等方面的最新研究成果。

2011 年，学报以“弘扬创新精神，提升学术品位”为宗旨，积极开展“人类学研究·主打栏目”名栏建设，为在中国传播人类学的理论和方法，推动人类学在中国的发展，促进中国人类学界与国际人类学界的交流，提供一个科学园地和学术平台。

一、强化社会意识，以专题形式推出了一批优秀论文

学报围绕社会焦点问题和学科发展基本问题，捕捉人类学和科技史的学术前沿，采用“专题化”形式，推出“主打栏目”专题研究，聘请有威望的人类学专家学者担任栏目主持人，推出了一批在国内外产生良好影响的优秀学术论文，进一步提高了刊物整体水准和在学术界的影响力。

2011 年，《广西民族大学学报(哲社版)》共组织原生态文化、语言变迁、旅游与景观、文字与文化、聚焦：独生子女、回归博物学 6 个专题研究，2011 年共发表文章 212 篇，其中主打栏目 42 篇，为人类学、民族学、社会学、民俗学、语言学等学科建设和发展提供了新鲜观点。

2011 年 5 月 19 日，中国迎来首个“中国旅游日”，被誉为“无烟工业”的旅游业在推动社会经济和历史文化发展与变迁的同时，也深刻地影响着人们的生活态度与价值观念。学报哲社版第 3 期主打栏目特推出由国际旅游研究院创始人、美国加利福尼亚大学伯克利分校纳尔逊·格拉本教授主持的“旅游与景观”，刊发了该领域的一组优秀论文。

二、实行开门办刊，努力提高学报质量

广西民族大学学报，打破学校的界限，广泛吸收校内外的优秀研究成果，实行开放办刊的方针。自“名刊”、“名栏”工程启动后，学报严格实行开门办刊的理念，立足广西，面向全国，放眼世界，积极向海内外人类学界组稿，发文范围和作者来源广，基本涵盖了中国两岸三地设有社会人类学学科的高校和科研机构，如北京大学、清华大学、复旦大学、中山大学、中国人民大学、厦门大学、西南民族大学、云南大学、中国社会科学院、各省社科院与民族研究机构，以及香港、台湾、澳门等地的社会人类学研究机构。

三、注重对学术新人及学科研究队伍的扶持与培育

除了学术名家外，学报还十分注重对学术新人及学科研究队伍的扶持与培育。如在专题研究方面，在约好名家稿件的前提下，也给学术新秀以施展才华的机会，推出了一批中青年学术人才。同时，学报还有意识地挖掘具有研究特色的地方院校学者，如 2011 年第 3 期发表了一组由凯里学院院长曾羽教授主持的“原生态文化”主打栏目，保护、传承、弘扬原生态民族文化，收到了良好的效果，提升了区域学术研究水平

四、立体化办刊，强化编辑队伍建设，多角度多方位推进“人类学研究”名栏建设

学报编辑部一直致力于加强期刊编辑人员与作者、读者的联系，同时，还努力搭建平台，促进期刊同行的交流与凝聚。为进一步加强学术期刊各界同仁的联系，尤其是促进学术期刊与文摘类期刊的相互了解与交流，提升学术期刊界的凝聚力与社会贡献力，2011 年 6 月 3 至 7 日，由本刊编辑部发起，联合中国文科学报学会民族系统联络中心、广西期刊协会共同举办的“学术期刊·文摘与

影响因子学术研讨会”在广西南宁召开。来自国内各学术期刊和高校文科学报的主编、副主编、编辑部主任及编辑人员等100多人参加了会议。会议围绕中国社科学术期刊及高校文科学报的困境与出路、评价及改革等问题进行了深入探讨。(*黄招扬*)

档案管理

2011年，学校档案工作在各级领导的关心支持下，档案工作专兼职档案人员主动作为，开拓创新，圆满完成了档案工作各项任务。

一、领导高度重视，部门齐抓共管，档案信息化建设取得新进展

学校领导非常重视档案工作，始终将档案工作纳入学校重要议事日程，多次强调档案工作在学校建设发展过程中的重要性，定期听取工作汇报，认真了解档案工作面临的重大问题和情况，及时协调和帮助解决实际困难和问题。切实做到了领导主抓，分管领导具体抓，职能部门共同抓。在学校可供建设与发展投入经费有限的情况下，保持对档案工作基础建设经费的投入。2011年在校长办公室、宣传部、财务处等职能部门的关心支持下，档案工作信息化建设取得了重要进展，综合档案管理系统建设明确纳入博士点建设公共服务体系的信息化建设实施方案。目前“综合档案管理系统”建设项目已完成系统的调研和测评工作，系统招标，数据架构和整合工作正在准备中。综合档案管理系统的投入运行，将改变我校档案管理长期以来“手翻、手摸”落后的管理查询利用管理模式，极大地提高档案服务利用工作的规范性、精确性。

二、档案业务建设和服务能力迈上新台阶

（一）档案资源建设全面加强，馆藏结构明显改善

学校档案馆积极创新工作举措，强化档案资源建设，开展了以特色档案、馆藏纸质目录档案、学校重大活动及重要建设项目档案资料为主要内容的“档案资源建设年”活动，实现了档案工作跨越发展。一是加快完成历史纸质档案目录录入工作。针对过去50年传统纸质档案管理查询存在的问题，认真组织人员对纸质档案目录进行整理和重新录入工作。在全馆人员的共同努力下，逐步完成了1952—1999年行政、党群、教学3个门类档案部分纸质档案目录的整理录入工作，目前，我校档案目录管理系统拥有档案目录数据135343条，其中，新增档案目录数据39269条。二是广泛收集办学过程中形成的教学类档案材料。切实做到了学校在招生、学生入学、学生毕业成绩等教学档案不缺不漏，全年共收集归档教学档案6060件(份)，确保了学生学籍档案的完整齐全。三是着力加强重大项目档案业务指导和跟踪服务。对学校重大项目档案进行任务分解，落实到人，明确责任。不定期到西校区、基建办对兼职档案员进行现场业务指导。做好了学校12项重大基建项目档案的接收进馆工作。四是进一步加强声像档案、实物礼品等其他载体档案收集进馆工作。认真做好进馆各类档案的整理归档工作，共完成校内45个归档单位档案材料的接收工作，鉴别、整理、归档材料10602件(卷)，年度归档材料门类齐全，整理规范，质量检查获得自治区“优秀”等级。

（二）档案服务能力加强，服务重点突出

积极开发馆藏档案资源，为学校博士点建设、西校区建设、教育教学改革、科学研究、职称评

定、办理保险、60 周年校庆等重点工作服务。一是充分利用馆藏历史档案文献资料、实物礼品档案，主动为学校 60 周年校庆校史编写、校史展、礼品展等活动提供专题服务。二是利用具有历史凭证、参考证作用的学生学籍档案材料为学生就业、学历认证提供服务。三是利用房产档案、财会档案为学校旧房改住房、教职工办理住房产权等民生工程提供服务。2011 年，档案馆接待档案利用 984 人次，调阅档案资料 2556 卷(件)。

同时，档案馆作为档案学专业教学实践基地，我们始终配合管理学院做好档案学专业学生的实践教学，并主动承担档案管理和档案保护技术课程等部分课程的教学任务。2011 年，档案馆接待档案学本科生、研究生 10 批次。

（三）队伍素质提高，档案工作研究成果丰硕

档案工作是一项业务性、专业性很强的工作，加强档案工作研究和人员业务培训是提高档案工作人员能力和素质的重要举措。在做好日常工作的前提下，始终注重对档案干部能力素质的培养，坚持学习、工作、研究三结合。一是选派人员外出学习考察，提高队伍整体水平。二是大力开展档案工作研究，努力提高档案人员自身素质。在开展档案工作研究中，我们坚持自主承担，主动参与，共同完成的原则。一年来，档案馆主持或参与各项课题研究 6 项，其中新增立项 2 项，结题 2 项，公开发表论文 4 篇，核心期刊 3 篇。(李彩丽)

校友联络与校友会

校友联络工作

2011年，校友联络办公室认真探讨校友联络工作新思路，紧紧围绕学校党委和行政的工作重点，继续加强与各地市校友会联络，积极为学校60周年校庆做好各项筹备工作，努力完成学校交给的各项工作任务。

一、加强与各市县校友会的联系，调整完善各地校友会组织领导机构

2011年是广西市县乡领导干部换届工作，不少校友因各种原因，调整了单位和职务，为准确掌握校友信息，我们给每个校友会打电话进行联系，还给各地校友会邮寄146封信件。同时我们还在网上收集校友信息，掌握了不少各市县校友的任职情况，并打印成册。经过努力工作，大部分校友会领导机构进行了调整充实。同时，我们还根据条件成熟程度，新建了首个海外校友会—老挝校友会。为了使联络校友工作取得实效，制定了学校领导赴各市县联络校友工作方案，方案明确了学校领导走访各市县校友的活动内容，分组及联络点，时间安排等为学校领导走访校友提供了保障。

二、积极做好校友录编录工作

校友录编录是学校一项重要的基础性工作，学校建校60年来，培养了12万余名各类人才，全面整理校友信息数据库，增强校友凝聚力，促进学校发展具有重大意义。具体做法：一是组织数计学院学生开发编录软件，为各学院编录校友录提供电子化、网络化平台；二是分别于2011年4月和12月召开了两次会议，一次是布置校友录编录工作，一次是检查各学院编录工作情况。

三、积极为校友回校联谊做好服务工作

一年来先后参加了民族学与社会学学院、管理学院、数学与计算机科学学院、物理与电子工程学院的校友联谊活动，向校友通报学校建设发展情况和60周年校庆筹备工作情况，热情邀请校友们届时回校参加校庆庆典，积极为母校做贡献。同时做好报道工作，把校友回校的活动情况在《校友通讯》和校园网上刊发，极大地鼓舞了校友回校的热情，也有力地推动了校友回校联谊活动的有序开展。

四、加强《校友之窗》、《校友通讯》交流平台建设，增进校友对母校建设和发展的了解

《校友之窗》网页是学校校友工作的一个平台，我们十分注意内容的更新，增加信息量，充实内容，学校的大事、喜事和校友活动都充分给予反映。特别是及时刊登学校60大庆筹备的各方面信息，使“校友之窗”这个校友工作的平台更有特色，内容更丰富，浏览量不断增加。《校友通讯》是宣传学校、联络校友、增强校友与母校凝聚力的重要交流平台。2011年，我们在原有栏目的基础上，增加了校庆专栏，同时加强组稿，提高稿件质量，较好地完成了两期的编辑出版工作，并及时邮寄给各地校友会，使校友及时了解学校的建设发展情况和60周年校庆筹备工作情况。

五、积极做好校庆纪念文集《似水年华》编纂工作

编纂《似水年华》，是学校交给我们校友会的一项重要工作。按照学校的要求，我们于2011年6月制定了《似水年华》编纂方案，7月在校园网和《校友通讯》发布和刊登《似水年华》征稿启事，并下发通知给各学院报本单位采写的校友和教职工名单，同时在全校学生中招聘采写人员125人，并进行了培训。为了推进这项工作，在武波副书记、贺争平副校长的主持下，分别于2011年9月、11月、12月召开了三次编写工作会议，布置组稿事宜，通报组稿情况。在各学院和校友的支持下，组织工作比较顺利。（*唐知文*）

学　院

政治学与国际关系学院

一、基本概况

政治学与国际关系学院2011年共有教职工41人，其中教授8人，副教授16人，具有博士学位13人，硕士学位22人，在读博士2人。

开设全日制本科专业：政治学与行政学、公共政策学。

硕士研究生专业：政治学理论、中共党史(含党的学说与建设)、马克思主义基本原理、马克思主义发展史、马克思主义中国化研究、国外马克思主义研究、思想政治教育、伦理学。

全日制在校学生689人，其中，本科生570人，研究生119人。此外，还有继续教育专科、本科、研究生班学生816人。

二、以纪念建党90周年为契机，全面加强党的建设

第一，抓好政治理论学习，为推进学院各项工作提供思想理论保证。学院党委注重抓党政领导班子成员的理论学习。结合学院实际，组织全体师生深入学习党的十七届五中、六中全会精神；学习胡锦涛同志在庆祝中国共产党成立90周年大会上的讲话精神，开展以案明纪警示教育专题讨论，深刻理解党的思想理论建设、组织建设、作风建设、执政能力建设、反腐倡廉建设、制度建设的重要性，增强廉洁自律意识，进一步加强领导班子建设，用科学理论武装师生头脑，为学院的发展献计献策。

第二，开展以优异成绩向党的生日献礼为主要内容的主题系列活动。举办了纪念中国共产党建党90周年暨五四运动92周年书法图片展；举办了“学党史、永远跟党走”的学习报告会，刘国彬教授为全院学生做了“开天辟地的大事变”的学习报告；组织师生党员赴百色市平果县开展重走红军路“接力红色足迹永远跟党走”主题实践活动；组织师生160人的合唱团参加广西民族大学纪念中国共产党成立90周年“颂歌献给党”广场红歌大合唱比赛等活动。

第三，抓好基层组织建设，继续推进创先争优活动。组织党支部继续推进“党组织建设年”、“结对共建，先锋同行”活动，组织党员代表到结对共建单位坛龙村开展共建活动，党的组织建设取得新成效。开办党校培训，对2011级新生进行党的知识教育以及远大理想培育。2011年有143人向党组织递交了入党申请书，其中2位是具有高学历、高职称的教师。有139名入党积极分子参加了分党校的培训，截至2011年12月，发展新党员91人，有40位预备党员按期转为正式党员。黄骏教授被评为“广西高等学校优秀共产党员”，学生第三党支部被评为广西民族大学先进基层党组织，唐荣双副书记被评为广西民族大学优秀党务工作者，程翠平、莫放春、李秋丽被评为广西民族大学优秀共产党员。

第四，广泛开展关心下一代的活动。学院被评为广西民族大学关心下一代先进集体；张强、黄成授评为关心下一代先进个人。

三、以博士支撑学科为抓手，以学位点申报为契机，加强学科建设

第一，加强以博士支撑学科“马克思主义中国化研究”为重点的马克思主义理论学科建设，进一步凝练学科方向。经过多次组织专家咨询、论证，调整本学科为马克思主义中国化与民族地区基本问题、马克思主义基本原理与区域发展、民族地区思想政治教育与道德建设、中国—东南亚马克思主义发展比较研究等四个研究方向。4 月和 6 月分别召开博士学科建设座谈会，听取专家意见，形成全院合力，推进马克思主义中国化研究；严格按照学科建设检查要求，将支撑学科建设相关文字、音像等材料整理归档。6 月顺利通过博士点建设中期检查，并按照专家反馈意见和建议，进一步完善学科建设计划。

第二，以政治学一级学科硕士点申报为契机，突出国际关系为重点的政治学学科建设。借鉴国内外国际关系学科建设经验，制定国际关系学科建设方案，加快人才引进、科学研究、专业设置等方面工作，推进国际关系学科建设，国际关系作为二级建设学科，获得学术委员会一致通过；申报国际关系学硕士学位点，获得通过，并于 2012 年开始招生。

第三，重新遴选学科带头人，加强学术队伍建设。学科带头人的遴选，注重高学历、高职称、有权威科研成果等条件。何龙群、陈元中教授分别被聘为马克思主义理论一级学科、政治学一级学科带头人，另有 9 人被聘为二级学科带头人。积极引进和培养学科领军人物、学科带头人和学术骨干；继续鼓励、支持青年教师攻读博士学位和到国内外名校进行学术访问，提高学历和学术水平。7 月杨宏郝老师人大访学归来；9 月陈媛教授获得教育厅经费支持，赴美国密西歇根大学访学 1 年；同期陈强博士到暨南大学做博士后研究。

第四，积极申报特色专业。政治学与行政学专业获得自治区特色专业。

第五，加强学科平台建设。继续推进“马克思主义理论研究和建设工程广西民族大学研究基地”建设，陈元中、程林辉等以基地名义在省部级媒体理论版发表理论性文章 7 篇。承担了自治区党委宣传部主编的胡锦涛总书记在建党 90 周年纪念大会上的讲话辅导读本、党的十七届六中全会辅导读本。积极酝酿和筹建中国—东南亚马克思主义发展比较研究中心、思想政治教育与青年创业研究中心、伦理学研究所、执政文化与执政能力建设研究所。

第六，加强优秀论文的推荐和核心期刊论文的资助工作。何龙群、陈元中教授、莫放春副教授分别在《教学与研究》、《当代世界与社会主义》、《马克思主义研究》等高级别刊物发表论文；2011 年出版学术专著 3 部，论文集 2 本，发表论文 95 篇，其中，核心期刊 37 篇，A 级 6 篇，B 级 4 篇。获得广西民族大学社会科学优秀成果奖 4 项，其中一等奖 1 项，二等奖 1 项，三等奖 2 项。

第七，加强学术交流活动。鼓励和资助教师参加全国性高水平学术会议，2011 年共有 16 人次参加全国各类学术会议。2011 年分别邀请了杜进森、李景治、曹云华、李敬煊、蒲国良、陈金龙等 10 位全国知名专家学者到学院讲学、作学术报告。2011 年 12 月与全国毛泽东哲学思想研究会联合召开《全国毛泽东思想学术研讨会》，共有 100 多位专家学者参加。2011 年 7 月与学校党委宣传部联合举办广西民族大学“建党 90 周年理论研讨会”，会议收到论文 26 篇。

四、加强科研工作，提高科研水平和社会服务能力

第一，认真组织教师申报国家级和省部级社科基金课题以及教育教学改革课题。2011 年申报国家社科基金课题 6 项，获立项 1 项；申报广西哲学社会科学社课题 12 项，获立项 3 项；申报国家民委课题2项；新世纪教改课题4项。

第二，加大思政理论课科研项目立项资助力度。2011年共有26项思政理论课科研项目申报，最终确定资助18项，资助经费3万元。

第三，加强社会服务。借助学院学科优势和师资力量，积极开展党的十七届五中、六中全会以及胡锦涛总书记“七一”重要讲话精神的宣讲，陈元中、黄骏、刘国彬、陈媛四位教授赴武鸣、扶绥等地为机关团体、军队、院校作专题报告5场次，听众2000多人次，受到社会的欢迎和赞扬。

五、深化教育教学改革，全面提高教育质量

第一，加强教学研究和经验交流。学院分别组织有关本科生和研究生的教学研究工作，推进教学改革，总结教学经验；教研室定期组织教师开展教学研讨，推进教学创新，提高教学质量。以教研室为单位，采取集体备课、实行部分教学资源共享的形式提高教师。严格执行听课制度，每位教师一学期内互相听课至少3节；领导组织并亲自到场听青年教师公开课累计不少于5次，每堂公开课听课教师人数都在10人以上。

第二，按照学生培养目标，试行“写、研、讲、习”的培养模式，通过第二课堂和社会实践活动，培养学生“五种能力”，尤其是加强学习能力和表达能力的训练。2011年10月举办了政关学院第二届“争鸣杯”辩论赛；2011年11月举办了第二届“公务员考试模拟大赛”笔试和“读、写、赛”系列活动之竞技接力赛等活动。

第三，加强教学品牌建设。认真组织政治学与行政学、马克思主义教学团队以及公共政策特色专业的申报；“思想道德修养与法律基础”被评为广西民族大学精品课程；鼓励教师参加各级教学技能竞赛，在广西民族大学第七届教师课堂教学比赛中覃慧芳、覃青必老师分别获得中年级与青年级三等奖。

第四，改进思想政治理论课教育教学的内容、方式和方法。努力增强思想政治理论课教学的针对性、实效性和说服力、感染力。借助现代网络技术，开设形势与政策专题网站，及时、准确更新时事与政策相关内容，激发大学生关注时政与党的政策积极性。农莹老师获2011年度广西区说课比赛二等奖；覃慧芳、覃青必老师获校级教学技能比赛三等奖。

第五，加强研究生管理。提高研究生教学水平，增强研究生的学习、研究和创新能力。改革研究生课程体系，按照马克思主义理论、政治学一级学科的发展调整课程结构，规范课程设置，加强教学管理；举办硕士生导师培训；启动研究生教材编写工作；组织研究生申报2011年度校级创新项目，申报21项，获立项10项。

六、以学生为本，加强学生管理工作

第一，做好毕业生就业指导与服务工作。学院召开毕业生就业工作动员大会，加强对2007级毕业生的就业、创业的教育，引导毕业生正确认识就业形势；广泛收集就业信息、组织毕业生参加就业招聘会、积极动员学生参加公务员考试和选调生考试。截至12月30日，本科生已落实就业单位125人，就业率为91.24%。

第二，评优评奖，激励学生努力学习。举行“华尚奖学金”颁奖大会，有4名同学获得考研优秀奖，6名同学获得学习成绩优秀奖，有力地激励学生的学习。精心地组织毕业生评优活动，评选出区优秀毕业生2人；校优秀毕业生8人。3)做好学生会干部评优工作，梁世彩等9名同学被评为校“优秀学生会干部”。李燕虹等9名同学被评为校“优秀学生会理事”。

第三，加强共青团工作，拓宽思想政治教育的渠道。坚持以党建带团建，强化团员青年的责任感和使命感，发挥团组织的先锋模范作用。举办首届师范生教学技能大赛，获一等奖1人，二等奖1人；响应学校开展学风建设月活动的号召，举办考研经验交流会、“学习型示范宿舍”评比等活动，营造浓厚的学风建设氛围。在学校团委举办的“五杯四优”评选中，学院团委获得“理想杯”，09政1班团支部、2009公政班团支部荣获“优秀团支部”称号，黄琴获“十佳团支部书记”，吉泳娜获“十佳团员”，韦波益等16名同学被评为“优秀共青团干部”，郑辽燕等36名同学被评为“优秀共青团员”。

七、统筹兼顾，认真做好行政和其他工作

根据学校统一部署，顺利完成学院在岗在职以及离退休教职工定岗定编工作；修改、完善学院管理制度，加强学院内部管理，严格按照相关规定程序，通过政治学与国际关系学院管理制度，为学院良好发展做好制度保障；积极开展校庆筹备工作，多方联系学院校友，建立花名册，完善相关资料，登录校友资料2000多条。（玉　海）

法学院

一、基本情况

2011年，法学院共有教职工32人，其中专职教师24人，教授5人，副教授12人，讲师9人，其中8人具有博士学位，在读博士2人。学院设有法学本科专业1个，在校本科生777人；设有刑法学，诉讼法学、法律硕士3个专业学位硕士点，在校硕士生138人。学院现设有法学理论、诉讼法、刑法、宪法与行政法、民法与经济法、国际法6个教研室；中国—东盟法律研究中心、中国—东盟法律信息中心、民族法学研究中心、知识产权研究中心4个研究中心及越南法律研究所1个。学院现有与中国法学会合作的培训基地1个；中国—东盟法律培训基地；中央和地方共建的研究中心1个；民族地区政治与法治建设研究中心。

2011年，法学院教师承担国家社会科学基金课题2项，省部级课题7项，出版著作和教材3部，发表学术论文50余篇。获广西社会科学优秀成果一等奖1项，二等奖3项。

二、喜迎建党90周年，强化党建和思想政治工作

（一）通过理论学习，加强思想政治教育

2011年，学院紧紧围绕党的中心工作，坚持党建思想理论紧抓不放，不断创新，切实做到在思想上、政治上同党中央保持高度一致，发挥基础党组织的先锋模范作用。学院定期进行思想理论学习，认真学习科学发展观。组织学习胡锦涛总书记庆祝建党90周年的重要讲话精神；结合时事政治和历史重大事件，组织师生观看爱国电影，举行爱国爱党教育。

（二）以建党90周年为契机，全面加强党建工作

1. 在中国共产党成立90周年之际，学院组织开展建党90周年系列活动，开展了赴百色田东县革命老区红色主题实践活动，“学党史，感党恩，永远跟党走”主题知识竞赛，新老党员革命烈士纪念塔宣誓和素质拓展活动，慰问优秀老党员活动，观看红色经典电影，组织以“讴歌党史，创先争优，深入实践”为主题的“三下乡”社会实践服务活动，以及参加校红歌比赛等活动。通过一

系列建党90周年活动，坚定了党员对党的信念，提高师生爱党爱国思想。

2. 加强和改进党的建设，增强党组织的生机和活力。学院党委积极指导各党支部开展有特色有针对性的学习、教育和集体活动，加强党员之间的交流与融合，充分发挥党员在学院各项工作中的带头作用。抓好党支部的“三会一课”制度的贯彻落实，使党员不断学习党的先进理论。严格执行入党程序，逐级进行入党推优工作，保证党员的质量；按照发展党员的标准，吸收了42名预备党员，经考查，有29位预备党员转为正式党员。针对毕业生党员召开党员大会，就毕业生党员文明离校与办理党组织关系转移进行了布置，共转出党员149名，接收党员23名。

3. 加强学院党建新闻宣传工作，扩大活动影响力。学院非常重视党建新闻宣传工作，通过电视、报纸、网站、微博、展板等宣传方式宣传学院党政建设工作。学院在各类新闻媒体发表新闻稿通讯共112多篇，其中，省级新闻稿3篇，地市级新闻稿5篇。出版两期《湖畔法雨》，以及两期《简报》。扩大了学院的影响力，树立了法学院的良好形象，学院荣获2011年校宣传工作“先进单位”荣誉称号。

(三)积极开展反腐倡廉教育工作

通过学习《廉洁准则》，围绕以案明纪警示教育，开展系列反腐倡廉活动。学院坚持抓好领导班子成员的廉政建设，每个科级以上干部配发一本廉政读本、一本廉政笔记本，上二次廉政党课，开展交心谈心活动，观看警示教育纪录片，开展自查自纠活动和廉政“风险点”安全检查活动，并参加全校组织的《廉洁准则》考试。一系列的措施，切实保障了班子坚持党性原则，做到奉公守法，清正廉洁。

(四)争先创优活动取得好成绩

在全区高校开展评选先进基层党组织、优秀共产党员和优秀党务工作者的活动中，学院党委书记唐国军被评为广西高校优秀共产党员；在校开展的评选先进基层党组织、优秀共产党员和优秀党务工作者的活动中，学院党委被评为广西民族大学“先进基层党委”，邹同霞同志被评为广西民族大学优秀党务工作者，何立荣等5名同志被评为广西民族大学优秀共产党员。在我校开展的党建工作创新成果评比中，学院第二、五党支部荣获广西民族大学基层党组织建设工作创新成果奖。

三、加强教学工作

完善管理机制，进一步规范教学活动。学院积极配合学校教务处进行各项教学管理工作，学院领导高度重视教学工作，严格执行领导巡查，听课制度以及学生课堂考勤制度，对日常课堂教学中存在的问题均能及时有效处理，并将学院优秀老师的教学经验进行宣传推广，提高课堂教学工作质量。

积极组织教师教改立项，全面提升课堂教学水平。学院获得区教育厅教改立项2项，校级3项，在全区和全国多媒体课件大赛中获得优秀奖2项；积极组织教师参加第七届全校教师课堂教学大赛，有三名教师获得了中年组和青年组的一等奖和二等奖，有力地促进了教师教学水平的提高。

以丰富的学术活动和实践活动提升学生的理论和实践能力。通过组织法学院与南宁市西乡塘区法院开展“民族地区司法改革创新实验基地”共建活动，法学院知识产权法专业方向读书会，法学院第一届“批判性阅读”读书论坛，法学院研究生学术沙龙，模拟法庭大赛，司法文书写作大赛以及“斗衡杯”辩论赛等活动，学生的理论和实践能力得到了提升。

研究生工作稳步前进。2011年法学院招收硕士研究生57人，其中2人为留学生。55名硕士研究生毕业并获硕士学位，其中2人为同等学力人员申请硕士学位；学院研究生获自治区“真龙奖学金”2人，自治区“优秀研究生”3人，学校“优秀研究生”8人，校“优秀研究生干部”2人。2011年学院研究生获区研究生教育创新计划项目3项，学校8项，学校田野调查、社会调查项目3项。毕业研究生实现100 %就业，其中，相当一部分毕业研究生通过公务员考试进入区内外的公检法系统工作。

顺利举行第五期中国—东盟法律培训研修班。2011年研修班于10月20日—11月18日在学校举行，学院顺利完成研修班的各项工作。2011届研修班的成功举办，进一步增强了学校与东盟国家法学法律界的交流，扩大了法学院在国内以及东盟国家法学法律界的影响。

四、学术交流与合作发展

学院积极开展“引进来，走出去”学术交流活动。“引进来”学术交流活动开阔了学院师生的眼界。学院举办相思湖法治论坛系列学术交流活动，积极组织校外专家来学校讲学，2011年邀请了新加坡律师钟庭辉、北京大学常务副校长吴志攀、上海大学法学院院长沈四宝，中国法学会学术交流中心主任谷昭民、中国社会科学院法学研究所李步云、广西万和律师所杜陪荣律师、广西金桂北斗刘桂宽律师等著名专家来做学术报告。

“走出去”学术交流活动扩大了学院的影响力。2011年，学院常务副院长何立荣教授应邀出席教育部高校法学学科教学指导委员会、中国法学教育研究会第一次会员代表大会暨“十二五”规划与法学教育发展战略论坛，在大会上何立荣教授当选为中国法学教育研究会第一届理事会理事；学院副院长李立景博士参加教育部主办的第十一届全国多媒体课件大赛，他主持策划的多媒体课件《民事诉讼法》荣获高教文科组优秀奖；学院李远龙博士在中国法律人类学专业委员会成立大会暨首届法律人类学高级论坛上当选中国法律人类学专业委员会副主任委员；学院越南法律研究所所长吴远富博士就越南南海实弹军演一事接受凤凰卫视采访。

加强法律实务部门的合作，提升师生的专业水平。学院聘请一批有丰富法律实践经验和学术造诣的法律实务部门领导和专家担任法律硕士研究生的实践导师，进一步扩大和密切学院与法律实务部门的合作，以便更好地为我国法治建设培养高层次的复合型、应用型法律人才。与此同时，法学院通过与百色市检察院、南宁市西乡塘区法院、广西君桂律师事务所等单位签订研究与合作协议，共同策划、联合组织，充分发挥各自领域和行业优势，共享资源、互惠双赢，使学院师生在专业知识和社会实践上都得到很大的提升。

五、加强科研工作

精心组织各类科研项目申报。学院高度重视各类科研项目申报，组织学院学术委员会委员，帮助申报人完善申报材料。今年国家社科基金项目申报，我院唐国军教授主持的《秦汉国家理论建构研究》和张显伟教授主持的《西部民族地区基层民主发展规范化研究——基于村民自治现状的实地调查与思考》获得立项。广西哲学社会科学基金项目获得立项5项，其中有经费资助的3项，自筹经费2项。

加大科研经费投入，激励教师开展科学研究。为激励教师开展科学研究，多出成果，学院增加科研经费投入。首先是使用学科建设经费，为教师出版专著提供出版资金。其次是加大对科研成果的奖励力度，鼓励教师多出科研成果，特别是高质量的科研成果。

组织举办相思湖法治论坛，营造良好科研学术氛围。学院相思湖法治论坛从2010年下半年开始举办，主要由法院、检察院和律师事务所等实务部门领导和专家主讲，致力于将科研的学术性和社会实践性相结合，推动学院科研成果知识和社会实践操作的相互促进。现在学院将论坛分为三个系列，即博士生导师论坛、博士教授论坛和实务专家论坛，论坛的系列科研学术活动将不断延续。

六、积极做好学生管理服务工作

抓好安全稳定的制度建设，确保学生安全。学院成立了安全稳定工作小组，制订了相关安全稳定工作制度和安全稳定工作预案。每逢节假日前，学院领导都研究和部署安全稳定工作。辅导员、班主任要亲自到班上召开安全稳定教育主题班会，严格落实节假日外出请假制度、登记备案制度及返校检查工作，切实维护了学院的安全稳定。

做好毕业生就业指导与服务工作。组织开展毕业生代表座谈会，了解毕业生就业中的问题，帮助毕业生就业；广泛收集就业信息，通过QQ群、学院网站等及时发布就业信息，积极组织毕业生参加各类招聘会；做好个性化就业指导，为毕业生提供全面细致的就业指导与服务；通过各种关系帮助联系见习单位，推荐就业。2011年学院毕业生就业率为90.24%，17位同学考上全国重点高校的硕士研究生，50名同学考上公务员，学院荣获学校2011年毕业生工作先进集体荣誉称号。

关心学生生活，激励学生成长成才。学院认真做好家庭经济困难学生的认定与资助管理工作，协助学校评选了国家奖学金等近十项助学金项目共334人，学院共有252人获得各类奖学金。安排在本学院参加勤工助学岗位贫困生35人，其他单位54人，共89人。通过这些奖、助、勤活动，形成了贫困生有资助，优秀生有奖励的良好氛围。

开展第二届法律文化系列活动，提高学生的社会实践能力。组织了以模拟法庭大赛，“斗衡杯”辩论赛，法学院首届简历制作大赛，司法文书比赛，迎新晚会，院运会，以及暑期“三下乡”社会实践服务等活动，提高学生理论知识水平和社会实践能力。

七、开拓创新团学工作

学院团委学生会以“团结、务实、高效、创新”的原则积极开展团学工作，围绕学院“五个一”成才标准开展相关活动，深入开展了建党90周年系列活动，法律文化节系列活动，营造了浓厚的学习氛围，拓宽学术视野，激发同学的学习热情。

积极投身社会，学以致用开展丰富多彩的社会实践服务活动。2011年初，学院学生党员积极响应区党委组织部、教育厅、团区委关于开展十万大学生党团员创先争优寒假社会服务活动的号召，组织了80多名党团参加，获得各地群众的一致好评。3月，组织各班级积极开展学雷锋活动，团委学生会在校内外开展了各项法制宣传和法律咨询活动。七月，组织了以“讴歌党史，创先争优，深入实践”为主题的“三下乡”社会实践服务团队赴广西田东县开展活动；举行了建党90周年图片展览，“永远跟党走”文艺晚会；与大学生村官面对面交流学习，走访慰问老党员，举行关爱农民工子女等活动。学院因此获得学校“三下乡”社会实践活动先进单位、34名同学荣获先进个人称号。

加强学生干部队伍建设，打造具有战斗力的服务团队。团委学生会从自身办公礼仪及学生干部素质能力出发进行培训，组织全体学生干部到校外进行户外素质拓展活动，加强组织的团结协作能力。组织学院学生参加“挑战杯”大赛，4个团队15人入围校级比赛，一项作品获得全区“挑战杯”大学生创业计划三等奖。组织参加校辩论赛荣获第四名，学校“文明杯”足球赛荣获亚军，参加校“团结杯”篮球赛男女队分别荣获第五和第六的好成绩，获校运会“优秀组织奖”。（尚艳华）

管理学院

管理学院现有教职工50人，其中，教授9人，副教授15人，博士11人，硕士29人(其中在读博士5人)；拥有图书情报与档案管理1个一级学科硕士学位授权点，行政管理、社会保障、档案学、图书馆学、情报学和电子政务6个二级学科硕士学位授权点和1个公共管理硕士(MPA)专业学位点；共设有公共事业管理、行政管理、工商管理、旅游管理、档案学、人力资源管理等6个本科专业；全日制在校生1861人(本科生1649人，研究生212人)，其中，外国留学生119人(本科生73人，研究生46人)。成人高等学历教育本、专科生300多人，在职研究生班学员500多人。

一、强化党建和思想政治工作

以“创先争优”活动为契机，加强党建工作。建立健全党组织。2011年，以系为单位，科学调整党组织机构设置，学院有25个党支部。其中，学生党支部19个，教工党支部6个。截至2011年12月底，全院共有42名教师党员，581名学生党员。启用学院党建工作网站平台，及时更新“中国共产党党员基本信息系统”，实现党员动态管理和信息化管理；深入开展“永远跟党走”系列主题实践活动，在实践活动中创先争优。

强化理论武装，不断提高师生的思想政治素质。加强政治理论学习和业务学习。坚持党委中心组学习制度，建立系室集中学习制度；深入学习党的十七届六中全会和胡总书记在建党90周年大会上的讲话精神，学习、贯彻落实国家和广西中长期教育改革与发展规划纲要、自治区第十次党代会以及全国全区教育工作会议精神及学校“十二五”发展规划。学生党支部积极开展形式多样的党员教育活动，举行“永远跟党走”系列活动，认真学习胡总书记清华百年校庆讲话、温家宝五点希望寄语青年、习副主席来校视察一周年纪念座谈会精神。还积极开展主题班会、户外党校等一大批特色活动。

二、推进学科专业建设，凸显专业特色，充实学科内涵

完成一级学科自主设置二级学科的申报工作。按照国务院学位委员会、教育部相关文件精神，完成了在图书情报与档案管理一级学科硕士学位授权点下设立目录内“情报学”和目录外“电子政务”二级学科硕士学位授权点的申报工作。申报了《财务管理》普通本科新增专业。

通过学校对“行政管理”和“档案学”两个校级重点建设学科的评估验收，继续完善国家特色专业——档案学专业的建设，并将成功经验推广，带动其他专业学科建设，旅游管理和工商管理专业获批校级特色专业。完成了学科带头人的遴选工作。

加强学术交流，积极推动实验室建设。先后邀请了18位区内外专家来院讲学交流，同时派出公共管理硕士(MPA)中心负责人和相关教师到国内外知名高校交流学习；获得中央财政支持地方高校项目资助实验室建设经费100万元，向学校提交实验室建设规划报告，充分利用中央财政支持地方高校项目建设学科实验室。

强化实训基地建设。继续加强与自治区旅游局、自治区档案局等单位的实践教学合作，新建了广西轻工业科学研究院、广西惠康生物科技有限公司等8家公司的产、学、研基地。

三、推进教学质量工程，努力提升教学水平和教学质量

全面修订2011级本科教学计划。以培养管理人才的共同素养为基础，逐渐形成“学、训、工、研”结合的“管理学科群”人才培养新模式，力争实现学生个性化分类培养。2011级工商管理和人力资源管理专业开始实行“3+1”的人才培养模式，旅游管理专业增加了马来西亚语方向。

修订了2011级研究生培养方案。组织开展形式多样的学术活动，申报了自治区和学校创新项目。经评审，有4项课题共16人获自治区资助，11项课题共30人获学校资助。14项创新项目(其中区级项目2项)、2项研究生田野(社会)调查项目顺利结题。

开展教学质量大检查、大讨论活动。高度重视教学质量工程，认真组织实施教学评比、听课、讨论活动，组织师生开展如何提升研究生人才培养质量的座谈会。

初步拟定与老挝国立大学联合培养行政管理(旅游管理方向)研究生的培养方案，完成与马来西亚精英大学合作培养旅游管理本科生培养方案的制订和前期准备工作。

加强教风和学风建设。加强师德师风建设，继续实行系内教师相互听课制度，组织评审小组对中青年教师授课进行系统测评、反馈；积极组织教师参加学校第7届教师课堂教学竞赛，2人获二等奖，1人获三等奖，1人获优秀奖，学院获优秀组织奖。组织开展各种学习竞赛活动，调动学生学习的积极和热情；高度重视“考风动员”，进行“杜绝考试作弊，做诚信大学生”的教育活动。有31名毕业生考上硕士研究生。

开展专业技能竞赛。各系结合专业要求，深入开展专业技能竞赛。

四、深入开展科学研究工作

积极申报课题与项目。组织教师积极申报国家自然科学和社会科学基金等各级各类科研课题20项次。其中，国家社会科学基金和国家自然科学基金5项；广西哲学社会科学6项，其中四项获得批准立项；区教育厅科研项目4项，其中一项获批立项；获得区教育厅新世纪教改工程项目1项；2人申报学校思想政治教育理论与实践研究课题，其中一人获得资助。

加大科研工作力度。公开发表学术论文137篇。其中，中文核心34篇；出版专著6本。

五、加强师资队伍建设

稳妥开展副高以下岗位设置与聘任工作。组织学习《广西民族大学岗位设置与聘用管理暂行办法》，制定《管理学院副高以下岗位设置与聘任管理暂行办法》，圆满完成学院副高以下岗位设置与聘任工作。

深化“外引，内培，力荐”措施，加强师资队伍建设。及时向学校人事处上报人才需求计划。引进教授博士(副教授)各1人；申报职称教师12人，其中获正高3人、副高3人；考上博士研究生1人；提拔为副处级领导干部1人，教师上任院长助理1人，教师到自治区旅游局挂职锻炼1人。推荐3名老师参加“管理学院副书记”和“国交处副处长”职位竞聘。

加强硕士导师队伍建设。完成对15位硕士研究生导师资格的认定和22位新增硕士生导师的遴选工作。

六、推进对外交流与合作

继续加大“引进来，走出去”的学术交流力度。邀请18位专家学者来院讲学，并派出教师走出去参加各种学术活动。

进一步拓宽对外交流办学渠道。承办了广西东盟旅游人才教育培训基地第七期越南培训班的培训工作，举办了第二期全区旅游局长(骨干)培训班，进一步拓展广西旅游人才教育培训和交流平台；做好了国家级中国东盟旅游人才教育培训基地申报的跟踪推进工作。

扩宽教学、科研实习基地。在强化与自治区档案局、自治区旅游局等单位合作关系的基础上，新建了8个产、学、研基地。

七、创新学生管理工作

扎实推进团学工作。积极开展“永远跟党走”等主题系列学习活动，引领青年学生加强思想道德建设；优化和完善团学的规章制度，完善《主席直选办法》、《团学各部门职能》、《团学内部监督条例》、《班级激励机制》、《新闻宣传激励机制》等制度；邀请专家对学生干部进行系列培训，开展团学干部素质拓展培训、户外拓展活动和部门岗位知识培训，提高了学生干部的工作能力。

做好2011届毕业生就业工作。定期召开就业工作专题会议，完善领导班子成员联系毕业班，本科生导师、教职工党员联系毕业生制度；全面开展毕业生就业指导和就业推荐工作，并深入北部湾经济区拓展毕业生就业渠道，通过“一对一”帮扶，努力实现“双困生”充分就业。

完善以国家助学贷款、奖助学金为主体的“奖、助、贷、勤、补、减”的多元化学生资助体系。制定细则，做好认定，建立档案，拓宽渠道，积极帮扶困难大学生，努力解决学生的实际问题。

八、继续做好继续教育、工会、计生、档案、离退休、统战等工作

加强继续教育招生、管理工作。做好在职研究生班和函授生招生、入学、教学管理和服务工作。

做好工会、计生和档案工作。坚持和完善二级教代会民主管理制度，充分发挥民主监督与管理的职能；开展丰富多彩的文体活动，如健康步行、教职工篮球赛、毕业晚会、气排球赛、羽毛球比赛等活动，获得学校女教职工篮球赛第五名；加强计生管理，顺利完成人口与计生目标管理任务，获学校“2011年度人口与计划生育工作目标管理先进集体”一等奖；按时按质完成档案归当任务。

关心离退休老同志的政治、生活待遇，定期向退休老同志通报学院发展情况，大力支持离退休老同志参与关心下一代工作和教育教学改革，做好老同志的节日慰问等工作；认真贯彻党的统一战线方针，充分发挥民主党派和无党派人士的积极作用。（陶日然）

商学院

商学院现有教职工44人，其中专任老师34人，教授6人，副教授19人，硕士生导师6人，博士12人，在读博士1人；开设有国际经济与贸易、会计学、市场营销、电子商务、物流管理、金融学6个本科专业，其中，金融学专业首次招生；有自治区级经济管理实验教学中心、电子商务、国际贸易、金融、会计、物流等8个实验室；有中国—东盟经贸合作、北部湾区域合作等5个研究所；本科生1974人，其中留学生316人，继续教育本专科生2438人、在职研究生66人。

一、党的基本建设工作扎实开展

坚持政治理论学习制度。政治理论学习时间，学院认真组织教职工学习党的十七届六中会精神，积极开展创先争优为主题的实践活动，努力提高教职工的理论水平和政治觉悟，切实增强服务意识。

积极发展学生党员。举办党校积极分子培训班1期，296名积极分子参加培训学习；发展学生新党员188人，预备党员转正90人，全院党员共303人，其中学生党员265人；学院党委获学校党建创新成果二等奖，教职工第一党支部被评为广西高校先进基层党组织，1人被评为广西高校优秀党务工作者。

推进反腐倡廉宣传教育工作，增强教职工廉政意识。积极开展“以案明纪”活动和《廉政准则》学习，要求党员干部和教职工深刻吸取案件的教训和全面领会《廉政准则》的精神实质，要求党员干部和教职工按照《廉政准则》的若干规定，进一步规范自己行为，将自己的言行置于党和人民群众的监督之下。

认真做好大学生思想政治教育工作。“诚勤信行”品牌建设工程推进顺利，学生“诚勤信行”档案进一步完善；辅导员队伍得到补充和加强，增加专职辅导员1名、聘任了10名高年级优秀学生担任2011级辅导员助理或副班主任；思想教育进网络和进公寓工作也取得良好成效；安全稳定工作保持良好局面，及时调整安排好学生住宿，解决学生存在的困难，及时妥善处理了多起学生突发事件。

二、教育教学改革稳步推进

完成了校级重点学科国际贸易学、省级教学实验中心的验收工作，省级特色专业“国际经济与贸易专业”、紧缺专业“物流管理”和中国—东盟国际商务综合教学平台得到批准，先后召开学科建设大会和专业建设大会，规划商学院未来的发展，为今后商学院的学科布局与发展奠定了基础，重新完善了学科负责人制度，扎实推进学科建设目标，把学科建设与专业建设有机结合起来。

深化教改工作，人才培养质量稳步提高。修订2011级6个专业的教学计划，加大“3+1”人才培养模式力度，学院6个专业全部推行“3+1”培养模式，在越南语和泰国语方向的基础上，增加了英语方向，学院人才培养的国际性和应用性特色加强；以比赛促进实践教学的发展，学生参加“挑战杯”广西大学生课外学术科技作品大赛获二等奖1项；获“E路通”杯海峡两岸大学生网络商务应用创新大赛获大陆赛区一等奖1项、二等奖1项；选派了200多名学生参加了“两会一节”志愿者服务工作；质量工程积极推进，学院共有四项教改项目获得新世纪广西高校教育教改工程立项，占学校20%；申报校级教改项目8项，出版教材2本。

继续教育稳步推进。2011年共招收函授生900多人，其中民族干部班学生23人；招收中国少数民族经济专业在职研究生64人。

三、科研工作上新台阶

积极动员组织教师申报各级各类课题。2011年共获各类课题9项，其中，国家软科学基金课题1项、广西社科课题3项，广西教育科学课题1项、广西教育厅科研课题4项，广西社科课题结题2项。

广泛开展学术交流活动。共举办学术报告、博士论坛10场次，其中，校外专家讲学3次，校内专家4次，博士论坛3次，拓宽了师生的学术视野，提高了学术素养；同时，派出2位教师参加高水平的学术交流会议，不断提高教师的学术水平和科研能力。

科研成果丰硕。公开发表学术论文77篇，资助出版专著8部，编著2部，教材6部。

四、对外交流与合作有了新发展

学院新接收越南海防大学“2+2”留学生56名，使留学生总数达到316名，成为学校接收本科留学生人数最多的学院。学院派出出国学习的留学生规模稳中有加，除美国特洛伊大学外，新增了马来西亚的世纪大学和精英大学。

五、师资建设得到加强

2011 年派出 2 名教师到中国人民大学和中山大学做访问学者，有 3 名教师晋升为副教授，4 名教师获广西首届学术类会计“十百千”中的“十百”人才。

六、学生工作和工会工作

树典型、抓学风，为学生解决实际问题。2011 年有 4 个班被评为校先进班集体，4 个班被评为校优良学风班，102 人获校优秀学生奖学金，96 人被评为校三好学生，120 人被评为校优秀学生干部，48 人获校学术科研奖，50 人获校文体优秀奖；622 名贫困生获各类资助，金额为 16.625 万元；安排勤工俭学 47 人，发放补贴 9.4 万元；520 人获国家助学贷款 288.95 万元；208 人获各类奖学金 42 万元。毕业生工作稳步推进，就业质量继续提升。2011 年一次就业率达 96.5%，毕业生考取研究生 11 人，考取率为 2.8%；4 人被评为自治区优秀毕业生，20 人被评为校优秀毕业生，2 人被评为校就业工作先进个人，学院被评为校就业工作先进单位。

开展丰富多彩的教职工活动，促进学院和谐氛围。组织教职工参加学校篮球比赛，获第 5 名；组织 15 名教职工参加学校红歌比赛，获优秀组织奖；组建商学院计生协会，学院分管副院长任分协会长；开展对老职工和困难职工送温暖活动；对离退休职工因病住院、年轻职工家庭困难，学院多次组织工会会员上门进行慰问，送上慰问金；学院分别被评为优秀工会和优秀人口与计划生育工作二等奖；做好安全稳定工作，确保师生安全。（黄　寒）

文学院

一、基本情况

文学院现有在编教职员工 83 人，其中具有正高职称 36 人，副高职称 22 人，中级职称 18 人；具有博士学位 37 人，在读博士 8 人。学院在校学生 1993 人，其中硕士研究生 338 人，本科生 1655 人。设有编辑出版、古代文学、民族民间文学、民族语言、文艺理论、现当代文学、写作学、语言学、中教法、大学语文、外国文学等 11 个教研室和广西非物质文化遗产研究中心、广西少数民族语言文学研究中心、生态审美与民族文艺学研究基地、壮侗语言文化研究所、生态美学研究所、岭南民族文学研究所、广西古籍研究所、广西各民族艺术口传与实物文本陈列室，拥有中国语言文学一级学科硕士点 1 个，中国少数民族语言文学、现当代文学、古代文学、比较文学与世界文学、语言学与应用语言学、文艺学、汉语言文字学、中国古典文献学等 8 个二级学科硕士点。设有汉语言文学、编辑出版学、对外汉语、壮语言文学 4 个普通本科专业。

二、党建和思想政治工作得到加强

第一，以科学理论武装师生头脑。组织师生认真学习胡锦涛总书记在建党 90 周年庆祝大会上的讲话精神，学习党的十七届六中全会精神、自治区第十次党代会精神，把学习与专题研讨、调查研究和解决问题结合起来，进一步提高理论学习的系统性、针对性。

第二，推进创先争优活动、“党组织建设年”、“结对共建，先锋同行”活动的开展。学院第七党支部获广西高校先进基层党组织称号，1 名同志获广西高校优秀党务工作者称号，14 名同志获学校优秀党员称号，4名教师获学校优秀教师称号。

第三，开展以案明纪警示教育活动。到广西监狱局参观等形式，扎实有效开展警示教育活动，自觉筑牢拒腐防变的思想防线，增强廉洁从政和自律意识。

第四，组织好教研室主任换届改选工作。2011年9月，通过广泛征求意见、无记名投票、集体讨论决定，对已满届的11个教研室主任顺利进行了换届改选，对新老教研室主任进行交心谈话。在此基础上，对文学院教学指导委员会、学术委员会也进行了调整。

第五，继续抓好学生党员发展。把学生党员发展工作的重点放在提高质量上，使党员发展工作规范化，党员的先锋模范作用得到进一步体现。2011年，文学院发展学生党员324人，学生党员总数达到777人，党员学生占总学生比例为40.5%。

第六，加强对2011级研究生党员的管理。在2011级研究生各专业新选举成立研究生支部。

第七，突出对病危特困学生的帮助。积极号召全校各学院学生为文学院2009级编辑出版专业蒋玲莉同学捐款，已获捐款134100元。

三、学科专业建设取得新突破

第一，博士点建设工作扎实稳健推进。学院围绕学校中国语言文学博士点建设大方向，深入开展学科建设。邀请了马重奇、张先科2位国务院学科评议组专家来学校指导中国语言文学博士点建设，举办了学科建设座谈；在袁鼎生副校长的带领下，学院党政主要领导率队到北京、济南、南京进行博士点及学科建设外联工作，邀请了国内外专家到学院做讲座、指导学科建设工作。博士点学科建设工作稳步推进，特色鲜明，优势突出，获得了专家们的充分肯定。

第二，新增硕士点申报顺利通过。在中国语言文学一级学科硕士授权点获得通过后，申报增设目录内二级学科中国古典文献学和目录外二级学科中国民间文学顺利通过，进一步完善了学校中国语言文学学科布局，为文学院的不断发展创新开拓了思路。

四、教育教学质量获得提高

（一）提高本科教学质量

1. 调整教学指导委员会，进行毕业论文改革试点，建设教学实习基地。学院在2011年4月成立了教学指导委员会。为明确和规范教学指导委员会工作职能，制定了《广西民族大学文学院教学指导委员会工作办法》；进行2008级毕业论文改革试点，经过学院教学指导委员会的广泛讨论以及学院领导的集体研究，学院决定2008级本科毕业论文提前进行，先确定指导老师，然后再由指导老师与学生商量毕业论文题目，使毕业论文工作更加科学化、合理化；学院分别与南宁市第三十四中学、广西民族高中、都安第二高级中学、都安第三高级中学、都安瑶族中学、都安民族实验中学、都安初级中学等7所学校达成协议共建实习基地并正式挂牌；本学期汉语言文学专业、中国少数民族语言文学专业、编辑出版专业、对外汉语专业（对外泰）分别按计划进行了教学实习。对汉语言文学专业2008级文秘方向班实习方案进行改革。48名学生分别到贺州市委组织部、中国移动南宁分公司、南宁优胜教育投资有限公司、广西林业编辑部等单位实习。

2. 增设汉语言文学专业新闻方向班。确定了“技能+语言”的办学模式，即学习掌握新闻报道技能，懂得一门东南亚语言，强化特色办学，填补新闻从业人才的空缺；

3. 做好教育教学“质量工程”项目的申报与管理工作。配合教务处安排，就现有的自治区级、校级精品课程等质量工程项目等进行跟踪和督促，进行中期检查或总结、结题工作，对课程建设负责人教学情况、专业课程建设情况、教学方法改革与教学手段改革等建设情况进行了全面检查。2

位老师(海柳文、王尔勃)获得首届校级教学十佳，1 位老师(单辉)获得首届校级教学新秀，1 个教学团队(现当代文学教学团队)获得首届校级优秀教学团队，2 个专业(汉语言文学专业和编辑出版专业)获得首届校级特色专业。

4. 建立老师和学生评教的评教体系。教师教风好坏对教学质量的高低有直接的影响。为了增强教师责任心，形成良好教风，我们坚持按照学校统一部署，安排学生上网评课，了解教师的教学情况，并将学生对任课老师的评价结果反馈给教师本人。同时成立学院教学督导组，聘请两位退休老师有计划地听课评课。

(二)研究生教育不断加强

1. 进一步完善了研究生教育教学、日常管理工作，着实加强研究生的培养。完成了 2011 年研究生复试和录取工作，全院 12 个专业共录取国内生 105 人，其中学术型 79 人，汉语国际教育硕士专业 26 人。此外，配合国际交流处、国际教育学院接受了汉语国际教育硕士专业孔子学院奖学金生 17 人、语言学及应用语言学对外汉语方向中国政府奖学金生 14 人。完成了 10 级汉语国际教育硕士专业孔子学院奖学金生 9 人的毕业论文答辩工作，获得优秀毕业论文 2 篇。与广西医科大学、广西华侨学校合作共建汉语国际教育专业硕士点实习基地。

2. 加强研究生的科研创新力度，深入实施学校开展的“研究生教育创新计划”，成效显著。获得校级科研立项 22 项，获得校级研究生学术沙龙 3 项。7 人参加学校研究生教育创新论文演讲竞赛，1 人获得一等奖，2 人获得二等奖，4 人获得三等奖，并获得团体奖。

3. 完成了院研究生会的换届工作，并规范和扩大了研究生会的工作，充分发挥其功能，让学生干部能够真正得到相应的锻炼和提高。

4. 研究生会牵头举办了 2 场分别由张柱林教授、陆晓芹博士做的“青年教师自由谈系列讲座”，就当今最热门的学术问题展开讨论，既丰富研究生的学术生活，拉动青年人学术兴趣，又开阔学术思维。

五、科研工作取得丰硕成果

科研立项有了新的突破，共 16 项，其中国家级项目 3 项，自治区社科项目 4 项，教育厅项目 1 项，广西高校党建课题 1 项，校级项目 7 项，共计获得科研资助经费 48.32 万元；资助出版各级各类著作 18 部，有力地支撑了学校中国语言文学博士点建设和学科建设；邀请校外专家学者，举办一系列学术报告，共 21 场，拓宽了师生的学术眼界，达到了与国内重点高校、社科研究所专家交流，提高学术研究水平的目的；非遗中心在东兰县举行“广西非物资文化遗产研究中心铜鼓文化研习基地”揭牌仪式，为非遗研究提供环境，也为高校的理论研究服务地方文化建设提供平台。

六、营造优良学风，加强学生管理

在学院党委的正确领导下，文学院整体上形成良好的学习风尚，2011 年有 5 个班级获得广西民族大学先进班集体称号；4 个班级获得优良学风班集体称号；100 人获得三好学生称号；125 名同学获得优秀学生干部称号；51 名同学获学术科研奖；84 名同学获得文体优秀奖；13 人获得特等奖学金；26 人获得一等奖学金；39 人获得二等奖学金；75 人获得三等奖学金。形成集体、个人全面发展提升的局面。在历次学校的大型活动中，文学院都以积极的姿态和崭新的视角切入，展现大院风采，锻炼了一大批学生，提高了他们各方面的综合能力。如校田径运动会团体总分第二名。

七、提高大学生就业率

2011 年文学院学生就业率为 94.9%，在 2011 年 1 月学校的大学生就业工作会上，文学院获得了学校2010年度大学生就业工作先进集体称号。

第一，“一个核心”。即以提高毕业生就业率为核心。学院党政领导高度重视毕业生就业工作，成立了就业工作领导小组，多次召开就业专题会议，讨论分析就业形势，研究毕业生就业策略，全面发动教职工参与毕业生就业推荐工作。

第二，“三个重点”。一是观念更新。引导毕业生到基层就业，唱响“行行建功，处处立业”的主旋律，帮助学生树立“先就业，再择业，后创业”、“从基层做起，从实处出发”的就业观和价值观，降低学生的就业期望值，鼓励他们从基层做起，立足社会现实，夯实就业基础。二是心理疏导。在心理上，减轻毕业生就业择业的焦虑与压力；认真组织毕业生学习文明离校的相关文件，开展丰富多彩的文体活动，为毕业生营造安全、稳定、充实、积极的氛围。三是提升能力。在能力培养上，给予毕业生更多的指导，提高学生就业的竞争能力。

第三，“五个关键”。一是坚定不移地推进教育教学改革。在抓好理论性教学的同时，加强实践性教学，重点培养学生的综合素质，从根本上提高学生就业竞争力，推动学生顺利就业。二是积极主动地拓展就业渠道。把“请进来”与“走出去”相结合，既主动邀约各企事业单位“到校招聘”，又大胆走出校园“上门推销”，组织动员毕业生到企业开展自荐活动，为企业和学生搭建良好的平台。2011年，学院邀约共53家单位到校招聘毕业生。三是有的放矢地建设就业工作机制。专门对辅导员进行毕业生就业工作培训。同时建立就业信息搜集小组，搜集和汇编用人单位信息；打造求职信息快速通道，每班成立就业信息小组，每个宿舍设一个就业信息联络员。四是深入细致地提供毕业生就业服务。学院领导靠前指挥，辅导员、班主任深入班级、任课老师深入课堂，力争把服务覆盖到每一个毕业生，把服务落实到每一个毕业生。五是实行“一对一”个性化就业指导。就业思想的帮扶，帮助学生树立正确的就业观、择业观；就业过程的帮扶；加强对“双困”学生的帮扶，将毕业生分成好、中、差三个层面开展就业指导工作，尤其把工作重心放在条件差、就业有困难的毕业生身上。（范潇潇）

外国语学院

一、基本情况

外国语学院拥有外国语言文学一级学科博士点立项建设学科，外国语言文学一级学科硕士点，5个二级学科硕士点，分别是亚非语言文学、外国语言学及应用语言学、英语语言文学、法语语言文学和翻译硕士专业；设有英语、法语、越南语、老挝语、泰语、柬埔寨语、缅甸语、印度尼西亚语、马来语9个本科专业。此外，还承担全校大学英语的教学工作。

学院现有教职工123人，专任教师110人其中教授12人，副教授26人；博士9人，在读博士10人，大部分教师到过语言对象国留学或进修。享受国务院特殊津贴2人，八桂名师1人。学院在校学生1012人，其中本科学生899人，硕士研究生113人。

学院下设英语语言文学系、法语语言文学系、越南语言文学系、老挝语言文学系、泰国语言文学系、柬埔寨语言文学系、缅甸语言文学系、印尼—马来语言文学系、大学英语一系、大学英语二系、研究生工作部、东南亚研究所、外语非通用语专业实验教学中心、翻译硕士专业学位教育中心等14个系(部、所、中心)。

2011年，学院党委获得自治区“先进基层党组织”称号，越南语学生党支部获得自治区“优秀党支部”称号。

二、扎实开展党建工作

(一)加强理论学习，提高领导干部理论水平

学院党委积极组织教职员工深入学习胡锦涛总书记在庆祝中国共产党成立90周年大会上的讲话精神、十七届六中全会和自治区十次党代会精神，坚持做到“四个结合”，即：集体学习与个人学习相结合，理论学习与社会实践相结合，党校学习与团校学习相结合，业务学习与党的理论学习相结合，提高了理论学习的系统性、针对性和时效性，促进了学院领导班子成员素质的全面提升。

(二)创新党建工作载体，加强党组织建设和党员队伍建设

学院党委提出党员要牢固树立创先争优意识，通过参加活动发挥党员的先锋模范作用。在开展创先争优活动过程中，学院注重组织各种形式的主题学习教育活动，运用多种方式积极推进学习型党组织建设。以建党90周年为契机，以形式多样的活动为载体，创新性开展党组织建设活动，取得较好的效果。7月，学院组织120人师生党员参加学校庆祝新中国成立90周年红歌比赛，获得集体二等奖；学生党支部积极开展“我与祖国共成长”主题学习会、参加纪念建党90周年征文活动等。12月，学院党委组织全院教职工赴百色革命老区考察学习，重温入党誓词，回忆红色历史，增强党员领导干部宗旨意识，激发广大教职工的爱国热情。

(三)加强反腐倡廉教育，增强领导干部廉洁从政意识

学院组织领导干部重点学习了《中国共产党党员领导干部廉洁从政若干准则》、《反腐倡廉10个热点问题》；组织各系主任和领导班子观看了警示教育片《背叛与忏悔》和《贪之悔》；组织学院班子观看广西检察机关预防职务犯罪展览，加强对领导干部预防职务犯罪教育，增强拒腐防变能力。

(四)强化以“党建带团建”工作模式，做好大学生党的知识教育培训和“推优入党”工作

2011年，学院共有248名学生参加党课知识教育培训，有146人参加推优入党，154人转为正式党员，共发展165名优秀学生入党。

三、加强学科建设，积极推进外国语言文学一级学科博士点立项建设工作

2011年6月，学院外国语言文学一级学科博士点立项建设学科顺利通过了中期检查。学院按照《广西民族大学新增博士学位授予单位项目建设规划》的要求，扎实推进博士授予权学科点建设，加快学科建设步伐。学院召开了一级学科博士点建设工作会，修改了学科建设规划，特别是申博规划，进一步凝练了学科方向，明确了学科师资队伍建设的目标。

为提高学院学术论文水平，出高水平研究成果，学院要求每位专业教师利用暑期时间完成一篇学术论文，学院学术委员会加强对教师科研工作的指导，同时组织开展学术研讨会、学术讲座，提高师生学术研究兴趣，拓宽学术视野。

2011年共获各级各类科研、教改项目共44项，其中省部级以上5项。出版专著2部、译著1部，工具书1部，论文集2部，教材6部，公开发表论文78篇，《新越汉词典》获2010—2011年中国外语非通用语优秀学术成果辞书一等奖、《越南语言文化探究》、《越南语双音节汉越词研究》获2010—2011年中国外语非通用语优秀学术成果著作三等奖，杨令飞教授的国家社科基金项目《法国新小说发生学》结题为“优秀”等级，韦树关教授的广西哲社项目《壮泰语词汇比较研究》结题获

“良好”等级。2011年，学院成功举办或承办了广西翻译协会年会暨学术研讨会、广西高校外语专业第二届研究生学术论坛、老挝佬族起源学术研讨会和第三届中国越南语言文化教学与研究国际学术研讨会，组织开展了系列学术讲座共25场。

四、教学工作取得新成绩

第一，强化教学团队建设，发挥团队战斗堡垒作用。2011年，“越南语口语”，“越南语口译”被评为广西高等学校特色专业及课程一体化建设项目；英语专业被评为广西民族大学特色专业，法语学科教学团队获学校首届优秀教学团队。组织教师积极编写教材，已出版6部教材，分别是《中级缅甸语会话教程》、《缅甸语语音快速入门》、《综合越南语教程》第二册、《大学泰语语音教程》、《大学泰语阅读教程》下册和《创新大学英语阅读教程》。

第二，认真组织师生参加各类教育教学比赛。学校十佳教学和教学新秀评比中，梁远教授获十佳教学称号，韦凡州老师获十佳教学新秀称号。在学校第七届教学比赛中，学院有4名教师代表参赛，2人获二等奖、2人获三等奖。在第二届“外教社杯”全国大学英语教师讲课比赛中，2人获三等奖。第五届全国大学生越南语口语演讲比赛，学院9名学生参加，共获得6个一等奖，3个二等奖。在第四届广西高校泰语演讲比赛中，学院获得1个二等奖；学校第二届师范生教学技能比赛，1人获二等奖。学院08级英语专业学生黄艺婷代表学校参加第二届广西师范生技能大赛决赛，夺得一等奖。在由外交部、教育部和自治区政府主办的中国一东盟友谊知识竞赛上，学院组成的代表队获得决赛第一名。

第三，为拓宽学生就业和实习平台。学院先后与天津聚龙集团、广西平果铝业集团等多家单位建立了合作关系，与南宁市十五中、二十中共同建立实习基地。

五、强化品牌，扎实开展学生工作

办好外语文化节系列活动。本着“推进素质教育、打造学生工作品牌”的宗旨，结合学院专业特色，在学院团委、学生会的精心组织和策划了东南亚水果拼盘及风情展、外文歌曲大赛、越语口语大赛、泰语口语大赛、东南亚电影展播及东盟外语角、东南亚知识及礼仪大赛、中国与印尼大学生联欢晚会等一系列异彩纷呈的文化艺术活动。

开展“三下乡”和社会实践活动。2011年7月16日至22日，学院组织部分学生到河池市东兰、巴马县开展主题为“高举爱国旗，重走红军路”、“情系三同，体验三同”的暑期“三下乡”社会实践活动。应学校附属幼儿园邀请，选派了13名越南语、泰语、老挝语、柬埔寨语等东盟语种专业的同学到该园担任助教活动，一同参与共建“东盟文化教育基地”。

积极推动校园文化建设，组织学生参加各项活动。学院团委、学生会积极组建队伍参加学校第九届辩论比赛，获季军的好成绩。2011年11月，学院在首届校毽球大赛荣获第四名；学院代表队参加科技活动月之“诵读经典，品评名著”诵读比赛，荣获三等奖；学院团委、学生会承办英语戏剧大赛获得比赛第一名；学院还积极开展“迎新杯”篮球赛，“毕业杯”气排球赛等体育活动；

强化学风建设。2011年11月，学院启动以“互帮共进促学风”为主题的学风建设活动月，学院与各班班长签订了学风建设承诺书，大力推进学风建设，努力营造学院“比、赶、超”的学习局面和“勇于创新，敢于实践”的氛围。

六、高度重视毕业生就业指导工作

积极做好毕业生推荐和指导，圆满完成2011届毕业生就业目标责任，获学校毕业生就业先进单位。学院2011届本科毕业生共有207人（英语专业76人、越南语专业43人、泰国语专业47人、老挝语专业 12 人、柬埔寨语专业 13 人、印尼语专业 16 人），截 z 至 2011 年 12 月，平均就业率为 98.6%。硕士研究生 34 人，平均就业率为 100%。

七、立足学院，服务社会

2011 年先后派出优秀教师和学生志愿者为中国—东盟博览会、中国—东盟商务与投资峰会、南宁国际民歌艺术节提供文字翻译、同传翻译、陪同翻译等服务 300 余人次。派出韦凡州老师和 10 名越南语专业研究生赴中国浦东干部学院为越南 165 项目干部培训班担任翻译。8 月，选派 3 名优秀大学生去广州参加世界大学生运动会志愿者服务。学院还积极推动国际汉语教师志愿者工作，2011 年共派出 16 人到泰国、菲律宾、老挝等国担任汉语教师。

八、不断提升大学英语教学和管理工作水平

学院大学英语系负责全校除英语专业以外的本科、专科及研究生的基础英语课程教学工作。

大学英语系采取积极措施，努力进行教学改革和师资队伍建设，克服师资、教室严重不足及教学设备落后的困难，取得了可喜的成绩。有 4 位教师指导学生获得全国英语竞赛特等奖；2 名教师获第二届“外教社杯”全国大学英语教师讲课比赛广西赛区三等奖；获国家民委教改项目立项 1 项，广西教育厅教改项目 1 项，校级科研及教改项目 7 项，《大学英语》课程为学校精品课程建设项目。

努力营造课外英语学习氛围，注重提高学生的英语综合应用能力。2011 年大学英语第二课堂活动异彩纷呈，成果喜人。5 月，获年全国大学生英语竞赛（广西赛区决赛）个人特等奖 3 名、一等奖 1 名、二等奖 10 名、三等奖 21 名；10 月，获“CCTV 杯”全国大学英语演讲比赛广西赛区团体三等奖，同时获个人三等奖 1 名、优秀奖 1 名；11 月，获 2011 年“东方正龙杯”第三届广西翻译大赛特等奖 9 名、一等奖 4 名、二等奖 38 名、三等奖 55 名。（罗利玉）

民族学与社会学学院

民族学与社会学学院现有在编教职工 48 人，专任教师 39 人。其中，有博士生导师 2 人，广西优秀专家 3 人，八桂学者 1 人，具有正高职称 14 人、副高职称 14 人，具有博士学位 16 人，在读博士 1 人。学院在校学生 753 人，其中硕士生研究生 123 人，本科学生 630 人。

学院设有民族学、马克思主义民族理论与政策、中国少数民族史、中国少数民族经济、中国少数民族艺术、中国史、世界史、社会学与社会工作、教育心理学 9 个教研室和壮学研究中心、瑶学研究中心、民族学人类学研究所、广西地方史研究所、东南亚研究室，建有影视人类学、民族工艺、教育心理学、社会工作 4 个实验室和 1 个民族博物馆、1 个资料室，拥有民族学一级学科硕士点 1 个，民族学、中国少数民族史、马克思主义民族理论与政策、中国少数民族经济、中国少数民族艺术、社会学、专门史 7 个二级学科硕士点和民族学、历史学、社会学、社会工作、应用心理学 5 个本科专业和小学教育、社会工作 2 个函授本科专业，初等教育 1 个函授专科专业。

一、学科建设取得新突破

继 2010 年获得博士点建设骄人成绩后，学校学科建设又获重大突破。2011 年，学校“中国南方与东南亚跨境民族研究基地”获批成为国家民委首批人文社会科学重点研究基地，该基地的落成为学校高层次人才培养与科学研究建立了新平台。召开“民族学博士点学科建设”研讨会，积极推进民族学博士点学科建设；新增硕士学位授权学科点(历史学)，为博士点建设提供支撑；《民族学概论》、《民族理论与政策》课程被确定为广西高校特色专业及课程一体化建设项目立项。

二、注重队伍建设，优化队伍结构

继续资助2位在职教师攻读博士学位，2人攻读硕士学位，

学院有1人晋升教授，4人晋升副教授；周建新教授获聘为广西特聘专家，聘在学校中国南方与东南亚民族研究岗位；肖海芹老师获广西高校优秀辅导员。

三、科研工作按计划有序进行，成绩喜人

2011年新立项科研项目10项，其中国家级3项、省部级1项、校级5项。出版著作10部，发表学术论文78篇。此外，在广西区内设立“田野调查基地”5个。

四、广泛开展学术活动，加强对外交流，借鉴办学经验

举办学术会议。学院成功举办“中国人类学民族学2011年年会”。来自全国各地各高校、科研机构的人类学、民族学专家代表和加拿大民族研究会的代表约350余人出席会议，围绕“社会转型、民族和睦与可持续发展”主题进行探讨。举办“第九届中国社会思想史年会”，来自清华大学、南开大学等亚洲多所高校的知名专家学者50多人出席了会议，并在会上介绍了在城乡统筹、农村移民、留守儿童、人口可持续发展等方面的研究成果；在老挝南宁召开“第五届中国与东南亚民族论坛”学术研讨会，有来自广西民族大学、海南大学、云南大学、国家民委等20多人参加会议；邀请国内知名专家学者33人/次来校讲学及指导学科建设；选派教师20多人次外出访学及参加国内外学术会议。

五、加强图书资料室、实验室等公共服务体系建设

充实图书资料。民族学博士点资料室已建成，图书监测仪、采集仪等设备已到位，所有图书已按馆藏标准加工上架。还派专人到香港、武汉等地新购图书1000多册。加强实验室建设，积极申报实验室建设项目，加强心理学实验室建设和民族工艺实验室建设，心理学实验室建设项目已获得学校批准，仪器设备正在招标采购当中。加强民族博物馆建设，民族博物馆已收藏各类文物、器具386件/套，展出广西12个世居民族的生产、生活资料照片253幅。是重要的教学、科研，以及对外宣传窗口。

六、本科和研究生教育取得显著成绩

考研再获丰收。2010年，在152名本科毕业生中，有71人报考硕士研究生，有34被录取，报考率、录取率再次居学校榜首。有2名硕士毕业生考取博士研究生(张劲夫、温美珍)。

重视学生专业实践能力的培养，积极开展田野调查等社会实践活动。一年来，各专业硕导指导学生赴区内外各少数民族聚居点及社区进行田野调查、文献收集、社区服务等共计79人次。本科专业学生在老师的带领下到贵州及区内的三江、防城、百色等地进行田野调查，学生实践能力不断提高。另外，结合专业特点成立的帮教团队、社工协会组织学生到南宁市福利院，对孩子进行素质拓展；开展“帮得行动”——军服募捐活动；帮教团队的成员与石埠小学学生开展一对一的帮扶活动，积累了实践经验，开阔了视野，锻炼了能力。

举办各种活动，丰富校园文化生活，提高学生的综合素质。举办第六届“孔明杯”辩论赛，为同学们提高口头表达能力和应变能力提供了锻炼平台，在初赛和决赛中学院一批优秀的辩手脱颖而

出，学院获得第六名的好成绩；举行第三届即兴演讲比赛、英语演讲比赛，学生的即兴反应能力、口头表达能力得到了锻炼；

组织学生参加学校第五届“挑战杯”大学生课外科技作品竞赛，最终有12个项目完成了结题，9个项目通过了学校的初赛；选拔代表队参加学校第九届大学生辩论赛、第六届啦啦操比赛、篮球赛、校运会、科技文化节之舞蹈比赛、“诵读经典，品读名著”大赛、英语戏剧大赛、书画摄影比赛、预防艾滋病知识竞赛等，展示了学院学子的风采，丰富学生的课余文化生活；组织学生参加暑假三下乡社会实践活动、远程教育志愿服务活动、民歌艺术节、东盟博览会志愿者活动，开拓了同学们的视野，拓宽了同学们的知识面；组织研究生申报各级科研创新项目及参与各项学术竞赛，获区级研究生科研创新项目4项，获校级科研创新项目11项，获学校田野调查、社会调查立项资助5项；2人获得自治区高等教育教学软件大赛奖，1人获自治区优秀学位论文荣誉，3人获“2010年度广西高校优秀硕士研究生”称号，10人获得学校优秀研究生奖学金。组织研究生参加学校第四届研究生学术论文竞赛、第二届学术论文演讲比赛及社会热点问题研究论文竞赛，有12人次获奖。

七、党的建设和思想政治工作取得成效

抓好组织发展工作。2011年，共有130人向党组织递交入党申请书并参加党课学习，发展新党员93名，有89名预备党员转正，为101位毕业生党员办理组织关系转移。

开展党支部委员换届选举工作，加强基层党支部领导班子建设。8个党支部完成了支部委员会换届选举工作，选举产生了新一届党支部委员。

举办“一名党员，一面旗帜”主题征文活动，激发学生党员荣誉感和责任感，充分发挥学生党员的先锋模范作用。活动共收到参赛论文48篇，评出一等奖2名，二等奖3名，三等奖5名，优秀奖10名。

创新党员教育管理工作，坚持教育与自我教育相结合，尝试多种多样的党员教育形式。通过座谈、会议、网络、书信、便条、电影等多种形式对党员进行教育。2011年，学院组织召开3次预备党员座谈会和1次毕业生党员会议，全体支部委员建立委员工作QQ群，各支部建立党员QQ群，在学院的网站上建立党员留言信箱等。

组织党员公开承诺，接受群众监督。2011年10月13日，学院党委和全院10个基层党支部填写了《2011年基层党组织公开承诺书》，共178名师生党员填写了《2011年党员公开承诺书》，基层党组织力求做到“五个好”，共产党员努力做到“五带头”。　（李强珍）

理学院

理学院的前身是1960年设立的数学、物理专修科。1972年成立数理化系，招收数学、物理专科生。1977年招收数学、物理本科生，1978年分别成立数学系、物理系。1998分别更名为数学与计算机科学系、物理与电子工程系。2003年7月，经学校学科调整，组建成数学与计算机科学学院、电子与通信工程学院。2008年电子与通信工程学院更名物理与电子工程学院。2011年11月，学校为加强理工学科发展，对原数学与计算机科学学院与物理与电子工程学院的学科专业进行重新整合，成立理学院。学院现有教职工62人，其中教授14人，副教授13人，博士生导师4人。教师中全国优秀教师2人，全国“五一”劳动奖章获得者1人，自治区先进工作者1人，自治区十百千人才1人，自治区百名中青年学科带头人1人，广西高校优秀人才资助计划人选2人，拥有博士学位者15人。

学院设有数学与应用数学系、信息与计算科学系、物理系、金属材料系、科技史系、金融数学与统计系6个系和实验室。拥有数学、科技史两个一级硕士点学科，二级硕士点有六个：基础数学、应用数学、计算数学、概率论与数理统计、运筹学与控制论、科学技术史；有数学与应用数学、信息与计算科学、物理学、金属材料工程等全日制普通本科专业4个。计算数学为自治区重点学科，2010“计算数学”学科被列入中央财政支持地方高校发展专项资金省级重点学科建设项目；应用数学、科学技术史为学校重点学科，数学、科学技术史为学校博士授权点立项建设单位支撑学科；数学、材料科学与工程分别为自治区“十二五”规划建设的一级学科博、硕士授权点。信息与计算科学、物理学专业为自治区优质专业。

一、深入学习和贯彻落实科学发展观，科学制定学院“十二五”发展规划

以科学发展观统领学院的各项工作，紧密联系学院的发展实际，认真解决影响和制约学院科学发展的主要问题和广大师生员工普遍关心的实际问题，为推动学院各项工作的顺利开展提供思想保证。

对照学院“十一五”发展规划要求，认真检查学院“十一五”规划期间各项工作的完成情况，总结工作取得的成绩和基本经验，深入分析“十一五”规划期间存在的主要问题和困难，结合学校“十二五”发展规划，集思广益，制定了学院“十二五”发展规划。

二、推进科学研究水平和科研创新能力，积极开展学术交流活动

认真组织各级各类科研项目的立项申报工作，充分发挥以学科带头人为中心的科研团队作用，加强学术梯队建设，以项目带动科研，共获国家自然科学基金项目2项和1项国际合作项目，1项教育部重点项目、1项国家民委项目和4项广西自然科学基金项目，是学院获省级以上项目最多的一年。深化教育教学研究，组织完成了新一轮各类各级教改项目的申报，获区级教改项目3项，校级教改项目5项，进一步推动了学院教育教学改革的探索。

积极开展学术交流活动，根据学科建设需要，邀请多位校外专家来学院讲学，鼓励教师参加国内外各项各类专业学术交流研讨会。邀请了美国等著名数学家及国内长江学者等30多人次面向全院师生、教师和研究生作了多场学术报告会和专题报告会。

三、学生科技创新实践取得较好成绩

加强学生考研辅导工作，继续强化学生考研基础课、选讲课的学习和辅导，提高应届本科毕业生考研报考率和录取率。2011届应届毕业生62人报考，12人被录取。

圆满举办面向全校专业组及非专业组学生的数学竞赛，本届竞赛共有全校专业组260名及非专业组180名学生参加比赛，共评出个人单项一等奖5人次，二等奖20人次，三等奖45人次。

“以赛促学”是学院长期坚持的理念，已成为学院的特色。在学院领导带领下，组织学生参加第三届全国大学生数学竞赛，广西赛区一等奖1人、二等奖3人、三等奖6人、优秀指导奖3人；组织数学建模竞赛，21队参赛队，全国二等奖1个队、广西赛区一等奖2个队、广西赛区二等奖3个队、广西赛区三等奖5个队。另外，学校还获得2009—2011年广西赛区“优秀组织学校”荣誉称号，曹敦虔老师被评为2009—2011年广西赛区“优秀组织工作者”；组织学院参加安利杯2011

年大学生计算机作品赛，总共派3个队参加，其中一个队获银奖，其余两个队获铜奖。

四、学生工作和毕业生工作稳步推进

积极探索新的学生管理模式，充分发挥专职辅导员的作用，进一步完善班主任管理制度，加强专任教师在学生课堂教学和课外辅导中对学生的指导、教育和管理，发挥任课教师既教书又育人的作用。围绕学风建设和专业建设，创新第二课堂活动，进一步调动学生干部在学生自我教育、自我管理中的积极性和主动性，发挥学生干部的骨干和带头作用。积极稳妥地做好了对学生的扶贫济困及各项评优工作。2011届本科毕业生共人，学院积极探讨毕业生就业工作的新思路和新办法，调动广大教师关注和积极参与毕业生就业指导和推荐工作，发挥党组织在毕业生就业工作的作用；落实责任制，主要领导、分管领导、辅导员、教研室等层层落实责任，千方百计收集就业信息，多渠道拓宽就业渠道；加强个性化指导，做好困难毕业生帮扶工作，引导和鼓励毕业生面向基层就业和自主创业。2011届毕业生一次性就业率94%以上，较好完成学校下达的就业指标。

五、强化内部管理，充分调动教职工的积极性

认真组织实施《数学与计算机科学学院岗位津贴实施细则》，确保津贴分配的公正、公开和合理；完善成人教育的管理制度，加强双证成人脱产班、成人函授班的教学和日常管理，确保教学质量。开展适合学院的生动活泼的工会活动，丰富教职工的业余生活，增强学院的凝聚力；召开学院第三届教职工代表大会，选举新一届学校教代会代表，制定了学院“十二五”发展规划。（伍小花）

信息科学与工程学院/软件学院

信息科学与工程学院于2011年11月21日由数学与计算机科学学院和物理与电子工程学院整合组建而成。学院现有教职工71人，其中正高职称6人，副高职称16人，中级职称37人，具有研究生学历50人，拥有硕士学位34人，博士学位12人。享受国家特殊津贴专家1名，中国科学院百人计划人选1人，自治区高校百名中青年学科带头人1名。广西“八桂学者”1人，广西优秀专家1人，广西首届教学名师1人，博士生导师2人；硕士生导师12人。

全日制在校生11545人，其中研究生33人，本科生1512人。设有计算机科学与技术、信息与计算科学、电子信息工程、通信工程、自动化、软件工程6个普通本科专业；计算机科学与技术一级学科硕士点1个；计算机系统结构、计算机应用技术2个二级学科硕士授权点。

广西混杂计算与集成电路设计分析实验室是自治区重点实验室，信息与计算科学专业是自治区级优质专业，计算机基础课实验中心是自治区级重点教学实验示范中心，科学与工程计算实验室是中央与地方共建特色优势实验室，2011年首批获广西“八桂学者”岗位。

开办有拥有独立法人资格的国有企业——南宁市海通新技术研究所、经思科公司授权的思科网络技术学院、经过Pearson授权的VUE国际认证考试中心。

学院设有与专业相配套的计算机软件实验室、计算机网络实验室、多媒体技术实验室、计算机组成原理实验室、嵌入式技术实验室、物联网技术实验室、微机原理与接口技术实验室、单片机原理实验室、微机硬件外设综合技术实验室、电子仪器与测量实验室、计算机组成与体系结构实验室、可编程控制器实验室、移动通信实验室等近50个专业实验室。

软件学院于2011年11月21日成立。学院的前身是数学与计算机科学学院和物理与电子工程学院。学院现有教职工10人，其中正高职称1人，副高职称3人，中级职称5人，具有研究生学历8人，博士学位1人，在读博士1人。设有网络工程、信息管理与信息系统等全日制普通本科专业2个；计算机软件与理论二级学科硕士授权点1个。系统分析与集成学科2010年被自治区列入硕士授权点建设学科。

根据学校理工类学院整合方案，新成立的信息科学与工程学院、软件学院暂时实行两块牌子一套班子的管理模式。（刘银妹）

化学化工学院/海洋与生物技术学院

一、基本概况

化学化工学院、海洋与生物技术学院是2011年11月21日由化学与生态工程学院调整重组而成，目前暂时实行两块牌子一套班子的管理模式。现有教职工68人，教授23人，副教授14人，高级实验师和高级工程师12人，博士29人，在读博士7人，硕士26人；全国模范教师1人，广西“十百千人才工程”第二层次人选2人，广西高校八桂学者2人，八桂名师1人，广西高校教学名师1人，广西高校百名中青年学科带头人及优秀人才资助计划人选7人，教育部骨干教师2人，博士生导师2人，硕士生导师34人；在校学生1230人，其中本科生1120人，硕士研究生110人；设有化学、应用化学、化学工程与工艺、环境工程、生物技术、制药工程和高分子材料与工程7个本科专业，有化学工程与技术1个一级学科硕士点，应用化学、生物化学与分子生物学二级学科硕士点。

有总面积为19400平方米的实验楼，设无机化学、有机化学、分析化学、物理化学、化工原理、化工专业、环境检测、生物综合、基因工程、生物化学、植物及植物生理学、人体及动物生理学、细胞生物学、普通生物学、遗传学、微生物学、制药工程、分析测试中心、有色金属冶炼、高分子化学、高分子材料成型加工等实验室。1个自治区级重点实验室、2个中央与地方共建高校专项资金特色优势实验室和2个广西高校重点实验室、1个自治区级实验教学示范中心、2个广西教育厅人才小高地、1个广西高校校企共建科技创新平台。

二、学科建设

继续加大力度，加强硕士点、博士点建设。2011年，化学工程与技术一级学科博士点建设学科已正式启动，获得建设经费100万元，获得化学工程、化学工艺、生物化工、工业催化四个目录内二级学科硕士点，获得生物质化学工程和工业分析两个目录外二级学科硕士点。已有一级学科博士点建设学科1个，一级学科硕士点1个，二级学科硕士点8个。

抓好硕士研究生培养质量工作。2011年，已有硕士研究生110人；22名研究生毕业并获得硕士学位，2名获区优秀学位论文，2名获区优秀毕业生；获区研究生教育创新计划立项1项，校研究生教育创新计划立项6项；获第四届“我的研究”学术演讲比赛一等奖1名，二等奖2名，三等奖2名。

进一步加强重点实验室和人才小高地的建设力度，搭建良好的科研平台。2011 年，获得教育厅林产化工校企联合共建实验室 1 个，资助经费 50 万元；化学与生物转化过程新技术获第四批广西高校人才小高地创新团队；广西林产化学与工程重点实验室获得 100 万元的资助；教育厅绿色化学与技术重点实验室获得学校 70 万元经费资助，该实验室和化学与生物转化过程新技术实验室接受了教育厅的评估。

“基础化学实验教学示范中心”获得教育厅验收通过；中央支持地方财政工科平台专项 200 万元所有设备的供货。

三、师资队伍建设

学院引进博士 1 名，；4 人获得教授职称，1 人获高级实验师职称，4 人获博士学位；教师队伍的专业、职称、年龄结构日趋合理，形成一支由广西“十百千人才工程”第二层次人才、广西高校八桂学者、广西高校百名中青年学科带头人、校级学科带头人、教授、博士为骨干的学术队伍；2011 年，雷福厚教授获得广西第十三批“新世纪十百千人才工程”第二层次人选，廖安平教授获广西八桂名师荣誉称号，黄在银教授获第四届广西高校教学名师荣誉称号，刘绍刚获得首届校级教学新秀称号；出国访学回校 2 人，出访 1 人。

四、教学与改革

2011 年，学院获校级教学管理先进单位，韦贻春获校级先进个人。夏璐教授获教育厅教学管理先进个人；开展教学评优活动，坚持领导听课制度，加强教学各个环节的督导；坚持进行期中教学检查。获学校学风建设评比一等奖。2011 年“化学工程与工艺专业”获得广西教育厅特色专业课程一体化建设急需专业立项，《水污染处理工程》、《生物化学》获得校级精品课程。化学专业获首届校级特色专业，教改立项 18 项，3 位教师参加编写的《仪器分析》教材正式出版；加强专业建设，新增海洋科学专业，重视实践教学，提高学生创新能力和实践能力。2011 年，获第十二届“挑战杯”杯广西大学生课外学术科技作品竞赛获全区特等奖 1 项；第五届“三井化学杯”全国大学生化工设计竞赛获华南赛区二等奖、全国三等奖；获第五届“瑞派杯”化工设计创业大赛银奖 1 项，铜奖 1 项；获广西高校化学化工类大学生论文及设计竞赛一等奖 6 项，二等奖 3 项，三等奖 1 项；获全区第六届化学实验技能竞赛一等奖 1 项，二等奖 3 项。74 人参加研究生考试，录取 21 人，录取率为 7.86%。

五、科研、学术活动与实验室建设

加强科研项目申报力度，抓好科研管理。2011 年，获各级科研项目 11 项，国家自然科学基金项目 1 项，广西自然科学基金重点项目 2 项，科技攻关项目 2 项，面上项目 4 项，教育厅项目 1 项，横向项目 1 项，项目经费总额 223 万元。“松香基大孔吸附树脂新产品开发研究”项目通过自治区科技厅验收。

发表和出版系列科研、教改论文。发表科研、教改论文共 159 篇，SCI 收录 53 篇，EI 收录 37 篇。申请国家专利 4 项，授权 3 项。

积极开展学术交流活动。2011 年，共邀请 15 人为师生作学术报告。

加强科研成果的评审和科研项目验收工作，积极申报广西科技进步奖。2011 广西自然科学优秀论文二等奖 3 项，三等奖 1 项。2009—2010 年学校科技进步一等奖、二等奖、三等奖各 1 项。

在实验室管理方面，学院严格按照教育部实验室评估标准进行管理。2011 年，加强西校区理工实验楼的建设，在理工楼承办全区第六届化学实验技能竞赛。

促进科研成果在企业形成生产力。与广东科茂林产化工股份有限公司，广西万德药业股份有限公司、广西强强碳素有限责任公司签订产学研合作协议，共同推进企业与学校的全面技术合作，形成专业、产业相互促进、共同发展，实现“校企合作，产学双赢”。

六、党建与学生工作

以开展纪念建党90周年活动为契机，组织广大师生学习胡锦涛同志在庆祝中国共产党成立90周年大会上的讲话精神以及十七届六中全会精神，大力开展社会主义核心价值体系学习教育活动。积极开展党风廉政建设。认真组织领导班子和全体教职员工参加“以案明纪警示教育活动”，组织党员干部、教师员工观看警示教育电视片。抓好党的基层组织建设。2011年，发展共产党员169名，114名预备党员转正；获学校先进党支部称号1个，一名教师获广西高校优秀共产党员称号，四名教师和一名学生获学校优秀共产党员称号。

加强学生管理。积极推进素质教育。上半年召开第八次团、学代会，完成分团委、学生会的换届选举工作。举办“迎新杯”篮球赛、“毕业杯”排球赛、院级田径运动会。开展第五届环保时装秀暨毕业晚会；组队参加学校“冠军杯”篮球赛，获第四名；参加校级田径运动会，获男女团体总分第一名、女子团体总分第一名、男子团体总分第五名及精神文明奖；组队参加学校的“建党90周年红歌大合唱”比赛获三等奖；组织35名学生到百色田阳举行“三下乡”社会实践活动，获学校“三下乡”社会实践优秀团队。

做好新生的入学教育和军训工作，引导新生树立科学的世界观、人生观、价值观。

认真做好毕业生的就业指导工作。2011届毕业生就业率达97.28%。获学校毕业生就业工作先进单位称号，韩燕燕获全区高校毕业生就业先进个人。

做好学生的奖、勤、助、贷、补、免等日常工作。2011年，评定贫困生648名，奖、助学金536人次，获学校优秀奖学金97人次，近百名学生获得勤工助学岗位。（吴爱群）

体育与健康科学学院

体健学院现有在职教职工59人，其中教授10人、副教授11人，博士4人，硕士11人，硕士生导师12人，学校学科带头人2人，高水平运动队专职教练3人，国家级裁判员2人，国家级社会体育指导员2人。东西校区拥有一批设施种类齐全、数量充足的体育场馆，总面积85000平方米，教学科研训练仪器设备值达1200万元。

一、深入学习政治理论，不断提高师生思想素质

学院认真学习中共十七届六中全会和广西第十次党代会精神内涵，贯彻落实学校党代会精神；加强政治理论学习，加强学院教职工党支部、学生党支部建设工作，切实提高教职工的思想素质；积极推进大学生“诚勤信行”思想道德创建活动。

二、教学工作

（一）2011上半年工作情况

制定教学管理制度，进一步健全教学管理组织与运行机制，狠抓学风建设；认真检查课堂教学、教学进度表，坚持听课制度，修订培养计划，做好教材征订、补订工作；认真做好毕业生的考试安排和补考、重修、成绩整理、学分审对等工作。2011 届毕业生获校优秀论文一等奖 2 人、二等奖 4 人、三等奖 3 人；积极鼓励学生参加学校师范生技能比赛。学院推荐 3 名学生参加学校师范生技能决赛，获二等奖 1 人、三等奖 2 人。

（二）2011 下半年工作情况

逐步完善教学管理制度与运行机制，促进教学管理规范化；优化和规范专业的课程体系。实施体育专业专项前提试点工程监控；合理开设课程；查漏补缺成绩，堵塞学生选课漏洞；2011 年 11 月学院与田东县高级中学、田东县实验高中两所中学共建教育实习基地；建立任课教师教学档案管理制度；开展评选"最受欢迎专业教师"活动；积极组织教师开展体育教学观摩展示活动。学院选拔 2 位教师参加全校教学比赛，获得 1 项二等奖、1 项三等奖。黄建团《地震灾害及其避难》、陈凤珍《健身排舞》获得 2011 年广西学校"优秀体育课"观摩比赛高校组一等奖；实现了体质测试器材保管、场所的专门化，提高了管理水平和测试质量。

三、研究生教学工作

（一）2011 上半年工作情况

硕士研究生工作。2011 年完成了硕士研究生复试录取工作；制订学院 2011 级硕士研究生培养方案；完成了 2011 年度硕士研究生导师遴选和认定工作；顺利完成 2009 级研究生硕士学位论文开题工作；组织研究生申报研究生教育创新计划项目并进行中期检查；鼓励研究生积极参加学术论文竞赛、学术演讲竞赛。辛振璐获三等奖，金宁、周夏获得优秀奖；鼓励研究生发表高档次论文。李俊果、梁政东、翟翠丽、王凯 4 位研究生获得奖励；完成 2011 届研究生学位论文评审、答辩及毕业工作；制订 2010 级在职研究生班专业培养方案；完成学院 2011 年在职研究生班招生工作。

（二）2011 下半年工作情况

1. 硕士研究生工作。迎接 2011 级研究生与新学期开学工作；组织 2011 级硕士研究生于指导教师的双选工作；制定 2011 级硕士研究生个人培养计划；开展 2011 年"真龙奖学金"、全区优秀研究生的评选工作。毕业生梁政东被评为优秀毕业研究生；组织研究生学术演讲竞赛初赛工作。

2. 在职研究生班工作。认真审核、整理研究生班学员的毕业信息、学习档案等，并给符合毕业要求的研究生班学员办理毕业证。

四、科研工作

（一）积极组织老师申报各类课题

学院以民族传统体育与教改为重点，以申报各类科研课题为平台，充分发挥学科带头人和学术骨干作用，积极组织教师积极申报学校和省级以上的各类课题。2011 年，学院教师参与申报的各类课题数达 30 多人次，获得立项 12 项，获得学科建设经费资助 12 万元。

（二）发挥激励作用，提倡团队精神，科研成果显著

学院发挥学科、学术带头人作用，以老带新，在团队中锻炼教师的科研能力和合作精神。2011 年学院教师发表论文 40 余篇，其中核心论文 10 余篇，《提高羽毛球单打控制球能力的探析》获一等奖、2 篇获二等奖、2 篇获三等奖。

（三）积极承办高端学术会议，邀请著名专家学者作学术报告

2011 年 11 月学院与广西体育局成功举办"亚洲及大洋洲地区大众体育合作发展暨中国—东盟大众体育合作发展论坛"；2011 年 12 月学院承办"太极拳与健康研究国际学术会议"。邀请了国内

有影响的专家、学者做学术专题报告。

五、学生工作

2011 年上半年工作情况。2011 年 3 月召开学院第五届团学代会，培训新选出的学生干部；做好 2011 届毕业生的就业指导和就业统计工作；以考研为抓手，促进学风建设；开展安全维稳教育。完善以预防为主、群防群治的安全保卫工作机制；完成学生年度评优和奖助学金评比，做到零投诉；开展以“仁义礼智信”为核心内容的“儒雅”教育活动，杜绝考试作弊行为；开展体育文化节活动，提高学生的综合素质。

六、行政、训练工作

（一）做好公体课的保障工作

学院领导多次到西校区考察体育馆、游泳馆、田径场、露天球场的选址，组织教师讨论并及时将合理意见反馈至西校区建设指挥部；按时按量购置和转运体育器材到西校区，动员教职工克服困难，保证西校区公体课的按时开设；做好网球馆的日常管理工作，合理分配现有勤工俭学学生及场地工人负责清洁卫生和日常管理；认真配合后勤处做好足球场、综合球类馆、武术馆、体操馆等设备保养、维护、保卫等工作。密切配合设备处做好相关体育器材购置、制作、补充、修理、清理、报废等工作。

（二）加强制度建设，强化管理意识

学院教代会讨论并通过了《体健院岗位津贴分配方案》和《体健院工作岗位职责》，并报送学校人事处、工会备案；不断完善运动训练和群众体育管理，有效、科学、合理地使用体育教学业务经费；做好日常行政管理、加强办公室人员的队伍建设；加大高层次人才的引进和培养工作，做好教师进修、培训计划。

（三）加强体育竞赛工作，大力开展校园体育活动

狠抓各运动队的常规训练，组织各运动队参加区内外各项比赛；认真组织校运会以及篮球、足球、气排球等赛事，带动全校体育竞赛与精神文明建设。

（四）认真做好行政和教辅工作

做好学院日常行政工作，端正服务态度，提高行政效能；认真做好学院网页的改版、维护工作；积极配合学校 60 周年校庆各项筹备工作。做好档案管理、计生和离退休等各项工作。

七、2011 年学生竞赛获奖情况

龙舟队获奖情况：2011 年 6 月第四届全国大学生龙舟锦标赛（天津）女子 500 米直道竞速冠军、女子 200 米直道竞速冠军；2011 年 6 月第七届“中国绿城”南宁国际龙舟邀请赛男子组标准龙舟（国际组）250 米直道竞速冠军、男子组标准龙舟（国际组）500 米直道竞速冠军、男子组小龙舟（绿城组）500 米直道竞速亚军、男子组小龙舟（国际组）500 米直道竞速亚军。

篮球队获奖情况：2011 年 7 月第七届广西大学生运动会男子篮球赛第四名、女子篮球赛第五名。

健美操队主要获奖情况：2011 年全国啦啦操联赛（南宁站）大学组三级自由舞蹈第一名、五级花球第一名；2011 年全国普及健美操系列推广活动竞赛大学组自选套路踏板操一等奖、规定套路踏板操一等奖、自选拉丁健身操一等奖；第六届中国学生健康活力大赛暨 2012 世界啦啦操中国选拔赛大学组五级街舞啦啦操第一名；第六届中国学生健康活力大赛暨 2012 世界啦啦操中国选拔赛大学组竞技健身操女单 B 组第六名；第七届广西大学生运动会轻器械健身操第一名、有氧徒手操第二

名、踏板操第二名。

田径队获奖情况：2011 年 7 月第七届广西大学生运动会女子乙组铁饼第一名、男子乙组铁饼第三名、男子乙组跳远第三名、女子乙组跳高第三名。

网球队获奖情况：第十届广西大学生网球公开赛男单第一名至第七名；第十届广西大学生网球公开赛女单第五、第六名。

武术队获奖情况：2011 年全国大学生武术锦标赛男子甲组传统四类拳第五名、女子甲组 42 式太极剑第六名、女子甲组 42 式太极拳第八名；第七届广西大学生运动会男子南拳第一名、男子对练第一名、女子对练第二名、男子刀术第三名；2011 年“超大杯”中国(南宁)—东盟武术节男子 B 组南拳一等奖、男子 B 组大扑刀一等奖、男子 B 组南拳二等奖。

毽球队获奖情况：第七届广西大学生运动会混合团体总分第三名；男子三人赛第四名；女子三人赛第二名。

藤球队获奖情况：2011 年全国藤球锦标赛男子三人赛第三名，女子三人赛第八名，女子双人赛第八名；2011 年全国大学生藤球锦标赛男子三人赛第四名，男子双人赛第五名、第六名，女子三人赛第三名，女子双人赛第三名、第五名。

足球队获奖情况：第七届广西大学生运动会男子足球乙组第一名；首届广西高校五人制足球联赛南宁赛区第一名。

板鞋队获奖情况：第九届全国少数民族传统体育运动会三人板鞋竞速女子 60 米第三名、第六名；女子 100 米第三名、第五名；女子 2×100 米第二名。

八、其他工作

第九届全国大学生运动会男子足球预赛于 2012 年 3 月在广西民族大学举行，作为男子足球预赛的场地之一，体健学院认真细致的做好赛事筹备工作，赛事进展顺利；广西民族大学积极借鉴前三年测试工作的经验和做法，本着“公开公平公正”的原则，顺利完成 2011 年广西民族大学高水平运动员专项测试工作。(黄 飞)

艺术学院

学院现有教职工 60 人，其中专任教师 46 人，具有高级职称 18 人，中级职称 20 人，具有博士学位 2 人，在读博士 1 人，具有硕士学位 15 人，在读硕士 8 人。学院下设音乐系、美术与设计系、舞蹈系、广播影视系和艺术实验中心。现有艺术设计、美术学、音乐表演、舞蹈学、播音与主持艺术和广播电视编导等 6 个本科专业。全日制在校生 1373 人，生源来自全国 19 个省(区)。学院为广西“电视播音主持理论研究基地”，为广西播音与主持艺术、广播电视编导专业高考联考点。

一、党组织建设工作

继续深入开展创先争优活动。通过对师生党员进行广泛宣传和深入动员，充分调动了广大师生党员参与创先争优活动的积极性、主动性和创造性，形成了浓厚的创先争优氛围，努力将创先争优活动落实到学院各项工作中，促进了学院的全面发展。

认真开展以案明纪警示教育活动。布置开展以案明纪警示教育活动，组织教职工观看以案明纪警示教育电视片《从教授到囚徒》。

大力加强基层党组织和党员队伍建设。学院各支部加大了对入党积极分子的培养和发展，发展了118名学生加入党组织，学院第一学生党支部被评为学校“先进基层党组织”。

积极组织师生参加各项活动。在迎接中国共产党成立90周年之际，为隆重庆祝党的90华诞，歌颂党的丰功伟绩，学院积极组织师生参加形式多样的纪念活动，以创先争优的实际行动向党的90岁生日献礼。

二、教学管理工作

成立公共艺术教学部。为迎接全区普通高等学校艺术教育工作进行检查评估工作，全面贯彻国家教育方针，推进素质教育，加强学校艺术教育工作，学校批准成立公共艺术教学部，并与艺术学院实行一套人马、两块牌子的建制。

积极推进教学教改工作。学院积极鼓励教师参加各种教学教改活动，在学校2011年度高等教育教学改革工程项目申报中，共有16人参与申报，最终共有12个项目经学校评审获得立项。同时，获得校级精品课程立项1项，校级网络课程与多媒体课件项目立项4项。

进一步规范实践教学活动。学院相继出台了《美术与设计系户外实践类课程教学安全管理制度和突发事故应急预案》、《美术与设计系学生校外采风安全责任书》、《广播影视系校外教学实习安全工作预案》、《舞蹈系外出演出及实践类课程教学安全管理制度和突发事故应急预案》、《学生毕业实习规范》等教学实践环节的规范化管理文件。

积极推进精品课程及特色优质专业建设。5月，学院组织播音与主持专业申报了广西高等学校特色专业及课程一体化建设项目，并最终获得立项。

大力加强考研工作，以考研促学风取得突出成效。2011年学院应届毕业生报考硕士研究生，共有9名应届毕业生考上中国传媒大学等学校的硕士研究生。

三、科研与学科建设工作

积极组织开展科研工作，成果显著。2011年，学院教师获得国家民委科研项目立项1项，获得自治区级科研项目立项6项，获得校级科研项目立项10项。易嘉勋教授的学术系列作品与理论研究著作《牡丹蕴·意象水墨研究》正式出版。

积极推进学科建设。学院积极组织申请在民族学一级学科下自主设置“民族艺术理论与创作”目录外二级学科硕士点，以及在中国语言文学一级学科下自主设置“文学艺术创作与理论”目录外二级学科硕士点。同时，经反复研究论证，提出了将民族学一级学科下的中国少数民族艺术硕士学位授权点调整设置到我院的设想，并向学校提出了申请。

积极开展学术交流活动。学院结合学校60周年校庆，积极落实和举办“60周年校庆系列学术交流活动”，先后邀请中国音乐学院声歌系朱以为副教授、中国音乐学院沈洽教授、台湾师范大学吕锤宽教授、世界知名美籍华人画家周山作和周大荒兄弟、中央民族大学戴晓平教授、广西电视台林杰谋副台长、清华大学美术学院冯建国副教授、澳洲墨尔本大学音乐学院（民族音乐学）与亚洲学院（中国研究）博士英倩蕾等区内外著名专家学者到校进行讲学。

四、学生工作

对新任辅导员、班主任进行培训，使新任辅导员、班主任对于学生工作的重要性有了充分认识，加强了新老班主任的经验交流，丰富了新上岗班主任的工作经验，明确了学生工作的各项制度与政策。

积极组织学生开展各种实践活动。学院80名舞蹈专业及播音主持专业学生参加了深圳世界大学生运动会开幕式晚会的演出活动；组织舞蹈专业全体学生参加了第十三届南宁国际民歌艺术节晚会“大地飞歌·2011”的4个节目演出；学院艺术团随何龙群校长访问印度尼西亚并在丹戎布拉大学举行文艺演出；学院舞蹈专业83名师生圆满完成了学校交给的“广西(宜州)第二届刘三姐旅游文化节”开幕式晚会的演出任务。

继续抓好学生毕业与就业工作。为增加毕业生的就业机会，学院采取系列措施，积极搭建各种宣传推介平台，让更多毕业生有向社会展示才华的机会。学院在学校大礼堂分别主办舞蹈、音乐表演、播音与主持专业的3场毕业晚会，在科技楼大厅主办了艺术设计专业毕业展，同时还主办了学生个人毕业音乐会2场。

五、行政管理工作

顺利召开学院第二届教职工代表大会。大会审议并通过了《艺术学院首次专业技术岗位聘用工作方案》(讨论稿)、《艺术学院院系二级管理机构设置方案》(讨论稿)、《教学科研岗年终综合测评办法修订方案》、《科研教学岗年终综合测评办法修订方案》和《行政管理岗年终综合测评办法修订方案》。

圆满完成学校首次专业技术岗位设置与聘任工作。结合学院实际情况，制订了《艺术学院首次专业技术岗位聘用工作方案》(讨论稿)和《广西民族大学艺术学院副高以下岗位设置与聘任管理实施暂行办法》，本着“民主、公开、公平、公正”、“岗位竞争”的原则，圆满完成了学校首次岗位设置与聘用工作。

推进院系二级管理机构改革。根据学校有关文件精神，学院进行了院系二级管理机构改革。改革后，学院下设四个系和一个实验中心，原设置的科研机构(培训中心)保留不变。分别为美术与设计系、音乐系、舞蹈系、广播影视系、艺术实验中心。

六、实验室管理工作

对实验室进行规范化管理。学院对目前各类实验室进行逐个了解和摸清情况，对实验室、画室、琴房等场所进行认真检查，按照实验室评估的要求进行规范化管理。

配合设备实验管理处进行学校实验室评估活动。学院认真对照评估要求进行自查自纠，以评促建，以评促改，认真面对存在的问题和不足，分析问题的原因，首先从自身进行整改和纠正，并积极争取有关职能部门对实验室的不足方面进行指导或协助解决。

配合设备实验室管理处做好学院资产清查工作。根据学院资产清查的发现的情况和问题，依照设备实验管理处提出的整改要求，严格按照学校有关设备管理制度进行管理。

七、艺术高考招生工作

2011年2月，学院教师赴湖北、湖南、山东、山西、河南、河北、内蒙古、黑龙江等省开展艺术高考招生考试，并圆满完成了学校交给的招生工作任务。

八、西校区艺术楼建设工作

按照学校规划西校区艺术楼将于2011年建成、学院相应完成整体搬迁工作的相关要求，学院成立了新艺术楼建设协调工作小组。为配合做好新艺术楼音乐厅建设工作，新艺术楼建设协调工作小组组织相关专业教师到广州大学城进行了考察，组织相关专业人员对艺术楼的专业设备、办公设备及统合装修等进行认真的论证，制定了相关艺术楼设备需求方案以及二次装修工程预算方案等。

九、院庆工作

2012年是学院建院10周年。为全面总结学院成立10年来的办学经验，展示办学和科研成果，激励全体师生积极进取，扩大学院对外影响力，经学院领导班子研究，决定于2011年11月—2012年6月举办“庆祝艺术学院建院10周年系列活动”。学院专门制定了《艺术学院庆祝建院10周年系列活动方案》，成立了院庆筹委会等相关工作机构，并明确了各工作机构的具体职责、人员和分工等，切实保障了各项庆祝活动的有序开展，全面启动了庆祝学院成立10周年各项活动。（李　良）

教育科学学院

教育科学学院是2008年10月17日成立的一个学院，下设直属党总支部、办公室、教育教师研究中心、教师培训部、教育科学公共课教研室，现有教职工16人，其中教授5人，副教授5人，具有博士学位的教师3人，硕士学位的教师8人。2011年，在学校的领导和全院教职工的共同努力下，学院各项工作迈向新台阶。

一、贯彻落实科学发展观，提高教职工政治素质

学院党政领导十分重视教职工的思想政治教育工作，将政治学习和日常业务工作有效结合起来，有计划、有重点的开展政治理论学习，认真贯彻落实科学发展观，充分发挥党组织的核心堡垒作用和党员的先锋模范作用，认真解决发展中的重点难点问题，不断提高全体教职工的思想素质和理论水平，促进了学院的和谐发展。学院积极响应学校党委开展“以案明纪”警示教育活动的号召，以创建学习型党组织为目标，积极开展党建活动，充分认识到做好党建工作的重要性和必要性，把它当做我们开展任何工作的重要保证。

二、强化教育教学管理，积极开展学术调研和交流

积极完成本科生教学任务。2011年9月，应用心理学本科专业由民族学与社会学学院划归到教育科学学院，学院按照“规范、改革、创新”的六字方针稳步推进本科专业建设，提高人才培养质量和。顺利完成应用心理学本科专业的教学任务和学校公共课《教育学》、《心理学》的教学任务。

做好研究生的招生工作，2011年共招收民族教育与经济、中国少数民族经济、教育经济与管理方向的研究生11名。

积极开展学术交流活动。学院定期开展学术沙龙、系列学术讲座并形成制度，师生共同参与，进一步培养和提高研究生及教师做学术研究的兴趣，2011年共邀请区内外专家学者举行了7场次专题学术报告。分别派出1名教师到江西师范大学、2名教师到玉林师范学院、北海职业学院、柳州市龙城中学讲学和交流，扩大学术视野，增强捕捉学术前沿的敏锐力。

三、打造科研创新平台，科研成果丰硕

2011年，全院教师公开发表论文25篇，获得各级各类课题立项11项，其中国家社会科学基金“十二五”规划2011年度教育学一般课题：《跨境民族教育研究》和国家社会科学基金“十二五”规划2011年度教育学青年课题《中国—东盟高等教育区域合作研究》各1项；出版著作5部。

四、加强师资队伍建设，创建学科建设平台

学院录用了西南大学2名应用心理学硕士毕业生，充实学院师资队伍力量。欧阳常青、王喜娟两位教师分别晋升为研究员、副教授，学院职称结构得到进一步提升和优化。

欧阳常青老师前往中央民族大学攻读博士研究生。

五、学科建设方面

学校自主设置的目录外二级学科“民族教育学”硕士点通过评审，将于2013年开始招收硕士研究生；教育学教学团队被评为自治区级教师教育学科教学团队；《教育学》通过自治区级教师教育精品课程评估验收，并纳入2011年度广西高等学校精品课程统一管理；《公共心理学》通过自治区级教师教育精品课程中期检查；自治区教育厅批准学校建立“广西民族教育研究中心”和“广西民族团结教育师资培训基地”；至此，学校已获得三个教育科学研究与人才培养创新平台，这为学校开展教师教育、民族教育研究、民族团结教育师资培养创造了良好的条件，将进一步提高学校服务广西民族教育事业发展的能力。（刘前程）

人民武装学院

学院现有两个校区，除与广西民族大学共享资源的本校区外，在南宁市良庆区五象岭还有五象岭校区，此处四面环山，山清水秀，风景怡人。五象岭校区占地面积约500多亩，建筑面积13000多平方米，建有教学楼、行政办公楼、学员公寓楼、阅兵楼、培训楼、阅览室、大礼堂、学院食堂、等基本的教学配套设施，室外队列、战术和射击等场地齐全。学院现有教职工21名，从学校聘请教师23名，有学员队4个，在校学员355名。

一、学院政治工作

（一）抓好教职员工的政治理论学习

学院党委根据《军区党委中心组2011年度理论学习计划》和广西民族大学党委的有关文件精神制定了年度理论学习计划，明确了学习目标和任务；学院向教职员工共发放《苦难的辉煌》、《理论热点面对面》等学习资料6本，集中学习9次，还定期检查理论学习笔记，每位教员的笔记都超过2万字；利用学院组织保障的全区基层专武干部年度集训等有利时机，安排党委成员参加轮训学习；坚持中心组学习、个人自学和成果交流相结合的理论学习制度，使政治理论学习达到事半功倍的效果。

（二）加强党组织和党员队伍建设

调整了党支部设置，把学员队干部编入学生党支部，成立了学院党委第三、第四党支部。其中2008、2009级学员队编入第三党支部，10、11级学员队编入第四党支部。完成了11级党校学习班87名入党积极分子的培训任务。截至2011年12月，学员队党员人数为27人，其中预备党员31人。

（三）有效地开展思想政治工作

在广西军区党委地领导下开展了“学习实践科学发展观”、“培育当代革命军人核心价值观主题教育活动”、“从严治干和作风教育整顿”等专题教育，增强了教员履行军人职能的使命感；开展党课教育、法纪教育和心理健康教育都收到比较好的效果；从新生入学教育着手，学院先后组织2011

级新生学习了《广西民族大学学生手册》和《人民武装学院学员队管理规定》，开展以“立足本职，献身国防”为主题的新生入学教育、大学生“诚勤信行”思想道德教育和心理健康教育活动。通过学习教育，提高了学员的思想政治素养。

二、教学管理工作

（一）继续修订学院本科教学大纲

2011 年 2 月起，学院结合学校教务处的要求，继续对课程教学大纲进行修订，修订学科基础课和专业课的大纲共 31 门，邀请专业人士为课程名称加入英文译名，使学院的教学的方法和手段得到更新，教学内容不断拓展，真正地能够适应新变化的要求。

（二）选编专业课教材

先后汇编完成了 2010—2011（下）学期和 2011—2012（上）学期的《民兵工作》、《军事思想》和《后备力量建设理论概述》等 7 门专业课近 3500 册教材编印工作；主动联系南京陆军指挥学院和桂林陆军学院等军事院校的教研部门，掌握学科最新动态和购买《军事体育》、《新共同条令》、《步兵战术》等最新专业课教材、教学资料 32 本，使教材的实用性得到进一步提高。

（三）新版教务系统数据录入工作

在学校教务处的统一协调下，有序地参加学校新版教务系统使用培训会，学院负责教学的领导和教学秘书先后 7 次参加各种培训，顺利完成新教务系统的前期维护和各学期成绩等数据录入工作。

（四）师资队伍建设

积极倡导“在职学习，自我充电”，鼓励教员加强学习，2011 年，不断提高教员的教学水平。学院派遣了谭国源、李诚志、陈义超等 5 名教员参加了全军业务理论学习培训班的学习，同时，鼓励教员参加广西民族大学在职班的学习，使学院干部、教员在职学习的比例达到了 90%。

（五）狠抓日常教学管理

制订教学计划和教学周表，严密组织教学工作，加强日常教学管理和跟踪检查，顺利地完成了年度教学任务；坚持备课、听课、评课制度。继续实行集体备课、领导听课、教员互相听课评课、试讲试教制度，组织教学经验交流活动；加强各学期教学检查。严格按照学校教务处的要求，加强课堂教学监督，强化考勤制度，积极完成学院期中教学检查报告，并上报学校教务处。做好期末考试相关工作安排，严格考试管理，全年完成 34 次监考任务，并按要求录入学员考试成绩；认真审核两个学期的教师教学工作量，为聘请的教师发放课酬津贴约 7 万；做好教学资料分类归档，规范教学档案的立档保管工作。

（六）举办学院 2011 年教学工作研讨会

2011 年 7 月，根据学院党委工作安排，举办了学院 2011 年教学工作研讨会，经多方沟通协调，成功邀请了学校党委杨再延副书记及教务处、后勤处和管理学院等相关部门的领导、老师参加了会议，教学研讨会的召开，对学院的教学管理工作有着深刻的指导作用，以及对学院今后如何开展工作指明了方向。

（七）安排 2008 级学员队到各县人武部进行专业实习

根据教学计划，2008 级学员队采取分散的实习方式，85 名学员分别安排到全区 66 个县（市、区）人武部进行实习。通过实习，有利于学员将所学的基本理论知识与社会实践相结合，有利于学员了解人武部的民兵军事训练、民兵整组和征兵工作，有利于提高学员的工作能力。

三、学生管理工作

（一）做好2011年招生和新生入学报到工作

2011年3月，学院的招生工作全面展开。学院领导及时向省军区和校领导作了专题汇报，主动与招生部门加强联系，顺利完成了2011年的招生录取工作，共录取了106人；主动与学校协调解决新生住宿、教学场地和教师等问题，积极为新生入学深造做准备；组织学院分团委学生会做好新生接待工作，共有2011级93名新生到校办理入学。

（二）强化学员队日常准军事化管理

学院始终坚持准军事化管理，学员队以制度抓管理，坚持落实早操、内务检查、集中授课（操练）、晚点名、查铺等一日生活制度，严格执行请（销）假制度。学员队纪律严明，日常生活正常稳定，未发现违纪违法行为。

（三）做好学员的奖、勤、助、贷、补工作

向学工处上报学院贫困生在册人数，2011年人民武装学院的贫困生人数为215人。为学院48名学员办理国家助学贷款手续。学院有145名学员分别获得国家助学金、自治区人民政府奖学金、广州助学金等奖助学金，总计金额达40多万。共有38名学员应聘到校内勤工助学岗位。

（四）顺利组织学员完成了阶段性军训实践活动

根据学院的工作安排，2011年3月1日至12月20日，学院组织2009、2010、2011级学员进行了军训实践活动，及时消化课堂专业理论知识。由于领导重视，计划周密，准备充分，组织有序，指导到位，圆满完成了20多个中小学和高校20000多人的军事组训任务，学员的军事素质和组训能力、管理能力得到了明显的提高，受到相关单位领导和学生的一致好评。

（五）大力开展校园文化活动

举办学院优秀校友成长成才报告会。结合学校学生工作处开展的系列学风活动月活动，学院根据学院专业的特殊性，邀请了人民武装学院的历届毕业生的周天松、唐伟健和甘广艺回学院给在校学员作成长成才的报告会。举办“明党史，感党恩，跟党走”主题的建党90周年演讲比赛；组织学员参加激情5.25快乐“我爱我”——我校第五届心理健康活动节开幕式暨第四届素质拓展运动会，荣获优异成绩；组织学员参加第六届“学子家园”公寓文化节之宿舍设计大赛。

组织学员参加2011年校“冠军杯”篮球赛和“团结杯”足球赛。提升了学员体育运动技能，进一步促进学院与其他学院的沟通交流合作。组织学员参加广西民族大学2011年运动会。经过学员的奋勇拼搏，比赛成绩有了新的突破。2008级学员方耿业在校运动会1500米取得第二名等、2010级学员三队组成的院啦啦操队在比赛中表现出色，获得第五名和环校园跑第一名的好成绩；学院获得“优秀组织奖”。

组织学员参加外国语学院举办的大学生英语话剧大赛，由于组织严密，排练认真刻苦，获得了第二名优异成绩（二等奖）；2009级学员罗靖然荣获全国大学生歌唱大赛广西赛区第一、校园外文歌曲大赛十佳、中山杯全国大学生演讲比赛优秀奖、泰斗杯全国演讲大赛全国二等奖

四、安全稳定工作

学院成立了以朱定全副院长为组长的安全检查领导小组，严格贯彻学校安全稳定工作制度，坚持参加学校定期举行的安全稳定工作例会，注重结合节假日、季节变化和时局状况，不定期召开安全稳定教育大会，充分利用集合和晚点名等时间进行安全教育，定期检查学员宿舍防火、防电、防偷等情况，及时排查安全隐患。2011年学院共进行制定安全检查方案2份，安全教育大会6次、安

全隐患大排查 4 次。由于工作到位得力，学院未发生任何安全责任事故。

五、学院基础设施

学院坚持发扬勤俭办队，从实际出发，因地制宜，创造条件，积极做好学院的基础设施建设。2011 年，学院为了改善五象岭院区的硬件建设，积极为教员、学员创造良好的学习和生活环境，在原有基础上，自筹资金 20 多万元，用于更换太阳能热水器、重新粉刷宿舍墙壁、购置宿舍床具、整修学员宿舍电路、完善教学设施、环境美化等，院区保障条件明显改善，环境明显整洁。

六、其他各项工作

学院始终把保持人武学员军人作风、维护学院良好形象、积极配合学校履行公差勤务等作为一项重要的工作狠抓落实，认真组织学员参加学校各项重要活动。做好学校六十周年校庆活动的筹备工作、协助学工处做好升旗仪式工作；协助校保卫处维护大型活动现场的安全保卫工作；组织 10 级学员为学校病危教师无偿献血；组织国旗队和校旗队参加学校 2011 年运动会开幕式；组织综合素质比较好的学员参加了校团委主办的大学生科技文化节开幕式活动；全年共组织 20 多场次的公差勤务活动，学员们在活动中的出色表现，得到了学校各部门领导的一致好评。（陆　剑）

国际教育学院

国际教育学院主要负责外国留学生和国内专科学生的教学与管理工作，以及各类外语人才培训项目。学院设有中国语言文化、国际商务（越南方向、泰国方向、印尼方向）、应用法语、法律事务（越南方向、泰国方向）等专业。

2011 年，学院共有教职工 58 人。下设学院办公室、教学办公室、留学生工作办公室、分团委、汉语教研室、西语教研室、越南语教研室、泰语教研室、印尼语教研室、综合教研室。

一、党建和学生思想政治工作

（一）扎实推进创先争优活动，建设创新型基层党组织

2011 年，围绕学校党委“党员争先锋，建设高水平民族大学”活动主题，我院党委带领各支部及全体党员立足本职，扎实工作，较好地完成了学生思政、教学管理等各项工作。同时学院学生支部还结合学院实际，制定《国际教育学院学生党支部工作手册》，包括工作条例、学生党员发展实施细则、材料归档管理以及入党积极分子管理办法等，从学生的推优到支部日常管理工作都制定了相应的明确规定，使学生支部的各项工作有章可循，丰富了学生支部的工作内涵，促使支部工作规范化、制度化和系统化，为支部工作的顺利开展奠定了坚实的基础。同时，结合学生“2 +2”培养特殊机制，进一步完善国外学生党小组工作机制，做好党建延伸工作。学生支部获得了校级“先进基层党组织”称号，学院党委在学校党建工作创新成果评选中，荣获优秀奖。庞丽华同志被评为广西高等学校优秀共产党员，吴晟志同志被评为校级优秀共产党员，

（二）抓好基层党组织建设，做好党员发展工作

在加强基层党组织建设中，学院党委不断完善党支部设置，配备好基层组织干部，做到教学、科研、管理工作延伸到哪里，党的组织就建设到哪里，使得党的各项方针政策可以在第一时间传递

给每个教职工，并且加以贯彻落实。学院严格按“五个三”的原则培养发展党员，坚持“三抓”即抓早、抓紧、抓细；“三早”即早教育、早选苗、早考察；“三定”即定人培养、定期分析、定期培训；“三看”即看成绩、看表现、看公示意见；“三把关”即严把入口关、考核关、审批关的原则。2011 年，共有 5 位预备党员如期转正，76 位发展对象按期发展为中共预备党员，82 位积极分子被确定为发展对象。学院党委现有党员 111 人。

(三)颂唱红歌，重温经典，激发爱国热情。

为庆祝建党九十周年，学院组建了由 160 名师生组成的合唱队，参加学校庆祝中国共产党成立 90 周年“颂歌献给党”红歌比赛，且获得了三等奖的好成绩。

二、教学、科研和师资队伍建设

完成申报新专业的各项工作。学院于 2010 年申报的应用印尼语、应用越南语、应用泰语等新专业(含专业方向)已获批，2011 年 9 月进行招生。同时，还完成了旅游管理专业的申请和组织答辩。

修订 9 个专科专业(含专业方向)的培养计划。由教务处、学工处、商学院、管理学院、外国语学院、政治学与国际关系学院和国际教育学院等单位召开专科培养方案审议会议。与会专家对包括国际商务、法律事务、应用泰语、应用越南语、应用印尼语及应用法语 9 个专业(含专业方向)的课程安排、课程学时、学分等进行讨论，第一次对专科培养方案进行全面系统的总结和审议。

做好学生赴国外学习的派送工作和成绩对接工作。2011 年，学院共有 273 名学生申请赴东南亚合作学校学习，其中，20 人赴泰国博乐大学，61 人赴泰国博仁大学，23 人赴泰国川登喜皇家大学，26 人赴泰国清迈皇家大学；69 人赴越南商业大学，19 人赴越南岘港大学，34 人赴越南海防大学；21 人赴印尼阿赫马达兰大学。学院及时与合作院校进行了学生成绩和学分的对接工作。

做好越南“165”项目培训工作及相关外事接待工作。学院承担着“165”项目长期班学员在我校的教学管理工作；选派越南语教师陈海丽同志赴上海浦东干部学院，承担该校“165”项目学员班的课堂教学翻译工作。

开办高职高专与自学考试本科段衔接的助学班。2011 年，我院与继续教育学院达成联合办学协议，联合开办高职高专与自学考试本科段衔接的助学班，为学院高职高专在校学生提供性价比较高的深造路径。

教学科研工作有所突破。2011 年，学院教职工共公开发表论文、专著 20 余篇(部)。

提高教师课堂教学水平；加强师德师风建设。组织学院教师课堂教学竞赛，从全体教师中选拔崔爱霞等七位教师参加比赛，成绩斐然，其中，崔爱霞、张群芳两位老师获二等奖，郑小圆老师获三等奖，何卫、许艳艳、林静怡、彭臻四位老师获优秀奖；学院邀请学校党委书记钟海青教授、博士生导师到学院作题为《教师发展与师德师风》专题报告，使教师们更加明确自己的专业发展方向和教书育人的责任。

完成外教和相关专任教师的引进和聘任工作。2011 年，续聘外籍教师 1 人，续聘合同制人员 11 人，招聘编制内印尼语、越南语专任教师各 1 人。

三、中外学生教育管理工作

做好汉语水平考试(HSK)组织工作。2011 年，共组织了 4 次汉语水平考试，其中，高等考试 1 次，有 12 名留学生参加；初中等考试 3 次，共有 975 名留学生参加。

做好政府奖学金留学招生宣传及新生入学接待工作。2011 年是政府奖学金各类招生指标大幅度增加的一年，学院新招各类政府奖学金生新生共计112人，其中中国政府奖学金生27人，孔子学院奖学金生22人，广西政府奖学金生60人，广西外侨办奖学金生3人。

指导学院首届留学生会开展各项工作。2011年6月，学院首届留学生会成立，学院领导非常重视和关心留学生会的工作，不仅为他们配备了独立的办公室及电脑、打印机等办公设备，而且还召开了中外学生会工作协调会，促进中外学生会的沟通和交流。

开展多种形式和途径，以促进学风建设，营造学习氛围。学院坚持学风班干部检查、团学干部检查、辅导员督察、学院领导抽查的"四查"制度，开展师生座谈会和学习经验交流会、学风建设动员大会和系列主题班会、举办"优秀企业进校园"报告会等多种形式和途径，促进学风建设。同时，充分发挥网站、宣传栏、学工简报等教育载体的作用，对学生进行教育，公开各种信息，增加学院各项工作透明度。

以规范就业指导为主线，积极帮助学生就业。学院成立了就业工作领导小组，实行党政"一把手"负责制，实行领导联系毕业班制度。为了更好地指导学生就业工作，学院试行《毕业生实习就业指导教师制》，将国内毕业生学生分成7—8人左右的小组，每位指导教师负责指导一到两组毕业生的实习和就业。

积极组织各种校园文化活动，营造良好育人环境。"2011年东南亚国家新年泼水节"、第二届学院"国色天香"学生文化节及"情声声语盟盟"大型语伴活动、第四届外国留学生汉语口语比赛等各项大型活动，既配合了学校教学改革，又推进了学校国际教育的发展。同时，学院组织和指导学生参加"大学生职业生涯规划大赛"帮助学生尽早确立人生就业方向。龚倩琦同学在第二届全国大学生职业生涯规划设计大赛在南宁片区比赛中荣获一等奖。（牟永红）

继续教育学院

学院现有在编教职工9人，其中正高职称1人，副高职称2人，中级职称6人。成人高等学历教育设有43个本科专业，35个专科专业，学生9549人。学院设有4个科室：办公室、学历科、培训科、社会考试科。

一年来，学院坚持发展是第一要务不动摇，做到学历教育和非学历教育两个教育协调发展；实现学历教育、非学历教育、体制机制的新突破；

一、在开展创先争优活动中增强党组织的活力

建设学习型党支部。面对市场变化，政策调整给我校成人教育带来的冲击与挑战，党支部提出了以建设学习型党支部促进继续教育转型发展的思路。要求全体党员越是工作繁忙，越是要抓紧时间学习，做到工作与学习"两不误"、"两促进"。一是"大家学"；二是"个人学"；党员个人自觉利用业余学习，结合自身岗位需要网上学、随时学；三是岗上学；四是考察学。

进一步深化"结对共建，先锋同行"党建活动。2010年精心筹划开展了为期三天的东兰—凤山—巴马"红色之旅"主题党日活动，通过听、访、谈、走、看、写六个环节，即听当地讲述当年红色的故事，访当地干部群众，谈活动感受，走村串户，看当地面貌变化，写心得体会，使参加主题活动的27名校企党员深受教育。通过结对子，增强了基层党建工作活力，增强了支部自主活动能力，转变了作风，发挥了基层党组织的作用。

二、成人高等学历教育招生

（一）招生宣传和录取工作

2011年，成人高等教育学历教育招生总人数达到4336人，其中专升本2184人（含免试生7人），高升专2152人，比去年增加录取人数879人，完成计划144%，实现历史性突破。

1. 积极应对招生方式的改革。今年自治区教育厅考试院对成人高校招生报名进行了改革，即考生的报名、填报志愿、交费和打印准考证全部在网络上进行，这个给招生院校、教学点和考生都提出了很大的挑战。对此，学院在南宁市金禾宫大酒店召开了教学点工作会议，传达新政策、集思广益、寻找对策，统一了思想、达成了共识，增强了信心。

2. 改善服务质量，提高服务水平。在考生报名过程中，转变工作思路，为考生提供周到、细致、全面的服务，不但提供成人高考复习资料，还帮助考生网上报名和网上交费，到现场为考生确认加分等。

3. 进一步加强校外教学点布点工作。一是继续在空白地市布点；二是在招生人口大县布点；三是在中职中专学校布点。通过布点我校各地生源都有相应提高。

4. 加强网络宣传工作。学院就在广西招生考试院网站刊登链接招生广告，并请专业人员为学校成高招生设计制作网站，链接到学校主页，介绍学校招生具体情况。还开设有两个成高咨询QQ，随时回答考生提问，取得良好效果。

5. 校企合作取得新进展。今年我区各成人高校继续实行高校与企业联合办学的模式，对服务于北部湾战略的成人高校的相关专业实行“计划单列、企业委托、参加统考、单独画线”的招生办法。我们设计了专门的校企合作协议书，广泛与企业联系，并与11个企业的1075名考生签订了委托培养协议，由于单独画线，最后录取人数922人。

6. 继续做好民干班招生工作。在自治区党委组织部和自治区民委的指导下，联合百色、崇左、防城港、河池、来宾和柳州等六市组织部，招收民族干部学生106名。

（二）教学管理工作

1. 做好校本部函授教学面授组织工作。2011年的寒暑假每次都有上千人回校参加面授和考试，为此学院做好面授期间的教室安排、教材订购、考试考务、试卷印刷等的统筹安排，做好校直属18个专业近百名学生的面授报到、组织教学、考试安排等提供优质服务并做好教学质量监控，使得面授工作顺利进行。

2. 加强教学质量管理。继续完善成教学院教学管理的信息化建设，不断提高教学质量，同时加强成人高等教育师资队伍的建设，完善师资队伍的管理，充分调动广大教师的教学积极性；继续深化课程体系、教学内容、教学方法和教学管理手段的改革，建立与学习对象、学习形式、学习方式多样化相适应的成人高等教育教学与管理的模式。

3. 做好各项考试的组织工作。2011年组织了三次全区成人高等教育计算机统考工作，共有3046人参加；举办了全区成人高等教育本科学士学位外语统考，考试语种有英语和法语两种，报考人数556人，通过聘请有经验的老师为考生进行考前辅导，合格率70%，达到历史新高。

4. 做好2011级新生学籍注册、所有在校生的学籍清查以及历年学历证书遗留问题的处理工作。共注册2011级新生3436人；做好毕业证、学位证的审核、发放和电子注册等工作。2011年共办理毕业证书2936本，办理了281人学士学位证书；做好教学检查工作。为保证教学质量，12月份对2009级的成人高等教育函授教学管理工作进行抽查，并督促进行整改；做好新增专业申报工作。申报并新增了自动化、酒店管理2个本科专业，会计、农村行政与经济管理、刑事执行3个专科专业。

三、非学历教育跨越式增长并形成品牌

（一）在服从服务国家战略中形成外国政党培训与交流品牌

1. 续办越南党政干部培训班。2011年为越南河内市委组织部举办了14期165计划项目党政干部短期培训班，培训学员348名。为谅山省委组织部培训了1期党政干部培训班，培训学员18名。全年共举办越南党政干部培训班15期，培训人数366人。

2. 签订外国政党培训与交流备忘录。2011年3月，河内市委常委副书记阮功帅、市委组织部常务副部长阮德明一行5人来学校访问，对2009年以来越南河内市委党政干部在广西民族大学的培训工作给予充分肯定，与学校签订了2011年举办12—14期党政干部培训班的培训合作备忘录。2011年10月27日，越南清化省委组织部部长冯伯文率团访问学校，并和学校签订了2012年举办越南清化省党政干部培训班备忘录。

（二）围绕国家和自治区制定的中长期教育规划目标导向形成教师培训品牌

1. 开展送教下乡培训工作。2011年，自治区教育厅下拨专项师资培训经费实施送教下乡项目，区域推进农村教师素质提高。结合这个区培计划，学院在来宾市兴宾区、象州县、武宣县、忻城县、上思县、岑溪市、灵山县、陆川县共8个县（市）开展送教下乡培训，每个县（市）培训100人，共培训教师800人。

2. 做好《合作课堂》教师技能培训项目推广工作。11月8日与南宁市英才培训学校签订了《合作课堂》教师技能培训项目，项目的签定标志着由学校继续教育学院引进、研发并精心培育的中小学课改培训项目由探索实践阶段走向市场品牌推广。12月9—17日，分别在隆安县中学、南宁市衡阳小学举办了《合作课堂》精彩展示暨课改研讨活动，来自南宁市、柳州市、来宾市、崇左市等地市、县教育局领导、中小学校长以及骨干教师1500多人参加了现场展示。

3. 启动广西民族中小学壮汉双语教师素质提升工程。2011年广西壮汉双语教师素质提升工程是由中央首次拨付专项基金，专门用来发展少数民族教育。针对此项目，学院全年共举办面对壮双双语学校各类人员培训班12期，共培训学员578人。这一系列培训班主要有：教导主任培训班，培训人数38人；骨干教师培训班，培训人数30人；教师基础班和提高班，培训人数99人；校长培训班，培训人数40人；局长培训班，培训人数33人；的教研员培训班，培训人数33人；六期小学教师信息技术培训班，培训人数305人。

（三）继续实施少数民族干部培训工程并形成品牌

2011年，学院为提高民委系统领导干部的思想素质、业务素质和工作能力，与自治区民族事务委员会联合举办两期培训班，培训学员共154人。

四、自学考试和社会考试稳中有升

（一）自学考试

1. 积极申报高等教育自学考试衔接试点主考学校及专业。申报并获批了越语、法律、汉语言文学、英语、市场营销、国际贸易、电子商务、会计、工商企业管理、行政管理学、思想政治教育、秘书学和计算机应用13个本科专业，法律、越语、汉语言文学、英语、会计、电子商务、市场营销、秘书和计算机应用9个专科专业。结合学校的办学特色和办学优势，与广西民族师范学院、广西经济管理干部学院、广西警官学校、凭祥市东南亚外语学校、广西民族大学国际教育学院合作开办衔接专业自考班，共招生221人。

2. 全国自学考试。共有1454人报名考试。

(二)各类社会考试

1. 成功申报全国英语等级考试考点。为了适应我区经济社会发展对人才的需求，满足在校学生及社会人员学习英语应用知识、获取专业证书及就业的需要，根据教育部考试中心的部署，申报并获批在学校设立全国英语等级考试考点。

2. 全国计算机等级考试。2011年共组织了二次考试，共有2554人报名考试。

五、获得的荣誉

2011年获全区高等教育自学考试先进集体、广西民族大学先进基层党组织等荣誉称号。(谢　蓓)

相思湖学院

学院位于南宁市鹏飞路北段1号(大学西路158号)，占地面积300亩，已建成的校园建筑面积13.5万平方米，总投资约2.5亿元人民币。教学基础设施完备，拥有多媒体教室64个、多媒体数字语言实验室14个、计算机公共实验室5个，电子阅览室3个，专业实验室17个，校外实习实训基地30个，图书馆藏书60万册(其中纸质图书23万册，电子图书37万册)，学院体育场馆占地面积近3万平方米，种类齐全，设施先进。

学院依托的广西民族大学已经形成的品牌优势，现设有管理系、国际贸易系、计算机科学与工程系、人文社会科学系、外国语言文学系、艺术系、思想与政治理论课教学部等七个系部，开设23个本科专业(34个专业方向)，涵盖经济学、法学、教育学、文学、理学、工学、管理学、艺术学等八大学科门类。在英语、老挝语、缅甸语、印度尼西亚语、泰语、越南语、汉语言文学、旅游管理、物流管理、市场营销、国际经济与贸易等12个本科专业中推行“3+1”(即3年在国内学习，1年在国外学习)的人才培养模式，与泰国、越南、老挝、缅甸、印度尼西亚等国家的高校建立了稳定的合作关系。截至2011年年底，有来自全国24个省、自治区、直辖市全日制在校本科学生7509人。

学院拥有一支年富力强、热心高等教育事业、学术水平高、教学经验丰富的师资队伍。现有聘期一年以上的专职教师431人，其中教授50人，副教授92人，具有研究生以上学历的教师257人。

一、学院党建工作

学习型党组织建设有成效，党员干部队伍思想意识、工作水平明显增强。举办了党务干部培训班，学习了《中国共产党普通高等学校基层组织工作条例》、《中共中央组织部　中共教育部党组关于加强民办高校党建工作的若干意见》(2006年31号文)、《中国共产党历史》第二卷和广西民族大学《发展党员工作手册》；邀请校外专家广西经济干部管理学院韦茂繁书记来学院讲学；组织全体教职工和党员干部赴百色起义纪念馆、湖南韶山、江西井冈山学习党的知识、党的历史、党的优良传统。

举办各项活动，隆重庆祝建党90周年。积极开展纪念建党90周年大会、“辉煌九十载，党在我心中”庆祝中国共产党成立九十周年师生大合唱比赛等6个专项活动，隆重庆祝建党90周年。学院组织党员教职工和学生参加广西民族大学的合唱比赛取得了二等奖的好成绩。

加强党风廉政建设，筑牢防腐防线。学院在教职工中开展以案明纪警示教育活动，组织党员观看廉政建设警示教育片，邀请校党委杨再延副书记讲授《关于党员领导干部廉洁从政若干准则》的党课。同时，将反腐倡廉与创先争优活动和党员公开承诺结合起来，进一步筑牢防腐防线。并组织中心组进行理论学习，安排《廉政准则》考试，坚持做到防微杜渐、警钟长鸣。

积极做好党员发展工作。2011年共有近400名预备党员转正，发展党员720名。认真做好党费的收缴和管理工作，及时向上级报送有关报表和党建信息。举办两期党校，培养入党积极分子1800名。学院党建工作成绩显著：学院党委机关直属党支部获广西高校先进基层党组织，一名党员获广西高校优秀党务工作者；一名党员获广西高校优秀共产党员，学院党委获学校先进基层党组织称号。

二、学院行政工作

(一)制定了学院10周年院庆筹备工作方案

经过二次院务会议讨论，并报经学院董事会研究，最终制定了《广西民族大学相思湖学院10周年院庆筹备工作方案》，成立了院庆筹备领导机构和工作机构，院庆准备工作有条不紊的进行。

(二)不断优化机构设置，逐步完善管理制度

根据工作需要，增设了国际交流办公室、综合档案室，对学院部分中层管理干部进行了岗位调整，充实了学院办公室、学生工作部、管理系、艺术系、计算机科学与工程系等单位的管理干部队伍。制定了《广西民族大学相思湖学院授予学士学位工作细则》、《广西民族大学相思湖学院教职工探亲待遇暂行办法》、《学院传染病疫情报告制度》、《学院科学研究管理暂行办法》等16个管理制度文件，修订了《广西民族大学相思湖学院工作事故认定及处理暂行规定》，学院各项工作制度不断完善。

(三)以迎接学士学位授权评估为契机，推进教学改革，促进内涵和质量建设

1. 根据教育厅关于独立学院学士学位授权单位评估的文件要求，认真完善了教学管理规章制度，编写了学士学位授予权单位申报材料，开展了专业评估学院自评等工作。由于准备工作充分、学科专业建设特色鲜明，学院顺利通过了自治区教育厅学位办组织的学士学位授予权单位及21个专业学士学位授予资格评审。

2. 开展学科专业建设，修订各专业培养计划。学院实行以首席教授为指导，教研室集中讨论为主体的模式开展学科专业建设；本年度集中召开了3次首席教授会议，根据应用型本科培养目标，确定培养方案，完成全院23个专业教学计划的修订工作。

3. 继续推进精品课程建设，在社科部(思想道德修养与法律基础)、外语系(越南语口语)、国贸系(国际经济与贸易实务)等3个系部中进一步推进精品课程建设。

4. 国际交流稳步发展。根据专业特点，学院对涉及出国学习的专业的出国时间进行了调整，语言类专业和对外汉语专业学生大三出国，其余专业大四出国。2011年安排了179名学生到越南、泰国、印度尼西亚、马来西亚等东南亚国家学习。

5. 做好招生录取工作。2011年录取新生2356人，指标完成率为124%。生源质量较高，比广

西普通类专业一志愿录取分数分别高出最低控制线22分(文史类)和44分(理工类)。

6. 认真做好2011届毕业生毕业工作和学位评定工作。2011届应毕业学生1382人，实际毕业学生1312人，毕业率94.93%；获得广西民族大学学士学位学生1297人，获学士学位率为93.85%；已就业人数为1028人，就业率为78.35%，其中有20人考上北京师范大学等国内外高校的研究生，13人成为国家项目——国际汉语教师志愿者，7人成为国家西部计划志愿者，学院人才培养质量不断提高。

(四)加强师资队伍建设，教师结构队伍得到优化

全年新聘教职工45名，其中22人为硕士学历。24位同志获得讲师职称，使学院中级以上职称的教职工达到83人。聘任第三批首席教授11人。继续开展各类思想和业务培训，举办了全院党务干部培训班、学院中层干部培训班、辅导员专题培训班。继续鼓励教职工参加各类进修，有1人参加地方自筹经费公派出国项目骨干英语教师项目，将赴加拿大进修6个月。

(五)科研工作取得可喜成绩，学术氛围日益浓厚

学院召开首届科研工作大会，开创科研工作新局面。组织教职工申报各类科研项目和发表学术论文。全年获得科研立项55项，其中区教育厅教改项目3；区教育厅科研处科研项目5项；区教育科学规划2011年度项目4项；区教育厅安稳处高校安全稳定项目4项；广西高校党建立项2项；学院院级立项37项，全年共发表论文36篇。积极举办和派教师参加学术活动。邀请区内外专家到学院开展学术交流活动，使学院师生能及时接触相关专业最新的资讯，触摸专业领域发展的前沿。为了增强年轻教师的学术素养，派骨干教师参加专业性较强的学术会议13次。

(六)不断提高学生工作水平，进一步丰富校园文化活动

1. 努力建设一支高素质的学生工作队伍。新聘了5名硕士学历的辅导员，使学院专职辅导员队伍达到23人。通过邀请校外专家讲座、自学等形式，不断加大对辅导员的培训，举办了第一期辅导员大讲坛、2011年暑期辅导员培训班，出台了《广西民族大学相思湖学院辅导员考核办法(暂行)》，改革传统的考核方式，推动辅导员工作制度化。实行班主任制度，加强对学生学业上的指导。

2. 坚持以人为本，做好“奖、勤、贷、助”工作。学院不断完善以国家奖学金、国家励志奖学金、国家助学金、生源地贷款、校内助学贷款为主体的多层次的学生奖助学体系，帮助贫困学生安心学习和生活。2011级新生报到时开设了绿色通道，当天为204名贫困生办理了绿色通道入学手续。同时，协助1513名符合条件的学生办理生源地助学贷款手续；对于特别困难，办理生源地助学贷款后仍无法交齐学费或无法办理生源地贷款的学生，学院提供校内助学无息贷款。2011年，学院有7名同学获得“国家奖学金”，资助金额5.6万元；105名同学获得“国家励志奖学金”，资助金额52.5万元；21名同学获得“自治区政府奖学金”，获资助金额10.5万元，349名同学获得“国家助学金”，共获资助金额104.75万元；42同学获得“校内助学贷款”，资助金额28.24万元。此外，学院积极拓宽勤工俭学岗位，2011勤工俭学工资共发放59.32万元。同时。根据教育部五部委文件精神，为帮助贫困生缓解因物价上涨带来的生活压力，学院在区内高校中率先建立与物价上涨挂钩的联动机制，设立100万元的学生食堂价格平抑基金，用于对贫困生进行临时伙食补贴。

3. 积极举办和参与各类丰富多彩的文体活动，营造温馨和谐、活力青春的校园氛围。组织了第三届“挑战杯”大学生课外科技作品竞赛、创业大赛、校园十大歌手大赛、三八女生活动月、艺术文化节、东南亚风情文化节、外语活动月等学术、文艺活动。成功举办了“2011年中国—东盟礼仪

形象大使大赛广西民族大学相思湖学院选拔赛”；承办了2011年共青团广西区委组织的“服务广西大学生志愿服务西部计划培训班暨表彰、出征仪式”。在2011年全区举办的“MM百万青年创业计划活动”中，学院获得优秀组织奖一等奖、2位教师荣获“优秀指导老师”、5位同学荣获“创业之星”、12位同学荣获“优秀志愿者”。

各项体育赛事取得良好成绩。在第八届南宁国际龙舟邀请赛上，学院龙舟队荣获团体总分第二名，大龙舟500米第二名的好成绩；在7月份举行的广西第七届大学生运动会上，学院获得了2个单项亚军、3个单项季军的佳绩；在2011年全国啦啦操赛广西赛区比赛中，学院6名同学荣获啦啦操六人徒手第一名，6名同学荣获八人踏板第一名，8名同学荣获花球第二名，8名同学荣获男生踏板操第二名的好成绩；在12月份举行的中国(南宁)—东盟武术节上，学院1名同学荣获南拳第一名。

(七)做好后勤管理，为师生提供优质的服务

学院学生食堂和学生公寓获自治区高校“标准化学生食堂学生公寓”称号，标志着学院后勤管理规范化程度越来越高。学院开展了“饭后收碗，共创和谐。举手之劳，方便你我”的收碗活动，饭后自觉收碗在学生中蔚然成风，学生食堂卫生情况得到好转，就餐面貌焕然一新。校园基础设施日趋完善。本年度完成了室内篮球馆木地板铺设、网球场修建、酒店管理实训基地建设、五人足球场、学生公寓排污管道整改、报告厅装修、会议室装修、接待室装修等基础设施的施工建设。按时完成国家项目—实验楼及综合楼中央空调系统、150吨热水工程建设并通过国家建设部组织的项目验收，获得了国家下发给该项目的第二期奖励金281万元。联系城市管理、交通、卫生、管委会等部门对学院校门外乱摆乱卖现象进行阶段性整理。

(八)其他各项工作顺利推进

较好地完成学生学费的收费工作，并及时发放了出国学生的学习补贴。财务部多次与南宁市区农村信用社、建设银行、北部湾银行联系，积极准备贷款材料，全年为学院争取了500万元流动资金贷款，为学院的正常运转及长远发展提供了资金保障。

加快图书馆建设，不断提高书籍借阅率。图书馆资源不断增加，新增2间电子阅览室，新购读秀电子书库13万册电子图书，全年读者借还图书量达到14.53万册，购买纸质图书14万册，目前馆藏图书达到22.83万册。为提高图书借阅率，图书馆延长开放时间，从周一到周日早上8：00到晚上22：00开放，每周开放时间达75小时，图书资讯平台正式投入使用。进一步提高职工待遇，制订了《广西民族大学相思湖学院岗位津贴实施办法》，提高了教职工住房公积金和行政人员的学生管理补贴，并将伙食补贴从100元/月提高到150元/月。(黄贵森　黄万稳)

预科教育学院

预科教育学院共有教职工52人，其中专任教师42人，教授1人，副教授8人，讲师27人，专职学生辅导员3人。2011年7月共有1114名学生结业。秋季学期共有来自全区13个少数民族、分属全区24所本科院校的学生1305人，分成23个教学班，其中：文科班8个，理科班11个，医科

班4个。学院设有语文、数学、英语、物理、化学生物、政治历史6个教研室。

一、党建和思想政治教育工作

党总支和各党支部坚持抓好自身建设，不断提高自身的理论水平和工作能力；认真做好党员的教育、管理工作，坚持组织生活制度，不断提高党员的思想政治素质。认真抓好学生党的知识启蒙教育，加强对学生入党积极分子的教育培养。2011年共有590名学生向党组织递交了入党申请书，占学生总人数的52.6%，有135入党积极分子参加党校学习，并获得结业。经过认真培养，有9名同学顺利地从预备党员转为正式党员。

关爱学生，做好心理辅导工作。一是认真做好新生入学教育，请优秀教师和学生代表进行发言，同时为学生答疑解惑，排除综合测评和选专业等方面的困惑，使新生较快地适应预科阶段的学习生活。二是利用思想品德课对学生进行心理基本知识的教育；三是建立班级心理联络员制度；四是组织学生参加学生工作处组织的心理辅导和测试。对于有心理异常的学生进行耐心地引导，做好保护工作，并联系家长共同做好管理工作。五是利用网络平台开展对学生的心理辅导工作。

二、教学与科研工作

第一，踏实有效的开展教学质量工程建设。组织教师参加第七届教师教学课堂比赛，有28名教师积极踊跃参与报名，6名教师进入复赛。梁丽杰获得中年组一等奖，盘鹏慧、李华、许莹莹获得三等奖，雷芸、温颖等老师获得优秀奖。根据学校有关教师课堂教学质量评价工作有关要求，严格按评价指标，做好教师课堂教学质量的评价工作；加强教研室工作，切实抓好和规范教研室活动，真正发挥教研室在教学管理与运行中的基础性作用。

第二，赴桂林百色等地开展教学调研，修订各门课程新教学大纲。按照学校提出的教材建设目标，学院继续鼓励教师对教材编写进行深入的研究，重新修订各课程的教学大纲，以教学大纲为依据，编写出具有广西特色的少数民族预科系列教材，使之更切合广西预科办学实际。

第三，积极创造条件，鼓励教师外出参加各级各类学术活动和各类的进修学习，不断提高自身学术水平。2011年，两位教师参加第四届数学史与数学教育国际研讨会、第八届全国数学史学术年会，3月，一位老师代表参加全国运筹学学术交流大会，10月，份一位老师参加了中国少数民族预科教育高层论坛，10月，思维英语老师参加了外研社的暑期研修班。

第四，继续加大教材建设工作力度。鼓励教师多学多听多看多动手，掌握现代教育技术，提高专业水平。鼓励教师积极申报就读博士学位和做访问学者。在原已编写教材的基础上，精益求精，共同编写好具有特色的适用的少数民族预科教材。经过努力，目前普通高等学校少数民族预科教育系列教材之《基础物理》、《基础物理》已经正式交付广西师大出版社出版。

第五，深化教学改革。按照学校要求，要继续优化各个课程的设置和教学内容，深化教学手段和方法的改革，积极探索新的人才培养模式，构建教学质量评价激励新机制。积极开展区内外预科教育的调查研究。做好2011级课程设置，课时分配、编班、教材建设、教学原则、教学要求、教学定位、教学目标、管理模式、成绩评定、综合测评等学生培养方案和教学改革实施的经验的基础上，制订2011级预科培养和教学改革方案。

第六，狠抓科研，学院科研工作有了新发展。编印《预科教育学院科研成果目录（1980—2010）》，对恢复办学30年来的科研进行了一次全面的总结。学院召开科研工作会议，总结民族预科恢复办学30年来科研工作的成绩、经验和不足，规划“十二五”期间科研工作发展蓝图，讨论并通过《广西民族大学预科教育学院科研奖励暂行办法》。2011年申报各级各类课题项目20项，获批12项，发表论文26篇，举办原籍学术讲座12次。

第七，各教研室积极开展实践教学。语文教研室开展普通话正音、朗诵比赛、写长篇文章的训练，鼓励学生积极参加学院举办的现场作文大赛，并参加了普通话测评考试，报名人数达800人，报名踊跃，成绩优秀。英语教研室开展英语演讲比赛，加强学生英语方面的听、写能力训练；数学教研室举办数学提高班和数学普及班；政史教研室计划带学生到社会参观，搞调查，写调查报告；物理、化学、生物开放实验室，加强实验教学活动，并在期末创造性地进行试验操作考核，效果很好。

三、行政和学生管理工作

（一）行政管理方面的工作

继续做好申报建设全国少数民族预科教育基地的工作；积极做好建校60周年校庆各项筹备工作；协助广西教育厅成功召开2011年全区预科教育工作会议。自治区教育厅的领导，自治区招生考试院的相关人员，24所招收少数民族预科生的高校代表们出席了此次会议。完成预科招生政策调整后的第一届新生报到注册工作。从2011年起实施免费民族预科生和普通民族预科生两种办学形式。每年计划招生免费民族预科生1000名，按原来政策执行，另增加普通民族预科班，2011年计划招收376名。9月4日，全区24所本科院校（含5所独立学院）所招收的民族预科生统一到我院报到，报到总数为1305人，报到率为83.72%，完成招生计划率为94.55%。继续修改和完善各项规章制度，特别对《预科教育学院教学管理规定》、《广西民族大学关于预科学生管理的补充规定》和《预科教育学院学生综合测评细则》进行进一步修订，使得对学生的管理更加科学化、规范化。深入细致做好教职工思想工作，对教职工（包括退休职工）身体有病，家庭有困难，学院都组织人员去探视，并送去慰问品，尽力为教职工排忧解难。

（二）学生管理工作

创新学生管理新模式，协助广西教育厅起草《学生管理规定》；继续创新学生管理新模式，以适应不断发展的新形势。经过学院的研究，本学期，对原有的学生管理方式进行一些改革，试行学院领导、专职辅导员、班主任“三层一体”的管理新模式。按这一模式，学院领导主要是从宏观上进行管理，每个专职辅导员管理四个到六个班级不等，让一些年轻且精力充沛的老师任两个班班主任；以专业学习为基础，以提高学生的综合素质为目标，组织开展了多项丰富多彩的第二课堂活动，取得了很好的成效。例如举办了物理实验竞赛、英语演讲比赛、即兴演讲比赛、英文打字比赛和课件制作大赛等，加深了同学们学习的兴趣和积极性；为活跃气氛，增强学生体质，还开展了诸如“迎新杯”篮球赛、“团结杯”气排气赛等；帮助特困生解决实际困难。2011年上半年争取学校帮助，安排了77位贫困生参加勤工助学，下半年安排了77位贫困生勤工助学。

四、综合实验室工作

第二个政府经费300万教学仪器设备的采购安装调试加紧进行，学院实验室建设走在了国内同行的前列。2011年学院组织试验人员对实验室进行试验物资和仪器购置和安置工作，做好实验室位置和内部设计等规划工作。规范实验管理：根据新生人数1305人、23个教学班和各实验室管理条例，安排好试验课程，使学生有条不紊进行试验。（梁元星）

东盟学院/中国—东盟研究中心

东盟学院成立于2010年5月，作为一个新建的学院，正努力打造成为集学术研究、人才培养、国际交流、政策咨询为一体的国家级东盟研究基地，以学术服务于国家和社会，为中国—东盟关系的全面发展、中国—东盟学国际地位与影响力的提升做出贡献。东盟学院现已是广西高校人文社会科学重点研究基地、广西科学实验(研究)中心、教育部东盟(区域)研究中心。学院内设越南研究所、泰国研究所、印度尼西亚研究所、马来西亚研究所、实验室管理中心、信息分析中心、学院办公室。学院在职人员26人，其中科研人员21人，包括教授10名(其中八桂学者1名、客座教授4名)、副教授8名、讲师3名，学术委员会委员13名。

一、队伍建设

一是确立东盟学院领军人物。11月22日下午，广西首批八桂学者、特聘专家聘任仪式在南宁隆重举行。自治区党委书记、自治区人大常委会主任郭声琨及自治区主席马飚共同为八桂学者、特聘专家代表颁发聘书。其中，广西唯一的文科“八桂学者”庄国土教授落户广西民族大学，将为东盟学院的学术科研发展与建设起到重要作用。二是引进专业人才。学院对应聘专业教师岗的梁炳猛等4名人选进行试讲、面试，由学校办公会决定录用梁炳猛、陈丙先两位博士；9月7日，老挝司法部长叶葆和率部到校访问，就双方开展合作进行了磋商，签订了合作框架性协议。何龙群校长为叶葆和颁发了聘书，聘请他为东盟学院客座教授。三是配备行政辅助人员。公开招聘管理岗人员一名，经过笔试和面试等程序，决定录用人员为刘桂青。同时，公开招聘辅助专业技术岗人员经校长办公会审定，录用潘艳贤、全莉、高鲜菊、蒙翡琦四位同志为东盟学院的辅助专业技术岗人员。

二、学术活动

2011年，学院参与主办、承办多次全国性、国际性的学术活动：

9月10日，在广西民族大学举行“中国东南亚研究高级专家第一次圆桌会议”，庄国土、李一平、杨宝筠、贺圣达、范宏贵等校内外东南亚研究专家学者参加了此次会议，各专家学者为东盟学院的建设均提出了许多宝贵意见。

10月15—16日，东盟学院联合中国社科院亚太所、厦门大学南洋研究院于北京召开“区域合作背景下的中国—东盟关系”学术研讨会，参加会议的嘉宾有中国国防大学战略教研部朱成虎将军、中国驻东盟大使佟晓玲阁下、中国—东盟中心秘书长马明强、商务部国际司副司长孙元江等。贺争平副校长率东盟学院(中国—东盟研究中心)的3位老师参加会议并在会上致辞。

11月18日，就“世界木文化”主题在南宁市国际会展中心召开“中国—东盟木文化论坛”，来自中国、美国、菲律宾、泰国、老挝、柬埔寨、印度尼西亚等国家的学者共80多人参加了会议。东盟学院副院长黄兴球在会上作了题为“壮族木文化初探”的报告。

12月10日，东盟学院与外交部中国太平洋经济合作全国委员会主办、由广西对外经济文化交流中心协办的“促进人与人交流，夯实东亚合作基础”东亚智库论坛，在广西民族大学隆重召开。中国驻东盟特命全权大使佟晓玲，太平洋经济合作理事会秘书长埃德瓦多·佩卓尔萨，中国太平洋经济合作全国委员会副会长吴正龙等来自美国、澳大利亚、新西兰、新加坡、马来西亚、泰国、印度尼西亚、越南及中国17个智库的50位专家学者官员出席研讨会。广西民族大学党委书记钟海青教授出席研讨会并作总结发言，校长何龙群教授会见了与会人员，副校长贺争平教授在会上致辞。

会议围绕“促进人与人的交流，夯实中国—东亚友好基础”这一主题进行交流和探讨，并发布了“东亚智库交流研讨会南宁宣言”，就进一步推动东亚合作、提升东亚一体化程度建言献策。

三、学术交流

2011年，东盟学院进行了一系列学术交流合作活动，努力扩大对外学术交流范围和规模，构建高层次对外学术交流平台，不断开展国内外合作与研究，积极参加国际和地区多边组织的学术活动，掌握合作研究的主动权，增强在有关国际学术组织中的影响力。

中国—东盟研究中心主任兼东盟学院副院长黄兴球教授出席美国伯克利大学APEC研究中心举办的APEC学术会议及美国东西中心举办的APEC第20届年会；中心接待台湾南台科技大学吴新兴副校长一行，就发展两校关系及东盟学科的发展进行研究会谈；八桂学者、中国东南亚研究会会长、厦门大学特聘教授庄国土来校作学术报告，题为“南海局势解读”；郑州大学越南研究所所长于向东教授来校作学术报告，题为“越南研究的理论与方法”；北京大学东南亚学研究中心主任梁志明教授及北大外国语学院亚非语言文学专业博导梁敏和教授来校与中心全体人员一起探讨东盟学院的发展与定位，并就相关研究及其理论与方法进行了学术交流；12月9日上午，广西民族大学与中国社科院政治学研究所签署了合作协议，之房宁所长在校内科技楼报告厅作题为“东亚民主的发展和中国改革的方向”的学术报告。老挝总理府中央办公厅人事司副司长塔翁、中央办公厅人事司司长助理赞达、中央办公厅行政司副司长波南、中央办公厅经济司副司长宁玛翁、中央办公厅管理办公室副主任塔诺莱一行5人顺访广西民族大学。副校长伍先华在国际交流处小会议室会见，并与老方商谈合作事宜。出席本次座谈的还有中国—东盟研究中心主任兼东盟学院常务副院长黄兴球教授、国际教育学院冯光火院长及国际交流处韦锦海处；应中国—东盟中心马明强秘书长邀请，广西民族大学贺争平副校长、中国—东盟研究中心主任兼东盟学院副院长黄兴球教授赴北京出席中国—东盟中心成立招待会，并带去广西民族大学为庆祝中国—东盟中心成立的贺电，开始建立广西民族大学与中国—东盟中心的友好合作关系；12月29日上午，贺争平副校长与外交部亚洲司东盟处贺湘琦处长于校内国际交流处小会议室就广西民族大学东盟学院以及中国—东盟研究中心建设等情况进行座谈。座谈结束后，贺湘琦处长在校内科技楼报告厅作学术报告，题为“东盟和中国—东盟关系”。

四、社会服务

8月9日上午，由东盟学院和龙州县委联合举办的“中国—东盟友谊小使者”龙州胡志明展馆红领巾讲解员培训班在广西民族大学开班。

五、学位授权点建设

东盟学院在学校领导和研究生处的指导下，在相关学院领导的支持下，2011年成功申报属于政治学一级学科的“东盟研究”和属于外国语言文学一级学科的“中国与东南亚文明”两个自主设立的硕士学位授权点。将于2013年开始正式招生。

六、科研工作

2011年，东盟学院和中国—东盟研究中心的内部刊物《东盟参考》共出版31期，在社会上产生良好影响。中国—东盟研究丛书征集得到两本书稿，《多个层次看东盟》和《首届中国研究生东盟论坛论文集》将于2012年出版。2011年度面向国内科研机构、高校等单位公开招标课题，各类科研机构、高校的专家学者积极申报多项研究课题。（高鲜菊）

直属科研单位

壮学研究中心

壮学研究中心是广西壮族自治区教育厅在广西民族大学设立的普通高校人文社科重点研究基地。设办公室和学术委员会。中心是广泛团结和组织国内外研究壮族及相关民族学者，开展历史与现实方面的研究。重点研究方向是“壮族历史文化与民族关系研究”、“壮族经济社会发展与现代化研究”和“壮族与东南亚相关民族研究”。科研项目公开招标，承担壮学研究中心科研项目的国内外专兼职人员常年保持在30人左右。

2011年主要完成以下工作：

一、科研成果

中心主持开展“壮族社会生活史研究”（国家社科基金课题）、“现代背景下的壮剧沉浮”（广西高校优秀人才资助计划项目）、“壮剧传承与社区文化发展实验性研究”（香港社区伙伴项目）等课题研究。同时，参与了民委组织的专题调研，并开展了一些横向研究工作。主要成果有：

完成了书稿3部：《村落的视角：重大经济项目建设与壮族社会文化变迁研究》；《现代背景下的壮剧沉浮：以民间艺人生活史为线索》；《壮族传统文化的传承与发展研究》。

发表论文4篇：《维护和发展广西“四个模范”的光荣》、《广西龙胜平安寨壮族的社区内源结构》、《新中国民族团结理论与实践浅言》、《杨秀清、萧朝贵桂林告示考释》。

4项成果获奖：专著《现代背景下的乡土重构——龙脊平安寨经济与社会变迁研究》，获国家民委第二届人文社科优秀成果三等奖；论文《维护和发展广西“四个模范”的光荣》，获2011年广西壮族自治区民族团结征文二等奖；论文《新中国民族团结理论与实践浅言》，获2011年广西壮族自治区民族团结征文二等奖；论文《中国的民族文化政策与实践》，获广西传统文化研究会首届学术研究会征文二等奖。

二、学术交流与合作

与中央民族大学壮侗研究所、田东县人民政府合作，组织召开“中国首届百越古道文化论坛”，30多位学者参会；与瑞士苏黎世大学民族学研究所联合开展壮族调研：7—8月间组织广西民族大学民族经济、民族艺术、少数民族语言文学等专业研究生8人与苏黎世大学民族学研究所师生6人在武鸣林渌村进行了为期近1个月的田野调查，写出了调查报告。派出在编人员参加学术会议4个：2011年5月参加自治区党委宣传部、统战部、民委召开的“民族团结理论研讨会”；2011年11月20日在南宁召开的“陆荣廷与广西近代化学术研讨会”；2011年11月29日—12月2日在北海召开的世界客属恳亲大会之“客家文化研讨会”；2011年12月10—11日，中国人类学民族学年会之旅游人类学专题会议。（雷冠中）

瑶学研究中心

一、继续争取追加经费

根据“瑶学丛书”的编撰出版情况，中心报学校领导同意，向自治区政府有关部门申请追加“瑶学丛书”编撰出版经费，经丛书主编自治区政府原副主席奉恒高的协调与中心的努力，多次找财政厅、教育厅和自治区政府领导，最后财政厅同意追加经费，由教育厅立项，列入政府经费预算，于2012年继续资助300万元扶持“瑶学丛书”的编撰出版。

二、科研立项

2011年，中心主任玉时阶获国家社科基金项目“中国瑶族志”，获资助金额15万元。

三、科研成果

2011年度，中心出版了《瑶族文书档案研究》、《越南瑶族民间古籍》、《茶山瑶历史与文化》、《跨境瑶族研究》等4本著作。

四、科研队伍培养

2011年5月，在中心主任玉时阶教授的带领和指导下，广西民族大学民族学与社会学学院3个年级不同专业共10名研究生赴云南河口瑶族自治县瑶山乡进行“蓝靛瑶历史文化与经济社会发展”课题调查，撰写了近20万字的调查报告；8月，中心主任玉时阶教授带领2名研究生赴湖南、贵州、广东等瑶族地区进行社会调查等。收集整理了大量的瑶学研究资料，通过田野调查，培养了一批专业理论扎实、调查实践能力强的年轻的科研后备队伍。（玉时阶）

附录1　2011 年制订修订的规章制度目录

附录1.1　2011 年制订和修订的规章制度目录

序号	文件标题	发文号及日期	制订或修订
1	广西民族大学2011年公开招聘人员实施办法	民大〔2011〕173号 2011年6月28日	制定
2	广西民族大学科研助理聘用及管理办法	民大〔2011〕220号 2011年9月25日	制定
3	广西民族大学教师学术假实施办法	民大〔2011〕156号 2011年6月20日	制定
4	广西民族大学教学安全管理规定	民大〔2011〕191号 2011年7月14日	制定
5	广西民族大学青年教师导师制实施办法	民大〔2011〕274号 2011年10月17日	制定
6	广西民族大学岗位设置与聘用管理暂行办法	民大〔2011〕40号 2011年3月24日	制定
7	广西民族大学人才培养模式创新实验区建设与管理实施办法	民大〔2011〕222号 2011年9月16日	制定
8	广西民族大学校级重点学科建设与管理办法	民大〔2011〕185号 2011年7月12日	制定
9	广西民族大学教学十佳评选与奖励办法	民大〔2011〕229号 2011年9月16日	制定
10	广西民族大学优秀教学团队评选与奖励办法	民大〔2011〕228号 2011年9月8日	制定
11	广西民族大学“十二五”发展规划	民大〔2011〕130号 2011年5月31日	制定
12	广西民族大学领导干部外出请示请假报告制度	民大党发〔2011〕46号 2011年6月8日	制定
13	中共广西民族大学委员党务公开办法(试行)	民大党发〔2011〕62号 2011年11月9日	制定
14	广西民族大学保密工作规定	民大党发〔2011〕65号 2011年11月24日	制定
15	广西民族大学青年教师、干部校内外挂职锻炼暂行办法	民大党发〔2011〕12号 2011年3月23日	制定

附录 2　2011 年度表彰与奖励

附录 2.1　2011 年荣获上级政府或部门表彰奖励的先进集体

序号	获奖单位	何奖称号／名称	授奖部门	授奖时间	文号
1	广西民族大学	全国先进基层党组织	中共中央	2011 年 7 月	
2	广西民族大学	自治区先进基层党组织	中共广西壮族自治区委员会	2011 年 6 月	
3	广西民族大学	全区高等教育自学考试先进集体	自治区教育厅	2011 年 11 月	
4	广西民族大学管理学院党委	广西高等学校先进基层党组织	自治区高校工委	2011 年 7 月	
5	广西民族大学商学院教职工第一党支部	广西高等学校先进基层党组织	自治区高校工委	2011 年 7 月	
6	广西民族大学文学院本科第七党支部	广西高等学校先进基层党组织	自治区高校工委	2011 年 7 月	
7	广西民族大学外国语学院党委	广西高等学校先进基层党组织	自治区高校工委	2011 年 7 月	
8	广西民族大学物理与电子工程学院党委	广西高等学校先进基层党组织	自治区高校工委	2011 年 7 月	
9	广西民族大学化学与生态工程学院研究生三年级党支部	广西高等学校先进基层党组织	自治区高校工委	2011 年 7 月	
10	相思湖学院机关直属党支部	广西高等学校先进基层党组织	自治区高校工委	2011 年 7 月	
11	广西民族大学	广西高校毕业生就业工作先进集体	自治区教育厅	2011 年 11 月	桂教〔2011〕18 号
12	广西民族大学	全区学生资助工作先进单位	自治区教育厅	2012 年 2 月	桂教资助〔2012〕2 号
13	广西民族大学	2009—2011 年广西高校大学生思想政治教育工作先进单位	自治区高校工委、教育厅	2012 年 6 月	桂党高工宣〔2012〕29 号
14	广西民族大学学生工作部(处)	2009—2011 年广西高校辅导员管理工作先进集体	自治区高校工委、教育厅	2012 年 6 月	桂党高工宣〔2012〕29 号
15	广西民族大学学生工作部(处)	2009—2011 年广西高校大学生心理健康教育先进集体	自治区高校工委、教育厅	2012 年 6 月	桂党高工宣〔2012〕29 号

附录 2.2　2011 年荣获上级政府或部门表彰奖励的教职工名单

序号	姓名	获奖称号／名称	授奖单位	获得时间	文号
1	黄晓娟	全国五一巾帼标兵	中华全国总工会	2011 年 5 月	
2	伍广津	全国民族体育先进个人	全国体育总局	2011 年 11 月	
3	肖海芹	广西高校优秀辅导员	自治区高校工委	2011 年 3 月	
4	李大庆	广西高校优秀辅导员提名奖	自治区高校工委	2011 年 3 月	
5	蓝艳芳	广西高校优秀班主任	自治区高校工委	2011 年 3 月	
6	陆惠君 韩燕燕	2011 年广西高校毕业生就业工作先进个人	自治区教育厅	2011 年 11 月	桂教〔2011〕18 号
7	胡牧君	2011 年全区学生资助工作先进个人	自治区教育厅	2011 年 12 月	桂教资助〔2012〕2 号
8	蓝巧燕	2011 年自治区优秀辅导员	自治区高校工委、教育厅	2011 年 12 月	桂党高工〔2012〕5 号
9	邓　环	2011 年自治区优秀辅导员提名	自治区高校工委、教育厅	2011 年 12 月	桂党高工〔2012〕5 号
10	刘志雄	2011 年自治区优秀班主任	自治区高校工委、教育厅	2011 年 12 月	桂党高工〔2012〕5 号
11	李济权 马志伟 李玉雄	2009—2011 年广西高校辅导员管理工作先进个人	自治区高校工委、教育厅	2011 年 12 月	桂党高工宣〔2012〕29 号
12	毛小玲	2009—2011 年广西高校大学生心理健康教育先进个人	自治区高校工委、教育厅	2011 年 12 月	桂党高工宣〔2012〕29 号
13	庄国土	自治区第一批八桂学者	自治区党委	2011 年 11 月	
14	宋晓宇	自治区第一批八桂学者	自治区党委	2011 年 11 月	
15	周建新	自治区第一批特聘专家	自治区党委	2011 年 11 月	
16	黄晓娟	广西第十四批“新世纪十百千人才工程”第二层次人选	自治区人民政府	2011 年 12 月	
17	廖安平	广西高校人才小高地创新团队带头人	自治区教育厅	2011 年 9 月	
18	李再莲	全区离退休工作先进个人（记二等功）	自治区党委组织部、自治区党委老干局、自治区人社厅	2011 年 12 月	
19	黄在银	广西高等学校教学名师	自治区教育厅	2011 年 11 月	

2011 年获自治区级教学名师奖

黄在银

广西高等学校优秀共产党员

包学雄　朱　冰　刘　贵　刘美玲　李　琳　周建新　庞丽华　袁爱群　唐国军　黄　骏
黄永彪　谭卡芬　龚　娟(相思湖)

广西高等学校优秀党务工作者

邓光辉　陈就汉　罗　源　赵　伟　黄大周　黄仲品　黄万稳(相思湖)

2011 年度全区普通高等教育毕业生就业工作先进个人

陆惠君　韩燕燕

附录 2.3　2011 年获得各级别教学成果奖的人员名单

第十一届广西青年科技奖

刘晓冀

2011 年广西自然科学奖二等奖

刘焕文

附录 2.4　2011 年获省部级科研成果奖一览表

序号	成果名称	成果形式	成果完成人	获奖名称	获奖等级	作者单位
1	现代民族学	著作	周光大	第四届全国教育科学研究优秀成果奖	二等奖	民社学院
2	民族地区基层党建与社会和谐	论文	何龙群	广西纪念中国共产党成立 90 周年理论研讨会征文	二等奖	政关学院
3	广西少数民族传统体育文化保护开发现状与对策研究	调研报告	黄建团等	全国民委系统调研报告奖	三等奖	体健学院
4	后悔录	长篇小说	东　西	第六届广西文艺创作铜鼓奖	铜鼓奖	文学影视创作中心
5	扑克	中篇小说	凡一平	第六届广西文艺创作铜鼓奖	铜鼓奖	文学影视创作中心
6	一体化时代的文学想象	文艺理论	张柱林	第六届广西文艺创作铜鼓奖	铜鼓奖	文学院

序号	成果名称	成果形式	成果完成人	获奖名称	获奖等级	作者单位
7	瓦西里	音乐(歌曲)	唐　力	第六届广西文艺创作铜鼓奖	铜鼓奖	艺术学院
8	《徐治平散文选》	散文集	徐治平	第六届广西文艺创作铜鼓奖	铜鼓奖	文学院

附录 2.5　2011 年荣获上级政府或部门表彰奖励的学生集体

2011 年广西区级先进班集体

法学院 2008 级法学 3 班

管理学院 2008 级人力资源管理

外国语学院 2008 级英语 1 班

艺术学院 2008 级播音与主持 2 班

数学与计算机科学学院 2008 级数学与应用数学班

广西民族大学国际教育学院 2009 级法律事务(越南语方向)班

广西五四红旗团支部(总支)

管理学院团委

2010 年度广西高校五四红旗团支部(总支)

商学院团委

文学院团委

外国语学院团委

物理与电子工程学院团委

广西高校十大明星社团

相思湖文学社

广西高校优秀大学生社团

情系“三农”协会

附录 2.6　2011 年荣获上级政府或部门表彰奖励的学生名单

2011 届广西区普通高等教育优秀硕士毕业生(4 人)

李艳芬　刘红霞　经　晶　陈　鹏

2011 届广西区普通高等教育优秀大学毕业生（57 人）

李艳芬　刘洪霞　经　晶　陈　鹏　王　瑜　周海斌　徐文静　刘施显　刘　逸　张昌慧
谢　茜　叶　婷　张　舒　赵　敏　亲凌姬　陈梦梅　屈显娟　翁丽君　胡海婷　李晓源
陆漫莉　陶远琴　李　霖　梁　伟　孙晓青　张敏倩　王　阳　李秀文　黄　梅　杨　洁
王　荣　覃春兰　谢翠群　钟绍媚　张　健　谢　婷　苏成东　吴尚峰　陈　双　沈　格
刘　亮　韦柳古　李　周

相思湖学院:

蒋　兰　李施燕　文　莹　曹　莹　张海云　农佳祺　李汶励　盘晓波　吴　林　陈雨琼
覃秋华　胡小兰　利国胜　雷　丹

2011 年广西区普通高等教育“三好学生”(24 人)

覃　慧　农植媚　叶　露　唐冬梅　覃自慧　张　霓　魏志娟　陈思颖　黄冬怡　乔星绍
谭春婕　卢　燕　莫佳玲　庞斌源　郭祝华　韦振营　黄荣涛

相思湖学院:

刘　凯　吴　林　李汶励　肖　鸿　霍美琪　黄丽霞　黄少玲

2011 年广西区普通高等教育优秀学生干部（11 人）

邵　晨　姚雯竞　唐晓云　吕新新　王梦露　覃丽莉　刘可心　肖　晴

相思湖学院:

蓝　珺　李思娴　林索菲

2011 年广西区普通高等教育优秀研究生(26 人)

刘子云　鲍　靖　裴雪莱　许晶晶　陈　菲　孙君子　陈苗花　范高超　刁丽红　刘佳昆
韩江峰　何德牛　朱　蓉　窦红兵　罗倩倩　尤新芬　何　冉　严　俏　曾飘飘　涂　巍
张千映　林晓凤　毛玉文　李开元　周岑银　韦忠福林

2011 年铁路春运青年志愿者服务活动“十佳志愿者”

陈丽美

2011 年广西优秀共青团员

毛　源　覃　慧

2011年广西高校优秀共青团员

梁宏章 王 荣 刘施显 孙晓庆 陈思颖 谭春婕 李 成

附录2.7 2011年学生参加各类竞赛获奖人员名单

2011年全国大学生电子设计竞赛

一等奖：李礼豪 罗启龙 廖秋艳 覃 喜 黄憧荣 黄荣智 韦运忠 甘正运 邓德勇

二等奖：关宗云 韦开敏 梁 凤 管锦伟 黄履武 胡俊雄 黄相晓 唐天林 虞惠岚
兰少勉 祝 峰 张亚龙 韦佩玲 李小兰 杨 安 苏 宇 陆才志 杨鸿裕

2011年广西高校大学生第十二届化学化工类论文及设计竞赛

一等奖：李占黎 韦晓明 郑遗鸿 潘 阅 苏远龙

二等奖：黄 乾 林 瑜 张光富 黄福彪

三等奖：钟绍媚

2011广西第四届校园中华经典诵读大赛

一等奖：大学生专业组 刘战亭

三等奖：集体组 《世界，请听中国朗诵》

2011年全国大学生英语竞赛（广西赛区）

特等奖：魏志娟 鲁必治 李 露

一等奖：苏炜量

二等奖：陈 君 任荣华 田 薇 李 涛 符 劲 张 扬 秦燕斌 黄益斌 张英群 许 优

三等奖：袁业涛 周雁洁 廖苑羽 黄性芳 彭琪珺 陈 磊 严若瑜 卢竹梅 李 彧 龚小芹
李居融 胡 海 蒋叶芳 郭 杨 陈 萍 支 俨 王 蕾 邝燕盈 刘佳佳 李 桉
孙路路

优秀奖：华 骁 严 娇 王晓娟 刘雪芬 熊莉萍 罗娟雯 林燕华 罗 斯 陈 荣 施 莹
覃小丽 欧 健 马敬源 鲁佳程 黄丽莎 刘 丹 张荣新 苏文亮 祁雪萍 万世非
韦秋霜 李子全 梁 晨 黄春梅 韦 唯 李婧雅 韦超妹 朱 珊 郭菊书 唐湘鄂
卢嘉馨 莫秀华 覃艳玉 吴 琼 邹中洁 蔡晋贤 卓赤紫 梁群燕 唐燕华 何结灵
卢秋燕 戴 兰 杜 孟 邱达裕 徐德霖 陈怡静 付 旋 胡小娜 苏志英 别荆京
古园梅 田春霞 郭小梅 吴燕芳 陈 羽 雷红红 张婷琳 蓝 丽 梁铭轩 谢利平
林 红 刘 畅 陆 晶 黄艳凤 李晓娟 郑 懿 谭柳玲 刘 婷 刘力维 梁 佳
廖莲莲 金 颖 陈 琬 李文秀 刘梦雨 李嫣然 杨曾颖灵

2011 年全区第二届师范生教学技能大赛

一等奖：黄释微　黄艺婷

二等奖：廖健玲　韦艳芳

三等奖：付漓漓　黄洁　莫婷　银金虎

2011 年全国大学生数学建模竞赛广西赛区

全国二等奖(1 组)

黄盛君　蒋秋香　吴沛霖

区一等奖(2 组)

黄盛君　蒋秋香　吴沛霖　罗扬喜　陆晓蕾　韦　曼

区二等奖(3 组)

梁博彦　莫黄燕　丘素泉　付　旋　谢维洪　梁云楠　谭梦华　黄丽萍　吴　帅

区三等奖(5 组)

欧冯燕　利远相　罗　皓　张　蒙　梁　萍　胡儒章　何文津　王冬国　黄华妍　乐卓温
陈国伟　骆万起　赵润浠　邹卓远　蒙小波

2011 年全国大学生数学竞赛

非数学专业三等奖(2 人)

周　胜　梁思瑞

2011 年第五届“三井化学”杯大学生化工设计竞赛

1 个团队获全国三等奖、华南赛区二等奖：

曾龙升　周　莹　黄华林　陆　莹　黄春菊

第五届全国大学生越南语演讲大赛

四年级组一等奖：程富丽

四年级组二等奖：黄钰婷　陈　善

三年级组一等奖：郭菊书　郭　跨　潘　进

二年级组一等奖：周小琼　李　方

二年级组二等奖：杜　孟

第十二届“挑战杯”全国大学生课外学术科技作品竞赛

三等奖：刘　艳　杨永兴　刘　杰(研究生)　李开元　宋秀波(研究生)

第五届“挑战杯”广西大学生课外学术科技作品竞赛

特等奖：宋　燕　廖芳芳　班春旭　覃刘爱　谢贵凤　谢彩云　韦荣边　钟绍媚

一等奖：刘　艳　杨永兴　刘　杰　李开元　宋秀波

二等奖： 黄芳萍 潘惠云 唐 成 梁平山 孙晓青 刘 杰 潘玉云 苏 虹 冯名梦 农志虎 张 浩 刘剑波 谢能浩 黄小建 廖峤卉 吴月蝶 叶 菲 卢少平 何 明 何文鹏 李国民 牛楠楠 韩 仙

三等奖： 谭 密 向 红 韦金君 周全慧 蒙 夺 陆心灵 饶彩桂 廖晓迁 梁远亮 王学昌 成美春 项晓晴 向 红 谭 密 陈 阳 陈 萍 岑加文 伍光耀 林家宁 韦俞全 汪 影 黄璐璐

第三届广西大学生艺术展演活动

艺术表演类

1.《木叶山歌》、《大学生村官进山乡》、《摆呀摆》获声乐类专业组三等奖

2.《龙船》获器乐类专业组三等奖

3.《风舞茶山》获舞蹈类普通组三等奖

4.《龙的传人》获戏剧类专业组三等奖

艺术作品类

1. 兰定《行草书法》、何丽宛《竹怜山爱联》获书法普通组一等奖
2. 曹扬扬《云龙天马联》获书法普通组二等奖
3. 罗维《城里的水墨倒影》摄影专业组二等奖
4. 颜嘉琪《唐诗五首》获书法普通组三等奖

广西图书馆首届大学生科普演讲大赛

一等奖： 周 媛

二等奖： 王 烁

“民族魂·中华情”全国民族院校文艺比赛

优秀奖：《风雨桥畔茶花香》

“党旗颂”全国大学生演讲比赛

三等奖： 吴 凡 田 甜

附录2.8 2011年荣获学校表彰奖励的先进集体

2011年广西民族大学先进基层党组织(20个)

法学院党委 商学院党委 相思湖学院党委

预科教育学院党总支 图书馆党总支 宣传部党支部

纪委监察审计党支部 学工团委武装党支部 校长办公室党支部

政治学与国际关系学院学生第三党支部
民族学与社会学学院本科第二党支部
数学与计算机科学学院学生第三党支部
物理与电子工程学院通信专业党支部
化学与生态工程学院生物专业党支部
艺术学院学生第一党支部
国际教育学院学生党支部
继续教育学院在职教职工党支部
人民武装学院08级学员队第三党支部
后勤管理处第三党支部机关
离退第一党支部

2011年毕业生就业工作先进集体

化学与生态工程学院　数学与计算机科学学院　民族学与社会学学院
物理与电子工程学院　外国语学院　文学院
商学院

附录2.9　2011年荣获学校表彰奖励的教职工名单

2009—2011年“优秀教师”、“优秀教育工作者”

优秀教师(36人)

尹彩流　文　岚　王柏中　韦文山　韦冬萍　韦翠梅　兰金萍　卢勇斌　伏　虎　刘二丽
刘美玲　何珂峻　张显伟　旷　乾　李大西　李　肖　李荣源　李　媚　李　燕　陆映红
陈丽琴　陈金文　周　彦　林志杰　贺忠华　唐贤秋　涂　超　秦红增　黄建团　游辉彩
程林辉　谢　英　谭学才　樊端成　潘克建　周洁(大)

优秀教育工作者(33人)

王　诤　邓艳葵　韦金华　韦焕贤　卢若飞　归发轫　石晓红　刘红军　牟永红　何华军
吴易安　吴英姿　吴菁华　张琴珍　李再莲　李国祥　沈忠明　周丽华　周佳荣　罗伟强
姚伟用　莫雪梅　高文涛　崔晓麟　梁曼芝　梁慧杰　阎金宁　黄观萍　黄焕汉　覃勇军
谢　蓓　颜海云　欧阳常青

2011年广西民族大学优秀共产党员(98名)

王尔勃　王柏中　韦可春　韦有多　韦克昌　毛　源　文国富　尹　力　尹叶青　邓艳葵
甘陶陶　叶清秀　白丽娟　匡秋萍　吕　兰　朱凤云　朱洪润　刘　逸　刘二丽　刘红全
刘志雄　刘宏盈　刘秋芷　刘桂青　刘晓霞　刘雪艳　农亮勤　孙晓庆　阳海花　苏成东
苏孟雄　李　秋　李智辉　杨　丽　杨红文　吴平欢　吴英姿　吴泽宇　吴晟志　何　川
何立荣　何婷婷　何德牛　辛爱玖　张小克　张夏依　张颖峰　陆小燕　陈　琳　陈积光
范高超　范潇潇　林索菲　欧世健　欧阳常青　罗　波　罗文青　罗玉莲　罗金玲　赵世怀
赵杰清　钟　华　覃慧敏　莫放春　唐晓华　海柳文　黄兰红　黄秀莲　黄秉生　黄贵森
黄琳富　黄炤英　麻新纯　梁　勤　梁冬梅　梁郁平　梁晓军　梁淑芳　彭雪清　韩道兰
覃立成　覃志和　覃锐钧　粟　芳　程建平　程翠平　曾　媛　蓝巧燕　蒙元耀　蒙银菊

满 望 廖英奇 廖振军 谭春婕 黎 藜 黎庆松 黎雄辉 颜色星

2011年广西民族大学优秀党务工作者(15名)

韦绍波 韦焕贤 邓柳英 李玉雄 李道山 何 波 邹同霞 陆喜培 周丽华 郭金世 唐荣双 唐艳军 黄 旭 黄 忠 蔡其明

2011年广西民族大学毕业生就业工作先进个人(20名)

唐剑辉 黄琳富 梁冬梅 蒙菊花 罗红流 黄阳华 李永胜 刘桂青 马伏花 黄兰红 江 敏 廖辉天 尚艳华 唐荣双 覃慧敏 周 园 吴晟志 胡良人 唐丽娜 李大庆

附录2.10 2011年荣获学校表彰奖励的学生集体

2010—2011学年学生先进班集体(42人)

政治学与国际关系学院

2009级公共政策学班 2010级公共政策学班

法学院

2009级法学1班 2009级法学2班

管理学院

2009级人力资源管理班 2010级人力资源管理班 2010级公共管理1班 2010级公共管理2班

商学院

2008级市场营销2班 2009级国际经济与贸易2班 2009级市场营销班 2010级会计学1班

文学院

2008级汉语言文学1班 2008级对外汉语印尼班 2009级汉语言文学2班 2010级编辑出版班

外国语学院

2009级越南语国家基地班2班 2010级泰语国家基地班 2008级英语1班 2008级马来西亚语国家基地班 2009级缅甸语国家基地班

民族学与社会学学院

2009级民族学2班 2009级社会工作班

数学与计算机科学学院

2008级软件工程 2009级计算机科学与技术 2009级信息管理与信息系统1班

物理与电子工程学院

2008级自动化 2009级电子信息工程

化学与生态工程学院

2009级环境工程 2009级生物技术 2010化学

体育与健康科学学院

2010 级体育教育 1 班

艺术学院

2009 级环境艺术设计　2009 级编导 1 班　2009 级编导 2 班

国际教育学院

2010 级国际商务泰语 4 班　2010 级国际商务印尼语 1 班　2010 级法律事务泰语班

2010 级法律事务越语班

人民武装学院

2010 级国防教育与管理 1 班

教育科学学院

2008 级应用心理学

2011 年优良学风班(37 个)

政治学与国际关系学院

2009 级政治学与行政学 2 班　2010 级政治学与行政学 2 班

法学院

2010 级法学 2 班　2010 级法学 3 班

管理学院

2008 级工商管理 1 班　2009 级档案管理班　2010 级档案管理班

2010 级工商管理 1 班

商学院

2009 级电子商务班　2009 级国际经济与贸易 4 班　2009 级会计学班

2010 级会计学 2 班

文学院

2009 级汉语言文学 1 班　2009 级汉语言文学 5 班　2009 级编辑出版班

2010 级汉语言文学 4 班

外国语学院

2008 级英语 3 班　2008 级法语班　2010 级缅甸语国家基地班

2010 级英语 2 班　2008 级老挝语国家基地班

民族学与社会学学院

2009 级历史学班　2008 级社会学班

数学与计算机科学学院

2009 级数学与应用数学　2008 级计算机科学与技术 2 班

2010 级信息管理与信息系统

物理与电子工程学院

2008 级通信工程 1 班

化学与生态工程学院

2009 级化学　2009 级制药工程　2010 级制药工程

体育与健康科学学院

2009级社会体育

艺术学院

2010级编导1班

国际教育学院

2010级国际商务泰语1班　2010级国际商务越语1班　2010级国际商务越语2班
2010级国际商务印尼语2班

人民武装学院

2009级国防教育与管理2班

2011年红旗分团委

管理学院团委

2011年优秀分团委

法学院团委　外国语学院团委　文学院团委

2011年荣获“五杯”称号

1. 理想杯

政治学与国际关系学院团委　文学院团委　管理学院团委

2. 学习杯

法学院团委管理学院团委　民族学与社会学学院团委

3. 文明杯

商学院团委文学院团委　外国语学院团委

4. 创新杯

物理与电子工程学院团委　数学与计算机科学学院团委
化学与生态工程学院团委

5. 文体杯

商学院团委艺术学院团委　体育与健康科学学院团委

2011年优秀团支部(39个)

政关学院2009政治学与行政学1班团支部　政关学院2009公共政策班团支部
法学院2008法学4班团支部　法学院2009法学3班团支部
管理学院2008人力资源班团支部　管理学院2009人力资源班团支部
管理学院2008工商管理班团支部　商学院2009物流管理班团支部
商学院2009国贸2班团支部　商学院2010级电子商务1班团支部
文学院汉本2010汉本4班团支部　文学院汉本2010汉本5班团支部
文学院汉本2008汉本4班团支部　外国语学院2008马来语基地班团支部
外国语学院2009缅甸语国家基地班团支部　外国语学院2009级越南语基地2班团支部

民社学院2009社会工作班团支部
民社学院2008历史学班团支部
艺术学院2009环艺3班团支部
艺术学院2010播音2班团支部
艺术学院2010编导2班团支部
物电学院2008通信1班团支部
物电学院2007电子信息工程班团支部
数计学院2008软件工程班团支部
数计学院2009数本班团支部
数计学院2009信管1班团支部
化生学院2008化学班团支部
化生学院2009生物技术班团支部
化生学院2009环境工程班团支部
体健学院2009社体班团支部
国教学院2009法越班团支部
国教学院2009国越1班团支部
国教学院2009国泰3班团支部
预科学院2010文1班团支部
预科学院2010理2班团支部
法律协会团支部知行学社团支部
情系“三农”协会团支部
普通话交流协会团支部

2011年大学生暑期“三下乡”社会实践活动

1. **先进单位**(10个)

共青团广西民族大学政治学与国际关系学院委员会
共青团广西民族大学法学院委员会
共青团广西民族大学管理学院委员会
共青团广西民族大学商学院委员会
共青团广西民族大学文学院委员会
共青团广西民族大学外国语学院委员会
共青团广西民族大学民族学与社会学学院委员会
共青团广西民族大学物理与电子工程学院委员会
共青团广西民族大学数学与计算机科学学院委员会
共青团广西民族大学化学与生态工程学院委员会

2. **优秀团队**(12支)

文学院赴东兰“三下乡”社会实践团队
校学生会赴东兰社会实践团队
管理学院分团委学生会赴平果社会实践团队
法学院赴田东社会实践团队
商学院赴桂平“火辣辣”社会实践团队
政关学院赴宾阳社会实践团队
物电学院赴西乡塘双定镇社会实践团队
青年志愿者协会“三下乡”社会实践团队
化生学院赴田阳社会实践团队
数计学院赴横县社会实践团队
《相思湖青年》报社“三下乡”社会实践团队
政关学院赴上林社会实践团队

2011年“优秀志愿者群体”(31个)

政关学院2009级公共政策学班
政关学院2009级政治学与行政学2班
法学院2008级法学专业
法学院2009级法学2班
法学院2010级法学2班
管理学院2008级工商管理1班
管理学院2008级工商管理2班
商学院2008级电子商务班
商学院2010级物流管理1班
文学院2008级汉本7班
文学院2010级汉本4班
外国语学院2009级缅甸语基地班
外国语学院2009级印度尼西亚语基地班
民社学院2008级社会工作

民社学院 2010 级社会学 1 班
艺术学院 2010 级编导 1 班
物电学院 2009 级电子工程
化生学院 10 级生物技术班
体健学院 2008 级体教 2 班
国际教育学院 2010 级国越 2 班
预科教育学院理 1 班
社团联合会
青年志愿者协会
艺术学院 2010 级播音 2 班
物电学院 2009 级通信工程 1 班
化生学院 2009 级应用化学班
体健学院 2008 级体教 1 班
国际教育学院 2010 级法律事务(越)
预科教育学院文 4 班
校学生会
红十字会

附录 2.11　2011 年荣获学校表彰奖励的学生名单

2010 年秋季学期优秀留学生奖、集体活动积极分子奖

优秀留学生奖(3 名)

黄秀秀　杜氏庄　杜明江

集体活动积极分子奖(5 名)

李汉林　阮氏清心　阮文勇　肖　涵　范光日

2011 届优秀硕士毕业生(28 人)

刘国普　成为杰　唐天勇　宋　坡　张世金　邵莉莉　侯晓娜　周　俊　黄红梅　袁素敏
顿德华　苏艳飞　黄文富　汪　翔　徐　颖　刘美林　雷　韵　李照宇　银河欢　武玲玲
祝华正　梁　静　宋明明　秦景良　姜俊颖　罗志荣　谭生伟　梁政东

2011 届优秀大学毕业生

政治学与国际关系学院

黎曾梅　卢淦文　林文柳　李诗雅　覃　慧　黄秋燕　韦志宝　康倪超

法学院

唐莉凌　赵　芳　马油油　满　望　邵　晨　肖春露　伍茵茵　张颖峰　韦京辰　李　瑶

管理学院

陈燕芬　黄文杰　唐美荣　周　卓　朱　园　张晓静　唐晓飞　李枝倩　甘丽琼　张小文
梁家春　刘春玲　周先萍　陈立英　谢友进　陆　钰　沈　力　黄慧敏　陆海文　孙雪梅
黄清霞　徐　俊　蒋　艳　杨丽萍

商学院

张辛婷　林文晴　蒙月华　陈勤玲　李洁玲　陈晓萌　焦　健　黄　音　肖　铭　林　静
谢尚林　覃　蕾　张　伟　苏春梅　王继妹　黄丹田　卢　俊　罗迷密　冯丽葵　王彦杰

文学院

黎永娥　冯淑珍　韦　俏　吴华菲　李秀华　胡丽娟　陈凤萍　黄　攀　吴谷花　黄丽玉
李　琳　朱国太　何丽珍　李　娜　黄忠贞　李萃锋　詹　辉　罗冬利　蒙春映　孙　怡
欧德健　温秋敏　辛舜琳　唐思丽　刘钊丽　张　丽　韦　丽

外国语学院

李　霞　陈启金　蒋小星　陈　君　莫玲芬　吴　宗　陈　荣　覃丽华　闫京育　张　云

民族学与社会学学院

韦荣欢　冯名梦　王　琳　刘晓霞　覃宁宁　江　丹　韦世杰　郑春玲　甘凤春

数学与计算机科学学院

蓝　梅　邓小营　李吉妮　黄小玲　王　菊　商　静　李冬华　解改月　莫　婕　邢　凯
陈建毅　胡秋香　张　茜　陈小燕　张建兴　唐小英　陈红珍　黄冬梅　陆晓岚　苏业文

物理与电子工程学院

马海林　韦建松　冯德海　蒋立安　李　洁　沈雪莉　童耀娟　蒋林芳　王　苗　都兴荫

化学与生态工程学院

卢　冰　李灵枝　吕施贤　韩宴秀　宋　莹　梁　琪　潘　阅　黄福彪　崔　欢　刘亚红
黄　亮　罗继宝　庹玖玲　吴唯维　黄春柳

体育与健康科学学院

李　脉　覃继艺　何远成　郑　琪　张　艺　蔡丽娟　满丹丽　周　坤　邓维新　罗华东

艺术学院

何荣星　廖　芳　乔星昭　李永莉　蒋　松　滕　昌　朱　青　候元元　郭锦钦　邵　勍
夏　露　于腾腾　唐艺彧璇　方　正

国际教育学院

童　曙　蒋林利　蒙　燕　陆彦瑾　黄　倩　余夏茵　廖桂红　李　静　潘　夏　梁远航
何雪梅　徐　婷　黄仕泽　王贻彩　刘梅梅　董佳映　罗　锐　农　莉　黄　芳　黄梦琪
曾祥云　辛文婷　郑小宁　罗艳佳　潘郑羽　罗　莹　唐晓珊　殷思静

2010—2011 学年度学生先进个人

三好学生(881 人)

政治学与国际关系学院

廖晓迁　陆汉厂　郑辽艳　陈梦竹　王以凤　劳克诚　徐　燕　邓其华　莫连梅　陆　艳
付漓漓　黄　欢　苏焕姬　李　雅　石柳愿　秦玉婷　蒙丹妮　尹佳明　兰雨彤　黄晓群
钟　颖　吉泳娜　刘宇欣　蔡树莹　杨　林　张　娜　唐小媚　杨贤妹　毛　园　谭桂荣
韦琴华　覃冰芳　唐治敏　姚富英　覃嫱嫱

法学院

孔　飞　覃珍华　黄敏来　覃文雍　宁泉泉　陆肖汝　许兰敏　蒙汝聪　朱兴琴　潘惠云
张如意　蔡家华　朱灵灵　黄华荷　韦灿龙　陆朝兰　田庭港　农美旺　卢　嘉　刘　燕

王海波　王义君　罗里阔　罗志龙　苏香花　方芳　周沛佩　覃芳晖　韦霞　陈曦
虞青　林川　卢瑶　丘水伊　吴昀　吴璐芝　叶笑云　曾琳　黄桂梅　谢俏兆
张宇宁　梁媛媛　周勉君　潘艳艳　王蕾　陆培艳

管理学院

林丽　陈妹　陈婷婷　陈冬婷　雷石珠　王标悦　凌玲　蒋巧云　梁静　吴霞洪
周卫红　邹颖寿　秦燕斌　赵维青　蓝景霄　熊宏芳　叶滴翠　吴佳妮　覃晓玲　黄海敏
陈锦超　韦建政　黄风　谭晓华　蒋莹　邵丽　香宇　李香金　韦静丽　贾春燕
姚海燕　吕雪婷　李晓萍　何艳群　邹卫冰　莫荣娟　梁潇潇　梁献梅　潘朝容　蒙美艳
韦丽花　苏卡特　谢锦荣　卢林娟　刘春梅　廖依依　赵静　黄玉翠　覃默　廖佩丽
叶剑霞　尹德能　陶香玲　李秋榕　梅醉　黄丽英　别荆京　李慧玲　林灵　张佳
蔡丽丽　张和萍　彭琪珺　杨曾颖灵　黄丽娜　李进华　凌佩华　陈新　罗梅香　严秀群
彭楚娴　秦佳美　周慧　莫荣妹　沈潇霞　王治烨　覃丽萍　吕芹　吴真　黄桂凤
蒋英丽　唐莉　陈雨雯　韦琼　朱小凤　卢双双　张舒悦　陆翠丽　陆晓岚　卢美林
汪祥巍　王亚东　王海斌

商学院

罗美华　彭小琴　张颢曦　张娴　潘立高　廖福津　罗丹丹　伍燕雨　王见英　唐燕
袁露莎　伍清兰　黄金凤　唐丽梅　秦勤　米丽冰　刘宇林　高敏娇　何晓青　温雁锋
曾劲　秦娟　蒙金桃　莫希颖　李太钊　黄芳芳　王小雪　覃利莎　陈三峰　唐冬梅
唐菊锋　莫云　胡让珍　凌振华　刘云霞　吴燕芳　周港胜　黄岚　陆菊环　秦凤微
方扬亩　望晨　蔺婷　吴月蝶　黄妮　叶可英　梁婷　仇雪云　农靖瑶　郝芳芳
李庆有　黄晓　覃维　李玉芳　钟艳　肖文静　陈辉　韩力　曾媚媚　叶莲
石芬　朱萍祯　周小贵　陈志芳　梁云敏　姚传倩　龙娟　苏志英　赖立　蒋馨慧
罗海明　彭迪琳　韦丽兰　龙光英　吴玉英　向绪平　欧海霞　张思思　卢海玲　姜玲玲
莫云　李梦倩　莫秀华　李芸　唐维　张莉　黄伍才　吴锡刚　韦雅　韦琰
刘苗苗　董姝馨　王盼盼　陶羽华　蓝彬凤　廖燕梅

文学院

王英　陈在敏　黄鹏　马峰　黄玲　蒋艳琼　李巧芸　冯洁　区玉辰　蒙晓珍
陶玉翠　黄洁　叶雪　梁海慧　朱艳　陆爱芬　唐娟　黄冬颖　彭翠萍　曾玲洁
吕新新　卢颖莹　莫小清　尹伊祎　孙晓庆　钟美玲　盛军曦　罗梦岚　曾梦洁　廖德华
吴佳奕　季晓丹　许英华　陈洁　张钰　黄永有　周昕　成凤　蒋婷　银芳梅
梁艳花　陆利华　韦柳妹　刘琼　蓝柳媚　李清清　姚春艳　黄海凤　周瑜　祝丽英
李东莲　杨文锋　陈命姣　黄孔林　张丽　欧文雅　杨俏琼　张海芬　陆章愿　欧阳佳艳
潘璠　江雪　蔡佳佳　李玉倩　谢淑敏　伍霓虹　郑溪　李少芳　何月燕　卢丽翠
陈艳燕　陈带娣　蒋丽娟　苏海月　韦海珍　廖准芬　叶绿雯　银河娇　韦莹莹　方志鹏
罗燕　蒋莹　秦春红　黄攀梅　方珧　杨颖心　邱淼连　左凯歌　李素军　杨坚
张素荣　倪燕华　陆丽萍　李雨阳　陈凤娟　唐湘鄂　毛燕芳　张微　潘小凤　刘佳佳

外国语学院

廖苑羽　岑起莲　王爽　赖燕京　周雁洁　林燕华　覃薇晓　黄丹雪　谢雯　张琼

唐丽萍　黎联丽　吴晓昌　潘章盈　潘翠琼　刘晓燕　郭彦君　周　军　赵　丹　欧　宁
熊莉萍　尹　芳　何金森　陈喜容　黄朝英　谢梓惠　黄舒怡　郭菊书　梁显笛　刘　婷
覃　琳　何　玥　卢鹏浩　胡　海　李　冰　滕海慧　蒋红敏　施　莹　李秋雁　韦　媚
卜　菲　张群新　许一薇　李　方　郭瑞雪　李晶莹　周小琼　段蕊馨　蒋博文　唐慧慧
李　亚　闭莹尹　王　蓓　罗　洁

民族学与社会学学院

梁宏章　兰婷婷　覃文君　张　荧　周　娇　麻文静　陈一铭　邹桂森　谢　冰　黎　芳
梁必达　李　香　吴　静　陈娟萍　廖珮淇　胡　玮　宋秀媚　胡月新　唐灵珠　刘冠宏
袁　满　李换姣　陈　玲　钟婉悦　孙思兰　支　俨　陈　克　张春虹　张文慧　古园梅
唐　绵　冯天天　梁　敏　蒋小琴　黄秋雯　韦佳青　黄启谋　黄春媛　蓝冰雪　黄宇翔
徐小庆　祁雪萍　郭芳娟　潘志云　陈小平

数学与计算机科学学院

徐建华　陶　琴　曾　媛　付　旋　陈康明　李书福　张惠纯　陈　洁　黄光胜　卢慧婷
农　叶　韦国岭　唐　芸伍思健　李海飞　蓝　丽　黄璀玉　覃丽瑛　杨　云　陈国伟
邹　青　苏文亮　冯恩海　陆婷婷　罗　皓　蔡联丹　林慧娥　刘水秀　李　玲　梁　萍
廖小英　曾恩恩　杨小月　莫黄燕　岁小青　赵　帅　何文津　韦　曼　谢晓苑　陈梦媛
唐小妮　张春英　唐林芬　覃　芳　蔡　梅　谢梦茹　潘芳清　苏文舒　卢小红　莫峰泉
蒙明晓　李　泉　苏　冠　马凤仙　谭春婕　凌南昌　李艳红　罗杏飞　刘爱玲　黄　丹
胥晓龙　周　洁　韦艳芳　赵　亮　腾　园　张丽芳　覃福军　张　建　李　露　黄建萍
张瑞琦　杨静梅　许彩艳　许可萱

物理与电子工程学院

王　月　覃　慧　钟　振　周　芳　侯泰会　谢美玲　徐卫怡　苏　璇　邓德勇　易彩凤
蓝罗富　莫振飞　周　金　唐骑林　黄香兰　刘雪艳　吴颖洁　冯全国　苏建梅　温金梅
伍光耀　王　洋　马华杰　钟菊珍　蒙小燕　廖静承　覃永庆　韦冬香　梁秋元　林小晶
岑加文　王　迪　朱庆琴　宋尚玺　李兴连　周英芳　韦绍芳　黄芳媚　容华莲　陈长龙
梁　凤　李水恩　唐燕华　钟凤莲　辛秋云　覃春玲　陈永娴　周路梅　黎　鹏　黄芳芳
李依婷　廖秋艳　韩美君　黎尼和　劳宏锋　庄伟隆　祝　峰　杨雅萍　陈　燕　谢冬英
谢丽萍　杨吉吉　龚　梁　王德运　梁江虎　刘德苹　黄艳玲　钟英生　陈珏君

化学与生态工程学院

郑小霞　李　健　肖　晴　黄梅颖　唐新平　黄艳词　韦邦梅　农光江　农万宁　覃晓静
柳泽海　唐翠林　宋　燕　吴小若　朱晓霞　彭红桂　吴小卉　韦　露　韦载娲　刘　珊
凌小芳　文向春　韦海芬　封灿炎　胡小娜　杏　娟　朱秀婷　杨树吉　李文娟　廖章泉
王柳杨　田云美　韦代东　伍志辉　龙海洋　何晓朗　黄　曈　舒　琳　邓海梅　刘桂莹
汪　圣　邹大智　吴佳茨　韦香萍　吴坤华　赵燕秋　刘贤贤　石灵芳　李婷婷　陈艳圆
石孔坚　黄有庚　黄　磊　韦媛霞　莫丽玫　唐梦欢　冯丽月　代安娜　韦华芳　覃品燕
黄秋玲　黄　玲　苏清雅　黄浅娇　黄俊丽

体育与健康科学学院

王吉维　覃德智　曾德坤　叶运龙　李金昇　马宇林　宁汉松　江雪晴　邓丽仟　李　平

韦金有　黄家智　李才君　张　超　廖武将　李兆豪　林　鹏　雷陆定　林　克　胡廷云
雷　远　郭金莲　何飞玲　辜　婷　高筱彤　陈海康　以凯斯　冯金晨　向东祝　武　柳
滕翠彬　石乃尹　张鹏飞　李国宁　李树凯　胡武志

艺术学院

宋中远　李火葵　刘　璐　徐　丹　沈　越　熊姝瑶　雷　越　欧阳子婧　蒋漱婷　刘　淼
邹雅林　易沛伶　黄立英　王梦露　蓝文伟　谢文婷　陆惠惠　刘　奇　叶季果　江开乐
彭大海　史西如　侯伟华　彭晨辰　赵一珂　黄　岚　龚　芮　袁晓琳　成雅馨　李嫣然
张超群　曹　路　扬　帆　欧阳罗登　熊　华　易　唯　李亚男　魏青青　张　媛　曹宏攀
王　娴　刘梦雨　陈铭思　冯　卉　周雯露　韩　珂　刘　慧　张馨予　莫　茜　张　莹
李　桉　李扬阳　黄爱春　刘海燕　郝　强　叶立红　谭亚丹　靳扬扬　黄淑婧　张　茜
梁　向　张河润　金　颖　李　敏　孔令洁　李玉红

国际教育学院

陈思凡　陈燕雯　黄　媛　李　甜　吴训妮　黎华凤　陈艺萍　何文英　李严芳　王双云
梁　彪　李晓平　王康利　杨路丹　邓小菲　郭祝华　黄　娟　蓝　青　刘晓娟　杨业冰
黄璐璐　罗　倩　甘　慧　陈玉清　黄传芬　肖发国　李　燕　陈　坚　陈丽茵　潘　梅
梁　佳　覃冬菊　李志清　黄　平　李文秀　李金夏　倪清梅　李　梅　许丹龄　梁　丽
莫虹虹　裴欣桐　谢思年　李晓虹　杨雪玲　韦振营　周华连　莫柳星　冯　丹　覃雪飞
林美玲　张力文　郭贝贝　邹梦妮　黎敏仪　刘奕香　谢宏丽　胡　婧　林秋华　王芳芳
李丽君　韦玉茹　刘艳园　苏梦飞　韦耐平　沈燕平　蒙界君　古丽桂　彭兰芳　莫翠凤
陈　琬　黄海霞

人民武装学院

曾远荔　闫胡广　郑大恒　蒙国冲　陆贤康　苏　剑　文　平　石　龙　蔡永刚　唐宏亮
覃桂宝　周　强　韦邦耀　李锦琪　江　明　邓　海　滕星任　韦艺延　王厚泉　覃平生
陆志辉

教育科学学院

唐彬彬　李莹莹　巫丽霞　韦五杏　张寒夏　陆梅珍　覃亚惠　黎湘琳

优秀学生干部(1127人)

政治学与国际关系学院

廖晓迁　梁双宁　罗家林　韦波益　卓　德　廖　遥　吴宁平　覃晓燕　黄　妮　黄明峰
唐小婷　李红平　罗展俊　周富维　韦克宇　李秋颖　王晓敏　黄滢妃　许慧芳　陈相宜
梁世彩　赖文俊　黄　婷　黎欣雨　王锦涛　钟明池　余裕相　林静愉　魏柳环　何少媚
陈天胜　蔡树莹　潘丽桦　班如英　尹炳娟　张贵集　陆灵鹏　张贵集　韦能敏　黄　芳
张华欣　向英妮　覃华静　阳春燃　贺　琪　谢孟志　何少媚

法学院

谢　茵　麦盈薇　李庆辉　何胜波　黄　婷　韦金国　谢丽姣　阮庄夏　叶　果　谭伟源
黄丽园　梁平山　巩津源　廖　望　何明凤　宾瑞锋　黄　丹　兰　香　韦丽丽　李　群

邱铃滋　黄姿维　肖　薇　姚翔宇　黄　蓉　黄俊钧　谢武劭　王雨宇　黄元艺　张翰林
庞思媛　陆辉华　王兴顺　韦文丽　石　磊　柒志海　张丽娴　蒙文捷　夏　云　张舒平
韦　娟　苏　珏　何志耀　潘先帅　吴　昀　黄丽宁　付　洋　刘明珠　黄乡鹏　贺秋梅
梁长燕　李志斌　谢富严　陈丽华　许秀秀　龙　琴　覃保长

管理学院

黄　丹　刘淑梅　何　丹　覃瑞琪　廖慧玲　杨　陶　盘靖文　李继森　磨新亮　梁小玲
邹少翔　郭春秀　徐河斯　苏锦华　刘伟亮　叶金凤　黄　祥　李日华　石玉娟　廖运兴
盘金兰　黄　玥　潘海颖　李　燕　王　媛　王　宁　覃建星　马奕沂　莫艳莉　欧阳兆敏
邓桂梅　何丽清　吕雪婷　王笑天　邹新现　罗明飞　韦姣灵　梁　晨　覃俊梅　袁伟平
龚亚姿　陈　媚　韦善叶　吴秋凡　魏伊彤　黄有林　梁肖新　张　宇　黎章燕　郭维静
陈冬友　杨斯程　杨　洁　梁柏海　韦巧丽　张　媛　庞楚娴　莫玉杯　韦　兰　黄云振
林翠群　隆木桑　阳丽林　卞冰晶　吴雪梅　赵桂群　蒋家河　蒋思芳　陈　清　蒙仁君
农植媚　韦　唯　黄巧枝　梁　丹　刘一宏　别荆京　李　坚　陈世有　覃福进　吴晨怡
林苑娴　柯燕芳　谢能衔　周　海　陈显彬　叶秋怡　黄　磊　韦丽娇　雷丹丹　覃　杨
黄福衷　陈宏海　何爱芬　袁　萍　蒙桢宜　欧阳乐华　罗婞梅　覃俊凯　余方碧　吴晓君
黄银莉　杨文臣　吴润凤　黄银梨　曾小三　刘玫伶　卢胜涛　磨妹园　赵良斯　黄桂凤
卢双双　杨　芳　罗　斌　何娟萍　梁芳丹　吕韦敏　谢伟倩　易松生　杨桂峰

商学院

奉剑丽　蒲　莉　沈芳芳　肖建成　杨　洁　韦景计　赵丽珍　黄伟英　杨正荣　李　维
黄晓凤　蓝柳岑　农玉英　张国祥　农美妹　蔡秉升　王清流　梁凤娟　吴　冰　苏深妥
莫莹莹　唐铭婧　苏　游　刘文荣　蒋　梅　侯　力　李小燕　黄彩虹　朱泳全　黄海堂
黄爱岚　覃　凤　刘义龙　关业海　蔡天跃　毛　源　李丽葵　周玉婷　黄纯丽　唐晓云
倪宁宁　韦　璐　陈桂宝　卢昌恒　黄　萍　陈金海　钟嘉宁　路彩丹　吕琳瑜　莫恩韦
简雅露　韦速康　姚梦秋　陶宗斌　韦柳翠　吴望彩　黄洁琼　武惠敏　陈丽军　麻明星
曾维护　李冬冬　宁琳映　廖胜英　陈小琴　李振超　唐玉雪　韦丹妮　谢能浩　张　浩
庞雪峰　樊　霞　吴胜淑　周枳枷　覃　娜　曾丽蓓　黄海涛　赵金莲　龚菊凤　周　杨
苏国莹　廖鲜秋　卢　蒂　廖丽丽　韦媛媛　王　杰　黄立娟　张凤琼　陶奕璇　张小琼
郭丽芬　冯玉姣　吴彦婷　刘子颖　李　雪　卓启芬　钟秋娟　陈丽丽　覃盈萦　蒙薇薇
周学科　李薛丽　钟浦源　曾冬梅　阮经桦　冯　冰　叶倩楠　张柏超　廖文彬　陆柳行
赖泳欣　唐弋魏　赵佩云　李保旺　韦燕忠　王　洁　黄丽璇　韦　亚　庞春妮　徐云桃
阮承熙

文学院

余和原　覃宇露　覃自慧　刘振英　廉铁松　黄　盼　罗爱密　满　娟　黎江慧　谭　妮
洪　雁　廖淑菊　邓迎春　许松江　黄健标　李翠琼　陆治益　黄雯琪　苏　杰　黄全洲
梁雨潇　陈营营　刘笔客　潘晗苑　兰　兰　覃　宽　罗恒辉　黄晓静　农甘辉　邹梅芳
颜强达　韦燕妮　贺璐璐　廖丹丹　李芸璐　覃　丽　宁旭斌　王菡旎　苏海漫　庞美雄
陈俊霖　梁伟梅　陈　洁　王丽婷　刘瑜琳　陶建秀　郭春晓　汪海姣　罗萧静　梁欢婷
叶春萌　秦　珍　王丹华　陈丽云　黄建成　蔡美凤　张丽丽　赖小梅　黄　晔　郭长姣

韦永玲　伍春晖　李秋香　吴玉娇　罗　珊　夏荣琴　李　智　王苏亚　周晓虹　张河文
彭莉婷　詹　娜　闭洁雯　廖　倩　蔡丽娜　张亮源　鲁佳程　周晓航　张　琳　李燕玲
赵静苗　李小莹　周志鹏　陈婉东　林晓莹　黄　佳　邓　鹃　陆丹丹　张文瑾　赵　静
左思思　陈　琦　梁丽芳　林静虹　蓝　若　韦　萍　方志鹏　黄艳秋　李震宇　吴小惠
张艳丽　赖婷婷　马彩霞　王雅莉　唐　豪　黄　娜　吴康君　韦秋霜　吴　田　吴雪姣
徐志全　何春霞　汪玲玉　聂兰青　唐文芝　何美凡　陆丽萍　黄白杨　王　烁　黄柳娜
李　凡　刘力维　张　微　韦孟月　韦柳花　吕　娟　颜　翠　聂蓝青

外国语学院

夏佳琪　王铁成　徐午君　聂星星　陈智华　冷兴全　钟小玲　黄紫红　张照亮　邓雅文
罗彩云　蒋　璟　周开建　徐德霖　罗廖琪　何　婕　杨玉婵　黄静宜　谢春凤　易远英
韦燕南　陈灏懿　姚小茴　覃海研　张金兰　梁　燕　阮小春　卓赤紫　覃舒元　黄梦玲
彭志昌　吕北媛　陈　姹　张　棋　张　怡　李新慧　陆婷婷　李晓菲　李玉青　张洁如
翟林林　张　红　黄艺婷　覃彩琳　李　虹　黄丹丹　潘彩娇　蓝诗颖　张志琼　何英慈
陈萍萍　卜华柳　苏　得　周　明　刘虹艺　陈　静　黄　瑜　谭小艳　徐明月　陈　丽
曾　杰　叶颖川　蒋小冬

民族学与社会学学院

覃文君　卢　旭　梁彩娟　伍　琳　麻文静　杨贤娴　唐　静　周　娇　刘杨依依　林　偲
蒋晓雯　陈容娟　柏素美　邓世日　郭程文　郑雷军　刘秋兰　曾　薇　陈文琳　洪桂春
黄载德　韦莉佳　王淑华　陈梅雪　覃巧敏　刘雪玲　许立芳　陈　玲　黄海燕　李换娇
王丹蕾　林丽莉　林青美　沈芸芝　杨　孜　黄雅芝　凌思思　梁玉芳　于丽萍　黄居来
施　茜　赵艺玲　吕梦雅　宋华玲　谢娇娇　李艳花　蔡羡红　甘海兵　罗登戈　曾远力
张春虹　涂文舒　何维仁　高华敏　周　楚　王　蕾　林仕杰　梁　敏

数学与计算机科学学院

陈士民　卢爱萍　彭显媛　覃　露　方小兵　范　新　喻　珊　陈明媚　陈华莲　覃东佩
吴海生　陆丽燕　李书福　葛　斌　李　双　王培焰　唐艳妙　黄艳芳　闫姿娟　赖玉清
曾仙赐　陈　杰　黄元枫　龙凤珍　韦　春　蔡　雄　李南荣　梁丽美　蒋晓庆　蒋思芳
区剑玲　易厚与　江　海　周　薇　吴爵鸿　吴瑜珣　曾小玲　王先婷　蒙冬珍　丘素泉
廖芳芳　张　蒙　梁　萍　陆　怡　陈　进　罗万民　潘　艳　盘爱玲　廖梦婷　梁　凤
覃林聪　张英群　韦　曼　黄华妍　赵　帅　王永超　利远相　林慧娥　欧冯燕　江燕婷
韦宇星　谢梦茹　蔡　梅　阳　京　农艳花　覃海燕　邓玉运　覃冬玲　罗海燕　李　泉
苏　冠　杜益林　杨莹莹　严芝浦　从霄汉　周若琼　苏文舒　何文成　谢济江　王大敏
方如波　唐　鱼　韦　红　覃丽莉　张永强　张秉奇　张丽莉　陈日光　安小英　廖政强
唐曾圆　秦　媛

物理与电子工程学院

钟　振　梁　镇　甘正运　许钟文　卢显权　蒋小翔　罗慧玲　陆江玲　黄龙垄　黄世青
熊国艳　梁华忠　张　婷　危杏花　吴颖洁　毛小丹　温金梅　马华杰　樊秀兰　钟菊珍
黄思斯　黄秀娟　占颖川　梁腾伟　陆　锋　闫　钟　周序锋　李兴连　梁　茜　罗远华
黄　慷　韦秋莹　刘臣之　梁　泉　黄皓民　覃艳巧　汤彩红　林梅棉　杨玉凤　陆海乐

虞海田　覃柳梅　胡志成　李帅鹏　梁豪民　张钊毓　韦秋凤　王泓婷　韦存锦　陆崇阳
凌耀伟　蓝飞行　林富将　张高志　蒙焕达　熊泽潇　覃　喜　李依婷　吴丽芳　李小兰
秦晓彦　尤勇健　韦时菊　蒋娜玲　黄志权　李　杭　梁耀文　谢丽萍　杨吉吉　陈　燕
胡泽敏　何传富　蓝灯晓　何旗明　吴　俊　韦艳平　董　超　蒙宏结　班海峰　陈前林
李书彤　钟　然　郁德熙　蒙月丽　黄艳玲　陈珏君　黄思涵

化学与生态工程学院

马政伟　黄小卫　郑小霞　李　涛　李　成　黄燕萍　黄　菲　李承洪　邓福新　吴春霞
谢善琼　钟名波　彭颖梅　柳泽海　唐翠林　徐卫和　周媚媚　吴小若　黄　凯　莫明富
朱晓霞　彭红桂　吴华静　于善贤　钟赵昌　蓝李荣　何新树　陆彩伟　韦元玲　胡小娜
梁雪梅　黄卫东　范汝红　农　程　兰海菊　蒋飞臻　廖艺英　莫雪婷　莫海锋　莫　琼
颜玉香　潘丽群　黄庆庆　祁　茂　黄　彬　舒　琳　龙吉梅　蒙　敏　周晓璇　黄铉霏
吴佳茨　黄超华　韦香萍　李娵彬　梁吉全　刘洪存　彭翠荣　毛寄凤　熊志英　蓝福周
黄有庚　韦媛霞　文承彦　王誉霖　黄钊芬　韦美姣　杨启锑　马声秀　梁翠芳　赵江健
李　洋　唐梦欢　滕国权　彭克亮　谢永丽　罗艳林　郑艳芳　林　青　陈　诚　卢丽虹
钟雪健　韦海化　韦　义

体育与健康科学学院

黄世柳　黄华斌　姚孔辉　张祖宋　毛志聪　黄运雄　罗　锋　钟承林　张健鹏　陆少飞
陆　莎　易国敏　覃丽华　易丽枝　邓永集　刘胜林　张　超　杨荣华　廖武将　赵永真
黄汉领　王　昕　鄂盛利　雷陆定　雷　远　吉应同　高筱彤　郭金莲　辜　婷　以凯斯
冯金晨　向东祝　陈海康　周基永　易华杰　黄国发　韦宝涛　江海生　唐振勇　覃同金
黄朝勇　武　柳　韦兴玲　滕翠彬　谢红慧　陈　冲　韦炳龙　杨长昆　潘锦统　霍美谕
韦子凤

艺术学院

雷　越　蔡晰羽　刘　虹　杨　博　徐　丹　沈　越　王君丰　宋中远　刘晓东　王大鸣
赵舜尧　吴　凡　黄立英　华　蓉　黄露荣　刘　森　李　伊　王梦露　蓝文伟　李　杰
铁希军　刘　奇　张碧辉　叶季果　周　芳　彭大海　贺飞飞　柴　洁　王　晨　田　甜
侯伟华　安思余　任经纬　王　科　汤雅芬　王亚琼　刘战亭　何　元　李嫣然　张明宇
张超群　曹　路　马诗梅　杨　帆　张　欣　张　轩　马　营　曹宏攀　陈幸欣　王天莹
张利利　黄　涛　顾　丹　赵文华　黄　伟　谭德俊　马祖明　陈力根　王超群　白晓雷
宋粲璨　叶少冰　张　新　徐　伟　卢一曼　覃　瀚　张　旭　张凯跃　胡婷婷　黄爱春
刘　红　刘　宁　刘海燕　杨　菁　张甄妮　冯　卉　李暄妍　周檬如　潘雯婷　韩　珂
刘　慧　周　航　王文强　刘冰玉　冯　文　倪纯玉　尚宁宁　朱　龙　尚英乐　史　越
杨建闪　陈夏晴　张　骁　欧阳罗登

国际教育学院

陈思凡　陈燕雯　胡剑萍　林建欢　黄海霞　覃冬菊　何文英　杨凌云　梁　彪　岑　璇
石芯翼　王康利　杨路丹　郭祝华　刘胤霖　罗　倩　沈芳键　肖发国　刘　琳　李　偲
梁广燕　李　燕　盘庆月　马玲琪　张柳珍　陈慧兰　李志清　李兆芸　李金夏　梁　佳
倪清梅　李　梅　谢思年　杨雪玲　韦振营　向丽萍　黎燕飞　莫柳星　路程凯　黄　婷

覃雪飞　颜勤　林美玲　李英梅　郭贝贝　兰斯斯　韦优婧　苏柯　谢佩杏　石猛
梁德静　黎敏仪　于礼佳　赵小源　梁燕婷　闫琴琴　刘奕香　向俐　邓露　罗瑶
杨晓青　杨阳　胡小丹　吴思蓓　林秋华　韦丽君　李金财　叶佳茵　刘馨旖　胡婧
农艳雲　徐月凤　梁兴双　龚倩琦　罗萍　蒙界君　邓美姣　覃舒璎　莫欢欢　石婷
郑富军　李璧杏　李祖慧　张白雁　彭唯　李宽　余山　林香香　韦明望　李剑
陈琬

人民武装学院

陆奕茏　黄荣涛　赵敏杰　蒋礼华　上官著章　熊日顺　韦登龙　吴鸿斌　秦超　韦超洪
蔡永刚　覃桂宝　石俊　倪景富　廖祖存　李时忠　韦邦耀　黄俞文　蒙永忠　邓海
苏湘俊　韦艺延　陆志辉　农豇　唐永海　陆崇永

教育科学学院

蒙月玲　陆锦怡　莫娟芳　陈盈斯　曾淦蓉　谭丽霞　劳国华　覃亚惠　韦巧玲　徐维薇

学术科研奖(371人)

政治学与国际关系学院

饶彩桂　陆心灵　陈万祥　黄春美　辛子锋　黄婷　李子阳　秦家洋　苏馥　韦媛媛
关嘉　王文忠　韦凤　黄静娟　王晟婕

法学院

孔飞　刘尚萍　覃文雍　李庆辉　韦高艺　蒙汝聪　梁平山　潘惠云　唐成　肖瑶
林红　田庭港　李群　刘燕　费兰云　尹熙　罗里阔　谢武劭　韦娟　林川
叶笑云　卢瑶　周万梅　刘剑枝　梁长燕　黄乡鹏　黄文华　磨汉秋　邱海帆　付洋
陈丽华

管理学院

吴丹华　陈妹　黄丹　蒋春莲　王标悦　王雯婷　魏晓丽　胡铃　何婷婷　鲁必治
向薇薇　韦静丽　谢远思　梁玉珠　周萍　罗明飞　袁伟平　雷鲁嘉　罗利娟　罗娟
黄立强　韦黎　张宇　唐小丽　蒋家河　蒋思芳　黄源　杜侠　覃默　王心怡
农植媚　黄巧枝　吴颖娴　黄德枫　王申惠　董志锋　韩超　黄磊　雷丹丹　黎晓
潘艾梅　张池　杨东灵　罗梅香　曹红玲　韦庆妃　陆斯扬　陆建全　黄思烨　周慧
廖婧怡　吴晓君　曾小三　黄银梨　蔡夏盈　梁正佳　刘玉佳　陈雨雯　张舒悦　陈碧婵
李笑丹　江河　易松生　梁芳丹　范秋锦　封露珠　吕明月　黄彩玉

商学院

王昊　莫继传　罗翔云　刘碧芳　卢桂松　侯瑢　李远辉　莫云　李海青　石丹丹
钟晓丽　陈梦华　韦璐　黄萍　闻祖高　叶菲　路彩丹　叶可英　吴月蝶　覃芳秋
廖胜英　苏子珊　廖佳文　何怡丽　黎怡霖　王林茜　李振超　钟艳　张浩　谢能浩
刘剑波　杨兆霞　付宇平　欧红萍　韦曼莉　蔺婷　陶宗斌　黄裕昌　盘丽萍　简雅露
方扬亩　韦柳翠　秦华诚　黄上权　李忠明　黄彩梅　谭紫珊　李雪　梁积锦

文学院

兰世兵　覃　宇　陆姝彤　蒋琳芸　黄小川　李　彬　廖伍全　洪　雁　陶新园　伍秋园
班寿煌　韦　虎　苏　娟　韦志娟　潘晗苑　梁　膑　许艺辉　刘海锋　朱　原　周阳影
韦丽丽　钟香花　何　晶　周丽静　文　雯　王菡旎　罗雪琼　陈世厚　甘丽君　莫威源
蓝巧玲　林　波　邓丽丽　刘志伟　杨银丽　蓝天护　周艳凤　杨文峰　李　智　玉秋兰
韦联想　潘思妮　吴靖梅　莫惠萍　汤锦花　陈艳燕　唐丹岚　张丽梅　吴　雨　韦　萍
蓝雪萍　李琼珍　颜　翠　周诗雨　韦孟月　廖诗琴

外国语学院

罗娟雯　韦超超　黎珊珊　谭晓庆　何　冰　彭炜芳　李雪军　程婷婷　唐　荣　刘　瑶
常邹林　李玫芳　梁鹤江　何　婕　周小琼　邓雅文　徐午君　徐　强　沈　颖　王文秀
陈思颖　郭瑞雪　蒋博文　许　婧　赵　丹　蒋　璟

民族学与社会学学院

魏　萍　何丽苑

数学与计算机科学学院

曾锦超　曾庆云　韦云宇　李　劼　赖玉清　韦宇星　黄显朝　孔艳艳　李　莲　黄校辉
唐林芬　吴鸿爵　徐子明　黄　惠　谭福良　张秉奇　刘爱玲　蒙　娟　韦　双　覃福军
张　建　唐秋秋　汤诗阳　黄盛君　李　泉　蒋秋香　白剑梅　刘剑超　李钰莹　杨静梅
陆婷婷

物理与电子工程学院

黄释微　王　月　覃　慧　申群伟　苏　宇　王继平　韦运忠　林凤姣　陆才志　潘飞燕
刘万隆　庞国锋　陈奔宇　伍光耀　黄仁珍　梁瑞滢　黄憬荣　秦建新　何祎凡　李礼豪
张亚龙　陆崇阳　黄相晓　李志斌　梁日兴　关宗云　韦开敏　兰少勉　廖秋艳　韩美君
李小兰　黎尼和　秦晓彦　叶振河　韦佩玲　马　宁　祝　峰　蓝丽花　胡俊雄　黄履武
管锦伟　虞惠岚

化学与生态工程学院

肖　晴　苏　凤　谢善琼　农光江　周明泉　蒋金成　韦俞竹　霍晓青　邱　鹏　曾龙升
黄华林　黄春菊　周　莹　陆　莹　苏山峰　潘　洁　封　铖　余运玲　曾　颖　黄莉晓
陈宇清　原诗婷　邓家富　文冬梅　彭颖梅　邓福新　农万宁

体育与健康科学学院

杨道良　易世德　陈继锋　林继安　廖健玲　李志静

艺术学院

李龙敏　娄先锋　朱　阳　韦靖远　黄铭晨　周艺文　赵亚鹏　龙逸浩　苏海杰　荆文娟
张　骁　马传军　张河润　周　芳

人民武装学院

韦　淳　王建朝　罗靖然　苏　剑

文体优秀奖(657人)

政治学与国际关系学院

韦波益　李兆钰　陆炳松　卓　德　廖　遥　何文兰　陆晓阳　王晓敏　王柳颂　刘裕立
李兆斌　唐文艺　覃　婧　张静娴　潘丽桦　张　港　丁美声　王文忠　覃　皓　张　峰
杨欣娜　羊多贵　余柳燕　覃嫱嫱　王晟婕

法学院

覃珍华　李文思　张开勇　黄小雁　滕　越　蒙汝聪　姚萌镪　韦辰熙　陈浩理　李锦经
黄婉津　韦明浩　陈恒炮　由翼鹏　黄姿维　曾　恬　尹　熙　苏　铌　邓柳青　韦文丽
韦海贞　张翰林　王春碧　刘婷婷　梁振勇　周　斌　黄　芳　付　洋　罗棋文　冯小菲
韦小珊　宋梦瑶　范舒云

管理学院

刘淑梅　黄　锽　韦菲菲　李　钢　韦肇明　黄　鑫　黄彩霞　朱　秋　林尤正　陈　舟
陈泽杰　姚雯竞　唐云晶　周　萍　韦　琳　张雪倩　邹卫冰　谢乃芬　梁潇潇　黄诗燕
卢宝康　颜小杭　粟有瑞　罗振凤　李缘缘　林翠群　庞杰仁　谭　豪　杨敏丽　谭　芸
彭　静　吴泽宇　蒋健奎　黄梦君　覃雅雯　申钰莲　向潭溪　刘建东　梁淑丽　梁　艳
陀黄婷　何　静　刘树新　苏　一　龚炜星　文　丹　罗婞梅　熊志鹏　陆建全　袁　萍
覃思汝　吴少佑　王桂花　廖婧怡　谢娟娟　何永玲　田家骏　苏水芳　周彧颀　苏　榜
彭瑾瑜　谭璟婧　杨桂峰　张钊炽　莫晴阳

商学院

徐　敏　李镇宇　庞嘉宜　覃兴龙　徐　强　卢　苇　巫明勇　黄爱岚　吴炳远　何科锋
何志斌　黄　勤　李会敏　罗美秋　唐亚平　刘英梅　李亚玲　刘海峦　覃　娜　龙思羽
阮琳凯　曾维护　黄志勇　胡根宁　黄诗悦　韦　璐　覃连丹　何伯莹　谭紫珊　刘宏光
万紫晶　苏映云　文　晓　毛冰洁　谭陆昊　吴　倩　覃盈萦　吴春燕　粟弋宸　雷　颖
李辟丽　李梦倩　左　友　霍秋飞　黄荔音　黄太王　陆晓红　黄琪舒　唐艺华　李蝉妹

文学院

张春榴　张　霓　冯小娟　吕　婧　花泽兰　钟美红　李楷莹　许松江　颜嘉琪　邓丽丹
彭新月　玉雪慧　韦玉欢　苏秋衡　冯　响　陶俞霏　谢绪贵　梁翠玲　韦　艳　王丽婷
王雪婷　甘丽君　彭　健　陆滢慧　覃　侣　姚诏强　谭　雅　蓝天护　陈现杰　吴　晓
梁珊珊　梁景松　谢圆梦　余先超　李　琴　黄　全　覃兰芳　黄红微　马文珺　冼　冰
刘　劲　姜　启　孔晓薇　吴　丹　吴洁辉　张文瑾　林晓莹　李　静　何月燕　石资靖
吴　静　林静虹　黄　涛　张　坚　吴华月　梁　俊　许晓莉　吴小惠　黄诗婷　莫鸿香
李震宇　王雅莉　李金花　王春丽　甘玲芳　伍文林　黄红日　莫徽远　李莉薇　宁　倩
周琛涵　张菝园　蒋睿琦　李　蕾　倪佩适　潘柳娜　唐海杰

外国语学院

李晋云　龙明杰　梁钰海　刘宇航　范春丽　杨乐芳　熊黎睿　罗頔蔚　杨秋蓉　韦建浪
陈　萍　宋　璐　谭增爱　张　楠　许馨文　陈晓静　杨文英　林萍怡　陈春平　王　雁
覃凤娟　蓝春菊　覃小丽　李荣森　雷梦甜　陈坤婷　李锦碧　秦健博　李宁艳　白　云

陀姗姗 梁群燕 梁瑜 唐晓玮 王铁成 向光慧 黄夏敏 刘晓宇 戴沛洁 钟小玲
李晶莹 朱怡娴 阮小容 刘颖 丁婷 杨财英 莫海妮

民族学与社会学学院

刘晓旭 吕小梅 闭丹玲 梁生花 龙雪飘 莫小玉 凌思思 陈家燕 骆虹洲 钟天宁
黄雅芝 邓长通 黄春吉 邹铸 李艳花 陈小平 龚菲 梁惠仙 陈钰敏 宁炳洁
蔡羡红 谢冰 林偲 吴宇阳 黄载德 黄载丰 梁敏 林仕杰 黄巧 王蕾
方海霞 莫玮峰 罗登戈 卢婳 陈克 唐秋芳 涂文舒 赖万胜 高华敏 蒙文杰

数学与计算机科学学院

陆芳艳 李钰莹 邓甄铭 潘虹霏 刘艳溶 韦允菁 杨春燕 石国鹏 谢海英 龙丽丽
覃福军 方如波 刘建希 梁凤 黄华妍 张英群 蒋晓庆 邓敏 李南荣 陆春萍
樊柳敏 黄珍玲 张方 钟燕丽 何春节 梁舒 张丽莉 周洁 吴怡 陈智慧
刘剑超 黄天华 陆婷婷 张瑞琦 姚寿鹏 韦燕利 胡泽钊 曾丽丹 乃雪银 吴竞
杜益林 马凤仙 陈佳佳 韦晓凤 江燕婷 曾昌宁 欧冯燕 程馨莹 江海 谢建立
刘春风 姜劭 孔艳艳 刘建华 黄利玩

物理与电子工程学院

陈鸿婷 陈美燕 宋玉丹 江梨 郑秋萍 彭雪 黄清 蒙小燕 黄思斯 刘可心
陈康宁 韦秋莹 蒋婵 梁泉 刘臣之 孙菊芳 张雪珍 袁卫珍 吴春燕 蓝琴
兰少勉 杨犇 卢叶 廖井萍 杨义超 黄白雪 梁耀文 赵丹丹 王炳凯 吴轲
韦俊 王丽群 李艳林 覃慧兰 吴俊 张璞

化学与生态工程学院

莫婷 李婉舒 陈泽炜 陆强 叶晓敏 陈兴敏 黄光浩 钟名波 苏红芬 谢炫羽
韦增新 李承洪 韦邦梅 陆莹 甘树培 黄春菊 杜明霏 蒋明珍 莫明富 赵映鹏
符运锑 梁郁平 黄凡红 王芳玲 黄艳桃 兰海菊 罗俊才 蒋飞臻 农天军 范汝红
黄卫东 吕敏兰 黄安新 何治锋 梁凯 颜玉香 张飞 杨萍 朱普盛 曾颖
邹卓远 覃杏梦 吴坤华 吴佳茇 汤陆慧 陈正强 周醒怀 刘清鸿 樊冬冬 黄曈
韦福赛 王丹 黄有庚 韦媛霞 吴昊 罗媛娜 莫柳花 黄波 康璐璐 黄钊芬
王誉霖 蓝振杰 李元君 黄美燕 韦沙 韦金铺 于定海 张艺耀 熊小丹 李洋
黄静萍 陆云茂 韦晓婞 赵江健 彭克亮 石光令 谢丽群 佟灵舒 英金成 周贵珍

体育与健康科学学院

张宗千 韦智学 梁家平 方飞 陈彦文 罗媛 凌飞 黄祥敏 刘丽娟 朱子庭
覃钧剑 林克 杨永科 甘圣渝 陈铭莘 苏玉成 高筱彤 韦振丹 董小琴 韦微
龙小茵 辜婷 何飞玲 翁始会 刘家冉 韦月幸 朱发维 刘长庚 刘兴旺 张兰甲
张治国 梁国雄 何家海 洪思汉 覃福宝 武柳 刘思佳 李干娟 李国冰 霍美谕
黄蒙 黄秀莲 左秋梦 黄丽 何丽仙 李清云 韦武能 明勇强 何怀廉 张兰练
张孝杰 廖飞帆 卢思咏

艺术学院

王吉超 蒙志宏 刘亚彤 黄立英 蒋萧莹 华蓉 陈思文 杨博 于洋 刘璐
杨叶 宋旌宏 王大鸣 吴凡 赵舜尧 朱阳 蔡晰羽 刘虹 韩康玉 高晗

李　伊　田清泽　孙梓航　王静颖　李光耀　李　勤　周　爽　宋茂庄　李英武　李　瑾
王天莹　韦靖远　马　营　黄瀚挚　陈幸欣　高世超　江　笑　蒙元彤　张利利　顾　丹
谭凌翔　宋粲璨　邹雨桦　王兵兵　张　新　付　斌　安思余　田　甜　胡荠丹　季　爽
袁晓琳　周俣含　胡兰兰　倪纯玉　田　麒　张　鑫　郑丽雯　胡超荣　魏愚桓　沙　超
白景鹏　刘茜茜　王兆贝　何兆鹏　黎瑶瑶　孙路路　潘雯婷　陈夏晴　刘冰玉　乔　麦

国际教育学院

刘　敏　罗东武　蓝城鑫　陈　琬　全珊汶　梁雯静

人民武装学院

张祺量　唐思良　宋才运　傅艺桦　杨　斌　李焜成　莫　奇　石　龙　秦　超　罗靖然
黄雪峰　王廷将　张宇鑫　蒙国冲

教育科学学院

李　田　杨小君　蓝冬梅　李雪萍　李杰伟　谢蓓莉

2011年十佳团干(10人)

法学院　许华伟
管理学院　姚雯竞
商学院　武惠敏
文学院　陈　洁
外国语学院　匡秋萍
民社学院　张春虹
艺术学院　朱　阳
物电学院　何　静
数计学院　谢建立
化生学院　肖　晴

2011年十佳团员(10人)

政关学院　吉泳娜
法学院　蒙汝聪
管理学院　姚海燕
商学院　李　维
外国语学院　李　露
民社学院　黄冬怡
物电学院　许钟文
数计学院　卢小红
化生学院　胡小娜
国教学院　陈思凡

2011 年十佳团支部书记(10 人)

政关学院　黄　琴
法学院　黄华荷
管理学院　邹新现
商学院　石彩梅
文学院　宁汉杰
外国语学院　赵　丹
民社学院　林　偲
物电学院　潘红梅
数计学院　韦艳芳
国教学院　谢思年

2011 年优秀团干(519 人)

政关学院

韦波益　黄　妮　赖文俊　苏焕姬　潘金鲜　覃晓燕　李红平　税光辉　林静榆　罗家林
丁　珺　陆心灵　陈相宜　刘明鑫　唐得超　秦和良

法学院

陈鑫妮　蓝晓玲　廖保书　韦富辉　朱昱天　梁凤鸣　陈飘萍　龙晓晓　谢丽娇　张　海
谭展凯　张如意　何明凤　邓超妮　黄清枚　刘　燕　韦文丽　吴英豪　张丽娴　苏英杰
潘先帅　冯小菲　廖如重

管理学院

岑维雯　林瑞振　唐美荣　马奕新　邵　丽　黄　丹　邓桂梅　李香金　张小龙　吴逸凡
黄海敏　潘永彬　唐均义　韦佳佳　盘靖文　韦小情　韦利华　苏　琼　刘伟亮　王笑天
罗明飞　何　丹　吴雪梅　陈　璐　李秋榕　蒋思芳　廖依依　李缘缘　潘肖顺　庞楚娴
莫玉杯　魏依彤　吴秋凡　吴一郎　谢锦荣　陈冬友　刘一宏　韦孟夏　韦娇灵　梁　晨
农淑雅　赵良斯　韩舒艳　杨　芳　卢双双　莫荣妹　覃俊凯　黄　磊　覃丽萍　廉　正
覃　杨　黄福衷　易松生　王海斌　陈世友　阳文士　廖慧玲　欧阳乐华

商学院

邱柳彬　陶奕璇　周子园　陈丽丽　曾冬梅　周　杨　周传鹏　刘韶君　张柏超　韦杰鸿
陈小琴　肖文静　康　乔　石　芬　刘海峦　夏桢琪　农靖瑶　于靓雯　陈丽军　何怡丽
韦速康　曾德帅　莫恩韦　肖建成　赵丽珍　蓝柳岑　梁凤娟　唐铭靖　黄芳芳　黄爱岚
蔡天跃　曾　劲　唐　英　唐灵芝　望　晨　陶宗斌　梁　婷　周　尧　韦　璐　黄　莹
曾维护　黎　昆　钟嘉宁

文学院

盘玲麟　陶新园　莫雪渝　孙晓庆　陆滢慧　梁欢婷　陈清梅　罗萧静　杨文锋　潘带娣
赖小梅　韦永玲　黎美彬　黄丽旋　邓妮翾　蔡丽娜　覃嘉慧　冼　冰　黄惠民　黄烈彬
詹　娜　甘金平　张亮源　莫连花　袁　芮　何桂樟　何桂梅　黄宣榕　黄丽玉　韦霄溪
韦月梅　黄晓达　宁英杰　郑桂婷　陈在敏　罗爱密　洪　雁　许松江　李　晨　吕新新

卢　恒　贺璐璐　陈俊霖　马　璐　覃燕敏　刘　琼　伍春晖　王苏亚　张　兰　曾　雪
唐欣岑　邓丽肖　黄诗婷　廖丹萍　张兰卿　韦秋霜　莫鸿香　王倩媛　刘佳佳　王　烁
韦丽君　梁志平　袁冬梅

外国语学院

李　洁　林诗婷　覃晓薇　蒋博文　张　聪　胡　海　陈思颖　叶汶鹭　夏佳琪　杨文英
黄　妆　曹　葭　路洁清　黄丽红　黎联丽　罗颉蔚　欧　宁　陈晓静　姚小茴　黄海燕
王　羽　吴　洁　郭彦君　赵艳辉　周　雯　马瑞梅　李　俊　王文秀　凌　媛　彭燕婷
徐午君　郭菊书　张　怡　刘丽虹　阮小春　霍　兰　李　彧　陈　姹　蓝晓雪

民社学院

陈娟萍　蒋秀丽　陈夏玲　罗登戈　廖珮淇　陈　克　梁　晓　杨小君　梁晓菡　林青美
韦思婕　赵艺玲　黄雅芝　郭旦知　唐灵珠　黄载德　朱高静　周　娇　董晶莹　卢春妮
伍　琳　麻文静　谭丽霞　邹桂森　陈一铭　马佳丽　林仕杰　蔡羡红　吕梦雅　甘海兵
陈容娟　李雪萍　梁玉芳　施　茜　余　骥　郑雷军　许立芳　何维仁　柏素美

艺术学院

贾　鹏　张碧辉　王梦露　陈思文　叶季果　付燕宇　华　蓉　黄露荣　雷　越　宋中远
刘晓东　李远活　赵舜尧　陈　佳　柴　洁　李嫣然　马　越　张利利　李东海　安思余
田　甜　任经纬　李　博　王亚琼　何　元

物电学院

黄志伟　沈雪莉　苏江宽　禤达钊　王　荣　张　婷　钟菊珍　刘可心　苏　璇　王继平
周　芳　黄秀娟　覃　慧　张高志　陈楚东　农丽花　梁豪民　陈永娴　宋尚壑　黄　慷
叶倡华　廖慧华　赵丹丹　何传富　何旗明　钟　然　罗凤丽

数计学院

吴　洁　黄丽慧　林秋慧　罗煜忠　梁　莉　许安国　覃丽莉　张英群　孔艳艳　韦海宁
黄华妍　黄柳健　许可萱　甘炜成　李林峰　郑　霞　杨小月　莫黄燕　蒙彩珍　黄　喻
黄明泡　黄著宇　付文志　梁博彦　黄成德　卢慧婷　杨　燕　覃　露　张瑞琦　黄思行
陆丽燕　盛舒婷　周若琼

化生学院

李云峰　李海微　甘　洁　蒙雪清　陈　莉　王中峰　朱晓霞　邓家富　韦邦梅　李　涛
周樟艳　王传波　覃曼丽　韦元玲　冯兴会　廖艺英　农　程　潘丽群　杜有径　卢丽虹
唐云翠　姚秀珍　张艺耀　黄　波　王　斌　莫明富　吴佳[illegible]　廖章泉　王柳杨

体健学院

唐振勇　蒙敏杰　阳　洋　马　彪　邓文静　谢红慧　郭红柳　赖超宇　秦　坎　林　鹏
徐登基　雷陆定　吉应同　董小琴　周基永　陈俊志　黄化斌　黄世柳　钟承林　罗　锋
陆　莎　张健鹏　杨　能　何家繁　宁汉松　苏成东　苏维维　李　俊　李国宁

预科教育学院

韦继康　韦敏妮　石兴菊　韦冬利　陈晓蕾　彭馨榆　覃佳佳　陆鹤翔　李忠安　周薇薇
李晓峰　韦剑东　陆小倩　陆文东　张光魁　谭金龙　游子誉　黄娟萍　欧阳婷　许国正

国际教育学院

李佳萍　林倩婷　李　丽　覃凤妮　陈艺萍　覃文礼　刘胤霖　周　潘　赵浩然　覃小燕
陈丽茵　黄小哲　张　璐　李志清　罗　倩　沈芳键　黄璐璐　黄冬冬

社团管理中心

樊殊君　苏显婧　胡武志　李　钢　张运磊　赵　龙　韦俐琴　吴增起　黄铭晨　黄海传
周小枚　邝文雅　黄雅芝　刘艳娟　周　颖　莫超宜　周友杰　姚孔辉　苏卡特　阳瑞琪
彭翠荣　覃　猛　安　霞　汪海姣　杨义超　陈　萍　刘雪玲　敬垚君　黄海燕　王　仙
何晓朗　廖明珠　黎院泽　陆利华　郭金莲　许竟元　刘振成　莫　相　邓长通　钟菲菲
陈悠苡　刘建敏　韦绍芳　李佩榕　李静忻　姜先锋　黄力锋　卢业源　覃瑞琪　阳欣志
张程程　高　洁　蒋丰珂

相思湖青年

黄肖云　陈秋凤　蒋晓雯　叶　雪

2011 年优秀团员（1093 人）

政关学院

郑辽艳　李美旺　陈兆军　廖　遥　李旭光　劳克诚　莫连梅　邓其华　陈天胜　何少媚
许慧芳　罗展俊　赵慧慧　王锦涛　秦家洋　兰雨彤　蒋春霞　尹炳娟　陆　伟　黄爱萍
李　茵　周利群　许明珠　黄爱妨　黄　磊　陈　彪　马豪发　庞小明　侯唐震　黎香余
黎欣雨　杨宇健　苏　馥　班如英　钟柳坚　蔡树莹

法学院

黄春清　陆秋言　覃寿鹤　豆瑞平　段　涛　谢　茵　汤　萍　黄　婷　韦金国　梁平山
朱兴琴　王　沅　韦清波　覃莹莹　陆朝兰　邱铃滋　邹林含　谢武劭　罗里阔　费兰云
王兴顺　方　芳　庞思媛　余青环　付小静　梁振勇　韦　霞　冯光华　张舒平　蒙　晓
叶国漂　吴　昀　王　艺　黄丽宁　吴璐芝　李志斌　罗棋文　潘文彬　谢富严　许秀秀
周勉君　王　伟

管理学院

李　娜　赖冰华　张　杰　朱　园　李恩茵　茹广创　韦世里　滕济斌　甘汉莹　陆松松
谢仙琴　黄建业　何丽清　覃福浪　黄彩霞　韦红萍　李婧雅　石玉娟　李蕙娟　盘金兰
黄　祥　雷石珠　黄明垚　叶丕满　周世全　潘　宁　何堂聪　刘华英　梁　静　赵维青
蓝景霄　邹颖寿　唐丽莲　邹新现　吕雪婷　贾春燕　何文美　林　丽　冯文彩　陈冬婷
卞冰晶　吴晨怡　尹德能　石国华　黄丽英　蒋建奎　蒋家河　杨斯程　李华佳　赵　静
林翠群　杨敏丽　黄云振　覃　默　刘红容　张德丽　潘朝容　谢　艳　韦林伶　韦丽花
别荆京　粟建娟　吴颖娴　李慧玲　邹卫冰　袁伟平　罗　娟　黄桂凤　磨妹园　韦　琼
苏丽群　张艳姣　覃石榕　罗婞梅　曾小三　吴晓君　黄银梨　吕　芹　李红梅　何　静
柯燕芳　韦丽娇　雷丹丹　陈宏海　汪祥巍　雷晓娟　吕韦敏　王亚东　李　坚　蔡丽丽

商学院

韦媛媛　王　杰　粟文斌　韦丽萍　韦　航　张小琼　张凌生　覃　宁　刘子颖　文亚丽
钟秋娟　梁佩君　李薛丽　冯　冰　郑　曦　龚菊凤　李永玲　王西营　罗　研　廖丽丽

廖鲜秋 李保旺 赵佩云 黄荔音 刘 佳 刘韶君 梁永薪 向续平 廖文斌 覃连丹
覃海孟 闻祖高 宁琳映 覃 维 唐玉雪 古格平 张 浩 庞雪锋 吴胜淑 梁云敏
姚传倩 麻明星 盘丽萍 方扬亩 姚梦秋 刘云霞 易 武 陈梦华 彭小琴 韦春娜
韦小艳 林丽莎 罗丹丹 农美妹 农玉英 张国祥 吴 冰 朱映洁 陈姗姗 庞瑞飞
莫莹莹 杨文雨 黄海堂 黄 勤 关业海 陈秀娣 刘文荣 杨燕梅 孙 璐 谭熙凤
王一丁 胡让珍 焦 健 韦黄英 张 舒 曹俊良 银 钰 胡 靖

文学院

蒋 茜 陈之凡 李 彬 李楷莹 刘笔客 陈营营 梁雨潇 韦克昌 朱 原 韦 莉
韦玉淑 邓丽乐 王 凯 谢小美 郑 贻 陈小艳 陈 柏 严 妍 韦炼燕 张洁凤
梁夏梅 韦宵爱 潘 亮 李凌云 黄诗琳 戴才义 罗 程 蒋 婧 陆再愿 蒋琳芸
刘振英 张春榴 满 娟 蒋艳琼 张 霓 谭 妮 廖淑菊 余志恒 韦 虎 何宝洁
黄健标 黄全州 唐 娟 曾玲洁 周巳琦 覃 宽 兰 兰 梁洪权 颜强达 何 晶
罗梦岚 陶健刚 梁伟梅 王雪婷 庞美雄 朱淳慧 韦丽丽 姚诏强 蔡 娇 陈丽云
宋廷云 李 智 郭长姣 蔡美凤 杨雪冰 李秋香 黄海凤 梁娜娜 周晓虹 欧文雅
玉秋兰 谢 琨 林 波 刘 劲 郭秀娟 莫芳玉 周志鹏 覃丽婷 陆婉东 李震宇
潘柳娜 张丽梅 黄 佳 吴小惠 王 瑛 石资靖 杨颖心 韦 萍 杨 铃 梁朝东
王雅莉 张艳丽 李素军 徐志全 汪玲玉 张 微 曾敏敏 唐 豪 莫徽远 许洋洋
余凯杰 陆丽萍 黄白杨 何美凡 韦 莉 韦玉淑 邓丽乐 王 凯 王丽婷 陶建秀
廖 倩 覃彬刚 赵静苗

外国语学院

张洁如 廖苑羽 何 冰 刘 婷 黄性芳 蓝婷婷 杨秋蓉 赖燕京 张志琼 陈萍萍
韦燕南 梁 俊 徐明月 李 程 翟林林 王 爽 李 柔 吴 迪 刘轶博 胡珍丽
黎泽萍 杨媛媛 何 玥 李文静 陈姗姗 李玫芳 覃震林 黄国芬 陈喜容 谭晓庆
覃馨葭 刘卓君 罗丽丽 郭瑞雪 陈灏懿 蓝思颖 卢丽欣 谭小艳 朱少华 莫海妮
伍宇娟 唐 龙 何霖萍 黄丹丹 黄梦玲 李新慧 雷 倩 王文善 何丽君 陈智华
韦凤娥 周少红 黄艺婷

民社学院

李居融 李 慧 刘秋兰 覃文君 钟婉悦 李学强 巫丽霞 李 田 蒙月玲 甘露勇
吕小梅 韦佳青 苏燕梅 李 静 赵华凤 凌思思 杨履敏 黄玉玲 林秋宏 谢小燕
何彩秋 梁 竹 陈盈斯 邱海明 高华敏 谢 冰 曹 瑞 王 蕾 王丹蕾 姚新燕
朱丽冰 周芸妃 陈庆娟 韦巧玲 韦柳东 宋华玲 李艳花 潘志云 梁必达

艺术学院

刘 畅 王 阳 谭丽莹 梁晶晶 张 洁 卢诗阳 任尚仁 杨秀充 徐 釪 邓 璟
陈俊玉 徐 丹 李火葵 罗海燕 杨 娟 杨锟鹏 陶梦兰 梁竞饶 赖汉萍 罗 缃
史西如 付燕宁 张晓琳 王倩倩 蓝文伟 徐月倩 张立众 李 伊 安玲娜 储 卉
胡丹宜 孟宪宇 刘文明 袁晓琳 臧然然 万 玮 季 爽 刘战亭 张超群 马诗梅
张明宇 曹宏攀 张 轩 贺飞飞 黄 涛 赵文华 白晓雷 王超群 付 斌 魏雨彤
陈 颖 李 萍 李龙权 刘 盼 赵亚鹏 龚亚军 金 颖 何兆鹏 史 越 陈铭思

孙路路　周雯露　郑茗月　冯　文　莫　茜　孔令洁　张凯跃　尚宁宁　金　鑫　李一晨
张顺惠　覃秀秀　唐秋亚

物电学院

冯德海　白有辉　陈勇明　蒋立安　陈蕾伊　潘玲香　沈雪莉　许　金　覃平修　龚泽宗
陈红珍　刘道美　曾长聪　甘臣欣　李丽秋　邓小勇　冯全国　毛小丹　蒙小燕　马华杰
王　洋　黄世青　梁永康　江　梨　熊国艳　郑秋萍　卢　燕　谢美玲　梁秋元　吴炳伟
梁腾伟　钟　振　黄芳芳　林富将　李志斌　李依婷　熊泽潇　梁　凤　覃柳梅　廖世娟
于秋群　黄子君　韦绍芳　李兴连　童国顺　黄小姗　刘臣之　杨玉凤　陈长龙　吴素考
李小兰　廖秋艳　潘泉金　秦晓彦　梁耀文　韦　俊　祝　峰　蓝丽花　谢丽萍　杨燕东
叶小勤　龚　梁　覃慧兰　黄艳玲　郁德熙　韦晨晨　谢梦宇　董　超　蒙宏结

数计学院

潘玉江　向学燕　韦华柳　刘　倩　黄冬卉　覃丽珊　韦柳梅　唐曾圆　刘爱玲　覃福军
郑绍翠　陈日光　蓝宏宇　许彩艳　唐　萌　薛　桥　严芝浦　谢济江　何文成　覃　健
覃林聪　王　仙　杨丽萍　利远相　韦丽婷　陈　诗　盘爱玲　梁　萍　刘艳溶　张　蒙
姜　绍　韦宇星　杨静梅　李　玲　刘时润　谢晓苑　徐子明　付　旋　黄利玩　汪军奇
陈　杰　何家维　龙凤珍　蔡　雄　邓　敏　伍思健　蒋思芳　易厚与　梁基新　闫姿娟
蒙麒兴　李书福　李　双　魏文聘　李　曦

化生学院

韩　瑞　谢香琴　薛　静　兰翠景　林　瑜　玉旦依　植　钰　谢彩云　廖芳芳　崔　欢
黄春柳　余运玲　刘　珊　凌小芳　潘连新　吴小若　罗利惠　覃海秀　张　原　黄艳词
黄小卫　肖　晴　郑　丽　农万宁　农光江　彭颖梅　霍晓青　宋　燕　韦红艳　刘洪存
韦香萍　刘桂莹　黄超华　韦海芬　梁雪梅　吴慧瑜　韦晓荣　龙吉梅　兰海菊　韦艳芳
陈　醒　吕敏兰　刘文静　赖丽萍　颜玉香　韦美玲　陈艳圆　岑祚远　马善魁　伍新富
韦安龙　林　青　韦华芳　谢永丽　彭克亮　刘　密　赵江健　代安娜　文承彦　黄浪生
王誉霖　黄钊芬　梁惠媚　刘海荣　韦媛霞　龙海洋

体健学院

蒋洪平　黄国发　梁国雄　武　斌　黄科雄　张法翁　武　柳　覃正锋　杨长昆　梁雨莎
张鹏飞　田　翯　韦炳龙　曾　业　韦乾维　叶宝志　黄汉领　邓　骏　莫天长　何维庄
郭金莲　刘长庚　谭全利　韦国体　韦岳良　韦智学　曾德坤　姚梁芳　马宇林　叶运龙
陈基广　杨　华　易国敏　韦金有　舒杰君

预科教育学院

黄承军　梁　艳　谭继欢　陆小水　陈燕银　韦雪清　潘柳谷　黄柄韧　樊江敏　卢妙嫦
李秋媛　甘文康　粟恩迪　毛　雄　周慧玲　王　熙　刘林杭　李　媚　韦　静　吴兰娟
李金莲　廖玲凤　廖灵勇　肖未兰　刘　勇　龚海婵　何银香　何冠森　陆清湖　罗晚春
唐燕兰　梁秋平　牙宏斌　农维聪　董　秋　马　军　隆福东　韦瑞杰　陈远攀　徐　映
梁京明　潘小宁　韦　萍　杨　华　韦玉生　黄永章　覃建福　罗壁君　谭金龙　王雅丹
黄颖平　徐先桥　曾乙晋　吴刘慧　侯丽环　王文杰　陆美玲　唐　想

国际教育学院

黎燕飞　黄　婷　梁丽珍　莫柳星　韦振营　吴训妮　杜琳琳　覃冬菊　梁莎莎　石芯翼
李晓平　梁　彪　李　偲　刘胤霖　宋艳怡　姜　兰　甘少佩　莫虹虹　倪清梅　杨　莉
邝文雅　肖发国　梁　佳　黄冬桂　李金夏　李兆芸　苏远凤　杨业冰　韦　欢　甘　慧
黄传芬　刘晓娟　甘有阳　韦明望　陈　琬　林香香　全珊汶　雷　冬　莫婉春　覃　思
吴思蓓　林秋华　覃其潮　谢佩杏　于礼佳　石　猛　曹　粤　邓　露　黄瑜杰　向　俐
陈晓熙　张裕飞　陈洁雯　龚倩琦　曾冬妮　刘艳园　陈　利　李传栋　张　灿　黄桂芳
周　妮　李金财

校学生会

周晓璇　潘惠云　张翰林　黄再鹏　唐文婷　伍学旺　李　墨　农李巧　罗　洁　韦树凯
彭晨辰　蒋丽娟　周艺文　李亚男　贺　琪　林芳佩　曾　昕　姜秋君　蓝如清　何智滨
张海芬　邓力晓　杨春园　马灿森　谢孟志　庞雪凤　欧凤萍　陶　泉　文　艳　刘　玲
蔡佳佳　姚又宁　李桂华　杨荣华　陆滢慧　苏子珊

社团管理中心

蒋旦涛　李　沁　黄　萍　周　源　黄　予　黄媛玲　卢健方　莫小莉　张　坚　潘永菲
邝燕盈　蓝　若　钟　洁　马洁萍　黄立峰　黎瑶瑶　颜佳玲　张　妍　陈幸欣　石韦红
孙梓航　赵芳伶　张兴平　肖国保　谢林宁　石祥凯　叶晶晶　谢俏兆　陆辉华　陈继娜
邱　秀　李贵民　黄海霞　梁肖新　王冬捷　朱小凤　黄榕芳　徐云桃　刘弘汐　杨越慧
周林燕　张征秀　马金顶　黄春画　石小游　侯爱伶　秦春红　李　桉　李雪梅　关瑜珣
梁耀杰　林丽荣　王先婷　李　茜　唐艳飞　张　茜　梁艳华　李月云　葛　斌　陈　瞬
杨家明　唐文娟　江彩凤　王艳钰　唐永海　王耀斌　卢秋萍　覃艳宜　周　玮　邹佳意
石琴妮　郭贤博　祝榕蓉　韦育全　王　雪　董　倩　易盛华　黄洪喜　郭军成　张　杨
宁治清　覃海娜　袁　满　黄建华　梁　冬　王　蕾　劳国华　卓启芬　莫　奇　黄盛强
谭柳玲　班　荃　郭小梅　周　海　李　露　梁铭轩　蒋小文　丘水伊　李杨阳　丁德强
冯　卉　赵艳瑶　毛景兴　许学波　刘梦雨　王　娴　韦柳竹　邓　军　唐雨荣　蓝倩玲
王冶烨　梁柱娟　陈家明　黄春阳　刘毅香　廖熙芳　王志洁　黄道珍　柳业冬　邓齐贤
卢林娟　欧小娟　黄华斌　杨航利　黄家智　农　敏　侯伟华　谭晓庆　黄兴隆　姚又尹
张　冰　陆柳行　何柏莹　叶倩楠　黄梅秋　黎影芳　农耀全　卢胜涛　农　祺　覃　姗
卢小玉　吴海燕　钟燕丽　黄晓静　黄　媛　陆生校　卢昌恒　倪宁宁　廖端杰　罗兰娇
梁琳曼　姚思婷　刘承诚　冯恩海　黄于吟　滕国权　唐梦欢　陈新兰　周　俊　卢丽云
香　宇　陈海康　裴卫松　黄振兴　卢一曼　黄细霞　李晓燕　张　旭　詹静华　叶立红
董苏瑶　孔德馨　胡庆祥　吴瑜珣　梁伯彦　周梁静　蒲祖德

相思湖青年

汤少芳　苏宣全　谢圆梦　隆　菲　潘思妮　黄　婷　黄敏娜　张丽青　杨　超　方志鹏
覃　忭

2011年大学生暑期“三下乡”社会实践活动先进个人(228人)

政关学院（10人）

张　锋　李秋颖　苏　馥　黄璐璐　彭香莲　姚富英　覃华静　阳春燃　杨振伟　陈　彪

法学院（14人）

韦灿龙　韦文丽　张翰林　黄姿维　焦振宇　苏英杰　卢　瑶　石　磊　吴璐芝　周勉君　夏　云陈恒炮　卢嘉馨　黄俊钧

管理学院（24人）

何永玲　黄桂风　黄　磊　姜秋君　李达美　李进华　李连弟　梁芳丹　罗婞梅　莫荣妹　农惠茜　王志烨　周　慧　周彧颀　曹红玲　陈宏海　林瑞雪　肖　华　杨官文　赵雅琴　范秋锦　陆晓岚　莫晴阳　游婧妮

商学院（10人）

罗海明　苏映云　黄剑岳　梁　山　曾钦婴　韦杰鸿　黄晓芳　郑　曦　潘贞伶　徐治明

文学院（15人）

林　楠　蒙旺华　李　智　杨银丽　李振宇　邓丽丽　詹　娜　林　波　补国旭　黄烈彬　廖　倩　黄　晔　卢俊龙　罗萧静　莫鸿香

外国语学院（12人）

郭瑞雪　梁鹤江　洪立新　王铁成　陈思颖　徐　强　周瑜群　黄鹏庄　蒋　璟　黄夏敏　徐午君　胡　悦

民社学院（9人）

林　偲周　娇　何　香　郭程文　安东程　陈小平　关键秀　郑雷军　黄载德

物电学院（17人）

闫　钟　卜学华　孔淑玚　郭奕成　杨　犇　黄泽洪　丁家娟　梁婷婷　谢绍兰　刘臣之　童国顺　赵丹丹　陈　燕　陈珏君　秦晓彦　谢丽萍　黄启秦

数计学院（9人）

张瑞琦　韦丽冰　吴大宇　何杭栩　蔡智安　杨静梅　付文志　王永超　刘春风

化生学院（19人）

伍志辉　龙海洋　舒　琳　周晓璇　韦玉白　吴佳芡　王柳杨　黄铉霏　韦代东　田云美　胡小娜　岑祚远　何晓朗　廖栩凡　罗佩琪　潘　婷　覃曼丽　唐云翠　韦元玲

国际教育学院（7人）

黄瑜杰　林香香　石　猛　于礼佳　曹　粤　罗　瑶　全珊汶

《相思湖青年》报社（10人）

黄肖云　高　洁　宋泽东　蒋小雯　梁许峰　苏相鹏　杨　超　汤少芳　陆婉东　许小丽

校学生会（18人）

阮承熙　韦树凯　曾祥龙　贺　琪　周卓礼　苗冠楠　叶宝志　李章敏　黄佳辉　蒋娜玲　黄馨晨　卢　燕　陈康明　陈予飞　韦丽钰　郭　凯　韩舒艳　吕　娟

社团联合会（15人）

叶冠星　颜佳玲　韦运负　胡武志　梁海涓　黄佛忠　张　婷　邝燕盈　黄海霞　吴曼丽　聂蓝青　汪玲玉　张　薇　潘永菲　吴泽飞

法律协会（7 人）

何志耀　周　闻　胡世娟　谢俏兆　张兴华　韦达娜　吴柯荣

青年志愿者协会（5 人）

张馨予　梁舒琦　李　桉　陈　扬　易松生

知行学社（8 人）

蔡树莹　邓　桦　潘丽华　闫丹宇　曾　盼　张贵集　钟柳坚　蒙　瑚

情系三农协会（11 人）

卢小玉　黎　芳　何爱芬　黄玉莲　林广坤　丁世平　韦　建　刘春华　谭建群　王春丽　汤　莉

伙管会（8 人）

梁连芝　潘锦统　朱丽冰　黄伍才　马洁萍　张思思　梁伟洋　黄丽丽

2011 年“优秀青年志愿者”（135 个）

政关学院（8 人）

沈立秋　班如英　陈思美　周利群　潘丽桦　杨如燕　黄燕燕　尹炳娟

法学院（8 人）

梁凤鸣　张　海　叶　果　费兰云　韦　霞　苏英杰　杨丽丽　贺秋梅

管理学院（9 人）

徐河斯　盘靖文　粟建娟周运官　林苑娴陆斯扬　梁芳丹　韩　超　磨妹园

商学院（10 人）

李莉玲　陈小琴　庞雪峰　石　芬　盘丽萍　曾钦婴　廖鲜秋　曾冬梅　郑　曦　侯辉艳

文学院（10 人）

黄　赟　廖丹萍　韦秋霜　莫徽远　赖小梅　李　智　邓妮翾　邓清曌　玉秋兰　辛文波

外语学院（8 人）

彭燕婷　洪立新　蓝晓雪　韦燕南　邓朝朝　梁　静　周瑜群　郭瑞雪

民社学院（10 人）

吕梦雅　黄书珍　刘雪玲　莫娟芳　奉峰明　邱海明　黄雅芝　莫小玉　张键华　余晓丽

艺术学院（9 人）

潘雯婷　高嘉诚　陈夏晴　韩　珂　杨玉玲　荆文娟　周　航张　骁张　俊

物电学院（8 人）

梁华忠　翁莨源　韦静萍　李月云　梁豪民　谢　飞　班海峰　吴丽芳

数计学院（7 人）

杨小月　梁博彦　陈福敏　罗子良陈　瞬杨　森　梁云楠

化生学院（10 人）

朱晓霞　韦元玲　山景壮　蒙小波　李枝忠　陈玉梅　王　斌　张艺耀　陈洪飞　黄　波

体健学院（4 人）

凌进涛　潘俊彤　邓　骏　韦钦崟

国际教育学院（11 人）

吴玉榜　韦明望　李　剑　何建安　余　山　李萍萍　伍谓琦　李　宽　林香香　任凌秋　黄君婷

预科教育学院（5 人）

阮艳娥　黄佳佳　李红凌　卢玉莲　杨路茜

校学生会（8 人）

李国宁　潘惠云　陆心灵　李　俊　韦树凯　卢　旭李亚男　吴少华

社团管理中心（10 人）

李　婷　何晓朗　张宇宁　陈瑞语　唐　莉　林喜婷　陆丽珍　陈　娟　黄宪诚　覃国杰

附录3　2011届毕业生名单

附录3.1　2011届硕士毕业生名单

（373人）

刑法学（27人）

陈耀东　甘　玉　何明波　胡　凯　黄桂兰　李丽红　李岳林　刘　胜　刘晓雪　卢家玉
陆继发　罗明华　苏　静　覃升峰　覃振欢　王春燕　王亚静　王颖慧　谢泽林　徐　邻
牙韩选　尹君君　张江田　张世金　张新艳　朱　希　陈偲岚

诉讼法学（26人）

陈小青　戴声长　丁耀东　董强强　冯珍珍　高　华　侯晓娜　李　方　李莎莎　李远红
刘清清　陆冬梅　莫隆芳　潘　松　邵莉莉　宋　坡　谭森华　王黎黎　闻　静　翁　博
姚晋扬　谢佳鹏　徐书玲　尹少成　张蓉瑜　赵巧玲

伦理学（5人）

黄小军　李改歌　刘　叶　郑　苗　朱　磊

政治学理论（7人）

成为杰　黄宝章　李文亮　刘国普　王　铭　王卫明　邹　成

中共党史（6人）

丁继勇　宋潇潇　韦宏伦　吴熙威　吴雄祥　张晓宁

马克思主义基本原理（5人）

陈显明　方　超　覃艳姝　王明成　许宝莹

马克思主义中国化研究（2人）

陈　婷　侯贤磊

思想政治教育（10人）

陈　琳　贾云鹏　赖佩媛　李洁柳　罗艳妮　覃　冯　覃蔚玲　唐天勇　唐　月　谢亚敏

社会学（5人）

高小波　黄　欢　黄　鹏　梁柳宝　银河欢

民族学（8人）

雷　韵　李照宇　宋兴烈　韦佳良　叶　英　赵　杨　赵知新　郑海山

马克思主义民族理论与政策（3人）

李维鹏　李云霞　周银花

中国少数民族经济（8人）

陈一榕　黄　靖　邵　壮　宋玉洁　韦金君　韦湘云　张宏宇　杨冬燕

中国少数民族史（5 人）

黄　晨　容　婷　徐进杰　叶　扬　张　静

中国少数民族艺术（2 人）

雷日朗　马可靠

专门史（5 人）

姜振华　许方宁　伊　涛　虞　坤　朱艳艳

体育教育训练学（12 人）

常建华　黄　茗　黎　敏　李俊果　饶　瑶　王晓　辛振璐　续延军　尹成功　袁志辉　张树滑　章德发

民族传统体育学（11 人）

翟翠丽　钟元博　卜宪琴　龚　敏　黄洪军　金　宁　李生财　李宗喜　梁政东　秦银健　任成龙

美学（8 人）

陈燕燕　顿德华　甘　翔　何东升　黎　晖　黎　霞　廖　萍　王晶晶

文艺学（9 人）

惠亚丽　李　冰　李琳琳　刘　鑫　刘　洋　潘　纯　王　扬　吴　芳　黄　平

语言学及应用语言学（14 人）

邓　菁　兰海洋　刘素凤　罗舒殳　马　丽　秦凤鸾　秦崭崭　苏　燕　覃小群　唐　蕾　汪　翔　王伟超　应佳纯　张其娟

汉语言文字学（9 人）

何　柳　蒋志群　刘兰君　王成志　王　华　王　朔　夏中华　杨明泽　曾利斌

中国古代文学（10 人）

陈岚岚　陈万葵　冯丽萍　刘子木　陆　川　毛晶晶　陶丽丽　杨玲燕　张爱琴　张晓婧

中国现当代文学（15 人）

程红亮　方尚声　姜洪欧　蒋文娟　孔红杏　罗秀娟　盘晓日　苏晓霞　徐丽丽　许　瑾　余吉林　袁素敏　詹金容　张亚莎　钟绍清

中国少数民族语言文学（10 人）

白　帆　陈海霞　黄尚茂　黄文富　罗秀连　农友安　苏艳飞　唐鲜艺　王　龑　张　艳

比较文学与世界文学（7 人）

胡雪梅　黄予淑　林秀叶　孙宁思　夏艳丽　熊焕颖　邹洪锦

亚非语言文学（12 人）

冯俏丽　黄庭广　鞠馨仪　蓝水萍　梁嫣雯　蒙翡琦　苏柳杨　覃新清　王小红　韦宏丹　杨　艳　余　云

外国语言学及应用语言学（18 人）

卞　巧　戴文艺　狄东睿　焦爱红　经　晶　李冬婷　梁　雯　刘　刚　刘美林　刘召伟　秦秋福　王晓莹　韦锦泽　徐　颖　尹　舒　张　润周金龙　朱　理

基础数学（5 人）

陈　晓　胡辉亚　梁　静　农丽娟　周仕忠

计算数学（10人）

陈士亮　杜燕连　黄正新　刘　锐　罗炯兴　任丽丽　谢健健　徐水华　杨　静　张军丽

应用数学（8人）

邓胜国　宋明明　涂登平　王国滨　武玲玲　徐　亮　杨文艳　周光平

计算机应用技术（11人）

陈　超　邓　辉　龚巧巧　雷丙超　刘洪霞　刘　洋　罗富贵　牛　森　徐俊格　杨　艳
祝华正

生物化学与分子生物学（5人）

甘珊珊　黄新林　李　丽　王　犇　杨雪松

应用化学（17人）

陈盛余　黄青则　姜俊颖　李冬雪　李艳芬　罗志荣　谭生伟　仝海娟　汪　影　王春平
王　磊　吴　睿　武巧兰　肖新光　张　峰　赵丹丹　庄季昌

科学技术史（9人）

黄　磊　刘安定　秦景良　秦双夏　韦丹凤　武慧丽　徐权森　张桂芬　周　博

行政管理（25人）

蔡小丰　陈　玲　甘锦琛　黄生满　蒋奇勇　李　聪　李金龙　李文军　李　渊　梁国越
梁荣桓　梁子兰　刘　鑫　马峻琨　马　清　蒲　静　齐　旭　唐青青　王大伟　王俏丽
韦筱毓　韦　耀　吴德江　周　俊　周亚辉

社会保障（7人）

董文举　黄红梅　黎雄辉　李修康　刘志勇　田钰燕　张晓文

图书馆学（4人）

邓添薪　尹翔宇　周　佩　邹　勇

档案学（11人）

陈　鹏　陈维维　李春阳　林红棉　梅晓艳　农艳红　容浒熙　吴　震　杨惠桃　姚俊娜
欧阳文兵

附录3.2　2011届研究生班毕业生名单

（686人）

行政管理（338人）

袁光聪　朱学群　杨胜武　程　川　刘　红　张志波　丁德辉　覃明文　覃　朗　李　敏
刘　佳　苏　映　李　靖　农珍艳　陆　蓉　杨永康　佟　远　秦　晴　盘　毅　欧广明
吴金蔚　陆健锋　邓　委　黄歆瑜　陆晓华　吕雄军　何　熊　李丽媛　冯　耀　秦　娜
覃东云　吴　滔　樊石星　蒙　莺　陈　珉　黄芊芊　覃应琴　冯瑜传　农卓松　苏　洁
石春年　陈滢滢　黄炳峰　覃辉兰　覃武臻　蔡德升　万　鋆　周珍卫　王　薇　农　莉
李增华　陈毅毅　赵　伟　刘长立　莫少鸾　冯光发　黄旭升　何　川　苏琰凌　黄玉婷
唐　勇　吴　蔚　陆艳桃　李金健　黄　钊　覃超颖　苏　扬　黄冠强　王　方　邓　明

钟碧佳 吴　炜 谭　欣 黄　臻 韦　威 梁礼科 韦　雨 谭　溥 张国新 梁尹莹
梁云聪 刘永忠 黄福英 邓娟艳 陈丽莉 黄循强 黄丹彦 黎　晓 封景西 韦宛励
罗兰芳 王新生 李　超 孙　娜 蔡妤婕 阮　铭 何泽玮 岳茗肖 梁　萍 黄红宏
吴燕春 农璐璐 廖家怀 余富华 蒋文有 宁国玺 李　攀 吕媛宁 黄　红 李海英
刘　爽 冯辉洋 颜建明 刘建宁 黄荣欢 张玉梅 容海燕 李诚志 王伯勇 郑　雪
林永爵 陈　婷 黄　颖 欧　莹 付雅平 覃　翠 冯华敏 傅　明 黄　琳 韦娇英
韦江雪 高用辉 张绍明 吴雄宝 王锦玲 莫媛艳 黄　河 苏　藓 龙现富 朱定奎
黄　璧 邵　兵 钟友平 廖才学 汪林立 方　芳 蒙照松 钟　洁 陆　倩 韦任平
蓝　天 尹　婷 蒋　远 叶文天 林柏婷 彭　文 李广娜 王　琳 梁吉健 方　莹
刘　圆 陈湘莹 秦　尧 潘　涯 农丹丹 龙晓振 黄柯卫 李　杰 门　造 林秋凤
覃昱菘 李　辉 袁任阁 林卓周 罗　贤 吴苏焱 黄芳妮 谭文获 黄泳霖 刘东东
谭铁军 陈羽玲 黎　潇 杨世安 黄玉玺 王乙焱 刘桂杰 佘泽平 韦超鹏 陆麒旭
叶　烨 钟　蕾 李庆林 李春兰 郭丽容 李国锋 丁　曼 樊　湘 苏建平 谢志强
叶爱莲 乔　智 梁　威 李依繁 许　岚 黄　泰 李　游 苏渊鹏 包　健 李集惺
付灵芝 周双庆 罗云祥 谢贞君 杨自爽 周燕格 韦丁丹 李丽冬 蒋宗理 王瑞芸
卢玉凤 吴桂林 杨新艳 吕凤玲 李　俊 黄小宁 黄　铖 黄良高 罗桂科 罗　津
许明忠 黄凤美 黄　艳 黄卡平 吴启彪 农悄悄 黄桂军 刘晓博 何嘉欧 黄剑锋
农赤卫 岑常财 李利锋 廖家宁 蒋素梅 苏丽莎 赖晓霞 何兆辉 邓钊燕 陈　勇
宋　殷 谭旭龙 蒙升艺 李　科 吴圣莉 黄　洁 韦　哲 韦杰夫 兰　娜 甘　霖
尹　娜 黄　栋 樊俊宏 谭淑方 张旭丽 吴丽荣 韦炽锐 覃　兰 韦继颖 陈　倩
谭志学 覃祖承 龙群峰 蓝　棣 张　熙 杨　合 韦绍航 蒲星来 覃梁波 蒙　靖
谭怀登 龙永秉 肖红英 姚士勇 程敬怀 周艳君 彭继统 吴前卫 杨海萍 戚　平
罗元君 吴艳林 张富文 吴丕远 肖荣刚 颜玉平 曾　超 刘　进 刘　波 肖红元
罗红雄 熊拥军 李　冉 纪永轩 孙　法 冯兰桂 黄庭寿 杨长赞 唐毓克 赵品德
廖根梅 陆石磊 雷　春 张米艾 高云瑞 梁琼生 覃柳柳 黄　彦 卢　鹏 武颖娜
梁海文 赵　威 宁文广 潘艺元 龙开彬 黄　倩 吴海洋 杨培新 韦发才 黄大强
叶志江 梁泰淇 赖　芳 刘　磊 郭丽华 唐　昱 查跃起 黎芷君

思想政治教育（54 人）

田　冰 蒙　晓 农翠宁 全忠平 陈　慧 莫敏佳 覃汉辉 杨　宁 韦文潮 韦海波
杨海霞 欧　俊 黄良慧 张　洁 马　麒 陆　英 杨　威 郭　亮 周钰淇 张艳华
周娉婷 杜　静 潘金德 金　萍 农春芳 黎　明 方　祺 苏　超 王书林 江海洋
陈万开 莫金燕 张　佺 伍伯雄 王立印 丁昌峰 宁啟杏 黄雨初 黄祥伟 张宇斐
李　彦 刘彬彬 李　斌 黄艺平 王少琳 赵艳霞 廖伟波 王若璧 黄　嵩 潘湛元
叶　强 罗思恩 莫吴炜 苏志忠

诉讼法学（96 人）

苏伟耿 许勇民 张　琨 张　铮 万　万 莫振华 梁　玮 谭　莹 米　宁 张　悦
伍　高 隆伟佳 马　菁 龙江旭 雷恬珍 刘伟科 李虹慧 谢文颖 白冬妮 谢金赐
彭铁兵 严靖杰 黎嘉雯 黄宏湖 覃错宇 周　伟 张伟富 韦柳泉 李孟霖 张兴桃

杨　佳　文　军　马剑逸　卢如剑　李婷婷　梁海宁　覃兰惠　蒋丁高　卢小惠　肖娜佳
刘新柏　于路鸿　覃　露　农好祥　赵金华　黄　琪　宋　林　刘　龚　农凯雯　张　靖
罗　丽　梁敏芳　黎晓源　邓智勇　黄　添　王　胜　洪俊江　林　冰　刘富奇　覃妹锦
田　甜　覃海东　王添慧　王雪文　曾　丹　刘子源　何梦琳　韦逢嫣　莫柠宁　劳春玲
曹　燕　王迎军　李　帅　邱　林　韩　旭　覃　晖　张慧卉　马　瑜　王　烽　林　梅
姚月府　黄华斌　林　驰　傅淑嫦　徐　锐　陈国苏　卢晓斌　黄佐定　龚晓玲　石宝璠
梁　勇　苏洁敏　林　彬　韦　锟　钟志海　赵丽莉

刑法学（66人）

黄　权　姚慧芬　蓝承喜　曾竹映　李思婷　刘　昶　莫珊珊　袁　琳　黄　丰　汪俊辉
覃　杰　陶显强　蓝丹丹　李燕飞　呼君平　吴坦骏　黄　兰　曾裕婷　周龙四　管星明
黄丹妮　甘德培　陶玉瑜　李金华　罗雪波　陈禹名　王　颖　潘俊文　莫仕航　黄晓玲
李锦梅　陈斯娜　石绘琦　谷　萍　区培谛　张　倩　农　君　凌　云　陈桂娇　谢昕昕
陈　婉　覃远鹏　蒙杨界　黄庆贵　陈海浪　陆　佳　刘　赟　严志明　陈　伟　钟立能
蒙　梦　郑　华　李　婕　兰晓宁　谭舒尹　岑咏桦　邓泽平　李泽平　刘　艳　吴永桂
李斯才　黄宝继　李和洋　曾　江　韦　胜　黄晓玲

亚非语言文学（29人）

韦　谦　陈鸿糠　黄丽华　胡博巍　谢　艳　梁　娜　梁培琳　黄东超　刘　倩　岑新明
黄振成　唐珊珊　蓝　婷　郑月兰　黄迎迎　郭庆亮　邓映萍　李梦华　覃　羚　吴丽华
吴逸清　曾小珊　张少丹　韦　懿　张兵博　罗凤懿　刘秋玲　伍宇彤　司徒柳晨

语言学及应用语言学（13人）

黄缨焱　雷　婷　陆景霞　唐斯佳　陆桂晶　张兰兰　陈秋艳　王　臻　黄巧丽　农丽宁
杨　鹰　赵继清　包德芳

图书馆学（4人）

黄　馨　甘　新　胡海燕　蒙　超

社会保障（5人）

卢佳宜　秦荣飞　梁小舟　黄林杰　陈天富

档案学（2人）

张凤美　侯玲玲

比较文学与世界文学（1人）

蓝慕昭

汉语言文字学（3人）

韦月玲　范桂桃　陆东昂

计算机应用技术（1人）

程　翔

民族传统体育学（2人）

阮　奎汤　夏

社会学（2人）

刘蒙壮　陆　雯

体育教育训练学（10 人）

朱鸿有　朱晓艺　段翊君　蒋晓明　张可斌　吴昭燕　侯肇兴　佟海亮　赵海林　朱丽颖

外国语言学及应用语言学（1 人）

苏　静

政治学理论（3 人）

邱慧丽　韦礼科　李荣良

中共党史（1 人）

田　爽

中国古代文学（7 人）

杨　雪　辛雪凝　冯慧勇　潘来福　石　冰　陆中照　陈　流

中国少数民族经济（33 人）

许善金　黄根猷　蒙　飚　黄卫星　黄广顺　郭　丹　卢　寰　陈　肖　吴文雄　谢　添
陈　杰　谭绮姝　任晓华　陈宝毅　邓颖捷　罗朝阳　韦永善　覃　展　韦殿官　廖先梅
甘高强　林绍华　秦英莲　李天明　刘学永　韦普健　黄修解　廖传高　莫正云　李　雪
秦康文　黄山川　廖万刚

中国少数民族艺术（9 人）

许毓晓　杨明萍　李铁成　黄　巍　何婷婷　黄慧玲　冯月珍　高瑜蔓　杨梓艺

中国现当代文学（6 人）

赵素荣　周　婷　农大正　崔丽萍　黄彩琼　黄尚宁

附录 3.3　2011 届普通高等教育(本科)毕业生名单

(3315 人)

政治学与国际关系学院(139 人)

公共政策学专业(35 人)

郭碧玮　霍殿坤　周海斌　张颖馥　苏城杰　徐水文　肖　晶　李诗雅　谭春春　黄丹萍
彭芳琳　周　佳　沈　婷　邓晶磊　蒋春敏　康倪超　苏荣京　林　琼　梁元燕　彭　栋
郑培莹　秦秋玲　梁银玲　王　琳　黄春燕　蔡茂生　黄远荣　田鸿云　杨　蓉　蓝桂懋
黄立新　牙桂英　黄尚波　曾佩红　李　杰

政治学与行政学专业(104 人)

谭丁榜　郭丽圆　蓝　丹　王沙沙　王雪春　陈　晨　张　磊　何春光　陆生柳　陆福在
韦　锐　农世全　吴一清　覃　慧　郑凤姣　吴　艳　朱志山　龚晓锋　李漓云　李　勤
曾素兰　陈晓霞　陈学远　吴艳春　胡　婷　黄　磊　黄秋燕　韦　强　陈小萍　王　瑜
杜廷茂　李田锦　吴成萍　陆春梅　黄爱妨　王丽君　廖章化　韦姗姗　潘小鸭　韦仁杏
韦志宝　张丽勤　黄金凤　李　云　许明珠　曾思遥　赵　艺　王　毅　樊殊君　高　榕
梁　海　李　茵　黄　素　梁筱萍　郭桢长　蓝　欢　肖赵冰　费思源　陈施婉　兰仕钰

谭学权　周静菊　钟福安　刘能祖　蓝宇森　吴勇宁　覃介随　林文柳　韦　毅　何　怡
叶　欢　粟菊芬　李志刚　林　峰　廖秀玉　黄争丽　覃冬玲　卢淦文　黄晓丽　李　秋
苏芳媚　谢易凤　吴俊华　黎增梅　卢水泉　李　端　王菲菲　刘桂宇　罗书林　吴友好
罗　敏　杨琴稍　谢嘉则　何　燕　陈　琳　陆艺芳　韦雪念　蓝琳华　兰艳兰　覃　柱
石秋梅　郑凤文　杜凤玲　刘　祥

法学院(175人)

法学专业(175人)

谭莲满　李　庆　白禹龙　尹　娟　魏　嘉　罗　文　李　云　胡筠晴　刘施显　林艳平
洪硕卿　许欣荣　黄　捷　黄小龙　蒋柳艳　余华珍　唐旭辉　莫春燕　李春涛　李　瑶
粟海玉　冯丽滢　傅　欣　黄利川　陈红妮　黄俊蓓　黄秋玲　梁晓音　覃光锡　陆秋言
梁　盈　何小莉　肖永浪　邹异花　陈思蒽　罗美焕　岑　云　黄春清　何梁荣　文丽婷
韦京辰　卢振佳　韦　焜　蓝柳媚　韦　波　谭耀仁　江　赞　陈丁铭　胡景淳　李永飞
方永智　杨　历　丁琳源　陈　晋　李　赏　刘亚萍　梁羽燕　蓝晓玲　唐桂花　吕振滨
罗　薇　汤海元　赵　芳　吕纯芝　满　望　张显霈　许　婷　庞继坤　俸旗章　李琼生
危芳丽　邵　晨　陈莹莹　何　叶　黄　鹏　曾　颖　杨　芳　马油油　廖　沅　张　燕
袁庆钟　邓诗晴　陈松柏　莫笑之　肖春露　庞　梦　宋小桃　吕业吉　余璐宾　陆雪群
伍茵茵　覃　竞　梁海峰　陈园园　岑松盛　黄爱茜　岑巧玲　廖保书　汪　敏　唐雯雯
黄沁鉴　吴婉婷　黄平仕　覃寿鹤　韦沅町　覃　流　覃仪晏　樊倜伶　罗增高　凌立庚
许　欢　潘　中　揭英秀　廖呈钱　陈顺哲　李　斐　张伯乐　黄娟香　王　玮　段　涛
徐文静　宋　珂　张锦江　梁梅燕　农俊恺　王群麒　吴佳财　韦麓璐　王丽群　蓝利娜
张　浩　黄姗姗　赖泓宇　唐莉凌　胡雪姣　曹　滨　李桂萍　刘　英　钟创红　龙叶青
宋鹤年　陈玉梅　蔡莹莹　叶珉琨　陈思华　韦燕媚　林鸿鉴　聂　雪　黄婷婷　统　雁
覃　寒　韦富辉　覃兰宽　何潇谊　巫菊芳　何学儒　张颖峰　岑金洪　吴链红　韦振宇
罗　辉　石　露　覃　诚　黄祖兴　林　锋　覃慧玲　武修俊　朱秀晓　陈　诺　何淡如
朱昱天　刘　爽　豆瑞平　姚雨庭　钟　菊

管理学院(403人)

档案学专业(55人)

韦昌德　科露珠　岑勋琳　蓝艳芳　黎　洁　郑　瑾　张亚飞　范　婷　叶　婷　胡志敏
毛燕燕　黄俊锋　黎琳琳　凌　菲　韦爱月　黄秋洁　刘　敏　郭韦薇　赵　刚　朱志珍
周　茜　陈　云　蒋　艳　蒋智云　褚　炫　杨宇宁　陈彦芝　李昌涛　潘　聪　黄瑜丽
李秀良　李超平　颜小群　杨丽萍　莫金玲　陀文丽　林春梅　李贵明　宾杰旺　赵秋霞
李婉平　柳　彬　黄瑞丽　覃　芳　韦腾钊　卢琳玲　石容姿　谭春锦　兰秋浓　李　晔
覃玉凤　韦耀伦　杨寿宪　覃少佩　覃淑青

工商管理专业(133人)

王忠光　韦丽玲　杨普权　黎一铃　李瑞磊　高巨超　温　超　谢建辉　刘金凤　黄贵莉
梁燕云　刘　逸　韦新艳　韦秀结　兰玉龙　梁彦超　蒙芳芳　甘　蓉　陈佳溢　沈彦辉
韦丽杯　曹秋园　林琰赟　邓　鑫　陶庆玲　陆见莹　陆洪明　叶丹燕　徐济娟　陈燕芬
陈　刚　梁琼琳　赵　燕　黄锡旺　谢　凤　许乃宝　李纹绘　柳　杨　刘冬梅　韦　慧

韦跃就 贾兆恒 张　丽 兰莹莹 黄曼璇 区露红 黄文杰 谭　琦 杨　芳 韦腾媛
唐　娜 李梦笔 蔡荣旦 孙多记 周　卓 郑海波 陈　诚 农丽丹 谢瑞堂 王永芬
韦世里 许馨文 梁　萃 莫家玮 毛　丹 唐江敏 唐美荣 莫亦晗 于慧露 曾子泅
李恩茵 徐冬贵 邓燕珍 刘　宇 陈　巧 陈　伸 林瑞振 张翠洪 茹广创 黄大力
朱　园 陈　静 李伟光 韦政伟 刘彩虹 覃玉严 谢丽霞 陈映红 韦璐瑶 唐晓飞
莫文龙 张　宁 夏　静 沈利祥 张同舟 练汉森 李枝倩 卢连芳 班　冬 何情艳
马晴雯 卢聘君 李　燕 吴宝珍 莫宁钊 曹粤明 吴艳芳 张晓静 刘　超 甘丽琼
蒋艳明 沈雪萍 李　华 陈冬梁 黄锶雨 何金阳 石容溶 周丽兰 黄银翅 陈先钦
陈丽燕 叶爱娜 韦　艳 周秀壮 黄海棠 韦　箭 石飞凤 韦　喜 韦章鹏 侯琛璇
罗慧雪 韦秋红 覃　雄

公共事业管理专业(30 人)

莫宗检 何建昆 黄春早 苏燕妮 覃有宁 罗柳琴 莫县鸾 谢玲丽 秦玉红 张定国
黄雯琦 罗　静 梁家春 廖海宇 谢　茜 罗　东 吴观德 韦　娜 陆俊伍 邓洁美
卢丹丹 韦艳彬 何荣升 林梓约 韦优惠 张小文 龚　政 胡媛丽 邓金萍 黄婷婷

旅游管理专业(107 人)

刘志明 陆　维 赖冰华 杨丹黎 谢　丹 常　月 陈园园 慕美娟 李　娜 林爵伟
刘怡璐 潘秋岑 马君东 林露琪 覃晓沁 张思露 李玥琴 唐曾甜 杨玉君 毛晓玲
黄慧敏 万子兰 刘　昕 唐延正 孙雪梅 梁　潇 李　莹 易　艳 凌　杰 张万能
陆海文 刘小楠 农颖颖 刘嘉敏 陈　丽 岑维雯 陈　健 梁诗诗 张梦思 李开芳
吕丽营 张　博 陈李慧 韦丽柳 田维秀 石青莹 覃雪丹 梁历秀 张　杰 梁梦云
农艳青 陈秀峰 柳　杰 黄　晶 赵方舟 张　琳 许先定 蔡亚男 饶　晰 张　雯
徐　俊 刘　茜 杨基豪 梁慧媛 赵小凤 徐　涛 黄珠丽 韦利仙 罗　璐 杨　程
左莉君 李　郁 杨依依 季　洁 张昌慧 粟雪莲 李敬平 何明华 陶秀琴 唐宗芳
丁丽丽 赵银玲 王芸芸 陈　俏 林武华 邱家美 郭李晓 黄萍兰 刘　书 黎毓宁
张富海 黄清霞 谭凌霄 韩丽媛 彭慕婵 莫　丽 党培僖 淡小作 熊　茜 楼岚钧
韦洪月 蓝丽林 梁辉凌 何进丹 苏丽燕 蔡弥山 李　玲

行政管理专业(78 人)

韦　娴 陈　海 韦小姣 杨　远 张少辉 于湘婉 赵文超 沈　力 黄桂敏 张丽萍
阮筱民 陈飞丽 韦　舒 唐海钟 黄媛媛 刘春玲 桂明丽 赖丹丹 何龙源 刘福财
黄艳凤 傅　蓉 李　娜 陈　欢 麻声波 叶　露 麦永凤 韦莉幸 杨宝日 罗　曼
何映亮 冯科靖 谢友进 邢　超 王振亮 毕　晟 张立娟 罗　勇 李艳芳 梁彩琴
蒙嘉玉 韦爱珍 周先萍 杨　帆 叶玉蕾 邬　京 杨　彪 徐社群 陈　芳 王文英
杨干荣 陈立英 陶海燕 吴云洪 李　林 庞　剑 梁璐璐 吕丽婷 容　聪 覃　莹
许斯婷 吕异洁 陈　强 黄乔枫 汤　雯 蔡瑞真 陈意莲 叶　彬 傅龙彪 陆　钰
罗金富 兰秋蓬 韦淑芬 罗　令 余晓芳 李俏俏 陈　波 甘新叶

商学院(390 人)

电子商务专业(52 人)

单苏丹 姚力嫦 黄建群 孟庆香 盘　娘 杨艳梅 韦梦蝶 覃思腾 马接清 朱冬莲

张　伟　屈丽丽　毛显欣　简留边　陈文强　梁艳丽　王志明　王修金　梁　菊　杨飞飞
冯德欢　熊启华　赖幼英　韦江萍　卢柳燕　黄彦枝　王柳玲　蒋满秀　赵　敏　阳东成
邓子勤　卢俊杰　曾石英　陈镜丽　肖海兴　黄芳杰　刘键梅　苏春梅　韦茂桂　杨俐俐
潘必平　甘　肖　李智慧　黄　丽　梁振兴　何江平　覃　骞　梁春萍　吴玲艳　魏　柱
黄　森　覃　仙

国际经济与贸易专业(214人)

伟振东　蒙月华　宋显金　肖海韬　于修实　刘国庆　王涛涛　罗　哲　郑　樱　刘　聪
詹益钧　梁晓慧　蔡慧敏　尹振龙　黄艳珍　何枫霞　梁　莉　方　琴　冯富倩　韦照岳
尹　喆　刘元萍　林文晴　徐思铭　谢久生　张辛婷　黄丽媛　罗　扬　谢　琴　覃　璐
卜　沐　李秋妍　谭韦伟　覃　盈　陈　鹏　黄孝武　陈莉莉　植燕妮　林淮淮　李海燕
冼培亮　黄源培　黄美贤　覃　潇　谭　铭　周日丽　唐　娟　俸吉政　廖小欢　雍春玲
丁凤杰　齐　帅　程藤飞　周红梅　余　垠　李　巧　张择程　陈妙嫦　韦升华　韦益超
陆　婷　李　丽　唐仕英　卢元肖　黄前程　黄丽萍　韦　峻　区韵莹　龙　雲　李　勍
周　宇　谢丽航　周初文　莫莎莎　王宗英　黎秋群　朱　姝　谢代源　张玲玲　林小峻
雷蓓颖　李洁玲　陈志坚　梁丹阳　杨剑辉　冯春霜　黄忠响　杨　粒　韦人予　蒙杰林
陈勤玲　康清勇　陈晓蒙　舒　展　谭小妮　龚　艳　莫烨桢　焦　健　张颖馨　黄瑾英
王　石　王　宸　刘宇翔　谭冬凤　刘俊灵　潘晓妍　陆泰银　黄　音　戴丽萍　邓太淙
彭一芯　覃晓艳　孙佳瑜　苏梁浩　韦黄英　蒋　旋　唐　英　王子慧　罗　妮　雷　婷
韦丹丹　尹义勇　吴　昊　徐业霞　康　雨　周　艺　阮志毅　吴丽娜　吴国东　陈移华
钟振兰　卢盛波　李菲菲　许家铭　张　舒　石　角　黄叶零　覃江龙　韦能杜　廖舒婷
王云娜　张珂铭　谢　霞　谢庆府　廖巧宏　覃　导　奚　爽　陈灵飞　蹇　越　姚祖民
吴　静　肖　铭　杨秋玲　潘梅桂　覃　龙　谢射非　李　琳　陆树琴　陈广娇　谢尚林
谭春亮　韦荣祥　黄嘉卉　蒋琴丽　董　欣　蒋海云　涂红玲　王晓军　伍政平　廖惠姣
黎　昆　林小青　林　静　吴忠恩　翁旋萍　莫升作　周　满　韦姗秀　吕秋枫　吴晓丽
陈思莹　曹俊良　唐雪曼　朱望汐　唐秋霞　赵　凯　龚意轶　唐　斌　覃　蕾　陈惠宁
胡　靖　潘凌云　陈思宇　吴　慧　钟　洁　戴燕菲　黄渝茜　吴泓泳　李苑蓉　罗志艳
李　璐　庹印麟　银　钰　唐灵芝　莫锡慧　潘　敏　农霈霈　张　媛　林　萍　石诗慈
黎　璐　何晓慧　王显芳　欧阳春霞

市场营销专业(63人)

韦　浅　卢　俊　李坚山　蓝莉莉　苏蔓丽　吴景群　唐明天　何　婷　谢　赏　梁　爽
盛小常　雷艳青　谢明宏　黄汉国　赵世荣　潘亚男　韦仕斌　吴颜晶　许海斌　柯雪艳
韦艳丹　唐蕙芳　莫津津　唐燕群　陆意忠　莫亚平　黄君锐　林万凤　秦凌姬　梁　薇
王继妹　付小平　林天霞　谭小玲　唐淞云　李伟裕　刘小燕　唐莉莉　陈德胜　黄丹田
周　奇　陆正良　麦翠慧　刘小如　覃昌杰　黄绍庆　韦晓泉　银苑岚　冯　圆　梁丽英
邓乃斌　吉　红　余　洋　郑志光　陆仙花　盘红梅　韩柳素　石佳艳　莫鲜凤　梁佳妮
苏　燕　黄子珊　刘　畅

物流管理专业(61人)

余　夏　黄家万　谭海迪　赵振军　黄芝茜　李晓晴　孙海凤　王　源　黄美霞　赵佳华

雷敏敏　梁立慧　杨家敏　石丽娜　冯丽葵　陆茂茂　邓玉莲　阳奇峰　雷欢欢　吴雅冰
罗迷密　陈梦梅　全彩现　谢从赞　莫姣龙　王建东　唐芳芳　沈芬芬　唐艳芳　熊浩成
秦荣蓁　邓诗秋　陈春芳　马　冰　顾传宇　王彦杰　李宏业　朱婷丹　李　燕　陆小英
丘敏森　莫云仲　庞航宇　梁艳艳　吕　胜　赖　显　庞冬莉　李其晋　陈一文　罗永向
李国郡　杨　颖　颜顺航　江　娜　韦顺超　杨秋燕　苏带月　阮春霞　张清雲　鲁定定
刘付亦将

文学院(522人)

汉语言文学专业(334人)

向　燕　陈凤萍　杨舒惠　朱淑君　吴丽丽　古　婷　覃洋帆　杨晓婵　冯淑珍　文曼璐
刘　静　郭琼文　陈　静　赵晓凤　胥礌宴　覃之锦　黎永娥　黄　允　温业恒　韦　俏
银星銮　黄　媛　曾玉凤　韦小云　马　俊　叶丽明　劳　昌　黄小卉　蔡春礼　苏　丹
严宏智　梁馨月　黄美华　陈景兰　覃海平　周东群　曾　菱　黄庆平　黄美琳　梁菲菲
钱玉龙　陈莎莎　曾庆阳　罗秀妮　方钟泉　郑雅文　彭品嫣　黄莹春　王艺龙　胡丽娟
胡德忠　廖艺勤　李　清　黄福源　杨　清　谭梦蝶　刘　艺　叶俐丹　江　喆　韦英华
唐石虹　詹海珍　梁宏清　梁东密　莫彩雪　江　楠　罗　婷　冯菲菲　吴秋菊　柴　露
覃　丹　彭　静　刘丽梅　刘珊珊　黄　艳　覃晓玉　于澄莹　蓝宇鸾　赖　换　韦春慧
侯丽文　冯超筠　邓翠琴　周艳华　许迎春　陈爱莲　黄晓倩　蓝芳柳　郑金姣　庞家杰
黄静露　黄金玲　莫兰英　李秀华　玉　珏　梁西萍　吴华菲　陈　锋　林　幸　韦　馨
冯思瑞　宋思慧　玉慧荣　许爱艳　容华珍　罗祥冰　罗　成　邓丽乐　何　珊　牟颖颖
甘海霞　罗霜霞　黄伟东　李光健　沈晶晶　刘　珂　刘晓霞　罗　柳　张立亭　张松艳
向一优　陈金花　周树国　梁彬林　邹莉娟　王　凯　伍坤堰　梁冰妮　何丽燕　韦　昕
曾妮娅　吴谷花　黄桂妮　朱贵乐　韦　莉　黄宣榕　何文堃　李姬丽　黄艳霞　黄　攀
李　昭　唐灵慧　何　帆　赵天佑　王　华　黄晓岳　韦玉淑　洪云媛　韦基颙　周本燕
何　君　李　玲　苏群茜　黎　娟　黄慧倩　杨俐娇　何玉桂　李　政　黄世令　吴成刚
朱国太　陈晓群　何　欢　黄　欢　王丽媛　李锦秀　付秋玉　陈小艳　黄才源　凌　玲
赵庆双　韦　孟　农惠琳　蓝新宾　赵丽丽　龙　雪　梁丽钊　屈显娟　覃汉全　郑　贻
李　琳　梁丽炎　宾勇杰　谢小美　李　戊　余　寒　杨　敏　李　年　郭　戈　卢　静
陈慧娟　李婷婷　肖　溪　张小芳　周海燕　王　虹　王蜜蜜　黄丽玉　韦彩兰　刘翠玲
廖花凤　罗富官　叶小灵　岑　朗　韦树文　邓玉红　黄惠兰　秦　萌　陆秀娟　徐　圆
陈　雁　黄飞燕　莫梦华　古晓铭　李茜婷　林　霞　李洁清　何海梅　薛　星　廖正才
罗丽芳　韦曼丽　潘丽芬　黄健新　周秋玉　玉贵萍　周荣爱　苏丽萍　陈利莉　韦　山
范璐玮　徐春燕　周　婷　吴　泉　陈燕华　龙仕云　何丽珍　黎　丽　伍　婷　黄小寒
马　平　万昌贵　朱小琴　杨和花　班维妙　翁丽君　陈晶晶　杨柳青　何　勇　李春瑛
韦继耀　杨　静　粟海燕　蒙希凤　韦焯冰　兰启崇　陆婷婷　覃玉娴　黄常高　梁翠平
卢秋云　蓝有庆　孔　瑗　廖冬艳　潘紫鹃　黄玉勤　覃　霄　严　悦　李　娜　蒙德范
黄伟萍　李孔兰　赵海伶　黄卡兵　张　曼　叶燕林　陈洪梅　陈燕妮　余昌榕　胡海婷
罗伊苓　冯　洁　黄高纯　梁　敏　黄忠贞　梁小神　陈淑群　詹　辉　周春兰　袁雪霏
阎小庆　黄春暖　李凤林　廖开香　蒋龙生　熊聪颖　文青泉　周　湄　严　妍　李柱江

张洁凤　秦玉红　黄凤丹　何　娟　甘枝燕　韦　东　韦喜艳　何可建　莫兴舟　吕雅芬
梁夏梅　韦雨卉　黄　丹　唐盛荣　唐依依　韦炼燕　易雪梅　蔡金龙　杨　斯　李萃锋
黄洪波　蓝再秀　盘覃丽　何翠花　韦霄溪　罗福余　陶艳萍　梁洪波　谭楚翎　何桂梅
张　玲　邓庆妃　陈　柏　苏珊珊

编辑出版学专业(66人)

杨方春　李贻萍　李　巍　覃仁丽　王如茵　孙明迪　许晓纯　姚春苗　罗莲娇　韦秀斌
韦东芳　张银芸　廖冠华　黄　睿　贾思琳　廖小圆　王林秀　王　建　罗君燕　文　兰
王鸿英　岑园园　蒙锦星　韦　丽　陈福喜　蔡小青　陈艳华　冯晓君　韦　燕　陆漫莉
张红梅　莫少滔　肖　飒　吴　莲　刘钊丽　吕亭锦　陈芳丽　罗惠予　梁小雁　张志婷
钟　昀　周　瑶　李　玫　沈秀英　黄冰清　韦玉访　韦小玉　郑桂婷　黄玉生　张光跃
梁伦祝　梁　娜　李永飞　张　丽　冯夏丽　周桂莉　覃幼旋　梁献萍　李慧荣　李津艺
邓　游　谭　笑　蒋　薇　韦　新　秦小博　黄丽芸

对外汉语专业(110人)

芦妮妮　袁　红　潘　亮　周江萍　李羚屏　梁馥香　唐丽洁　聂　于　许　妍　黄诗琳
饶　静　欧德健　邓玉子　郑丹枫　李凌云　宋　歌　黄　毅　李　桃　李　慧　梁君怡
谢　毅　黄晓达　李　倩　蒋振宇　漆　懿　李园春　李　银　林正惠　陈奎霖　李　程
谢晓芹　鲁慧芳　汪　姣　黄丽红　袁云峰　韦永帅　孙　怡　罗　婧　周复宏　吕　宁
黄　蕊　蒙春映　谭晓敏　蒙　宇　谢秋红　庞茜云　刘秋瑜　龙梓昕　陈丽丽　章　婵
温秋敏　覃潇婕　高　政　陆丽芳　王小艳　杨月乔　陈绍锦　王宇航　魏增程　彭小璐
韦　健　黎佳乐　李冰玲　李　涛　吴璐昭　罗　程　何　钰　韦　睿　董玉嘉　廖肖静
谭　琼　吴桐瑶　陈蓉丽　李慧玲　陆鸿鑫　张　彪　宁英杰　彭亮勇　蒋　婧　黄艳波
林冠华　韩雪萍　李　凤　杨　婧　徐含薇　廖元廷　温　芸　邓天玲　韦珊珊　李　杨
马梦野　林　夏　辛舜琳　何亚妹　李晓源　赵　妍　潘　红　李祥露　唐敏燕　彭　媛
陆再愿　戴才义　廖双双　唐思丽　蒋歆妍　冯　颖　庞彬伶　郭静云　谭　艳　仲　心

中国少数民族语言文学(壮语)专业(12人)

覃小红　卢李红　覃晓林　林婉露　韦月梅　岁冬利　杨秀声　韦宵爱　黎秋萍　左　卓
何金桃　陆文林

外国语学院(207人)

柬埔寨语(国家基地班)专业(13人)

尹　丽　胡　丽　张　欣　胡珍丽　蒋小星　康志超　陈启金　覃荣福　黄海娟　卢　琴
林　丽　方　丽　张　杰

老挝语(国家基地班)专业(12人)

陈晓岚　李　霞　黄　俏　蒙桂英　黄建花　鲁爱平　李　怡　黄海燕　全荣兴　李　程
李常辉　陶晓莹

泰语(国家基地班)专业(47人)

游晓利　杨路遥　李淑楠　滕叶子　唐丽姚　覃　慧　杨　颖　梁陈倬　覃丽华　梁远芳
吴伶俐　庾茜颖　黄泓儒　俞媛媛　莫藜墁　邹汝婕　何滋智　李丽君　莫玲芬　林苗苗
周　燕　林　芳　沈　忱　黄天琳　胡小红　朱　钊　黄秋玲　梁小夏　李运英　黎　馨

黄坤英　罗　莉　李美葵　杨玉柳　梁利利　廖纯桐　叶菲翠　黄炜婷　唐　媚　覃　丹
韦素坚　李菁菁　覃　婕　范碧丹　邓淇丹　李燕春　潘晓锋

印度尼西亚语(国家基地班)专业(16人)

陈　妍　饶恒滔　何晓宁　谢沁芳　黄琳珊　陆海莹　陈晓海　覃　文　林新凤　李文静
杨君楚　黄　婧　张　聪　邵建丽　邓　瑶　黄永宁

英语专业(76人)

陶远琴　石明明　储妍妍　魏乾坤　梁艳凤　邓雪银　潘冬玲　罗　斯　梁结芳　黄崎惠
何　璐　何雪梅　吴治佳　莫　璇　吴美娟　陈　君　眭　燕　翟文清　潘荣芳　朱继文
蒋申燕　蒋杏杏　秦泽艳　李　贞　卢　霞　陈　瑜　唐　龙　李建玲　朱玉婷　张敏淇
莫珊珊　欧　健　苏永娇　翟英秀　谢静媚　李钊鹏　陈景玲　梁　旋　刘雪芬　杨锦霞
梁坤华　黎泽萍　颜晓冬　梁秋华　卢谭燕　李　柔　周　伟　钟　倩　马　骏　杨丹平
严柔子　程飞龙　陈　荣　林观妮　庞星怡　缪博英　隆　婷　王颖宏　韦凤娥　黄鲸文
凌　媛　韦　眯　王梦云　李晶梅　蓝婷婷　韦丽辉　莫玲利　冯欢欢　臧芳林　黄国芬
陆艳先　曾文笠　陈　霞　杨　云　普丽丝　齐少青

越南语(国家基地班)专业(43人)

苏建政　黄翔宇　陆艳婷　刘　萍　潘能梅　李　霖　莫文生　郑祺祺　莫嘉瑜　韦仕珍
黄龙秀　朱继培　苏慧萍　唐桂珍　李　芳　折曲梦　何沛珊　吴兴华　柯海生　彭耀博
李以燕　姚路远　李春燕　张　云　吴宗真　陈一心　闫京育　吕　静　杨　瑶　温秋瑜
卢　芳　彭　茜　罗崇萍　黄创成　廖慧娟　韦　萍　黄隽西　赵亦昕　莫远平　黄荟霖
陆少霞　谢梦思　段雪梅

民族学与社会学学院(156人)

历史学专业(44人)

江　丹　石恒鸿　覃祚盼　张金翠　潘玉云　李小辰　黄利花　张建春　何丹玫　沈　婧
韦秀静　隋　克　韦夏宁　阳　静　苏　虹　秦振辉　唐　荣　陈玉婷　刘　杰　孙晓青
胡小平　李春梅　梁玮羽　李坤婵　杨文露　林　叶　陈梅丽　曹志丽　谢程林　陈　辉
李佩杏　黄秀妹　黄小红　邹　淼　朱明健　冯名梦　钟华青　罗雅楠　卢凤雪　覃宏勋
蒙莹莹　农志虎　卓　仪　黄纯丽

民族学专业(28人)

梁月凤　甘凤春　王继新　邹　云　张兆连　廖凌子　蒋　丽　蒋娟娟　陈锦均　阮明艳
谭金玲　高崧耀　李媛媛　庞武春　郑春玲　廖　娜　甘幸雪　梁　武　龙柏林　李道森
杨芫慧　古咏认　李妮娜　林荣秀　蔡余璐　付君洪　孔　茜　范洪静

社会工作专业(45人)

彭盛昌　邓瑞睿　张静丽　韦世杰　王　琳　黄　萍　覃喜美　吴婧宁　张小丽　吴庆妍
罗云凤　黄必光　杨文娟　韦甲夫　张　妮　黄丽莎　覃霄霄　黄　露　韦玉叶　覃龙达
韦兰慧　钟少云　李一民　冯伟娜　陈甜甜　刘晓霞　宋彬彬　余国华　韦立忠　张　艺
韦丽峰　黄玉斌　韦明龙　秦冬花　梁建业　杨丽静　余小娟　梁兰妍　吴宛蓉　朱再燕
黎华香　唐晓夏　韩　照　卢美翠　陈彦好

社会学专业(39人)

韦永春 余欣洁 梁　伟 韦红琴 张秋君 郭仁萍 阮　宇 梁玮琳 王梅星 蒋玲玲
彭仲夏 祝雄林 庞燕香 莫　非 林　广 宁碧华 覃宁宇 牙冬棉 许鲜秀 王鹏华
赵　丹 韦荣欢 王金融 张颖清 蒋　微 张裕露 莫玉规 潘云玲 钟　剑 范丹妮
冯文刚 兰　榜 黄柳瑾 黄秋云 韦　牡 黄鸿辉 罗金玲 黄玉琴 孙翠萍

数学与计算机科学学院(307人)

计算机科学与技术专业(54人)

谭　航 刘柏宏 陆政政 马　捷 邢　凯 刘　勇 唐　宇 乐　航 任鉉炘 汪国栋
许开颜 施美妃 黄俊铭 谭邦迁 韦丽江 黄柄裕 胡秋香 周利兰 雷宏鹏 何维丽
覃国勇 曾韦华 唐　聪 黎　靖 邱　文 罗　颖 陈耀龙 黎永龙 杨　洁 邓杨宁
黄　贞 谢　贤 韦富宁 苏允杰 蒙　静 陈建毅 黎瑞源 李东海 周来来 刘　刚
梁远明 符　衡 贝为炜 岑　旭 吴大召 韦实印 何初花 李　斯 周明通 曾小玲
张怡然 阙兴伟 张战磊 杨成伟

软件工程专业(54人)

兰　森 双永锋 蒙江敏 贺超超 张艳艳 黄恩利 雷　冲 韦润酥 梁丹丹 雷日耀
冯方丽 黄健师 吴尚建 郭灿璨 张峻英 蔡敏仙 唐小英 黎惟春 孙　涛 唐　健
唐冬梅 廖永林 唐声杰 李小玉 李　欣 黎　子 孔繁龙 钟尚兵 唐承冬 吴小凤
李莉莉 胡礼清 陈小燕 梁雄乾 罗小凤 朱亦莎 周春萍 谭　音 马明祥 谭玉婷
王大飞 义秀婷 李　成 牙昌善 黄　梅 钟广宁 韦金节 李小梅 黄　霞 蒙雪雪
刘奇怀 石新雄 张　茜 代丰源

数学与应用数学专业(86人)

黄素苗 许　万 隆　超 陈漳全 罗　成 钟飞翔 王　俊 梁月珍 农才世 黄博帅
韦小凤 冯耀益 曾慧丹 陆泓涛 李秀文 林世隆 陈丽航 蒋　黎 莫桂君 严荣江
陈安美 李玉勇 袁小芳 朱　琳 谢开勇 甘继明 李吉妮 陈　鹄 黄丽芳 王国亮
黄小玲 邓清秋 吴名双 蓝宇争 黄小妹 黄雪妮 王春艳 覃秋逢 韦承果 李　雄
农柞花 王　贤 石勇杰 尹辅臣 李春燕 梁丽梅 范丽兰 李晓菲 张　鹏 沈　君
向　文 吴　翔 谢　洁 胡　君 谭斯仍 梁盛毅 赵艳飘 黄卓镍 覃缊琪 吴淑利
唐　莹 黄　园 潘金葵 陈锦良 黄雪群 劳士倡 黄　静 覃　静 张育铭 潘奕宇
周玉美 黎丁菱 黄登香 王　菊 张路彬 黎民杰 朱丽丽 宾　旋 韦青竹 唐鲜艳
覃　胡 蓝　梅 谭克飞 赵立通 黄光梅 覃秋红

信息管理与信息系统专业(63人)

覃学帆 蓝　云 何宁聪 曹赛俭 农金檬 黄　星 蓝利逢 樊利娥 农秀英 米慧敏
芦利智 高宝春 邓小营 陈能淼 钟妹斌 袁　赣 刘　秀 陈秀萍 李卫军 陆　凡
张建兴 曾艳玲 何春燕 成新龙 覃　继 韦柳梅 韦艳秋 李林珍 肖　莹 刘　倩
张宜辉 管翠英 粟家明 黎明英 黄冬卉 黄丅婷 杨秀丽 王翠丽 黄　伟 黄荣芬
易　丹 吴　洁 李志雄 陈桂玲 何　艳 苏　翔 莫　婕 邱　燕 韦秋玉 莫　英
覃　庆 唐毓富 潘云岸 黄　玫 李　莹 韦军阳 蓝　霜 石佩优 陈善福 覃丽珊
李荣德 李依玲 韦　昌

信息与计算科学专业(50人)

韦永琼　闭仁基　解改月　朱洋洋　朱　方　张　龙　黄晓利　商　静　彭　怡　潘　娜
韦华柳　韦保平　黄丽慧　吴　霞　李奇钢　刘　坤　李　梅　周　丽　秦燕芳　李冬华
刘桂平　王　敏　邓光利　黄桂榕　黎汶玲　覃东超　林　祺　伍燕莲　林峻浩　黄水培
李玉芳　梁思妮　吴大远　陆　娜　陈　微　叶　美　陈　芬　李金福　蒙永镇　张金华
张显学　罗小燕　蓝庭中　曾曼丽　吕思枚　潘玉姜　向学燕　蓝晓意　齐飞宝　董万刚

物理与电子工程学院(285人)

电子信息工程专业(64人)

蒙显崇　潘红梅　李启信　廖远生　苏业文　黄樟兴　林剑锋　陈军成　陈祖永　杨蓉蓉
黄冬梅　梁炎贵　徐永贵　李天坤　陈红珍　杜日亮　吴　有　申世烈　莫玉环　苏江宽
韦文元　钟晓旭　黄昭翰　苏龙武　陈　栋　陈　松　龚泽宗　陆晓岚　谢从涩　张居超
张亮帅　陈礼刚　张荣方　梁创英　白　南　唐荣胜　蒋　成　骆　娟　罗荣波　唐　燕
李　明　廖尉浩　覃新容　李　敏　许　金　林家宁　韦俞全　陈才干　陈球贺　潘　安
潘　晖　李　能　文常云　潘佳欣　韦明宇　张小文　胡源东　刘　向　全安文　黄　佳
覃铁侠　蒙敏财　覃平修　陈继维

通信工程专业(57人)

韦鲜妹　宋克洋　肖祥燕　蒋林芳　梁怡兰　张杰华　黄可欢　林小宁　潘立城　黄萍生
苏镜读　韦东宣　黄春柳　蔡春华　郝建龙　俸小兰　沈雪莉　潘玲香　吴忠才　韦柳青
温　赛　刘永军　黄璐璐　李　洁　何　力　王俊源　周　晔　陈蕾伊　董俞伽　龙开海
吴丽萍　张　爽　玉黄荣　梁成林　钟伟杰　刘汉财　刘小珍　黎　杰　童耀娟　周杏樱
张瑞波　吴　鹏　李林东　梁宏党　农秋燕　张　伟　韦冠军　霍呈汉　潘礼叁　徐秋维
黄帮鸿　李耀玲　陈宇冰　黄　谦　覃　锐　朱小波　卫　钊

网络工程专业(51人)

虞瑞超　尹玉喜　都兴萌　樊友灿　陈景明　秦　媛　李彩斌　谭健斌　方伟龙　马贤芳
黎慧珍　甘臣欣　卢金汕　黄　康　蒙贤校　梁显锡　周永泉　覃春兰　卢秋生　罗雄维
谢明民　文运林　杨　艳　陆玉斌　谢家柱　李海华　刘道美　王雪良　张文斌　禤达钊
陈春霞　吴　燕　曾长聪　王　苗　蓝天勇　欧天杰　万谋广　陶洪明　陈　萍　廖啟文
卢　天　卢　春　林中明　覃庆勇　陆安幸　李　越　胡与斌　韦智涛　许贵华　刘武明
李发荣

物理学专业(38人)

韦明幸　蓝海华　盘春菊　黄泽才　王　荣　邢　贺　刘艳明　李春艳　李　敏　卢怡臻
徐京艳　邓思柳　何沂桂　莫红丽　莫丹艳　郑月勇　阮泉森　顾传倩　杨宗杰　李宏伟
梁　杰　徐国华　黄巧媚　马海林　吴远德　潘东兰　赖礼锦　丘志远　李丽秋　龙柳蓉
李　朝　朱　冰　韦建松　韦汝仙　韦小球　张念念　王贤轩　余传典

自动化专业(75人)

林　风　周贵介　宁　坤　黄桂明　黄美君　黄　毅　黄志伟　廖永明　邱　发　陈勇明
崔　凯　夏德鹏　张　武　谢丽飞　梁　威　谭兰芳　谭光斗　陈声训　黄　谋　蓝　心
兰冬庆　黄恒搓　赵永成　邓文强　蒋立安　李　淄　陈　富　李焕龙　黄福升　曾志宇

方桂云 冯德海 韦世勇 韦　靖 李继坛 杨芳召 蓝崇凡 黄　武 莫清海 韦新武
覃培健 唐　晶 欧静轩 黄德模 梁　伟 陈大贵 李小波 王权龙 梁　鹏 黄海建
白有辉 蓝东升 卢　村 黄承波 谭该存 梁立健 银　峰 黄树杰 陆　俊 陈旭健
冼锦华 梁灏熙 梁宗杰 李　忠 黄上念 黄周立 黄贤念 谢翠群 罗家政 黄　健
陆贵方 梁永问 李　丹 韦秋恒 陈王良榕

化学与生态工程学院(266人)

化学专业(41人)

黄　源 刘亚红 郑英楼 覃博芳 汪　旭 童楚容 钟丽芳 何　微 梁吉泉 陈广文
李秋梅 梁红玲 李海微 黄雪儿 黄　亮 黄清快 兰翠景 罗秋娅 吴善华 杨选丽
王洪波 杨林芝 罗　颖 卢晨元 喻　祎 伍　娟 李智芳 林　瑜 唐家春 钟绍媚
何彩霞 李玲玲 沈丕凤 玉旦依 莫艳芳 杨　懂 宾蓬春 王芳芳 李家书 陈武全
李邦法

化学工程与工艺专业(61人)

农康泰 黄彩香 黄国全 闭书和 闫晓雪 于　洋 何咏峻 卢　冰 熊瑶兰 曾汉民
凌启宏 马春亮 周静贤 梁宏茂 韦增喜 颜　悦 莫湘萍 贾　璎 韦玫英 韦柳停
苏林强 陈晓艳 路业培 黄佳佳 蒋雪筱 廖小兰 曹　蔓 唐萍萍 唐　梅 徐国运
郑遗鸿 刘其满 符泽萍 罗　丹 林秀琦 吕施贤 黄　乾 彭艳霞 李灵枝 阙玮宏
何俊锋 沈竞羽 黄国辉 黄　岳 李　松 黄国洲 张　军 黄　盛 马钰程 唐翠红
李志红 林　恺 陈　榕 覃明峰 莫韩慧 石　亮 韦夏菊 覃景彬 覃　辉 吴静文
赵肖盟

环境工程专业(54人)

吴婧菱 谭富杰 孙晓航 王　星 韩　瑞 李云峰 李　慧 李　超 伦思泳 陆秋英
陆　翔 李枝蓉 潘　梅 陈进华 杨　柳 卢　清 李绍明 韦晓明 覃秀珍 刘虹希
崔云龙 刘　克 蒋　倩 蒋丹丹 龚铁生 蒋登科 石丽娟 覃韵斐 廖清兰 李倍裕
刘均莉 黄宣宣 施　钦 黄文澜 梁　琪 张光富 覃凤晓 黄　玉 陆莹莹 李彦沙
谢　婷 邱　乐 黄　庆 谭玉苗 韦俊国 苏远龙 明　毅 韩宴秀 谢香琴 莫　强
韦　婕 莫　云 薛　静 宋　莹

生物技术专业(55人)

谭秋培 张陆成 孙　丹 杨　亮 张丽荣 金威洋 黄龙辉 廖富越 黄若凤 韦成昱
李子建 谭英园 李　俊 农　勉 尹小芳 廖锐聪 徐　璇 韦雪冬 罗继宝 徐　涛
阳松莹 田双娥 蒋银双 廖　珑 唐双飞 蒋艳娟 戴　青 吴　睿 潘栋华 蒙雪清
劳一萍 陈琼珍 黄达武 李达伟 罗　鸣 白凌云 李　瑶 张　健 张　赟 曾永联
卜玲玲 刘　云 黄春柳 龚秀娟 农丽巧 李富兰 丘冬霞 陆春甜 韦宜生 韦秋凤
银江林 覃雪燕 龙飞飞 庹玖玲 吴唯维

应用化学专业(55人)

覃刘爱 曾　勇 梁玉婵 粟丽如 尹梅玲 李占黎 植　钰 黄　进 廖　芳 唐丽娟
马海清 陈海石 黄静华 谭　龙 黄红诚 朱膺蕃 蔡雨榕 李　倩 蒙万飞 谢贵凤
韦奇毅 覃月伦 唐柳文 黄兰斌 罗　欣 潘　阅 施　艳 左科举 崔　欢 黄文静

蔡翔宇 谭禧宵 周　美 禤品芳 覃祖耀 韦耘娜 谭玉想 温夏丽 唐国志 欧志斌
黄福彪 吴光河 黄　洁 陈宗鑫 区雪群 周传检 甘　洁 班春旭 韦荣边 蓝辛思
张　梁 谢彩云 莫征周 向彦蓉 罗桂珊

体育与健康科学学院(201 人)

社会教育专业(48 人)

张伟东 游小龙 肖　恺 尹华鞘 潘学群 韦如波 秦黄嘉 秦小剑 奉林明 陈家吕
李水生 陈建华 全小龙 陈德禄 江　安 黄有华 周　坤 陈家钼 吴　军 吴伟军
朱永锦 徐伟深 陈之耀 朱　伟 韦竣杰 曾东林 罗华东 陈舰本 钟元副 李小飞
卢朝晓 黄珍华 岑绍文 李玉耀 邓维新 卢华政 莫豪春 覃继兵 莫　叁 方升春
何　薪 曾　恒 梁　君 韦志荣 陆元帅 王新明 邵正帮 张万刚

体育教育专业(153 人)

邓柳杰 刘续业 王　晓 徐　志 梁　健 周　韩 韦名蛟 黄干东 覃霄庆 白远明
蒋久鹏 唐　勤 覃　凡 张力铭 莫圣峰 霍德华 马峥承 廖庆明 黄安海 罗奕林
吴世卿 刘业超 吴万里 丁　辉 王自豪 何国永 苏小龙 李承鸿 何　亮 梁天智
程明欣 梁　坚 李　勇 韦赵尔 刘甫亮 韦　康 于传谨 吴　乐 苏成东 覃　杰
李　脉 卢炳胜 谭华强 唐　龙 韦烈群 秦晓林 覃文邦 韦永雪 曾智勇 韦保持
覃继艺 毛兵兵 葛剑锋 施纪龙 吴尚峰 潘访华 黄凤丹 苏海新 谢景波 汤志军
唐维昌 欧国栋 胡代李 程思聪 卢朝丹 覃祚海 覃鹏铭 林永才 劳成德 刘　款
何远成 阮高毓 韦慧色 梁德波 郑　琪 余思桦 李景龙 潘勇斌 李德宝 徐遗东
赖俊戟 谢天军 林　军 陈　敏 唐　锦 农显德 邹畅鑫 黎倩宇 苏维维 邓国举
韦方杨 韦德钊 张金彪 陆家恩 黄　聪 曹　新 罗会祖 梁　敏 韦春恒 梁　柱
梁　兵 刘　俨 孙研杰 张　勃 邹健虎 周时林 梁　峰 梁凤兰 蒙焕来 韦　龙
黄丽霞 张　艺 秦文斌 张　丽 王　荣 玉　凤 蔡丽娟 钟海韵 苏桂桃 陆　丹
余继坤 覃小婵 朱新伟 李艳梅 吴鲜丽 钟国璋 吴永礼 黄永红 覃先光 朱洁梅
满丹丽 谭敏波 陈声丽 陈致旭 刘秀惠 陈泳琦 梁志东 罗　良 韦举强 周小红
李连囊 骆理慧 莫小毅 黄　丹 黄绍营 覃善强 覃鸿飞 谭玉琼 龙　强 郑学阳
毛　燕 孔政力 卿　鹏

艺术学院(264 人)

播音与主持艺术专业(128 人)

兰　滢 李海涛 李　娜 曲正超 张腾超 李　端 王　阳 朱　鸣 朱　青 刘　畅
何笑丛 姜华彪 程　橙 易哲韬 曹颖慧 刘婧哲 刘　芸 谭　薇 于　龙 于圣文
范　浩 高竟伟 韦卉青 刘　笛 龙　桢 林嘉华 张　超 赖昌海 刘星萍 文　慧
张　瑛 蔡　飞 李永莉 黄　茵 罗　欣 倪咏希 韦　典 何潇溪 张煜涵 李　倩
方　正 彭　莉 葛文鹏 青　青 潘　莹 徐锡铭 张莉莉 刁继锋 李　伟 孟令建
房　硕 谢雯斐 乔星昭 安博文 邵　勍 徐　洁 范　頔 刘　超 曾　舒 文虹丹
文凌燕 罗　洁 尹菲妮 黄旭捷 韦淞议 张　瑞 毛筱钰 杨　铭 徐　涛 江源源
唐　睿 祁　闻 郭烨君 黄　菁 侯欣彤 李珊琦 唐　喆 郭锦钦 谭丽莹 姚姗汝
朱　倩 韦　永 梁晶晶 卢诗阳 韦方正 陈宣如 史瑞晓 王默甜 教　亮 陈　震

李冰青　孙　岩　孙玉姣　李世雄　张　洁　孙敏慧　潘惠茹　袁　满　徐海洋　陈乔依
曾　溶　俞　达　朱　宝　邓可婧　高　婕　郑庆辉　王　捷　姜春雷　诗　诗　王文巍
许诗琳　徐　波　韦　璇　王嘉宁　李昕恬　蒋　璇　杜婧晋　杨　皓　朱　琳　戴莉媛
朱　漪　孙　鹏　卢勉励　朱丽艳　廖浩呈　韦　彬　欧阳林琪　唐艺彧璇

艺术设计专业(101人)

李长宝　尹海楠　王　凌　杨纪超　侯元元　王　鹏　高冠群　王欣宇　张敏倩　朱珊珊
暴晓飞　王　娟　许　杰　何　琴　熊文溪　段志英　邓　萍　韦　丽　孟　蔚　杨春语
韦惠杰　覃湘玉　卢凤盼　刘浺含　周　菁　唐　丽　刘志平　韦露曲　伍　毅　钟　滢
莫贻海　徐　釬　黄国容　彭雪云　吴　信　刘欢仪　林青霞　滕　昌　李彩玲　覃流明
杨秀充　韦建美　陆高安　林同卡　黄爱春　韦云宝　何荣星　覃月英　陆少梅　赵凯歌
许海旭　李芳芳　徐春雨　章浙辉　王玉杰　孙先宾　胡蒙莹　潘巧玲　任尚仁　朱姗姗
万阿敏　徐　云　周方婷　廖争燕　龙美容　姚美含　常　可　卓丽婷　莫琰卉　许仕强
李道慧　骆娴慧　陆畅平　黎翠兰　秦丽艳　赵明辉　蒋　松　罗　婧　董瑞强　林岳权
林天宇　韦丰上　谭李坚　禤　敏　周燕翔　吉冬艳　韦汉辉　陈琨文　徐梦亭　凌胜虹
何梅君　林美练　黄诗洋　李志祥　黄钰清　蓝邓涛　廖　芳　邹宝荣　陈淑净　农　爽
李星瑶

音乐表演专业(35人)

李　柏　崔海龙　刘　丹　于腾腾　于晓菲　卓　玥　谭　鹏　夏　露　邓　璟　李枝穗
李长伟　周　玥　李　磊　邱　爽　李　靓　宋承锦　秦　敏　何猛猛　花青燕　蒙　捷
徐　佳　韦海燕　朱　岩　李　倩　王姣姣　刘　洋　韩佳佳　贾　鹏　赵婷婷　方　颖
李　莹　农淑萍　曾凤玫　王　幸　陈俊玉

附录3.4　2011届普通高等教育(专科)毕业生名单

(559人)

国际教育学院(559人)

国际商务(东南亚经贸旅游泰语方向)专业(324人)

赵金露　黄焱昫　童　曙　陈齐齐　王小烂　韦　佳　刘冬林　李燕宁　唐甜甜　李祥榕
黄春晖　黄腾腾　刘梅梅　郑　晖　方　翔　魏文秋　苏念婷　邓成湄　陈少妮　梁　巍
梁菲洋　何雪梅　宁　静　丘菊丽　林　颖　连　香　韦柳吉　谢韦唯　韦新愿　庞　婷
黄火力　杨　帆　沈晓龙　韦昌兰　李小月　何丽琴　郑雅琦　韦荣清　张孟乐　古　伟
商玉萍　刘　莹　黄仕泽　黄英艳　邓明月　吕维丽　钟玉珠　黄　倩　曹榕榕　郭宏伟
唐萍萍　刘　黎　宁国丽　莫丽珏　庞兴芳　陈映欢　谭　炬　梁创楼　陆杰梅　杨　婕
刘湘雪　覃靖茹　冯华坤　吴朝彬　周泳君　李秋梅　陆金诺　钟膨礼　柳积永　覃铃君
樊秋好　黄　琳　韦七玥　高　兴　董佳映　许立乾　余夏茵　黄秋婷　陈慧琪　曾里里
覃樊娟　杨　瑞　颜　妍　梁子商　赵思欢　周　婵　梁莺英　覃孙婧　秦龙斌　蒋林利

曹雨微　唐子雁　曾　彤　李丽君　何　敏　徐　婷　何丽红　王敏妍　陈永松　黎永琴
姚斯华　潘　夏　韦斯思　黄春梦　闫　霖　李　周　黄慧晗　韦雪奔　覃　旭　黄　莺
陆彦瑾　廖　格　李　静　赵　星　田磊磊　宋琼花　刘　亮　吴霞梦　李　晶　关木子
卢诗雨　陈　雨　谢小明　卓　芳　梁洁清　孙梦雅　廖桂红　王　鑫　蒋　滨　李玲玲
陈海林　钟业云　杨珍淋　叶燕燕　王贻彩　余旭华　王传娟　陈海燕　黄艳红　梁爱武
梁　萍　李梦婷　刘秀琴　唐燕云　齐可莺　李荣涛　李　嵩　刘汝薇　韦夏露　宾璐璐
谈映霞　叶　欣　江　伟　林邑晓　汤浩慧　黄冰琳　何秋丽　谢天民　李　柔　房　玮
尹　升　雷茜菲　谢丹楠　陆松伶　李　程　陈　莹　陈冬冬　庞　珂　温　兴　刘　翔
文少云　祝隽荃　邓仲鸣　梁　静　梁远航　王　梓　庞千里　吴玉灵　李　根　李民基
马　倩　林　映　佟　舟　梁　凤　蒙　燕　栗丹丹　卢丹婷　郭泽霖　李婧妍　朱梦颖
韦芳香　谢思思　蒋晓燕　陈俊阳　佘仕怡　梁　源　郭　奕　傅奕诚　覃　竺　黄思吉
杨晓玲　李安妮　曹　霜　尤　阳　张　娜　陈为其　周洋宇　刘　俊　梁　宇　梁娟娟
黄宗祥　王佳琳　杨　扬　粟　斐　李　旭　骆妍妍　程笛洋　莫模安　杨　华　刘鑫婧
文惠玲　彭怡蓁　寇婧媛　张　傲　何珣麟　林静朝　赖静兰　蒋晟杰　刘　明　罗　永
梁峰慷　杨燕兰　黄琳婷　李季洁　陈厚坚　卜超勤　肖力鑫　余柳逸　林　巍　程治澜
陈夏冰　熊　磓　罗华斌　邱　莹　邹永寿　王星雅　李　婧　封　婕　韦甜甜　韦雨池
黄景广　杨智慧　韦尔登　蒙　佼　黄　媛　刘华生　周元晓　阳恒宇　黎泽霖　黎　藜
潘晓华　陈　媛　程　琛　周艳萍　蒋　坤　邓慧娟　陈　冰　文思予　林舒宁　倪彬婷
何　燕　王颢敏　覃小娴　黄桤洋　叶雅雯　莫仁俊　黄　旦　梁文奇　韦胜阳　覃宝来
赵世涛　韦庆子　周　游　曹　冰　谢东芹　罗宝星　张　惠　卢　笛　玉方园　吴　薇
周嘉毅　杨海莉　卢　玉　谢春梅　江　珊　林　嘉　王婷婷　卢　迪　邓道哲　黄时芳
花廷超　陈志棠　蒋乐艳　林子靖　易　璐　潘　鹏　钟懋海　唐　萍　林铃妃　姚晓霞
蔡卓君　方　阳　徐一鸣　梁进襄　苏剑华　胡东明　陈妍君　杨庚弦　钟靖洲　李钰婷
丁爱尹　贺艳珍　欧阳倩倩　杨张博文

国际商务(东南亚经贸旅游印尼语方向)(39 人)

万　林　冯冠玉　苏　逸　欧夏婕　陈晓凤　欧　芮　陈永波　周　欢　罗　莹　覃剑德
李　存　韦劭金　黄炎焱　刘燕芳　唐歆楠　韦　茜　范　俊　唐晓珊　谢艳琼　周栗萌
钟　幸　蒋宇晨　吴玥玲　梁倩雅　陈玉龙　张翠梅　徐敏薇　黄　恺　陈燕珍　彭翠华
林丽萍　刘金金　覃榆恒　谭　琼　黄柳丹　黄冬妮　韦良恒　肖　楠　农炳梅

国际商务(东南亚经贸旅游越南语方向)(171 人)

罗　锐　沈　格　陈　双　黄艺铭　沈艳芳　黎娜娜　黄艳路　张月映　韦子荣　周雄娟
黄梦琪　黄　芳　唐　薇　蒋文琳　蒋仕星　蒋孝君　陈　奕　陈　涛　潘思思　徐　婕
曹雯雯　姚宇锡　农　莉　胡见龙　杨芝彬　周振蓉　李翠雯　张江涛　赖雪玉　蓝春广
何梦圆　黄晓通　陆培新　黄　裔　赵崧全　麻　丽　辛文婷　谢雨玲　谢子珩　李　超
梁振光　方富才　陈益盛　吴国振　叶兰兰　曾祥云　刘文英　李红太　梁世峰　李永宏
王媛丽　彭毅菲　宁　雯　高　雪　欧　丽　谭舒莉　张　华　黄栢雄　覃坤玲　吴大纲
庞图杰　庞冬梅　何　彬　陆永欢　零香华　麦子怡　黄文涛　李　娟　张　为　雷本蔚
梁惠君　吴文良　樊　慧　韦　鑫　覃小宁　郑生琪　杨冬媚　林鲜烨　韦星辰　苏诗然

周庆梅　王　伟　唐福琼　廖杨欢　陈渝方　林海霞　陈碧龙　陈超明　李凤杰　罗　敬
陈　瑶　陈煜霖　郑小宁　莫婷琦　梁潇予　陈晚秋　潘俏娇　韦其龙　黄　镱　黄　茂
陈贵敏　孙有谦　李富恒　杨雅璐　张桂宁　孟　璐　谢　飞　刘梦娜　唐　倩　唐俊新
黄迪霞　陈　诚　陈家洛　周　颖　李　晔　吴彦霖　张才延　李双茂　甘斯瑕　钟佳芳
杨恩茗　黎春英　梁　宇　沈渲翔　朱文莉　周　宁　黄麟萱　韦旖旎　高彩榕　韦思宇
罗艳佳　冯烨君　黄桂铃　伦美秋　李　驹　唐　惠　黎华春　黄丽瑾　何慧艳　杨植麟
潘郑羽　刘蓓蓓　覃　川　蒙永娴　周方耀　李宛谦　王豪锚　黄嫣蓓　王　卉　邓　薇
伍香梅　叶荣艳　刘　斌　叶东玲　廖　洪　黄晓鸣　龚　力　凌　霞　宋科睿　陆志标
高　青　李　凡　唐丽宁　陈　浩　李雪华　杨明璇　李铧婧　黄志申　张　琳　农晓晔
陆作敏

应用法语(25人)

谢盼盼　殷思静　戴芬芳　王　萱　余科兰　彭　龙　杨　珂　王　晋　蒋　燕　张宝俊
廖文莹　赵　雯　蒋微微　周志超　罗柳谦　唐　琳　潘　笛　覃华春　陈晓露　黄华宾
马　林　刘　施　陆　冰　何　宇　李丹华

附录3.5　2011届大学预科结业生名单

(1114人)

文一班(58人)

梁绍辉　梁中尉　罗彩优　张　毅　蒙婷婷　覃良洁　蓝玉彬　蓝　娜　赵李罗　罗蒙飞
毛　雄　韦彩婵　廖　敏　潘如荫　粟恩迪　甘文康　成小利　韦行花　潘荣温　隆玉凤
莫银杯　谢宗源　潘羿全　何丽梅　覃美玉　蓝晓飞　韦凤春　罗红升　李汶沛　唐　萍
韦天保　龙书凡　莫雅睿　蓝　莹　潘玉梅　陆兰菲　黄丽宁　莫家艳　卢永芳　黄巧园
黄寿律　赵　倩　韦继康　莫静宾　黄晓凤　黄连优　黄艳清　石春继　陆　奕　农春雕
祥翠丽　中宝花　余金远　李文珍　韦丽芬　韦晚玲　黄国雷　韦爱蕊

文二班(59人)

沈莉莉　程妹红　钟丁趁　贾宥凌　杨柳萍　陆　瑾　李志崇　黄　焕　黄　瑶　彭莎莎
周慧玲　何玉萍　陆春票　石柳桃　韦敏妮　兰杏琳　吴　绸　黄雅丽　黄　荧　赵淑芳
石同府　莫现姐　韦勇琳　覃兴国　陈秋霞　杨黎艳　黄海婷　王　熙　李庚莲　石妹举
刘林杭　李政文　黄　颖　陆富胜　翟永翠　覃蓉蓉　韦英红　黄院玲　乔明宣　陆　薇
廖琳乐　卢冬云　韦大元　卢小芳　黄燕新　韦茹菲　陆秋行　黄肖婧　张春霞　文　青
吴肃婉　陈永丽　韦艳荷　杨玉闪　苏春芳　吕爱名　罗葵葵　陆海珠　罗美翩

文三班(59人)

朱禹皓　罗海想　覃军前　梁晓玲　马　艳　许艳艳　李丽媛　韦建举　郭小锋　覃文艺
陆志冲　李　达　廖荣美　石兴菊　韦燕飞　陈　露　颜超群　韦凝珺　韦　娜　赵丽琳
刘燕蓉　黄川贝　范春照　刘　雕　覃　琳　罗严君　李　媚　麻红流　何小雪　卢　迪

梁秀珍　庆　强　田冬慈　黄小燕　温竹园　唐雪梅　甘林密　赵秀兰　左吴红　韦　静
黄冯玲　邱桂花　李夏晨　方晓娴　何　畅　陆建凤　莫飞蝶　樊慧飞　兰丽苗　农荣妹
苏艳梅　李利灵　农海东　覃兰湘　陆斗元　王　捷　杨　鲜　杨庆林　吴兰娟

文四班(60 人)

罗凤麒　甘扬清　俸瑞萍　黄晓俊　易念娟　黄丽丽　李　慧　潘览月　韦键洲　龙　岚
江校辉　欧　娜　莫慧慧　韦　媚　王凤飞　韦利荣　潘丽丽　容向维　邓丹霞　梁　纯
石吉源　邓少丹　黄晓娜　李招百　杨涛波　冯金有　梁燕妮　秦艳媛　莫艳伢　韦　欢
李金莲　卢肖丽　翟芳婷　黄素梅　罗荣凤　韦彩玉　梁　坤　岑国波　黄佳丽　盘训森
黄秋艳　向俸雪　韦俞妃　唐秀玉　蒙素美　梁雪梅　黄佳佳　莫春艳　刘丹萍　刘　勇
卢丽岚　黄星芳　韦桂丽　韦小艳　杨青英　黄晓忠　凌梅珍　黄海溶　廖杨柳　赵　敏

文五班(54 人)

李秋艳　韦丽明　谭海娘　黄永霞　罗永宽　韦绍锋　马丽娜　唐溱人　韦　票　黄　香
隆　颖　廖玲凤　李艳妃　肖未兰　麻春颖　邓美林　吴永媛　冯秀敏　黄靖倪　蓝　东
梁容铭　罗荣盛　马夏丽　梁彩梅　罗彩霞　陆丽花　廖校明　农秀青　胡祖菊　李　勇
梁美芳　李佳蔚　黎颖雪　农婵羚　谭振波　欧圆圆　黄盛红　韦冬利　黄兰英　刘　艳
廖彩艳　滚静妮　蒙晓庆　莫　霏　谭春兰　龙丽文　谭季萍　覃赞宜　韦秀嫣　石　晓
李颖颖　廖灵勇　韦林役　陈翠霞

文六班(59 人)

文衍梅　韦静玉　韦明盼　黄琳玲　何香兰　李尉北　李星作　黄　兰　蒙娟娟　刘　珍
吴艺涵　陆晓红　李　慧　罗　燕　韦彩逢　黄小倩　韦永万　何银香　黄剑羽　邓　玲
何冠森　韦兰好　刘飞凤　黄庆祥　蓝宝石　梁翠萍　欧友香　雷彩华　卢艳兰　梁　荔
周彩燕　石莫燕　韦飞燕　韦温玲　马绍肖　梁远艳　李红凌　刘丹丹　韦云华　覃　太
吴方平　侯秋喜　覃迪迪　周吉明　李丽金　俸芳娜　韦银资　陈晓蕾　李立宝　杨　梅
宋金俞　李月芳　莫宇虹　林　芳　龚海婵　李佳璘　龙晓丹　韦雄权　黄明富

理一班(56 人)

谭亦珍　黄忠立　韦宏岗　盘春荣　肖　沐　罗全文　周薇薇　廖荣良　韦　唯　潘晓航
林　顿　黄彩面　黄远志　梁　钰　梁志超　李祥行　蒙俊化　郎　杰　苏华桃　韦福珍
黄元善　廖　鑫　陆清湖　梁金丽　唐燕兰　凌丽媛　农茸婷　罗　素　黄明华　潘宏亮
陶胜华　潘广月　蓝常仁　刘兆江　蓝　丹　潘福妹　罗晚春　潘俞先　李银萍　冯　惜
覃柳银　潘满辽　韦选业　卢卫东　冯海斌　许冬勤　苏　莹　黄　勤　卢江南　罗　荣
农向秀　杨宝萍　韦秋恋　覃柳叶　赵凤燕　黄　烽

理二班(54 人)

韦宁宁　杨文光　何　昌　陆永群　俸佩晓　梁秋平　黄月鲜　粟广旺　农维聪　龙群翔
陆彩婷　牙宏斌　农　霞　梁陈世　梁丽华　刘曼霞　李庆秀　周洁璇　黄少斌　陆姝丹
梁　律　周武康　王　年　覃太生　何　流　李威霖　韦丽勤　俸　宇　莫艳杏　潘波宁
黄季盟　周　丽　卢玉浪　韦举敏　蓝芳艳　莫露英　张金凤　覃　程　刘娟英　杨行通
欧阳婷　蒙春艳　覃雪飞　马秀萍　黄富琦　陆元帅　潘丽珍　崖玉群　何　娇　张运钊
冯嘉莉　韦　日　许露露　黄　明

理三班(54人)

伍　艳　黄文宝　黄佩红　卢　油　苏梅为　陆星霖　蓝艺花　黄爱琴　韦天忠　罗梅春
贾志区　周　游　黄丽萍　蓝观梅　马　军　李战波　陈冬菊　覃荣秀　邓满葱　梁炳童
李晓峰　何凤愿　黄士恩　邓显松　韦妹棉　董　秋　黄经林　隆福东　卢日君　覃梦玲
杨钱艳　韦海容　李金流　谭海灿　韦　韬　沈文舵　廖东瑶　林青青　韦伟生　张丕珠
黄秋丽　黄　仲　韦武东　宗成宇　钟　菲　韦克友　钟海飞　吴观寒　黄小青　兰　鹏
马玉珏　黄丽云　罗旋浪　牙彩研

理四班(60人)

韦剑东　黄江奇　马丽霞　黄江婷　韦爱柳　陆　韬　吴　鹏　赵建敏　甘利芬　罗宇龙
黄荣宙　覃卫强　樊江敏　罗顺美　覃忠旺　韦　雁　陈远攀　莫玉萍　黄　厦　吴永苗
周　惠　陈珍艳　蓝秀美　张莉娇　王鸯妮　韦淑娟　罗天龙　李艳芳　石　康　罗　婧
韦　妮　黄　杰　曾　婕　蓝春吉　方孙荣　韦玉连　黄玉贵　韦瑞杰　俸素梅　许国正
银潘威　李云霞　黄美素　黄小意　马　强　劳正义　杨　春　莫吉媛　黄丽莎　熊　华
谭佩姿　韦江鹏　黄晓兰　梁春花　蓝姿柳　牙东进　韦彩旁　陆银锋　蓝建东　罗兴林

理五班(57人)

周小春　罗思丝　梁京明　杨露茜　黄　满　陆富寿　韦素娜　黄江艳　段续建　韦振康
周丽娟　黄红超　罗艳丽　粟炳阳　黄理祎　康德忠　韦教明　潘丽娟　梁清梅　蓝永高
徐　映　蓝娇英　黄　梅　蓝培娜　黄小荷　赵锦昆　蓝胤铭　李东升　陈建礼　滕文珠
陆兴桃　陆方玲　黄　威　潘小宁　韦　盛　黄语娇　陆信达　韦秋梅　覃银篮　李木兰
卢玉莲　凌艳慕　罗　满　黄氏塔　卢欢欢　唐肖亭　陆小倩　韦　素　龙宪礼　覃昌茂
韦礼奖　农利锦　石恒安　贺美香　赵小莲　梁元佐　何纯哈

理六班(58人)

叶　彩　杨　华　杨彩梅　韦柳双　覃滋乾　朱行爱　邓美丽　陆文东　樊立敏　杨潇幸
苏理茂　廖鹏友　黄晶莹　陆威畅　黄世泽　李晓艳　荣燕芳　玉小静　韦丽芸　农燕莉
黄凤全　赵　奇　韦凤鸾　蒋忠毅　蓝丽娜　阮启照　李婷兰　杨兰兰　谭　丁　黄郁竣
张丽玲　韦　萍　韦　平　黄　垂　唐　雪　赵春婷　何艳玲　俸勋修　蓝陆萍　唐彩燕
韦　旺　宋小会　韦华江　韦选元　黄海科　黄　鑫　麻婷婷　黎明霞　肖远波　黄星华
黄春羚　李　宁　韦玉生　黎姣妙　黄丽晓　李玉芳　贾达辉　韦江华

理七班(56人)

邓慧敏　卢姿瑾　杨小慧　黄仁德　潘　慧　农青奎　唐毓帅　黄玉梅　谢体云　韦江全
李学攀　宁玉龄　王　成　梁玉田　张光魁　罗璧君　零继鸿　耿应灿　覃巧芬　覃　耀
盘小虎　梁　政　韦　婷　谭荣杏　韦摄意　吕思萦　吴婷娟　覃冬勤　邓杏宜　覃　运
赵琳秋　覃建福　农彩霞　岑丽妮　邓培豪　罗小护　吴学斌　陆美掉　陆艳蜜　韦姣谊
梁高贵　董云丽　王吉晖　卢荣华　林舜干　杨凤婉　黄庭猛　黄永章　凌　晨　何丽军
覃　功　刘星星　林　杰　何泽妮　韦　辅　黄罗艳

理八班(59人)

龙芬香　韦　立　陆宏振　李祥诚　黄朝运　陆勋利　农想振　俸婉春　粟晓智　莫　华
潘家贤　韦建莽　潘　芳　黄丽萍　廖巧巧　黄丽霜　陶玉丹　蓝　萌　谢光琪　蓝　天

覃玉梅　盘明财　黄　麟　梁东玲　李兴球　王雅丹　莫祖生　蒙艳留　杨连添　梁维宇
韦丽娴　黄颖平　农燕宏　赵丹凤　蒋王军　林明敏　蒙嘉法　马斌恰　黄　明　陈　康
许金丹　赵宏先　廖　株　谭金龙　陆德昭　陈家腾　蓝如玉　覃于峰　姚　芳　韦利娜
龙秀琛　容湘萍　谢谷强　蒙丽菊　陆裔晨　黎居芳　许先桥　杨胜中　杨　钧

理九班(58 人)

卢兴敏　罗　川　赵日贵　覃小雨　梁露芳　曾乙晋　曹中宝　龙有意　荣应超　陆夏萍
农才幸　何晓梅　黎宇冀　张宗刻　何泰鸿　梁运幸　侯丽环　杨坤猛　卢香岑　潘勇军
梁安琳　王　溜　韦福园　唐小娟　韦意浩　黄显锋　熊宗仁　滚立明　黄　建　赵利秀
王　婷　郭素云　李春明　黄炳山　黄凤妹　李杏云　杨利妹　刘　斌　覃江色　周美卉
林小纳　卢丽兰　唐天意　钟秋玲　余远江　黄秋宁　王美兰　杨　波　覃纹纺　谢国宁
覃振林　游子誉　杨正烘　韦荣定　吴刘慧　罗千科　杨开钰　黄　花

理十班(55 人)

覃荣春　韦顺帅　余振伟　石玉娟　李平贵　王世维　谭海涛　唐　想　樊肖芳　赵积浩
覃柳婷　蓝艳妮　蓝昌桥　韦蕴纱　吕裕升　许家钰　罗　琦　陆美玲　蒙玉梅　韦　娟
王柳花　陆昌强　黄　益　甘苏双　农春荣　樊明珠　许小娟　罗海豹　韦荣旺　黄娟萍
陆克攀　梁凤玲　陈　军　李慈游　潘艳妮　卢意顶　吴林辉　农小再　张真理　杨萍霞
邓惠心　莫晶晶　韦兰巍　黄修政　黄　锐　田婷婷　谢范湘　贲意良　廖凤喔　韦玉团
凌彩色　韦宗菊　黄玉凤　廖国庭　甘喜芳

医一班(53 人)

黄玉凯　谭继欢　陈茂园　刘文翔　农德久　罗虹艺　罗凤云　黄安石　韦云钟　谭玉英
韦新玉　罗秋蒙　周艳春　蒙小丹　彭馨榆　韦名超　岑立朵　赵卫正　韦　统　韦秋慧
卢　玲　韦永宁　吴庆凤　韦庆鲜　杨海江　黄丽娟　贾云敏　梁圣佳　唐　瑜　闭彩娜
韦浙湲　赖丽婷　李春色　覃镜羽　农芳玉　梁　艳　张爱芳　毛丽婷　张雪丹　莫利别
周彩敏　黄承军　林　革　罗艺兵　邓派程　韦文文　许　静　梁　婷　杨丽芳　蒙丽园
李凤巧　覃江涛　黄吉兴

医二班(47 人)

黄金聪　韦选建　张贤颖　陆礼宏　潘雪媚　黄丽银　许玉泉　刘　健　覃　勇　甘　露
陆小水　王小燕　韦雪清　覃佳佳　黄　萍　卢秀绘　谭小妹　黄连健　莫上人　黄福辉
农小妹　谭丽秋　兰雪梅　牙春色　梁玉诚　蒙利冬　方伟清　李丽薇　农秀红　黄柳梅
陈燕银　覃玉怀　覃小芝　韦彩珍　梁敬业　李延龙　黄高鑫　韦杨琴　石永义　黄安恒
周　琳　黄美芳　覃银贝　陈　冰　杨海鸣　韦　刚　邓春媛

医三班(50 人)

王小娟　梁　超　莫向勋　王凤吹　谭淑贵　潘柳谷　曾得科　黄功兴　贺　微　黄桂香
黄琳金　梁　全　蒙秋琼　农梅冬　莫英荣　陆鹤翔　农宗继　梁莹元　蓝媛烨　韦秀兰
黄剑利　李小花　黄秋喜　韦春平　唐小妮　吴宝奎　赵莉丽　黄秋叶　阮艳娥　孙梦淑
覃嘉柱　李文芳　罗秀梅　潘　婕　黄梅票　卢善善　王宗俊　林艳威　蒙　颖　梁　敏
黄锦姑　覃吉勇　黄佩仙　韦淑珍　石志亚　罗中彬　农春媚　覃华面　卢月醒　姚胜卓

医四班(48 人)

李彩春　覃艳社　岑日英　蒙丽欢　黄成伟　王程希　卢妙嫦　吴欢云　黄素台　黄香华
蓝伟杰　黎雪活　黄启涛　阳柳红　庞丽霞　周燕妮　卢芳　潘广顺　吴秀彩　谢薇
陆小莹　王梦琦　黄炳韧　安秀英　韦宗成　苏芮　李丽琼　蓝玉燕　黄吉泽　黄永方
庞金梅　黄妹娟　韦顺　吴佳侣　陆玉勃　韦华山　闭丽苔　黄雨欣　覃梅婷　韦立树
岑亿　李忠安　李秋媛　钱绣　莫芳源　罗艳情　方丽妮　彭陶斌

附录 3.6　2011 届成人高等学历教育(本科)毕业生名单

(1719 人)

政治学与行政学(2 人)

贺艳　黄群峰

思想政治教育(14 人)

陈进号　胡田　黄冬梅　黄恩孔　黄小兰　黄正孟　梁少梅　廖晖　罗军　麦泽宪
农彩汝　盘昀铠　吴金玲　郑金城

法学(465 人)

白科超　白照思　班爱莲　班华烨　闭建新　卜以浩　蔡梅　蔡智宇　岑方校　岑秀云
岑雨杉　陈辉　陈继娈　陈玲玲　陈苗生　陈平　陈秋艺　陈森　陈叔明　陈武
陈锡伟　陈晓艳　陈映　陈勇　陈志谦　程献莉　戴宗局　邓国剑　邓海周　邓焕鑫
邓景方　邓丽娟　邓美昕　邓伟岸　邓幸宁　邓雁方　邓智朗　邓周围　丁丽芳　丁英
范精　范松君　方记石　冯邦国　冯廷创　冯伟明　冯彦淇　奉远江　甘金扣　甘甜
甘文波　勾明娥　顾燕　桂振文　郭鲁萍　郭展　韩在望　韩中宽　何锋　何婕茵
何开足　何苗　何铭源　何琼　何秋鸾　何绍东　何绍锋　何小念　何学真　何滢
何珍　何珍玲　何智　贺韵洁　贺韵璇　胡京凤　胡敏婕　胡卫明　黄保兵　黄策
黄朝勇　黄朝政　黄承捷　黄承文　黄春艳　黄大尉　黄芬　黄干才　黄耿　黄海东
黄洪滨　黄鸿琴　黄厚响　黄华玲　黄华全　黄华艳　黄淮　黄欢欢　黄建华　黄江华
黄金凤　黄金荣　黄敬之　黄军蒲　黄俊　黄开乐　黄兰清　黄麟静　黄灵　黄猛
黄民军　黄敏涛　黄萍　黄秋剑　黄榕　黄少能　黄仕莹　黄寿亮　黄廷锟　黄托
黄微　黄微云　黄位炎　黄文斌　黄文坚　黄喜兰　黄岘　黄湘益　黄小桂　黄小花
黄晓　黄晓力　黄晓燕　黄欣红　黄馨丹　黄旋　黄学强　黄耀　黄义钧　黄英恒
黄颖　黄颖　黄泳霖　黄有庭　黄玉斌　黄育婵　黄正康　黄郑珠　黄志德　黄专
黄子攀　黄子珍　黄宗响　蒋东宏　蒋昊言　蒋金虹　蒋雄军　赖焕言　赖静　兰承武
兰江平　兰英利　蓝锋　蓝海娥　蓝清　劳飞娟　劳金萍　雷国富　雷志创　黎慧明
黎明新　黎炜　黎卫日　黎永飞　黎勇进　黎有辉　李超　李翠琴　李繁　李锋
李甘兵　李国华　李海慧　李剑　李姣娇　李瑾花　李林雄　李璐　李芙娇　李秋练
李泉　李日红　李柔静　李少尉　李首伦　李松榕　李文宏　李文清　李雯　李翔
李晓舟　李秀青　李毅　李游华　李友科　李振兴　梁秉翔　梁超　梁晨贵　梁国繁
梁洪钦　梁丽娜　梁龙友　梁秋丽　梁三旺　梁位坤　梁向东　梁雪琴　梁毅　梁宇

梁玉颖 廖国海 廖兰芳 廖小芳 林丹华 林健 林楠 林受福 凌华锋 凌建抢
凌丽 凌瑞祥 刘斌杰 刘承汉 刘辉 刘俊 刘威 刘智慧 刘子瑜 柳栋
龙光甫 龙思璇 卢春梅 卢国坚 卢国祥 卢建发 卢丽琴 卢振超 陆斌 陆超
陆承德 陆程 陆春玉 陆华 陆华亮 陆华南 陆华伟 陆辉 陆江江 陆群娟
陆仁宾 陆日纲 陆生龙 陆双耀 陆松 陆素香 陆艺 陆永翔 陆仲康 吕炳合
吕芳 吕华洲 罗昌利 罗诚 罗杰 罗明东 罗迁 罗文忠 罗小芳 罗治
骆冠宇 马荣江 马晓丽 满胜华 蒙丹华 蒙艳新 蒙阳 蒙铀 蒙玉 莫传戈
莫邓杰 莫世亮 莫小宁 莫志平 宁春艳 宁海珊 宁静 宁业进 农高原 农汉务
农好伟 农金田 农靖乾 农娟芬 农立富 农勤盈 农新和 农新科 农秀芳 农宣华
农毅 农媛媛 农庄 欧海艳 欧勇 潘东祥 潘海德 潘继肃 潘俊伊 潘茜茜
潘文勇 潘毅 潘育军 裴玉 彭勋 邱晋 全星蓉 任绍华 阮必勇 沈雄日
石乙秀 宋玲玲 宋青 苏冬 苏钒 苏礼堂 苏锡鹏 苏周拯 覃斌 覃兵
覃代霏 覃锋 覃贵竹 覃昊宁 覃剑边 覃琨朝 覃隆 覃乃康 覃强 覃小助
谭靖祥 谭敏秋 唐创 唐国辉 唐辉 唐慧珍 唐健 唐柳兰 唐益 汪洪芬
汪思华 汪显志 王红婵 王华 王慧馨 王磊 王通 王伟廷 王文慧 王正文
韦秉良 韦国东 韦国福 韦亨树 韦恒 韦杰印 韦钧誉 韦克斌 韦黎毅 韦丽梅
韦丽梅 韦联锋 韦妮娜 韦琦 韦乔乐 韦庆华 韦仁杰 韦天孟 韦晓莉 韦肖恒
韦勇 韦裕文 韦贞 巫资泉 吴波 吴代国 吴金栩 吴雪忻 吴忠杰 伍雄章
谢立毅 杨驰远 杨大凯 杨莉 杨丽虹 杨柳叶 杨秀诚 杨焱 杨烨凤 杨翊
杨翊 杨志轩 杨智元 姚凯铧 姚灵翠 叶冠锋 余家昌 余瑞达 曾昭璇 张颢馨
张鹤 张静玲 张克胜 张雷 张晟 张阳德 张烨 张勇 张兆威 招惠
赵必青 赵伯勇 赵超 赵戴 赵建雷 赵丽蓉 赵敏 赵晓露 赵鑫艺 赵秀洁
赵旭应 赵云鹏 赵忠平 郑波 郑德艳 郑欢 郑平 郑云 钟家华 钟茂
钟小云 钟杨 周诚 周纯宇 周定明 周国法 周玲 周明艳 周世财 周韦廷
周映雪 周子荣 周祖军 朱远志 朱钊霖

行政管理(100 人)

班恒玲 岑琴 陈春燕 陈利娜 陈顺 范燕艺 方增俊 冯丹 符振 甘楚
甘世瑜 古丹丹 韩春桃 何鸿成 何荣 侯蓓蕾 黄剑华 黄健文 黄景宇 黄李婕
黄丽琴 黄日芳 黄晓丹 黄义萍 黄钰翔 姜连梅 蒋石爱 柯明 赖小筱 兰思思
蓝俊 劳夏洋 黎杰 李剑锋 李金凤 李书萍 李婷婷 林莉莎 刘定玲 刘婷
陆静姿 陆秋明 吕志敏 罗斯容 罗扬 蒙少青 蒙雪喜 莫茭 莫文钰 莫轶
牟彬彬 农晓征 潘治霖 彭洁 钱春伶 秦俊勇 邱静雯 商永翠 石礁 苏蓓玲
苏丹 谭聪 谭莉莉 唐玉斌 滕宇 田乙程 王健 王宁 王智 韦黄保
韦晖 韦佳秋 韦健娇 韦金秀 韦静妮 韦任贤 韦永翠 吴世宇 吴振锋 谢爱萍
谢宇 徐柳 徐梓平 许海清 寻伟祥 杨婕 杨素贞 杨艺 袁芳 张小燕
张艳兰 张永牟 赵昶平 赵国天 赵有利 郑学艺 钟海妮 周理 周妍 周耀章

工商管理(92 人)

班米莎 岑海福 陈其滔 陈玉宁 陈正飚 陈忠林 达星怀 邓芬 范斌 何丽莲

何尉莱　何彦呈　何永强　黄安辉　黄海波　黄美月　黄孙平　黄学翔　黄毅然　黄玉典
蒋钟鸣　邝惠帼　兰海翔　蓝正喜　雷振国　李长承　李广亨　李佼林　李　靖　李鸣福
李伟华　李战江　梁世雷　廖海江　廖伟聪　刘　恋　卢昌德　陆德伟　陆国富　陆海旌
陆正军　吕德生　吕周玲　罗朝聪　罗春艳　罗　攀　马　鸣　麦艳梅　蒙家明　蒙荣抗
蒙　昱　孟莉蓉　莫继智　莫永祥　莫月姐　农建平　潘福留　潘丽娟　潘仕立　沈国标
苏建港　苏　捷　覃宝同　覃花娥　覃顺辉　覃　翔　谭政阳　谭志高　田燕飞　王朝毅
王　军　王云雁　韦芳柳　韦　慧　韦　丽　韦名宇　韦奇腾　韦清梅　韦绍良　韦　燕
巫　文　吴海燕　许小东　杨　庆　虞静雪　张顺刚　赵璧庆　郑云耀　钟丽霞　周爱云
周　炜　周应雄

旅游管理(1人)

辜翠薇

档案学(2人)

黄彩金　叶璟萍

经济学(90人)

陈均福　陈　容　陈伟棠　陈燕元　陈志伟　党　淇　邓高峰　杜国宁　甘炳权　何林峰
洪永玲　黄　彪　黄丹丹　黄华林　黄　基　黄嘉嘉　黄　剑　黄君君　黄秋华　黄炜华
黄喜宏　黄小勇　黄晓明　黄燕萍　黄业旭　黄一洲　黄忠宁　蒋　琛　蓝凯琳　蓝玉宣
黎升源　李飞琴　李思健　李晓波　李宣文　李艳新　廉业钦　梁昌鹏　梁　兰　梁　玲
梁　盛　廖　通　凌文秋　刘倍杏　刘剑晖　刘文丽　刘小静　卢　霖　卢　潇　卢　振
罗　芳　罗兰青　罗瑞武　莫文艳　农永成　欧鲁飞　潘　勇　庞连成　庞雪梅　裴铁宁
邱永东　石小明　唐　超　唐　宁　唐维维　田向炜　韦珊珊　韦香莲　温添华　吴长洪
吴　静　冼锦荣　项载良　肖岳娟　谢　东　徐　雄　杨柏森　杨　克　杨正周　姚兆华
张金英　张俊敏　赵　臻　郑小艳　钟惠华　钟　君　钟文彪　钟永锋　周利民　邹　萍

物流管理(1人)

黄　玲

会计学(89人)

曹传婷　陈彩虹　陈海燕　陈　佳　陈柳琴　陈　伟　陈学伟　邓庆春　杜小兰　方海鸥
符燕萍　甘红菊　关翠年　何德才　何　婕　胡余兰　黄丹菊　黄立华　黄丽澄　黄美玲
黄荣娜　黄　雯　黄秀麦　黄　璇　黄玉叶　黄智程　黄主伟　江文伟　赖艳丽　兰爱群
蓝菲妃　蓝佳松　黎　娟　黎荣彪　李　慧　李进坤　李沁宇　李　伟　林　琦　凌小莉
刘力荧　刘夏丹　刘玉婷　卢江梅　卢卓杰　芦慧敏　陆俊名　陆　丽　罗丽华　罗莅莅
马　彦　莫　冰　莫　燕　欧敏丽　潘巧燕　庞大燕　容　华　沈丽娜　石海林　石　路
宋瑞瑞　苏卫妮　粟　樱　孙美丽　孙升义　覃秀艳　谭剑妮　唐琳琳　唐子登　王俊峰
韦后姬　韦　静　韦　倩　温巧丹　向莉珍　谢文波　徐晓娜　徐　嫣　杨海燕　杨智慧
姚　玲　游晓虹　余伟军　曾民鹏　张春燕　张远龙　钟和芳　钟　妮　周玉丹

市场营销(6人)

岑琼芬　季　科　刘强兰　卢凤莹　覃志军　韦　忠

金融学(11 人)

郭　华　蒋美英　兰长春　兰红世　蓝常超　刘艳瑚　陆必祖　石　松　覃　杰　覃丽娇
韦兰莉

汉语言文学(478 人)

班靖华　班丽华　闭东姬　闭秀艳　蔡榜乾　曹起干　曹琼尹　曹少霞　曹小冰　岑宛珊
岑　莹　常丽莹　陈　标　陈　波　陈超华　陈　锋　陈贯玲　陈海琼　陈海曲　陈健平
陈静芳　陈桔林　陈俊华　陈坤良　陈淑珍　陈微羽　陈伟春　陈卫炜　陈小红　陈旭萍
陈艳艳　陈英群　陈志远　程栋才　程礼琼　党燕红　邓凯文　邓美桂　邓秋羚　邓　添
杜翠莲　樊勇升　樊珍宇　方以初　冯开希　冯森智　冯肖翠　甘海漩　甘家明　甘丽敏
甘胜欢　甘运机　甘忠生　高明兰　高志慧　谷妙月　郭志菊　韩春凤　何安业　何丹兰
何洁容　何　军　何　兰　何　丽　何少凤　何堂敏　何伟文　何艳芬　何　好　何　珍
侯丽衡　胡　姮　胡　红　胡柳仙　胡儒发　黄百珍　黄彩霞　黄春玲　黄翠兰　黄翠兰
黄大泱　黄德培　黄冬兰　黄芳岩　黄凤贵　黄凤华　黄凤鲜　黄凤祝　黄光友　黄贵鹏
黄国贵　黄杰凤　黄金艳　黄　菊　黄君志　黄　棱　黄　丽　黄　丽　黄丽灿　黄丽宁
黄丽莹　黄柳祺　黄　梅　黄民芳　黄　萍　黄巧玲　黄荣文　黄绍平　黄石春　黄　世
黄伟荣　黄小宁　黄小鲜　黄小株　黄晓丽　黄偕茹　黄　新　黄新美　黄新艳　黄杏娟
黄旭宁　黄雪姬　黄艳欢　黄燕芳　黄尧尧　黄奕坤　黄勇刚　黄兆丰　黄忠燕　蒋　静
蒋秀枝　蒋扬燕　赖红梅　赖　清　赖水萍　赖珍妮　赖志芳　蓝富森　蓝　香　劳　詝
黎朝英　黎东妮　黎海雪　黎开琪　黎宗挺　李常春　李超萍　李成英　李春雷　李　丹
李光敏　李　恒　李慧娴　李佳佳　李坚达　李建珍　李　婕　李锦英　李敏乐　李品严
李绍芳　李世乾　李守坚　李淑瑜　李庭波　李　相　李　旭　李学颖　李艳萍　李　燕
李雨茵　李月圆　李芝敏　梁炳金　梁炳敏　梁彩祥　梁海琼　梁华静　梁　焕　梁建政
梁　洁　梁洁慧　梁金芳　梁金凤　梁开杰　梁力化　梁水联　梁万晓　梁　婞　梁　艳
梁　英　梁运森　梁　珍　梁志玲　梁作锐　廖丽秋　廖培国　廖艳丽　林　策　林超东
林成贤　林丽霞　林巧珍　林　珊　凌安远　凌　鹤　凌军征　凌仕琼　凌文琼　凌　英
凌玉宗　零肖雪　刘和健　刘红松　刘　莉　刘莉莉　刘善娟　刘胜东　刘文进　刘彦君
龙彩娟　龙汉枝　龙燕玲　龙玉芬　卢春玲　卢春梅　卢翠萍　卢红梅　卢嘉慧　卢克敏
卢　丽　卢明友　卢　培　卢其宁　卢启华　卢清梅　卢为宾　卢　燕　卢　毅　卢云艳
卢珍连　陆柏杰　陆冬妹　陆光瑜　陆海燕　陆　惠　陆继丹　陆凯凯　陆丽葵　陆美沭
陆　琦　陆琼丽　陆史干　陆淑虹　陆体法　陆小兰　陆映鲜　陆忠华　吕霞英　罗传飞
罗　坚　罗梁方　罗萍献　罗秋慰　罗瑞芬　罗先云　罗小萍　罗月华　马美梅　满惠芬
蒙冬平　蒙积军　蒙静虹　蒙柳娟　蒙美静　蒙　敏　蒙榕林　蒙伟森　蒙喜章　蒙燕萍
蒙英萍　蒙振健　孟金花　莫飞岚　莫　岚　莫丽娥　莫秀林　莫有英　莫云花　倪　丽
宁耿秋　宁小春　宁永红　农彩霞　农　芳　农贵标　农青波　农庆冬　农志溶　欧健红
欧　润　潘冰霞　潘朝学　潘春妮　潘东生　潘桂娟　潘娟凤　潘丽琼　潘丽泉　潘　文
潘旋义　庞海燕　庞雪玲　秦一菲　邱德琼　邱雪惠　全世明　容秋宜　阮晓霞　沈敏新
石　欧　石忠学　苏国伟　苏梦兰　苏伟燕　苏文月　孙如静　谈　冰　覃铂钦　覃　婵
覃丹妮　覃冬玲　覃桂娇　覃丽华　覃丽琼　覃清华　覃秋雁　覃献芬　覃　旭　覃　燕

覃永灵　谭桂和　汤丽尼　唐凤丹　唐贵阳　唐　媚　唐晓莹　滕雪梅　滕燕玲　涂庆春
万如庆　王纪新　王甲权　王军荣　王泽梅　韦弨克　韦春林　韦春庆　韦杜桥　韦海梅
韦　慧　韦家林　韦浪生　韦柳艳　韦明恒　韦乃任　韦　青　韦琼彦　韦琼芝　韦秋傍
韦秋菊　韦生实　韦仕鸾　韦　希　韦喜婷　韦小清　韦小燕　韦信安　韦兴愿　韦艳丽
韦艳萍　韦玉玲　韦云川　温从庆　文俊艳　巫贵茂　巫韩春　吴承叶　吴　春　吴春薇
吴惠平　吴锦清　吴少斌　吴宣毅　吴怡蓉　肖永杏　谢芳敏　谢靖华　谢　琪　谢秋静
辛超玲　徐立培　徐贤芬　徐燕芸　许承贵　许钧裕　许　坤　许秀欢　许雪莲　许燕凤
禤燕蓉　薛桓森　薛有斌　薛有鸿　颜绮棠　颜　妍　颜政梅　杨邦生　杨超清　杨发燕
杨格华　杨金莲　杨经锋　杨　静　杨君芬　杨　玲　杨露艳　杨秋琼　杨汝燕　杨世锋
杨小燕　杨　晓　杨旭华　杨雪琴　杨　薏　杨月娜　姚美凤　易柳梅　尹今彤　游　海
余小惠　余耘砚　玉红妹　郁春钰　原伟英　袁小坤　曾桂芳　曾晓霞　曾艺英　曾永波
张红珍　张　玲　张　萍　张秋霞　张　莎　张小红　张雄强　赵道欢　赵冬霞　赵金湘
赵全映　郑华军　郑慧珍　郑　政　钟开信　钟　文　钟　英　周海梅　周　华　周华娟
周华宁　周　丽　周美芳　周　能　周　颖　朱翠菊　朱桂芳　朱茂新

中国少数民族语言文学(65人)

陈彩仙　陈桂娇　邓东喜　韩建春　何永祠　和立震　和燕红　黄　斌　黄冰倩　黄春平
黄冬应　黄丽岩　黄丽伊　黄小姨　黄赞珩　黄芝美　蓝禄明　蓝卫松　蓝玉珍　雷敬岃
李炳秀　李连东　梁秀杆　廖　健　凌炳作　凌　莉　凌月英　刘新旋　龙东莲　陆彩雷
陆　慧　陆均平　陆鸣笛　罗紧观　农林巧　石才以　苏　琦　苏　仙　苏小燕　覃爱兰
覃赤连　覃红梅　覃家辉　覃瑞英　覃寿恒　覃寿明　覃小兰　覃永周　覃珍团　谭凤芝
谭景昌　滕杰琴　王　莉　韦彩娟　韦丽平　韦琼娜　韦思锋　韦杏荣　韦正皖　许　燕
庾　辉　周景河　周俊宏　周俊荣　周　艳

英语(73人)

白家强　陈　婵　陈春萍　陈梅英　陈薇茜　陈小坚　陈远忠　程清云　冯佳狄　甘福俊
侯文连　胡永仁　黄超坤　黄华容　黄家燕　黄金花　黄锦梅　黄　婧　黄丽程　黄平平
黄庆兰　黄氏绵　黄树芳　黄忠海　蓝英诚　劳学义　雷少丹　李　冰　李吉智　李连青
李庆萍　李贤坤　李　悦　梁　媚　梁玉秋　林天津　林　鹰　凌丽琴　刘龙毅　刘天梅
隆秋芳　卢武坚　陆小丽　罗　莉　罗　玉　罗玉兰　蒙超凤　明美秋　莫新华　农玉连
欧　甜　潘　园　全小燕　苏爱丽　苏丽娜　唐杏香　王丰贵　王心政　王玉贞　韦春莲
韦海群　韦慧慧　韦　平　文冬梅　吴先华　杨　媚　杨秋玲　杨　深　杨树伟　杨雪松
叶　卉　张秀志　赵霜丽

越南语(30人)

程　艳　冯艳芳　蓝牡丹　李　伶　卢金青　卢俊旭　陆庆园　欧燕群　韦东成　韦景耀
韦琼连　韦荣刚　吴　锋　杨　媚　杜新兴　何苑嘉　黄鸿波　黄俊英　李海常　李燕芳
梁彩球　梁春丽　欧慧珍　潘　航　覃艳红　唐月来　曾　红　朱彩丽　朱伟杰　邹君玲

社会工作(46人)

陈丹玲　陈厚德　方程鹏　何华鲜　何雪坤　黄春叶　黄甫克　黄光锋　黄　胜　黄文梅
黄　秀　蓝东荣　蓝柳芬　黎承光　李奇宗　梁绍清　梁天峰　廖贡生　廖庆学　卢　铭

陆彩虹　陆成海　陆世琼　陆元举　罗秋兰　罗晓艳　苏　颖　覃纯果　覃世龙　覃　团
覃义坚　覃志吉　谭　功　唐淑萍　韦凤飞　韦礼翔　韦　莎　韦伟亮　韦文赛　韦亚乔
韦艳丽　韦勇诗　吴源锋　吴珍玲　徐　为　邹　瑜

数学与应用数学(41 人)

陈文教　陈艳霞　郭如月　何海华　何战荣　贺松林　黄春媚　黄发兴　黄　观　黄慧芳
黄丽庄　黄名冠　黄卓鹏　蓝　君　蓝霞梅　黎天宝　李汉梅　李　恒　李尤新　梁　丽
隆爱清　陆炳山　蒙好婷　磨燕飞　宁桂秀　欧诗程　潘锡毅　商邦耀　苏惠娇　孙丽霞
孙玲霞　覃盛堂　王利华　韦春柳　许荣伟　颜培毅　杨可书　姚国岗　赵彩丽　周新扬
周愉林

物理学(11 人)

陈才耀　陈凯胜　杜玉枝　李　固　李国智　林　怀　零振飞　卢其海　韦子升　吴家瑞
谢莉敏

计算机科学与技术(32 人)

陈彩芬　邓　篪　邓立钦　方　芳　韩志远　胡　城　胡礼勇　黄罡华　黄梅仙　黄严平
黄　洋　李　冰　李显辉　李雄强　梁德钦　林　涛　陆　文　骆斌世　农　欢　农　婕
潘　剑　唐丝施　唐旭勋　王杰华　韦　彬　韦立源　吴裕就　谢　平　谢秀华　颜华珠
郁洪碧　张耀俊

网络工程(9 人)

陈剑波　雷相声　李　白　梁　帆　梁向宁　卢晓聪　农　林　彭根健　覃宗波

化学(18 人)

邓海明　古小花　黄凯宽　黄美妮　黄运娟　黄卓斌　梁德胜　潘桂月　谭明睿　谭雅文
谭艳平　韦凤丽　韦金红　韦露君　韦远瞩　尹玉梅　袁玉美　张政瑾

环境工程(2 人)

黄宗旋　张锡她

体育教育(27 人)

包永东　陈秋屹　邓焕邦　邓添祥　何宜西　黄浩峻　黄家庆　劳朝敏　梁承本　刘启然
陆胜领　陆天伟　蒙安龙　莫宝宁　石海漫　粟世许　覃海洋　覃诗雅　唐咸武　韦　波
韦翠灵　韦伟峰　韦英贤　韦　远　颜居明　曾祥伟　张荣安

美术学(1 人)

黄业勇

艺术设计(2 人)

秦子棋　马媛琳

小学教育(11 人)

包小平　陈水桃　杜少春　甘财智　梁慧英　梁家红　梁秀蓉　卢永艳　农秀绵　吴　敏
杨　萍

附录3.7　2011届成人高等学历教育(专科)毕业生名单

(1217人)

法律事务(389人)

蔡　山　蔡源祖　曹东方　岑凤吉　岑海生　陈博超　陈　超　陈春全　陈铎升　陈恩嫦
陈　江　陈科言　陈丽琼　陈良政　陈明伟　陈铭锋　陈瑞旭　陈伟超　陈文燕　陈潇培
陈以彬　陈应斌　陈玉玲　陈志杰　池邦金　崔文龙　戴元洋　邓　博　邓　琦　邓舒尹
邓松平　邓勇利　董晶晶　杜海伦　杜　钦　方梦莹　冯　帆　冯　祥　冯植斌　冯志鹏
奉明艳　傅琮桦　甘家模　甘锦华　高玉权　顾秀秀　郭正健　韩　莉　韩祖飘　何才蓑
何丹靖　何烈卡　何念杰　何碗祖　何夏婷　贺　豪　侯双双　胡成建　胡　森　胡　迅
黄诚亮　黄德清　黄德永　黄甫根　黄　海　黄海萍　黄海卫　黄翰特　黄　灏　黄　华
黄杰熙　黄俊雄　黄万宝　黄卫雄　黄文静　黄　翔　黄小倪　黄欣荣　黄义林　黄英堂
黄永锦　黄　勇　黄振斌　黄　志　黄中慧　季峰健　江翠青　蒋　海　蒋　河　蒋　进
蒋晶元　蒋森茂　蒋屹巍　蒋　毅　蒋裕阳　蒋远鹏　蕉云耀　魁仁庆　赖华强　赖雨薇
兰素娴　蓝祖年　乐学斌　雷济名　雷康波　雷燕华　黎冰锐　黎　峰　黎海康　黎秋伶
李彩凤　李朝高　李福健　李贵飞　李红妮　李宏珠　李鸿基　李佳源　李俊峰　李立荣
李　霖　李　霖　李玲艳　李六禄　李茂猛　李　茜　李庆达　李若溪　李细权　李贤高
李小洋　李秀云　李　燕　李玉富　李昭君　李芝有　梁春怀　梁皓雄　梁嘉欣　梁　静
梁钜灵　梁民安　梁　帅　梁武昌　梁　欣　梁英楚　梁　永　梁智星　梁忠伟　廖梅君
廖松添　林爵君　林　生　林章永　凌　睿　凌仕宁　刘宝明　刘　楚　刘飞忠　刘风华
刘逢朗　刘福佳　刘海威　刘　辉　刘佳卓　刘家志　刘　轩　刘恂畅　刘耀业　刘又铭
刘钊成　刘志文　刘祖彬　隆家兵　卢传毅　卢　劲　卢　敬　卢　伟　卢俞昂　陆泊霖
陆　超　陆嘉辉　陆嘉杰　陆建廷　陆咸建　陆宣仁　陆　毅　陆镇锋　陆志军　吕虹蒨
吕　莎　吕杏贤　罗代红　罗　康　罗　帅　罗伟东　骆泽东　马秋芳　马文路　麦俏柳
蒙飞旋　蒙棋深　蒙全发　缪华群　莫克概　莫思宇　乃义宜　倪碧峰　宁盛全　农娟艺
农卡面　农色鹤　农色鸿　欧小荻　欧阳淋　潘海波　潘俊宇　潘兰兰　潘琪元　潘晓威
潘珍露　盘　辉　盘丽萍　庞　程　庞春毅　庞莹莹　彭冠杰　彭雯靖　蒲久吉　秦　帆
全柏安　阮经淞　时培栋　宋世豪　宋筱曼　苏　琳　苏顺威　孙秋兰　覃宝领　覃　丹
覃　晖　覃建东　覃金容　覃凌娟　覃蒙宇　覃平阔　覃秋玲　覃婷婷　覃小蝶　覃　鑫
覃宇林　覃　渊　覃远任　谭建演　谭瑞伟　谭覃东　谭永鹏　谭志立　唐　圭　唐　景
唐开华　唐诗桥　唐晓慧　唐　宇　唐云屹　唐振波　唐志亮　唐仲镁　唐梓鹏　陶　春
滕姗姗　童　滢　王华新　王吉香　王　肆　王　菊　王诗宇　王　寅　王　勇　王中魁
韦　宝　韦超伟　韦东念　韦冬梅　韦贵年　韦宏锦　韦建师　韦金富　韦黎明　韦霖泽
韦　玲　韦梦伟　韦　敏　韦敏奇　韦明成　韦　宁　韦佩佩　韦棋滨　韦秋伶　韦　翔
韦晓飞　韦晓霁　韦肖妮　韦熊翔　韦旭日　韦雪英　巫荣京　吴传城　吴　迪　吴靖宇
吴俊霖　吴铠奎　吴胜彬　吴贤峰　吴　新　吴志梁　吴重瑞　伍良财　冼世雄　向春润

肖文成 肖文文 肖雨洋 谢福康 谢林琨 谢乃功 谢旺霖 徐　乐 薛　雯 闫　佳
闫列志 颜　挺 阳长飞 阳家敏 杨富华 杨国材 杨建华 杨里巨 杨文双 杨营祥
杨再上 叶家铭 叶俊陶 叶　帅 银　鑫 尹丽萍 尹文骏 余思丽 余显聪 曾德密
曾　恋 湛春燕 张家昌 张俊和 张莲虎 张林杰 张毅平 张宇环 张宇淞 张志强
张智斌 赵晨希 赵　慧 赵靖宇 赵俊杰 赵　蕾 赵　润 钟复美 钟庆伟 钟日林
周金珍 周　骏 周　铭 周其剑 朱鑫宇 朱　珍 邹春兆 邹佳颖 江先龙 蒋　刚
蒋　简 蒋钦富 兰　栋 李佳宏 李孟瀛 刘喜玲 石　涛 唐建强 向绍玲

行政管理(140 人)

宾芳芳 宾盈盈 曹建萍 陈海林 陈金凤 陈　兰 陈小华 陈　炎 陈远敏 程吉佳
邓慧花 杜金璐 方　萍 符　轩 何烈夫 何秀娟 何迎春 贺梦思 侯晨妍 黄爱和
黄春茵 黄冬艳 黄凤雅 黄国安 黄海斌 黄华荣 黄俏宜 黄　琴 黄　肃 黄新芳
黄秀色 黄秀姗 黄秀艳 黄艳红 黄银海 黄　尹 黄　云 黄增伟 黄　侦 黄志权
江丽婷 江书颖 蒋胜宇 赖承娆 蓝景献 蓝　枭 劳丽琳 李东丽 李菊甜 李丽莎
李美松 李　翔 李小斌 李晓彬 李晓松 李云凤 梁美荣 廖日平 廖珊川 刘燕英
刘映兰 刘玉萍 卢国庆 卢金才 卢银凤 陆建芳 罗明川 马春梅 马如斌 陆　毅
蒙　倩 磨新智 莫凡刚 莫丽鑫 莫柳桃 莫隆晓 莫幸道 农淑芳 农晓凤 欧黎雪
潘桂新 潘园丰 庞冬明 庞国惠 石仙花 宋　进 苏小涓 覃旭丽 覃艳明 谭苏宁
谭展丽 王飞翔 王国娴 王回春 王　季 王晶晶 王荣璐 王　欣 王勋亭 王艳红
王正晶 王志宏 韦成刚 韦　福 韦光会 韦后权 韦建威 韦　敏 韦银梅 吴丽娜
吴　云 谢　毅 徐秀娟 许艳娇 许英英 牙方玉 杨金臣 杨开森 杨凯麟 杨　妮
杨秀琴 杨志祥 银星恒 袁诗亮 曾　洁 张春艳 张健华 张金慧 赵　林 郑宇蝶
钟海林 钟　挺 周本良 周佳鑫 周　铭 周艳萍 朱艺丹

工商行政管理(29 人)

白玉珍 陈丽琼 邓丽芳 冯秋蓓 冯婷婷 何东际 黄琛岚 黄闯奇 黄春刚 黄秋圆
黄日丽 纪超逸 蒋少享 赖英添 黎燕清 梁木秀 龙　敏 卢飞霞 罗有兰 宋泽业
覃巧琼 韦艳玲 禤思敏 寻伶俐 姚　远 于向平 曾焕丽 张值林 章　君

旅游管理(2 人)

程帝榕 覃肖玉

市场营销(21 人)

丁雪明 杜　婉 郭耀宗 黄广俊 黄济强 黄　锦 李　霞 林爱丽 林阳亮 刘治中
龙　波 罗云芳 潘玉超 潘珍铃 庞飞燕 覃宏邦 覃明惠 谭立克 韦　秀 杨　诚

图书档案管理(4 人)

陈桂红 刘晓秋 玉　叶 张军玲

经济管理(257 人)

陈宝樑 陈富城 陈冠桦 陈健宇 陈　靖 陈　静 陈俊亦 陈利钦 陈　龙 陈美华
陈美银 陈佩棠 陈荣丽 陈荣荣 陈万能 陈秀华 陈秀艺 陈　旭 陈银珠 陈　莹
陈勇宇 陈远其 陈政良 陈铸币 党浩瑞 邓　格 邓梅玲 邓　宇 邓珠宝 董　军
樊凌成 冯金柳 冯　妮 冯学旺 冯燕艺 甘草报 龚　佩 古锋华 顾月梅 管英彬

郭朝俊　何彩霞　何培根　何世娟　何　言　何媛香　胡亚平　胡玉兰　华剑宇　黄爱国
黄　丹　黄凤兰　黄宏营　黄华琼　黄怀忠　黄静华　黄　娟　黄俊玮　黄柯荣　黄昆千
黄铃昭　黄　琴　黄秋萍　黄日香　黄生业　黄　穗　黄文芬　黄晓成　黄幸怡　黄宇辉
黄忠恒　邝量恒　蓝江宝　劳雪梅　雷新凤　李　斌　李　波　李　丹　李德珍　李东黎
李冬燕　李浩杰　李　恒　李焕合　李　蕾　李　灵　李　媚　李　萍　李琪婵　李　强
李群萍　李婉婷　李雪梅　李忠平　梁　帆　梁芳兵　梁　靖　梁培凤　梁绕君　梁　言
梁忠雪　廖春辉　廖更龙　廖汝兰　廖汝平　廖汝生　廖学余　林瑞琪　林松文　林小杰
林勇超　林　珍　凌耀荣　刘宝莲　刘芳敏　刘基丽　刘基艳　刘建华　刘　玲　刘美芳
刘庆俊　刘秋霞　刘文立　龙时福　龙是秀　卢鸿飞　卢家涛　卢妹妹　卢秋兑　陆春晓
陆荣华　陆业芬　罗炳花　罗　超　罗刚传　罗海标　罗君雄　罗钦锴　罗　坦　罗涛芳
罗　鑫　麦俪琼　蒙晓林　莫　迪　莫国焕　莫海芳　莫罕然　莫梦晓　莫世宏　莫祖铭
欧权峰　欧树明　潘丽萍　潘秋君　庞富文　庞慧婷　庞家路　庞庆礼　庞兴龙　秦伟刚
丘启波　屈海娇　商　健　苏金城　苏亮洁　苏世贵　苏世杰　孙昌华　孙　洁　覃超华
覃丽平　覃丽颖　覃少华　覃宜霞　覃泽布　谭柏林　唐冬薇　唐经世　唐照嵛　王呈毅
王大通　王日照　王子财　韦　兰　韦宁丽　韦尚余　韦寅峰　温承瑭　文明慧　翁绍瑀
翁振成　吴广胜　吴　洁　吴梅芳　吴美华　吴明艳　吴庭龙　吴晓榕　吴艳萍　吴志安
吴子青　谢　冰　谢静静　谢　娟　谢　玲　谢晓霞　徐昌杰　许　贵　许维峰　宣金秀
严茜婷　严芝壮　杨茂龙　杨梅秀　杨绍虞　杨孙念　姚春华　姚景忠　姚娟兰　姚丽莉
叶　会　银邦军　于亚平　余科晓　曾凤珍　曾玉华　翟全宾　张春萍　张代玉　张德宏
张丽芬　张　琦　张文芳　张文祥　张新杰　张　勇　赵飞跃　赵荔军　赵素婕　赵　玉
郑　凯　郑凯航　钟芬芬　钟芬艳　钟佩伶　钟启璇　钟天兰　钟振林　周　彬　周少波
周世春　周　维　周　文　周鑫鑫　朱玉媛　邹业宏　左清华

财务管理(137 人)

班秀钰　陈菲菲　陈桂凤　陈国巍　陈剑敏　陈丽君　陈柳芳　陈　梅　陈喜春　陈　雄
邓春林　关惠严　何春美　何进艺　何银平　黄　冰　黄　东　黄红芳　黄　焕　黄　敬
黄美萍　黄庆丽　黄　全　黄思菱　黄　婷　黄卫乐　黄燕霜　黄　云　黄　哲　黄振珊
赖秀丽　黎规华　黎　青　黎　容　李冬玲　李　宏　李金梅　李　康　李　林　李美香
李　佩　李珊珊　李　旋　李应锋　梁　芳　梁　露　梁　颖　廖芳妹　廖　健　廖木香
廖　霞　林江红　林荣红　林正春　林正秋　刘国玉　刘艳丽　刘　燕　龙　萍　卢浮锦
卢浮现　卢瑞林　卢小惠　陆启翠　罗锦清　罗文生　马宝贞　蒙丽花　莫丽芸　牟普玲
宁春容　宁桂红　宁　华　农永梅　欧　艳　欧　季　潘素雯　潘裕琴　庞惠萍　庞　铃
全冰献　阮娇英　申颖慧　石　静　苏　良　苏　宜　苏枝遍　覃　丽　覃生宁　覃相桃
谭东晴　陶小杰　涂远莉　王秋丽　王小丽　韦　丹　韦海玉　韦敏燕　韦明君　韦　晓
韦杏萍　韦　燕　韦　卓　文　冰　吴　芬　吴桂莲　吴建凤　吴剑琴　吴小红　徐燕红
禤　莉　严方艳　严梅英　颜从连　杨桂丽　杨惠萍　杨颜玮　姚海燕　叶桂玲　曾碧梅
张丽婵　张晓云　张芸梅　赵丽梅　郑贵强　郑　梅　钟家添　钟金玲　钟晓玲　周莉珍
周小兴　周　晓　朱冬梅　朱芙蓉　邹燕梅　左念丹

汉语(208 人)

闭新华 宾凤文 蔡佳玲 蔡少玲 曹佩珍 岑勋莲 陈爱娟 陈碧华 陈 冰 陈东军
陈冬梅 陈福英 陈桂梅 陈海容 陈汇文 陈家勇 陈洁梅 陈进英 陈克宇 陈 梅
陈巧玲 陈荣秋 陈思剑 陈文天 陈晓庆 陈毅坚 陈映辉 陈永杏 陈 宇 陈远航
邓春玲 邓丰才 邓晓霞 方 卉 方敏倩 甘桂雄 甘锦莲 甘日雄 甘西兰 甘雨潇
郭利昌 何其珍 何日娟 何宛蔓 何伟珍 侯常兴 黄超伦 黄桂英 黄汉文 黄华祥
黄 欢 黄敏桂 黄日红 黄尚飞 黄尚钊 黄伟军 黄文利 黄显君 黄小玲 黄艳萍
黄永攀 黄之全 霍春兰 姬春雪 柯燕清 蓝美桃 黎承诚 黎庆敏 黎雪芬 黎咏霞
黎云芳 李 芳 李 芬 李凤莲 李华健 李惠萍 李 军 李茂隆 李 敏 李敏玲
李盛梅 李文华 李文英 李小红 李 雪 李亚凤 李燕嫦 李业燕 李玉莲 梁安玲
梁 坚 梁 莲 梁 玲 梁 琼 梁晓玲 梁颜萍 梁玉环 梁知慧 梁卓清 廖树德
林超全 林 洁 林 丽 林良斌 林秋霞 林玉勤 刘方霞 刘 蔚 龙锦霞 龙 梅
卢兰姬 卢秋健 卢 权 卢日凤 卢天海 卢燕芳 陆菊芬 陆 琼 陆色宝 陆艳芳
罗喜梅 满世强 满 莹 蒙超连 蒙桂标 蒙虹娅 蒙 丽 蒙 山 莫 波 莫焕平
莫惠红 莫利梅 莫良范 莫文洁 倪 德 宁瑞娟 宁雪泉 农 杰 农丕肯 农秋艳
潘凤明 潘理坤 潘艳丽 潘勇冰 潘玉莲 秦依迪 全肖玲 宋少英 苏 德 苏永红
覃柳美 覃容飞 覃少红 覃松华 覃应林 覃 瑜 覃贞凤 谭 毅 谭中秋 唐 满
王彩琼 王洪清 韦丹梅 韦 凤 韦 庚 韦 欢 韦燕芳 韦正杰 吴彬凤 吴 德
吴方芯 吴芳华 吴汉林 吴梅坤 吴小燕 肖厚富 谢婵娟 辛炳英 辛秋丽 许斯滨
许钟星 禤海莲 禤惠梅 薛结容 杨 刚 杨均超 杨权才 杨树麟 杨树强 杨 霞
杨秀芳 杨永清 杨泽娟 杨振温 杨志敏 杨祖镇 叶 娟 叶 雅 原婉萍 原伟梅
张彩华 张锦红 张 力 张雄涛 赵光闪 赵玉林 钟玉珍 祝声震

文秘(1 人)

黄忠芬

应用越南语(6 人)

李 刚 刘维佳 王晓婷 韦金珠 巫娇梅 赵杏丽

计算机应用技术(13 人)

龚道理 黄承攀 黄秋梅 李冠琼 梁华凤 梁家辉 欧燕云 谭小苗 韦德尤 韦 剑
杨雯钰 姚 丽 郑文芳

体育教育(3 人)

黄 勇 唐仲贤 韦德成

音乐表演(1 人)

谢昆玲

初等教育(6 人)

李广文 李秋红 李小燕 陆姜燕 韦柳妮 杨白莉

附录3.8 2011届外国留学生(本科)毕业生名单

序号	姓　名	性别	护照用名	国籍	专　业
1	黎氏兰英	女	LE THI LAN ANH	越南	国际经济与贸易
2	陈光德	男	TRAN QUANG DUC	越南	国际经济与贸易
3	吴文孟	男	NGO VAN MANH	越南	国际经济与贸易
4	陈氏水	女	TRAN THI THUY	越南	国际经济与贸易
5	阮氏青孝	女	NGUYEN THI THANH HIEU	越南	国际经济与贸易
6	阮公富	男	NGUYEN CONG PHU	越南	国际经济与贸易
7	阮克秀	男	NGUYEN KHAC TU	越南	国际经济与贸易
8	黄孟雄	男	HOANG MANH HUNG	越南	国际经济与贸易
9	武妙灵	女	VU DIEU LINH	越南	国际经济与贸易
10	陈孟雄	男	TRAN MANH HUNG	越南	国际经济与贸易
11	黎云英	女	LE VAN ANH	越南	国际经济与贸易
12	蒋登庄	男	TUONG DANG TRANG	越南	国际经济与贸易
13	杨越红	男	DUONG VIET HONG	越南	国际经济与贸易
14	阮青创	男	NGUYEN THANH SANG	越南	国际经济与贸易
15	潘伯雄	男	PHAN BA HUNG	越南	国际经济与贸易
16	阮氏玉河	女	NGUYEN THI NGOC HA	越南	国际经济与贸易
17	刘光明	男	LUU QUANG MINH	越南	国际经济与贸易
18	裴孟进	男	BUI MANH TIEN	越南	国际经济与贸易
19	阮氏河玲	女	NGUYEN THI HA LINH	越南	国际经济与贸易
20	范黄玲	男	PHAM HOANG LINH	越南	国际经济与贸易
21	陈文通	男	TRAN VAN THONG	越南	国际经济与贸易
22	阮庭立	男	NGUYEN DINH LAP	越南	国际经济与贸易
23	阮文聪	男	NGUYEN VAN THONG	越南	国际经济与贸易
24	团维灵	男	DOAN DUY LINH	越南	国际经济与贸易
25	黄晋兴元	男	HUYNH TAN HUNG NGUYEN	越南	国际经济与贸易
26	阮才仁	男	NGUYEN TAI NHAN	越南	国际经济与贸易
27	黎金燕	女	LE KIM YEN	越南	国际经济与贸易
28	阮友忠	男	NGUYEN HUU TRUNG	越南	国际经济与贸易
29	黎氏碧水	女	LE THI BICH THUY	越南	国际经济与贸易
30	阮春越勇	男	NGUYEN XUAN VIET DUNG	越南	国际经济与贸易
31	范进区	男	PHAM TIEN KHU	越南	国际经济与贸易
32	阮明德	男	NGUYEN MINH DUC	越南	国际经济与贸易
33	黄南胜	男	HOANG NAM THANG	越南	国际经济与贸易
34	范梅玲	女	PHAM MAI LINH	越南	国际经济与贸易
35	何文孝	男	HA VAN HIEU	越南	国际经济与贸易

序号	姓　名	性别	护照用名	国籍	专　业
36	范氏香	女	PHAM THI HUONG	越南	国际经济与贸易
37	郑红幸	女	TRINH HONG HANH	越南	国际经济与贸易
38	裴翠云	女	BUI THUY VAN	越南	国际经济与贸易
39	裴氏垂玲	女	BUI THI THUY LINH	越南	国际经济与贸易
40	阮德雄	男	NGUYEN DUC HUNG	越南	国际经济与贸易
41	吴海宁	女	NGO HAI NINH	越南	国际经济与贸易
42	武孟强	男	VU MANH CUONG	越南	国际经济与贸易
43	苏达芳	女	SoudaphonePHONH - AX A	老挝	国际经济与贸易
44	李艾璐	女	AlounniphaSRISOURAJ	老挝	国际经济与贸易
45	费素文	女	ChintavanhPHIMSOUVANH	老挝	国际经济与贸易
46	卡拉敦	男	KALATHONE VONGSOUTHI	老挝	国际经济与贸易
47	尹达星	男	INTHASITH INTHAVONG	老挝	国际经济与贸易
48	庄义炮	男	CHUTIPONGLERTRUNGSEE PHAO	泰国	国际经济与贸易
49	裴美丽	女	Virakaneda PHILAPHANDETH	老挝	工商管理(市场营销方向)
50	彭柏松	男	Bounpasong KEOPHAIVANH	老挝	工商管理(市场营销方向)
51	葛万迪	男	KhamkengKEOVANDY	老挝	工商管理(市场营销方向)
52	阮俊英	男	NGUYEN TUAN ANH	越南	电子商务
53	陈文光	男	TRAN VAN QUANG	越南	工商管理
54	阮庭叠	男	NGUYEN DINH DIEP	越南	工商管理
55	阮国越	男	NGUYEN QUOC VIET	越南	旅游管理
56	武庭心	男	VU DINH TAM	越南	旅游管理
57	洪章松柏	男	HANG CHANSAMBO	柬埔寨	信息管理与信息系统
58	申氏兰英	女	THAN THI LAN ANH	越南	国际经济与贸易
59	郑香江	女	TRINH HUONG GIANG	越南	国际经济与贸易
60	黄国辉	男	HOANG QUOC HUY	越南	国际经济与贸易
61	陈香漓	女	TRAN HUONG LY	越南	国际经济与贸易
62	阮氏茶媚	女	NGUYEN THI TRA MY	越南	国际经济与贸易
63	裴氏红绒	女	BUI THI HONG NHUNG	越南	国际经济与贸易
64	陶氏草	女	DAO THI THAO	越南	国际经济与贸易
65	阮氏芳庄	女	NGUYEN THI PHUONG TRANG	越南	国际经济与贸易
66	范英秀	男	PHAM ANH TU	越南	国际经济与贸易
67	陶氏红云	女	DAO THI HONG VAN	越南	国际经济与贸易
68	阮仲义	男	NGUYEN TRONG NGHIA	越南	国际经济与贸易
69	刘芳灵	女	LUU PHUONG LINH	越南	旅游管理

附录3.9 2011届相思湖学院普通高等教育(本科)毕业生名单

(1331人)

管理系(188人)

旅游管理(酒店管理方向)专业(33人)

黄小聪 苏照良 黄飞凤 李俊芸 唐 芳 蒋 策 蒋夏梅 陈蓉玲 黎燕妮 邓 敏
梁莉菲 张洁蓝 陈春燕 苏宗文 谢星宇 梁燕丽 黄 然 覃科文 李世富 詹斯媛
庞佐强 林珍枝 肖春梅 王小花 贺虹梅 黄源源 高 慧 邹 娇 胡 璀 林 霞
戴凌绝

旅游管理专业(26人)

陆栩涵 邬维瑶 李汶励 蒋晓敏 蒋文莉 黄 敏 蒋薇薇 刘海珍 方小玲 陈金欧
梁家宸 李春谕 黄俊雄 马 跃 刘 璐 廖德梅 张英慧 王曦曼 陈茜茜 崔姗姗
陶 庆 王淑慧 宋 雯

市场营销专业(31人)

李桂登 何其繇 谢福奇 郭晓龙 范文君 史小杰 徐 洁 陈文婷 陈东慧 李英豪
周 谧 钟春妮 李庆生 彭立畅 谢春华 邓胜琳 路 锋 周丽群 吕星星 卢熙恒
庞坤伟 谭 健 凌 霄 黄 毅 黄 茵 李彩丽 韦金佑 罗 惠 黄 毅 黄承宇
韦家春

物流管理(98人)

李云婷 龚玉雯 李春兰 阮川容 黎大玮 黄明鸣 陆君宁 龙其健 黎淑慧 陈传强
蒋钦钦 莫振绍 丘雄通 楼 俊 刘 星 杨 喆 刘肖君 霍凤芝 经建明 陈 聪
时 柳 陈 圆 黄 奔 王碧琴 张绍凤 韦海芬 梁德冲 覃宗锷 黄沿鸣 黄伟宁
李海艳 钟 剑 高丹燕 张小瑜 冯 俊 庞淦聪 林才龙 兰 荣 蒙振锭 梁小艳
黄丽清 罗 毅 黄海宣 黄 婷 杨丽萍 熊林艳 黄晶晶 麦静雯 黄海珍 周燕萍
谭 捷 赵 雷 陶志文 黄彰哲 文丹钰 林利华 潘晖晖 何深鹏 韦彩连 陈思羽
零汉烈 杨悠学 唐贤宇 全 宇 韦洪澜 邓林姣 赵 莹 栗 媛 唐秀利 盘晓波
戴 珞 廖金星 黄湛声 刘品兰 杨志杰 卢泽龙 庞雅云 禤德界 张必明 许开锐
丘燕妮 杨莉萍 严莉莉 陈万坤 容悦华 闭小柳 龙李兰 石定源 黄丽婷 韦胜利
施国宁 韦小玲 黄荣春 黄 飞 陆奕帆 杨 震

国际贸易系(337人)

国际经济与贸易专业(337人)

葛晓丹 廖筱茜 陈宏超 李龙午 农惠芳 郑 明 陈倩倩 农秋丽 梁青云 潘 凯
卓 哲 蒙燕银 陆丽春 宁铭理 杨秋芬 梁 冰 曾珍晶 蒋 兰 曾 昆 莫荔丽
梁宗鹏 陆 静 吴志凡 刘林艳 容才进 肖 乐 莫燕梅 徐春燕 庞 展 宋海玲

刘昀倩 卢 佩 房秋丽 黄秋梅 钟 彩 彭 霄 廖 杰 韦 勇 谢 瑜 徐 尧
赵茂池 徐 旭 王 萌 田碧峰 杨 扬 蔡丽雪 周升佳 孙丹丹 滕凤芬 韦纯懿
杨艳艳 覃慧玲 方春递 农飞龙 黎国圣 吴芮葶 黄冬玲 黄伟妮 范波洁 季 航
王宾宾 林秀华 李鑫玲 冼锦宁 陈 乐 莫 娟 伍 瑜 梁慧玲 林 敏 严嘉盛
吴 鑫 周丹莉 檀 琰 黄 婷 何 鑫 莫雪珍 丘振涛 黄 倩 农夏嫄 兰 天
杨秋红 华 莉 兰天术 覃 莉 黄蔚佳 余金香 刘佩瑶 王子俊 莫文姣 陈镇宁
梁 健 陈建男 谢明伶 陈琼艳 肖玉丽 陈 卓 刘 凯 雷秀婷 陆艳萍 黄 赞
罗以皓 班少萍 曾江华 刘 嫦 张 毅 韦名涛 蓝月夏 姚微微 陈 泉 李施燕
秦 斌 黄娴婷 林 静 邹宛芹 覃雅希 欧亚茹 梁智龙 苏凌云 毛智兴 陈思敏
赖美君 黎 忠 李莉莉 陈锐刚 李家惠 林婷媚 黄家嘉 黄兰秋 李卓林 石茜茜
刁 彦 兰之勇 潘婷婷 何金芝 齐红涛 陈 林 王 辉 蔡泽辰 彭 程 王 梦
张 艳 王翊宇 蒋祎依 银丽珠 青 娜 殷玛俊 莫艳妮 奚文辉 何 晖 钟 福
苏雪梅 黄丽燕 陈 静 何 琳 潘 攀 罗 韵 郭丰奇 伍俞霏 张玉旺 张聪娥
秦丹丽 潘 丽 谭忠艳 刘谷雨 程 芳 李鸿瑞 杨小颖 周 丹 潘并华 林海英
张 静 莫尔波 谢妮珊 张裕龙 覃怡馨 朱丽华 廖显光 莫贵丹 农小燕 农云飞
孙天程 王诗洋 虞海燕 黄 微 黄燕虹 谢 未 谢振汉 师丽娇 田胜男 陆 海
黄湘瑜 陆小荣 蒋艳丽 唐耀宁 李秀珍 黄玉浩 蒋丽萍 林 洁 苏 麟 秦浩娟
李妍君 邓 浩 温丽琴 廖凌云 杨昌潇 吴 辉 蒙健媚 陈昌辉 李坤彦 吴源慧
叶华政 韦乐书 班玮洁 罗 燕 陆爱媛 廖雨洁 陶文安 罗 茜 韩丽娟 韦朱清
欧如柳 廖汉静 邱龙秀 余幸兰 陈逢连 谭祯于 胡 敏 王 旭 党 磊 孙 立
罗 星 阮亚兰 曹先雨 杨大文 易健辉 彭雅奇 余辉辉 张云斐 刘 昊 周甘甜
谢伟雄 宋 俐 陈泓宇 欧玉婷 王全书 纪霖明 蒙 敏 甘军贤 余 婷 黄 莹
王妞妮 谢碟柳 韦慕华 徐云香 陈雨凡 陈 龙 陈 君 黄德健 李岳南 蓝 希
黄胜卿 黎泳鑫 冯晓明 李敏辉 韦 飞 罗冰冰 李金明 李 敏 潘星兰 郑 龙
韦兴焕 高 华 刘安璇 伍映霞 梁晨星 罗 婵 张 茜 黎 渠 张 意 罗婷婷
林 浩 陈 怡 张 静 周 康 陈 瑶 陈 暄 张 佩 吴 涵 刘宁标 刘 颖
戴 珊 莫荣总 韦冬梅 黄丽莹 龚 里 钟金艳 张燕华 周 楠 莫文秀 常文龙
樊 茜 韦姊君 覃小霞 曾 翔 滕莉媛 唐建红 唐荷花 刘沙龙 陈 平 莫丽芳
李 芳 徐紫妍 林维斌 何桂青 周荣春 刘雨林 韦 嘉 江启智 黄文东 陆 迪
黄 莹 黄 刚 黄华敏 余 韵 杨灿炎 杨雪梅 钱国君 郭小霞 周中华 王 静
李卓桐 孙 为 段 玺 李晓斌 董 瑞

计算机科学与工程系(61 人)

计算机科学与技术专业(18 人)

潘贤涛 黄朝运 黄高欣 覃宏智 李宗毅 许力文 颜 鹏 陆绘冰 陆远桂 庞 新
覃万裕 冯 博 赵 峰 刘雨昊

信息管理与信息系统专业(43 人)

潘芳芳 巫 川 谢学专 莫建龙 文高锋 张思雨 郑欣蕾 陆龙敏 吴 倩 朱文俊

曾　燕　李　凡　邓达夫　廖肖蓉　吴冠嫦　甄　捷　钟振恒　陈伟英　庞小玲　邓礼丹
罗浩洋　詹福赐　韦　君　陆彩裕　谢子娜　黄华雨　黄　兰　潘路洪　傅晓丽　农佳祺
许　朗　陆羽盛　许　振　刘运龙　张云露　周创远　林纭宇　韦　丹　何文华　吴林芳

人文与社会科学系(206人)

编辑出版学专业(12人)

雷小影　梁春爱　朱晓灿　杨芳芳　邓兆琦　宁香桃　张　蓉　陈夏莹　陈国海　杜　青
吴媛媛　苏雅思

汉语言文学(对外汉语方向)专业(46人)

林少雄　黄　婧　陈稚洁　莫　耘　王　筱　韦雷蕾　黄曦雯　黎　翔　伍声龙　梁芯茹
韦　琴　阳歆茹　唐莉丽　邓琳琳　张　馨　邓　璐　陈蓉泰　吴立刚　李昌见　韦　妮
王　哲　林艳梅　刘　晴　陈　斌　罗腾云　殷　春　吴　钧　覃冠玉　吴冬燚　吉滢颖
张　鼐　葛茂兴　白元元　柳健博　陈玲洁　李月白　赵　欢　刘　谦　章秋露　曾文蓉
温淑君　丁　琪　吴莹莹　章丹妮　李世英　黄静兰

法学专业(40人)

邓　凯　李宜蔚　韦易娜　潘玉朗　莫小海　莫羽波　李岳芝　文　莹　李秀华　唐　鑫
覃滢钰　杨婷婷　陈煜杰　梁达玲　潘红华　苏俊成　黄如隆　胡兆雯　吴　虹　周　铤
罗　馨　黄海键　关运高　胡自寿　谢　谨　李　剑　罗凤娇　何德建　陆彩香　黄青全
周　沩　韦　懿　蓝惠娟　唐　韬　卢柳安　卢艳优　陆安玉　黄　翰　张　诚

汉语言文学专业(45人)

严冬璐　钟娉婷　岑倩倩　叶芷伶　杨晓翘　杨成龙　郑书集　颜　瑾　吴晓琳　韦艳萍
李昌盛　徐斓瑜　冯钰珊　雷丽莎　陈　燕　向艳慧　包雯静　林杰杰　张海云　李梅凤
莫发宇　李书愿　黄　静　杨秋敏　叶　晖　蓝秋月　田　欣　韦代超　李辰霞　韦梦兰
方怡方　何彦莹　许彩梅　王昌勇　宣　军　肖慧敏　鲁　烨　苏艳萍　刘　迪　黄业博
李　佳　高诗兰　冯其梅　黄智宏　龚　璇

烹饪与营养教育专业(16人)

赖际宇　梁　彬　李　程　谭翊希　陈　萌　黄　蓉　阳海花　陈文龙　骆素萍　阮学曜
韦昕依　邓静娟　舒　玲　王修梅　陈文平　张晓敏

社会体育专业(47人)

梁祖添　林　河　韦高澄　江小凌　谭静玲　徐云秀　李文婷　曹　莹　陈婷婷　欧　舟
梁　涛　郑海锋　黎金昌　李小宁　黄浩明　简立仙　秦裕海　劳燕娟　郑远志　肖卿禄
谢世波　梁存辉　陈世添　吴永妮　陈军瑾　莫科礼　黄晓萍　庞　毅　陆耀星　董晓远
李明渊　梁立泽　梁　幸　梁承洪　覃爱琦　陈　昌　黄　凌　李永兆　马　晟　邓庆霖
黄　评　钟雨江　陈　科　包美湘　杨　明　周　炜

外国语言文学系(299人)

泰语专业(136人)

谭　婕　潘　滢　农玫欣　莫兴华　吴龙萍　张　敏　农怡琼　邓　珊　黄　慧　蒋梦禧

赵　萍　蔡　田　龙晓文　陈雨琼　罗国威　梁剑林　罗　达　马翠乔　周冬梅　兰　媛
陶柳先　高　钗　吴　薇　陈　昊　潘镇东　黄哲琪　曾麟晰　咸　洁　黄春玲　林川琦
韦成程　黄桂龙　李春红　陈家旭　欧阳森　秦　力　梁桂丹　闭莘翊　方　洁　骆　毅
钟丽君　李龙姿　杨　靖　周　维　韦宝翔　杨　丽　廖　梅　蒙　萌　黄　晶　罗秉萍
黄雨濛　唐　晖　甘欣冉　韦梦林　银　莹　蒋　源　黄义萍　汤　怡　锁　涛　蒋　婷
莫小盈　叶　振　黄燕凤　冯　华　潘诗雅　宁小凡　谢丽娟　唐春花　宾小芳　黄雪菲
崔力佳　梁　悦　苏　菲　吴圆圆　陈　思　徐洪波　蒙汉业　陈雪君　莫　霆　马文婷
朱棋烽　李秋霞　阚　媛　黄丽玮　刘晓玉　黄雪芳　陈荣珍　马　娴　许　筠　覃钰淇
廖悦豪　莫晓婷　白　志　陈　静　李忠丹　林素瑶　谷　田　王世光　黄东江　潘文婷
劳晓琴　廖　宁　张华鋆　尤　爽　罗桂金　郑　磊　李君玲　杜素文　梁潇丹　刘彩英
白家嘉　韦洪涛　蒙秀萍　何　卉　尧茂莹　吕　威　梁蕙琳　杨陈芳　蒋　敏　李艳华
黄子洪　李龙英　黄雀妮　龙先锋　张倩如　蔡舟舟　陈传琼　黎　梅　韦漪蔓　韦柳惠
倪　雯　金小红　李欣珂　符芳玉　古　涛

越南语专业(77 人)

何孜宇　慈可立　孔吟宇　杨　惠　黄羚岑　赵艳珍　李静然　郑观贤　陆文燕　李　丽
马龙桦　陈思思　李　海　阮玉玲　徐爱萍　陈　丹　卢　瑶　杨倩倩　吉冠华　周　倩
苏利容　陈福贞　吕　婵　黄家海　谢　珺　宾彩玲　黄铮铮　卢冠宇　林秋华　何　莉
黄浩丽　黄艳芳　吴　林　李　川　岳延春　李桂辉　姜国栋　江英莲　左丝丝　梁羽杰
李艳丽　黄　莹　刘丙凤　杨锋昌　卢慧玲　农　晓　晏　玉　梁泽超　磨理超　颜冬梅
吴佳桓　刘真芸　韦美芳　莫思园　罗晓玲　李慧云　王嘉慧　刘金苗　苏桂楠　黄鼎旺
符　筝　李清燕　冯玉莹　区　梅　陈嘉欢　曾冰玉　郑剑兰　周月琴　罗　文　谢佳纭
黄丽萍　雷文琳　梁家杰　杨倩欣　饶晓艳　赖　挺　张冠宇

老挝语专业(1 人)

赵素华

缅甸语专业(5 人)

谭梅生　翟文昕　苏晓冰　肖云帆　赵　哲

印度尼西亚语专业(35 人)

甘　霓　彭珊珊　唐妍懿　李科明　周潘妮　覃国庆　罗　聪　赫　哲　罗　艺　邓文锋
何　容　罗　韵　黄旭云　王　钰　伍玥璠　杨斯淇　张筱丹　张海萍　蔡广华　李　磊
黄蓉蓉　余　蓉　潘媛媛　丘学龙　李晓晖　陈莲婷　莫瑞希　丁文君　徐轲青　胡建靖
温海波　孙　婕　李春霞　段　洁　王晓通

英语专业(45 人)

姚　志　李　琴　韩　伟　覃秋华　玉胜海　陶雪梅　黄艳萍　秦秋艳　蒋丽丽　莫　燕
吴雨倩　陈　诺　王娇阳　马鑫蕊　陈姚宇　丘春凤　李倩连　杨晶晶　韦小飞　陆城宇
胡小兰　陈　宁　罗小昕　黎永睿　徐霓虹　方小燕　韦　伟　陈　琳　罗梅芳　陈艳丹
杨舒琳　曹译元　李朝映　韦　玮　吴　玲　谢宛霖　石　霞　陆泓豫　李　政　李新鲜
王　颖　陈冬梅　李　佳　肖平林

艺术系(207人)

动画专业(31人)

黄礼珍　谭国宁　杨春华　邓永龙　周丹　罗文同　潘艳红　韦梦吉　邓磊　侯强
吴潜思　陈凡　方奕西　阮振洲　黄志富　罗程　陈雁　吕珊珊　陈明　林芳兰
赵华刚　何雪菡　卢铭　杨晨曦　韦冠臣　孔敬　李威　金婷　钟敦月　文静

艺术设计(环境艺术设计方向)专业(54人)

廖玉明　黄武杰　侯青伶　陈亮　农燕秋　吴婕　唐少贞　黄柳源　唐艳萍　何佳昱
黄红净　黄光存　蓝贵周　廖萍　覃耀　黄丽洁　杨芸　马冬珍　陆皋翔　陆斌
黄帆　陆秋宇　凌燕妮　何泓香　林羿君　王玉玫　岑李　蔡本清　唐雪萍　吴楚越
刘丽芳　刘竞　玉莉莉　潘霞　倖永婷　刘华能　黄好　孙宙　韦仕灼　杨鸿
李康　梁小凤　黄欣莹　韦日镗　黄富臣　梁任　梁国耀　张绍蕾

艺术设计(视觉传达方向)专业(32人)

程思圆　梁剑妮　孙少娟　李琳　罗秋月　陆璐莹　劳慧萍　农蓉菲　郭慧　刘秋岚
刘丽敏　潘凤梅　黄超　蒋晶晶　张媛　张小萍　陶妍妍　郭珍珍　李金玲　莫蓬生
磨双双　阮馨尹　陆浩然　闫逸群　谭凯元

艺术设计(数字媒体方向)专业(44人)

吴芸　王唯佳　钟燕　李莹霞　宁志勇　陈施羽　唐谦　白康　周丽婵　许慧
覃启雄　龙耀　韦秋芬　李雨琪　郑小星　何水　叶敏　周君　周黄鹤　张成润
许如卉　黄益帅　李超燕　蒋聪　梁家琼　凌楚欣　吴兵　魏婵　秦凯旋　黄静文
周泉　何蓝溪　王韦理　黄丹　徐匡　范军伟　闫园　谢晓阳　程蔡斌　张志
李军

艺术设计(现代网印方向)专业(33人)

史大鑫　沈潇　利德承　陈慧芳　张洁　蒙晓靖　苏圣杰　覃乐智　汤新玉　闫昊苏
熊兰兰　朱湘湘　刘姣　杨祺杰　彭桂炜　马良超　陈昭璀　韦丁烨　申蕾　李丽梨
黄富饶　雷丹　覃苗　于渺　张晓玲　张英　刘月娣　陈兔

播音与主持艺术专业(97人)

方晓虹　李阳　余力　谢龙　刘潞　张春艳　秦娴　余艺　马方媛　李孟
刘子林　周丽颖　钟玮　黄睿　司轶　徐静　利国胜　刘燕妮　张夏伊　王宇虹
夏云　李薇　李芸芸　李丹　陆春蓓　陈旻　林婧　谭嘉欣　唐重夏　邓旸
陈俊豪　贺馨叶　李安华　陈小艺　郑凯　黄书恬　阳毅　朱颜琪　陆海成　黎显义
陈玮　陈志灵　何冬　韦诗婷　刘文广　颜景秋　孙珍珍　杨洁　蒋小丽　高梓源
匡丽　黄显　乔玲玲　兰静　于凯　曾云　於芬芬　罗远婕　周涛　苏靖淇
江杨　施芸　张婧　吕竺芮　张铠泺　刘璐璐　康俊锋　吴丽　杨菁　陈学敏
隋沂雯　侯俐　林溪　张雪平　曾思怡　黄欢欢　陈晶晶　黎珊谷　谭小丽　钟承媛
黄玉华　韦绚　邓程程　白琛　侯沙璐　张晗　欧阳梦韵　欧阳慧

附录4 2011年大事记

附录4.1 2011年大事记

1月

1月7日　在自治区2010年度科技表彰大会上，刘焕文教授主持的“海洋波传播的解析模拟和交互边界元模拟”获广西自然科学奖二等奖，黄在银教授主持的“微纳米材料的设计合成及电化学生物传感器研究”、周永权教授主持的“代数神经与泛函数理论及其学习算法研究”获得广西自然科学奖三等奖。

1月20—22日　第六届教职工代表大会第二次会议在科技楼报告厅召开，大会审议通过何龙群校长所作《深化内涵，提升质量，开启“十二五”科学发展新篇章》的工作报告，审议通过《广西民族大学2010年财务工作报告》、《广西民族大学“十二五”发展规划》、《广西民族大学岗位设置与聘用管理暂行办法》。

1月25日　自治区党委常委、宣传部部长沈北海代表自治区党委政府到校慰问贫困学生，自治区高校工作委员会副书记秦敬德，学校党委书记钟海青、校长何龙群等领导陪同慰问。

1月26日　自治区政协副主席李彬到校慰问龚永辉教授，参观民族和谐素质建导中心，广西教育厅巡视员林宁，学校党委副书记武波陪同慰问。

1月28日　自治区党委组织部部长周新建代表自治区党委、政府到校慰问吴尽昭副校长，自治区党委组织部副部长莫达流、教育厅厅长高枫、学校党委书记钟海青、校长何龙群陪同慰问。

2月

2月22日　泰国教育部教育委员会秘书长汤森·詹德兰苏一行到校访问，何龙群校长在国际交流处会议室接见代表团一行，双方就外语教学政策、教育事业规划与政策、互派人员任职等问题进行探讨并达成共识。

3月

3月1日　美国西来大学副校长赫曼舒一行访问学校，李珍刚副校长在国际交流处外宾接待室会见代表团一行。双方就促进交流合作、3＋1学生联合培养计划、培养工商管理硕士研究生计划、教师互派、学分互认等事宜进行商谈。

3月2日　学校工会荣获“2010年度全区教育工会重点工作一等奖”和“2010年度全区教育工会‘四好’女教职工组织建设标准化工作考核一等奖”；杨再延荣获“2010年度全区优秀教育工会之友”称号、陆宏儒荣获“2010年度全区优秀教育工会工作者”称号。

3月3日　老挝驻南宁总领事潘坎·伊塔布里到访学校，李珍刚副校长在国际交流处外宾接待室会见潘坎·伊塔布里。双方就老挝留学生招收、培养与管理，以及开展中老两国建交五十周年纪念活动等进行交流。

3月4日　中国浦东干部学院副院长姜海山率团到校考察，李珍刚副校长与姜海山副院长就开展教育合作进行磋商，签署了《中国浦东干部学院与广西民族大学教育合作备忘录》。

3月7—18日　何龙群校长、国际教育学院院长冯光火随同中国国家留学基金委员会副秘书长李建民为团长的中国教育代表团对希腊和土耳其两国进行友好访问。

3月9日　学校与广西神达新能源有限公司共建的教学实习基地在南宁市高新区挂牌，钟海青书记、李珍刚副校长，物理与电子工程学院有关领导参加仪式。李珍刚副校长和广西神达新能源有限公司董事长韦海贵共同为“广西民族大学实习基地”揭牌。

3月15日　第六届二次教代会主席团会议在办公楼会议室召开，第六届二次教代会主席团成员参加会议，会议审议通过了《广西民族大学岗位设置与聘用管理暂行办法》。

3月23日　首届“兰台奖学金”颁奖仪式在科技楼报告厅举行，自治区档案局局长黄明初、副局长胡冬林，学校杨再延副书记、管理学院师生参加颁奖仪式，管理学院1名老师和13名学生荣获兰台奖学金。

3月25日　首次专业技术岗位聘用工作布置会议在科技楼报告厅召开，学校各单位主要领导参加会议，会议布置学校首次专业技术岗位聘用工作。

3月31日　广西基层党建带团建暨共青团系统深入开展创先争优会议代表到我校考察学习党建带团建工作。

4月

4月3—11日　以广西教育厅长高枫为团长、学校党委书记钟海青为副团长的广西教育代表团访问马来西亚和泰国。期间，在马来西亚举办广西教育展，钟海青书记拜访了泰国教育部，并访问两国有关院校。

4月7日　由自治区科技厅主持在南宁市召开的2011年广西重点实验室工作会议上，学校获自治区级第三批重点实验室“广西混杂计算与集成电路设计分析重点实验室”和“广西林产化学品开发与应用重点实验室”授牌。

4月13日　2011年东南亚国家新年泼水节在学校隆重开幕。越南驻南宁总领事馆总领事阮英勇，老挝驻南宁总领事馆总领事潘坎·伊塔布里，泰国驻南宁总领事馆副总领事赖森犇，柬埔寨驻中国大使馆商务参赞兼商务联络处处长金勇，缅甸驻南宁总领事馆副总领事古杰，校长何龙群以及自治区外事、公安、工商界有关领导参加了开幕式。

4月20日　应越南共产党河内市委的邀请，学校党委书记钟海青率广西民族大学代表团，对越南河内市委进行访问。越共中组部干部司司长、165计划办公室主任阮春山会见了代表团一行。双方回顾总结了前期合作开展的干部培训成果，商谈了进一步加强合作的事宜。

4月21日　自治区党委常委、统战部部长黄道伟校友到学校作“领导干部论坛”报告。

4月27日　越南商业大学校长丁文山一行到访学校，何龙群校长在国际交流处外宾接待室会见丁文山校长一行。双方签订进一步合作办学协议，明确今后两校合作办学事项。

4月27日　国务院总理温家宝访问马来西亚并参观马来亚大学，与中马两国师生亲切交流。在马来西亚留学的外国语学院2008级马来语基地班的全体学生受到温总理的亲切接见。

5月

5月5日　全区高等学校反腐倡廉工作座谈会在南宁市召开。自治区党委常委、纪委书记石生龙，自治区高校工委书记、教育厅厅长高枫出席会议并作重要讲话。会议就去年我区高校反腐倡廉工作进行了总结交流，并研究部署了今年我区高校反腐倡廉建设工作。学校校长何龙群，党委副书记、纪委书记杨再延参加了会议，何龙群校长在会上代表校党委和行政作了《完善制度抓管理，强化监督促落实——扎实推进学校惩治和预防腐败体系建设》的典型发言。

5月4—17日　副校长伍先华随中国教育代表团访问了新加坡和斯里兰卡。此次中国教育展团由中国国家留学基金委员会组织，全国14所高校参加了教育展。

5月18日　自治区督查组组长、梧州学院党委书记唐善茂率督察组一行四人到学校，通过听取汇报、与师生座谈、实地走访等方式检查指导学校思想政治理论课建设和辅导员队伍建设情况。督查组认为，学校思政课建设和辅导员队伍建设取得了可喜的成绩。

5月19日　自治区科技厅厅长谢酒堂一行4人到学校考察科研工作，了解学校科技工作、产学研、人才培养及社会服务等工作情况。袁鼎生副校长，科研处、发展规划处、设备处等有关领导及各学院领导参加了座谈会。

5月23日　李珍刚副校长在国际交流处外宾接待室接见马来西亚英迪国际教育集团代表团一行。双方就加强交流与合作进行商谈，国际交流处和商学院领导参加了会谈。

5月27日　泰国清莱皇家大学校长马诺·帕锡威莱坛博士率代表团访问学校。校长何龙群、副校长贺争平在国际交流处外宾接待室会见了代表团一行。双方就教育合作项目达成共识，并续签合作协议。

5月27—29日 第二届“外教社杯”全国大学英语教学大赛广西区决赛在广西大学举行，来自全区49所高校的80名教师参赛，其中，参加综合组的有44名、听说组的有36名。学校教师伍琼、贺小燕以优异表现分别获得听说组和综合组三等奖；学校荣获优秀组织奖。

6月

6月1日　英国斯泰福厦大学庄丽章博士一行4人来访学校，副校长贺争平在国际交流处外宾接待室会见了访问团一行，双方就《英国斯泰福厦大学和中国广西民族大学联合办学协议书》进行磋商，交换意见，完善合作协议。

6月4日　由泰国驻南宁总领事馆主办、广西民族大学承办的“第五届广西高校大学生泰语演讲比赛决赛”在科技楼报告厅举行，外国语学院2008级泰语班陶金华同学获得亚军。

6月5—6日　学校龙舟代表队参加在天津举行的第四届中国大学生龙舟锦标赛，获得女子200米冠军、500米季军及男女混合组500米第四名。

6月5—16日　杨再延副书记随团参加以国家留学基金委秘书长刘京辉为团长，国内18个省（市、自治区）的38所高校组成的中国教育代表团先后在奥地利、法国成功举办中国教育展。杨再延副书记参加了在维也纳大学举行的首届奥地利2011中国教育展，出席了维也纳大学孔子学院5周年的庆典等公务活动。

6月7日　广西民族大学2011年研究生工作大会召开。6月8日　校长何龙群与广西日报传媒集团党委书记李启瑞在学校签订合作框架协议，双方充分利用各自资源优势，共建发展创新平台和人才联合培养机制，在新闻信息、教育培训、社会实践、理论研讨、人才培养、信息服务等方面开展合作。

6月10日　中国科学院成都计算机应用研究所博士后流动站广西民族大学科研基地揭牌仪式在逸夫实验楼前举行，吴尽昭副校长、中科院成都计算机应用研究所主任王晓京及数学与计算机科学学院部分领导、师生参加揭牌仪式。

6月21—22日　以国务院学科评议组成员、中国国家图书馆馆长詹福瑞教授为组长，国务院学科评议组成员、中央民族大学文日焕教授为副组长的国务院学位委员会专家组对学校新增博士学位授予单位立项建设情况进行中期检查，一致同意学校通过新增博士学位授予单位立项建设中期检查。

6月29日　老挝党中央委员、国家社科院院长坎培·班玛莱通率领老挝“六七”学校校友代表团一行30人来访学校，何龙群校长、贺争平副校长会见了代表团，并举行了座谈会。

6月29日　学校在大礼堂隆重举行2011届本专科毕业生毕业典礼暨学士学位授予仪式。学校共有3942名毕业生顺利毕业，其中3315名本科生，559名专科生和68名留学生，其中有3141人获得学士学位。

6月30日　在自治区党委礼堂召开的自治区庆祝中国共产党建党90周年大会上，学校党委被授予“自治区先进基层党组织”称号。

7月

7月1日　中共中央授予学校党委“全国先进基层党组织”称号。

7月6—9日　何龙群校长带队考察延边大学，与延边大学校领导、研究生院、外国语学院、朝鲜—韩国学学院等领导和学科带头人举行座谈，双方就外国语言文学博士点建设工作等问题进行了深入的交流。

7月13日　广西民族大学与南宁市平方软件公司签订产学研合作协议。

7月16日　校长何龙群、副校长贺争平接待了以校长塔姆林·乌斯曼为团长的印尼丹戎布拉大学代表团一行4人，双方校长签订两校友好合作框架协议，并就合作共建孔子学院的具体事宜进行了磋商，达成了共识。

7月26日　自治区人大常委会副主任吴恒到学校调研依法治校工作。

8月

8月29日　校长何龙群、副校长贺争平在国际交流处外宾接待室会见高博教育集团董事长赖炳荣一行3人，双方就合作办学进行洽谈，并达成初步合作协议。

9月

9月8日　老挝司法部代表团访问我校，双方签订合作协议。

9月10日　东南亚高级专家圆桌会议在我校举行。

9月19日　诗琳通公主泰文资料中心新址揭牌仪式。

9月28日　学校东盟语言学生参加中国—东盟友谊知识竞赛总决赛，沈颖、刘颖和新加坡、文莱、菲律宾选手组成选手队以夺冠。自治区副主席李康为获奖选手颁奖。

9月29日　学校召开以案明纪警示教育活动工作布置会议。

10月

10月6日　越南清化省委组织部副部长阮友联一行来访学校。就越南清化省省委书记访问广西的相关事宜进行交流与协商。

10月19日　柬埔寨留学生谢惜梅被选为第八届中国－东盟博览会开幕式形象代表。

10月20日　学校外国语学院曾瑞莲教授主编、广西教育出版社出版的《新越汉词典》在南宁举行首发式，自治区副主席李康出席首发仪式。

10月20日　俄罗斯新西伯利亚国立经济管理大学常务副校长巴甫洛夫先生一行3人来访学校，交流两校情谊，了解非通用语种专业建设情况，探索合作办学项目。学校副校长伍先华、相思湖新区管委会主任黄海以及有关部门领导热情接待了代表团一行。

10月23日　香港亚洲电视台到学校进行参观采访，校党委书记钟海青接受采访，介绍学校国际化发展情况。

10月25日　校党委书记钟海青、副书记武波在国际交流处外宾接待室会见越南清化省省委赴中国广西考察代表团，双方共同商讨合作事宜。

10月27—28日　学校在扶绥县举办新提拔处级领导干部培训班，全校近三年新提拔的处级领导干部30多人参加了培训。钟海青书记主讲高等教育管理若干问题，自治区高工委副书记、纪委书记孙海潮作领导干部廉政教育报告。

11月

11月3—7日　以“文化与教育的包容性发展—大学女校长的使命与作为”为主题的第五届世界大学女校长论坛在厦门举行。何龙群校长应邀出席了论坛，并在分论坛上作了主题发言。

11月4—11日　校党委副书记武波应老挝国立大学邀请，出席该校建校15周年庆典大会，并与老挝国立大学和苏发努冯大学就校际中外合作办学有关事宜进行洽谈。

11月5日　第二届中国技术史论坛在学校隆重开幕，来自全国各地共166名代表出席论坛，有141位学者在会议期间作关于综合史、农史、技术与社会等各领域的学术报告。

11月6日　广西民族大学第一个海外校友会——老挝校友会在老挝首都万象成立。学校党委副书记武波、老挝国立大学孔子学院中方院长陶红教授、校友办负责人、老挝语教师以及老挝20多位校友参加了成立大会。潘美珊当选会长，赛一德、裴美莱当选副会长，王海华当选秘书长。

11月20日　广西高校团委书记论坛暨社会实践和社团工作总结表彰会在广西工学院举行。广西民族大学相思湖文学社被评为首届广西高校十大明星社团。

11月21日　学校为加强理工学科发展，对原数学与计算机科学学院与物理与电子工程学院的学科专业进行重新整合，成立理学院、信息科学与工程学院、软件学院。

11月21日　学校承办2011亚洲及大洋洲地区大众体育合作发展论坛暨中国—东盟大众体育合作发展论坛。

11月22日　广西首批八桂学者、特聘专家聘任仪式在南宁举行。厦门大学国际关系学院院长庄国土、美国波特兰州立大学电子与计算机工程系宋晓宇教授被聘为首批八桂学者，分别在学校中国与东南亚关系研究岗位及混杂计算与集成电路设计分析岗位。民族学与社会学学院院长周建新教授被聘为广西特聘专家，受聘在学校中国南方与东南亚民族研究岗位。

11月25日　中国驻印尼大使章启月接见我校代表团。

11月26日　广西民族大学与印度尼西亚丹戎布拉大学合作建立的丹戎布拉大学孔子学院在印度尼西亚西加里曼丹省坤甸市隆重举行揭牌仪式。中国驻印尼大使馆万正峰参赞、学校何龙群校长、西加里曼丹省副省长黄汉山先生、坤甸市市长苏达尔米吉先生、雅加达华文教育协调机构主席蔡昌杰先生、西加里曼丹孔教华社总会负责人及社会各界嘉宾一千人欢聚一堂，见证了这历史性的时刻。

11月26日　学校“民族旗舰”学生骨干培训学校在大学生活动中心揭牌，并举行第一期培训班开班仪式。校党委书记钟海青任培训学校名誉校长，校党委副书记武波任校长。钟海青书记作题为《青年大学生的使命》的首场辅导报告。

11月26—27日　第六届广西高校大学生化学实验技能竞赛在学校隆重举行。学校参赛的化生学院2009级化学专业廖苏奇同学荣获一等奖，2009级应用化学专业潘杏娟、余勇华、2010级应用化学专业黄有庚同学荣获二等奖。

12月

12月1日　中国驻印尼大使章启月会见了以何龙群校长为团长的广西民族大学代表团。

12月9日　国家民委人文社会科学重点研究基地揭牌仪式。

12月9—11日　中国人类学民族学2011年年会在学校召开。中国人类学民族学研究会常务副会长、全国政协民宗委副主任周明甫，中国人类学民族学研究会副会长景军，学校党委书记钟海青、校长何龙群等领导参加年会开幕式。“中国南方与东南亚跨境民族研究基地”揭牌成立。

12月11日—19日　由教育部主办、广西民族大学承办的“中国大学生艺术团东盟行”赴泰国、老挝举行文艺巡演。艺术团由学校艺术学院和校艺术团的37名大学生组成，分别在泰国布拉帕大学、华侨崇圣大学、玛哈沙拉坎大学3所高校和老挝首都万象举行多场文艺演出。18日晚在老挝国家杂技艺术馆演出时，老挝国会副主席、司法部部长、社科院院长、中国驻老挝参赞等领导和嘉宾观看了演出。

12月12日　全国孔子学院大会在北京国家大剧院举行开幕式，副校长贺争平代表学校出席了会议。

12月15日　学校在办公楼会议室召开广西民族大学党外知识分子联谊会成立大会。自治区党委统战部副部长李东兴、校党委书记钟海青、自治区党委统战部干部六处处长冯秀琴及学校无党派人士、党外知识分子代表、各基层党委书记兼统战委员参加了会议。选举产生广西民族大学党外知识分子联谊会第一届理事会，会长玉时阶。

12月16日　广西教育厅批准广西民族大学建立“广西民族教育研究中心”和“广西民族团结教育师资培训基地”。

12月16日　第十八次全国毛泽东哲学思想学术研讨会在我校举行。

12月16—18日　学校在平果县举行处级干部培训，全校处级干部近200人参加培训，校党委书记钟海青，校长何龙群，副书记杨再延、武波，副校长贺争平、伍先华参加培训活动。

12月27日　“八桂学者”宋晓宇教授聘任签约仪式。

12月30日　2011年“国家舞台艺术精品工程十大剧目”评选揭晓，由著名编剧常剑钧先生根据我校作家东西（田代琳）老师小说《没有语言的生活》改编的、我校艺术学院作曲家唐力老师作曲的广西壮剧《天上恋曲》荣获国家舞台艺术精品工程十大剧目大奖，排名第三。

12月30日　根据南宁市教育局《关于公布2011年南宁市示范幼儿园和南宁市示范性乡（镇）中心幼儿园的通知》，学校附属幼儿园被评为“南宁市示范幼儿园”。

12月31日　越南河内市委第二十期纪检干部培训班结业典礼在我校国际交流处会议室举行。副校长贺争平，继续教育学院、国际交流处等单位领导和全体培训班成员参加典礼。越南学员在学校进行为期14天的学习和外出考察，校党委书记钟海青教授为学员讲授了《领导干部管理工作体制》专题。　（唐知文）